TOUTES les matières

2nde

Objectif BAC

Français
Julie ZIMMERMANN

Maths
Claudine RENARD
Florence BODSON

Histoire-Géographie
Catherine GUILLERIT
Florence NIELLY
Arnaud LÉONARD

Physique-Chimie
Sébastien DESSAINT
Sébastien ZARDET

SVT
Patrice DELGUEL
Nathalie FABIEN

Anglais
Annie SUSSEL

Espagnol
Jean-Rémy CUENOT

Allemand
Marie-Christine DESPAS

SES
Alexandre BLIN

PFEG
Muriel SCHWARTZ

hachette
ÉDUCATION

Crédits photographiques

p. 37 : © Bridgeman Library / Éditions Gallimard. **p. 52** : © Photothèque Hachette-Livre. **p. 53** : « Le Printemps » © Photo Josse / Leemage ; « L'Été » © Selva / Leemage. **p. 55** : Collection privée © www. bridgemanart.com. **p. 61** : © Photothèque Hachette-Livre. **p. 64** : © Photothèque Hachette-Livre. **p. 68** : © RMN (Musée d'Orsay) / Hervé Lewandowski. **p. 70** : Hermitage, Saint-Petersbourg, Russie © www. bridgemanart.com. **p. 72** : Collection privée © www. bridgemanart.com. **p. 153** : © Louvre / Giraudon / The Bridgeman Art Library. **p. 156 gauche** : © Musée de la Ville de Paris, Musée Carnavalet / The Bridgeman Art Library. **p. 156 droite** : © Photothèque Hachette-Livre. **p. 160** : © Rue des Archives / Mary Evans Picture Library. **p. 163** : © Photothèque Hachette-Livre. **p. 166** : ©Paris, BnF. **p. 169** : DR. **p. 172** : © Gérard Degeorge / AKG. **p. 175** : Portrait de Martin Luther par Cranach Lucas dit l'Ancien, 1543 © Photothèque Hachette-Livre. **p. 176** : portrait de Leonard de Vinci, © Photothèque Hachette-Livre ; *La Divine Proportion* © Leemage. **p. 177** : Portrait d'Isaac Newton par Félicie Fournier, © Photothèque Hachette-Livre. **p. 180** : Photo Josse © Photothèque Hachette-Livre. **p. 182** : Paris Musée Carnavalet © Photothèque Hachette-Livre. **p. 183** : © Leemage / Josse. **p. 185** : DR. **p. 189 gauche** : © Renaudeau / Hoa-Qui. **p. 189 droite** : © Yan Arthus-Bertrand / Altitude. **p. 202** : © Getty Image / Alex Maclean / Photonica. **pp. 218 haut, 229, 231, 233** : DR. **p. 218 bas** : © Shutterstock / Designua. **p. 271** : © Biosphoto / Cyril Ruoso.

Conception graphique

Couverture : Stéphanie Benoit
Intérieur : Françoise Bouvard – Médiamax

Réalisation

Composition et mise en pages : Médiamax – Grafatom
Cartographie : Hachette Éducation – Domino
Guide pratique du lycéen : Mediamax

Le Guide pratique du lycéen a été rédigé par M. Alexandre BLIN.

ISBN : 978-2-01-701183-5
www.hachette-education.com

Sommaire

En plus !

À télécharger gratuitement sur le site www.hachette-education.com

Le guide pratique du lycéen,
avec tout sur
l'année de la Seconde,
l'orientation et
la poursuite des études.

Avant-propos

Conforme aux programmes, cet ouvrage a été conçu pour vous accompagner durant toute votre année de Seconde et vous permettre d'acquérir et de maîtriser les connaissances et les méthodes nécessaires à votre réussite.
Les différentes rubriques de chaque matière ont été élaborées pour vous aider, que vous souhaitiez réviser ou mieux comprendre votre cours, vous entraîner pour préparer un contrôle ou trouver un soutien pour réussir un devoir à la maison.
Grâce au sommaire général (p. 3), au sommaire détaillé en page d'ouverture de chaque matière et à l'index des mots-clés (pp. 412 à 416), vous trouverez immédiatement la question que vous voulez travailler.

Le cours complet

Chaque chapitre développe un point du programme. Structuré et clairement rédigé, il est enrichi d'encadrés (exemples, vocabulaire, chronologie) en sciences humaines et d'exercices d'application du cours suivis de leur solution dans les disciplines scientifiques pour vous aider à comprendre et à mémoriser votre cours.

Les méthodes en sciences humaines et SVT

Correspondant aux principaux devoirs que l'on vous demandera tout au long de l'année, chacune de ces méthodes vous explique le savoir-faire à mettre en œuvre, puis vous présente un exercice d'application accompagné de son corrigé commenté.

Les exercices d'entraînement en Maths, Physique-Chimie et Langues

À la fin de chaque chapitre du cours ou de l'ensemble des chapitres pour chaque langue, vous trouverez les exercices correspondants. Tous corrigés, ces exercices constituent un entraînement immédiat sur la notion travaillée dans le cours.

Le Guide pratique du lycéen

Enfin, la Seconde marque l'entrée dans un nouvel environnement, le lycée, et est une classe déterminante au cours de laquelle vous devez réfléchir à votre orientation. Pour vous aider à vous repérer et vous donner les moyens d'effectuer les meilleurs choix, **le Guide pratique du lycéen** répondra à toutes vos questions concernant l'organisation du lycée et votre poursuite d'études. N'hésitez pas à le télécharger sur notre site **www.hachette-education.com**. Il vous dépannera quotidiennement.

Nous espérons que cet ouvrage répondra à toutes vos attentes et vous souhaitons à tous une brillante réussite.

Les auteurs

Français

LES MÉTHODES

LES MÉTHODES

Rédiger un paragraphe argumenté

Comment faire

La maîtrise de la construction du paragraphe argumenté est essentielle en classe de seconde, car elle constitue le fondement du commentaire littéraire, de la dissertation et de l'écriture d'invention à sujet argumentatif, mais aussi de l'analyse d'un texte argumentatif. Un paragraphe argumenté est une unité argumentative cohérente au service d'une thèse, construite autour d'un argument méthodiquement développé et illustré.

Construire le paragraphe

Marquer typographiquement le paragraphe

Le paragraphe étant une unité de sens autonome, il est toujours marqué en son début par un **alinéa** (retrait typographique à droite de la marge). Cet indice permet de rendre plus visible la progression argumentative d'un texte et d'en faciliter la compréhension.

Rappeler la fonction du paragraphe

Il faut toujours avoir à l'esprit la fonction du paragraphe à rédiger. En effet, il ne se construit qu'au regard d'une thèse, qu'il cherchera soit à **étayer**, soit à **réfuter**. Il commence donc par rappeler sa prise de position par rapport à la thèse donnée.

Formuler et développer l'argument

L'argument est l'idée principale que le paragraphe va développer. Il ne suffit pas d'énoncer cette idée, il faut l'expliquer et la développer.

Illustrer l'argument

Il faut ensuite illustrer l'argument par un ou plusieurs exemples **commentés** qui servent à prouver sa validité en s'appuyant sur des éléments concrets. Il peut s'agir d'un événement historique ou culturel, d'une œuvre littéraire… Il faut toujours faire preuve de **précision** en datant les événements, en définissant les notions utilisées, en mentionnant l'auteur et les titres des œuvres.

Cas particulier

Dans le cas d'un paragraphe argumenté de commentaire littéraire, l'exemple est constitué d'une ou plusieurs analyses méthodiques de citations (voir Réaliser une analyse de détail méthodique, p. 19).

Assurer la cohérence logique du paragraphe

La cohérence interne

Une fois les différents composants du paragraphe réunis, il faut les articuler logiquement entre eux par des **connecteurs logiques** pour assurer l'efficacité argumentative du paragraphe. On veillera donc à relier clairement le rappel initial de la thèse et l'argument, puis l'argument et son développement, l'argument et son exemple ; enfin, on sera attentif à rattacher le commentaire de l'exemple à l'argument qu'il illustre, non seulement par un connecteur, mais aussi par la formulation du commentaire.

La cohérence entre les paragraphes

• **Connecteurs logiques.** Dans une argumentation complète, différents paragraphes argumentés s'enchaînent pour étayer, réfuter ou discuter une thèse. Chaque paragraphe doit donc s'ouvrir sur un connecteur logique (voir Chapitre 4, p. 43) qui le relie au paragraphe précédent.

• **Transitions.** La cohérence de la progression argumentative du propos est renforcée par la présence d'une **transition** placée en fin de paragraphe. Celle-ci rappelle l'argument du paragraphe achevé pour mieux le relier à l'argument du paragraphe suivant.

Exercice d'application

ÉNONCÉ

D'après Jean Cocteau, la poésie *« dévoile dans toute la force du terme. Elle montre nues, sous une lumière qui secoue la torpeur, les choses surprenantes qui nous environnent et que nos sens enregistraient machinalement ».*
Rédigez un paragraphe pour étayer cette thèse.

CORRIGÉ

La poésie a pour but de réveiller la sensibilité du lecteur, endormie par l'habitude, en lui révélant le monde qui l'entoure sous un jour nouveau [thèse à étayer]. En effet, le langage poétique se distingue radicalement de la langue du quotidien : il n'est pas un simple outil de communication, il mobilise aussi toutes les ressources de la musique des mots et des images pour toucher le lecteur et frapper son imagination [argument]. C'est ainsi, par exemple, que fonctionne l'image surréaliste : en recherchant la confrontation de réalités *a priori* très éloignées l'une de l'autre, elle libère l'esprit du lecteur de ses habitudes de pensée et fait surgir sous ses yeux un nouvel aspect du monde. C'est ce que fait Paul Éluard dans le recueil *L'Amour, la Poésie*, lorsqu'il écrit *« La terre est bleue comme une orange »* : en rapprochant deux réalités rondes, mais en prétendant que leur similitude repose sur la couleur, il dynamite la logique ordinaire. La poésie, par les moyens spécifiques qu'elle met en œuvre, semble donc parfaitement apte à rendre au lecteur sa vigilance et sa sensibilité aux charmes du monde [rappel de l'argument].

LES MÉTHODES

Analyser un sujet de réflexion

Comment faire

Dans la perspective de la dissertation, une partie importante du travail en classe de seconde consiste à s'exercer à construire un point de vue argumenté à partir d'une thèse proposée. L'analyse du sujet de réflexion est donc essentielle pour cerner les attendus de la question et dégager la démarche argumentative à suivre.

Repérer les composants de la question

En seconde, quel que soit le sujet de réflexion proposé, on retrouve généralement trois composants qu'il faut identifier et analyser correctement pour éviter le hors-sujet.

- **La thèse.** C'est le point de vue à partir duquel il faut construire la réflexion. Il est souvent présenté sous la forme d'une citation exprimant une réflexion ou un jugement, tiré d'un texte à disposition.
- **La consigne.** Elle indique comment traiter la thèse proposée (étayer, réfuter ou discuter). Elle prend généralement la forme d'une question ou d'un verbe à l'impératif.
- **Le champ des exemples.** Il constitue un critère essentiel de la réussite de l'exercice : il faut en tenir compte pour ne pas sortir du cadre imposé à la réflexion ou pour ne pas traiter la question de façon lacunaire.

Comprendre la thèse proposée

Repérer et analyser les mots clés de la thèse

La thèse comporte des mots clés (souvent des notions appartenant aux objets d'étude au programme), qu'il faut **souligner** et **analyser au brouillon** pour bien comprendre l'enjeu de la réflexion : ces termes sont-ils clairs ou polysémiques ? Quel est le contexte de la citation, qui l'a formulée, dans quel but ? Il faut aussi considérer la construction de la phrase pour voir quels rapports sont établis entre les mots clés (équivalence, opposition…), en étant attentif aux éventuelles figures de style qui pourraient mettre en valeur les idées.

Reformuler la problématique

À partir des mots clés de la thèse analysés au brouillon, il faut reformuler la thèse proposée de façon **personnelle**, sous la forme d'une **question**, afin de l'expliciter et de vérifier qu'elle a été bien comprise.

Identifier la démarche argumentative à suivre

Il faut aussi analyser le **verbe de la consigne**, qui permet d'identifier la démarche à suivre ensuite pour construire le plan de la réponse argumentée.

Étayer la thèse

« Étayer » est le verbe le plus clair, il invite à apporter des arguments et des exemples en faveur de la thèse proposée.

Synonymes

« amplifier », « justifier », « soutenir », « défendre », « développer »…

Réfuter la thèse

« Réfuter » est le verbe le plus clair, il invite à apporter des arguments et des exemples qui s'opposent à la thèse proposée et la nient.

Synonymes

« démonter », « contester », « montrer les limites », « infirmer », « critiquer »...

Discuter la thèse

« Discuter » est le verbe le plus clair, il invite à apporter des arguments et des exemples en faveur de la thèse proposée, et à la nuancer en apportant des arguments et des exemples contraires.

Synonymes

Il existe des formules interrogatives équivalentes : « Que pensez-vous de ce point de vue ? », « Partagez-vous cette opinion ? », « Êtes-vous d'accord avec ? », « Souscrivez-vous à cette idée ? »...

Exercice d'application

ÉNONCÉ

Un auteur a déclaré : *« La poésie n'est que l'expression de sentiments personnels. »* Souscrivez-vous à ce point de vue ? Vous répondrez à cette question en vous appuyant sur les poèmes étudiés en cours et sur vos lectures personnelles.

CORRIGÉ

Repérage des composants de la question

- **Thèse :** « La poésie n'est que l'expression de sentiments personnels. »
- **Consigne :** « Souscrivez-vous à ce point de vue ? »
- **Champ des exemples :** « Les poèmes étudiés en cours et vos lectures personnelles »

Analyse des mots clés de la thèse

- **« Poésie » :** ce terme rattache clairement la question à l'objet d'étude concerné. Vous devez donc avoir en tête la définition de cette notion essentielle : la parole poétique se caractérise par son recours à la musicalité de la langue et dispose d'un certain nombre de procédés propres.
- **« Expression de sentiments personnels » :** il s'agit de la définition du lyrisme, l'expression de sentiments à la première personne (voir Chapitre 6, p. 50).
- **« N'est que » :** la syntaxe de la thèse est significative : la négation restrictive établit une équivalence exclusive entre poésie et lyrisme ; c'est un point de vue radical, sans nuance.

→ La thèse proposée réduit la fonction de la poésie au lyrisme, d'où la problématique : « La fonction de la poésie est-elle réductible au lyrisme ? » ou bien « Le lyrisme est-il la seule fonction de la poésie ? »

Identification de la démarche argumentative à suivre

- **« Souscrivez-vous » :** le verbe à la modalité interrogative invite à discuter la thèse, à montrer en quoi elle est recevable, puis à apporter certaines nuances à ce point de vue trop tranché (vous devrez pour cela vous souvenir de l'histoire littéraire du genre, en particulier entre le romantisme et le surréalisme (voir Chapitre 13, pp. 70 et 72)).

LES MÉTHODES

Étayer et réfuter une thèse

Comment faire

Le plan d'un développement argumentatif découle de l'analyse du sujet : il consiste à organiser les arguments et les exemples trouvés pour répondre à la problématique et suivre la démarche argumentative imposée par le sujet. Quel que soit le plan adopté, il doit comporter deux ou trois parties et être progressif, c'est-à-dire hiérarchiser les idées et les arguments du plus faible au plus fort, du plus simple au plus complexe.

Étayer la thèse proposée

Comment renforcer une thèse

Si le sujet demande d'étayer la thèse proposée, il faut produire des arguments illustrés montrant que **cette thèse est valable**. Trois orientations complémentaires peuvent être envisagées : soit on avance des arguments et des exemples qui défendent la thèse, soit on réfute les contre-arguments possibles à la thèse, soit on réfute directement la thèse adverse.

Les plans possibles

Le plan choisi dépend évidemment des arguments et exemples trouvés. Le plus **simple** est le plan en trois parties, chacune apportant un nouvel argument illustré pour montrer la validité de la thèse.

Attention !

Si l'on a trouvé des arguments illustrés pour réfuter les contre-arguments possibles ou la thèse opposée, on peut réaliser un plan en deux parties, articulant défense directe de la thèse et réfutation des contre-arguments et de la thèse opposée.

Réfuter la thèse proposée

Comment réfuter une thèse

Si le sujet demande de réfuter la thèse proposée, il faut produire des arguments illustrés montrant que **cette thèse n'est pas recevable**. Trois orientations complémentaires peuvent être envisagées : soit on avance des arguments et des exemples qui réfutent la thèse, soit on avance des contre-arguments à la thèse, soit on étaye directement la thèse opposée.

Les plans possibles

Le plan choisi dépend à nouveau des arguments et exemples à disposition. Le plus **simple** est le plan en trois parties, chacune apportant un nouvel argument illustré pour montrer que la thèse est irrecevable.

Attention !

Si l'on a trouvé des contre-arguments illustrés ou des arguments illustrés pour défendre la thèse opposée, on peut réaliser un plan en deux parties, articulant réfutation directe de la thèse avec contre-arguments et défense de la thèse opposée.

Exercices d'application

ÉNONCÉ

1. Étayer une thèse
Un auteur a déclaré : *« Un poème est une invitation au voyage. »* Vous étayerez ce point de vue en vous appuyant sur les poèmes étudiés en classe et sur vos lectures personnelles.

2. Réfuter une thèse
Un auteur a déclaré : *« Un roman ne sert qu'à raconter des histoires. »* Vous réfuterez cette affirmation en vous appuyant sur les romans étudiés en classe et sur vos lectures personnelles.

CORRIGÉ

1. Étayer une thèse

• Première partie
Dans un premier temps, un poème est un voyage dans le monde, il ouvre au lecteur des contrées inconnues [premier argument en faveur de la thèse du sujet]. *Exemple :* Dans « L'Invitation au voyage » et « La Chevelure » de Baudelaire, le poète plonge le lecteur dans un pays exotique, rempli de couleurs, de parfums d'ambre et de musc.

• Deuxième partie
De plus, un poème est un voyage intérieur, il fait entrer le lecteur dans les profondeurs du Moi [deuxième argument en faveur de la thèse du sujet]. *Exemple :* Dans « Le Lac » de Lamartine, le « je » poétique, en communion avec la nature, évoque le souvenir douloureux de son amour perdu et exprime son sentiment d'impuissance face au temps qui passe.

• Troisième partie
Enfin, un poème est un voyage à travers le langage, le travail sur la musicalité de la langue et la mise en page peuvent dépayser le lecteur [troisième argument en faveur de la thèse du sujet]. *Exemple :* Les *Calligrammes* d'Apollinaire, en jouant sur la disposition des mots sur le blanc de la page, plongent le lecteur dans un univers nouveau, parfois difficile à déchiffrer.

2. Réfuter une thèse

• Première partie [réfutation directe de la thèse du sujet]
Le roman n'a pas qu'une fonction narrative et divertissante.
– **Argument 1** : comme tout récit de fiction, le roman sert aussi à instruire son lecteur.
Exemple : Le roman d'apprentissage invite le lecteur à tirer leçon des erreurs d'un héros inexpérimenté, comme celles, fatales, de Julien Sorel dans *Le Rouge et le Noir* de Stendhal.
– **Argument 2** : le roman sert aussi à représenter la réalité du monde.
Exemple : Les auteurs réalistes ont voulu restituer la totalité du réel, faire de leurs romans des archives utiles à l'historien et au sociologue ; l'ambition totalisante de la *Comédie humaine* en est l'exemple.

• Deuxième partie [défense de la thèse opposée à la thèse du sujet]
En outre, certains romans ne cherchent pas à raconter des histoires.
– **Argument 1** : le roman est un laboratoire de recherche.
Exemple : Pour Zola, le roman naturaliste expérimente les effets de l'hérédité et du milieu sur les individus, comme le démontre la déchéance de Renée dans *La Curée*.
– **Argument 2** : le roman ne raconte pas d'histoire.
Exemple : Après Flaubert, tenté par « le roman sur rien », le Nouveau Roman construit des romans sans personnages et sans intrigue.

LES MÉTHODES

Discuter une thèse

Comment faire

Le plan d'un développement argumentatif découle de l'analyse du sujet : il consiste à organiser les arguments et les exemples trouvés pour répondre à la problématique, en suivant la démarche argumentative imposée par le sujet. Quel que soit le plan adopté, il doit comporter deux ou trois parties et être progressif, c'est-à-dire hiérarchiser les idées et les arguments du plus faible au plus fort, du plus simple au plus complexe.

Comment discuter une thèse

Si le sujet demande de discuter la thèse proposée, il faut produire **deux types d'arguments illustrés** : les premiers doivent viser à étayer la thèse, les autres chercheront à la nuancer en justifiant la thèse opposée.

Les plans possibles

Le plan choisi doit confronter la thèse du sujet à la thèse opposée, mais **sans se contredire** d'une partie à l'autre ! Les arguments illustrés étayant et réfutant la thèse du sujet doivent donc être organisés de façon progressive, selon un **raisonnement concessif** (*il est vrai que… toutefois…*). Plusieurs plans sont possibles, tout dépend du point de vue adopté par rapport à la thèse du sujet, et des différents arguments illustrés trouvés.

Attention !

La dernière partie de la démonstration doit toujours correspondre à votre point de vue sur la thèse du sujet.

Vous êtes d'accord avec la thèse du sujet

- **On peut adopter un plan en deux parties :** on commence par étayer la thèse opposée, puis on la dépasse en étayant la thèse proposée.
- **On peut adopter un plan en trois parties :** on commence par étayer la thèse opposée ; puis on montre les limites de la thèse opposée par des contre-arguments ; enfin, on étaye la thèse proposée.

Vous êtes en désaccord avec la thèse du sujet

- **On peut adopter un plan en deux parties :** on commence par étayer la thèse du sujet, puis on la dépasse en étayant la thèse opposée.
- **On peut adopter un plan en trois parties :** on commence par étayer la thèse du sujet ; puis on montre les limites de la thèse du sujet par des contre-arguments ; enfin, on étaye la thèse opposée.

Exercice d'application

ÉNONCÉ

Molière a déclaré : « *Le théâtre n'est fait que pour être vu.* » Vous discuterez ce point de vue en vous appuyant sur les textes étudiés en classe et sur vos lectures personnelles.

CORRIGÉ

Première partie [défense de la thèse opposée à la thèse du sujet]

Il est vrai que la lecture suffit souvent à apprécier un texte de théâtre.

• **Argument 1 :** la beauté du texte théâtral comble le lecteur et parvient à l'émouvoir profondément.

Exemple : Les tirades éperdues de Phèdre avouant sa passion criminelle à Œnone ou à Hippolyte, où la force du style est renforcée par la musicalité de l'alexandrin.

• **Argument 2 :** le développement des didascalies à partir de la fin du XVIIIe siècle permet d'imaginer plus clairement l'action de la pièce pendant la lecture ; certaines pièces, paradoxalement, ne sont même pas écrites pour la scène.

Exemples : Dans *Fin de partie* de Beckett, les didascalies sont très présentes, jusqu'à se substituer au texte lui-même à la fin de la pièce. Musset quant à lui a prôné le « *théâtre dans un fauteuil* », destiné à la seule lecture.

Deuxième partie [défense de la thèse du sujet]

Cependant, la représentation est l'essence même du théâtre.

• **Argument 1 :** c'est de la représentation, de l'émerveillement produit par les effets de la mise en scène, la performance des acteurs, les costumes et les décors que provient le plaisir du théâtre.

Exemple : L'engouement des spectateurs du XVIIe siècle pour les pièces à machines, comme *Dom Juan* de Molière, atteste de l'importance de la mise en scène et du spectaculaire au théâtre.

• **Argument 2 :** l'effet recherché par le texte, l'émotion propre au théâtre, l'émotion collective, comme la *catharsis* ou l'édification morale du spectateur, ne se produit que par le spectacle.

Exemple : Dans *Le Tartuffe*, c'est par la représentation incarnée de l'hypocrite et de ses actes immoraux que Molière parvient à détourner les spectateurs de ce vice, en suscitant l'indignation et le dégoût.

LES MÉTHODES

Rédiger une introduction et une conclusion

Comment faire

Lorsque le plan du développement argumentatif est terminé, il faut rédiger méthodiquement et au brouillon (pour éviter toute précipitation en cas de travail en temps limité) l'introduction et la conclusion. Elles doivent être particulièrement bien soignées, car l'une pose la problématique et conditionne la bonne compréhension de l'ensemble, tandis que l'autre présente le bilan de la réflexion menée et constitue la dernière impression du lecteur.

Rédiger une introduction

L'introduction se compose d'un seul paragraphe et se déroule en trois étapes.

Contextualiser le sujet

Dans un premier temps, il faut « amener » le sujet en le rattachant au genre littéraire auquel il se réfère, au thème qu'il aborde, au contexte culturel dans lequel il s'inscrit...

Formuler la problématique

Il faut ensuite poser la problématique sous forme de **question** (interrogative directe ou indirecte), de préférence **reformulée** personnellement pour l'expliciter.

Annoncer le plan

Enfin, on doit annoncer les grands axes du plan (l'idée principale de chaque partie), en veillant à les articuler clairement à l'aide de **connecteurs logiques**.

Rédiger une conclusion

La conclusion se compose d'un seul paragraphe et se déroule en trois étapes.

Rappeler la problématique

La conclusion s'ouvre sur un connecteur logique conclusif fort et rappelle au lecteur la problématique posée en introduction.

Rappeler les axes développés

Puis on reprend dans l'ordre les axes du plan en résumant brièvement les arguments avancés, en veillant à bien les articuler logiquement à l'aide de connecteurs.

Élargir la problématique

On appelle aussi « ouverture » cette dernière étape, qui consiste à souligner la complexité de la question traitée et à montrer que le sujet n'est pas épuisé, soit en proposant une nouvelle orientation à la réflexion, soit la reliant à une autre problématique qui fait débat.

Exercice d'application

ÉNONCÉ

Vous rédigerez l'introduction et la conclusion du sujet suivant : « *Molière a déclaré : Le théâtre n'est fait que pour être vu.* » (Voir Discuter une thèse, p. 13).

CORRIGÉ

Introduction méthodique

Quiconque est déjà entré dans un théâtre se souvient des émotions ressenties lors de la représentation, du sentiment de pénétrer dans un lieu spécial, de l'attente dans la salle, des trois coups frappés pour faire le silence, du lever du rideau sur le décor et les acteurs... Mais les dramaturges publient aussi le texte de leurs pièces et le public prend aussi plaisir à les lire [contextualisation]. On peut donc se demander si la représentation est indispensable pour saisir pleinement une œuvre théâtrale [problématique]. S'il est vrai que la lecture seule semble suffire, la représentation constitue néanmoins la réalisation achevée du texte de théâtre [annonce de plan].

Conclusion méthodique

Pour conclure, la représentation semble indispensable pour saisir pleinement une pièce de théâtre [rappel de la problématique]. En effet, si la lecture peut suffire, par la seule beauté du texte et la présence des didascalies, la représentation s'impose toutefois, car elle seule procure le plaisir du spectacle et les émotions collectives propres au théâtre [rappel du plan]. Il est vrai cependant que le film vient concurrencer la représentation théâtrale, à travers le développement des captations de pièces pour la télévision et d'adaptations pour le cinéma : la représentation théâtrale sera-t-elle finalement appelée à disparaître ? [ouverture].

LES MÉTHODES

Cibler les aspects essentiels du texte

Comment faire

Le commentaire vise à montrer la singularité d'un texte littéraire en répondant de manière organisée et argumentée à un projet de lecture construit personnellement. Dans cette perspective, l'exercice fréquemment demandé en classe de seconde est d'analyser un texte selon un parcours de lecture imposé.

Déterminer les spécificités thématiques et formelles du texte

Lire correctement le texte

Le préalable à une analyse efficace est la compréhension littérale du texte : De quoi le texte parle-t-il ? Où ? Quand ? À qui ? Pourquoi ?

Attention !

Chaque mot difficile ou douteux doit être défini précisément. N'hésitez pas à recourir à un dictionnaire !

Examiner le paratexte

Les informations complémentaires fournies sur le texte (auteur, œuvre source, date de parution, éventuellement contexte historique et littéraire…) doivent être exploitées : vous devez relier le texte à commenter à ceux que vous avez déjà étudiés, du même auteur, de la même époque, du même mouvement littéraire…

Caractériser formellement le texte

Il s'agit d'identifier le genre littéraire, les formes de discours (narratif, descriptif, explicatif ou argumentatif) et le registre dominant du texte.

Dégager la composition du texte

En s'appuyant sur la mise en page, sur les connecteurs spatiaux, temporels ou logiques, on peut faire apparaître les différentes étapes du texte pour mieux en saisir la progression et la cohérence.

Maîtriser les outils d'analyse

Le commentaire consiste à mettre en valeur les procédés d'écriture spécifiques au texte proposé. Il passe toujours par une phase d'analyse linéaire.

Les aspects à examiner systématiquement

On analysera attentivement l'**énonciation** (énoncés ancrés ou non, discours rapportés), le **lexique** (champs lexicaux, vocabulaire concret ou abstrait, polysémie, connotations, niveaux de langue), les **procédés grammaticaux** (temps et modes verbaux), la **syntaxe** (construction et rythme des phrases, modalités de la phrase), les **figures de style** (voir Chapitre 8, p. 53).

Les aspects spécifiques à un genre

En fonction du genre du texte proposé (roman / nouvelle, poème, théâtre, genre argumentatif), on ciblera les points essentiels spécifiques à prendre en compte dans l'analyse (voir Chapitres 1 à 4, pp. 30 à 42).

Exercice d'application

ÉNONCÉ

Vous montrerez que l'extrait ci-dessous cherche à donner au lecteur l'impression de contempler un lieu réel.

Le soleil enfilait obliquement la rue Rambuteau, allumant les façades, au milieu desquelles l'ouverture de la rue Pirouette faisait un trou noir. À l'autre bout, le grand vaisseau de Saint-Eustache était tout doré dans la poussière du soleil, comme une immense châsse. Et, au milieu de la cohue, du fond du carrefour, une armée de balayeurs s'avançait, sur une ligne, à coups réguliers de balai ; tandis que des boueux jetaient les ordures à la fourche dans des tombereaux qui s'arrêtaient, tous les vingt pas, avec des bruits de vaisselles cassées. Mais Florent n'avait d'attention que pour la grande charcuterie ouverte et flambante au soleil levant.

Elle faisait presque le coin de le rue Pirouette. Elle était une joie pour le regard. Elle riait, toute claire, avec des pointes de couleurs vives qui chantaient au milieu de la blancheur de ses marbres. L'enseigne, où le nom de QUENU-GRADELLE luisait en grosses lettres d'or, dans un encadrement de branches et de feuilles, dessiné sur un fond tendre, était faite d'une peinture recouverte d'une glace. Les deux panneaux latéraux de la devanture, également peints et sous verre, représentaient de petits amours joufflus, jouant au milieu de hures, de côtelettes de porc, de guirlandes de saucisses ; et ces natures mortes, ornées d'enroulements et de rosaces, avaient une telle tendresse d'aquarelle, que les viandes crues y prenaient des tons roses de confitures.

Zola, *Le Ventre de Paris*, 1873.

CORRIGÉ

Caractérisation thématique et formelle du texte

D'après le paratexte, cet extrait est tiré du *Ventre de Paris* de Zola, paru en 1873 : il appartient donc au mouvement littéraire et culturel du **naturalisme**, forme radicalisée du **réalisme**. On comprend donc la cohérence de l'axe de lecture proposé : il s'agit d'étudier les procédés qui produisent **l'effet de réel** propre aux auteurs réalistes, soucieux de représenter au plus près la réalité (voir Chapitre 12, p. 66).

Cet extrait de **roman** est une **description** d'un quartier de Paris au lever du jour, organisée en **deux temps** : d'abord une description large de la rue et de l'activité des balayeurs et des éboueurs, puis le champ de la description se resserre sur la charcuterie (comme le soulignent le connecteur d'opposition « *Mais* » et l'alinéa). Cette composition, par cet effet de « zoom », attire l'attention du lecteur sur la charcuterie, qui va se révéler être un des espaces essentiels du roman.

Outils d'analyse de base à mobiliser

• **Le lexique**

Commentez les champs lexicaux **prosaïques et précis** du **nettoyage des rues** (*« balayeurs »*, *« balai »*, l. 5; *« boueux »* désignant avec l'accent populaire parisien, les *« boueurs »* chargés de ramasser les déchets ; *« ordures »*, *« fourches »*, *« tombereaux »*, l. 6) et de la **charcuterie**

(*« hures »*, désignant spécifiquement des têtes de porc ou de sanglier ou des préparations à base de ces morceaux liés par de la gelée ; *« côtelettes »*, l. 16 ; *« saucisses »*, l. 17).
D'autre part, le champ lexical des **couleurs** très développé (*« noir »*, l. 2 ; *« couleurs vives »*, l. 11 ; *« blancheur »*, l. 12 ; *« roses »*, l. 19), associé au champ lexical de la **lumière** (*« soleil »*, *« allumant »*, l. 11 ; *« doré »*, l. 3 ; *« flambante »*, l. 8 ; *« claire »*, l. 11 ; *« or »*, l. 13) donne l'illusion que l'on observe précisément les lieux, comme dans un **tableau** (ce que confirme la référence à la *« peinture »*, l. 14 et à l'*« aquarelle »*, l. 18).

• Les procédés grammaticaux

Commentez l'utilisation exclusive de l'**imparfait de l'indicatif** qui relate des actions « de second plan » et opère ainsi un ralentissement du récit (voir Chapitre 1, p. 30), toute l'attention du lecteur est concentrée sur le décor réaliste (voir plus loin, la pause descriptive).

• La syntaxe

Commentez la longueur et la complexité des phrases qui enchaînent les détails de la description. Par exemple, l. 4-7, la phrase décrit précisément l'**action simultanée** des balayeurs et des éboueurs (*« tandis que »*), en multipliant les **compléments circonstanciels de lieu** (*« Au milieu de la cohue »*, *« du fond du carrefour »*, *« dans des tombereaux »*, *« tous les vingt pas »*) et **de manière** (*« sur une ligne »*, *« à coups réguliers de balai »*, *« à la fourche »*, *« avec des bruits de vaisselle cassée »*). La méthode de travail des agents de nettoyage est donc restituée avec réalisme : le lecteur visualise parfaitement leur évolution, réglée comme une chorégraphie pour une efficacité optimale.

Outils d'analyse spécifiques au texte narratif (Voir Chapitre 1, p. 30)

• La focalisation

Commentez la **focalisation interne** de la description, faite du point de vue du personnage, *« en vision avec »* Florent. La locution verbale *« n'avait d'attention que pour »*, dont le sujet est Florent, appartient au champ lexical de la **perception intellectuelle et visuelle** : c'est un embrayeur de focalisation qui opère un resserrement de la vision sur la charcuterie. Ce choix de point de vue renforce le réalisme de la description car il donne l'impression au lecteur d'être lui-même dans la rue et de voir ce qui l'entoure.

• La vitesse du récit

Le récit est à sa vitesse minimale, il s'agit de faire une **pause** pour se concentrer sur l'espace du récit pour le décrire dans le détail.

• Les marqueurs spatiaux

Il faut commenter les nombreux **compléments circonstanciels de lieu** (*« au milieu de »*, l. 1, 4 ; *« à l'autre bout »*, l. 2 ; *« du fond de »*, l. 4) qui organisent les éléments de la description entre eux avec précision, ainsi que les **toponymes réels** (*« rue Rambuteau »*, l. 1 ; *« Saint-Eustache »*, l. 3 ; *« rue Pirouette »*, l. 10) qui confèrent au texte une impression de réalité en l'inscrivant dans un espace connu et réel.

Proposition de plan de commentaire

I – Une description soucieuse du «détail vrai»
1° Un ancrage dans la géographie parisienne (les marqueurs spatiaux)
2° Un lexique prosaïque qui renvoie à la banalité du quotidien
3° Une syntaxe ample adaptée aux détails
II – Une description visuelle, presque picturale
1° Une pause descriptive propice à la contemplation
2° Une expérience subjective, comme vécue (la focalisation interne)
3° Le lexique des couleurs et de la lumière

LES MÉTHODES

Réaliser une analyse de détail méthodique

Comment faire

Le principe du commentaire littéraire est de montrer *comment* l'auteur écrit et de se demander *pourquoi* il a fait tel choix d'écriture. Lors de l'analyse linéaire du texte, afin d'éviter de répéter ce que dit le texte (paraphrase) ou de se contenter de le décrire (par un catalogue de procédés dépourvus d'analyse), on doit veiller à analyser méthodiquement, au brouillon, les citations avant de les organiser en suivant le parcours de lecture proposé.

Citer

On commence par citer systématiquement le passage du texte que l'on veut analyser. La citation doit être correctement présentée et découpée : utilisez des **guillemets**, précisez le **numéro de ligne ou de vers** entre parenthèses et veillez à **cibler votre découpage** sur l'élément à analyser.

Exemple

Si vous souhaitez analyser un champ lexical, ne recopiez pas tout le texte où se trouvent les occurrences, chacune d'elle doit être extraite individuellement.

Identifier et décrire le procédé

Il faut nommer clairement le procédé que vous voulez analyser dans la citation. Puis il faut le décrire, c'est-à-dire prouver que le procédé nommé est bien présent dans la citation, en appliquant sa définition au cas particulier de la citation.

Dégager l'effet produit

L'auteur du texte à analyser n'a pas choisi ses procédés par hasard, mais dans un but précis : produire un certain effet sur le lecteur (voir Chapitres 5 à 7 sur les registres, pp. 46 à 51). Il faut parvenir à déterminer cet effet pour chaque citation analysée. Pour cela, n'hésitez pas à partir de vos propres réactions ou émotions face au texte.

– Si la citation comporte plusieurs procédés intéressants, traitez-les l'un après l'autre en reprenant la méthode pour chacun (identification, description, effet produit).

– Les trois étapes de la méthode doivent apparaître lors de la rédaction des analyses dans le commentaire, mais elles peuvent apparaître dans le désordre pour les besoins de la phrase. L'essentiel est qu'elles soient toutes trois présentes.

Organiser les analyses

Une fois l'analyse linéaire terminée, il faut regrouper les analyses qui se recoupent et constituer des ensembles cohérents : chacun d'eux doit illustrer un aspect du parcours de lecture imposé. Pour ce faire, vous pouvez utiliser un code couleurs directement sur vos analyses au brouillon. Enfin, lorsque les groupes d'analyses sont constitués, il faut les hiérarchiser de façon progressive, comme dans un texte argumentatif.

Exercice d'application

ÉNONCÉ

Vous montrerez que ce poème de Verlaine plonge le lecteur dans un climat onirique.

« Mon rêve familier »

Je fais souvent ce rêve étrange et pénétrant
D'une femme inconnue, et que j'aime, et qui m'aime,
Et qui n'est, chaque fois, ni tout à fait la même
Ni tout à fait une autre, et m'aime et me comprend.

Car elle me comprend, et mon cœur, transparent
Pour elle seule, hélas ! cesse d'être un problème
Pour elle seule, et les moiteurs de mon front blême,
Elle seule les sait rafraîchir, en pleurant.

Est-elle brune, blonde ou rousse ? – Je l'ignore.
Son nom ? Je me souviens qu'il est doux et sonore
Comme ceux des aimés que la Vie exila.

Son regard est pareil au regard des statues,
Et, pour sa voix, lointaine, et calme, et grave, elle a
L'inflexion des voix chères qui se sont tues.

Verlaine, *Poèmes saturniens*, 1866.

CORRIGÉ

Premièrement, Verlaine plonge le lecteur dans un climat onirique par l'**omniprésence de la première personne** qui raconte son rêve. En effet, la première personne est partout, sous des formes pronominales diverses [identification et description du procédé grammatical] : le pronom sujet *« Je »* (v. 1, 2, 9, 10), le pronom complément *« me »* (v. 2, 4, 5), le déterminant possessif *« mon »* (v. 5, 7) [citation]. La première personne donne donc au récit de rêve la valeur d'une expérience vécue et permet au lecteur de s'identifier au rêveur [effet produit].

De plus, le lecteur est plongé dans un climat de rêve grâce au récit, qui est à la fois indéfini et obsédant. En effet, l'**absence de marqueurs spatiaux** [identification et description du procédé grammatical] reproduit le flou du rêve, aux contours indistincts [effet produit]. De même, le **présent itératif** [identification et description du procédé grammatical] : *« fais »*, *« aime »*, *« est »*, *« aime »*, *« comprend »* dans le premier quatrain, souligné par les expressions *« souvent »* (v. 1) et *« chaque fois »* (v. 3) [citation], souligne le caractère obsédant du rêve [effet produit].

Enfin, Verlaine plonge le lecteur dans un climat onirique en brouillant la frontière entre le connu et l'inconnu. En effet, le champ lexical du connu : *« familier »* (titre), *« la même »* (v. 3) [citation] est en **antithèse** [identification du procédé de style], avec celui de l'inconnu : *« étrange »* (v. 1), *« inconnue »* (v. 2), *« une autre »* (v. 4) [citation], recréant la sensation propre au rêve, où l'on a le sentiment de reconnaître des choses pourtant inconnues [effet produit]. De même, le **parallélisme syntaxique** [identification du procédé de style] *« ni tout à fait la même / Ni tout à fait une autre »* (v. 3, 4) [citation] souligne ce sentiment de reconnaissance trouble, entre le connu et l'inconnu [effet produit].

Insérer une citation dans un commentaire

Comment faire

L'insertion des citations, notamment dans le commentaire de texte, est un point souvent mal maîtrisé. Or des citations mal insérées ruinent la clarté du propos et compliquent le travail d'analyse. On veillera donc à respecter quelques règles simples.

Présenter une citation

Utiliser des guillemets

On doit systématiquement utiliser des **guillemets** pour bien montrer que l'on emprunte et que l'on reproduit les termes à une autre source.

Attention !

Il faut être particulièrement vigilant sur ce point dans les exercices de préparation à la dissertation : tout propos emprunté sans guillemets est un plagiat.

Référencer précisément chaque citation

Il faut systématiquement indiquer le **numéro de vers ou de ligne** de la citation dans le commentaire. Dans les autres exercices, comme les préparations à la dissertation, on pensera à préciser l'auteur et la source de la citation.

Reproduire exactement la citation

On doit évidemment respecter **l'orthographe** des mots de la citation, ainsi que la **présentation typographique des vers** : lorsque l'on veut citer plusieurs vers successifs, afin de ne pas émietter la structure du paragraphe, on recopie les vers sans retour à la ligne, en conservant la majuscule en tête de vers et en les enchaînant avec des **barres obliques**.

Exemple : Au début du poème « Solitaire » de Paul Éluard, le « je » poétique imagine une vie sans sa bien-aimée, dans la solitude : « *J'aurais pu vivre sans toi / Vivre seul* » (v. 1-2).

Modifier une citation

Opérer des coupes dans une citation

On est parfois amené à opérer des coupes quand la citation est trop longue. Dans ce cas, on utilise des **points de suspension entre crochets** pour indiquer que le texte a été coupé. Il faut cependant être attentif à ce que la citation conserve un sens !

Exemple : Dans la préface de *La Fortune des Rougon*, Zola définit ainsi son projet : « *Cette œuvre* [...] *est donc* [...] *l'histoire naturelle et sociale d'une famille sous le Second Empire.* »

Ajuster une citation à la phrase

La citation bien insérée doit s'intégrer parfaitement dans la syntaxe du commentaire. Cela implique parfois des modifications de détail, qu'il faut indiquer précisément en plaçant les **éléments modifiés entre crochets**.

Exemple : Montaigne déclare dans sa préface aux *Essais* qu'« [il] *veu*[t] *qu'on* [l']*'y voie en* [s]*a façon simple, naturelle et ordinaire, sans contention et artifice : car c'est* [lui] *qu'*[il] *pein*[t]. »

Insérer une citation brève ou longue

Insérer une citation brève

Une citation brève peut être insérée directement dans le commentaire en employant les guillemets seuls. On peut aussi recourir à une formule d'introduction : *par exemple, comme, ainsi…*

Attention !

Les citations doivent être correctement insérées dans le propos : les parenthèses sont donc proscrites.

Exemple : Dans *Candide*, lors du conflit armé entre les Abares et les Bulgares, Voltaire dénonce la « *boucherie héroïque* » qu'est la guerre.

Insérer une citation longue

Même s'il est fort déconseillé de recourir à des citations longues, en particulier dans le commentaire, on y est parfois contraint.

- **La juxtaposition.** Le plus facile consiste à insérer la citation grâce à une proposition introductrice suivie de deux points.

Exemple : Dans la préface de *Pierre et Jean*, Maupassant affirme : « *Le réaliste, s'il est un artiste, cherchera, non pas à nous montrer la photographie banale de la vie, mais à nous en donner la vision plus complète, plus saisissante, plus probante que la réalité même.* »

- **La subordination.** On peut aussi subordonner la citation à la proposition introductrice.

Exemple : Dans la préface de *Pierre et Jean*, Maupassant affirme que « [l]*e réaliste, s'il est un artiste, cherchera, non pas à nous montrer la photographie banale de la vie, mais à nous en donner la vision plus complète, plus saisissante, plus probante que la réalité même.* »

- **L'intégration.** La citation est fragmentée et intégrée par morceaux dans le commentaire pour mieux épouser le mouvement de la phrase.

Exemple : Dans la préface de *Pierre et Jean*, Maupassant affirme que le but de l'artiste réaliste n'est pas de présenter « *la photographie banale de la vie* », mais d'en livrer « *la vision plus complète, plus saisissante, plus probante que la réalité même.* »

Exercice d'application

ÉNONCÉ

En vous appuyant sur les passages soulignés, vous rédigerez quelques paragraphes de commentaire montrant que cette description ressemble à un tableau impressionniste.

Ayant fait encore quelques pas, il s'arrêta pour contempler la rade. Sur sa droite, au-dessus de Sainte-Adresse, les deux phares électriques du cap de la Hève, semblables à deux cyclopes monstrueux et jumeaux, jetaient sur la mer leurs longs et puissants regards. Partis des deux foyers voisins, les deux rayons parallèles, pareils aux queues géantes de deux comètes, descendaient, suivant une pente droite et démesurée, du sommet de la côte au fond de l'horizon. Puis sur les deux jetées, deux autres feux, enfants de ces colosses, indiquaient l'entrée du Havre ; et là-bas, de l'autre côté de la Seine, on en voyait d'autres encore, beaucoup d'autres, fixes ou clignotants, à éclats et à éclipses, s'ouvrant et se fermant comme des yeux, les yeux des ports, jaunes, rouges, verts, guettant la mer obscure couverte de navires, les yeux vivants de la terre hospitalière disant, rien que par le mouvement mécanique invariable et régulier de leurs paupières : « C'est moi. Je suis Trouville, je suis Honfleur, je suis la rivière de Pont-Audemer. » Et dominant tous les autres, si haut que, de si loin, on le prenait pour une planète, le phare aérien d'Étouville montrait la route de Rouen, à travers les bancs de sable de l'embouchure du grand fleuve.

Maupassant, *Pierre et Jean*, 1888.

CORRIGÉ

Cette description nocturne du port du Havre ressemble à un tableau impressionniste. En effet, toute la description est en focalisation interne : l'embrayeur de focalisation est un verbe de vision très fort, « contempler » (l. 1) signifie que le spectateur s'absorbe dans la vue du port. La description fait donc état des impressions et des sensations du personnage qui regarde le paysage.

De plus, les couleurs apparaissent par taches, comme le souligne l'énumération « jaunes, rouges, verts » (l. 10), et contrastent sur le fond noir de la nuit et de la mer « obscure » (l. 10). Mais ce sont surtout les lumières qui priment et qui guident le regard du spectateur : « les deux rayons parallèles [...] descend[ent] » (l. 4-5) le long du paysage, suivis de « deux autres feux » qui « indiqu[ent] » (l. 7) l'entrée du port. Le narrateur amplifie cette féérie lumineuse en ajoutant qu' « on en voyait d'autres encore, beaucoup d'autres » (l. 8-9) : la correction apportée multiplie le nombre de points lumineux qui ponctuent le paysage.

Mais c'est surtout l'association des lumières au champ lexical du mouvement qui parachève le tableau. Ainsi, les rythmes binaires se combinent aux antithèses dans les deux notations « fixes ou clignotants » (l. 9), « à éclats et à éclipses » (l. 9) pour insister sur le clignotement des lumières ; en ce sens, l'allitération en *kl* et la proximité sonore entre les expressions « à éclats et à éclipses » semblent rythmer le jeu de lumières. De même, la cadence du « mouvement mécanique invariable et régulier » (l. 12) des lumières est reproduite par le rythme équilibré de la phrase qui associe un nom et trois adjectifs de trois syllabes chacun.

LES MÉTHODES

Produire un écrit d'invention argumentatif

Comment faire

L'écriture d'invention vise à vérifier vos aptitudes à comprendre un texte, à saisir ses enjeux et à percevoir les spécificités de son écriture, afin de parvenir à les reproduire, à les prolonger ou à s'en démarquer. C'est donc un exercice moins simple qu'il n'y paraît : c'est une écriture sous contrainte qui fait certes appel à l'imagination, mais dans un cadre strictement défini par le sujet. Il consiste souvent à produire une argumentation, c'est-à-dire à rechercher des arguments en fonction d'un thème, d'une visée et d'un destinataire précis.

Cerner les contraintes thématiques et formelles imposées par le sujet

Identifier le thème de réflexion et la démarche argumentative à suivre

Le sujet invite à réfléchir sur un thème propice au débat d'idées, en relation avec le texte source. Il peut demander de discuter, d'étayer ou de réfuter un point de vue (voir Étayer et réfuter une thèse, p. 10 et Discuter une thèse, p. 12). Il faut donc examiner les idées du texte source susceptibles d'alimenter votre réflexion, et vous appuyer sur vos connaissances personnelles, avant d'organiser votre argumentaire dans un plan au brouillon.

Identifier la forme du texte argumentatif à rédiger

• **Un article.** Vous devrez rédiger un article polémique ou critique, un droit de réponse, un éditorial, exprimer un jugement, faire un éloge ou un blâme, prendre position sur un sujet littéraire ou de société…

• **Une lettre.** Ce peut être une correspondance avec un destinataire défini, une lettre adressée au courrier des lecteurs, une lettre ouverte, une lettre fictive d'un personnage du texte source…

• **Un échange dialogué.** Ce peut être un dialogue de théâtral, romanesque, argumentatif, ou un monologue délibératif. Il se présente toujours sous forme de discours direct. Dans le dialogue, l'identité des deux interlocuteurs doit toujours être claire (présence d'incises ou de didascalies).

> **Attention !**
>
> Il faut penser à respecter les codes de la lettre (lieu, date, adresse au correspondant, formules d'ouverture et de fermeture…).

• **Un discours devant une assemblée.** Il faut recourir à tous les moyens de l'orateur pour séduire l'auditoire (voir Chapitre 4, p. 42), sans oublier la dimension physique du discours (voir Chapitre 11, Les règles de l'élaboration du discours *(actio)*, p. 62).

• **Un récit à visée argumentative.** Il s'agit de rédiger un apologue, une fable… et donc d'articuler la séduction du récit bref avec l'efficacité de l'argumentation (morale).

Déterminer le cadre du texte à produire

Identifier la situation d'énonciation

• **Le contexte d'énonciation.** Le sujet impose au texte argumentatif produit un cadre spatio-temporel (souvent rattaché au texte source) dont il faut rendre compte en fonction de la forme du texte à écrire (description dans un récit, compléments circonstanciels ancrés dans un dialogue...).

Attention !

Le cadre spatio-temporel détermine le choix des arguments et des exemples de l'argumentaire, évitez les anachronismes ou les incohérences !

• **Les caractéristiques des interlocuteurs.** Le sujet définit l'identité du locuteur et de l'allocutaire. Le texte produit doit tenir compte de leurs caractéristiques physiques, morales, sociales, de leur façon de parler (niveau de langue, tics de langage...), de leur tempérament, de leurs idées, des relations qu'ils entretiennent entre eux (autorité, politesse, amitié...).

Identifier le registre

• **Le registre est clairement imposé par le sujet.** Il faut récapituler les procédés appropriés et en mobiliser un maximum pour y inscrire clairement le texte à produire.

• **Le registre n'est pas indiqué par le sujet.** Il faut lire attentivement le sujet, qui induit souvent le registre à adopter : une invitation à « s'exprimer avec virulence » suggère le recours au polémique. En l'absence de précision, appuyez-vous sur le contexte d'énonciation et les caractéristiques du locuteur pour définir le registre adapté.

Exercice d'application

ÉNONCÉ

Écrivez le plaidoyer en prose de l'ogre cherchant à se justifier auprès de la fée.

Un brave ogre des bois, natif de Moscovie,
Était fort amoureux d'une fée, et l'envie
Qu'il avait d'épouser cette dame s'accrut
Au point de rendre fou ce pauvre cœur tout brut :
L'ogre, un beau jour d'hiver, peigne sa peau velue,
Se présente au palais de la fée, et salue,
Et s'annonce à l'huissier comme prince Ogrousky.
La fée avait un fils, on ne sait pas de qui.
Elle était ce jour-là sortie, et quant au mioche,
Bel enfant blond nourri de crème et de brioche,
Don fait par quelque Ulysse à cette Calypso,
Il était sous la porte et jouait au cerceau.
On laissa l'ogre et lui tout seuls dans l'antichambre.
Comment passer le temps
quand il neige en décembre,
Et quand on n'a personne avec qui dire un mot ?
L'ogre se mit alors à croquer le marmot*.
C'est très simple. Pourtant c'est aller un peu vite,
Même lorsqu'on est ogre et qu'on est moscovite,

Que de gober ainsi les mioches du prochain.
Le bâillement d'un ogre est frère de la faim.
Quand la dame rentra, plus d'enfant. On s'informe.
La fée avise l'ogre avec sa bouche énorme.
As-tu vu, cria-t-elle, un bel enfant que j'ai ?
Le bon ogre naïf lui dit : Je l'ai mangé.

Or, c'était maladroit. Vous qui cherchez à plaire,
Jugez ce que devint l'ogre devant la mère
Furieuse qu'il eût soupé de son dauphin.
Que l'exemple vous serve ; aimez, mais soyez fin ;
Adorez votre belle, et soyez plein d'astuce ;
N'allez pas lui manger, comme cet ogre russe,
Son enfant, ou marcher sur la patte à son chien.

* *marmot* : « enfant ». *Croquer le marmot* est un jeu de mots qui signifie de façon imagée « patienter en s'ennuyant ».

Victor Hugo, « L'Ogre et la fée »,
Toute la lyre, VII, 11, recueil posthume, 1888 et 1893.

CORRIGÉ

Analyse du sujet

• Contraintes thématiques et formelles imposées par le sujet

Il faut rédiger un texte **argumentatif** visant à **défendre** l'ogre en **étayant** la thèse de son innocence : il n'a pas voulu mal faire en *« croquant le marmot »*.

1° Il est dans sa nature de manger des enfants
2° L'enfant était trop appétissant
3° Il n'a mangé qu'un tout petit enfant

Il faut rédiger un **discours en prose**, ancré dans la situation d'énonciation, proche d'une tirade théâtrale ou des discours prononcés devant l'assemblée d'un tribunal. Il faut penser à mobiliser les ressources de la rhétorique et de l'*actio* dans une visée **persuasive**.

• Le cadre imposé par le sujet

Le cadre spatio-temporel est celui de l'antichambre de la fée, mais renvoie plus largement à l'univers **merveilleux** du conte.

Le locuteur est un **ogre fruste**, d'où sa naïveté face au crime commis. Mais il est **amoureux**, ce qui implique qu'il aura le souci de plaire à son allocutaire furieuse. Le registre suggéré est le registre **comique** (voir Chapitre 6, p. 48), fondé sur la maladresse du personnage naïf et amoureux.

Réponse rédigée

« Madame, je comprends votre indignation, mais vous m'accusez à tort, j'ai agi en toute innocence ! Veuillez considérer la situation d'un œil plus objectif : vous semblez oublier que je ne suis qu'un ogre, une créature des bois, il est dans ma nature de manger les enfants ! Comment me reprocher, à moi, un crime qui n'en est pas ? Madame, je compatis à votre douleur… *(il s'agenouille maladroitement à ses pieds)*, mais sachez bien que nulle intention mauvaise n'a motivé mon geste : je venais en ami, en amoureux, en fait… Et puis (*se relevant péniblement en se tenant le ventre*)… reconnaissez aussi que ce n'est pas sérieux, de laisser là, sous mes yeux, seul et sans surveillance, un bambin si dodu, si replet, si potelé… *(il réprime discrètement un renvoi de satiété)*. Ce fut un vrai supplice ! Quel ogre y aurait résisté ? Enfin, Madame, soyez clémente, pourquoi me tenir rigueur d'une si bénigne erreur ? C'est vrai, après tout : je n'ai mangé qu'un minuscule mioche ! Allons, Madame, oublions cette histoire, vous voyez bien que je suis innocent ! »

LES MÉTHODES

Imiter et amplifier un texte

Comment faire

Le sujet d'invention peut aussi inviter à poursuivre un texte en l'amplifiant. Il s'agit alors d'en écrire le début ou la fin, d'en compléter les ellipses, d'en développer un aspect secondaire, d'y insérer une description ou un dialogue… Dans tous les cas, il est indispensable de respecter les caractéristiques du texte source et le style de l'auteur, de façon à bien montrer que vous avez été sensible à ce qui fait la spécificité du texte source.

Identifier les contraintes du genre du texte source

Il faut identifier le genre du texte à amplifier (genre narratif, poétique, théâtral, argumentatif) pour en dégager les spécificités à respecter dans le texte à rédiger (voir Chapitres 1 à 4, pp. 30 à 44). On sera attentif en particulier aux conventions formelles propres au théâtre (présentation du dialogue et des didascalies) et à la poésie (musicalité de la langue).

Attention !

Pensez à vous appuyer sur vos connaissances personnelles d'autres textes appartenant au même genre pour alimenter votre réflexion.

Identifier les contraintes du cadre du texte source

• **Le cadre spatio-temporel.** Il faut conserver la situation du texte source : l'époque et le lieu, dont il faut rendre compte dans le texte produit.

• **Les personnages.** Il faut aussi conserver les caractéristiques physiques, morales, sociales, des personnages, leur façon de parler, leur tempérament, leurs idées, les relations qu'ils entretiennent entre eux.

Identifier le registre du texte source

Le registre du texte implique le recours à des procédés spécifiques (voir Chapitres 5 à 7 sur les registres, pp. 46 à 51) : on examinera donc le lexique utilisé, la situation d'énonciation, les procédés de style et grammaticaux majeurs, la longueur et le rythme de la syntaxe. Au moment de rédiger, vous devrez compléter ce repérage par d'autres procédés que vous connaissez relevant du même registre.

Structurer le texte d'amplification

• **Le texte d'amplification argumentatif.** Le thème et la thèse seront rappelés au début du texte, puis l'argumentaire sera organisé en un plan progressif (voir Étayer et réfuter une thèse, p. 10 et Discuter une thèse, p. 12) et se terminera par une petite conclusion.

Attention !

Il faut veiller à proposer un texte cohérent, que vous aurez préalablement organisé au brouillon.

• **Le texte d'amplification théâtral.** Le thème doit être posé clairement au début du texte. Surtout, l'action ou le discours doivent suivre une véritable progression : vous devez toujours vous demander où vous voulez en venir, et non écrire au fil de la plume, il faut soutenir l'intérêt du lecteur ! L'action doit aboutir à un dénouement, le discours à une conclusion.

• **Le texte d'amplification narratif.** Le cadre spatio-temporel et les personnages principaux doivent être posés au début du texte. L'action se déroulera de façon cohérente, menant d'une situation initiale à une situation finale (voir Chapitre 1, p. 30).

Exercice d'application

ÉNONCÉ

Candide découvre les horreurs de la guerre. Après avoir contemplé la « boucherie héroïque » du champ de bataille, il découvre le sort des civils à l'arrière du front.

[…] Il passa par-dessus des tas de morts et de mourants, et gagna d'abord un village voisin ; il était en cendres : c'était un village abare que les Bulgares avaient brûlé, selon les lois du droit public. Ici des vieillards criblés de coups regardaient mourir leurs femmes égorgées, qui tenaient leurs enfants à leurs mamelles sanglantes ; là des filles éventrées après avoir assouvi les besoins naturels de quelques héros rendaient les derniers soupirs ; d'autres, à demi brûlées, criaient qu'on achevât de leur donner la mort. Des cervelles étaient répandues sur la terre à côté de bras et de jambes coupés.
Candide s'enfuit au plus vite dans un autre village : il appartenait à des Bulgares, et des héros abares l'avaient traité de même. Candide, toujours marchant sur des membres palpitants ou à travers des ruines, arriva enfin hors du théâtre de la guerre […].

Voltaire, *Candide*, 1759.

Poursuivez le récit : Candide s'enfuit dans la forêt et rencontre un ermite, auquel il raconte les atrocités dont il a été témoin.

CORRIGÉ

Analyse du sujet

Le sujet demande d'amplifier le récit à travers le **discours** de Candide à un ermite. Il faut tenir compte de la **situation d'énonciation** : le naïf Candide s'adresse directement à l'ermite, vieil homme sage, à la première personne. Il faut surtout recenser dans le texte source les **procédés relevant du pathétique, voire du tragique** :
– l'**hyperbole** (« *des tas de morts et de mourants* ») ;
– le **lexique de la souffrance et de la mort** (« *criblés de coups* », « *égorgées* », « *sanglantes* », « *éventrées* », *à demi brûlées* »), de l'agonie (« *regardaient mourir* », « *rendaient les derniers soupirs* », « *criaient* ») ;
– la **syntaxe** : presque une seule phrase, longue et complexe, enchaînant les souffrances (« *ici… là… d'autres* ») ;
– l'**emploi de l'imparfait descriptif à valeur durative** qui produit un effet d'arrêt sur image et focalise l'attention sur la scène ;

– les **détails atroces** (les *« mamelles sanglantes »* qui substituent le sang de la souffrance au lait de la vie, les morceaux de corps éparpillés : *« cervelles »*, *« bras »*, *« jambes »*).
Il faut aussi insérer dans le texte produit des procédés traduisant **l'émotion du locuteur** (questions oratoires, modalités exclamatives, accumulations, gradations…) et **organiser** le discours de façon progressive, en mobilisant des connecteurs, des procédés pathétiques et tragiques de plus en plus forts.

Réponse rédigée

« Monsieur l'ermite, vous n'imaginerez jamais [hyberbole] le spectacle pitoyable et terrible [adjectifs évaluatifs ancrant le texte dans les registres pathétique et tragique] auquel j'ai assisté ! [modalité exclamative] Moi qui croyais avoir vu l'enfer [métaphore et hyperbole] sur le champ de bataille, ce n'était rien auprès des atrocités indicibles [hyperbole] qui ont rempli mes yeux dans les villages alentours ! [modalité exclamative] Partout [hyperbole] gisaient les corps de victimes faibles et innocentes [lexique évaluatif ancrant le texte dans le registre pathétique] : femmes, vieillards, enfants [énumération], nulle pitié n'a adouci le cœur aride des soldats sanguinaires [hyperbole et lexique évaluatif ancrant le texte dans le registre tragique]. Au contraire, tout laissait à penser qu'ils avaient redoublé de raffinement dans la cruauté : frapper, égorger, violer, éventrer, brûler… [accumulation de verbes appartenant au champ lexical de la violence] aucun supplice n'a été épargné à ces pauvres gens qui n'avaient rien fait [lexique évaluatif ancrant le texte dans le registre pathétique] ! [modalité exclamative] Pire, ces bourreaux [hyperbole et lexique évaluatif ancrant le texte dans le registre tragique] n'ont même pas jugé bon d'abréger leurs souffrances : la ville en ruines retentissait des cris d'agonie des survivants, un enfant pleurait de désespoir [champ lexical de la détresse ancrant le texte dans le registre pathétique] dans les bras ensanglantés de sa mère morte [détail tragique] ! [modalité exclamative] Oh ! ermite, je n'ai plus de larmes, [hyperbole pathétique] tant j'ai pleuré en chemin ! [modalité exclamative] Comment peut-on en arriver à ce degré d'inhumanité ? Quel sens à tout cela ? [questions oratoires] Oh ! ermite, toi qui es sage, éclaire-moi, le monde est devenu fou [hyperbole] ! [modalité exclamative] »

1 Le texte narratif

Le texte narratif se caractérise par la prédominance du **récit** de faits ou d'actions qui s'organisent dans le **temps** et dans l'**espace**. Ceux-ci sont accomplis par des personnes ou des **personnages**, selon un certain **point de vue**.

1 La temporalité dans le récit

A Les temps verbaux

• **L'opposition imparfait / passé simple.** Le récit est traditionnellement au passé : le **passé simple** relate des actions ponctuelles (« de premier plan ») ; elles se détachent par rapport aux actions exprimées à l'**imparfait** (« de second plan »).

Exemples

• « *J'étais là, regardant beaucoup, parlant peu et écoutant le moins que je pouvais, lorsque je fus abordé par un des plus bizarres personnages* [...] » Diderot.

• « *Soudain, le tocsin sonne* [...] *On se pourvoit de piques, de bâtons, de fourches,* [...] » Chateaubriand.

• **Le présent de narration** rapporte les faits de façon plus vivante.

B Les repères temporels

• **L'enchaînement chronologique des actions.** Les **marqueurs temporels** et les **temps verbaux** situent les actions les unes par rapport aux autres. Dans un récit au présent, le passé composé exprime une action antérieure à l'action racontée, et le futur une action postérieure *(Il affirme* [présent] *qu'il a eu* [passé composé] *tort et qu'il ne recommencera* [futur] *pas.)*.
Dans un récit au passé, le plus-que-parfait exprime une action antérieure, et le conditionnel une action ultérieure *(Il affirma* [imparfait] *qu'il avait eu* [plus-que-parfait] *tort et qu'il ne recommencerait* [conditionnel] *pas.)*.

• **La rupture de l'ordre chronologique.** L'**analepse narrative** opère un **retour en arrière**, par exemple pour dévoiler les motivations d'un personnage en remontant dans son passé. La **prolepse narrative** opère une **projection dans le futur**, par exemple pour montrer l'importance d'un événement du récit en révélant ses conséquences.

C La progression de l'action selon le schéma narratif

La situation initiale	Situation d'équilibre qui précède l'action, présentant le cadre spatio-temporel et les personnages du récit.
L'élément perturbateur	Événement qui rompt l'équilibre initial et déclenche l'action.
Les péripéties	Événements qui font rebondir l'action.
L'élément réparateur	Événement qui met fin à l'action et permet de rééquilibrer la situation.
La situation finale	Situation de retour à un nouvel équilibre.

D Les vitesses du récit

Selon leur intérêt, les actions sont relatées plus ou moins longuement. On distingue ainsi quatre vitesses du récit, de la plus lente à la plus rapide.

La pause	Elle dilate la durée du récit par rapport à celle des faits racontés (**exemple :** *la description*).
La scène	Elle fait coïncider la durée du récit et celle des faits racontés, elle crée l'illusion du « temps réel » (**exemple :** *le dialogue*).
Le sommaire	Il condense la durée du récit par rapport à celle des faits racontés (**exemple :** *les passages de résumé d'actions*).
L'ellipse narrative	Elle passe sous silence certains faits ou actions.

2 L'espace dans le récit

A Les marqueurs spatiaux

Les **toponymes** (noms de lieu) situent les actions dans un cadre géographique réel ou imaginaire. Les **compléments circonstanciels de lieu** situent les actions les unes par rapport aux autres dans un espace donné.

B Fonctions des marqueurs spatiaux

- **Créer un « effet de réel ».** Les toponymes réels, en inscrivant les actions dans un cadre existant, créent l'illusion qu'elles ont vraiment eu lieu.
- **Ancrer le récit dans un genre.** Certains marqueurs spatiaux sont caractéristiques d'un genre, comme le château et la forêt qui constituent le cadre traditionnel du roman de chevalerie ou du conte.
- **Receler un sens symbolique.** Les lieux peuvent révéler le sens caché de l'histoire, notamment par leur rapport étroit avec les personnages.

3 Le personnage dans le récit

A Le degré de réalité du personnage

Le personnage est un être fictif créé par l'auteur, ressemblant plus ou moins à une personne réelle.

- **Le personnage-type** est le plus éloigné de la réalité : conventionnel, il est peu décrit, dépourvu de psychologie et prévisible.
- **Le personnage réaliste** est au contraire précisément décrit, physiquement et moralement, doté d'une psychologie, d'un comportement singulier, et inscrit dans une époque et dans le temps.

Exemples

- Le personnage du loup, dans les contes et les fables, est le personnage-type d'un être malfaisant et dangereux.
- Dans *L'Homme qui rit* (Hugo), Gwynplaine est un personnage réaliste, enlevé par des voleurs d'enfants dans l'Angleterre du XVIIIe siècle et singulier par son visage mutilé, mais aussi par sa grandeur d'âme.

B La construction du personnage

- **La désignation du personnage.** Le nom du personnage peut refléter sa nature profonde, soit par **dénotation** (le nom de Candide, chez Voltaire, exprime la naïveté du personnage), soit par **connotation** (le nom du spéculateur immobilier Saccard, chez Zola, évoque le saccage). Il peut révéler son rang social : le nom à particule indique une origine aristocratique.

• **La description.** Le **portrait** donne corps au personnage en multipliant les détails physiques, vestimentaires, psychologiques et moraux. La description de ses **actions** révèle aussi ce qu'il est.

• **Les discours rapportés.** Les paroles et les pensées du personnage sont rapportées selon diverses modalités.

Type de discours rapporté	Caractéristiques	Exemple (d'après Musset)
Le discours direct	– Verbe de parole introducteur suivi de deux points ou placé en incise. – Énoncé ancré dans la situation d'énonciation (souvent entre guillemets), conservation des modalités interrogatives / exclamatives. – On entend la « parlure » du personnage (niveau de langue, accent...).	Perdican déclara : « Je t'aime, Rosette ! toi seule au monde tu n'as rien oublié de nos beaux jours passés [...] Donne-moi ton cœur ! »
Le discours indirect	– Verbe de parole recteur d'une proposition subordonnée complétive / interrogative. – Transposition personnelle et temporelle, disparition des modalités interrogatives / exclamatives.	Perdican déclara à Rosette qu'il l'aimait, qu'elle seule au monde n'avait rien oublié de leurs beaux jours passés. Il lui demanda de lui donner son cœur.
Le discours indirect libre	– Absence de verbe de parole introducteur. – Transposition personnelle et temporelle, mais conservation des modalités interrogatives / exclamatives.	Perdican aimait Rosette ! Elle seule au monde n'avait rien oublié de leurs beaux jours passés. Qu'elle lui donnât son cœur !
Le discours narrativisé	Il traduit en récit les paroles (ou les pensées) des personnages en les résumant.	Perdican fit à Rosette une ardente déclaration d'amour.

C La fonction du personnage via le schéma actantiel

Le personnage se définit aussi par la fonction qu'il occupe dans le déroulement de l'action (voir Chapitre 3, p. 40).

4 Narrateur et récit

A L'auteur et le narrateur

L'**auteur** (la personne qui a écrit le texte) n'est pas le **narrateur** (la voix qui raconte l'histoire). Dans les récits de fiction à la première personne, le narrateur qui dit « je » est donc un personnage, son histoire n'est pas celle de l'auteur.

L'**autobiographie** est le seul cas où le « je » et l'auteur sont clairement posés comme une seule et même personne à travers un pacte de lecture, appelé « pacte autobiographique ».

Exemples

• Dans *Voyage au bout de la nuit* de L.-F. Céline, le personnage principal, Bardamu, raconte son histoire à la première personne. Même si ce récit ressemble à la vie de l'auteur, « je » n'est pas Céline !

• Au début des *Confessions*, qui relatent sa propre vie, Rousseau déclare directement au lecteur : *« Je veux montrer à mes semblables un homme dans toute la vérité de la nature ; et cet homme, ce sera moi. Moi seul... »*

B Le narrateur et le personnage

• **Le narrateur extérieur à l'histoire.** Sa présence est imperceptible, les faits semblent se raconter d'eux-mêmes. Elle est parfois sensible à travers des marques de la première personne, des modalisateurs, un lexique évaluatif, qui permettent au narrateur d'émettre un jugement sur le récit.

• **Le narrateur personnage.** Il fait partie du récit : il raconte sa propre histoire ou bien une histoire dont il est un personnage secondaire.

5 Les points de vue de la narration

• **La focalisation zéro** ne se limite à aucun point de vue : le **narrateur** est **omniscient**, il peut tout expliquer (révéler les motivations des personnages, voyager dans le temps.

Exemple : « Madame Vauquer, née de Conflans, est une vieille femme qui, depuis quarante ans, tient à Paris une pension bourgeoise établie rue Neuve-Sainte-Geneviève, entre le quartier latin et le faubourg Saint-Marcel. » (Balzac, *Le Père Goriot)*

• **La focalisation interne** raconte les faits du **point de vue d'un personnage** (vision subjective). Elle est repérable par la présence de verbes de perception, d'indices spatio-temporels organisant la vision à partir du personnage, du champ lexical des émotions…

Exemple : « Devant lui, il ne voyait même pas le sol noir, et il n'avait la sensation de l'immense horizon plat que par les souffles du vent de mars, des rafales larges comme sur une mer, glacées d'avoir balayé des lieues de marais et de terres nues. » (Zola, *Germinal*)

• **La focalisation externe** relate les faits à partir d'une position **neutre et indéfinie** : le narrateur raconte de l'extérieur, il en sait moins que les personnages.

Exemple : « Le plus grand, vêtu de toile, marchait le chapeau en arrière, le gilet déboutonné et sa cravate à la main. Le plus petit, dont le corps disparaissait dans une redingote marron, baissait la tête sous une casquette à visière pointue. » (Flaubert, *Bouvard et Pécuchet*)

2 Le texte poétique

Le texte poétique s'attache à la **musicalité** de la langue : il choisit les mots non seulement pour leur sens, mais aussi pour leur sonorité, leur rythme. Le poète dispose de différents outils pour développer la musicalité de sa parole poétique.

1 Le vers

Les vers sont repérables **visuellement** : le texte revient systématiquement à la ligne et chaque vers commence par une majuscule. D'un point de vue **sonore**, on les perçoit quand le nombre des syllabes revient régulièrement.

A Le décompte des syllabes et le *e* muet en fin de mot

En fin de vers, on ne prononce jamais le -*e* final.
À l'intérieur du vers, si le -*e* final est suivi d'une consonne (ou d'un *h* aspiré), il se prononce.
À l'intérieur du vers, si le -*e* muet final est suivi d'une voyelle (ou d'un *h* muet), il ne se prononce pas.

Exemples

- *« Ces vieux singes de cour, qui ne savent rien fair[e] / Sinon en leur marcher les princes contrefair[e] »* (Du Bellay).
- *« Dieux ! Que ne suis-j[e] assis[e] à l'ombre des forêts ! »* (Racine).

B Diérèse et synérèse

- **La diérèse.** Pour obtenir une syllabe supplémentaire, on prononce deux voyelles successives en deux syllabes au lieu d'une seule.
- **La synérèse.** Pour effacer une syllabe surnuméraire, on prononce deux voyelles successives en une seule syllabe au lieu de deux.

Exemples

- *« J'étais insoucieux [ci/eux] de tous les équipages »* (Rimbaud).
- *« Tout à un coup je ris et je larmoye, / Et en plaisir maint grief tourment j'endure »* (L. Labé).

2 Le rythme et les accents

A L'accent métrique

L'accent métrique porte sur la dernière syllabe de l'hémistiche et sur la dernière syllabe du vers.

Mots-clés

Hémistiche : moitié d'un vers.
Alexandrin : vers de 12 syllabes.

- **La césure** est une coupe fixe qui sépare le vers (supérieur à huit syllabes) en deux parties égales ou non. Ainsi, le décasyllabe est rythmé en 6//4 ou 4//6.
- **L'alexandrin régulier** est rythmé en 6//6.

« Ce voyageur ailé, // comme il est gauche et veule ! » (Baudelaire).
Au XIXe siècle, les romantiques prisent le trimètre, rythmé en 4/4/4, qui efface la césure.
« Je marcherai / les yeux fixés / sur mes pensées » (Hugo).

B Les discordances entre le vers et la syntaxe

Selon les règles classiques, la longueur de la phrase doit correspondre à la longueur du vers, mais des discordances peuvent se produire.

- **L'enjambement.** Lorsque la phrase commence dans un vers et se termine largement dans le suivant, il y a un enjambement.
« Les beaux habits du soir un à un que l'on quitte / Tombent indolemment sur l'aube des planchers » (Aragon).

- **Le rejet externe.** Lorsque la phrase est plus longue que le vers et qu'un élément bref « déborde » sur le vers suivant, il y a un rejet externe.
« Innocents dans un bagne, anges dans un enfer / Ils travaillent. Tout est d'airain, tout est de fer » (Hugo).

- **Le contre-rejet externe.** Lorsque la phrase est plus courte que le vers, et qu'un élément bref de la phrase suivante « remonte » à la fin de ce vers, il y a un contre-rejet externe.
« Souvenir, souvenir, que me veux-tu ? L'automne / Faisait voler la grive à travers l'air atone » (Verlaine).

3 Les rimes et les strophes

A La qualité des rimes

- **La rime pauvre.** Les deux mots à la rime ont un seul phonème (ou son) commun.
« C'est en ces mots que le lion / Parlait un jour au moucheron » (La Fontaine).

- **La rime suffisante.** Les deux mots à la rime ont deux phonèmes communs.
« Porteur de blés flamands ou de cotons anglais [...] */ Les Fleuves m'ont laissé descendre où je voulais »* (Rimbaud).

- **La rime riche.** Les deux mots à la rime ont au moins trois phonèmes communs.
« Chaque fleur s'évapore ainsi qu'un encensoir ; / Les sons et les parfums tournent dans l'air du soir » (Baudelaire).

B La disposition des rimes

- **Les rimes suivies (ou plates).** Deux rimes (A et B) se suivent sur deux vers consécutifs (AABB).

- **Les rimes croisées.** Deux rimes (A et B) alternent sur quatre vers consécutifs (ABAB).

- **Les rimes embrassées.** Deux rimes (A et B) forment un chiasme sur quatre vers consécutifs (ABBA).

C Les figures de répétition sonore

La musicalité du texte poétique repose aussi sur le retour des sonorités à l'intérieur des vers.

- **L'anaphore, l'assonance, l'allitération** (voir chapitre 8, Les figures de style, p. 53).

- **La paronomase** est le rapprochement de deux termes très proches par leurs sonorités.
« Et la mer et l'amour ont l'amer pour partage / Et la mer est amère et l'amour est amer » (Marbeuf).

D La strophe

Une **strophe** est un ensemble de vers, généralement mis en valeur par des blancs typographiques, constituant une unité grammaticale et sémantique et présentant une cohérence formelle (en particulier un système de rimes complet, récurrent et clos).
Les strophes composées de vers de même longueur sont **isométriques**. Les strophes composées de vers de longueurs différentes sont **hétérométriques**. On appelle **stances** un poème lyrique composé de strophes hétérométriques.

Mots-clés

Il existe **différents types de strophes** : le distique (deux vers), le tercet (trois vers), le quatrain (quatre vers), le quintil (cinq vers), le sizain (six vers), le septain (sept vers), le huitain (huit vers), le neuvain (neuf vers), le dizain (dix vers), le onzain (onze vers), le douzain (de douze vers)…

4 Les formes poétiques

A Les formes fixes

• **Les poèmes à forme fixe** respectent des règles précises qui déterminent les vers, la nature et la disposition des rimes et des strophes.

• **L'exemple du sonnet régulier.** Il comprend deux quatrains à rimes embrassées (ABBA, ABBA) et deux tercets (CCD, EED ou EDE). Sa brièveté contraint à la concentration des effets, de l'attaque (premier vers qui doit captiver le lecteur), à la pointe (dernier vers qui doit être frappant), en passant par la bascule (des quatrains aux tercets), où le propos opère souvent un renversement).
(Voir aussi Les Méthodes, pp. 19-20.)

Ronsard, « Sonnet X », *Continuation des Amours*, 1555.

Attaque → (adresse qui interpelle le lecteur) **Quatrain 1**	Marie, vous avez la joue aussi vermeille Qu'une rose de mai, vous avez les cheveux De couleur de châtaigne, entrefrisés de nœuds, Gentement tortillés tout autour de l'oreille.	**A** **B** **B** **A**
Quatrain 2	Quand vous étiez petite, une mignarde abeille Dans vos lèvres forma son doux miel savoureux, Amour laissa ses traits dans vos yeux rigoureux, Pithon vous fit la voix à nulle autre pareille.	**A** **B** **B** **A**
Bascule → (du visage au corps)		
Tercet 1	Vous avez les tétins comme deux monts de lait, Qui pommellent ainsi qu'au printemps nouvelet Pommellent deux boutons que leur châsse environne.	**C** **C** **D**
Tercet 2 **Pointe** → (la beauté physique cache un tempérament farouche)	De Junon sont vos bras, des Grâces votre sein, Vous avez de l'Aurore et le front, et la main, Mais vous avez le cœur d'une fière lionne.	**E** **E** **D**

B Les formes dites modernes

À partir du XIXe siècle, les poètes s'affranchissent des règles de versification classiques.

• **Le poème en prose (texte type 2)** a la forme de la prose, sans retour à la ligne, sans rimes, ni rythme particulier. Cependant, il a une unité autonome et ses paragraphes, entourés de blancs typographiques, ressemblent à des strophes dotées d'une structure interne récurrente (syntaxe, rythmes, sons, images, thèmes).

• **Le poème en vers libres (texte type 1).** Les vers libres reviennent systématiquement à la ligne avec majuscule, mais ils sont de longueur irrégulière et ne riment pas. Leur poéticité vient de leur disposition typographique originale, de leur rythme particulier qui épouse le mouvement de la phrase, des jeux sonores qui les structurent et des figures de style qu'ils emploient (en particulier les images).

• **Le calligramme.** Créée par Apollinaire, cette forme poétique dessine, par la disposition des mots dans l'espace de la page, le sujet du poème. Il s'agit de libérer le poème de sa linéarité et de le saisir plus spontanément par le regard.

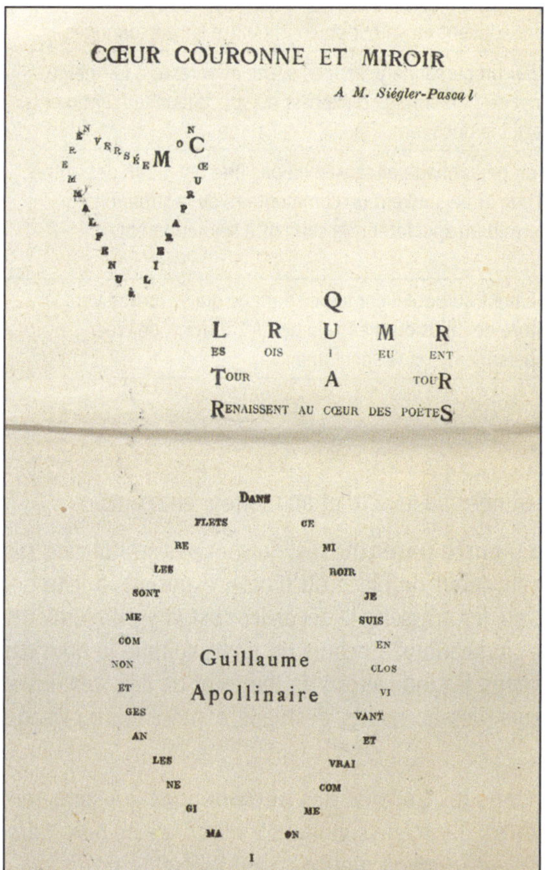

▲ Guillaume Apollinaire, « Cœur couronne et miroir », in *Calligrammes*, © Éditions Gallimard.

Texte-type 1

J'aurais pu vivre sans toi
Vivre seul

Qui parle
Qui peut vivre seul
Sans toi
Qui

Être en dépit de tout
Être en dépit de soi

La nuit est avancée

Comme un bloc de cristal
Je me mêle à la nuit.

Paul Éluard, « Solitaire »,
Les Mains libres, 1937,
© Éditions Gallimard.

Texte-type 2

La nuit parfois ravive une plante singulière dont la lueur décompose les chambres meublées en massifs d'ombres.

Sa feuille d'or tient impassible au creux d'une colonnette d'albâtre par un pédoncule très noir.

Les papillons miteux l'assaillent de préférence à la lune trop haute, qui vaporise les bois. Mais brûlés aussitôt ou vannés dans la bagarre, tous frémissent aux bords d'une frénésie voisine de la stupeur.

Cependant la bougie, par le vacillement des clartés sur le livre au brusque dégagement des fumées originales encourage le lecteur, – puis s'incline sur son assiette et se noie dans son aliment.

Francis Ponge, « La bougie »,
Le Parti-pris des choses (1942).

3 Le texte de théâtre

Le texte théâtral n'est pas conçu pour être lu, mais pour être **représenté** sur scène : il requiert, face aux spectateurs, la présence physique des acteurs qui donnent vie au texte à travers la mise en voix des dialogues et la mise en espace des relations entre les personnages.

1 Dialogues et didascalies

A Le dialogue et les formes de la parole théâtrale

Le dialogue est le type de discours dominant sur scène ; les répliques sont de longueur variable.

La tirade	Longue réplique adressée à un personnage en scène. Elle a souvent une fonction informative (raconter ce qui s'est passé hors scène) ou argumentative (un personnage cherche à convaincre ou à persuader son interlocuteur).
Les stichomythies	Répliques très brèves, échangées très rapidement, vers à vers, entre les personnages. Elles mettent souvent en valeur un conflit entre les personnages.
Le monologue	Long discours prononcé par un personnage seul en scène et adressé à lui-même. Cet artifice théâtral permet au personnage d'exposer au spectateur ses sentiments, ses doutes, les dilemmes qui le déchirent.
L'aparté	Réplique prononcée par un personnage et censée ne pas être entendue des autres personnages en scène. Il constitue souvent un commentaire de la situation par le personnage, qui permet au spectateur de connaître ses sentiments et ses intentions.
L'adresse au public	Réplique adressée directement au public par le personnage qui se tourne vers lui pour lui parler. Cette rupture de l'illusion théâtrale permet souvent de créer une connivence entre le personnage et le spectateur.

B Les didascalies

Ce sont les indications de mise en scène, destinées au lecteur et au metteur en scène.

- **Les didascalies externes**, en **italiques** ou **entre parenthèses**, ne sont pas prononcées par les personnages. Les didascalies **initiales**, en début de pièce ou d'acte, exposent la liste des personnages, leur statut social, les relations qui les unissent, le décor, les costumes, les lumières. Les didascalies **fonctionnelles** donnent des indications au cours du texte, comme le nom des personnages, les divisions en actes et en scènes, les indications de temps et de lieu. Les didascalies **expressives** précisent le jeu des acteurs (déplacements, gestuelle, expressions du visage, intonation…).

- **Les didascalies internes** sont **incluses dans les paroles des personnages** qui suggèrent une intonation, un déplacement, un geste, un jeu de scène simultané : *« Ouf ! Je ne puis parler tant je suis prévenu ; / Je suffoque et voudrais me pouvoir mettre nu »* (Molière).

2 La double énonciation

Au théâtre, deux niveaux de communication se superposent en permanence.

• **Le premier niveau** de communication est **interne à l'espace scénique** : les personnages sur scène dialoguent entre eux.

• **Le second niveau** de communication **met en relation la scène et la salle** : par l'intermédiaire des paroles échangées par les personnages, le dramaturge s'adresse aux spectateurs.

• **La double énonciation** est à l'origine du plaisir pris par le spectateur : souvent mieux informé que les personnages, il perçoit, complice du dramaturge, le sens véritable des paroles et des situations.

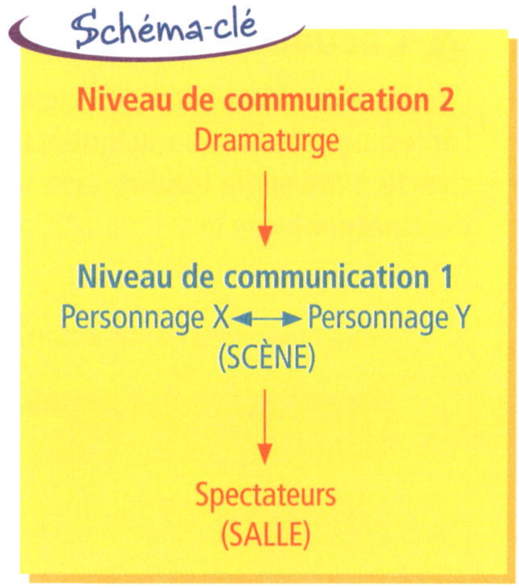

Le **quiproquo** est un malentendu comique, souvent fondé sur l'identité d'un personnage. Il introduit un décalage d'informations entre les personnages qui savent (avec le spectateur) et les personnages qui sont dupes. Dans *Les Fourberies de Scapin* par exemple, Sylvestre et Scapin s'entendent pour soutirer de l'argent à Argante : le premier en se déguisant en spadassin vengeur, l'autre en jouant le rôle du serviteur dévoué, sous le regard amusé du spectateur informé du stratagème.

L'ironie tragique est la situation où le héros ne discerne pas la fatalité qui le menace, contrairement au spectateur impuissant. Dans *Britannicus* par exemple, le héros éponyme, ignorant que l'empereur Néron est caché et l'écoute, révèle à Junie le complot qu'il trame contre ce dernier, exposant sa vie sans le savoir sous le regard anxieux du spectateur.

3 Le personnage de théâtre

A La construction du personnage

• **Dans le théâtre traditionnel**, soucieux de **vraisemblance**, le personnage est proche de la réalité : il a un nom, un statut social, une famille, un passé (évoqué *via* les paroles des personnages) et une psychologie (sensible dans ses réactions en scène, dans sa façon de parler, dans ses monologues et apartés).

• **Le théâtre moderne**, au contraire, crée des personnages volontairement dépourvus de ces caractéristiques, allant jusqu'à mettre en scène des personnages **anonymes ou interchangeables**.

B La parole caractéristique du personnage

Sur scène, les dialogues sont la seule source d'informations sur le personnage. Ainsi, le **volume**, la **fréquence** de ses répliques, son **niveau de langue**, les **types de phrases** et les **figures de style** qu'il utilise constituent des clés pour le caractériser.

C Les rôles types

Le spectateur identifie facilement les **emplois** des personnages : ce sont des **types psychologiques** (l'ingénue, le jeune premier, le barbon jaloux…) ou **sociaux** (le maître, le valet, le parasite…), ou la conjugaison **des deux** (le valet rusé, comme Scapin, ou le soldat fanfaron, comme Matamore).

4 L'action théâtrale

A L'action théâtrale comme quête

L'action s'organise autour d'une **quête** à laquelle les personnages participent en tant que **forces agissantes** (ou actants). Ils remplissent tous une (ou plusieurs) fonction(s): le ***sujet*** cherche à atteindre **l'objet**, aidé dans sa quête par **l'adjuvant** et retardé par **l'opposant**. Le **destinateur** incite le sujet à agir, au profit du **destinataire**. Attention : les actants ne sont pas nécessairement des personnages (valeurs, sentiments…).

Exemple de schéma actantiel : *Le Barbier de Séville* (1775) de Beaumarchais.

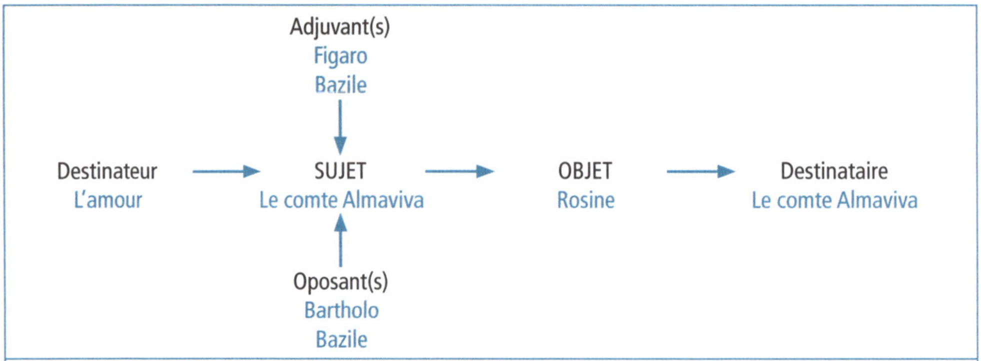

Le comte Almaviva veut épouser Rosine, elle-même convoitée par son vieux tuteur, Bartholo.
Le barbier Figaro aide les amants, tandis que le vénal Bazile soutient officiellement le vieillard.

B Le déroulement de l'action

• **L'exposition** présente le **cadre spatio-temporel**, les **personnages principaux** et les informations utiles pour comprendre **l'intrigue** à suivre. Elle recherche le **naturel**, et préfère donc le dialogue (retrouvailles, confidences…) au monologue, trop artificiel, pour informer le spectateur.

• **Le nœud et les péripéties.** Le **nœud** fait apparaître le **conflit** entre le but recherché et les obstacles rencontrés par le héros. Il se développe en **péripéties** et en **coups de théâtre** (événements imprévus) qui modifient sa situation. Le **dilemme** expose le héros à un choix impossible entre deux positions également légitimes et absolument inconciliables.

• **Le dénouement** apporte la **résolution du conflit**, heureuse ou malheureuse, et fixe le sort des personnages.

Mots-clés

• Les **actes** répartissent l'action en unités dramatiques liées à un lieu et en marquent les étapes importantes.
• Les **scènes**, qui composent les actes, sont définies par l'entrée ou la sortie d'un personnage.
• Les **tableaux**, dans le théâtre moderne, remplacent actes et scènes pour juxtaposer des situations variées et jouer sur les ruptures temporelles.

5 La représentation théâtrale

A L'illusion théâtrale

Le principe classique de la *mimesis* veut que le théâtre soit une « imitation » de la vie. L'illusion théâtrale cherche donc à faire oublier au spectateur, le temps du spectacle, que ce qu'il voit est un artifice.

• **Les conventions théâtrales.** Le spectateur sait que ce qu'il voit sur scène n'est pas réel. L'illusion théâtrale repose donc sur l'acceptation de quelques conventions : l'**exposition** a une fonction informative ; le monologue, l'aparté, l'usage de l'alexandrin comme équivalent de la prose sont invraisemblables ; certains dénouements font appel au ***Deus ex machina*** qui fait surgir *in extremis* un personnage ou un événement providentiel que rien ne laissait deviner…

• **La vraisemblance et la règle des trois unités :** l'action représentée sur scène doit être « semblable au vrai ». D'où la **règle des trois unités** dans le théâtre classique : il fallait rapprocher la durée de l'action sur scène de celle de la représentation et limiter les lieux et les intrigues pour rester crédible dans cette temporalité restreinte (voir Chapitre 9, p. 57).

• **Le théâtre à l'italienne :** la séparation de la scène et la salle par le rideau et la rampe crée l'illusion d'un **« quatrième mur »** invisible entre les personnages et les spectateurs, lesquels ont donc l'impression d'observer des personnes à leur insu.

• **Le théâtre moderne** conteste le principe de l'illusion théâtrale en jouant sur la **distanciation** et en usant de procédés visant à éveiller le sens critique du spectateur (sollicitation directe par les acteurs, anachronismes, acteurs présents dans la salle…).

B L'espace théâtral

• **L'espace scénique** est l'espace matériel de la scène, présent dans les **didascalies externes** (place et mouvements des personnages, gestes, costumes, décors, lumières…), mais aussi dans les **paroles** des personnages qui peuvent y renvoyer directement.

• **L'espace dramatique** est l'espace imaginaire de l'action représentée : il est présent dans les **paroles** des personnages lorsqu'ils évoquent des lieux non représentés sur scène (hors scène) où se déroulent des actions importantes.

C Un langage visuel

• **L'espace visuel renforce ou infirme le sens du dialogue** entre les personnages : la **place** qu'ils occupent sur scène peut refléter des relations qui les unissent ou les opposent, leurs **gestes** soulignent leur propos ou trahissent leurs intentions. Par exemple, au début de la tragédie de Racine, Phèdre, cherchant en Œnone une confidente prête à entendre l'aveu de son amour coupable, relève sa servante à genoux pour se confier dans un dialogue entre femmes, hors de toute hiérarchie sociale.

• **Symbolique des éléments visuels.** Les **costumes**, les **décors**, la **lumière**, les **objets** revêtent parfois une signification symbolique, un sens caché. Par exemple, au dénouement de *Dom Juan* de Molière, le spectre a une fonction symbolique : son apparence de femme voilée renvoie à toutes les femmes bafouées par le héros libertin, tandis que son caractère macabre annonce le destin funeste du personnage.

4 Le texte argumentatif

Le texte argumentatif expose une **prise de position** afin d'y **faire adhérer** son destinataire en modifiant ses savoirs ou ses jugements. Pour ce faire, il recourt à différents types d'arguments et de raisonnements et, selon sa visée, de stratégies.

1 Les composantes du texte argumentatif

A La thèse

C'est la **prise de position** (idée, jugement, opinion, théorie) que soutient le locuteur. Elle peut être **formulée explicitement ou implicitement** dans le texte.

B Les types d'arguments

Les arguments sont les idées qui viennent soutenir, **étayer la thèse** et en justifier la validité.

• **Les arguments rationnels ou logiques :** le locuteur s'appuie sur **l'enchaînement logique** de deux propositions.
Exemple : Dans le *Mariage de Figaro*, Marceline affirme que les femmes sont des proies faciles pour les séducteurs parce qu'on ne leur donne pas de moyens honnêtes de subsister.

• **Les arguments d'expérience :** le locuteur s'appuie sur son **expérience personnelle** dont il tire une vérité générale.
Exemple : Pour dénoncer la barbarie de la peine de mort, Albert Camus a souligné que même son propre père, partisan de la peine capitale, a été choqué en assistant à une exécution.

• **Les arguments d'autorité :** le locuteur fait référence à une **personnalité reconnue**, à une institution, ou bien à l'opinion commune, à la **sagesse populaire**.
Exemple : « *Il faut que le poète traite son sujet selon la vraisemblance et le nécessaire* [thèse] *; Aristote le dit, et tous ses interprètes répètent les mêmes paroles* » (Corneille).

• **Les arguments *ad hominem* :** le locuteur cherche à réfuter la thèse opposée à la sienne en **attaquant directement la personne de son contradicteur** pour la discréditer.
Exemple : D'aucuns, comme Voltaire, ont attaqué *Émile* ou de l'*Éducation* de Rousseau en lui faisant ce reproche : « *Comment peut-on adhérer aux principes d'éducation d'un homme qui a abandonné ses propres enfants ?* »

• **Les contre-arguments :** le locuteur cherche à réfuter la thèse adverse en lui opposant un argument **terme à terme**.
Exemple : Voltaire réfute la thèse de Rousseau, pour qui la société corrompt la bonté naturelle de l'homme : « *Loin que le besoin de la société ait dégradé l'homme* [argument adverse]*, c'est l'éloignement de la société qui le dégrade* [contre-argument]. »

C Les exemples

Ce sont des cas concrets qui illustrent les arguments énoncés. L'exemple peut parfois avoir valeur d'argument.

D Les connecteurs logiques

Les étapes de l'argumentation sont soulignées par des connecteurs (adverbes, conjonctions) qui **articulent les arguments** selon diverses **relations logiques**.

Relation logique	Fonction	Connecteurs logiques
La cause	Introduire une proposition justificative ou explicative.	*Car, en effet, parce que, puisque, en raison de, sous prétexte que…*
La conséquence	Tirer la conséquence ou la conclusion d'une proposition ou d'un raisonnement.	*Par conséquent, si bien que, de sorte que, il en résulte que, donc…*
Le but	Introduire l'objectif d'une proposition.	*Afin que / de, dans le but de, pour, en vue de…*
L'opposition	Opposer deux propositions ou marquer la progression de l'une à l'autre.	*Tandis que, alors que, au contraire, cependant, mais, pourtant…*
La concession	Feindre d'accepter une proposition pour mieux la réfuter.	*Toutefois, néanmoins, quoique, malgré, certes…*
La condition	Suspendre une proposition à une hypothèse.	*Si, à la condition de / que, selon que, en cas de, à moins de / que, pourvu que …*
L'addition	Introduire une proposition, un argument supplémentaire.	*De plus, en outre, d'autre part, non seulement… mais encore, de même…*
La comparaison	Établir une analogie entre deux propositions.	*Comme, de même, ainsi, pareillement, plus que, moins que…*

2 Les circuits argumentatifs

• **Le raisonnement déductif.** On part de propositions **générales** pour en dégager une conclusion **particulière**. Ainsi, dans *Le Cid*, pour épargner la vie de son fils, Don Diègue part-il d'un principe général (« *Quand le bras a failli, l'on en punit la tête* ») et inscrit son cas particulier dans ce principe général (« *j'en suis la tête* ») pour en conclure qu'il est le seul coupable.

Cas particulier du syllogisme : la **majeure** énonce une vérité générale (*Tous les hommes sont mortels*), la **mineure** énonce un cas particulier (*Or Socrate est un homme*), et la confrontation des deux produit la **conclusion** (*Donc Socrate est mortel*).

> **Attention !**
>
> Le **syllogisme** peut receler un raisonnement fallacieux : *Tous les chiens sont mortels, or Socrate est mortel, donc Socrate est un chien (!).*

• **Le raisonnement inductif.** On part d'une (ou plusieurs) observation(s) particulière(s) pour en dégager une conclusion générale, comme la fable qui, à partir du récit d'une histoire, dégage une morale générale.

Exemple : La mésaventure du Corbeau ayant perdu son fromage pour avoir cru les flatteries du Renard, permet à La Fontaine de formuler la leçon que « […] *tout flatteur / Vit aux dépens de celui qui l'écoute.* »

• **Le raisonnement dialectique.** On oppose point par point une thèse à son antithèse (thèse opposée) pour tenter de dépasser les oppositions dans une synthèse.

Exemple : La peine de mort méprise la vie du criminel ; la peine de mort élève le criminel au rang de héros ; *in fine*, supprimer la peine de mort permet de rendre au criminel son statut d'homme.

• **Le raisonnement concessif** consiste à admettre d'abord un argument de la thèse adverse pour mieux la réfuter ensuite.
Exemple : « C'est sans doute un mal que d'être plein de défauts [concession] *; mais c'en est un plus grand que d'en être plein et de ne les vouloir pas reconnaître* [thèse] » (Pascal).

• **Le raisonnement par analogie** établit un rapprochement entre la thèse qu'il veut faire admettre et une autre thèse déjà admise par le destinataire.
Exemple : Dans *Le Voyage de Bougainville*, le Tahitien dénonce la colonisation de son île en rappelant à son interlocuteur qu'il ne serait pas d'accord si un *Tahitien débarquait de même* dans son pays et déclarait qu'il appartient désormais aux Tahitiens.

• **Le raisonnement par l'absurde** consiste à réfuter la thèse adverse en montrant que ses conséquences sont irrecevables.
Exemple : Montesquieu dénonce l'esclavage des Noirs en reprenant l'argument insensé des critères physiques : *« Ceux dont il s'agit sont noirs des pieds jusqu'à la tête ; et ils ont le nez si écrasé qu'il est presque impossible de les plaindre. »*

3 Les visées du texte argumentatif

A Démontrer

On sollicite la **faculté de compréhension** du destinataire pour montrer la vérité. Comme le scientifique, on part donc d'une proposition reconnue comme vraie (axiome ou définition) et on suit un raisonnement déductif (voir Chapitre 7, p. 51) pour aboutir à une conclusion irréfutable.

B Convaincre

On veut **faire adhérer** le destinataire à une thèse en faisant **appel à sa raison**. On s'appuie sur des arguments logiques (valables pour tous) et logiquement articulés (par des connecteurs explicites ou sous-jacents).

C Délibérer

On **confronte des prises de positions différentes**, on en pèse le pour et le contre, afin de **faire un choix**, souvent dans un dialogue avec soi-même. Le **dilemme** est une forme de délibération.

D Persuader

On cherche l'adhésion du destinataire en faisant **appel à ses sentiments**, à ses émotions (peur, amusement, compassion, admiration…), par des **arguments affectifs**, propres à frapper le cœur et l'imagination.

• **L'éloge** est un texte ou un discours qui **célèbre les qualités** d'une personne, d'un objet, d'une idée… Il vise à susciter l'admiration et l'attachement.

• **Le blâme** (voir aussi Chapitre 7, p. 51) est un texte ou un discours qui **dévalorise** une personne, un objet, une idée… Il vise à susciter **la haine et le rejet**.

Attention !

L'**éloge paradoxal** prend pour thème une personne, une chose, ou une idée connue pour ses vices et ses défauts, comme l'inconstance ou l'hypocrisie. Le **blâme paradoxal** prend pour thème une personne, une chose ou une idée connue pour ses qualités : ainsi, Voltaire s'amuse-t-il à dénoncer (ironiquement) « l'horrible danger de la lecture ».

4 Les stratégies argumentatives

A Les procédés de la conviction

Outre le recours à des **arguments logiques** articulés entre eux, **illustrés** et organisés selon un **circuit argumentatif précis**, la conviction sollicite la raison du destinataire en employant le **registre didactique** (voir Chapitre 7, p. 51).

B Les procédés de la persuasion

• **La *captatio benevolentiae*.** Dans la tradition oratoire héritée de l'Antiquité, le locuteur cherche à toucher le destinataire en commençant par **capter sa bienveillance** : il se présente comme compétent, honnête et modeste.

• **L'implication du locuteur.** Les **modalisateurs** nuancent son propos (adverbes tels que *peut-être*, conditionnel, subjonctif) ; les **discours rapportés** (voir Chapitre 1, p. 32) lui permettent de reformuler les propos des autres ; les **modalités exclamative et interrogative** trahissent son émotion ; le **vocabulaire évaluatif** exprime son jugement personnel sur les idées qu'il énonce…

• **L'implication du destinataire.** Les **marques de la deuxième personne** (*tu, vous*) l'interpellent directement et les **questions rhétoriques** forcent son adhésion.

• **Les registres.** Plus largement, le locuteur recourt aux procédés liés aux **registres de la perception du réel** (comique, pathétique, tragique, lyrique) et aux **registres de l'argumentation** (polémique, épidictique) qui visent à émouvoir le destinataire (voir Chapitres 6 et 7, pp. 48 à 51).

• **Les figures de style.** **L'ironie** et la **litote** créent une complicité entre le locuteur et le destinataire ; **l'hyperbole** et les **figures de répétition** mettent les idées en valeur ; les **figures d'opposition** soulignent la thèse défendue ; les **images** rendent les arguments plus frappants… (Voir Chapitre 8, p. 53)

• **L'action oratoire.** Dans le cadre du discours, l'implication du locuteur et les arguments sont renforcés par les **gestes**, les expressions du **visage**, le ton de la **voix** de l'orateur (voir Chapitre 11, Le discours, p. 62).

5 Les genres argumentatifs

(Voir Chapitre 11, p. 62)

• **Les formes de l'argumentation directe :** l'auteur affiche sa volonté d'argumenter et énonce **explicitement** sa thèse et ses arguments. Les formes principales sont le **discours**, le **dialogue délibératif** et l'**essai**.

• **Les formes de l'argumentation indirecte :** l'auteur utilise la fiction pour suggérer une prise de position **implicite** : l'**apologue** est un récit de fiction, bref et divertissant, à visée didactique. Il prend différentes formes : la **fable**, la **parabole**, le **conte philosophique**, l'**utopie**.

5 Les registres de la représentation du réel

Les registres de la représentation du réel visent à agir sur le lecteur en **modulant la façon de représenter la réalité du monde**.

1 Le registre réaliste

A Définition et fonction

Le registre réaliste consiste à reproduire le réel de la façon la plus exacte possible pour donner au lecteur **l'illusion du vrai**.

Mots-clés

Un **registre littéraire** est indépendant des époques et des genres. Il se définit par l'**effet** particulier qu'il cherche à produire sur le lecteur et par les **procédés** et les **thèmes** qu'il emploie en ce sens.

B Principaux procédés d'écriture

• **Les marqueurs spatiaux.** Le récit est ancré dans un espace défini et visualisable grâce aux marqueurs spatiaux, notamment les **compléments circonstanciels de lieu** et les **toponymes réels** (voir Chapitre 1, p. 31). Il explore tous les lieux : publics, privés, mondains, quotidiens, marginaux, ruraux…

• **Les marqueurs temporels et l'inscription dans l'Histoire.** L'effet de réel repose aussi sur l'organisation globalement **chronologique** des actions et sur des références à un **contexte historique précis**.

Textes-clés

Les romans de Zola se déroulent tous sous le second Empire, l'auteur voulant donner au lecteur une « photographie » fidèle de son époque.

• **La description détaillée.** Lieux et personnages sont décrits avec un **grand souci du détail**, pour cerner le réel au plus près : les **adjectifs** sont nombreux, les **champs lexicaux** des **formes**, des **couleurs**, des **perceptions auditives et olfactives** sont très présents, le **vocabulaire spécialisé** désigne précisément telle réalité du monde…

Exemple : « Imaginez un front chauve, bombé, proéminent, retombant en saillie sur un petit nez écrasé, retroussé du bout […] *; une bouche rieuse et ridée, un menton court, fièrement relevé, garni d'une barbe grise taillée en pointe, des yeux vert de mer* […]. *Le visage était d'ailleurs singulièrement flétri par les fatigues de l'âge* […]. *Les yeux n'avaient plus de cils, et à peine voyait-on quelques traces de sourcils au-dessus de leurs arcades saillantes…* » (Balzac, *Le Chef d'Œuvre inconnu*, 1832).

• **Le discours direct.** Les personnages sont rendus plus vivants, plus « vrais » à travers l'utilisation du discours direct qui donne l'**illusion de paroles réellement prononcées** (voir Chapitre 1, p. 30 et Les méthodes, Cibler les aspects essentiels du texte, exemple du *Ventre de Paris* de Zola, p. 17).

2 Le registre épique

A Définition et fonction

Hérité de l'épopée antique qui exaltait les **exploits guerriers de héros surhumains**, le registre épique cherche à susciter **l'admiration** en amplifiant les qualités physiques et morales des héros, ainsi que l'envergure des événements : c'est le **« grandissement épique »**. Il utilise des procédés d'écriture spécifiques.

Texte-type

Dans cet extrait de *La Chanson de Roland* (XIe siècle), le preux Roland terrasse un soldat et son cheval d'un seul coup d'épée.

« Il lui rompt le heaume où luisent des escarboucles, il lui tranche la coiffe et la chevelure, il lui tranche la face et les yeux, et son blanc haubert dont la maille est très fine, et tout le corps jusqu'à l'enfourchure ; à travers la selle lamée d'or l'épée atteint le cheval, tranche l'échine sans chercher la jointure, et abat morts l'homme et la bête. »

La longueur de la phrase, les parallélismes, l'énumération des éléments tranchés épousent le geste du héros et magnifient son exploit.

B Principaux procédés d'écriture

• **Le lexique et les images.** Le registre épique recourt au **vocabulaire guerrier** ainsi qu'aux images saisissantes qui renforcent l'impression de puissance et de violence : **métaphores, comparaisons, personnifications**…

• **Les figures d'insistance et d'exagération** telles que les **répétitions**, les **énumérations**, les **accumulations**, les **hyperboles**, les **superlatifs**, les **adverbes d'intensité** y sont très employées.

• **La syntaxe ample** caractérise aussi le registre épique. Des **phrases longues** et bien **rythmées** mettent en valeur les actions des héros et confèrent au récit une certaine solennité. Les **parallélismes** et les **effets de symétrie** dramatisent les affrontements. Les **modalités exclamatives** expriment l'exaltation du narrateur.

3 Le registre fantastique

• **Le fantastique** introduit dans l'univers réaliste et familier du récit des éléments **insolites**, dont l'explication hésite entre **rationnel** et **surnaturel**. Il veut plonger le lecteur dans le **doute** et l'**angoisse**.

Exemple : Dans *La Vénus d'Ille* de Mérimée, Alphonse glisse son anneau au doigt d'une statue sans parvenir à le retirer. En dépit de l'argument rationnel qui veut qu'il ait trop enfoncé l'anneau, il est persuadé que la statue, par un effet surnaturel, a replié son doigt. Le doute plane entre les deux explications, le pouvoir prétendu de la statue ne sera pas élucidé…

Attention !

Ne pas confondre avec le registre merveilleux, où le surnaturel (dieux, miracles, pouvoirs magiques) est accepté sereinement, sans angoisse.

6 Les registres de la perception du réel

Les registres de la perception du réel visent à agir sur le lecteur en **faisant appel à sa sensibilité**, en lui inspirant des **émotions et des sentiments précis.**

1 Le registre comique

A Définition et fonction

Le registre comique caractérise toute forme d'expression visant à **faire rire** à partir de la perception d'un **décalage** par rapport aux normes et aux usages. Il a des formes diverses, touchant le **langage**, les **gestes**, les **situations**, et des objectifs variés, allant du **divertissement** qui libère de l'angoisse de l'existence, à la réflexion **critique**, en passant par l'**enseignement moral** fondé sur la représentation des vices et des ridicules des hommes.

B Le comique de pensée

• **L'humour** consiste, en feignant le sérieux, la colère ou la naïveté, à prendre une **distance amusée** par rapport au réel et à y jeter un regard nouveau pour en dénoncer les ridicules. **L'humour noir** fait rire de situations graves ou tragiques ; il souligne la cruauté de la vie pour mieux l'apprivoiser.

Citation

« Ce n'est pas que j'ai peur de mourir ; simplement, je ne veux pas être là quand ça arrivera. » (Woody Allen).

• **L'ironie** consiste à se moquer en **faisant entendre que l'on ne souscrit pas aux propos que l'on tient** ; elle implique une **connivence** avec le lecteur. Elle peut apparaître ponctuellement ou couvrir un texte entier. Elle a souvent une fonction **critique** qui la relie au registre satirique (voir Chapitres 7 et 8, pp. 51 à 53).

Un peu d'histoire

L'ironie est héritée de la méthode du philosophe Socrate : en faisant semblant d'ignorer un fait devant son interlocuteur, il obligeait celui-ci à expliquer ce fait et à révéler ainsi son ignorance sur la question.

C Le comique de déformation : la parodie

La parodie est **l'imitation moqueuse** d'un genre dont elle reprend les procédés d'écriture en les **déformant**.

• **Le burlesque** utilise un **style bas**, familier, ou vulgaire pour traiter un **sujet noble**, héroïque ou sérieux.

Exemple : Dans *Virgile travesti* (1648-1652), Scarron raconte l'origine de la guerre de Troie : Junon en veut à Pâris d'avoir déclaré *« Qu'elle avait trop longue mamelle, / Et trop long poil dessous l'aisselle, / Et pour dame de qualité / Le genou un peu trop crotté ; »*.

• **L'héroïcomique** consiste à utiliser un **style élevé**, soutenu, ou épique pour traiter un **sujet trivial** ou familier.

Exemple : Dans sa fable, La Fontaine raconte le combat épique mené par le Moucheron contre le Lion, qu'il finit par terrasser.

D Le comique de l'absurde

C'est une forme de **comique distancié**, fondé sur des paroles ou des comportements **dépourvus de toute logique**, superposant le **tragique** et le **comique**, pour révéler le caractère dérisoire de la condition humaine.

Texte-clé

Dès l'exposition de *La Cantatrice chauve* d'Eugène Ionesco (1950), le spectateur est plongé dans l'absurde en découvrant M. et Mme Martin assis dans leur salon, se parlant comme s'ils ne se connaissaient pas, se demandant s'ils ne se sont pas déjà rencontrés quelque part.

E Le comique théâtral

- **Le comique verbal** inclut tous les **jeux sur le sens et les sonorités des mots** (répétitions mécaniques, déformations de mots, calembours…).
- **Le comique de geste** inclut toutes les **expressions du visage, attitudes et déplacements** qui suscitent le rire (grimaces, chutes, coups de bâton…).
- **Le comique de situation** repose sur une **situation plaisante ou insolite**, comme le **quiproquo** (malentendu sur l'identité d'un personnage) ou le **témoin caché** qui entend ce que l'on veut lui taire…
- **Le comique de caractère** se fonde sur les **défauts ou les vices d'un personnage**, d'un type ou d'un groupe social, comme Harpagon dans *L'Avare* de Molière.

Exemple

Dans *Le Mariage de Figaro* de Beaumarchais (1778), lors d'un rendez-vous nocturne, le comte Almaviva fait la cour à sa propre femme, déguisée, qu'il croit être sa servante Suzanne.

- **Le comique de mœurs** repose sur la **représentation satirique des usages** d'un groupe social ou d'une époque, comme dans *Les Précieuses ridicules* de Molière ou les vaudevilles de Feydeau.

2 Les registres pathétique et tragique

A Le registre pathétique

- **Définition et fonction.** Le registre pathétique vise à susciter la **compassion** du lecteur devant le spectacle de la souffrance d'autrui, présenté comme un être impuissant à lutter contre le malheur.
- **Principaux procédés d'écriture.** Les **champs lexicaux de la souffrance et du malheur** sont soulignés par une **syntaxe ample** et **expressive** (longues périodes, modalités interrogatives et exclamatives), par l'**implication du destinataire** (apostrophes, invocations, imprécations…) et par des **figures de style** qui amplifient la violence des sentiments (anaphores, hyperboles, accumulations, gradations, métaphores et comparaisons).

Citation

Dans le poème « Melancholia » (*Les Contemplations*, 1843-1856), Victor Hugo dénonce le travail des enfants :

« *Où vont tous ces enfants dont pas un seul ne rit ?* [question oratoire]
Ces doux êtres pensifs que la fièvre maigrit ? [périphrase + question oratoire]
[…] *Ils vont, de l'aube au soir, faire éternellement* [hyperbole]
Dans la même prison le même mouvement. » [métaphore]

B Le registre tragique

• **Définition et fonction.** Il inspire au lecteur **terreur** et **pitié** devant la cruauté de la destinée humaine. Il se caractérise par le rôle déterminant joué par la **fatalité**, comprise comme expression de la vengeance divine.

• **Principaux procédés d'écriture.** On retrouve les mêmes procédés que ceux du pathétique, qui mettent en relief les **champs lexicaux de la souffrance, de la mort, des dieux, de la fatalité**, et **de la faute** (voir Chapitre 9, p. 56).

> **Citation**
>
> À la fin de la tragédie *Andromaque* de Racine (1667), Oreste dénonce l'acharnement du ciel avant de se suicider :
>
> *« Ta haine a pris plaisir à former ma misère ;*
> *J'étais né pour servir d'exemple à ta colère,*
> *Pour être du malheur un modèle accompli.*
> *Hé bien ! je meurs content, et mon sort est rempli. »*

3 Les registres lyrique et élégiaque

A Le registre lyrique

• **Définition et fonction.** Le registre lyrique vise à transmettre au lecteur les **sentiments** et les **émotions** du **« je »** qui fait entendre sa voix, en l'incitant à **s'identifier** à lui.

• **Principaux procédés d'écriture.** Il utilise le **champ lexical des émotions** et des **sentiments**, la **première personne**, une **syntaxe expressive** (interrogations et exclamations oratoires, impératifs, *« ô »* lyrique, apostrophes), des images frappantes et des procédés musicaux (anaphores, assonances, allitérations…).

> **Attention !**
>
> Largement fondé sur la musicalité du langage, le registre lyrique est le registre privilégié de la **poésie** (le mot *lyrisme* provient de la lyre d'Orphée, poète de la mythologie grecque), mais on le trouve dans **tout type de texte**.

B Le registre élégiaque

• **Définition et fonction.** Le registre élégiaque est une catégorie du lyrisme : il s'en distingue par sa tonalité **plaintive** et **mélancolique** et cherche à rendre le lecteur confident de la **nostalgie** et du **regret** exprimés à la première personne.

• **Principaux procédés d'écriture.** Ses procédés d'écriture sont les mêmes que ceux du registre lyrique, auxquels s'ajoutent les **champs lexicaux du deuil**, de la **souffrance amoureuse**, de l'**exil**, du **souvenir** de ce qui est désormais perdu.

> **Citation**
>
> Dans *Belle du Seigneur* d'Albert Cohen (1968), Solal exprime ainsi son amour pour Ariane.
>
> *« Ô elle dans **mes sommeils**, aimante dans **mes soleils**, tendre complice dans **mes sommeils**, ô elle dont j'écris le nom avec mon doigt sur de l'air ou, dans mes solitudes, sur une feuille... »*

7 Les registres de l'argumentation

Les registres de l'argumentation cherchent à agir sur le lecteur pour le **faire adhérer à une thèse**, en faisant appel à sa **raison** ou à sa **sensibilité**.

1 Les registres didactique et délibératif

A Le registre didactique

• **Définition et fonction.** Le registre didactique présente le contenu du texte comme un enseignement **indiscutable** : il vise donc à **instruire** le lecteur en lui transmettant un savoir théorique (scientifique) ou pratique (méthode, recette).

• **Principaux procédés d'écriture.** Ce registre vise l'objectivité : il emploie des **tournures impersonnelles** (*on, il y a, il faut*…), des **assertions**, le **présent de vérité générale**, des **connecteurs logiques**, le recours à l'**exemple**, l'expression de l'**ordre** et du **conseil** (impératifs, futurs à valeur injonctive), le **champ lexical de la pédagogie**.

Citation

Dans *Les Aventures de Télémaque* de Fénelon (1694-1696), Mentor enseigne à Télémaque en quoi consiste l'autorité du roi :

« *Il peut tout sur les peuples, mais les lois peuvent tout sur lui* » [parallélisme + chiasme] : *il a une* ***puissance absolue*** (1) *pour faire* ***le bien*** (2), *et les* ***mains liées*** (1) *dès qu'il veut faire* ***le mal*** » (2) [parallélisme + double antithèse] ».

B Le registre délibératif

• **Définition et fonction.** Le registre délibératif vise à **confronter des opinions** pour parvenir à une **conclusion** ou à une décision. Contrairement au didactique, il part d'une situation d'incertitude qui favorise l'examen du pour et du contre. Il prend donc souvent la forme du **dialogue**, propre à l'échange d'arguments.

• **Principaux procédés d'écriture.** Il est marqué par la présence forte de **connecteurs logiques**, des **modalités interrogative et exclamative**, des **champs lexicaux du doute, du jugement, de la décision.**

2 Le registre épidictique

A Définition et fonction

Le registre épidictique consiste à formuler des **jugements de valeurs clairs** pour les faire partager au lecteur, *via* **l'éloge** ou **le blâme** (voir Chapitre 4, p. 44).

B Principaux procédés d'écriture

• **L'éloge** emploie un **lexique valorisant** (le bien, le beau, le vrai, l'utile), **amplifie la syntaxe** (phrases longues et rythmées, figures de construction et de répétition, modalités exclamatives), mais aussi **les idées** (superlatifs, hyperboles, images et périphrases laudatives), **implique le destinataire** (apostrophes, adresses au lecteur, questions oratoires) **et le locuteur** (marques de la première personne, modalisateurs). Voir l'exemple du sonnet de Ronsard, Chapitre 2, p. 36.

• **Le blâme**, fondé sur les mêmes procédés que l'éloge, emploie *a contrario* un **lexique dévalorisant** (le mal, le laid, le faux, l'inutile), et l'amplification des idées passe par des **figures dépréciatives** (caricature, antithèses, ironie, superlatifs, comparatifs d'infériorité…).

3 Les registres polémique et satirique

A Le registre polémique

• **Définition et fonction.** Le registre polémique est une forme de combat verbal qui consiste à confronter violemment des idées, à réfuter un discours en cherchant à **discréditer celui qui l'énonce**. Il apparaît dans tout type de texte, en particulier dans l'essai et le **pamphlet**.

> **Citation**
>
> Dans *Les Châtiments* (1855), Victor Hugo attaque Napoléon III qu'il accuse d'avoir usurpé le pouvoir :
> *« **Ah ! tu** finiras bien par hurler, misérable !*
> *Encor tout haletant de **ton** crime exécrable,*
> *Dans **ton** triomphe abject, si lugubre et si prompt,*
> ***Je t'**ai saisi. **J'**ai mis l'écriteau sur **ton** front. »*

• **Principaux procédés d'écriture.** Il est marqué par une **forte implication du locuteur** (première personne, champ lexical de l'émotion, modalisateurs, lexique évaluatif, modalités exclamatives…), une **prise à parti du lecteur** (deuxième personne, apostrophes, modalités interrogatives…) et une stratégie de **dévalorisation de l'adversaire** (arguments *ad hominem*, invectives, apostrophes, ironie, figures d'opposition, d'amplification, images dégradantes…).

B Le registre satirique

• **Définition et fonction.** Proche du registre polémique, le registre satirique vise à **dénoncer** en s'attaquant à une personne, à un groupe, aux mœurs, aux institutions… mais la critique, en mettant au jour les ridicules de la cible, passe par la **moquerie**.

> **Citation**
>
> Zola se moque du critique Barbey d'Aurevilly dans un portrait en actions qui le montre comme un acteur soucieux de plaire : *« Il est toujours en spectacle, il cabotine, il fait la roue, il tend la hanche, il prend des attitudes d'ogre et de mousquetaire* […] *Ce dont il s'agit, c'est d'être beau devant les dames ! »*

• **Principaux procédés d'écriture.** Ses procédés d'écriture sont les mêmes que ceux du registre polémique. Il utilise en particulier **l'ironie** (antiphrase, éloge paradoxal), les procédés de la **caricature** (hyperboles…), la **naïveté feinte**, **l'implicite** (allusions, sous-entendus).

▲ Caricature de Louis-Philippe Ier, publiée par Charles Philippon dans *La Caricature*.

8 Les figures de style

Les figures de style ont une double fonction : **ornementale** (elles embellissent le discours) et / ou **argumentative** (elles visent à convaincre ou à persuader le destinataire).

1 Les figures d'analogie

• **La comparaison** établit une relation entre deux éléments, le **comparé** et le **comparant**, grâce à un **outil de comparaison**.
« La ville est colossale, et luit comme une mer » (Verhaeren).

• **La métaphore** établit une relation entre deux éléments, le **comparé** et le **comparant, sans outil de comparaison**, de façon plus immédiate.
« Le dirai-Je, mortels, qu'est-ce que cette vie ? C'est un songe qui dure un peu plus qu'une nuit » (Des Barreaux).

Mot-clé

La **métaphore** est dite **filée** quand elle se développe sur **plusieurs vers ou plusieurs phrases**.

« Mon beau navire ô ma mémoire / Avons-nous assez navigué / Dans une onde mauvaise à boire / Avons-nous assez divagué. » (Rimbaud)

• **La métaphore *in praesentia*** : le comparé et le comparant sont présents dans le corps du texte.
« Son rire de pluie fraîche » (Gracq).

• **La métaphore *in absentia*** : le comparant est lisible, mais il faut **restituer le comparé**.
« Nous fumons tous ici l'opium de la grande altitude » (Michaux).

• **La personnification** prête à un objet, à un animal, des sentiments et des actes humains.
« Londres fume et crie » (Verlaine).

• **L'allégorie** donne à une idée **abstraite** une représentation **concrète**.
« Je vis cette faucheuse. Elle était dans son champ. / Elle allait à grands pas moissonnant et fauchant, / Noir squelette laissant passer le crépuscule » (Hugo).

Attention !

L'**allégorie** est souvent marquée d'une majuscule, mais pas obligatoirement.

▲ *Le Printemps* et *L'Été*, Peintures allégoriques de Giuseppe Arcimboldo (1527-1593). Musée du Louvre, Paris.

• **La métonymie** **désigne un élément par un autre**, qui lui est relié par un **rapport** nécessaire et logique, comme la matière pour l'objet *(croiser le fer)*, le contenant pour le contenu *(boire un verre)*, le concret pour l'abstrait *(mettre son cœur à nu)*.

2 Les figures du double langage

• **La prosopopée** attribue un **discours fictif** à un absent, à un mort, à un être surnaturel, à une abstraction, ou à un objet inanimé.
« *Je suis la pipe d'un auteur ; / On voit, à contempler ma mine, / D'Abyssinienne ou de Cafrine, / Que mon maître est un grand fumeur.* » (Baudelaire)

• **Les interrogations et exclamations oratoires** sont de fausses interrogations ou exclamations, qui sont en réalité des **affirmations déguisées**.
« *Ne devais-tu pas lire au fond de ma pensée ?* » (Racine)

• **L'ironie :** le locuteur tient des propos dont il se décharge ostensiblement (souvent par le ton), c'est une sorte de **citation mise à distance** par celui qui l'énonce.
« [...] *le spectacle de quelques personnes brûlées à petit feu, en grande cérémonie, est un secret infaillible pour empêcher la terre de trembler.* » (Voltaire)

3 Les figures de répétition

• **L'anaphore** reprend un mot ou un groupe de mots **en tête de plusieurs phrases ou vers**.
« *Ma femme à la langue d'hostie poignardée / À la langue de poupée qui ouvre et ferme les yeux / À la langue de pierre incroyable* » (Breton).

• **L'assonance et l'allitération** sont des figures de **répétition phonique** : la reprise dans une même phrase ou dans un même vers du **même son vocalique (assonance) ou consonantique (allitération)**.
« *Les vendredis sanglants et lents d'enterrements* » (Apollinaire).
« *Le geai gélatineux geignait dans le jasmin* » (Obaldia).

4 Les figures de construction

• **Le parallélisme syntaxique** renforce l'intensité d'une idée en reprenant une **même construction de phrase**.
« *Je suis la plaie et le couteau ! Je suis le soufflet et la joue !* » [*Je suis* + deux attributs du sujet coordonnés] (Baudelaire).

• **Le chiasme** est la reprise, dans une **structure symétrique** (en miroir), d'éléments lexicaux ou sémantiques qui s'opposent ou se ressemblent.
« *Ayant le feu pour père, et pour mère la cendre* » (Aubigné).

5 Les figures d'amplification

• **L'accumulation** juxtapose un **grand nombre de mots, de même nature et / ou de même fonction grammaticale**.
« *Quand on m'aura jeté, vieux flacon désolé, / Décrépit, poudreux, sale, abject, visqueux, fêlé* » (Baudelaire).

- **La gradation** enchaîne des termes ou expressions de **sens de plus en plus fort**, ou de **sens de plus en plus faible**.
« C'en est fait ; je n'en puis plus ; je me meurs ; je suis mort ; je suis enterré » (Molière).

- **L'hyperbole** renforce une idée en exagérant.
« Mourir d'ennui, receler sa langueur » (Ronsard).

6 Les figures d'atténuation

- **L'euphémisme** amoindrit une réalité frappante, souvent liée à l'évocation de la mort, de la souffrance ou d'un tabou social.

- **La litote** dit le moins pour suggérer le plus.

Exemples

- *« Elle a vécu »* (Chénier) signifie *« Elle est morte »* de façon moins violente.
- Quand Chimène dit à Rodrigue *« Va, je ne te hais point ! »*, elle lui dit clairement *« Je t'aime ! »*, mais avec la pudeur et la retenue qui siéent à son rang.

7 Les figures d'opposition

- **L'antithèse** crée un effet de contraste entre des **termes opposés**.
« J'ai chaud extrême en endurant froidure » (L. Labé).

- **L'oxymore** est l'alliance, **dans une même expression**, de deux mots de **sens contraires**.
« Le soleil noir de la mélancolie » (Nerval).

- **Le paradoxe** présente une **idée contraire à l'évidence, à l'opinion commune**.
« Les crimes engendrent d'immenses bienfaits et les plus grandes vertus développent des conséquences funestes. » (Valéry)

▲ Une correspondance picturale de l'antithèse : le clair-obscur. *L'arrestation du Christ* de Caravage (1602).

9 La tragédie

À son apogée sous la **démocratie athénienne**, la tragédie s'éclipse ensuite jusqu'à l'**âge classique** où elle devient le genre théâtral de référence. Elle disparaît progressivement après le XVIIIe siècle, pour ne subsister qu'à travers le **registre tragique** (voir Chapitre 6, Le registre tragique, p. 49).

1 Les origines : la tragédie grecque

A Du rituel religieux à la célébration politique

Née en Grèce dans l'Antiquité (VIe-Ve siècle avant J.-C.), la tragédie est initialement une **cérémonie religieuse** consacrée à **Dionysos**. À Athènes, le concours de tragédies organisé annuellement en l'honneur du dieu en fait un genre **théâtral** majeur. Elle a un **rôle civique et politique** : tous les citoyens doivent y participer, consolidant ainsi l'unité de la cité.

B Les grands thèmes et auteurs tragiques

Ses sujets, connus de tous, sont empruntés à l'**histoire**, à **Homère** et à la **mythologie**, en particulier à la destinée de deux familles royales maudites : les **Labdacides** (famille d'Œdipe) et les **Atrides** (impliqués dans la guerre de Troie et ses suites). Les seules tragédies conservées sont celles d'**Eschyle** (***L'Orestie***), **Sophocle** (***Antigone***) et **Euripide** (***Électre***), tous lauréats du concours.

C Les composantes de la tragédie

• **Le destin.** Du grec *atè*, le mot « destin » est synonyme d'« erreur » : c'est l'aveuglement de l'***hybris***, ce sentiment détestable d'orgueil démesuré qui pousse à s'imaginer qu'on peut égaler les dieux, qui caractérise le héros tragique et le conduit à la **mort**. Le destin prend aussi la forme d'une **volonté divine implacable** qui s'abat sur le héros.

> **Personnage-clé**
>
> **Prométhée** est l'incarnation de l'*hybris* : après avoir eu l'audace de voler le feu aux dieux pour le donner aux hommes, il est enchaîné sur le mont Caucase et condamné au supplice éternel de voir son foie repousser sans fin après avoir été dévoré par un aigle.

• **Le héros tragique.** Toujours de rang **noble**, le héros grec est celui qui marque positivement la mémoire de la cité, voire qui **se sacrifie** pour elle. Victime de l'acharnement des dieux tout en cédant à l'*hybris*, il est toujours à la fois **innocent et coupable**.

> **Personnage-clé**
>
> **Œdipe**, roi de Thèbes, est à la fois coupable d'avoir tué son père Laïos et épousé sa mère Jocaste, et innocent de ces crimes, qu'il a commis en toute ignorance, sous l'effet de l'acharnement du destin, fixé avant sa naissance par une prédiction.

• **La *catharsis*.** Dans sa *Poétique*, le théoricien **Aristote** précise que ce double statut du héros tragique inspire au spectateur **terreur** et **pitié**, produisant ainsi l'effet propre à la tragédie : la ***catharsis*** (« purgation »). La tragédie permettrait au spectateur de purifier son âme de ses passions excessives. Elle a donc une visée **didactique** : enseigner une vérité morale ou métaphysique au public.

2 Focus : l'âge d'or de la tragédie à l'âge classique

A Un instrument politique

Ce n'est qu'au XVIIe siècle que la tragédie connaît le succès en France. **L'esthétique classique** promue par Louis XIV traduit sa volonté politique d'imposer l'ordre, dans les arts comme dans la société. La tragédie devient un vecteur de **glorification de la monarchie absolue**, ce qui explique sa relation particulière avec un roi mécène et l'importance du thème politique dans ses sujets.

B Le modèle de la tragédie antique

La tragédie intéresse la doctrine classique, fondée sur l'idéal de clarté et d'harmonie, et sur **l'étude et l'imitation des modèles antiques**. La tragédie classique reprend certains aspects de la tragédie antique définie par Aristote.

- **Un genre noble.** La tragédie classique traite de **sujets élevés** (articulant l'amour, la famille et la politique), met en scène des **personnages illustres** (princes, héros mythologiques ou historiques) et recourt à un **langage élevé**, tant du point de vue du niveau de langue que de la versification en **alexandrins** (mètre long et solennel, réservé aux sujets sérieux).
- **L'engrenage tragique.** La tragédie présente une action dont elle déroule les **conséquences inéluctables**, à l'image de la **fatalité** qu'elle met en scène. Elle est centrée sur la notion de **« conflit »** à l'origine de la crise : entre l'homme et les dieux, entre deux principes également légitimes (dilemme) ou entre l'homme et lui-même. L'issue du conflit est presque toujours **mortelle**.
- **La *catharsis*.** La **fonction d'édification morale, politique ou religieuse** de la *catharsis* est essentielle dans la tragédie classique : en s'identifiant au personnage, le spectateur éprouve, pendant la durée du spectacle, des passions mauvaises ; il parvient donc à mieux les maîtriser, voire à s'en libérer dans la vie réelle, et recouvre sa faculté d'analyse.

C Un genre strictement réglé

L'identification du spectateur, fondement de la *catharsis*, repose sur **l'illusion théâtrale** (voir Chapitre 3, L'illusion théâtrale, p. 40). Dans cette perspective, dès 1640, sur l'instigation de Richelieu, l'Académie Française se charge d'élaborer un corpus de **règles strictes**, imposées aux dramaturges.

Les règles du théâtre classique.

La règle des trois unités *« Qu'en un lieu, en un jour, un seul fait accompli tienne jusqu'à la fin le théâtre rempli. »* (Boileau)	**L'unité de lieu :** elle impose à l'action un lieu unique, souvent indéterminé pour permettre à tous les personnages de s'y croiser de façon crédible, comme le « palais à volonté », dont l'architecture majestueuse évoque aussi bien une galerie, qu'une salle de palais ou une nef de temple. **L'unité de temps :** pour que la durée de l'action représentée et la durée du spectacle soient les plus proches possibles, la durée de l'action représentée ne doit pas dépasser vingt-quatre heures. **L'unité d'action :** elle impose une intrigue unique ; tout personnage ou épisode qui n'est pas directement lié à l'action principale est éliminé.
La règle de vraisemblance	Elle impose à l'intrigue d'être **crédible** et permet d'atteindre une apparence de vérité supérieure à celle des événements réels (vrais) mais exceptionnels (invraisemblables).
La règle de bienséance	Le respect des bienséances internes impose la **cohérence** des personnages et de l'action. Les bienséances externes interdisent toute représentation de ce qui pourrait **choquer la morale**, en particulier ce qui a trait au bas corporel, à la violence et à la mort.

D La querelle du *Cid*

En **1637**, Corneille triomphe avec la tragi-comédie du ***Cid***, inspirée d'un récit historique : pour venger l'honneur de son père, Rodrigue tue en duel le père de sa bien-aimée, Chimène. Celle-ci doit alors exiger la mort de celui qu'elle aime encore. Mais on accuse Corneille d'avoir négligé les règles d'unité de lieu et de temps, de vraisemblance (on ne peut aimer le meurtrier de son père) et de bienséance (les propos amoureux de Chimène à Rodrigue seraient impudiques)… L'Académie condamne Corneille : c'est la **victoire du théâtre régulier**.

E Les grands dramaturges classiques

• **Corneille, ou le tragique héroïque.** Dramaturge de la première moitié du siècle, Corneille (1606-1684) révèle dans ses **tragédies politiques** *(Horace, Cinna, Polyeucte)* les tensions qui déchirent la société et les hommes : la guerre, la paix, le pouvoir, la religion. Ses **tragédies romanesques** *(Rodogune, Nicomède, Sertorius)* mettent en scène des personnages d'exception, qui se moquent des lois communes. Les héros cornéliens, tous caractérisés par leur **vertu héroïque**, suscitent une émotion nouvelle : **l'admiration**.

Personnage-clé

Une grande héroïne de la tragédie classique

Épouse de Thésée, **Phèdre** nourrit une passion interdite pour Hippolyte, son beau-fils. Écrasée par le poids de la culpabilité, Phèdre avoue son amour incestueux à sa confidente, Œnone, puis, à Hippolyte lui-même, et tente de se suicider. Quand Thésée revient de la guerre, Œnone, craignant que Phèdre ne se donne la mort, raconte à Thésée qu'Hippolyte a tenté de séduire Phèdre. Thésée bannit son fils et le maudit. Quand survient la nouvelle de la mort d'Hippolyte causée par un monstre marin, Phèdre avoue la vérité à Thésée et se suicide.

• **Racine, ou le tragique des passions humaines.** Racine (1639-1699) est le maître de la tragédie de la seconde moitié du siècle. Ses **tragédies historiques** *(Britannicus, Bérénice, Mithridate, Bajazet)* utilisent des conflits politiques et familiaux pour **exacerber les conflits moraux et passionnels**, recentrant l'intérêt autour du désir humain et de ses contradictions. Ses tragédies **mythologiques** *(Andromaque, Iphigénie, Phèdre)*, inspirées d'Euripide, présentent des **héros à visage humain**, faibles et égarés.

3 La mort de la tragédie après le XVIIIe siècle

Au début du XIXe siècle, la tragédie disparaît au profit du drame romantique qui prône le **mélange des registres** et s'impose avec ***Hernani*** de Victor Hugo en 1830.
Les dramaturges du XXe siècle, éprouvés par les deux guerres mondiales, réactualisent le **tragique** en montrant le conflit de l'homme avec la société ou avec lui-même, ou plus souvent son impuissance face à des forces qui l'accablent, comme dans le **théâtre de l'absurde**.

10 La comédie

Lié depuis ses origines à une **inversion de l'ordre social**, comme la fête et le carnaval, le genre de la comédie conserve une **dimension licencieuse** et subversive. Fortement ancré dans la **vie courante** dont il se nourrit, il se caractérise par son **aspect protéiforme**.

1 La comédie antique

A Une double origine

La comédie ancienne naît dans la Grèce antique, lors des fêtes dédiées à Dionysos. Mais elle est aussi née de la rue : à Athènes, tout le monde joue la comédie et de nombreux acteurs professionnels ambulants proposent des farces, des pantomimes.

B La comédie grecque

- **Naissance de la comédie grecque.** La comédie est **institutionnalisée** par l'organisation du premier concours dans le cadre des Dionysies. Elle a une fonction religieuse, mais aussi politique et morale par la **condamnation des ridicules**.

- **Aristophane et Ménandre.** Dans ses comédies, **Aristophane** aime **satiriser** les mœurs judiciaires et le chauvinisme. **Ménandre** impose ensuite une comédie plus policée fondée sur une **peinture réaliste des mœurs** et une **étude des caractères**.

C Les personnages types de la comédie romaine

Les Romains, notamment **Plaute**, calquent leurs personnages sur ceux de Ménandre : il y a entre autres **le vieillard** (avare, désagréable, parfois amoureux et paillard), **le jeune homme** (noceur, amoureux, désargenté et pleurnicheur), **l'esclave** (au physique cocasse et au comportement burlesque, plus malin que son maître), **la jeune fille** (victime innocente), **le parasite** (qui subit tout pour manger gratuitement), **le soldat fanfaron** (exagérément peureux et vantard).

2 Focus : la renaissance de la comédie à l'âge classique

Dans le contexte de la centralisation du pouvoir royal par Louis XIV, le théâtre se développe en devenant un instrument d'affirmation de la monarchie absolue (voir Chapitre 9, p. 57). Ainsi la comédie suscite un regain d'intérêt : en la codifiant, il s'agit de lui conférer une dimension littéraire, tout en en limitant la portée subversive héritée de ses origines populaires.

A La comédie comme genre dramatique

Au XVIIe siècle, la comédie est un **genre dramatique mineur** distinct à la fois de la tragédie (forme noble du théâtre) et de la farce (forme populaire du théâtre). En effet, les théoriciens du théâtre classique, soucieux d'ordre et de clarté, s'attachent à régler et à hiérarchiser les genres dramatiques. Ils définissent la comédie **par opposition à la tragédie**.

Les caractéristiques de la tragédie et de la comédie à l'âge classique.

	Tragédie	Comédie
Personnages	Personnages nobles, légendaires ou historiques. Personnages-types : héros, rois, princes.	Personnages de condition moyenne : bourgeois, parfois quelques paysans. Personnages-types : barbon amoureux, jeune premier, ingénue…
Époque	Éloignée : Antiquité, époque biblique.	Contemporaine du dramaturge et du public.
Lieu	Éloigné : Rome, Grèce, pièce d'un palais.	Familier : intérieur bourgeois, maison, ville.
Actions	Actions héroïques ou admirables. Un péril menace la grandeur des héros. Dénouement malheureux (mort du héros).	Actions ordinaires, domestiques. Série d'obstacles et de péripéties. Dénouement heureux (mariage).
Thèmes	Le conflit entre le héros et le pouvoir. La lutte contre un destin implacable.	L'amour (« le mariage empêché »). L'argent (symbole du lien social).
Règles	Respect de la vraisemblance (règle des trois unités) et de la bienséance.	Respect de la vraisemblance (règle des trois unités) et de la bienséance.
Contraintes formelles	Découpage de l'action en cinq actes. Dialogues en alexandrins, style élevé.	Longueur variable (de un à cinq actes). Dialogues en vers ou en prose, niveau de langue soutenu ou familier.
Registre	Tragique.	Comique.
Visée	Susciter terreur et pitié *(catharsis).*	Plaire et instruire (édification morale ou sociale).

B Un genre méprisé : l'héritage du théâtre populaire

• **L'influence de la farce et de la *commedia dell'arte.*** La comédie partage avec la farce un certain nombre de **procédés** : le comique de geste, de situation, de caractère, de mœurs et le comique verbal (voir Chapitre 6, p. 48). De même, elle s'inspire de la ***commedia dell'arte***, importée d'Italie, avec ses intrigues légères, sa part importante d'improvisation et son jeu de masques.

• **La confusion entre la comédie et la farce.** Le rire comique, d'essence carnavalesque, repose souvent sur l'évocation du « bas corporel », l'expression des appétits de toutes sortes. Cette **grossièreté**, issue de la farce et du théâtre de foire, continue de discréditer la comédie auprès de ses détracteurs, en particulier de l'Église, qui la condamne comme manifestation du démon.

Dates-clés

La comédie a fait l'objet d'attaques multiples.

• **1657 :** L'abbé d'Aubignac condamne dans sa *Pratique du théâtre « les farces impudentes et les comédies libertines ».*

• **1662-1663 :** Après le succès de *L'École des femmes*, Molière est accusé d'obscénité. Il répond à ses adversaires par *La Critique de L'École des femmes* en tentant de réhabiliter la comédie.

• **1664-1667 :** Querelles de *Tartuffe* et de *Dom Juan* : le parti dévot accuse Molière d'immoralité et d'athéisme. Le dramaturge adresse des Placets au roi pour défendre les vertus édificatrices de la comédie.

C Molière, le grand dramaturge comique du siècle

• **La plasticité des comédies en prose de Molière.** Molière commence sa carrière avec sa troupe de *L'Illustre Théâtre* : acteur ambulant, il est familier du théâtre populaire. De retour à Paris, il pratique toutes les formes du comique : ses comédies en prose sont très **variées**, tant par leur **inspiration** (l'actualité avec *Les Précieuses ridicules*, la tradition latine avec *L'Avare*, la farce et la comédie italienne avec *Les Fourberies de Scapin*) que par les **procédés comiques** qu'il conjugue à l'infini, faisant de chaque pièce une œuvre originale.

• La comédie-ballet. Avec *Le Bourgeois gentilhomme* et *Le Malade imaginaire*, Molière combine le comique de caractère et de mœurs avec la fantaisie de la **musique** et de la **danse**, dans l'esprit des spectacles de cour, mais avec cette particularité que les parties dansées ne sont plus des intermèdes : elles sont **intégrées à l'intrigue**.

Lieu-clé

La Comédie-Française est créée en 1680 par la réunion de la troupe de Molière avec sa rivale de l'hôtel de Bourgogne et bénéficie d'un monopole royal sur les pièces parlées en français.

• L'élévation de la comédie au rang de « grand genre ». Avec la « grande comédie », **écrite en vers et découpée en cinq actes**, Molière veut élever le genre au niveau de celui de la tragédie. Mettant en scène des **personnages issus de la haute bourgeoisie** *(L'École des Femmes, Tartuffe, Les Femmes savantes)* ou de **l'aristocratie** *(Le Misanthrope)*, il propose des pièces complexes, où le rire se mue en **sourire** et acquiert la profondeur de l'émotion tragique.

• La réhabilitation morale de la comédie : « plaire et enseigner ». Dès *Les Précieuses ridicules*, Molière met les procédés de la farce au service de la satire sociale, rendant ainsi à la comédie sa **fonction édificatrice** originelle : « corriger les mœurs par le rire » *(Castigat ridendo mores)*. Pour Molière, le premier devoir de la comédie est d'*« attaquer par le ridicule les vices du temps »* en peignant l'avarice des hommes, les travers de la médecine, de la justice, de la Cour…

3 Les formes du comique du XVIIIe au XXe siècle

• L'évolution de la comédie au XVIIIe siècle. On **moralise le rire** via la « comédie sérieuse » et le **mélange des registres**. Apparaissent la **comédie de mœurs**, fondée sur la satire de la société (*Turcaret*, Lesage), et la **comédie d'intrigue**, qui multiplie personnages et péripéties (*Le Jeu de l'amour et du hasard*, Marivaux).

• Le triomphe du vaudeville au XIXe siècle. Le vaudeville revient à la mode sous la forme d'une comédie d'intrigue à rebondissements, riche en quiproquos et en bons mots : **Labiche** et **Feydeau** sont les maîtres du genre.

• Le retour de la farce au XXe siècle. La comédie se détache du réalisme et le comique se teinte de **pessimisme** ; elle devient dès lors une anti-comédie dérangeante qui ne vise plus seulement à détruire les conventions sociales, mais toutes les valeurs humanistes pour montrer l'absurdité du monde (Jarry, Beckett).

Véritable portrait de Monsieur Ubu ;
extrait de *Ubu roi* d'Alfred Jarry,
Éd. Paris, Mercure de France, 1896, page 1. ▶

11 L'art d'argumenter

L'argumentation **directe** présente clairement un **argumentaire complet**. L'argumentation **indirecte**, en revanche, passe par la **fiction** ; elle regroupe toutes les formes de **l'apologue** (voir chapitre 4, p. 42), et plus largement toute fiction littéraire cherchant à défendre un point de vue.

1 Les genres argumentatifs dans l'Antiquité

A Le discours

Le discours est la forme la plus ancienne de l'argumentation ***directe*** : un orateur s'adresse à l'assistance pour la convaincre ou la persuader. C'est le fondement de la vie publique dans la Cité.

• **La rhétorique.** Née dans un contexte judiciaire, la rhétorique est la technique qui s'attache aux propriétés persuasives de la parole : on recherche l'adhésion de l'auditoire en suscitant son **émotion** par un discours **oral** (puis écrit).

• **Les règles de l'élaboration du discours.** L'orateur doit trouver des **arguments** affectifs ou rationnels pertinents *(inventio)*, suivre un **plan** qui en assure la cohérence *(dispositio)*, adopter un **style** approprié au sujet traité et aux effets qu'il souhaite produire *(elocutio)* et réaliser une véritable **performance** physique et mémorielle, proche de celle de l'acteur *(actio et memoria)*.

Les genres de discours dans l'Antiquité.

	Judiciaire	Délibératif	Démonstratif ou épidictique
Fonction	Accuser ou défendre.	Persuader ou dissuader.	Louer, blâmer, ou plus généralement instruire.
Lieu	Tribunal.	Assemblée publique.	Occasion particulière, privée ou officielle.
Faits évoqués	Passés, car on juge des faits déjà accomplis.	Futurs, car on doit prendre une décision qui engage l'avenir.	Passés, présents et futurs, car on envisage l'objet du discours dans sa totalité.
Valeurs de référence	Le juste et l'injuste.	L'utile et le nuisible.	L'admirable et l'exécrable.

B Le dialogue délibératif

• **Platon et la maïeutique.** Créé par Platon, le genre présente l'enseignement de Socrate sous forme de dialogues avec ses élèves et ses adversaires, selon la méthode de la **« maïeutique »**, qui consiste à « faire accoucher » l'interlocuteur de la vérité *via* des questions appropriées.

• **Définition.** Le dialogue délibératif **confronte des idées** à travers un **dialogue fictif** à plusieurs personnages. Dans le dialogue **dialectique**, le personnage progresse vers la vérité ou prend conscience de son ignorance ; dans le dialogue **polémique**, deux points de vue s'opposent violemment ; dans le dialogue **didactique**, un personnage en instruit un autre.

C La fable

• **Définition.** Une fable est un court **récit** en vers ou en prose, mettant souvent en scène des animaux, incluant une **morale** explicite ou implicite à portée universelle. Il s'agit de **séduire** le lecteur par l'art du récit pour mieux **l'instruire**, conformément au précepte des Anciens « plaire et enseigner ».

• **Ésope et Phèdre.** Issu de la tradition orale, le genre se développe dès l'Antiquité à travers les fables du grec **Ésope**, courts récits en prose à visée didactique qui inspireront ensuite les textes en vers du fabuliste latin **Phèdre**.

2 Les genres argumentatifs à la Renaissance

A L'essai

• **Un genre difficile à définir.** Genre argumentatif direct écrit en **prose** et **très libre** (organisation, thèmes, registres), il exprime le point de vue personnel de l'auteur, tout en proposant une réflexion générale à destination de tous.

> **Œuvre-clé**
>
> ***Les Essais*** de **Montaigne** sont les premiers du genre en français. Écrits de 1570 à 1588, il sont constitués de trois livres que leur auteur ne cessera de relire et corriger jusqu'à sa mort en 1592.

• **L'homme replacé au centre de l'œuvre.** Par sa liberté de forme et de ton, l'essai revendique la **spontanéité** comme gage de la sincérité de l'auteur : ce qui prime dans ce genre, c'est moins l'écrivain que **l'homme** qui s'y exprime.

• **Une écriture interminable.** Il ne prétend pas épuiser son sujet, mais le traiter sous un angle original et personnel. Sa souplesse formelle est un instrument d'investigation efficace : les repentirs et les digressions montrent une **pensée en mouvement**. L'essai est donc sans fin, croissant au fil des réflexions de l'auteur.

B L'utopie

Apologue à visée **critique**, elle décrit une **société idéale** close sur elle-même, ayant développé sa propre organisation, ses propres valeurs et ses propres règles, et dont les perfections font ressortir, par contraste, les dysfonctionnements de la société contemporaine. Elle a donc une portée philosophique et politique. **Thomas More** fonde le genre en 1516 avec son ***Utopia***.

> **Œuvre-clé**
>
> Dans *Gargantua* (1534), Rabelais décrit l'utopie de l'abbaye de **Thélème**, dont la devise est *« FAY CE QUE VOULDRAS »* : c'est un monde mixte, où chacun est éduqué, vertueux, libre de ses choix et de ses occupations.

3 Focus : argumenter de l'âge classique aux Lumières

A La Fontaine ou le triomphe de la fable à l'âge classique

• **Un genre renouvelé.** La Fontaine est le maître du genre. Il réactualise la fable d'Ésope et de Phèdre par son **art de conteur** : le récit, versifié, développe les péripéties, le décor et les personnages ; conformément au principe classique de **variété**, il mêle récit, description et dialogue, multiplie les registres, joue sur les discours rapportés, sur les effets de l'hétérométrie et de la disposition aléatoire des rimes.

• **Un public élargi.** La virtuosité du récit vise à captiver **l'enfant** pour mieux l'édifier : La Fontaine rappelle cette fonction didactique dans les préfaces de ses ***Fables*** (le premier recueil est dédié au jeune Dauphin, le dernier au duc de Bourgogne, petit-fils du roi). Mais il s'adresse aussi au public des **salons mondains**, cultivé et féminin, prompt à saisir les allusions et les double sens, dans un récit où s'affirme une voix souvent **ironique** et complice.

▲ « Le Loup et l'Agneau » (I, 10), gravure de Chauveau (1668). Avec « Le Loup et l'Agneau », le fabuliste captive le lecteur, suspendu au sort de l'Agneau, tout en dénonçant la loi du plus fort incarnée par le Loup.

• **De l'édification morale à la satire.** La visée de la fable est ambiguë chez La Fontaine : la portée initialement morale du texte devient plus **satirique**. Sous le masque de la fable, il critique les travers de la société du temps : l'orgueil des grands, l'hypocrisie, la servilité des courtisans, le pouvoir royal, le clergé ou la justice.

Exemple

« Les animaux malades de la peste », en relatant l'histoire d'un âne condamné à mort par la cour du Lion pour un délit dérisoire, dénonce la parodie de justice rendue par les cours royales.

B L'âge d'or du conte philosophique au siècle des Lumières

• **Définition du genre.** Forme développée de l'apologue, c'est un récit fictif en prose qui reprend les caractéristiques du conte pour mener une **argumentation plus dense** à travers le **parcours d'un personnage**, semé de péripéties et de rencontres avec des personnages incarnant des thèses ou des points de vue.

• **Une réflexion proprement philosophique.** Le conte philosophique dépasse la visée didactique étroite de la fable pour élargir le champ de la réflexion : il s'agit d'**engager un débat à vocation universelle**, pour mener le lecteur à la **sagesse**. C'est pourquoi il affectionne les procédés invitant le lecteur à changer de point de vue en adoptant celui d'autrui.

Œuvre-clé

Dans ***Micromégas*** de Voltaire, le héros éponyme, en montrant le point de vue de la planète Sirius dont il est originaire, force le lecteur à se décentrer et lui donne une leçon de sage relativité.

• **Diffuser les idées des Lumières.** Le conte philosophique est par essence **critique**. Conformément à l'idéal des philosophes du temps, chaque point de vue y est examiné à la lumière de la **raison** pour être validé : les idées ne sont pas imposées, mais débattues. Il s'agit donc aussi de faire œuvre de **vulgarisation des savoirs** auprès des lecteurs pour leur permettre de percevoir les enjeux des débats en reliant des concepts abstraits à des contenus concrets.

Exemple

Dans « Petite digression », à travers le récit de la discorde semée par le détenteur d'un prétendu savoir entre les membres de la communauté des Quinze-Vingts, Voltaire dénonce les dangers de l'ignorance et de l'absence d'esprit critique.

• **La puissance subversive du conte philosophique.** Le genre recourt donc fréquemment à l'**ironie**, à la **satire**, voire à la **parodie**, pour passer au crible les préjugés de l'époque, en particulier dans les contes de Voltaire, passé maître du genre.

Texte-clé

Dans ***Candide***, le voyage initiatique du jeune héros qui découvre la réalité et les horreurs du monde contemporain permet à Voltaire d'engager une réflexion sur la question du Mal et de réfuter avec ironie la philosophie optimiste.

• Contemporaine de la publication des plus grands contes philosophiques, l'***Encyclopédie***, ou ***Dictionnaire raisonné des sciences, des arts et des métiers*** est un projet monumental des philosophes des Lumières, dirigé par Diderot et d'Alembert. Elle ambitionne de compiler et de vulgariser la totalité des savoirs humains. Il s'agit de lutter ainsi contre l'ignorance et les préjugés, en donnant aux lecteurs les moyens d'exercer leur esprit critique. Elle constitue donc une arme politique redoutable. Ainsi l'article « Paix » dénonce-t-il la folie de la guerre, née du caprice des princes, tandis que l'article « Christianisme », justifie l'athéisme.

C La vogue du dialogue délibératif

Le genre est très prisé en raison de sa proximité avec **l'art de la conversation** pratiqué dans les salons littéraires. Il s'inscrit aussi dans la tradition classique qui veut instruire en plaisant, comme dans le projet philosophique de vulgariser des concepts difficiles. C'est une forme littéraire efficace pour débattre, où la persuasion est en particulier un art de réutiliser le propos de l'adversaire.

Auteur-clé

Diderot (1713-1784) a écrit de nombreux dialogues délibératifs : *Entretien d'un philosophe avec la maréchale de***, Entretien avec Dorval sur le Fils nature, Le Rêve de d'Alembert…*

4 L'essai et l'apologue aux XIXe et XXe siècles

• **La permanence de l'essai.** La plasticité de l'essai lui a permis de perdurer en traitant de grands **thèmes universels ou existentiels**, comme l'absurdité de la condition humaine (*Le Mythe de Sisyphe*, Camus), mais aussi de **questions contemporaines**, comme la condition féminine (*Le Deuxième Sexe*, Beauvoir).

• **L'argumentation indirecte au cœur de la fiction.** Les écrivains usent encore, dans le roman, dans la nouvelle, ou au théâtre, des procédés de l'apologue pour délivrer une leçon implicite, comme le **symbole** ou l'**allégorie** (*Rhinocéros*, Ionesco). Ils pratiquent même encore la **fable** (Anouilh) ou l'utopie, *via* la **contre-utopie** qui évoque un monde sous domination totalitaire (*1984*, Orwell).

12 Le roman et la nouvelle

Ces deux **genres narratifs anciens** ont traversé les époques pour trouver leur **âge d'or au XIXe siècle** où ils séduisent tous les lecteurs : ce triomphe n'est pas étranger au développement de la presse et à la montée en puissance de la bourgeoisie et de ses valeurs, dont il devient le mode d'expression privilégié.

1 Le roman

A Naissance et développement du genre

Le mot *roman* désigne au Moyen Âge la **langue vulgaire**, le français, par opposition au latin, la langue littéraire. C'est Chrétien de Troyes qui l'associe à une **forme narrative particulière** au moment où apparaît la littérature courtoise (romans de la Table Ronde).

Au XVIIe siècle, le genre suit deux tendances opposées : l'**idéalisation** d'une part, avec le roman baroque héroïque *(L'Astrée)* et le roman psychologique *(La Princesse de Clèves)*, le **réalisme** d'autre part, avec le roman comique *(Francion)*.

Les **Lumières** en font un terrain d'**innovations techniques** et formelles, comme le roman épistolaire *(Les Liaisons dangereuses)*.

Mais c'est le **XIXe siècle qui consacre le genre romanesque, en particulier sur la voie du réalisme**.

B Le roman réaliste

• Le rejet du romantisme et de l'idéalisation. Le **romantisme** domine la production romanesque de la première moitié du XIXe siècle : ancrés dans l'histoire ou soucieux d'étudier le monde contemporain *(« un roman, c'est un miroir que l'on promène le long du chemin »)*, ces romans laissent surtout une part importante à l'expression de la **sensibilité**.

En réaction contre cette tendance, et plus largement contre toute entreprise d'idéalisation, le mot « réalisme », apparu en 1826 dans *Le Mercure de France* pour désigner « la littérature du vrai », insiste sur la volonté, chez les écrivains, comme chez les peintres, de **reproduire le réel**, sans ornement ni subjectivité (voir aussi Chapitre 5, Le registre réaliste, p. 46).

Texte-clé

Dans la **préface de *Pierre et Jean*** (1888), Maupassant définit le romancier réaliste comme un artiste : le roman étant matériellement impuissant à restituer exhaustivement le réel, il sélectionne et organise les faits pour les rendre intelligibles. Le réalisme est donc une **illusion de réalité** construite par l'art du romancier, qui multiplie les « **effets de réel** » : description minutieuse d'objets familiers, recours au langage technique ou argotique, mise en lumière du petit détail qui donne une impression de vérité…

• Une ambition totalisante. Le projet de Balzac est emblématique de la démarche réaliste : il s'agit de *« décrire la société telle qu'elle est, dans son entier »* en explorant **toutes les classes sociales** et les individus qui les composent, de l'aristocratie au peuple, de Paris à la province.

Il entend ainsi « *faire concurrence à l'état civil* » avec le cycle romanesque de *La Comédie humaine*, microcosme vertigineux où les personnages évoluent et réapparaissent d'un roman à l'autre.

• **Le personnage réaliste** devient ainsi un **type social**, représentant les idées reçues d'un milieu bien défini et agissant en fonction des codes de sa classe. Par exemple, la façon d'être et d'aimer de **Frédéric Moreau** dans *L'Éducation sentimentale* de Flaubert (1869) reflète la façon de faire de la politique dans les années 1840-1850 : jeune bourgeois plein de rêves qui le détournent de l'action, il se laisse porter par les événements.

• **Le roman de formation ou d'apprentissage** constitue le support privilégié du réalisme, car il permet, à travers l'itinéraire d'un personnage jeune et naïf, de parcourir les différents milieux et de le confronter à la réalité de la société.

• **La connaissance du réel.** Ainsi, lorsque Balzac se présente comme l'« *historien des mœurs* » de son époque, il esquisse une nouvelle fonction du roman : archiver l'histoire contemporaine, **transmettre un savoir** consigné patiemment par le romancier, observateur et analyste.

Exemple

Dans ***Illusions perdues*** de Balzac (1843), le jeune provincial Lucien Chardon, voit ses ambitions de poète brisées par la réalité des milieux parisiens qu'il traverse successivement. Le récit devient le support d'une observation méthodique et objective de la société.

• **Le roman-feuilleton.** En marge des grandes productions littéraires se maintient une littérature populaire, diffusée par colportage. En outre, **la presse se développe massivement** et concurrence le livre ; dès les années 1830, Émile de Girardin a l'idée de fidéliser ses lecteurs en publiant dans son journal, *La Presse*, des romans par épisodes : le roman-feuilleton est né. Le succès est tel que **Dumas** et **Balzac** y recourent pour diffuser leurs œuvres.

C Le roman naturaliste

Les progrès de la science influencent la création romanesque, en particulier dans le dernier tiers du XIXe siècle. Ainsi le naturalisme de Zola radicalise la doctrine de l'imitation du réel en conférant au réalisme une dimension **scientifique**.

Œuvres-clés

Quelques romans phares du réalisme et du naturalisme

– Balzac, *La Comédie humaine* (1842-1848)
– Flaubert, *Madame Bovary* (1857)
– Les frères Goncourt, *Germinie Lacerteux* (1865)
– Maupassant, *Bel-Ami* (1885).
– Zola, *Les Rougon-Macquart* (1871-1893)

• **Une peinture méthodique de la société.** La question des milieux sociaux est cruciale chez Zola, qui confère à ses textes une dimension quasi documentaire. Combinant la démarche d'investigation du journaliste à la méthode expérimentale du scientifique, il construit ses romans en s'appuyant sur l'**observation des faits** : il se rend sur le terrain, fait des croquis, consulte des ouvrages spécialisés, réalise des fiches sur les personnages… Le cycle des *Rougon-Macquart* peint tous les milieux du Second Empire, devenant un véritable **instrument de connaissance**.

• **Un cycle familial et une « histoire naturelle ».** En écrivant l'histoire d'une famille sur plusieurs générations, Zola se laisse la liberté de faire réapparaître les personnages d'un roman à l'autre, comme Balzac. Mais son originalité, en choisissant de mettre en scène des êtres unis par les liens du sang, est d'introduire la **thèse de l'hérédité** et l'influence de la **physiologie** pour en faire un ressort dramatique et expliquer le comportement des personnages.

• **Une conception « expérimentale » du roman.** S'inspirant des travaux de Darwin sur l'évolution des espèces et de la méthode de Claude Bernard, Zola veut faire de l'espace romanesque un terrain d'expérimentation scientifique : ses personnages sont des sortes de cobayes soumis au **déterminisme du milieu**, dont l'écrivain observe et analyse les réactions. Ainsi la **fonction de la description** se trouve-t-elle **renouvelée** et renforcée dans le naturalisme, puisque c'est le milieu qui détermine en partie le personnage.

Citation

« Nous ne décrivons plus pour décrire, par un caprice et un plaisir de rhétoricien. Nous estimons que l'homme ne peut être séparé de son milieu, qu'il est complété par son vêtement, par sa maison, par sa ville, par sa province ; et, dès lors, nous ne noterons pas un seul phénomène de son cerveau ou de son cœur, sans en chercher les causes ou le contrecoup dans le milieu. »

É. Zola, *Le Roman expérimental*, 1880.

D Les grands thèmes réalistes et naturalistes

• **L'ascension et la chute sociale.** Certains personnages, comme Vautrin ou Rastignac, savent s'adapter aux contraintes de la société pour réussir, mais la plupart, comme Eugénie Grandet ou Renée Saccard dans *La Curée* de Zola se laissent broyer dans ses rouages.

• **Le monde du travail est largement représenté :** le roman montre tous les métiers et tous les états de la société industrielle, du banquier dans *La Maison Nucingen* de Balzac au mineur dans *Germinal* de Zola.

▲ Gustave Caillebotte, *Les Raboteurs de parquet*, 1875.

• **La puissance des instincts.** Le roman oppose à l'idéalisation de la passion amoureuse la force brutale des pulsions et du désir, comme celle des amants criminels dans *Thérèse Raquin* de Zola.

• **La maladie et la mort.** Tous les personnages sont confrontés à la réalité de la décrépitude physique et de la mort, comme Eugène de Valentin, prématurément vieilli par la maladie dans *La Peau de chagrin* de Balzac.

E Le roman en question au XXe siècle

Après chaque guerre mondiale, le roman connaît une crise violente : dès 1918, les **Surréalistes** contestent sa structure narrative, incompatible avec leur volonté de libérer les forces de l'imagination et de l'inconscient. Dans les années 1950, le **Nouveau Roman** désavoue les notions d'intrigue, de personnage et d'illusion réaliste (Sarraute, *L'Ère du soupçon*, 1956). Cet éclatement formel conduit, paradoxalement, à une **rénovation** complète du genre : la construction du récit se complexifie (Joyce), les contours du personnage se brouillent (Kafka), la langue se renouvelle (Céline).

2 La nouvelle

A Naissance et développement du genre

Au XVe siècle paraît le premier recueil de nouvelles françaises, *Les Cent Nouvelles nouvelles* ; le terme désigne alors un récit bref qui, conformément à son étymologie, traite de sujets « récents » et « inouïs ».

Rapidement le genre se définit par sa **brièveté** et par son sujet, qui doit être un **fait « vrai et récent »**, et s'ancre dans le **réalisme**. Marguerite de Navarre le consacre avec l'*Heptaméron* qui mêle récits sérieux et licencieux.

Au XVIIe siècle, la nouvelle se rapproche du roman par ses sujets et sa composition, mais elle se distingue par son **action plus resserrée**. C'est cette conception qui prime à la fin du XVIIIe siècle.

B L'âge d'or de la nouvelle au XIXe siècle

• **L'impact de l'essor de la presse.** Le nombre de quotidiens explose au cours du siècle ; le succès du roman-feuilleton garantit un lectorat régulier. De même, la nouvelle intéresse les rédactions pour son format réduit, mais aussi les auteurs, généreusement rémunérés pour leurs collaborations. La nouvelle devient un **genre majeur**, pratiqué par tous les auteurs du temps.

Exemples

Parallèlement à ses romans, Zola publie trois recueils de nouvelles, dont les *Contes à Ninon*, tandis que Maupassant écrit près de trois cents nouvelles en dix ans, notamment les *Contes du jour et de la nuit*.

• **La nouvelle réaliste et naturaliste**, conformément au principe fondateur du genre, traite de sujets « vrais » (ou vraisemblables) et « récents » en proposant des récits simples, ancrés dans la réalité de l'époque contemporaine, voire dans la **banalité du quotidien**.

Œuvre-clé

Dans *Un Cœur simple* (1877), Flaubert décrit le drame ordinaire de la servante Félicité qui subit les départs successifs de tous ceux qu'elle aime, jusqu'à la mort de son perroquet, sur lequel elle avait reporté tout son amour.

Mais les nouvelles réalistes ne perdent pas de vue le caractère inouï du sujet traité, comme en témoigne **l'art de la chute**, qui devient une caractéristique du genre.

Œuvre-clé

Dans *La Parure* (1884), Maupassant fait un usage efficace de la chute en révélant trop tard à l'héroïne qu'elle a sacrifié sa vie pour rembourser un collier de faux diamants qu'elle croyait vrais.

• **La nouvelle fantastique.** Certains auteurs réalistes, comme Maupassant, cultivent aussi dans leurs nouvelles un intérêt pour l'**étrange comme révélateur du réel**, en acclimatant le surnaturel au cœur du quotidien dans la nouvelle fantastique *(Le Horla)*. La brièveté du genre renforce l'efficacité du récit en permettant la **concentration des effets**.

C La nouvelle au XXe siècle : entre déclin et renouveau

Au XXe siècle, avec le déclin de la presse et l'hégémonie du roman, la nouvelle devient un genre mineur, pratiqué par les auteurs en marge de leurs productions littéraires d'envergure. Elle perdure cependant à travers quelques réussites individuelles, comme celle de Sartre, qui en fait un instrument d'interrogation philosophique et politique *(Le Mur)*, ou celle de Vian *(Les Fourmis)* qui y intègre la fantaisie du langage.

13 La poésie

Le genre poétique montre une **grande plasticité formelle**, **thématique** et **fonctionnelle** : initialement corseté dans des **formes codifiées** et une virtuosité de circonstance, il se libère à la Renaissance en s'ouvrant au lyrisme, puis en **abandonnant** progressivement, dès le XIXe siècle, **les contraintes de la versification**, et en s'ancrant plus fortement dans la réalité du monde.

1 La poésie romantique ou le triomphe de l'émotion

A Le rejet des règles classiques

Après la Révolution française, les romantiques veulent rompre avec les contraintes de la poésie classique et revendiquent la **liberté de création** : ils promeuvent le mélange des registres et la souplesse de la langue, plus conformes à la réalité du monde et de l'homme.

B Le sacre du moi

La sensibilité personnelle, longtemps écartée par le rationalisme des Lumières, trouve des conditions d'expression nouvelles. Le succès retentissant des *Méditations poétiques* de Lamartine en 1820 marque le début d'une nouvelle ère poétique, entièrement consacrée aux **émotions du sujet lyrique**.

Auteurs-clés

Hugo et **Nerval** expriment dans leurs poèmes le désarroi d'un moi intime qui succède à l'enthousiasme de la Révolution et des campagnes napoléoniennes ; **Vigny** et **Musset** chantent le malaise d'un sujet en proie au *« mal du siècle »* : la mélancolie.

C Les grands thèmes

- **La solitude.** Les poètes romantiques font une large place à l'**expérience de la solitude**, dans laquelle le moi se retrouve confronté à lui-même : en exprimant ses doutes ou ses aspirations, il fait entendre les interrogations de l'humanité tout entière.

- **La nature.** La communion avec la nature est déterminante : le moi y trouve un **refuge**, un reflet de ses états intérieurs, ou une source d'exaltation.

- **Le peuple.** Désenchantés, en rupture avec la société bourgeoise, les romantiques dénoncent **les souffrances du peuple** de l'ère industrielle et s'insurgent contre toute forme d'oppression politique.

- **Le poète prophète.** Les poètes sont néanmoins porteurs d'espoir pour l'avenir, se présentant ainsi comme des mages ou des prophètes, **guidant le peuple sur la voie du progrès.**

▲ **Caspar David Friedrich, *Coucher de soleil*, 1830-1835.**
Dans ce « paysage état d'âme », le peintre romantique veut communiquer au spectateur le sentiment de plénitude et d'apaisement teinté de mélancolie qu'inspire le coucher du soleil.

2 Le Parnasse ou la quête de perfection formelle

• **L'art pour l'art.** Dans les années 1830, des poètes issus du romantisme et réunis autour de Théophile Gautier en contestent les excès lyriques et les prétentions didactiques, au nom de la **beauté formelle**, de *« l'art pour l'art »*. Le poète devient plasticien : la forme prime sur le fond, la technique sur l'inspiration.

• **Le Parnasse.** Le mouvement est baptisé « parnassien » après la parution en 1866 du recueil collectif *Le Parnasse contemporain*. Ce titre est à la fois une allusion au mont Parnasse en Grèce, où Apollon conversait avec les Muses, et une réplique à Lamartine qui avait prétendu, faire *« descendre la poésie du Parnasse »*, en la faisant renouer avec les émotions individuelles et les enjeux de l'Histoire.

• **L'esthétique parnassienne.** Les Parnassiens pratiquent une poésie **ciselée**, marquée par la recherche lexicale et la musicalité du rythme, au service d'une perfection formelle **détachée de tout lyrisme et de tout engagement social**. Cette poésie impersonnelle, représentée par Hérédia et Banville, inspirera la poésie symboliste.

3 La modernité poétique

A Baudelaire

• **L'éloge de l'art moderne.** Dans ses critiques d'art, Baudelaire défend une nouvelle vision de l'art, fondée sur l'idée de **modernité** : l'artiste, comme le poète, doit parvenir à fixer dans son œuvre les impressions fugitives du monde moderne.

• **Le poète de la modernité.** Avec *Les Fleurs du mal*, il élabore une esthétique fondée sur les **contradictions**, entre amertume du *spleen* et exaltation de l'idéal, qui affirme une **subjectivité** omniprésente, hantée par le Mal et le Néant. C'est que la poésie doit **tout dire** : la révolte et l'abattement, les joies de la rêverie et de la volupté, la solitude de l'homme plongé au cœur des villes.

> **Événement-clé**
>
> Dès leur parution, en **1857**, ***Les Fleurs du mal*** suscitent le scandale : après une campagne de presse qui accuse Baudelaire d'immoralité, la justice condamne l'auteur et son éditeur à une amende et six poèmes sont censurés, pour *« outrage à la morale publique et aux bonnes mœurs »*. Baudelaire est très touché par ce verdict qu'il estime injuste.

• **Une source d'innovations formelles.** Avec les ***Petits Poëmes en prose***, Baudelaire reprend la forme poétique mixte créée par Aloysius Bertrand dans *Gaspard de la nuit*, et en confirme les possibilités en explorant un univers intérieur confronté à la violence de la vie urbaine.

B La poésie symboliste

• **Mallarmé et la naissance du symbolisme.** La rupture annoncée par les « Correspondances » de Baudelaire et l'écriture impressionniste de Verlaine, est confirmée par **Mallarmé** : il fonde une nouvelle école poétique, le symbolisme, qui trouve son nom en 1886 avec la publication du *Manifeste du symbolisme* de Moréas.

• **L'esthétique symboliste.** Le symbolisme est une **poésie de la suggestion et de l'impression** qui cherche à dépasser les apparences pour découvrir le sens caché du monde. Elle recourt aux mots rares, aux tournures recherchées, aux paysages intérieurs, aux **symboles** qui établissent un lien entre le monde réel et le monde des « Idées » et s'appuie sur la musicalité et le rythme incantatoire du vers libre ou du poème en prose.

• **Les grands thèmes symbolistes.** À la réalité, décevante et limitée, les symbolistes opposent la **quête de l'idéal** par la méditation et la rêverie. La **pureté de l'art** est symbolisée par la blancheur des paysages de neige, des nuages, du brouillard ou du cygne. La **mélancolie** reste prégnante à travers la tristesse des paysages, les thèmes de l'ennui ou de l'amour impossible.

4 La révolution surréaliste

• **Le contexte de la « crise de l'esprit ».** Le traumatisme de la Première Guerre mondiale engendre une crise intellectuelle, que le **mouvement Dada**, fondé par Tristan Tzara en 1916, répercute dans ses actions spectaculaires et sa volonté de faire table rase de toute convention ou contrainte idéologique, artistique et politique.

• **Le *Manifeste du surréalisme*.** Mais **André Breton** et ses amis (Soupault, Éluard, Aragon, Duchamp, Dali, Ernst...) veulent dépasser les provocations gratuites du dadaïsme : en 1924, le ***Manifeste du surréalisme*** scelle une entreprise collective qui multiplie les expériences pour **libérer la pensée** du contrôle de la raison, de toute préoccupation esthétique ou morale, en laissant parler l'inconscient.

• **Les principes du surréalisme.** Les surréalistes pratiquent **l'écriture automatique**, réalisée sous la dictée de l'inconscient. Ils affirment aussi la **puissance des images** : la métaphore surréaliste recherche l'association imprévue de réalités très éloignées pour renouveler le regard porté sur le monde. Enfin, ils veulent **recréer le langage** en travaillant sur le sens et la sonorité des mots, en les associant de façon inattendue, comme dans le jeu des « cadavres exquis ».

• **Les grands thèmes surréalistes.** Les surréalistes sont fascinés par le **rêve** qui permet d'accéder au monde fantastique et totalement libre de l'inconscient. Ils célèbrent **l'amour fou**, qui confère à la femme une dimension presque mythologique. Le **hasard** fait advenir l'illumination poétique, en particulier dans les associations d'idées et de mots. Enfin, la **folie**, qui implique une vision du monde libérée de l'emprise de la raison, est valorisée en tant que source de création poétique.

• **La question de l'engagement politique.** L'idéologie subversive du mouvement pose très vite la question des moyens d'associer poésie et révolution. Même si aucun parti ne répond vraiment à leurs aspirations, certains adhèrent au Parti Communiste Français, comme **Aragon** et **Éluard**, qui font le choix de la **poésie engagée** pendant la guerre et sont considérés comme des traîtres au mouvement. Le groupe surréaliste, déchiré par ces dissensions internes, disparaît après la guerre.

▲ Giorgio De Chirico, *Le Grand métaphysique*, 1917.
Le travail engagé sur la métaphore trouve son équivalent pictural dans des espaces oniriques peuplés d'éléments hybrides surprenants, composés d'objets néanmoins empruntés au réel.

Maths

	COURS	EXERCICES D'ENTRAÎNEMENT

Fonctions

Géométrie

Statistiques et probabilités

1 Algorithmique et programmation

Ce chapitre sera réinvesti dans les chapitres suivants.

1 Algorithme

Un algorithme est une suite d'instructions élémentaires. Il comprend :
– une phase d'initialisation où l'on entre les données,
– une phase de traitement du problème,
– une phase de sortie des résultats.

Appliquer le cours
Écrire un algorithme qui demande un entier N, lui ajoute 4, multiplie la somme obtenue par le nombre choisi, ajoute 5 à ce produit, et écrit le résultat R.

Solution

Langage naturel	TI	Casio
Entrer N R reçoit $(N+4)\times N+5$ Afficher R	Prompt N $(N+4)*N+5 \to R$ Disp R	$? \to N$ $(N+4)*N+5 \to R$ R ◢

Explication

Entrer N signifie que la mémoire N reçoit la valeur tapée au clavier.
R reçoit $(N + 4) \times N + 5$ signifie que l'on met la valeur $(N + 4) \times N + 5$ dans R.
Si R avait déjà une valeur, alors celle-ci est perdue.

2 Condition : Si... alors... sinon...

Appliquer le cours Un maraîcher vend des endives au prix de 2 euros le kilo.
Le prix devient 1,50 euro à partir de 10 kilos achetés.
Écrire un algorithme qui demande le nombre N de kilos d'endives achetés, calcule et affiche le prix P à payer en euros.

Solution

Initialisation
Entrer N
Traitement
Si $N < 10$ — *Si la personne achète moins de 10 kilos*
Alors P reçoit $2 \times N$ — *alors elle paie 2 euros chaque kilo*
Sinon P reçoit $1{,}5 \times N$ — *sinon elle paie 1,5 euro chaque kilo*
Fin Si
Sortie
Afficher P — *On affiche le prix à payer en euros.*

On teste cet algorithme :
- Si $N = 8$, alors $N < 10$ et $P = 2 \times 8 = 16$.
- Si $N = 17$, alors $N > 10$ et $P = 1{,}5 \times 17 = 25{,}5$.

3 Boucle « Pour... »

Une boucle (ou calcul itératif ou répétitif) permet de répéter plusieurs fois de suite le même traitement.

Lorsque le nombre d'itérations N est connu à l'avance, on utilise une boucle « pour… » : le compteur s'incrémente automatiquement de 1 à chaque itération.

Appliquer le cours Écrire un algorithme qui demande un nombre entier naturel N et calcule la somme S des nombres entiers naturels de 1 à N.

Solution

```
Initialisation
    Entrer N
    S reçoit 0                  On initialise la somme à 0.
Traitement
    Pour i variant de 1 à N     On va répéter N fois la même opération.
    S reçoit S+i
    Fin Pour
Sortie
    Afficher S
```

On teste cet algorithme avec $N = 4$: la première boucle fait $S = 0 + 1 = 1$, la deuxième $S = 1 + 2 = 3$, la troisième $S = 3 + 3 = 6$ et la quatrième (et dernière !) $S = 6 + 4 = 10$.

4 Boucle « Tant que... »

Lorsque le nombre d'itérations n'est pas connu à l'avance, et qu'il dépend d'une condition, on utilise une boucle « tant que… ». Dans ce cas, le traitement est répété tant que la condition est vraie. Quand la condition devient fausse, on sort de la boucle.

Appliquer le cours Robin dépose 3 000 € sur un livret d'épargne rémunéré à 2 %. Il veut savoir au bout de combien d'années N, son capital C aura augmenté de 10 % au moins, c'est-à-dire atteint ou dépassé 3 300 €. Écrire un algorithme qui répond à cette question.

Solution

```
Initialisation
    C prend la valeur 3000
    N prend la valeur 0
Traitement
    Tant que C < 3 300
        C prend la valeur C × 1,02
        N prend la valeur N + 1
    Fin tant que
Sortie
    Afficher N
    Afficher C
```

Attention !

Augmenter un nombre de 2 %, c'est le multiplier par 1,02.

On teste l'algorithme : $C = 3\,000$, donc $C < 3\,300$, on entre une première fois dans la boucle,
on fait $C = 3\,000 \times 1{,}02 = 3\,060$ et $N = 0 + 1 = 1$;
$C = 3\,060 < 3\,300$, on entre une deuxième fois dans la boucle,
on fait $C = 3\,060 \times 1{,}02 = 3\,121{,}2$ et $N = 1+1 = 2$;
$C = 3\,121{,}2 < 3\,300$, on entre une troisième fois dans la boucle,
on fait $C = 3\,121{,}2 \times 1{,}02 \approx 3\,183{,}62$ et $N = 2+1 = 3$;
et ainsi de suite.
La boucle s'arrête pour $N = 5$ et $C \approx 3\,312{,}24$.
Il faudra donc 5 ans au capital de Robin pour dépasser 3 300 €.

Exercices d'entraînement

Exercice 1 ★ 5 min

Corrigé p. 126

On donne l'algorithme ci-dessous :

```
Entrer N
a reçoit 7×N
b reçoit  a–5
Afficher b
```

Vrai ou faux ?

1. Le nombre obtenu avec l'entrée 10 est 65.
2. Le nombre obtenu avec l'entrée 2 est 9.
3. Le nombre obtenu avec l'entrée – 2 est – 9.
4. Le nombre obtenu avec l'entrée – 10 est – 75.

Exercice 2 ★ 5 min

Corrigé p. 126

Écrire un algorithme qui demande deux nombres réels a et b, puis calcule et affiche la somme S des carrés de ces deux nombres.

Exercice 3 ★ 5 min

Corrigé p. 126

Écrire un algorithme qui demande les dimensions en mètres d'un parallélépipède rectangle et qui affiche son volume en mètres cubes.

Exercice 4 ★★ 10 min

Corrigé p. 126

Écrire un algorithme qui demande un nombre réel X, qui le multiplie par 4 s'il est négatif ou nul, qui le multiplie par 5 sinon, et qui affiche le résultat R.

Exercice 5 ★★ 10 min

Corrigé p. 126

On mesure l'obésité à l'aide de l'indice de masse corporelle, noté I, évalué à l'aide du poids P (en kg) et de la taille T (en m) d'un individu : $I = \frac{P}{T^2}$. Suivant une classification établie par l'Organisation Mondiale de la Santé, un individu est en surpoids lorsque son indice de masse corporelle est strictement supérieur à 25. Écrire un algorithme qui demande à l'utilisateur son poids en kilogrammes et sa taille en mètres, puis calcule l'indice I et affiche s'il est en surpoids ou non.

Exercice 6 ★★ 10 min

Corrigé p. 126

Écrire un algorithme qui demande un entier naturel n supérieur ou égal à 2, puis calcule et affiche la somme S des carrés des n premiers entiers naturels non nuls.

Exercice 7 ★★★ 10 min

Corrigé p. 126

Nathan verse sur un compte d'épargne une somme S en euros. Ce compte rapporte 4 % d'intérêts par an. Écrire un algorithme qui demande la somme versée et qui calcule en combien d'années N le capital S de Nathan aura doublé.

Exercice 8 ★★★ 10 min

Corrigé p. 126

Écrire un algorithme qui calcule la somme S des n premiers entiers naturels non nuls et affiche la plus petite valeur de n pour laquelle S dépasse 1 000 000.

2 Intervalles de ℝ

Un intervalle de ℝ est une partie de ℝ « d'un seul morceau ».

1 Différents types d'intervalles

a et b sont deux réels tels que : $a < b$.

Notation	Représentation graphique	Ensemble des réels x tels que :
$[a\,;b]$ intervalle fermé borné		$a \leqslant x \leqslant b$
$]a\,;b[$ intervalle ouvert borné		$a < x < b$
$]a\,;b]$ intervalle semi-ouvert borné		$a < x \leqslant b$
$[a\,;b[$ intervalle semi-ouvert borné		$a \leqslant x < b$
$[a\,;+\infty[$ intervalle non borné		$a \leqslant x$
$]a\,;+\infty[$ intervalle non borné		$a < x$
$]-\infty\,;b]$ intervalle non borné		$x \leqslant b$
$]-\infty\,;b[$ intervalle non borné		$x < b$

• **Remarque** : ℝ peut aussi s'écrire $]-\infty\,;+\infty[$

Appliquer le cours Compléter le tableau suivant.

Notation	Représentation graphique	Ensemble des réels x tels que :
$]-3\,;5]$		
	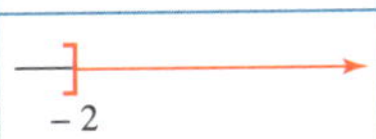	
		$x \leqslant 6$

Solution

Notation	Représentation graphique	Ensemble des réels x tels que :
$]-3\,;5]$		$-3 < x \leqslant 5$
$]-2\,;+\infty[$	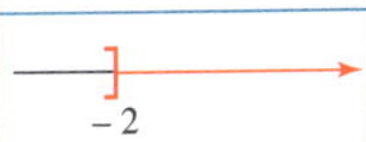	$-2 < x$
$]-\infty\,;6]$		$x \leqslant 6$

2 Intersection et réunion d'intervalles

- **L'intersection** de deux intervalles I et J est l'ensemble des réels qui appartiennent à la fois à I et à J. On le note : $I \cap J$.
- **La réunion** de deux intervalles I et J est l'ensemble des réels qui appartiennent à I ou à J. On le note : $I \cup J$.

Remarque

$\cap$ se lit « inter ».
$\cup$ se lit « union ».

Appliquer le cours Déterminer l'intersection et la réunion des intervalles I et J suivants.

1. $I = [-2\,;5]$ et $J = [4\,;6[$.

2. $I =]-\infty\,;3{,}5[$ et $J = [-2\,;7]$.

Solution

1. $I \cap J$ est l'ensemble des réels qui appartiennent à la fois à $[-2\,;5]$ et à $[4\,;6[$ (qui sont à la fois rouges et bleus), donc : $I \cap J = [4\,;5]$.
$I \cup J$ est l'ensemble des réels qui appartiennent à $[-2\,;5]$ ou à $[4\,;6[$ (qui sont rouges ou bleus), donc : $I \cup J = [-2\,;6[$.

2. $I \cap J = [-2\,;3{,}5[$ $\qquad I \cup J =]-\infty\,;7]$

Remarque

On utilise une représentation graphique.

1.

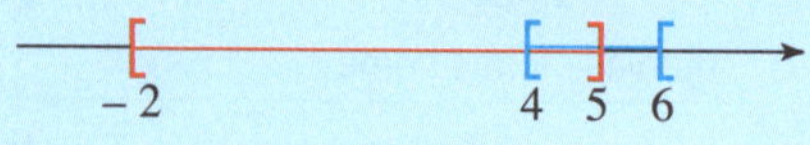

2.

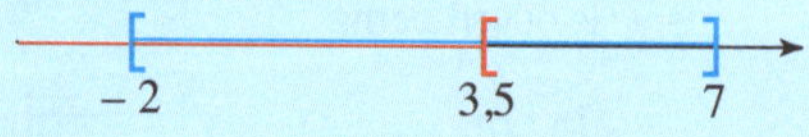

Exercices d'entraînement

Exercice 1 ★ 5 min

Corrigé p. 126

Donner les définitions des intervalles suivants : $[-2\,;3]$; $]-5\,;1]$; $]3\,;+\infty[$; $]-\infty\,;2]$; $]3\,;10[$.

Exercice 2 ★ 5 min

Corrigé p. 126

Utiliser l'appartenance à un intervalle pour formuler les inégalités suivantes d'une autre façon.

1. $-10 \leqslant x \leqslant -9{,}9$;
2. $x \geqslant -100$;
3. $-10^6 < x < -10^5$;
4. $x < -3$;
5. $-0{,}1 < x \leqslant 0{,}1$;
6. $0{,}3 \leqslant x < 1$.

Exercice 3 ★ 10 min

Corrigé p. 126

Dans chacun des cas suivants, représenter les intervalles I et J, donner leur intersection $I \cap J$ et leur réunion $I \cup J$.

1. $I = [-10\,;2]$ et $J = [-3\,;7[$. 2. $I = [7\,;+\infty[$ et $J = [-5\,;10]$. 3. $I =]-\infty\,;5]$ et $J = [0\,;+\infty[$.

Exercice 4 ★ 10 min

Corrigé p. 127

Dans chacun des cas suivants, faire un schéma et donner l'ensemble des solutions du système sous forme d'un intervalle.

1. $\begin{cases} x < 7 \\ x \geqslant 0 \end{cases}$ 2. $\begin{cases} x \geqslant -3 \\ x > 2 \end{cases}$ 3. $\begin{cases} -3 \leqslant x \leqslant 0 \\ -7 < x < \sqrt{2} \end{cases}$

3 Transformation d'écritures Identités remarquables

1 Puissances

A Définition

Soit n un entier naturel non nul et a un réel non nul.

- $a^n = \underbrace{a \times a \times \ldots \times a}_{n \text{ fois}}$
- $a^0 = 1$
- $a^1 = a$
- $a^{-n} = \dfrac{1}{a^n}$
- $0^n = 0$

Appliquer le cours Donner l'écriture décimale des nombres suivants.

$(-2)^3$; 3^2 ;
-2^3 ; $(-3)^2$;
2^{-3} ; 5^{-2}.

Solution $(-2)^3 = (-2) \times (-2) \times (-2) = \mathbf{-8}$.

$-2^3 = -(2 \times 2 \times 2) = \mathbf{-8}$.

$2^{-3} = \dfrac{1}{2^3} = \dfrac{1}{8} = \mathbf{0{,}125}$.

$3^2 = 3 \times 3 = \mathbf{9}$.

$(-3)^2 = (-3) \times (-3) = \mathbf{9}$.

$5^{-2} = \dfrac{1}{5^2} = \dfrac{1}{25} = \mathbf{0{,}04}$.

B Règles de calcul

Quels que soient les réels a et b non nuls et les entiers m et n, on a :

- $a^m \times a^n = a^{m+n}$
- $\dfrac{a^m}{a^n} = a^{m-n}$
- $(a^m)^n = a^{mn}$
- $(ab)^n = a^n \times b^n$
- $\left(\dfrac{a}{b}\right)^n = \dfrac{a^n}{b^n}$

Appliquer le cours Simplifier les expressions suivantes.

$A = a^2 b^3 (a^3)^2$;

$B = \left(\dfrac{a}{b}\right)^3 \times \dfrac{b^6}{a^5}$;

$C = \dfrac{(a^2 b)^2}{b^3}$

Solution $A = a^2 b^3 a^6 = a^{2+6} b^3 = \mathbf{a^8 b^3}$.

$B = \dfrac{a^3}{b^3} \times \dfrac{b^6}{a^5} = a^{3-5} b^{6-3} = a^{-2} b^3 = \mathbf{\dfrac{b^3}{a^2}}$.

$C = \dfrac{a^4 b^2}{b^3} = a^4 b^{2-3} = a^4 b^{-1} = \mathbf{\dfrac{a^4}{b}}$.

2 Développement

a, b et k désignent des réels.

Développer une expression, c'est l'écrire sous forme d'une somme sans parenthèses en utilisant :

- **La distributivité de la multiplication**
  - $k(a+b) = ka + kb$
  - $k(a-b) = ka - kb$
- **Les identités remarquables**
  - $(a+b)^2 = a^2 + 2ab + b^2$
  - $(a-b)^2 = a^2 - 2ab + b^2$
  - $(a+b)(a-b) = a^2 - b^2$

Appliquer le cours Développer et réduire les expressions suivantes.
$A(x) = 3(x-1) - 4(3-x)$;
$B(x) = (x-2)(1-x)$;
$C(x) = (x+3)^2 - (x-2)(x+2)$.

Solution $A(x) = 3 \times x - 3 \times 1 - (4 \times 3 - 4 \times x)$
$= 3x - 3 - 12 + 4x = \mathbf{7x - 15}$.
$B(x) = x - x^2 - 2 + 2x = \mathbf{-x^2 + 3x - 2}$.
$C(x) = x^2 + 2 \times 3 \times x + 3^2 - (x^2 - 2^2)$
$= x^2 + 6x + 9 - x^2 + 4 = \mathbf{6x + 13}$.

3 Factorisation

a, b et k désignent des réels.
Factoriser une expression, c'est l'écrire sous la forme d'un produit de facteurs, en reconnaissant :

• Un facteur commun

- $ka + kb = k(a+b)$
- $ka - kb = k(a-b)$

• Une identité remarquable

- $a^2 + 2ab + b^2 = (a+b)^2$
- $a^2 - 2ab + b^2 = (a-b)^2$
- $a^2 - b^2 = (a-b)(a+b)$

Appliquer le cours Factoriser les expressions suivantes.
$A(x) = (2x+1)(x+3) + 5(2x+1)$;
$B(x) = 9x^2 - 12x + 4$;

Solution $A(x) = (2x+1)(x+3) + (2x+1) \times 5$
On reconnaît un facteur commun : $2x + 1$.
$A(x) = (2x+1)(x+3+5) = \mathbf{(2x+1)(x+8)}$.
$B(x) = (3x)^2 - 2 \times 3x \times 2 + 2^2$
On reconnaît une identité remarquable : $(a-b)^2$.
$B(x) = \mathbf{(3x-2)^2}$.

Exercices d'entraînement

Exercice 1 ★ 5 min *Corrigé p. 127*

1. Donner l'écriture décimale des nombres suivants : $\frac{1}{4}$; $-\frac{3}{4}$; $\frac{5}{2}$; $-\frac{8}{5}$.
2. Donner l'écriture fractionnaire simplifiée des nombres suivants : – 0,5 ; 0,42 ; 1,8 ; – 0,6.

Exercice 2 ★★ 10 min *Corrigé p. 127*

Écrire sous forme d'une fraction irréductible les nombres suivants :

$$A = \frac{4 - \frac{1}{3}}{4 + \frac{1}{3}} \ ; \qquad B = \frac{\frac{4}{5} - \frac{1}{5} \times \frac{8}{7} - \frac{2}{7}}{1 - \frac{1}{3}}.$$

Exercice 3 ★ 5 min *Corrigé p. 127*

1. Écrire avec une puissance de 10 les nombres suivants :

0,000 1 ; 100 000 ; 10 millions ; 1 centième.

2. Donner l'écriture décimale des nombres suivants : 10^3 ; -10^6 ; -10^{-5} ; 10^{-7}.

Exercice 4 ★★ 5 min *Corrigé p. 127*

Simplifier les expressions suivantes :

$$A = (a^2b^3c^5)^2 \ ; \quad B = \frac{a(b^2)^4c^7}{a^4b^2c^{13}} \ ; \quad C = \frac{(a^2b)^3c^2}{a^3b^7(c^2)^5}.$$

Exercice 5 ★★ 5 min

Corrigé p. 127

Écrire sous la forme $2^p 3^q 5^r$ les nombres suivants :

$$A = (2^3 \times 3^4 \times 5^2)^2 \; ; \quad B = \frac{2 \times (3^3)^6 \times 5^5}{2^{-3} \times 3^7 \times 5^7} \; ; \quad C = \frac{(2^4 \times 3^2)^3 \times 5^2}{2^5 \times 3^6 \times (5^7)^2}.$$

Exercice 6 ★★ 5 min

Corrigé p. 127

Écrire les expressions suivantes sous la forme $a\sqrt{b}$, avec a et b entiers naturels, b étant le plus petit possible.

$$A = \sqrt{81} \; ; \quad B = \sqrt{45} \; ; \quad C = 2\sqrt{32} + \sqrt{50} - 3\sqrt{2}.$$

Exercice 7 ★ 10 min

Corrigé p. 127

1. Développer chacune des quatre expressions suivantes.

a. $(x + 10)^2$ b. $(3x - 7)^2$ c. $(x - 1)(x + 1)$ d. $\left(\frac{x}{4} + \sqrt{5}\right)\left(\frac{x}{4} - \sqrt{5}\right)$

2. Factoriser chacune des quatre expressions suivantes.

a. $x^2 + 4x + 4$ b. $4x^2 - 4x + 1$ c. $x^2 - 16$ d. $x^2 - \frac{2}{5}x + \frac{1}{25}$

3. Compléter les égalités suivantes.

a. $(\ldots + \ldots)^2 = 9x^2 + \ldots + 49$ b. $(5x - \ldots)^2 = \ldots - 80x + \ldots$ c. $(x + \ldots)(x - \ldots) = \ldots - 36$

Exercice 8 ★★ 10 min

Corrigé p. 127

Développer, réduire et ordonner les expressions suivantes :

$A(x) = (2x + 1)(x - 2)$; $B(x) = 3(4x - 1)(x + 5) - (x - 6)(8 - 3x)$;

$C(x) = (x + 3)^2 - 2(x - 2)^2$; $D(x) = (x - 5)(3x + x^2 + 7)$.

Exercice 9 ★★ 10 min

Corrigé p. 127

Factoriser les expressions suivantes :

$A(x) = (2x - 1)(x + 3) - 3x(2x - 1)$; $B(x) = 25x^2 - 60x + 36$;

$C(x) = (2x - 1)^2 - (5x + 3)^2$; $D(x) = x^5 + 4x^4 + 4x^3$.

Exercice 10 ★★ 10 min

Corrigé p. 127

QCM. Dans chacun des cas, indiquer la (ou les) bonne(s) réponse(s).

a. $(x - 5)^2$ est égal à :

[A] $x^2 - 25$ [B] $x^2 + 25$ [C] $x^2 - 10x + 25$ [D] $(x - 5)(x + 5)$

b. $y^2 - 9$ est égal à :

[A] $(y - 3)^2$ [B] $(y - 3)(y + 3)$ [C] $(y - 3)(y - 3)$

c. La factorisation de $(x - 1)(x + 3) + 3(x - 1)$ est :

[A] $x^2 - 5x + 6$ [B] $(x - 1)(x + 6)$ [C] $(x - 1)(3 + 9)$

d. $2(x - 1)(x + 3)$ est égal à :

[A] $(2x - 2)(x + 3)$ [B] $(2x - 2)(2x + 6)$ [C] $(x - 1)(2x + 6)$

4 Équations

1 Équation du premier degré

Une équation du premier degré est une équation qui peut se mettre sous la forme : $ax + b = 0$, où a et b sont des réels et a est différent de 0. La solution de l'équation $ax + b = 0$ est alors $-\frac{b}{a}$.

Appliquer le cours

Résoudre les équations suivantes.

1. (E_1) $2x - 1 = 5x + 8$.

2. (E_2) $\frac{3x-1}{3} = \frac{4x+1}{2}$.

Remarques

- Résoudre une équation, c'est déterminer l'ensemble des *solutions* de cette équation.
- On dit que deux équations sont *équivalentes* lorsqu'elles ont le même ensemble de solutions.

Solution

1. (E_1) est équivalente aux équations suivantes :

$$2x - 5x = 8 + 1$$
$$-3x = 9$$
$$x = -3.$$

(E_1) admet donc une unique solution : -3.

2. (E_2) est équivalente aux équations suivantes :

$$\frac{2(3x-1)}{6} = \frac{3(4x+1)}{6}$$
$$\frac{6x-2}{6} = \frac{12x+3}{6}$$
$$6x - 2 = 12x + 3$$
$$6x - 12x = 3 + 2$$
$$-6x = 5$$
$$x = -\frac{5}{6}.$$

(E_2) admet une unique solution : $-\frac{5}{6}$.

2 Équation-produit nul

Un produit de facteurs est nul si, et seulement si, l'un des facteurs est nul.

Appliquer le cours

Résoudre les équations suivantes.

1. (E_1) $(x - 2)(x + 3) = 0$.

2. (E_2) $x(1 - 5x) = 0$.

Solution **1.** (E_1) est équivalente à :

$$x - 2 = 0 \text{ ou } x + 3 = 0$$
$$x = 2 \text{ ou } x = -3.$$

(E_1) admet donc deux solutions : 2 et -3.

2. (E_2) est équivalente à :

$$x = 0 \text{ ou } 1 - 5x = 0$$
$$x = 0 \text{ ou } x = \frac{1}{5}.$$

(E_2) admet donc deux solutions : 0 et $\frac{1}{5}$.

3 Équation avec inconnue au dénominateur

Un quotient est nul si, et seulement si, son numérateur est nul et son dénominateur n'est pas nul.

Appliquer le cours Résoudre l'équation (E) $\dfrac{(3x+5)(2x-7)}{x-1}=0$.

Solution L'équation (E) est équivalente à : $(3x+5)(2x-7)=0$ et $x-1 \neq 0$
$(3x+5=0$ ou $2x-7=0)$ et $x \neq 1$.

L'équation (E) admet donc deux solutions : $-\dfrac{5}{3}$ et $\dfrac{7}{2}$.

4 Résolutions d'équations avec transformation d'écriture

Dans certains cas, on peut se ramener à une équation-produit nul en écrivant l'équation sous la forme $A(x) = 0$, puis en exprimant $A(x)$ sous la forme d'un produit factorisé.

Appliquer le cours Résoudre les équations (E_1) $2(3-x)=(8-x)(3-x)$ et (E_2) $x^2-3=0$

Solution L'équation (E_1) est équivalente à :
$2(3-x)-(8-x)(3-x)=0$ *(on regroupe tout dans un même membre)*
$(3-x)[2-(8-x)]=0$ *(on remarque un facteur commun)*
$(3-x)(-6+x)=0$ *(on obtient une équation-produit nul)*.
L'équation (E_1) admet donc deux solutions : 3 et 6.
L'équation (E_2) est équivalente à :
$(x+\sqrt{3})(x-\sqrt{3})=0$ *(on reconnaît une identité remarquable)*.
L'équation (E_2) admet donc deux solutions : $-\sqrt{3}$ et $\sqrt{3}$.

5 Problème

Certains problèmes peuvent se résoudre grâce à une équation à une inconnue. On procède alors en **quatre étapes** :
- **choix de l'inconnue** ;
- **mise en équation** (on traduit l'énoncé par une équation) ;
- **résolution de l'équation** ;
- **conclusion** (on confronte la (ou les) solution(*s*) de l'équation aux contraintes portant sur l'inconnue).

Attention !
Ne pas oublier les unités (mètre, seconde, euro…) et les contraintes (positif, entier…)

Appliquer le cours
Si l'on augmente de 6 cm la longueur du côté d'un carré, on obtient un second carré dont l'aire est de 336 cm² plus grande que celle du premier.
Quelle est la longueur du côté du premier carré ?

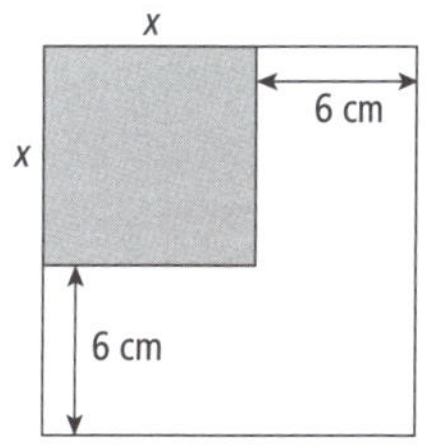

Solution **1. Choix de l'inconnue.**
La longueur du côté du premier carré peut être choisie comme inconnue. Soit x cette mesure en cm (x est un réel positif).
2. Mise en équation du problème.
L'aire du premier carré est x^2 ; l'aire du second carré est $(x+6)^2$. Donc x vérifie l'équation :
$(x+6)^2 = x^2 + 336$.

Solution (suite)

3. Résolution de l'équation.

L'équation $(x + 6)^2 = x^2 + 336$ est équivalente aux équations suivantes :

$$x^2 + 12x + 36 = x^2 + 336$$
$$12x = 300$$
$$x = 25.$$

4. Conclusion. La longueur du côté du premier carré est 25 cm.

Exercices d'entraînement

Exercice 1 ★ 10 min

Corrigé p. 128

Résoudre les équations suivantes :

(E_1) $\dfrac{3x}{5} = \dfrac{4}{3}$; (E_2) $3x - 8 - 7(x - 3) = 9$; (E_3) $4(3x - 1) = 3(4x - 2)$; (E_4) $2x + 3 = 3(x - 2) - x + 9$.

Exercice 2 ★★ 10 min

Corrigé p. 128

Résoudre les équations suivantes :

(E_1) $x^2 - \dfrac{16}{25} = 0$; (E_2) $9 + 4x^2 = 0$; (E_3) $(2x + 7)^2 = 28x + 49$.

Exercice 3 ★ 10 min

Corrigé p. 128

Résoudre les équations suivantes :

(E_1) $(3x - 5)(2x + 11) = 0$; (E_2) $\left(\dfrac{x-1}{2}\right)\left(\dfrac{3-2x}{4}\right) = 0$; (E_3) $-15(7 - 2x)(4 - x)(3x + 8) = 0$.

Exercice 4 ★★ 10 min

Corrigé p. 128

Résoudre les équations suivantes :

(E_1) $\dfrac{x^2 - 4}{2x + 1} = 0$; (E_2) $\dfrac{4x - 3}{x - 1} = 0$; (E_3) $4 + \dfrac{3}{2x - 5} = 0$.

Exercice 5 ★★ 10 min

Corrigé p. 128

Résoudre les équations suivantes :

(E_1) $3x^2 + 15x = 0$; (E_2) $9 - 6x + x^2 = (1 + 4x)(3 - x)$; (E_3) $(1 - x)(2x - 3) + 3 - 3x = 0$.

Exercice 6 ★★ 10 min

Corrigé p. 128

Un automobiliste constate que, s'il ajoute 18 litres d'essence dans son réservoir plein aux trois septièmes, il le remplit aux trois quarts. Quelle est la contenance de son réservoir ?

Exercice 7 ★★ 10 min

Corrigé p. 129

Une maison carrée est bordée sur deux côtés d'une terrasse.
Calculer l'aire de cette maison, sachant que l'aire de la terrasse est de 81 m².

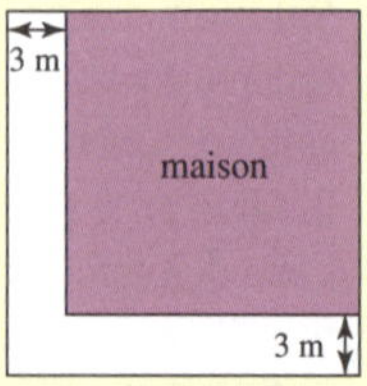

5 Généralités sur les fonctions

1 Fonction, image, antécédent

A Image

Une fonction f définie sur un ensemble $\mathcal{D}$ de $\mathbb{R}$ est un procédé qui, à chaque réel x de $\mathcal{D}$, associe un réel, que l'on note $f(x)$ et que l'on appelle **image** de x par f.

Appliquer le cours Soit f *la* fonction définie sur $\mathbb{R}$ par : $f(x) = x^3 - 3x$.
On peut aussi écrire $f : x \mapsto x^3 - 3x$.
Calculer les images de -4 et 7 par f.

Solution
- $f(-4) = (-4)^3 - 3 \times (-4) = -52$, donc l'image de -4 par f est -52 ;
- $f(7) = 7^3 - 3 \times 7 = 322$, donc l'image de 7 par f est 322. On peut aussi dire que 7 est un antécédent de 322 par f.

B Antécédents

Soit f une fonction et b un réel. On appelle **antécédent** de b par f, tout réel qui a pour image b par f, c'est-à-dire tout réel x solution de l'équation $f(x) = b$.

Appliquer le cours Soit la fonction g définie sur $\mathbb{R}$ par : $g(x) = (2x + 1)(7 - 3x) + 9$.
Déterminer les antécédents de 9 par g.

Solution Les antécédents de 9 par g sont les réels x solutions de l'équation $g(x) = 9$, équivalente à :
$(2x + 1)(7 - 3x) = 0$.
Les antécédents de 9 par g sont donc $-\frac{1}{2}$ et $\frac{7}{3}$.

C Ensemble de définition

L'ensemble de définition d'une fonction f est l'ensemble de tous les réels x tels que $f(x)$ existe.

Exemple

L'ensemble de définition de la fonction $f : x \mapsto \frac{3}{x - 1}$ est $\mathbb{R} - \{1\}$ car seul 1 n'a pas d'image par f.

D Un algorithme

Appliquer le cours

1. Soit f la fonction définie sur $\mathbb{R}$ par $f(x) = x^2 - 4$.
Écrire un algorithme qui demande la valeur du réel x et calcule son image par la fonction f.

2. L'algorithme suivant demande la valeur du réel x et calcule son image par une fonction f.

```
Entrer x
f reçoit 2x³ + 5x²
Afficher f
```

Donner l'expression de $f(x)$.

Solution

1.

```
Entrer x
f reçoit x² – 4
Afficher f
```

2. $f(x) = 2x^3 + 5x^2$.

2 Courbe représentative

A Définition

Soit f une fonction définie sur un ensemble $\mathcal{D}$.
La **courbe représentative** de f est l'ensemble des points $M(x\,;f(x))$ avec x appartenant à $\mathcal{D}$. On la note en général $\mathcal{C}_f$.

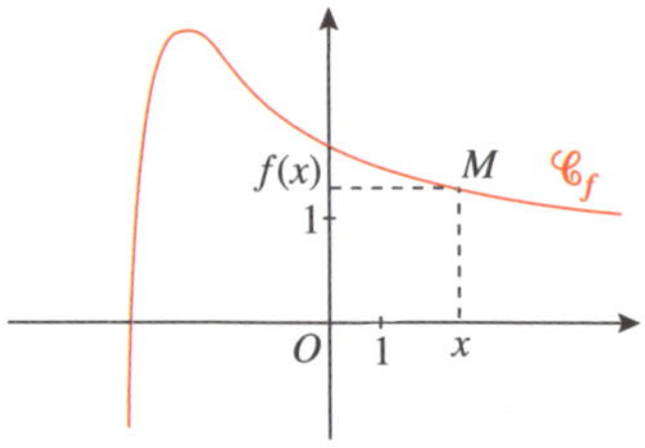

$y = f(x)$ est une équation de la courbe $\mathcal{C}_f$.

À retenir

- L'image d'un réel par une fonction f se lit sur l'axe des ordonnées.
- Les antécédents d'un réel par une fonction f, quand il y en a, se lisent sur l'axe des abscisses.

Appliquer le cours On considère la fonction f définie sur $[-4{,}5\,;3{,}5]$ et sa courbe représentative $\mathcal{C}_f$ ci-dessous.

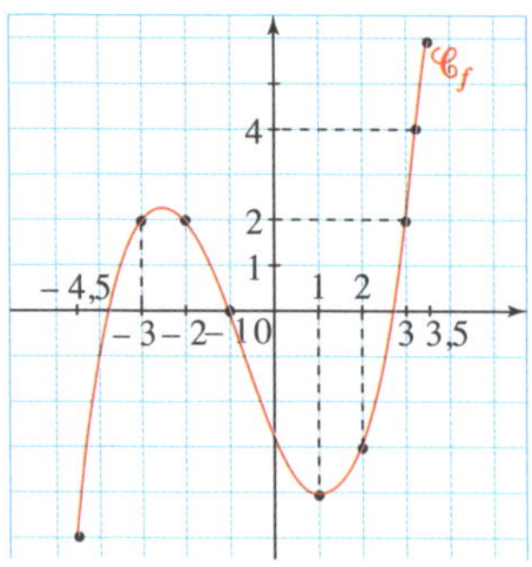

1. Donner les images par f de : -2, -1, 1 et 3.
2. Encadrer $f(0)$ par deux entiers consécutifs.
3. Donner les antécédents de 2 par f.
4. Encadrer par deux entiers consécutifs l'antécédent de 4 par f.

Solution

1. L'image de -2 par f est l'ordonnée du point de la courbe $\mathcal{C}_f$ ayant pour abscisse -2, donc $f(-2) = 2$.
De la même manière, on obtient
$f(-1) = 0$, $f(1) = -4$ et $f(3) = 2$.
2. On lit : $-3 < f(0) < -2$.
3. Les antécédents de 2 par f sont les abscisses des points de $\mathcal{C}_f$ ayant pour ordonnée 2, donc les antécédents de 2 par f sont : -3, -2 et 3.
4. On lit sur le graphique que 4 a un seul antécédent par f ; celui-ci est compris entre 3 et 4.

B Résolution graphique d'équations et d'inéquations

Soit f une fonction et b un réel.

- **Les solutions de l'équation $f(x) = b$** sont les abscisses des points de la courbe $\mathcal{C}_f$ ayant une ordonnée égale à b. Résoudre l'équation $f(x) = b$ revient à trouver les antécédents de b par f.
- **Les solutions de l'équation $f(x) \leqslant b$** sont les abscisses des points de la courbe $\mathcal{C}_f$ ayant une ordonnée inférieure ou égale à b.

On aurait des énoncés analogues avec : $f(x) < b$ ou $f(x) \geqslant b$ ou $f(x) > b$.

Appliquer le cours La courbe $\mathcal{C}_f$ ci-contre est la courbe représentative d'une fonction f définie sur $[-2\,;4]$.
Résoudre graphiquement l'équation $f(x) = 2$, puis les inéquations $f(x) \leqslant 2$ et $f(x) > 2$.

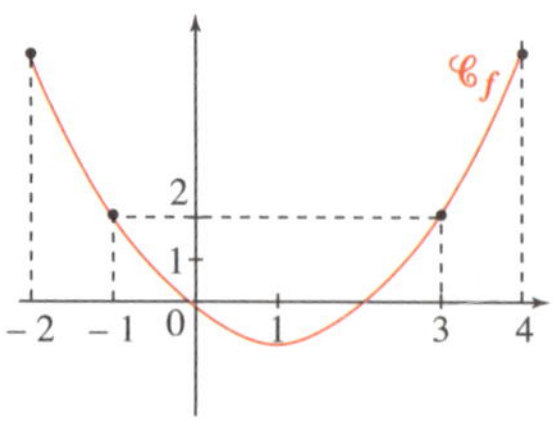

Solution

Les solutions de l'équation $f(x) = 2$ sont -1 et 3.
L'ensemble des solutions de l'inéquation $f(x) \leqslant 2$ est $[-1\,;3]$.
L'ensemble des solutions de l'inéquation $f(x) > 2$ est $[-2\,;-1[\,\cup\,]3\,;4]$.

3 Sens de variation d'une fonction

A Définitions

Soit f une fonction définie sur un intervalle I.
On dit que f est **croissante** sur I lorsque pour tous réels x et x' de I : si $x < x'$, alors $f(x) < f(x')$.

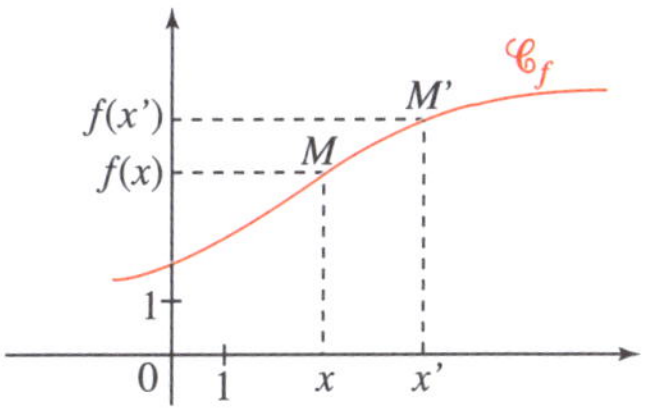

On dit que f est **décroissante** sur I lorsque pour tous réels x et x' de I : si $x < x'$, alors $f(x) > f(x')$.

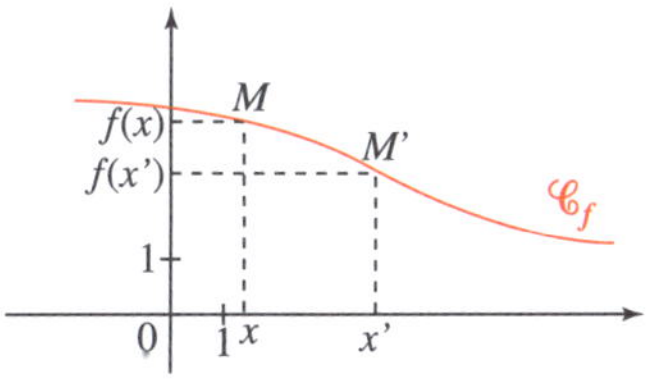

À retenir

On dit que f est monotone sur I, lorsque f est croissante sur I ou que f est décroissante sur I.

Appliquer le cours La courbe $\mathscr{C}_f$ est la courbe représentative d'une fonction f définie sur [– 2 ; 3].

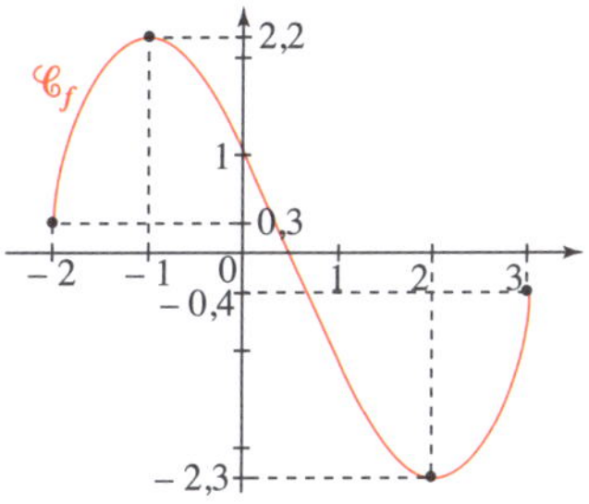

1. Déterminer le sens de variation de la fonction f.
2. Donner le minimum et le maximum de f.

Solution **1.** *Lorsque la courbe « monte », la fonction f est croissante*. f est donc croissante sur [– 2 ; – 1] et sur [2 ; 3].
Quand la courbe « descend », la fonction f est décroissante. f est décroissante sur [– 1 ; 2].
2. De plus : $f(-1) = 2{,}2$ et $f(2) = -2{,}3$.
Le minimum de f est – 2,3 et il est atteint en 2.
Le maximum de f est 2,2 et il est atteint en – 1.

x	– 2		– 1		2		3
f	0,3	↗	2,2	↘	– 2,3	↗	– 0,4

B Tableau de variation d'une fonction

Déterminer le **sens de variation** d'une fonction, c'est préciser les plus grands intervalles de son ensemble de définition sur lesquels la fonction est croissante et ceux sur lesquels la fonction est décroissante.
On consigne ces résultats dans un tableau de variation.

Appliquer le cours Quelles informations donne le tableau de variation d'une fonction f ?

x	– 10		– 4		0		7
f	1	↘	– 3	↗	5	↘	– 2

Solution f est définie sur [– 10 ; 7] ;
f est décroissante sur [– 10 ; – 4], croissante sur [– 4 ; 0] et décroissante sur [0 ; 7] ;
$f(-10) = 1$, $f(-4) = -3$, $f(0) = 5$, $f(7) = -2$.
On peut lire aussi que :
le maximum de f est 5 et il est atteint en 0 ;
le minimum de f est – 3 et il est atteint en – 4.

Exercices d'entraînement

Exercice 1 ★ 15 min

Corrigé p. 129

Soit f la fonction définie sur $\mathbb{R}$ par : $f(x) = (x - 2)^2 - 1$.

1. Calculer les images de 4, $-\frac{1}{2}$ et $\sqrt{2}$ par f.
2. Justifier que -3 est un antécédent de 24 par f.
3. Déterminer les antécédents de 0 par f.
4. Déterminer les antécédents de -1 par f.

Exercice 2 ★★ 15 min

Corrigé p. 129

Soit f la fonction : $x \mapsto \dfrac{x^3}{\sqrt{x^2 + 5}}$.

1. Déterminer les images par f des réels : 1, -2, $\frac{1}{2}$ et $\frac{2}{3}$.
2. La courbe représentative $\mathscr{C}_f$ de f passe-t-elle par l'origine ? par le point $A\,(1\,;\,0{,}41)$?
3. Soit d la droite parallèle à l'axe des ordonnées et passant par le point $B\,(-2\,;\,5)$.
   Quelles sont les coordonnées du point d'intersection C de $\mathscr{C}_f$ et de d ?

Exercice 3 ★ 5 min

Corrigé p. 129

Traduire symboliquement par une égalité les phrases suivantes.

1. 4 est l'image de -5 par la fonction f.
2. 3 a pour image 0 par la fonction g.
3. 5 est un antécédent par h de -2.
4. La courbe de la fonction f passe par le point de coordonnées $(6\,;\,-1)$.
5. L'ordonnée du point d'abscisse $-\frac{1}{2}$ de la courbe de la fonction g est 7.
6. La courbe $\mathscr{C}_h$ coupe l'axe des abscisses au point d'abscisse 4.

Exercice 4 ★ 15 min

Corrigé p. 129

On considère la fonction f et sa courbe $\mathscr{C}_f$ ci-contre.

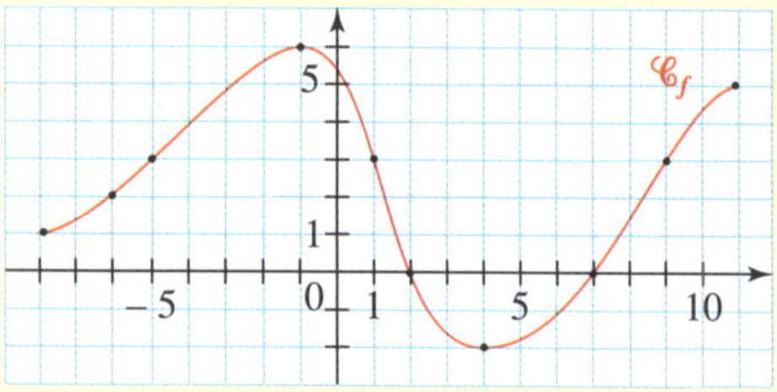

1. a. Donner l'ensemble de définition de f ;
   b. Donner les images par f de -8, -6, 2 et 4 ;
   c. Donner les antécédents de 3 par f.
   d. Encadrer $f(3)$ par deux entiers consécutifs.
2. a. Résoudre l'équation $f(x) = 0$.
   b. Résoudre l'inéquation $f(x) < 0$.
   c. Résoudre l'inéquation $f(x) > 0$.
3. Déduire, de la question 2., le tableau de signes de $f(x)$.

Exercice 5 ★ 10 min

Corrigé p. 129

Voici la représentation graphique d'une fonction f définie sur $[-1 ; 5]$.

1. Dresser le tableau de variation de f.
2. Quel est le maximum de f sur $[-1 ; 5]$? En quel réel est-il atteint ?
3. Quel est le minimum de f sur $[0 ; 4]$? En quel réel est-il atteint ?

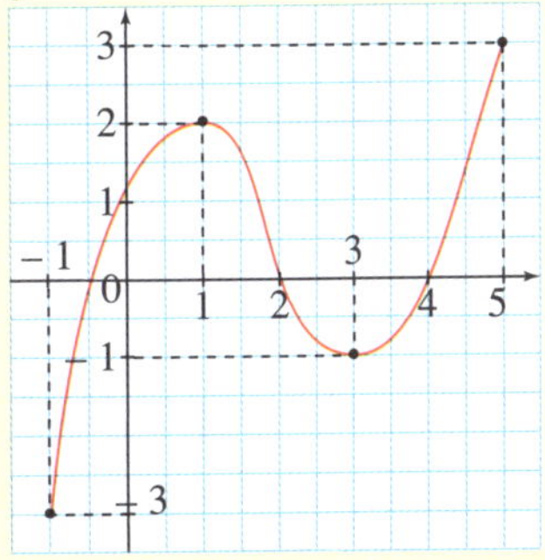

Exercice 6 ★ 10 min

Corrigé p. 129

On considère la fonction f définie sur $[-4 ; 3]$ et ayant la représentation graphique ci-contre.

1. Déterminer graphiquement le signe de $f(x)$ et résumer les résultats obtenus dans un tableau.
2. Dresser le tableau de variation de f.

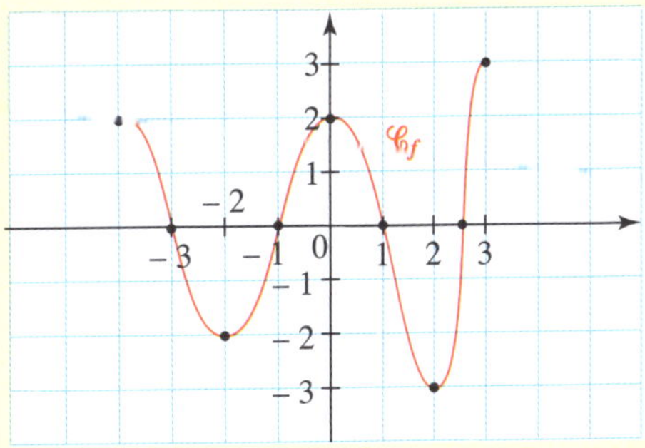

Exercice 7 ★★ 10 min

Corrigé p. 129

1. Tracer l'allure de la courbe représentative d'une fonction f ayant pour tableau de variation :

x	-5		-1		2		4		7
$f(x)$	1	↗	3	↘	-2	↗	0	↘	-2

2. Préciser le sens de variation de la fonction f sur chacun des intervalles :
$[-5 ; -1]$; $[-1 ; 2]$; $[2 ; 4]$ et $[4 ; 7]$.

3. Comparer, si c'est possible :
$f(-2)$ et $f(-4)$; $f(0)$ et $f(1{,}5)$; $f(2{,}1)$ et $f(3{,}9)$; $f(3)$ et $f(6)$.

Exercice 8 ★★ 10 min

Corrigé p. 130

Soit f la fonction définie sur $\mathbb{R}$ par $f(x) = 2x^2 - 7$.
Écrire un algorithme qui calcule et affiche les images par la fonction f de tous les nombres entiers compris entre –10 et 10.

6 Fonctions affines Signe de $ax + b$

1 Fonctions affines

Une fonction affine est une fonction qui peut s'écrire :

$x \mapsto ax + b$ avec a et b réels.

Attention !

Si $b = 0$, on dit dans ce cas que f est une fonction linéaire.

A Courbe représentative

La représentation graphique de la fonction affine f est la droite d'équation $y = ax + b$. Cette droite passe par le point de coordonnées $(0\,;\,b)$ et a pour coefficient directeur a.

B Sens de variation

- Soit la fonction affine $f : x \mapsto ax + b$

Si $a > 0$, alors f est croissante sur $\mathbb{R}$. Si $a < 0$, alors f est décroissante sur $\mathbb{R}$.

Appliquer le cours Dresser le tableau de variation et construire la représentation graphique des fonctions affines suivantes : $f : x \mapsto 3x - 2$ et $g : x \mapsto -x + 4$.

Solution

- $3 > 0$, donc f est croissante sur $\mathbb{R}$.

x	$-\infty$ ↗ $+\infty$
f	croissante ↗

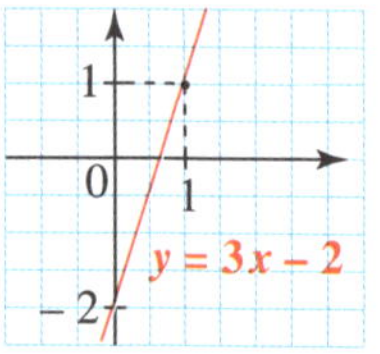

- $-1 < 0$, donc g est décroissante sur $\mathbb{R}$.

x	$-\infty$ ↘ $+\infty$
g	décroissante ↘

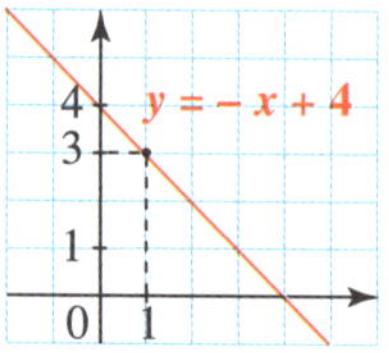

2 Inéquations du premier degré

A Exemples d'inéquations du premier degré

Une inéquation du premier degré est une inéquation qui peut se mettre sous la forme :

$$ax + b \geqslant 0 \quad \text{ou} \quad ax + b > 0 \quad \text{ou} \quad ax + b \leqslant 0 \quad \text{ou} \quad ax + b < 0.$$

Appliquer le cours

Résoudre les inéquations suivantes.

1. (I_1) $\quad 2x - 1 \geqslant 5x + 8$;

2. (I_2) $\quad \dfrac{3x-1}{3} < \dfrac{4x+1}{2}$.

À savoir

Résoudre une inéquation, c'est déterminer l'ensemble des solutions de cette inéquation.
On dit que deux inéquations sont équivalentes si elles ont le même ensemble de solutions.

Solution

1. (I_1) est équivalente à :

$$2x - 5x \geqslant 8 + 1$$
$$-3x \geqslant 9$$
$$x \leqslant -\frac{9}{3}$$
$$x \leqslant -3.$$

L'ensemble des solutions de (I_1) est $]-\infty\,;-3]$.

• (I_2) est équivalente à :

$$6x - 2 < 12x + 3$$
$$6x - 12x < 3 + 2$$
$$-6x < 5$$
$$x > -\frac{5}{6}.$$

L'ensemble des solutions de (I_2) est $\left]-\frac{5}{6}\,;+\infty\right[$.

Attention !

Lorsqu'on divise par un nombre négatif, l'inégalité change de sens.

3 Signe de $ax + b$

A Premier cas : $a > 0$

x	$-\infty$	$-\frac{b}{a}$	$+\infty$
signe de $ax + b$	$-$	0	$+$

Explication

Si $x \in \left]-\infty\,;-\frac{b}{a}\right[$, alors $ax + b < 0$;

si $x \in \left]-\frac{b}{a}\,;+\infty\right[$, alors $ax + b > 0$;

si $x = -\frac{b}{a}$, alors $ax + b = 0$.

B Second cas : $a < 0$

x	$-\infty$	$-\frac{b}{a}$	$+\infty$
signe de $ax + b$	$+$	0	$-$

Explication

Si $x \in \left]-\infty\,;-\frac{b}{a}\right[$, alors $ax + b > 0$;

si $x \in \left]-\frac{b}{a}\,;+\infty\right[$, alors $ax + b < 0$;

si $x = -\frac{b}{a}$, alors $ax + b = 0$.

Appliquer le cours Donner le tableau de signes des expressions suivantes.

1. $2x + 3$; **2.** $-3x + 5$; **3.** $4x - 6$; **4.** $-7x - 2$.

Solution

1. $2 > 0$, donc $2x + 3$ relève du premier cas.

x	$-\infty$	$-\frac{3}{2}$	$+\infty$
signe de $2x + 3$	$-$	0	$+$

2. $-3 < 0$, donc $-3x + 5$ relève du second cas.

x	$-\infty$	$\frac{5}{3}$	$+\infty$
signe de $-3x + 5$	$+$	0	$-$

3. $4 > 0$, donc $4x - 6$ relève du premier cas.

x	$-\infty$	$\frac{3}{2}$	$+\infty$
signe de $4x - 6$	$-$	0	$+$

4. $-7 < 0$, donc $-7x - 2$ relève du second cas.

x	$-\infty$	$-\frac{2}{7}$	$+\infty$
signe de $-7x - 2$	$+$	0	$-$

Exercices d'entraînement

Exercice 1 ★ 10 min

Corrigé p. 130

1. Parmi les fonctions suivantes, reconnaître les fonctions affines. Préciser si la fonction est linéaire.

$f : x \mapsto \frac{3}{2}(x+1)$; $g : x \mapsto 3 - \frac{1}{x}$; $h : x \mapsto x - \frac{25}{100}x$;

$k : x \mapsto 2x^2 - 1$; $l : x \mapsto \frac{1-x}{3}$; $m : x \mapsto 3\sqrt{x} + 4$.

2. Pour les fonctions affines reconnues, indiquer le sens de variation et construire la représentation graphique.

Exercice 2 ★ 15 min

Corrigé p. 130

Pour chacune des fonctions affines f et g dont les courbes représentatives sont données ci-contre :

1. déterminer son expression ;
2. dresser son tableau de variation ;
3. déterminer l'abscisse du point d'intersection de sa courbe avec l'axe des abscisses ;
4. dresser son tableau de signes.

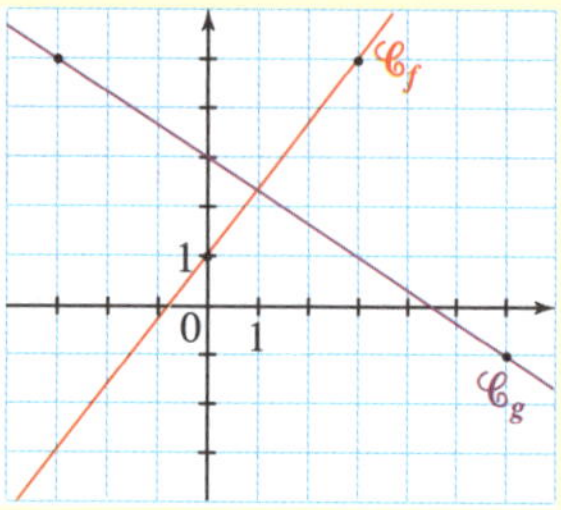

Exercice 3 ★ 10 min

Corrigé p. 130

Vrai ou faux ?

La fonction affine f est définie sur $\mathbb{R}$ par : $f(x) = 3x - 4$.
On appelle Δ sa représentation graphique.

a. L'image par f du nombre 1 est -7.
b. L'image par f du nombre -6 est -22.
c. 1 est l'antécédent par f du nombre 0.
d. 33 est l'antécédent par f du nombre 95.
e. Le point $E(34 ; 98)$ appartient à la droite Δ.
f. Le point $F(-15 ; 49)$ appartient à la droite Δ.

Exercice 4 ★ 10 min

Corrigé p. 131

Résoudre les inéquations suivantes :

(I_1) $-3x \geqslant x$;

(I_2) $3(x+2) \leqslant 3x + 5$;

(I_3) $2x - 3 < 4x + 3$;

(I_4) $0{,}5x + 8 > \frac{1}{2}(x - 6)$.

Exercice 5 ★ 10 min

Corrigé p. 131

Dresser le tableau de signes des expressions suivantes : $-2x + 3$; $1 - x$; $2x + 3$; $-2x$.

Exercice 6 ★★ 10 min

Corrigé p. 131

Anne, Noémie et Lola ont respectivement 39, 20 et 6 ans. Dans combien d'années l'âge d'Anne sera-t-il inférieur ou égal à la somme des âges des deux autres ?

Exercice 7 ★★ 10 min

Corrigé p. 131

Voici les tarifs d'un hôtel : pour un séjour de trois nuits au plus, chaque nuit coûte 61,50 € ; pour un séjour de quatre nuits au moins, chacune des nuits coûte 45 €.
Écrire un algorithme qui demande le nombre N de nuits passées à l'hôtel et calculer le prix P à payer.

7 Fonction carré Fonction inverse

1 Fonction carré

La fonction carré est la fonction : $x \mapsto x^2$.

A Propriétés

La fonction carré est définie sur $\mathbb{R}$.
La fonction carré est positive,
car pour n'importe quel réel x, $x^2 \geqslant 0$.

Attention !

- Des nombres positifs sont rangés dans le même sens que leurs carrés.
- Des nombres négatifs sont rangés dans le sens contraire de leurs carrés.

B Sens de variation

Sur $[0\,;+\infty[$, la fonction carré est croissante, car pour tous réels x et x' de $[0\,;+\infty[$:

$$\text{si } x < x' \text{ alors } x^2 < x'^2.$$

Sur $]-\infty\,;0]$, la fonction carré est décroissante, car pour tous réels x et x' de $]-\infty\,;0]$:

$$\text{si } x < x' \text{ alors } x^2 > x'^2.$$

x	$-\infty$	0	$+\infty$
x^2	↘	0	↗

On remarque que 0 est le minimum de la fonction carré ; il est atteint en 0.

C Représentation graphique

La courbe représentative de la fonction carré est une **parabole** ayant pour axe de symétrie la droite des ordonnées et pour sommet l'origine O du repère.

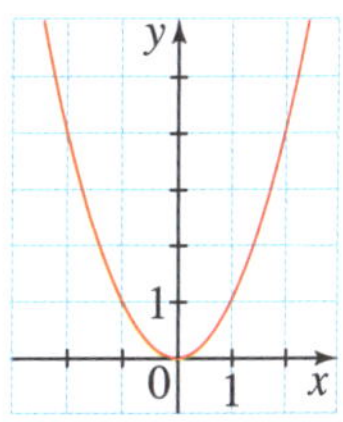

Appliquer le cours Vrai ou Faux ?

1. L'équation $x^2 = 27$ admet trois solutions.
2. L'équation $x^2 = -16$ admet une solution.
3. L'équation $x^2 = 3$ a pour solution 9.

Solution 1. Faux : la courbe de la fonction carré a deux points d'ordonnée 27, donc l'équation $x^2 = 27$ admet deux solutions $\sqrt{27}$ et $-\sqrt{27}$.
2. Faux : un carré n'est jamais négatif.
3. Faux : l'équation $x^2 = 3$ a deux solutions $\sqrt{3}$ et $-\sqrt{3}$.

2 Fonction inverse

La fonction inverse est la fonction : $x \mapsto \dfrac{1}{x}$

A Propriétés

L'ensemble de définition de la fonction inverse est $\mathbb{R}^*$.
La fonction inverse est positive sur $]0\,;+\infty[$ et négative sur $]-\infty\,;0[$.

Attention !

Un nombre et son inverse ont le même signe.

B Sens de variation

La fonction inverse est décroissante sur $]0 ; +\infty[$ et sur $]-\infty ; 0[$.

x	$-\infty$	0	$+\infty$
$\frac{1}{x}$	↘	‖	↘

Attention !

Deux nombres de même signe sont rangés dans le sens contraire de leurs inverses.

C Représentation graphique

La courbe représentative de la fonction inverse est une **hyperbole** ayant pour centre de symétrie l'origine O du repère.

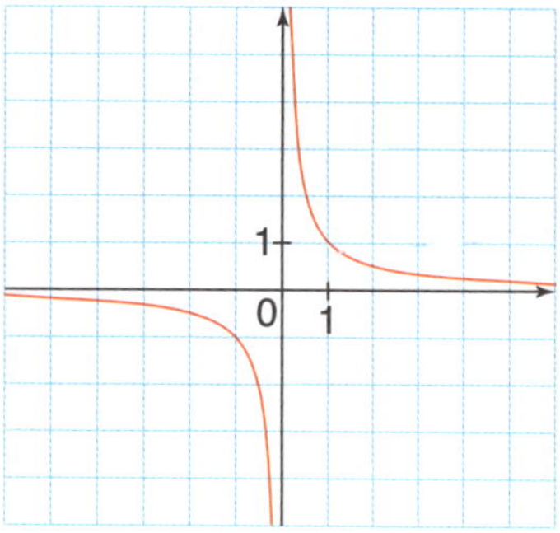

Exercices d'entraînement

Exercice 1 ★ 5 min

Corrigé p. 131

À l'aide de la représentation graphique de la fonction carré, donner un encadrement de x^2 dans chacun des cas suivants :

1. $-3 \leqslant x \leqslant 2$; 2. $0 < x < 4$; 3. $-1 \leqslant x \leqslant 2$; 4. $-2 < x < -1$.

Exercice 2 ★ 5 min

Corrigé p. 131

À l'aide de la représentation graphique de la fonction carré, résoudre :

1. $x^2 = 16$; 2. $x^2 \leqslant 9$; 3. $x^2 > 4$.

Exercice 3 ★ 10 min

Corrigé p. 131

Soit (E) l'équation : $x^2 = x + 1$.

1. Tracer la parabole $\mathscr{P}$ d'équation $y = x^2$ et la droite d d'équation $y = x + 1$.
2. Établir d'après le graphique le nombre de solutions de (E) et encadrer chacune d'entre elles par deux entiers consécutifs.

Exercice 4 ★ 10 min

Corrigé p. 131

Résoudre graphiquement : 1. l'équation $x^2 = 2x + 8$; 2. l'inéquation $x^2 \leqslant 2x + 8$.

Exercice 5 ★ 5 min

Corrigé p. 132

À l'aide de la représentation graphique de la fonction inverse, donner un encadrement de $\frac{1}{x}$ dans chacun des cas suivants : 1. $2 < x < 3$; 2. $-4 \leqslant x \leqslant -1$.

Exercice 6 ★★ 10 min

Corrigé p. 132

À l'aide de la représentation graphique de la fonction inverse, résoudre :

1. $\frac{1}{x} \geqslant 2$; 2. $\frac{1}{x} < -1$.

8 Inéquations

1 Signe d'un produit

Étude du signe de la fonction f définie sur $\mathbb{R}$ par : $f(x) = (3x - 2)(x + 5)$.

$3x - 2$ s'annule en $\frac{2}{3}$, et $x + 5$ s'annule en $- 5$.

x	$-\infty$		-5		$\frac{2}{3}$		$+\infty$
signe de $3x - 2$		$-$	|	$-$	0	$+$	
signe de $x + 5$		$-$	0	$+$	|	$+$	
signe de $(3x - 2)(x + 5)$		$+$	0	$-$	0	$+$	

Attention !

- Le produit de deux réels de même signe est positif.
- Le produit de deux réels de signes contraires est négatif.

La dernière ligne s'obtient en appliquant les règles des signes, et on y lit les résultats suivants :

si $x \in]-\infty ; -5[\cup \left]\frac{2}{3} ; +\infty\right[$, alors $f(x) > 0$; si $x = -5$ ou $x = \frac{2}{3}$, alors $f(x) = 0$;

si $x \in \left]-5 ; \frac{2}{3}\right[$, alors $f(x) < 0$.

2 Signe d'un quotient

Attention !

- Le quotient de deux réels de même signe est positif.
- Le quotient de deux réels de signes contraires est négatif.

Appliquer le cours Étude du signe de la fonction f :

$x \mapsto \frac{-2x - 7}{x - 1}$.

Solution

$x - 1$ s'annule en 1, donc l'ensemble de définition de f est $\mathbb{R} - \{1\}$.

De plus : $-2x - 7$ s'annule en $-\frac{7}{2}$ et l'on connaît le signe d'une fonction affine.

1 est la valeur interdite ; dans la dernière ligne du tableau, on exclut cette valeur à l'aide d'une double barre.

La dernière ligne du tableau s'obtient en appliquant les règles de signe d'un quotient.

On y lit les résultats suivants :

x	$-\infty$		$-\frac{7}{2}$		1		$+\infty$
signe de $-2x - 7$		$+$	0	$-$	|	$-$	
signe de $x - 1$		$-$	|	$-$	0	$+$	
signe de $f(x)$		$-$	0	$+$	||	$-$	

si $x \in \left]-\infty ; -\frac{7}{2}\right[\cup]1 ; +\infty[$, alors $f(x) < 0$; si $x \in \left]-\frac{7}{2} ; 1\right[$, alors $f(x) > 0$;

si $x = -\frac{7}{2}$, alors $f(x) = 0$; si $x = 1$, alors $f(x)$ n'existe pas.

3 Résolution d'une inéquation

Résoudre l'inéquation (I) : $(x-7)(2x+3) < (x-7)^2$.

(I) est équivalente à :

$$(x-7)(2x+3)-(x-7)^2 < 0$$
$$(x-7)[(2x+3)-(x-7)] < 0$$
$$(x-7)(2x+3-x+7) < 0$$
$$(x-7)(x+10) < 0.$$

On étudie le signe de $(x-7)(x+10)$.

$x-7$ s'annule en 7, et $x+10$ s'annule en -10.

x	$-\infty$		-10		7		$+\infty$
signe de $x-7$		$-$	|	$-$	0	$+$	
signe de $x+10$		$-$	0	$+$	|	$+$	
signe de $(x-7)(x+10)$		$+$	0	$-$	0	$+$	

On constate $(x-7)(x+10) < 0$ si, et seulement si, $x \in]-10\,;7[$.

L'ensemble des solutions de (I) est donc : $]-10\,;7[$.

Attention !

L'étude du signe d'une fonction peut permettre la résolution de certaines inéquations.

Appliquer le cours Résoudre l'inéquation (I) : $\dfrac{9}{x+2} \geqslant 7$.

Solution (I) est équivalente à : $\dfrac{9}{x+2}-7 \geqslant 0$,

$$\frac{9}{x+2}-\frac{7(x+2)}{x+2} \geqslant 0,$$
$$\frac{9-7x-14}{x+2} \geqslant 0$$
$$\frac{-7x-5}{x+2} \geqslant 0.$$

Il s'agit alors d'étudier le signe de la fonction f définie par $f(x)=\dfrac{-7x-5}{x+2}$.

$-7x-5$ s'annule en $-\dfrac{5}{7}$ et $x+2$ s'annule en -2 (-2 est la valeur interdite).

La dernière ligne du tableau permet d'écrire :

$\dfrac{-7x-5}{x+2} \geqslant 0$ si, et seulement si, $x \in \left]-2\,;-\dfrac{5}{7}\right]$.

L'ensemble des solutions de l'inéquation (I) est donc $\left]-2\,;-\dfrac{5}{7}\right]$.

x	$-\infty$		-2		$-\frac{5}{7}$		$+\infty$
signe de $-7x-5$		$+$	|	$+$	0	$-$	
signe de $x+2$		$-$	0	$+$	|	$+$	
signe de $f(x)$		$-$	||	$+$	0	$-$	

Exercices d'entraînement

Exercice 1 ★ 10 min

Corrigé p. 132

Étudier le signe des expressions suivantes :

$A(x) = (x+1)(x-1)(x+2)$; $B(x) = (x+1)^2(2x-1)(3x+2)$;

$C(x) = (x-3)(1+2x)$; $D(x) = (2x+1)(x-4) - (2x+1)\left(\frac{7}{4}x - 5\right)$.

Exercice 2 ★ 10 min

Corrigé p. 133

Déterminer le signe des quotients suivants :

$A(x) = \frac{1-x}{x+2}$; $B(x) = \frac{x^3}{5x-2}$; $C(x) = \frac{4}{2-x} + 3$

Exercice 3 ★★ 10 min

Corrigé p. 133

Vrai ou faux ? L'étude du signe de l'expression $E(x)$ a permis d'établir le tableau de signes ci-dessous.

x	$-\infty$		-2		1		3		$+\infty$
$E(x)$		$-$	0	$+$	‖	$+$	0	$-$	

Répondre par vrai ou faux aux affirmations suivantes :

a. $E(4{,}5)$ est négatif.

b. $E(1) = 0$.

c. $E(0) \geqslant 0$.

d. Les solutions de l'équation $E(x) = 0$ sont -2 et 3.

e. Si $x \leqslant 0$, alors $E(x) \leqslant 0$.

f. L'ensemble des solutions de l'inéquation $E(x) \geqslant 0$ est $[-2 ; 3]$.

Exercice 4 ★ 10 min

Corrigé p. 133

Résoudre les inéquations suivantes :

(I_1) $-3(x+2)(x-1) \geqslant 0$; (I_2) $4x^2 + 3x < 0$.

Exercice 5 ★★ 15 min

Corrigé p. 133

1. Résoudre graphiquement l'équation $x^2 + 2x - 3 = 0$, puis l'inéquation $x^2 + 2x - 3 \geqslant 0$.
2. Retrouver ces résultats par une méthode algébrique.

On factorisera $x^2 + 2x - 3$ après avoir remarqué que, pour tout réel x, $x^2 + 2x - 3 = (x+1)^2 - 4$.

Exercice 6 ★★ 15 min

Corrigé p. 134

Résoudre les inéquations suivantes :

(I_1) $\frac{2-7x}{3-4x} \leqslant 0$; (I_2) $\frac{2x+1}{x-7} > -3$.

Maths

9 Fonction polynôme du second degré

1 Définition

• On appelle **fonction polynôme de degré 2**, toute fonction f qui peut s'écrire : $x \mapsto ax^2 + bx + c$, avec a, b, c des réels et $a \neq 0$.

Appliquer le cours
Soit $f : x \mapsto (x-2)^2 - 1$. Montrer que f est une fonction polynôme de degré 2.

Solution Pour n'importe quel réel x,
$f(x) = (x-2)^2 - 1 = x^2 - 4x + 4 - 1 = x^2 - 4x + 3$,
donc f est bien une fonction polynôme de degré 2.

• Soit la fonction $f : x \mapsto ax^2 + bx + c$, avec $a \neq 0$.
On peut toujours écrire $f(x)$ sous **forme canonique** : $f(x) = a\left(x + \dfrac{b}{2a}\right)^2 - \dfrac{b^2}{4a} + c$;
c'est-à-dire à l'aide d'une expression du type : $f(x) = a\,(x-\alpha)^2 + \beta$ avec α et β des réels.

2 Sens de variation

Soit f une fonction définie sur $\mathbb{R}$ par : $f(x) = a(x-\alpha)^2 + \beta$.

Si $a > 0$, alors f est décroissante sur $]-\infty\,;\alpha]$, croissante sur $[\alpha\,;+\infty[$.

x	$-\infty$	α	$+\infty$
f	↘	β	↗

Si $a < 0$, alors f est croissante sur $]-\infty\,;\alpha]$, décroissante sur $[\alpha\,;+\infty[$.

x	$-\infty$	α	$+\infty$
f	↗	β	↘

Appliquer le cours Soit la fonction f définie sur $\mathbb{R}$ par : $f(x) = 3\,(x-1)^2 - 5$.
Donner le sens de variation de f sur $[1\,;+\infty[$.

Solution Pour tout réel x, $f(x) = 3\,(x-1)^2 - 5$, donc $f(x)$ est de la forme $a\,(x-\alpha)^2 + \beta$.
Le coefficient 3 est positif, donc f est décroissante sur $]-\infty\,;1]$ et croissante sur $[1\,;+\infty[$.

3 Courbe représentative

Soit f une fonction définie sur $\mathbb{R}$ par : $f(x) = a\,(x-\alpha)^2 + \beta$.
La courbe représentative de f est une **parabole** ayant pour **sommet** le point $S(\alpha\,;\beta)$ et pour **axe de symétrie** la droite d'équation $x = \alpha$.

Si $a > 0$, alors la parabole est « tournée vers le haut ».

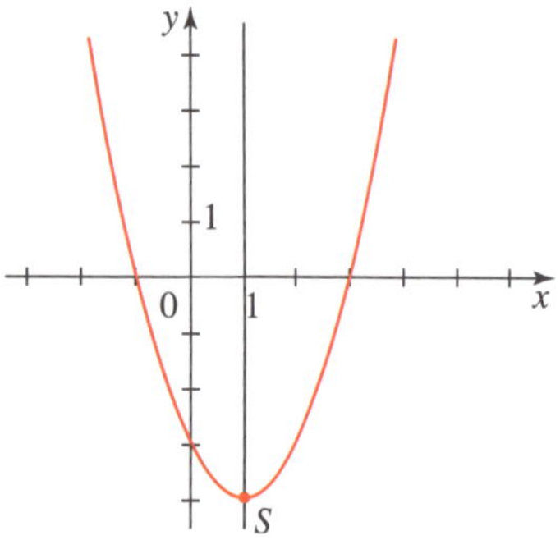

Si $a < 0$, alors la parabole est « tournée vers le bas ».

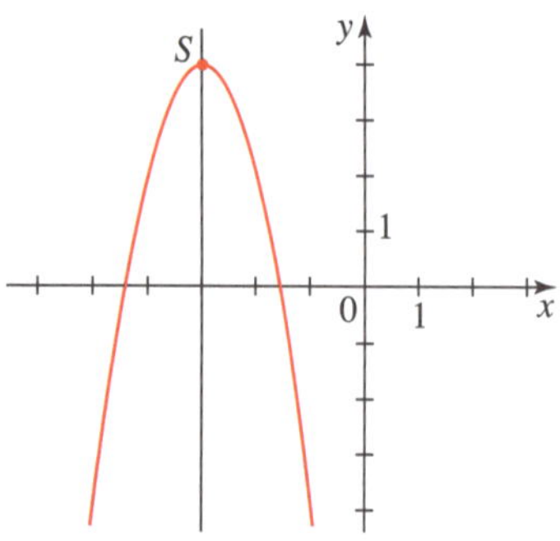

Exercices d'entraînement

Exercice 1 ★ 5 min *Corrigé p. 134*

Présenter chaque expression sous la forme $ax^2 + bx + c$ et donner les valeurs des coefficients a, b et c.

1. $3 + x^2 - 15x$ 2. $x(2x + 1) - 5x + 2$ 3. $(3x - 1)(4 - 5x)$

Exercice 2 ★ 5 min *Corrigé p. 134*

Voici le tableau de variation d'une fonction f polynôme de degré 2.

x	$-\infty$	2	$+\infty$
f	↘	-5	↗

Parmi les quatre expressions suivantes, laquelle peut-être la forme canonique de f ?

$f(x) = -5(x-2)^2 + 5$ $f(x) = 3(x-2)^2 + 5$

$f(x) = 4(x-2)^2 - 5$ $f(x) = -2(x-2)^2 - 5$

Exercice 3 ★ 10 min *Corrigé p. 134*

Écrire, dans chacun des cas suivants, $f(x)$ sous la forme $f(x) = (x - \alpha)^2 + \beta$, puis donner les coordonnées du sommet S de la parabole représentant f.

1. $f(x) = x^2 - 6x + 9$. 2. $f(x) = x^2 - 6x + 10$. 3. $f(x) = x^2 - 6x + 5$.
4. $f(x) = x^2 + 10x + 25$. 5. $f(x) = x^2 + 10x + 28$. 6. $f(x) = x^2 + 10x + 18$.

Exercice 4 ★ 10 min *Corrigé p. 134*

f et g sont des fonctions polynômes du second degré définies par :

$$f(x) = 2\,(x-3)^2 - 4 \text{ et } g(x) = -6\,(x+5)^2 + 7{,}2.$$

1. Donner les sens de variation des fonctions f et g.
2. Préciser si f admet un maximum ou un minimum. En quel réel est-il atteint ?
3. Préciser si g admet un maximum ou un minimum. En quel réel est-il atteint ?

Exercice 5 ★ 15 min *Corrigé p. 135*

Soit f la fonction définie sur $\mathbb{R}$ par : $f(x) = -x^2 + 2x + 4$.
On note $\mathscr{C}$ la courbe de f dans un repère orthonormal.

1. Calculer l'image de 1 par f et l'image de $-\frac{1}{2}$ par f.
2. Déterminer les (éventuels) antécédents de 4 par f.
3. Vérifier que pour n'importe quel réel x, $f(x) = -(x-1)^2 + 5$.
4. Quel est le sens de variation de f sur $]-\infty\,;1]$? Quel est le sens de variation de f sur $[1\,;+\infty[$? Dresser le tableau de variation de f.
5. La fonction f admet-elle un extremum ? Si oui, lequel et en quelle valeur est-il atteint ? Quelle est la nature de $\mathscr{C}$? Quels sont ses éléments caractéristiques ? Tracer la courbe $\mathscr{C}$.

Exercice 6 ★★ 10 min *Corrigé p. 135*

Écrire un algorithme qui demande les coefficients a, b et c de la fonction $f : x \mapsto ax^2 + bx + c$ et calculer les coordonnées α et β du sommet de la parabole représentant f.

10 Trigonométrie

1 Cercle trigonométrique

Le plan est rapporté au repère orthonormé $(O\,;\vec{i},\vec{j})$.

A Définition

On appelle **cercle trigonométrique** le cercle $\mathscr{C}$ de centre O, de rayon 1 et orienté dans le sens contraire des aiguilles d'une montre. Un tel cercle a pour périmètre 2π.

B Repérage d'un point sur le cercle trigonométrique

Tout réel x peut être associé à un point du cercle trigonométrique, en « enroulant la droite des réels » tangente au point de coordonnées (1 ; 0) autour du cercle.

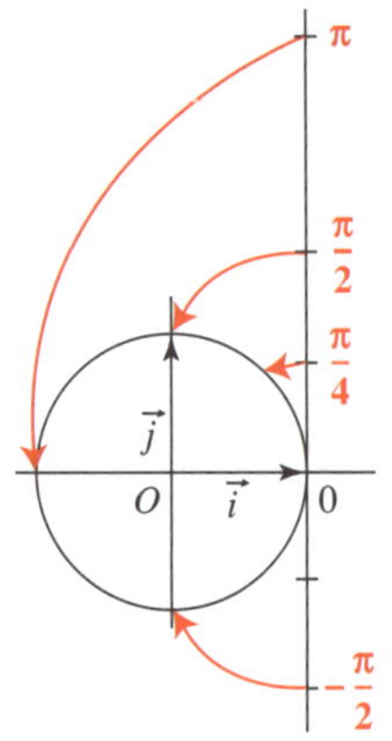

2 Sinus et cosinus d'un réel

A Définition

On considère le cercle trigonométrique $\mathscr{C}$. Soit x un réel et M le point de $\mathscr{C}$ associé à x.

- Le **cosinus** de x est l'abscisse de M,
- Le **sinus** de x est l'ordonnée de M.

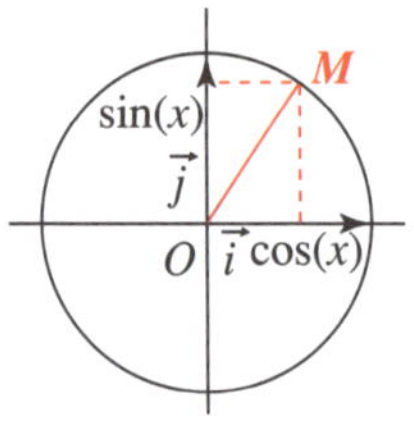

B Propriétés

- Pour tout réel x :

$$-1 \leqslant \cos(x) \leqslant 1,$$
$$-1 \leqslant \sin(x) \leqslant 1,$$
$$[\cos(x)]^2 + [\sin(x)]^2 = 1.$$

- Pour tout réel x et pour tout entier relatif k :

$$\cos(x + k \times 2\pi) = \cos(x), \qquad \sin(x + k \times 2\pi) = \sin(x).$$

C Cas particuliers

Longueur x de l'arc	0	$\frac{\pi}{6}$	$\frac{\pi}{4}$	$\frac{\pi}{3}$	$\frac{\pi}{2}$
Mesure de l'angle en degrés	0°	30°	45°	60°	90°
cos (x)	1	$\frac{\sqrt{3}}{2}$	$\frac{\sqrt{2}}{2}$	$\frac{1}{2}$	0
sin (x)	0	$\frac{1}{2}$	$\frac{\sqrt{2}}{2}$	$\frac{\sqrt{3}}{2}$	1

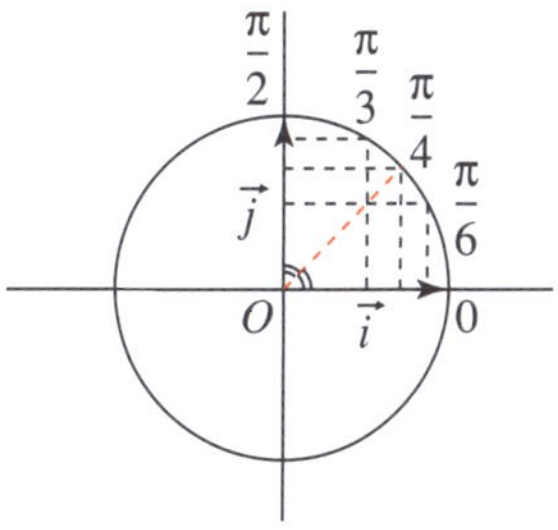

Exercices d'entraînement

Exercice 1 ★ 5 min

Corrigé p. 135

Compléter le tableau suivant :

Angle en degrés	75	100	216	280					360
Longueur de l'arc intercepté					$\frac{4\pi}{3}$	$\frac{8\pi}{9}$	$\frac{11\pi}{6}$	$\frac{11\pi}{12}$	2π

Exercice 2 ★ 10 min

Corrigé p. 135

1. Sur le cercle trigonométrique, placer les points M_1, M_2, M_3, M_4 et M_5 respectivement associés aux réels : $\frac{3\pi}{2}$, $\frac{\pi}{4}$, $\frac{2\pi}{3}$, $-\frac{\pi}{6}$, $-\pi$.
2. Donner le cosinus et le sinus de ces réels.

Exercice 3 ★ 10 min

Corrigé p. 135

À l'aide du cercle trigonométrique, résoudre, dans $]-\pi\,;\pi]$, les équations suivantes :

1. $\sin(x) = \frac{1}{2}$; 2. $\cos(x) = -\frac{1}{2}$; 3. $\cos(x) = 1$; 4. $\sin(x) = -1$.

Exercice 4 ★★ 10 min

Corrigé p. 136

On donne : $\cos(x) = -\frac{3}{5}$ et $x \in [0\,;\pi]$.

1. Faire une figure illustrant les données.
2. Calculer la valeur exacte de sin (x).
3. Avec la calculatrice, donner, à 10^{-3} près, une approximation du réel x.

11 Géométrie dans l'espace

1 Positions relatives de deux droites

Deux droites sont dites **coplanaires** lorsqu'elles sont contenues dans un même plan.

d et δ non coplanaires	d et δ coplanaires		
	sécantes	parallèles	
		strictement	confondues
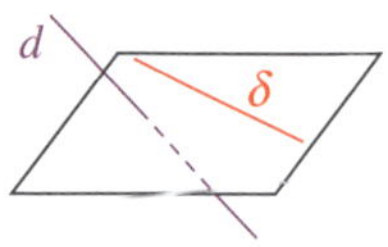	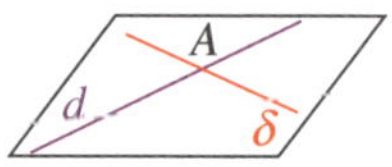		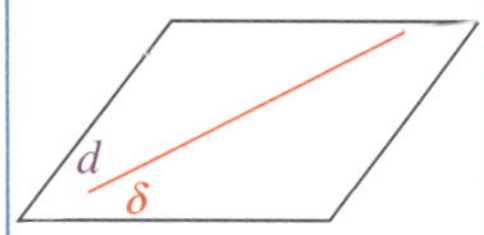
$d \cap \delta = \varnothing$	$d \cap \delta = \{A\}$	$d \cap \delta = \varnothing$	$d \cap \delta = d = \delta$

Il existe une seule droite passant par un point donné et parallèle à une droite donnée.
Deux droites parallèles à une même troisième droite sont parallèles.

2 Positions relatives d'une droite et d'un plan

d sécante à P	d parallèle à P	
	d strictement parallèle à P	d incluse dans P
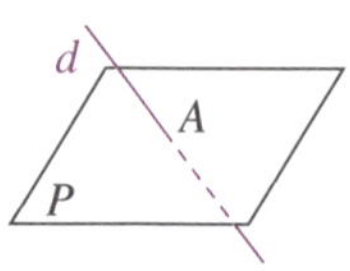	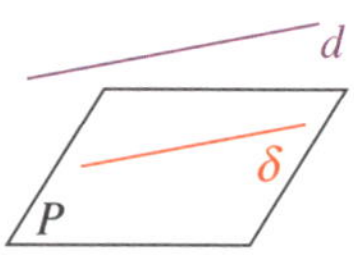	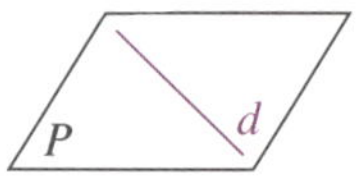
$d \cap P = \{A\}$	$d \cap P = \varnothing$	$d \cap P = d$

Une droite est parallèle à un plan si, et seulement si, elle est parallèle à une droite de ce plan.

3 Positions relatives de deux plans

P et Q sécants	P et Q parallèles	
	strictement	confondus
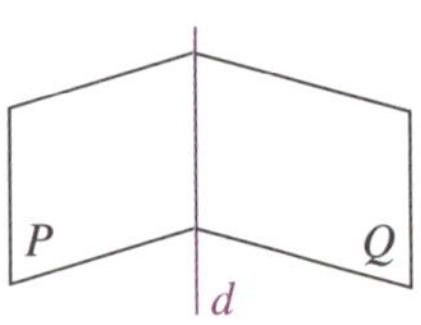	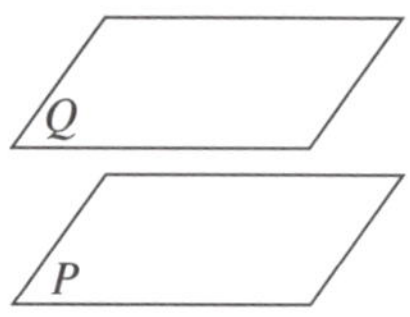	
$P \cap Q = d$	$P \cap Q = \varnothing$	$P \cap Q = P = Q$

Appliquer le cours Compléter en sachant que *ABCDEFGH* est un parallélépipède.

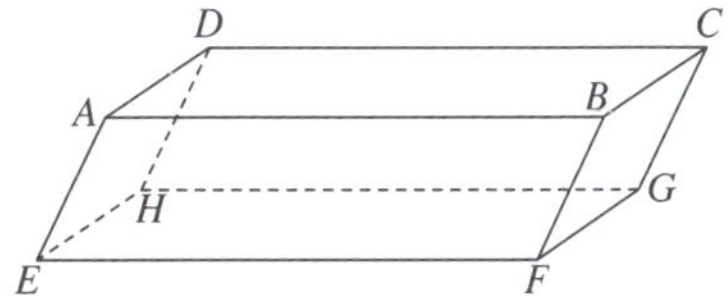

1. Les droites (*CB*) et (*GF*) sont ....
2. les droites (*AC*) et (*CB*) sont ....
3. les droites (*AC*) et (*GF*) sont ....
4. la droite (*AC*) est .... au plan (*ABF*) ;
5. la droite (*AC*) est .... au plan (*EFG*) ;
6. la droite (*AC*) est .... dans le plan (*ABC*) ;
7. les plans (*ABCD*) et (*EFGH*) sont ....
8. les plans (*ABCD*) et (*CDHG*) sont ....

Solution
1. parallèles ; **2.** sécantes ; **3.** non coplanaires ; **4.** sécante au plan (*ABF*) ; **5.** parallèle au plan (*EFG*) ; **6.** incluse dans le plan (*ABC*) ; **7.** parallèles ; **8.** sécants suivant la droite (*DC*).

4 Volumes de quelques solides

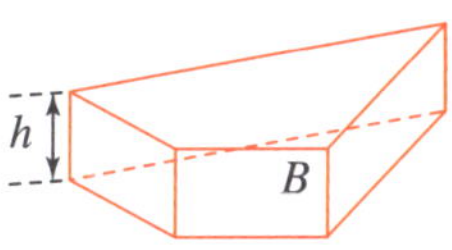

Prisme droit : $V = B\,h$

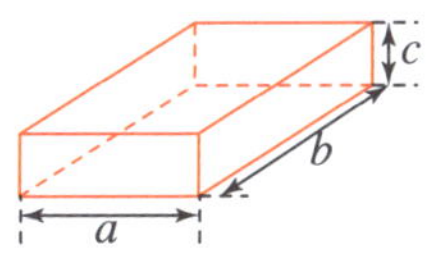

Parallélépipède rectangle
$V = a\,b\,c$

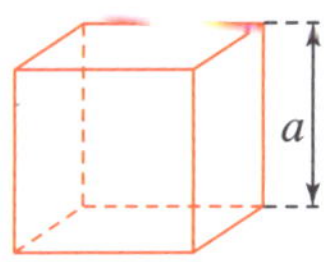

Cube
$V = a^3$

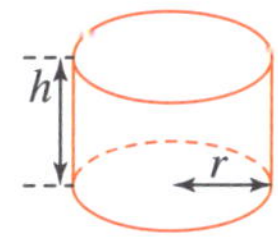

Cylindre de révolution
$V = \pi r^2 h$

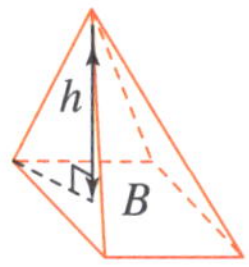

Pyramide : $V = \dfrac{1}{3} B\,h$

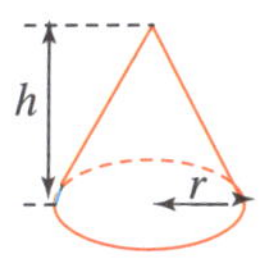

Cône de révolution
$V = \dfrac{1}{3} \pi r^2 h$

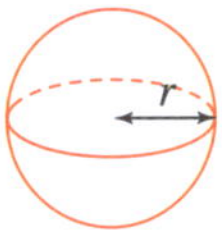

Boule
$V = \dfrac{4}{3} \pi r^3$

Appliquer le cours Un réservoir d'eau est formé d'une partie cylindrique et d'une partie conique.
Calculer le volume de ce réservoir.

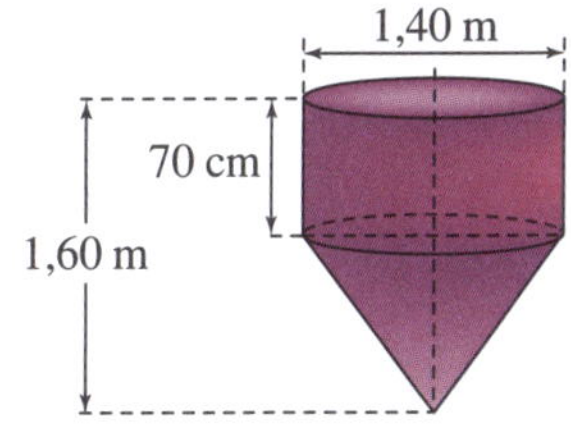

Solution On note, en cm³, $\mathcal{V}_1$ le volume du cylindre, $\mathcal{V}_2$ le volume du cône et $\mathcal{V}$ le volume du réservoir.

- Le cylindre a pour rayon 70 cm et pour hauteur 70 cm, donc on a :
$\mathcal{V}_1 = (\pi \times 70^2) \times 70 = \pi \times 343\,000$.
- Le cône a pour rayon 70 cm et pour hauteur 90 cm, donc on a :
$\mathcal{V}_2 = \dfrac{1}{3}(\pi \times 70^2) \times 90 = \pi \times 147\,000$.
- Par conséquent : $\mathcal{V} = \mathcal{V}_1 + \mathcal{V}_2 = \pi \times 343\,000 + \pi \times 147\,000 = \pi \times 490\,000$.

Finalement, le volume du réservoir est $490\,000\pi$ cm³, c'est-à-dire 490π dm³, ou encore $0{,}49\pi$ m³.
On peut affirmer qu'à 1 dm³ près le volume du réservoir vaut environ 1,539 m³.

Exercices d'entraînement

Exercice 1 ★ 10 min

Corrigé p. 136

Examiner attentivement les solides et compléter le tableau ci-après.

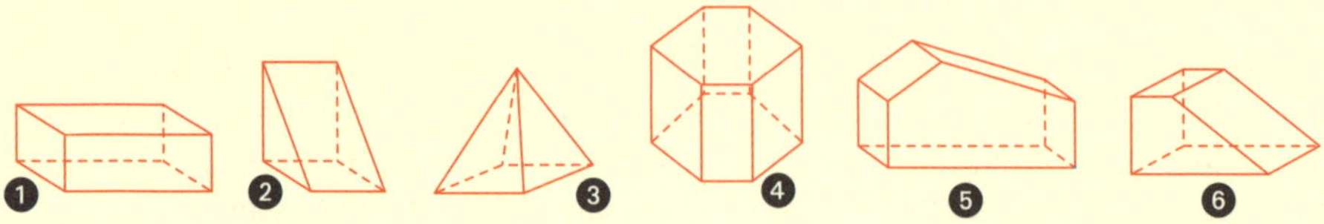

solides	❶	❶	❸	❹	❺	❻
F						
S						
A						
S + *F*						

F : nombre de faces ;
S : nombre de sommets ;
A : nombre d'arêtes.

Exercice 2 ★ 10 min

Corrigé p. 136

Les dimensions du paquet parallélépipède rectangle sont :
$AB = 30$ cm ; $AD = 25$ cm ; $AE = 40$ cm.
Pour ficeler le paquet conformément à la figure, quelle est la longueur de ficelle à prévoir sachant qu'il faut compter 15 cm pour le nœud ?

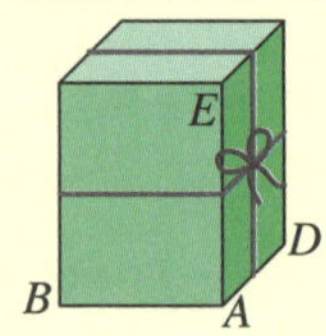

Exercice 3 ★ 10 min

Corrigé p. 136

Vrai ou faux ? Une pyramide *ABCD* est représentée ci-contre.
- *I* est le milieu du segment [*AB*] ;
- *J* est le milieu du segment [*AC*] ;
- *K* et *L* sont deux points du segment [*AD*], distincts de son milieu et de ses extrémités.

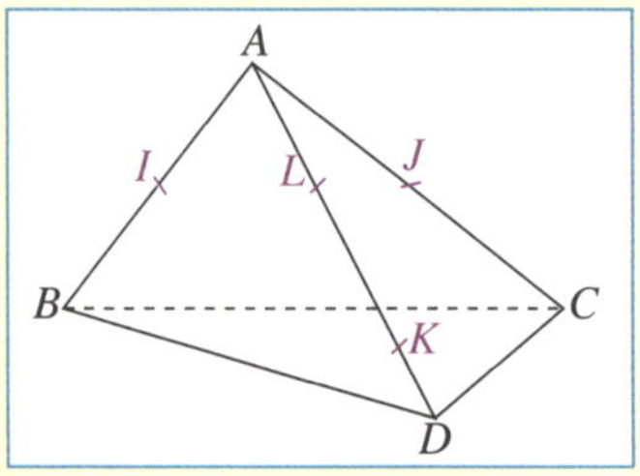

1. *K* est un point a. du plan (*ACD*) ; b. du plan (*ABD*).
2. *L* est un point a. du plan (*ABD*) ; b. du plan (*ABC*).
3. Les droites (*IK*) et (*BD*) sont a. dans un même plan ; b. sécantes.
4. Les droites (*AD*) et (*BC*) sont a. dans un même plan ; b. sécantes.
5. Les droites (*JK*) et (*BC*) sont a. dans un même plan ; b. sécantes.
6. Les droites (*AB*) et (*CD*) sont a. dans un même plan ; b. parallèles.
7. Les droites (*IJ*) et (*BC*) sont a. dans un même plan ; b. parallèles.

Exercice 4 ★ 10 min

Corrigé p. 136

Le pavé droit *ABCDEFGH* a pour dimensions 15 cm, 10 cm et 8 cm.

Calculer la longueur de la diagonale [*AH*].

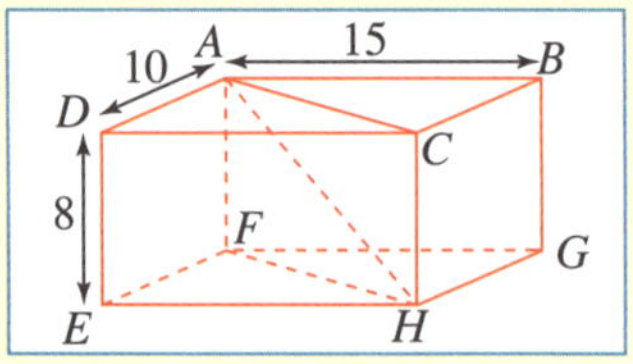

Exercice 5 ★★ 10 min

Corrigé p. 136

Déterminer, au mm près, le rayon de base d'un cône de révolution de hauteur 7,5 cm et de volume 125,7 cm^3.

12 Repérage dans le plan

1 Repère du plan

Dans le repère (*O*, *I*, *J*), le point *O* est appelé **origine**, la droite (*OI*) est appelée **axe des abscisses** et la droite (*OJ*) est appelée **axe des ordonnées**.

Tout point *A* est défini par son abscisse x_A et son ordonnée y_A ; (x_A ; y_A) est le couple de coordonnées de *A* ; on peut écrire :

$$A\,(x_A\,;y_A).$$

À savoir

Un triplet de points (*O*, *I*, *J*) formant un triangle rectangle isocèle de sommet *O* est un **repère orthonormé** du plan.

Appliquer le cours

Placer dans un repère orthonormé (*O*, *I*, *J*) les points *A*(2 ; 3), *B*(– 1 ; 2) et *C*(– 2 ; – 3).

Attention !

Le point *O* a pour coordonnées (0 , 0).

Solution

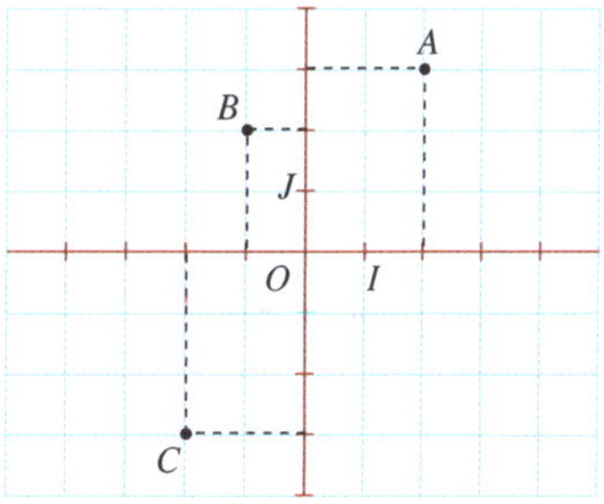

2 Milieu d'un segment

Les coordonnées du milieu *M* du segment [*AB*] vérifient :

$$x_M=\frac{x_A+x_B}{2}\quad \text{et}\quad y_M=\frac{y_A+y_B}{2}.$$

L'abscisse du milieu de [*AB*] est la moyenne des abscisses de *A* et *B*, l'ordonnée du milieu de [*AB*] est la moyenne des ordonnées de *A* et *B*.

Appliquer le cours

Dans un repère (*O*, *I*, *J*), on donne les points *A*(– 3 ; – 4), *B*(7 ; – 4) et *C*(5 ; 2).

1. Calculer les coordonnées du point *K*, milieu de [*OB*].

2. Calculer les coordonnées du point *L*, milieu de [*AC*].

3. Contrôler les résultats à l'aide d'une figure.

Solution

1. *K* est le milieu de [*OB*], donc : $x_K=\dfrac{x_O+x_B}{2}=\dfrac{0+7}{2}=\dfrac{7}{2}$,

et : $y_K=\dfrac{y_O+y_B}{2}=\dfrac{0-4}{2}=-2$;

K a pour coordonnées $\left(\dfrac{7}{2};-2\right)$.

2. *L* est le milieu de [*AC*], donc : $x_L=\dfrac{x_A+x_C}{2}=\dfrac{-3+5}{2}=1$,

et $y_L=\dfrac{y_A+y_C}{2}=\dfrac{-4+2}{2}=-1$;

L a pour coordonnées (1 ; – 1).

3.

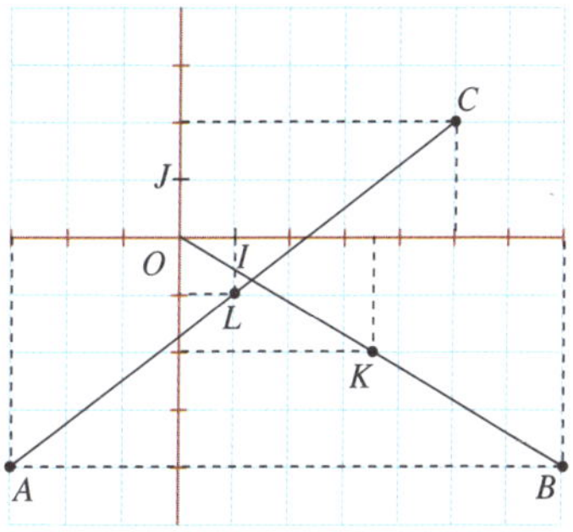

3 Distance de deux points

La distance de deux points A et B est le réel, noté AB, tel que : $AB = \sqrt{(x_B - x_A)^2 + (y_B - y_A)^2}$.

Appliquer le cours On donne les points $A(-2\ ;3)$, $B(5\ ;2)$ et $C(-3\ ;-4)$.
Faire une figure, puis démontrer que le triangle ABC est rectangle isocèle.

Solution • Calculons les longueurs des côtés du triangle ABC :

$AB = \sqrt{(5+2)^2 + (2-3)^2} = \sqrt{7^2 + (-1)^2} = \sqrt{50}$,

$AC = \sqrt{(-3+2)^2 + (-4-3)^2} = \sqrt{(-1)^2 + (-7)^2} = \sqrt{50}$,

$BC = \sqrt{(-3-5)^2 + (-4-2)^2} = \sqrt{(-8)^2 + (-6)^2} = \sqrt{100} = 10$.

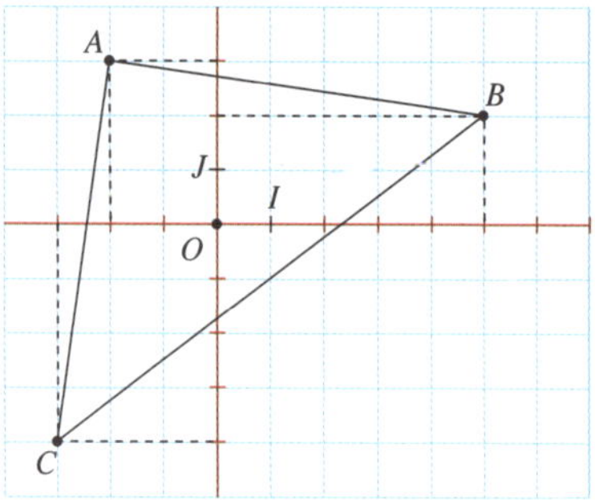

• $AC = AB$, donc le triangle ABC est isocèle en A.
• En outre :
$AC^2 + AB^2 = 50 + 50 = 100$ et $BC^2 = 100$,
donc : $AC^2 + AB^2 = BC^2$,
d'où, d'après la réciproque du théorème de Pythagore :
ABC est rectangle en A. Finalement, le triangle ABC est rectangle et isocèle en A.

Exercices d'entraînement

Exercice 1 ★ 5 min

Corrigé p. 136

On donne les points $A(-1\ ;2)$, $B(3\ ;1)$ et $C(1\ ;5)$.

1. Placer les points A, B et C dans un repère.
2. Construire le point L, symétrique du point A par rapport au point C.
3. Construire le point K, symétrique du point B par rapport au point C.
4. Lire sur le graphique les coordonnées des points L et K.

Exercice 2 ★★ 10 min

Corrigé p. 136

On considère les points $P(-4\ ;-1)$, $Q(1\ ;0)$, $R(2\ ;2)$ et $S(-3\ ;1)$.

1. Calculer les coordonnées du milieu K du segment $[PR]$.
2. Calculer les coordonnées du milieu L du segment $[QS]$.
3. Que peut-on en déduire pour le quadrilatère $PQRS$?

Exercice 3 ★★ 15 min

Corrigé p. 137

On donne les points $A(-1\ ;-1)$, $B(2\ ;3)$ et $C(4\ ;-1)$.

1. Calculer les distances AB, AC et BC.
2. Quelle semble être la nature du triangle ABC ? Justifier la réponse.
3. Calculer le périmètre du triangle ABC.
4. Calculer l'aire du triangle ABC.

Exercice 4 ★ 5 min

Corrigé p. 137

Écrire un algorithme qui calcule les coordonnées du milieu d'un segment.

13 Configurations du plan

1 Droites et points remarquables d'un triangle

• **Les médianes** d'un triangle sont les droites passant par un sommet et le milieu du côté opposé ; leur point d'intersection est appelé **centre de gravité** du triangle ; il est situé aux deux tiers de chaque médiane à partir du sommet.

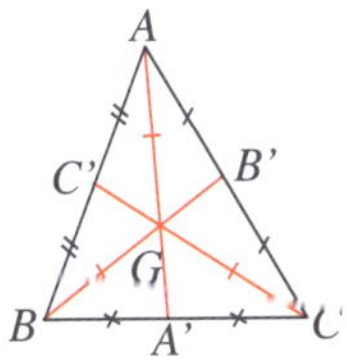

• **Les médiatrices** d'un triangle sont les droites perpendiculaires à un côté en son milieu ; leur point d'intersection est le **centre du cercle circonscrit** du triangle.

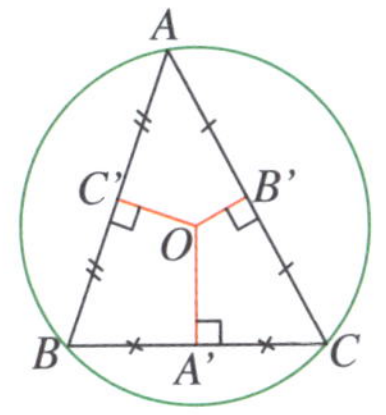

• **Les hauteurs** d'un triangle sont les droites passant par un sommet et perpendiculaires au côté opposé ; leur point d'intersection est appelé **orthocentre** du triangle.

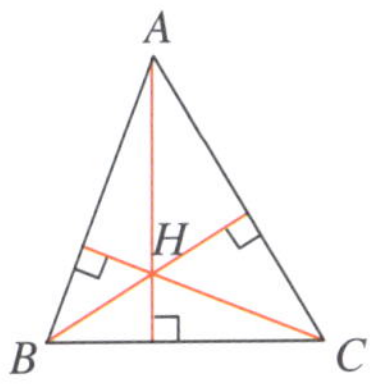

• **Les bissectrices** d'un triangle sont les droites passant par un sommet et partageant l'angle au sommet en deux angles égaux ; leur point d'intersection est le **centre du cercle inscrit** du triangle.

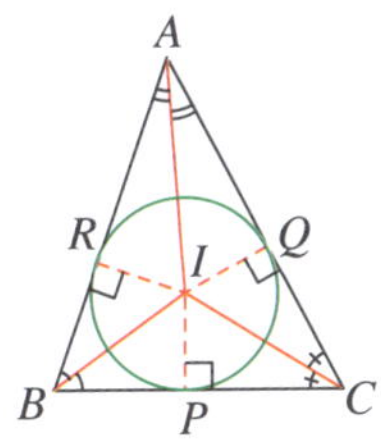

2 Théorème de Pythagore

• **Si un triangle est rectangle**, alors le carré de l'hypoténuse est égal à la somme des carrés des côtés de l'angle droit.

• **Si un triangle ABC est tel que : $AB^2 + AC^2 = BC^2$**, alors ce triangle est rectangle en A.

Appliquer le cours **1.** Un carré a pour longueur de côté a.
Déterminer la longueur de sa diagonale en fonction de a.
2. Un triangle équilatéral a pour longueur de côté a.
Déterminer la longueur de sa hauteur en fonction de a.

Solution **1.** On considère le triangle ABC qui est rectangle en B.
D'après le théorème de Pythagore : $AC^2 = AB^2 + BC^2$,
donc $AC^2 = a^2 + a^2 = 2a^2$, d'où : $AC = a\sqrt{2}$.
La diagonale d'un carré de côté a est $a\sqrt{2}$.

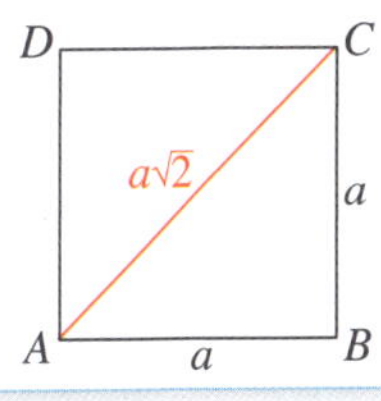

Solution (suite) **2.** Notons I le milieu de $[BC]$. Le triangle ABI est rectangle en I.
D'après le théorème de Pythagore : $AI^2 + BI^2 = AB^2$,

donc : $AI^2 = a^2 - \left(\frac{a}{2}\right)^2 = a^2 - \frac{a^2}{4} = \frac{3a^2}{4}$, d'où : $AI = a\frac{\sqrt{3}}{2}$.

La hauteur d'un triangle équilatéral de côté a est $a\frac{\sqrt{3}}{2}$.

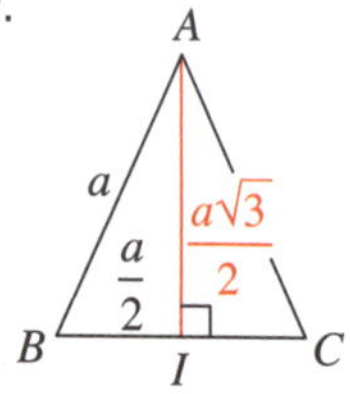

3 Parallélogrammes

A Définition

Un **parallélogramme** est un quadrilatère dont les côtés opposés sont parallèles.

B Propriété caractéristique

Un quadrilatère est un parallélogramme si, et seulement si, ses diagonales ont le même milieu.

Attention !

- Un **quadrilatère** dont les deux diagonales sont perpendiculaires n'est pas nécessairement un losange.

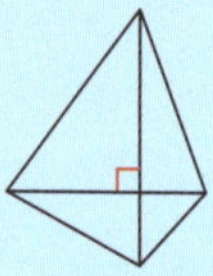

- Un **quadrilatère** dont les deux diagonales sont de même longueur n'est pas nécessairement un rectangle.

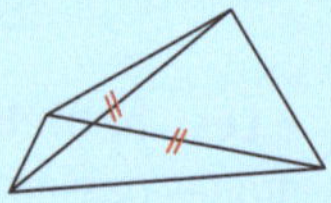

Appliquer le cours **Vrai ou Faux ?**

1. Si un parallélogramme a des diagonales de même longueur, alors c'est un rectangle.

2. Si un parallélogramme a deux côtés consécutifs perpendiculaires, alors c'est un losange.

3. Si un parallélogramme a deux côtés consécutifs de même longueur et perpendiculaires, alors c'est un carré.

Solution **1.** Vrai.

2. Faux.

Si un parallélogramme a deux côtés consécutifs perpendiculaires, alors c'est un rectangle.

Si un parallélogramme a des diagonales perpendiculaires, alors c'est un losange.

3. Vrai.

4 Tangente à un cercle

A Définition

Une **tangente** à un cercle est une droite qui a un seul point commun avec ce cercle.

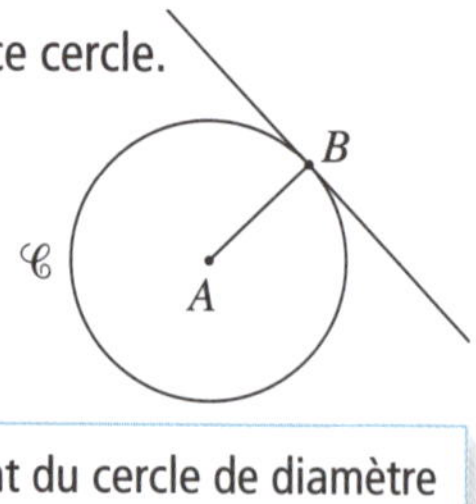

B Propriété caractéristique

Soient $\mathscr{C}$ un cercle de centre A, et B un point de $\mathscr{C}$.
La tangente en B à $\mathscr{C}$ est la droite perpendiculaire au rayon $[AB]$ en B.

Appliquer le cours

On considère la figure ci-contre.
Démontrer que les droites (AM) et (AM') sont des tangentes au cercle $\mathscr{C}$.

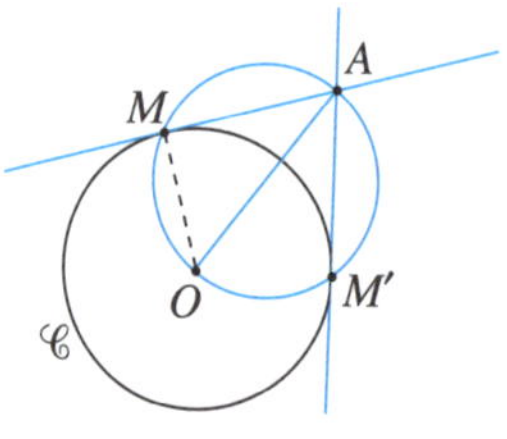

Solution M est un point du cercle de diamètre $[OA]$, donc OAM est un triangle rectangle en M.
La droite (AM) est perpendiculaire à (OM), c'est donc la tangente à $\mathscr{C}$ en M.
On démontre de même que la droite (AM') est la tangente à $\mathscr{C}$ en M'.

Exercices d'entraînement

Exercice 1 ★ 5 min

Corrigé p. 137

QCM. Entourer les bonnes réponses (il peut y avoir plusieurs réponses justes à chaque ligne).

1. Un quadrilatère qui a ses diagonales de même longueur et perpendiculaires est :
   un losange ; un rectangle ; un carré ; on ne sait pas.
2. Un parallélogramme qui a un angle droit est :
   un losange ; un rectangle ; un carré ; on ne sait pas.
3. Un quadrilatère qui a ses quatre côtés de même longueur et ses quatre angles droits est :
   un losange ; un rectangle ; un carré ; on ne sait pas.
4. Un parallélogramme dont deux côtés consécutifs ont même longueur est :
   un losange ; un rectangle ; un carré ; on ne sait pas.

Exercice 2 ★ 5 min

Corrigé p. 137

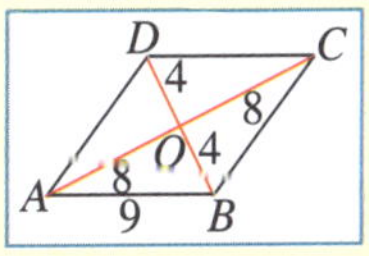

1. Le quadrilatère *ABCD* ci-contre est-il un parallélogramme ?
2. Le quadrilatère *ABCD* ci-contre est-il un losange ?
   Justifier soigneusement les réponses.

Exercice 3 ★ 5 min

Corrigé p. 137

Écrire un algorithme qui calcule la longueur de la diagonale d'un carré de côté *a*.

Exercice 4 ★★ 10 min

Corrigé p. 137

On considère les points $A\,(1\,;3)$, $B\,(4\,;-1)$, $C\,(6{,}5\,;4)$.

1. Placer ces points dans un repère.
2. Le point *C* appartient-il à la médiatrice du segment [*AB*] ?

Exercice 5 ★★ 10 min

Corrigé p. 137

On considère les points $A\,(-3\,;-2)$, $B\,(5\,;4)$, $C\,(4\,;-3)$.

1. Calculer la longueur *AB*.
2. Déterminer les coordonnées du milieu *M* du segment [*AB*].
3. Démontrer que *C* appartient au cercle $\mathscr{C}$ de diamètre [*AB*].
4. Placer les points *A*, *B* et *C* dans un repère et construire la tangente à $\mathscr{C}$ au point *C*.

Exercice 6 ★★★ 20 min

Corrigé p. 138

On donne les points $A\,(-2\,;3)$, $B\,(5\,;2)$ et $C\,(-3\,;-4)$.

1. Faire une figure que l'on complétera au cours de l'exercice.
2. Démontrer que le triangle *ABC* est rectangle isocèle.
3. Calculer les coordonnées du point *K*, milieu de [*AC*].
4. Calculer les coordonnées du point *D* tel que *ABCD* soit un parallélogramme.
5. Calculer les coordonnées du point *L*, milieu de [*BC*].
6. Calculer les coordonnées du point *E* tel que *E* soit le symétrique du point *A* par rapport à *L*.
7. Démontrer que *ABEC* est un carré.

14 Vecteurs

(O, I, J) est un repère du plan. A et B sont des points du plan.

1 Coordonnées d'un vecteur

- Dire que les vecteurs $\overrightarrow{AB}$ **et** $\overrightarrow{CD}$ sont **égaux** signifie que $ABDC$ est un parallélogramme.

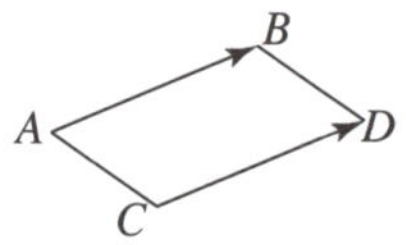

- Le vecteur $\overrightarrow{AA}$ est appelé **vecteur nul.**
On peut écrire $\overrightarrow{AA} = \vec{0}$.

- Le vecteur $\overrightarrow{AB}$ a pour **coordonnées** $(x_B - x_A ; y_B - y_A)$.

Exemple

Si le point A a pour coordonnées $(1 ; 2)$ et si le point B a pour coordonnées $(-3 ; 5)$, alors le vecteur $\overrightarrow{AB}$ a pour coordonnées $(-4 ; 3)$.

2 Somme de deux vecteurs

La **somme** des vecteurs $\vec{u}(x ; y)$ et $\vec{v}(x' ; y')$ est le vecteur $\vec{u} + \vec{v}\,(x + x' ; y + y')$.

Exemple. Si $\vec{u}$ a pour coordonnées $(1 ; 2)$ et $\vec{v}$ a pour coordonnées $(-3 ; 5)$, alors $\vec{u} + \vec{v}$ est le vecteur de coordonnées $(-2 ; 7)$.

• Relation de Chasles

Quels que soient les points A, B et C, on a : $\overrightarrow{AB} + \overrightarrow{BC} = \overrightarrow{AC}$.

- $\overrightarrow{AB}$ et $\overrightarrow{BA}$ sont des **vecteurs opposés** : $\overrightarrow{AB} + \overrightarrow{BA} = \overrightarrow{AA} = \vec{0}$.

On peut écrire : $\overrightarrow{BA} = -\overrightarrow{AB}$.

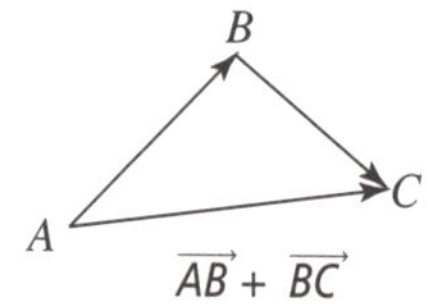

3 Produit d'un vecteur par un réel

Le **produit** d'un vecteur $\vec{u}$ de coordonnées $(x ; y)$ par un réel k est le vecteur $k\vec{u}\,(kx ; ky)$.

Appliquer le cours On considère les points $A(-2 ; 1)$ et $B(3 ; 5)$.

On pose : $\vec{u} = \frac{3}{2}\overrightarrow{AB}$ et $\vec{v} = -\frac{1}{4}\overrightarrow{AB}$.

Donner les coordonnées :

1. du vecteur $\overrightarrow{AB}$; **2.** des vecteurs $\vec{u}$ et $\vec{v}$.

Solution

1. On a : $\overrightarrow{AB}(3 - (-2) ; 5 - 1)$, c'est-à-dire $\overrightarrow{AB}(5 ; 4)$.
Le vecteur $\overrightarrow{AB}$ a pour coordonnées $(5 ; 4)$.

2. $\overrightarrow{AB}$ a pour coordonnées $(5 ; 4)$, donc $\vec{u}$ a pour coordonnées $\left(\frac{15}{2} ; 6\right)$ et $\vec{v}$ a pour coordonnées $\left(-\frac{5}{4} ; -1\right)$.

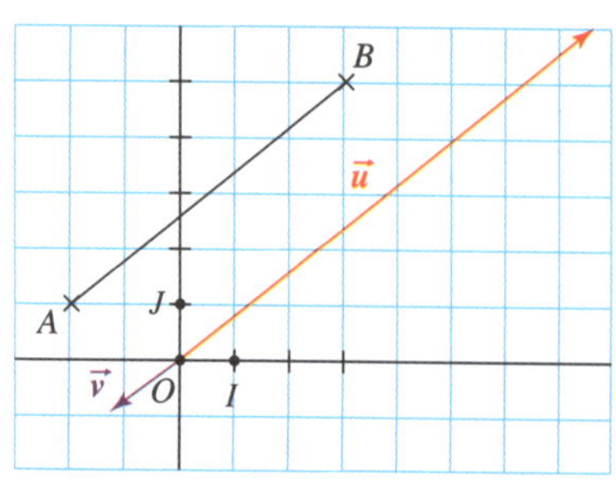

A Vecteurs colinéaires

Deux **vecteurs** $\vec{u}$ et $\vec{v}$ sont **colinéaires** si, et seulement s'il existe un réel k tel que :

$$\vec{u} = k\,\vec{v} \quad \text{ou} \quad \vec{v} = k\,\vec{u}.$$

B Propriété

Deux vecteurs sont colinéaires si, et seulement si, leurs coordonnées sont proportionnelles.

Appliquer le cours

Écrire un algorithme qui demande les coordonnées de deux vecteurs et déterminer s'ils sont colinéaires.

Solution

Notons $(x\,;y)$ et $(x'\,;y')$ les coordonnées des deux vecteurs.

```
Entrer x, y, x', y'
Si xy' = yx'
Alors Afficher « colinéaires »
Sinon Afficher « non colinéaires »
Fin Si
```

C Points alignés

Les **points** A, B et C sont **alignés** si, et seulement, si les vecteurs $\overrightarrow{AB}$ et $\overrightarrow{BC}$ sont colinéaires.

Remarque

On peut aussi utiliser les vecteurs $\overrightarrow{AB}$ et $\overrightarrow{AC}$, ou les vecteurs $\overrightarrow{BA}$ et $\overrightarrow{BC}$, ou…

Appliquer le cours

On considère les points $M(1\,;0)$, $N(3\,;3)$ et $P\left(4\,;\frac{9}{2}\right)$.

Les points M, N et P sont-ils alignés ?

Solution

On a : $\overrightarrow{MN}(2\,;3)$ et $\overrightarrow{NP}\left(1\,;\frac{3}{2}\right)$, donc $\overrightarrow{MN} = 2\overrightarrow{NP}$, ce qui prouve que les vecteurs $\overrightarrow{MN}$ et $\overrightarrow{NP}$ sont colinéaires.

On en déduit que les points M, N et P sont alignés.

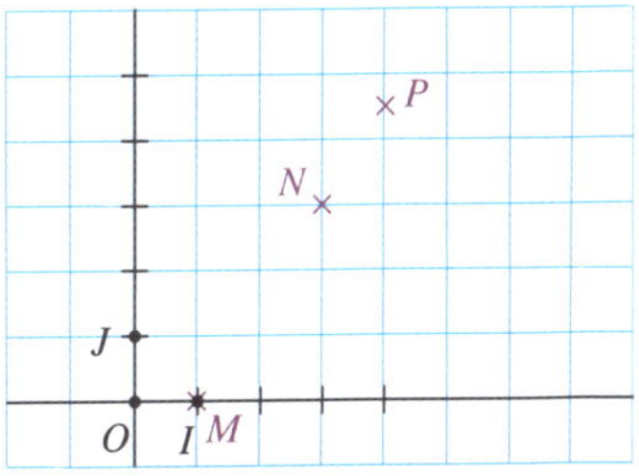

D Droites parallèles

Soit des points A, B, C, D tels que $A \neq B$ et $C \neq D$. Les **droites** (AB) et (CD) sont **parallèles si**, et seulement si, les vecteurs $\overrightarrow{AB}$ et $\overrightarrow{CD}$ sont colinéaires.

Appliquer le cours

On considère les points $M(1\,;5)$, $N(3\,;4)$, $P(-2\,;2)$ et $Q(2{,}5\,;0)$.

Les droites (MN) et (PQ) sont-elles parallèles ?

Solution

On a : $\overrightarrow{MN}(2\,;-1)$ et $\overrightarrow{PQ}(4{,}5\,;-2)$.

$2 \times (-2) \neq 4{,}5 \times (-1)$, donc les vecteurs $\overrightarrow{MN}$ et $\overrightarrow{PQ}$ ne sont pas colinéaires.

Par conséquent, les droites (MN) et (PQ) ne sont pas parallèles.

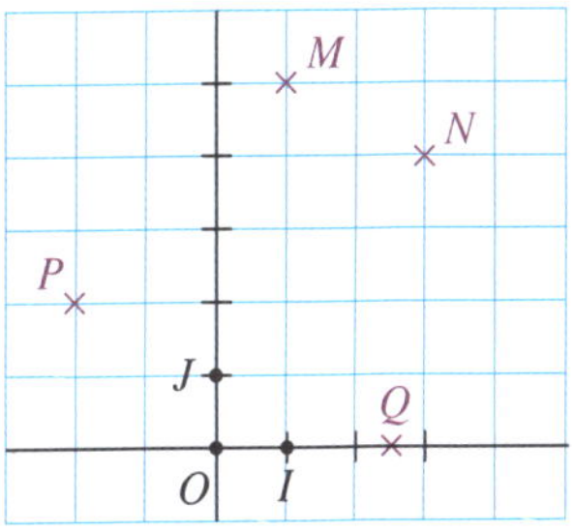

Exercices d'entraînement

Exercice 1 ★ 5 min Corrigé p. 138

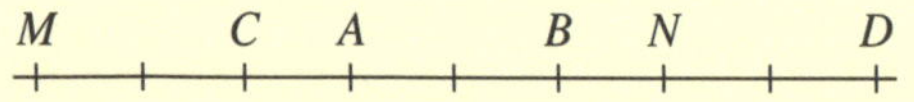

Compléter :

$\overrightarrow{AB} = \ldots \overrightarrow{BN}$; $\overrightarrow{MD} = \ldots \overrightarrow{DC}$; $\overrightarrow{NM} = \ldots \overrightarrow{CB}$; $\overrightarrow{CD} = \ldots \overrightarrow{NM}$; $\overrightarrow{CN} = \ldots \overrightarrow{NB}$; $\overrightarrow{DC} = \ldots \overrightarrow{MD}$.

Exercice 2 ★ 5 min Corrigé p. 138

ABCD est un parallélogramme. Construire les points *E* et *F* définis par : $\overrightarrow{BE} = \frac{1}{2}\overrightarrow{AB}$ et $\overrightarrow{AF} = 3\overrightarrow{AD}$.

Exercice 3 ★ 5 min Corrigé p. 138

ABC est un triangle. Construire les points *I* et *J* définis par : $\overrightarrow{AI} = \frac{1}{3}\overrightarrow{AB}$ et $\overrightarrow{AJ} = 3\overrightarrow{AC}$.

Exercice 4 ★★ 20 min Corrigé p. 138

On considère les points $A(1\,;3)$, $B(-2\,;1)$ et $C(0\,;-4)$.
Déterminer les coordonnées des points *D*, *E*, *F*, *G* et *H* définis ci-dessous.

1. *D* est tel que *ABCD* soit un parallélogramme.
2. *E* est le symétrique de *A* par rapport à *C*.
3. *F* est tel que les segments [*FD*] et [*BC*] ont le même milieu.
4. *G* est le milieu de [*FE*].
5. *H* est l'image de *C* par la translation de vecteur $2\overrightarrow{AB}$.

Exercice 5 ★ 10 min Corrigé p. 139

Les vecteurs $\vec{u}$ et $\vec{v}$ suivants sont-ils colinéaires ? Si oui, trouver *k* tel que $\vec{v} = k\vec{u}$.

1. $\vec{u}\left(\frac{1}{3}\,;\frac{-4}{7}\right)$ et $\vec{v}\left(\frac{1}{4}\,;-\frac{3}{7}\right)$; 2. $\vec{u}(1-\sqrt{2}\,;1)$ et $\vec{v}(1+\sqrt{2}\,;-1)$; 3. $\vec{u}(\sqrt{3}+1\,;-2)$ et $\vec{v}(1\,;1-\sqrt{3})$.

Exercice 6 ★ 10 min Corrigé p. 139

Déterminer *x* pour que $\vec{u}$ et $\vec{v}$ soient colinéaires, puis donner les coordonnées de ces vecteurs $\vec{u}$ et $\vec{v}$.

1. $\vec{u}\begin{pmatrix} x-3 \\ -2 \end{pmatrix}$ et $\vec{v}\begin{pmatrix} 3 \\ 1 \end{pmatrix}$; 2. $\vec{u}\begin{pmatrix} x+1 \\ x \end{pmatrix}$ et $\vec{v}\begin{pmatrix} -2 \\ 5 \end{pmatrix}$.

Exercice 7 ★ 10 min Corrigé p. 139

On donne les points : $A(0\,;3)$, $B(9\,;-3)$, $C(-3\,;5)$, $D\left(7\,;-\frac{3}{2}\right)$ et $E\left(-1\,;\frac{11}{3}\right)$.

1. Les points *A*, *B* et *C* sont-ils alignés ?
2. Les points *A*, *B* et *D* sont-ils alignés ?
3. Les points *B*, *C* et *E* sont-ils alignés ?

Exercice 8 ★ 5 min Corrigé p. 139

On considère les points $A(-1\,;4)$, $B\left(\frac{7}{3}\,;3\right)$, $C(-3\,;2)$ et $D\left(\frac{11}{3}\,;\frac{1}{4}\right)$.

Les droites (*AB*) et (*CD*) sont-elles parallèles ?

15 Équations de droites Systèmes

Le plan est muni d'un repère orthonormal (O, I, J).

1 Équations de droites

A Définition

L'équation d'une droite d est une équation d'inconnues $(x\ ;\ y)$ dont les solutions sont les coordonnées des points de d.

À savoir

- Si un point appartient à d, alors ses coordonnées vérifient l'équation de d.
- Si un point n'appartient pas à d, alors ses coordonnées ne vérifient pas l'équation de d.

Appliquer le cours

Les points suivants appartiennent-ils à la droite d d'équation $y = 4x + 7$?
$A(-1\ ;\ 3)$, $B(-2\ ;\ -1)$, $C(1\ ;\ 10)$.

Solution

- On a : $4 \times (-1) + 7 = 3$, les coordonnées de A vérifient l'équation de d, donc $A \in d$.
- De même : $4 \times (-2) + 7 = -1$, les coordonnées de B vérifient l'équation de d, donc $B \in d$.
- En revanche : $4 \times 1 + 7 = 11$, donc $4 \times 1 + 7 \neq 10$, d'où $C \notin d$.

B Droites verticales

Toute droite parallèle à la droite des ordonnées a une équation de la forme : $x = k$

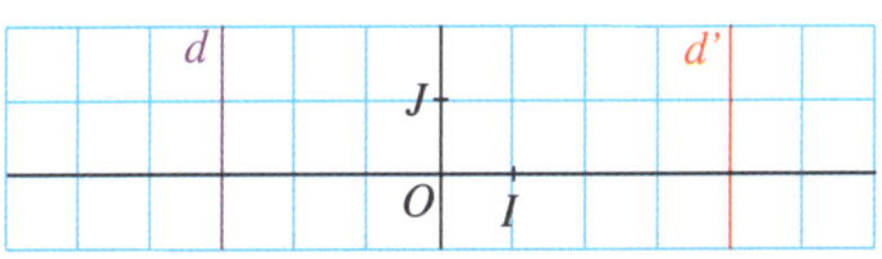

$d : x = -3$ et $d' : x = 4$

Attention !

Tous les points d'une droite parallèle à la droite des ordonnées ont la même abscisse.

C Droites non verticales

- Toute droite non parallèle à la droite des ordonnées est la représentation graphique d'une fonction affine, donc elle a une équation de la forme :
$y = ax + b$
a est le coefficient directeur de la droite, b est son ordonnée à l'origine.

À savoir

La droite d'équation $y = ax + b$ coupe la droite des ordonnées au point de coordonnées $(0\ ;\ b)$.

- Si deux points $A(x_A\ ;\ y_A)$ et $B(x_B\ ;\ y_B)$ appartiennent à une droite de coefficient directeur a,

alors : $$a = \frac{y_B - y_A}{x_B - x_A}$$

Appliquer le cours
On considère les points $A(-1\,;3)$ et $B(-2\,;7)$.

Déterminer une équation de la droite (AB).

Solution A et B n'ayant pas la même abscisse, (AB) n'est pas parallèle à l'axe des ordonnées et elle admet une équation de la forme $y = ax + b$,

avec : $a = \dfrac{y_B - y_A}{x_B - x_A} = \dfrac{7-3}{-2+1} = -4$.

Comme A appartient à (AB), les coordonnées de A vérifient l'équation de (AB), c'est-à-dire : $y_A = -4\,x_A + b$, donc : $3 = -4 \times (-1) + b$, d'où : $b = -1$.

Donc : $y = -4x - 1$ est une équation de (AB).

Cas particulier Toute droite parallèle à la droite des abscisses a une équation de la forme :

$$y = b$$

Attention !
Le coefficient directeur d'une droite parallèle à la droite des abscisses est nul.

Appliquer le cours Tracer les droites d_1 d'équation $x = 4$;
d_2 d'équation $y = x - 3$;
d_3 d'équation $y = -2x + 2$;
d_4 d'équation $y = -4$;
d_5 d'équation $y = 2$.

Solution • d_1 est parallèle à la droite des ordonnées.
• d_4 et d_5 sont parallèles à la droite des abscisses.
• d_2 passe par le point de coordonnées $(0\,;-3)$ et elle a pour coefficient directeur 1 (sur d_2, si les abscisses augmentent de 1, alors les ordonnées augmentent aussi de 1).
• d_3 passe par le point de coordonnées $(0\,;2)$ et elle a pour coefficient directeur -2 (sur d_3, si les abscisses augmentent de 1, alors les ordonnées diminuent de 2).

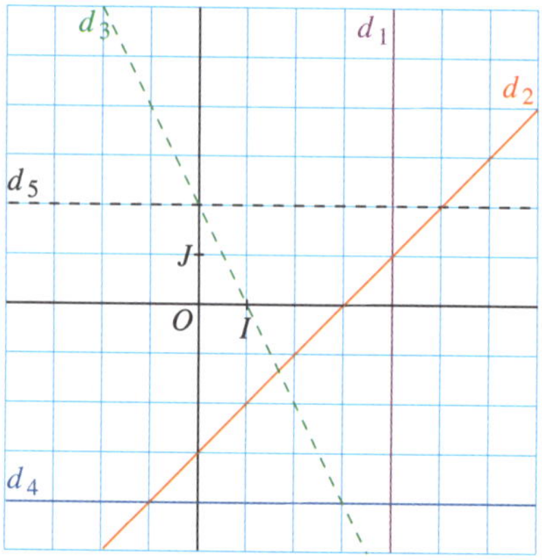

2 Droites parallèles

A Droites verticales

Deux droites parallèles à la droite des ordonnées sont bien sûr parallèles.

Exemple Les droites d et d' d'équations respectives $x = -3$ et $x = 4$ sont parallèles (*Voir page 113*).

B Droites non verticales

Deux droites non parallèles à la droite des ordonnées sont **parallèles** si, et seulement si, elles ont le **même coefficient directeur**.

Exemple. Les droites d et d' d'équations respectives $y = 3x - 4$ et $y = 3x + 1$ sont parallèles.

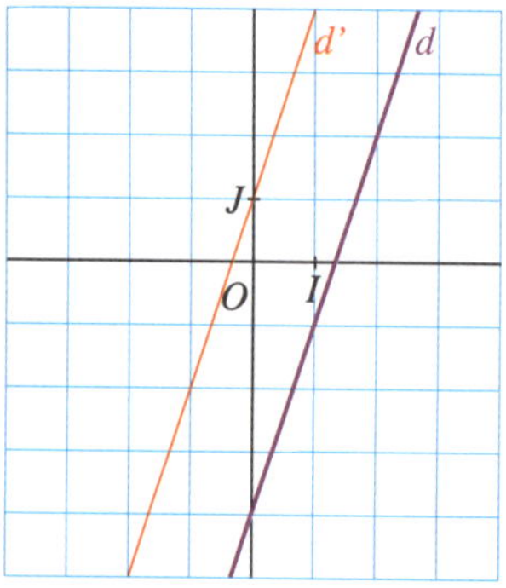

3 Systèmes

Un système de deux équations d'inconnue $(x\,;y)$ est la donnée de deux équations de la forme :

$$\begin{cases} ux + vy = w \\ u'x + v'y = w' \end{cases}$$

où u, v, w, u', v' et w' sont des réels donnés avec l'un au moins des deux réels u et v non nul, et l'un au moins des deux réels u' et v' non nul.

Les solutions de ce système sont les couples $(x\,;y)$ vérifiant les deux équations. Résoudre un tel système, c'est en déterminer toutes les solutions.

Appliquer le cours

Le système (S) : $\begin{cases} x - 2y = 3 \\ x + 2y = 1 \end{cases}$ admet-il une seule solution ?

Solution

$x - 2y = 3$ équivaut à $y = \frac{1}{2}x - \frac{3}{2}$; le coefficient directeur de la droite d d'équation $x - 2y = 3$ est $\frac{1}{2}$.

$x + 2y = 1$ équivaut à $y = -\frac{1}{2}x + \frac{1}{2}$;

le coefficient directeur de la droite d' d'équation $x + 2y = 1$ est $-\frac{1}{2}$.

d et d' ne sont pas parallèles. Elles sont donc sécantes en un point dont le couple de coordonnées est l'unique solution du système (S). On a prouvé que (S) a une seule solution.

On peut lire sur le graphique que la solution de (S) est le couple $\left(2\,;-\frac{1}{2}\right)$.

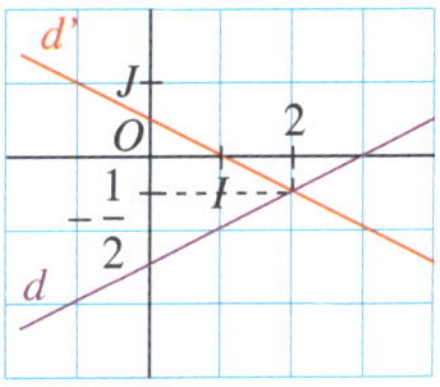

Exercices d'entraînement

Exercice 1 ★ **10 min** *Corrigé p. 140*

Tracer les droites :

d_1 d'équation $x = -4$; d_2 d'équation $y = 3x - 4$; d_3 d'équation $y = -\frac{1}{2}x + 3$;

d_4 d'équation $y = -2$; d_5 d'équation $y = \frac{2}{3}x - 3$.

Exercice 2 ★ **10 min** *Corrigé p. 140*

Associer à chacune des droites d_1, d_2, d_3, d_4 et (OJ) son équation :

$y = 3$; $x = 0$; $y = -x$; $y = x - 3$; $y = -2x + 3$.

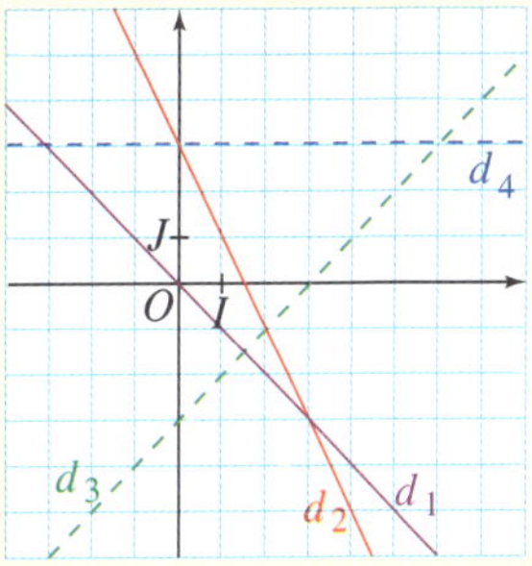

Exercice 3 ★ 5 min

Corrigé p. 140

Tracer les droites d_1, d_2, d_3, d_4 et d_5 passant par le point $A(3\,;4)$ et de coefficients directeurs respectifs :

$$m_1 = 2, \qquad m_2 = -1, \qquad m_3 = \frac{4}{3}, \qquad m_4 = 0 \qquad \text{et} \qquad m_5 = -\frac{1}{5}$$

Exercice 4 ★ 10 min

Corrigé p. 140

Dans chacun des cas suivants, déterminer le coefficient directeur de la droite (AB).

1. $A(1\,;5)$ et $B(0\,;3)$; 2. $A(0\,;1)$ et $B(-2\,;1)$; 3. $A(-65\,;54)$ et $B(23\,;-34)$.

Exercice 5 ★ 10 min

Corrigé p. 140

Déterminer l'équation réduite de la droite d' passant par le point $A(3\,;-1)$ et parallèle à la droite d d'équation :

1. $y = 2x + 1$; 2. $x = 1$; 3. $y = 3$.

Exercice 6 ★ 15 min

Corrigé p. 140

On considère les points $A(-1\,;3)$, $B(1\,;10)$ et la droite $\mathcal{D}$ d'équation $y = 4x + 7$.

1. Les points A et B appartiennent-ils à la droite $\mathcal{D}$? Justifier.
2. Le point C d'ordonnée 15 est un point de $\mathcal{D}$. Calculer l'abscisse de C.
3. Déterminer une équation de la droite (AB).

Exercice 7 ★★ 10 min

Corrigé p. 140

Les systèmes suivants admettent-ils une seule solution ?

(S_1) : $\begin{cases} 4x - y = 3 \\ -24x + 6y = 7 \end{cases}$ (S_2) : $\begin{cases} x = \sqrt{2} \\ x - 2y = 1 \end{cases}$ (S_3) : $\begin{cases} x - y = 4 \\ x + y = 7 \end{cases}$ (S_4) : $\begin{cases} 4x - 2y = 3 \\ -24x + 12y = -18 \end{cases}$

Exercice 8 ★★ 15 min

Corrigé p. 141

Déterminer, par le calcul, les coordonnées du point d'intersection des deux droites d et d' et faire une vérification graphique.

1. $d : y = -3x + 1$ et $d' : x = \frac{1}{2}$;
2. $d : y = \frac{1}{3}x - 2$ et $d' : y = -1$;
3. $d : y = 2x - 1$ et $d' : y = x + 1$.

Exercice 9 ★★ 10 min

Corrigé p. 141

Un particulier place une somme de 2 700 euros en deux parties.
La première est placée au taux de 10 % et la seconde est placée au taux de 8 %.
Trouver chacune de ces deux parties sachant que l'intérêt annuel est de 261 euros.

16 Statistiques – Échantillonnages

1 Population, individus, caractère

L'ensemble sur lequel porte l'étude statistique s'appelle la **population**. Un élément de cet ensemble s'appelle un **individu**.
L'étude statistique rend compte d'un aspect des individus d'une population appelé **caractère**. On distingue deux types de caractères : les **caractères qualitatifs** et les **caractères quantitatifs**.

Le saviez-vous ?

Les premières études statistiques étaient démographiques : on en a conservé le vocabulaire.

Appliquer le cours
Préciser la population, le caractère et la nature du caractère (qualitatif ou quantitatif), lorsqu'on considère :
1. le montant du salaire annuel des employés d'une entreprise ;
2. la couleur des ours en peluche.

Solution
1. L'ensemble des employés d'une entreprise constitue la population ; le caractère étudié est le salaire annuel, il s'agit d'un caractère quantitatif.
2. La population est l'ensemble des ours en peluche ; le caractère est la couleur, il s'agit d'un caractère qualitatif.

2 Effectif et fréquence

- **L'effectif** d'une valeur d'un caractère est le nombre d'individus ayant cette valeur.
- **La fréquence** d'une valeur d'un caractère est le quotient de l'effectif de cette valeur par l'effectif total de la population.

Attention !

Les fréquences sont des nombres compris entre 0 et 1 ; leur somme vaut 1. Elles sont souvent exprimées en pourcentages.

Appliquer le cours Au cours de l'année 2017, un professeur interroge les 35 élèves d'une classe de Seconde sur le nombre de leurs frères et sœurs. Voici les données recueillies :

1 3 1 1 2 2 1 1 2 2 1 3 5 3 1 1 0 3 5 3 2 2 2 1 1 2 3 2 1 1 2 4 1 1 2

Dresser le tableau statistique (avec valeur du caractère et effectif correspondant) et des fréquences, en pourcentages. Indiquer dans ce tableau les fréquences cumulées croissantes et les fréquences cumulées décroissantes, en pourcentages. Quel est le pourcentage des élèves qui ont au plus deux frères et sœurs ? Quel est le pourcentage des élèves qui ont au moins trois frères et sœurs ?

Solution (voir page suivante)

Solution

Nombre de frères et sœurs	Effectifs	Fréquences en %	Fréquences cumulées croissantes en %	Fréquences cumulées décroissantes en %
0	1	2,9	2,9	100
1	14	40	42,9	97,1
2	11	31,4	74,3	57,1
3	6	17,1	91,4	25,7
4	1	2,9	94,3	8,6
5	2	5,7	100	5,7

Il y a 74,3 % des élèves qui ont au plus deux frères et sœurs.
Il y a 25,7 % des élèves qui ont au moins trois frères et sœurs.

3 Indicateurs de position

On considère une série statistique dont les valeurs du caractère sont $x_1, x_2, \dots x_p$, et leurs effectifs respectifs $n_1, n_2, \dots n_p$.

• **La moyenne** $\overline{x}$ d'une série statistique est le quotient de la somme de toutes les valeurs du caractère par l'effectif total.

$$\overline{x} = \frac{n_1x_1 + n_2x_2 + \dots + n_px_p}{n_1 + n_2 + \dots + n_p}$$

• **Le mode** d'une série statistique est l'une des valeurs du caractère qui correspond au plus grand effectif.

Attention !

Une série statistique peut avoir plusieurs modes.

• **La médiane** d'une série statistique est une valeur qui partage la population en deux parties telles qu'au moins la moitié de la population prend une valeur inférieure ou égale à la médiane et au moins la moitié de la population prend une valeur supérieure ou égale à la médiane.

• **Le premier quartile** Q_1 d'une série statistique est la plus petite valeur du caractère telle qu'au moins un quart des valeurs lui soient inférieures ou égales.

• **Le troisième quartile** Q_3 d'une série statistique est la plus petite valeur du caractère telle qu'au moins trois quarts des valeurs lui soient inférieures ou égales.

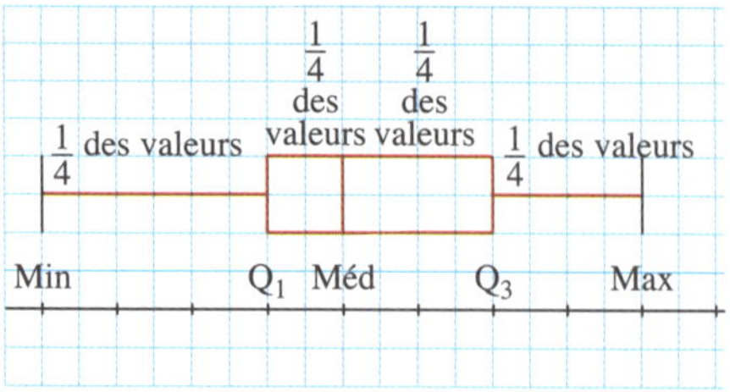

Appliquer le cours En reprenant les données de l'exercice page 117, déterminer la moyenne, le mode, la médiane, les premier et troisième quartiles.

Solution Le nombre moyen $\overline{x}$ des frères et sœurs est tel que :

$$\overline{x} = \frac{0 \times 1 + 1 \times 14 + 2 \times 11 + 3 \times 6 + 4 \times 1 + 5 \times 2}{35} = \frac{68}{35},$$

donc : $\overline{x} \approx 1{,}9$ à 0,1 près.

Le nombre de frères et sœurs le plus courant est : 1, donc le mode est : 1.

L'effectif total est 35, les valeurs étant rangées dans l'ordre croissant :

01111111 **1** 11111122 **2** 22222222 **3** 33333455

La médiane est la 18e valeur, la médiane est donc 2.

De même, le 1er quartile Q_1 est la 9e valeur et le 3e quartile Q_3 est la 27e valeur.

On en déduit : $Q_1 = 1$ et $Q_3 = 3$.

À savoir

Le tableau des fréquences cumulées croissantes permet aussi de déterminer le premier quartile, la médiane et le troisième quartile.

4 Indicateurs de dispersion

- **L'étendue** d'une série statistique est la différence entre les valeurs maximale et minimale du caractère.
- **L'écart interquartile** est la différence entre le troisième quartile Q_3 et le premier quartile Q_1.

Appliquer le cours En reprenant les mêmes données qu'aux exercices précédents, déterminer l'étendue et l'écart interquartile.

Solution Le nombre minimal de frères et sœurs est 0, le nombre maximal de frères et sœurs est 5, donc l'étendue est 5.

$Q_3 = 3$ et $Q_1 = 1$, donc : $Q_3 - Q_1 = 3 - 1 = 2$; l'écart interquartile est 2.

5 Échantillonnage

- Lorsque l'on répète n fois, dans les mêmes conditions, une même expérience aléatoire, on obtient une série de n résultats que l'on appelle **échantillon de taille n**.

Exemple On a lancé 10 fois de suite un dé équilibré à 6 faces. On a obtenu l'échantillon de taille 10 suivant : 4, 4, 2, 1, 2, 6, 3, 2, 5, 1.

On a recommencé et on a obtenu l'échantillon de taille 10 suivant : 5, 6, 1, 2, 4, 3, 6, 6, 5, 3.

Dans le 1er échantillon, la fréquence du 6 est $\frac{1}{10}$. Dans le 2nd échantillon, la fréquence du 6 est $\frac{3}{10}$.

- Si on réalise plusieurs échantillons de même taille, la fréquence observée d'un caractère varie : ce phénomène s'appelle la **fluctuation d'échantillonnage**.

À savoir

Lorsque la taille n de l'échantillon augmente, l'ampleur des fluctuations diminue et la fréquence tend à se stabiliser.

6 Intervalle de fluctuation

Soit un caractère dont la proportion dans une population est p.
Dans les conditions : $n \geqslant 25$ et $0{,}2 \leqslant p \leqslant 0{,}8$, il y a 95 % des échantillons de taille n qui sont tels que la fréquence f du caractère dans l'échantillon appartient à l'intervalle $\left[p-\frac{1}{\sqrt{n}}\,;p+\frac{1}{\sqrt{n}}\right]$.
Cet intervalle s'appelle **l'intervalle de fluctuation au seuil de 95 %.**

Appliquer le cours On lance une pièce de monnaie bien équilibrée.

1. Donner l'intervalle de fluctuation au seuil de 95 % de la fréquence d'apparition du côté « face » dans des échantillons de taille 100.

2. Donner l'intervalle de fluctuation au seuil de 95 % de la fréquence d'apparition du côté « face » dans des échantillons de taille 400.

3. Un joueur a lancé 400 fois de suite une pièce de monnaie qu'il avait dans sa poche. Il a obtenu 286 fois « face ». Peut-on penser que la pièce est truquée ?

Solution **1.** Lorsqu'on lance une pièce de monnaie bien équilibrée, on a une chance sur deux d'obtenir « face ».
L'intervalle de fluctuation au seuil de 95 % pour les échantillons de taille 100 est $\left[\frac{1}{2}-\frac{1}{\sqrt{100}}\,;\frac{1}{2}+\frac{1}{\sqrt{100}}\right]$, c'est-à-dire l'intervalle $[0{,}4\,;0{,}6]$.

2. L'intervalle de fluctuation au seuil de 95 % pour les échantillons de taille 400 est $\left[\frac{1}{2}-\frac{1}{\sqrt{400}}\,;\frac{1}{2}+\frac{1}{\sqrt{400}}\right]$, c'est-à-dire l'intervalle $[0{,}45\,;0{,}55]$.

3. Pour cette pièce, la fréquence d'apparition du côté « face » est : $\frac{286}{400}=0{,}715$.
$0{,}715 \notin [0{,}45\,;0{,}55]$, on peut donc penser que cette pièce est truquée.

Exercices d'entraînement

Exercice 1 ★ 15 min

Corrigé p. 141

Au conseil de classe de fin d'année, le professeur de physique-chimie donne la note attribuée à chaque élève de Seconde :

14 ; 14 ; 11 ; 14 ; 6 ; 8 ; 8 ; 9 ; 16 ; 13 ; 8 ; 11 ; 7 ; 14 ; 11 ; 9 ; 9 ; 13 ; 13 ; 9 ;
3 ; 9 ; 14 ; 13 ; 14 ; 8 ; 10 ; 8 ; 6 ; 8 ; 12 ; 14 ; 14 ; 13 ; 10.

1. Dresser le tableau statistique.
2. Quel est le mode de cette série ?
3. Donner une note médiane.
4. Calculer la moyenne $\overline{x}$.

Exercice 2 ★ 15 min

Corrigé p. 142

1. Les vingt-cinq membres d'un club passent un test de neuf questions. Le nombre de bonnes réponses de chacun des participants est donné par la liste suivante :
   5 1 2 4 9 8 7 4 0 0 1 5 6 8 9 9 8 6 1 7 6 5 2 8 9
   Rechercher la médiane de cette série, puis calculer la moyenne.
2. Cinq nouvelles personnes s'inscrivent au club ; ils ont respectivement 7, 8, 9, 9 et 8 bonnes réponses. Que deviennent la médiane et la moyenne ?

3. Le club connaissant un succès croissant, son effectif augmente de six à l'occasion de sa grande fête annuelle. Les nouveaux arrivants obtiennent respectivement : 5, 5, 6, 6, 6 et 7 bonnes réponses. Rechercher la médiane, les quartiles et préciser l'écart interquartile et l'étendue.

Exercice 3 ★★ 15 min

Corrigé p. 142

Monsieur Dupont établit avec soin son kilométrage effectué quotidiennement pour son service. Il dresse la liste ci-dessous des distances parcourues, en kilomètres, chaque jour et arrondies à la dizaine.

1. Compléter le tableau statistique suivant :

Distances parcourues en km	100	110	120	130	140	150	160	170	180
Effectifs en jours	3	3	12	4	3	3	4	4	4
Effectifs cumulés croissants									
Effectifs cumulés décroissants									

2. Déterminer le mode et la médiane de cette série statistique.
3. Tracer, sur un même graphique, les polygones des effectifs cumulés croissants et décroissants.
4. Déterminer le nombre de jours où monsieur Dupont parcourt :
   a. au moins 160 km ;
   b. au plus 140 km.
5. Monsieur Dupont prétend parcourir plus de 120 km au moins trois jours sur cinq. A-t-il raison compte tenu des données précédentes ?

Exercice 4 ★ 15 min

Corrigé p. 142

Les tailles, en cm, de cinquante élèves sont consignées ci-dessous :

161 155 170 158 180 155 163 172 164 165 161 170 171 172 165 178 171 173 173 179 178 168 175 177 166 179 168 180 178 168 163 166 160 165 158 155 167 177 164 179 164 165 167 175 160 159 170 158 178 170

1. Répartir les résultats dans les classes suivantes :

   [155 ; 160[, [160 ; 165[, [165 ; 170[, [170 ; 175[, [175 ; 180].

   Dresser le tableau statistique en le complétant avec les fréquences en pourcentages.
   Quelle est la classe modale de cette série ?
2. Représenter graphiquement cette série.
3. Calculer la moyenne.

Exercice 5 ★★ 10 min

Corrigé p. 143

Écrire un algorithme qui simule le lancer d'un dé et qui affiche « Gagné » si on obtient 6 et « Perdu » sinon.

Exercice 6 ★★ 10 min

Corrigé p. 143

Écrire un algorithme qui lance N fois un dé et qui calcule la fréquence F d'apparition du « 1 ».

17 Probabilités

1 Expérience aléatoire

• **Une expérience est dite aléatoire** lorsqu'elle a plusieurs **issues** (ou résultats possibles), et que l'on ne peut ni prévoir ni calculer laquelle de ces issues sera réalisée.

Exemple Le lancer d'une pièce de monnaie est une *expérience aléatoire*.
Les issues sont « obtenir pile » et « obtenir face ».

2 Événements

• **Un événement** est une partie de l'ensemble E de toutes les issues.

• E est appelé **événement certain**.

• $\varnothing$ (ensemble vide) est appelé **événement impossible**.

Exemple Une expérience aléatoire consiste à lancer un dé, et lire la face supérieure.
L'ensemble E des issues est $\{1 ; 2 ; 3 ; 4 ; 5 ; 6\}$.
L'événement A : « obtenir un nombre pair » est $\{2 ; 4 ; 6\}$.
L'événement « obtenir un nombre supérieur ou égal à 7 » est impossible.
L'événement « obtenir un nombre inférieur ou égal à 6 » est certain.

3 Probabilité

La probabilité d'un événement A est la somme des probabilités des issues qui le réalisent ; on la note $P(A)$.
On a bien sûr : $0 \leqslant P(A) \leqslant 1$.

À savoir

• La probabilité d'un événement certain est 1.
• La probabilité d'un événement impossible est 0.

Appliquer le cours On lance un dé pipé tel que : $P(1) = 0{,}2$; $P(2) = P(4) = 0{,}18$; $P(3) = P(5) = 0{,}16$ et $P(6) = 0{,}12$.
Calculer la probabilité de l'événement A : « obtenir un des chiffres du nombre 421 ».

Solution
$P(A) = P(1) + P(2) + P(4)$
$= 0{,}2 + 0{,}18 + 0{,}18$
donc $P(A) = 0{,}56$.

A Cas de l'équiprobabilité

Si toutes les issues ont la même probabilité, alors pour tout événement A :

$$P(A) = \frac{\text{nombre d'issues de } A}{\text{nombre d'issues de } E}$$

Exemples

1. On lance une pièce de monnaie bien équilibrée. La probabilité de l'événement A : « obtenir pile » est $\frac{1}{2}$.

2. On lance un dé non pipé à six faces. La probabilité de l'événement A « obtenir au moins 2 » est $\frac{5}{6}$. En effet, E est l'ensemble $\{1 ; 2 ; 3 ; 4 ; 5 ; 6\}$ qui a six issues et l'événement A possède cinq issues : 2 ; 3 ; 4 ; 5 ; 6.

3. On tire une carte au hasard dans un jeu de 32 cartes.
La probabilité de l'événement A : « tirer un as » est $\frac{4}{32}$, c'est-à-dire $\frac{1}{8}$.
E est l'ensemble des trente-deux cartes et l'événement A possède quatre issues : les quatre as.

4 Intersection et réunion de deux événements

On note E l'ensemble des issues d'une expérience aléatoire. A et B sont deux événements.

A Intersection

- **L'événement $A \cap B$, appelé intersection** de A et de B, est constitué par les issues qui réalisent à la fois A et B.

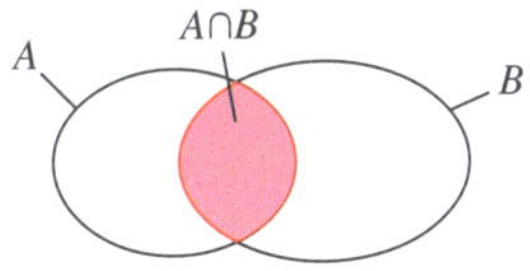

- On dit que **A et B sont incompatibles** lorsque aucune issue ne réalise à la fois A et B, c'est-à-dire lorsque l'on a :
$A \cap B = \varnothing$.

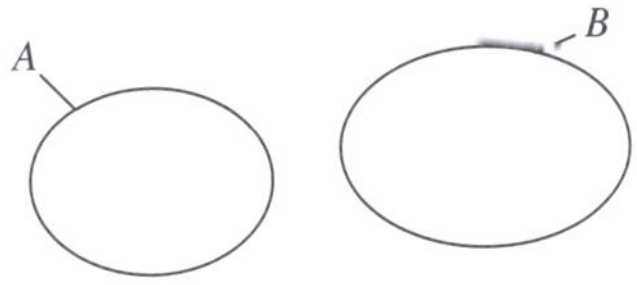

B Réunion

- **L'événement $A \cup B$, appelé réunion de A et B**, est constitué par les issues qui réalisent A ou B, c'est-à-dire soit A seulement, soit B seulement, soit A et B à la fois.

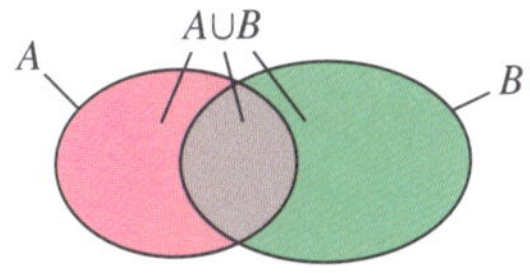

- On dit que des événements sont **contraires** lorsqu'ils sont incompatibles et que leur réunion est E.
L'événement contraire de A se note $\overline{A}$.

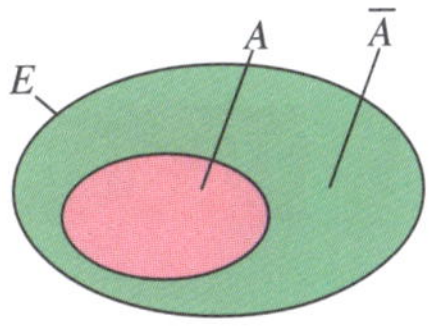

Appliquer le cours On lance un dé à six faces.
A est l'événement « obtenir un nombre pair ».
B est l'événement « obtenir un nombre supérieur ou égal à 3 ».
Donner $A \cap B$, $A \cup B$, $\overline{A}$ et $\overline{B}$.

Solution
On a : $A \cap B = \{4 ; 6\}$,
$A \cup B = \{2 ; 3 ; 4 ; 5 ; 6\}$,
$\overline{A} = \{1 ; 3 ; 5\}$ et $\overline{B} = \{1 ; 2\}$.

C Probabilité de la réunion de deux événements

- $P(A \cup B) = P(A) + P(B) - P(A \cap B)$.

Dans le cas particulier où A et B sont incompatibles : $P(A \cup B) = P(A) + P(B)$.

• $P(A) + P(\overline{A}) = 1$, ou encore : $P(\overline{A}) = 1 - P(A)$.

Exemple Si $P(A) = \frac{1}{3}$, $P(B) = \frac{1}{5}$ et $P(A \cap B) = \frac{17}{60}$,

alors : $P(A \cup B) = \frac{1}{3} + \frac{1}{5} - \frac{17}{60} = \frac{20}{60} + \frac{12}{60} - \frac{17}{60} = \frac{15}{60} = \frac{1}{4}$

et $P(\overline{A}) = 1 - \frac{1}{3} = \frac{2}{3}$.

Appliquer le cours On tire une carte au hasard dans un jeu de 32 cartes.
On définit les événements A : « la carte tirée est un cœur » et B : « la carte est une figure » (valet, dame ou roi).
1. Calculer $P(A)$ et $P(B)$.
2. a. Définir par une phrase en français l'événement $A \cap B$.
b. Calculer $P(A \cap B)$.
c. Les événements A et B sont-ils incompatibles ?
3. a. Définir par une phrase en français l'événement $A \cup B$.
b. Calculer $P(A \cup B)$.

Solution On prend pour modèle la loi équirépartie sur l'ensemble E des 32 cartes.
1. L'événement A possède 8 issues : les 8 cœurs, donc : $P(A) = \frac{8}{32} = \frac{1}{4}$.
L'événement B possède 12 issues : 4 valets, 4 dames et 4 rois, donc : $P(B) = \frac{12}{32} = \frac{3}{8}$.
2. a. L'événement $A \cap B$ est l'ensemble des figures de la couleur cœur.
b. $P(A \cap B) = \frac{3}{32}$.
c. A et B ne sont pas incompatibles, car leur intersection n'est pas vide (ils peuvent être réalisés en même temps).
3. a. L'événement $A \cup B$ est l'ensemble des cartes qui sont de la couleur cœur ou qui représentent une figure (une figure cœur appartient à $A \cap B$, donc à $A \cup B$).
b. $P(A \cup B) = P(A) + P(B) - P(A \cap B)$

$= \frac{8}{32} + \frac{12}{32} - \frac{3}{32} = \frac{17}{32}$.

5 Un algorithme

Appliquer le cours Construire un algorithme donnant le rang K d'apparition du premier 6 lors de lancers successifs d'un dé équilibré à six faces.

Solution

Langage naturel	TI	Casio
Initialisation X reçoit un entier aléatoire entre 1 et 6 K reçoit 1 **Traitement** Tant que X < 6 X reçoit un entier aléatoire entre 1 et 6 K reçoit K+1 Fin Tant que **Sortie** Afficher K	NbrAléatEnt(1,6) →X 1→K While X<6 NbrAléatEnt (1,6) →X K+1→K End Disp K	RanInt#(1,6)→X 1→K While X<6 RanInt#(1,6)→X K+1→K WhileEnd K◢

Exercices d'entraînement

Exercice 1 ★ 5 min

Corrigé p. 143

On lance un dé équilibré à six faces et on lit le nombre obtenu sur la face supérieure.
Quelle est la probabilité des événements suivants ?
A : « obtenir un 6 » ; B : « obtenir un multiple de 2 » ; C : « obtenir 7 » ; D : « obtenir un nombre entier ».

Exercice 2 ★ 5 min

Corrigé p. 143

On tire au hasard une boule dans une urne qui contient quatre boules : une rouge, une bleue, une verte et une noire, puis on lance une pièce de monnaie.

1. Représenter cette situation à l'aide d'un arbre.
2. Quelle est la probabilité de l'événement A : « obtenir la boule verte et FACE » ?

Exercice 3 ★ 10 min

Corrigé p. 144

On lance deux dés tétraédriques équilibrés et l'on fait la somme des nombres obtenus sur la face au sol. Quelle est la probabilité des événements suivants ?
A : « obtenir 8 » ; B : « obtenir 7 » ; C : « obtenir un nombre pair » ; D : « obtenir au moins 6 » ;
E : « obtenir au plus 8 ».

Exercice 4 ★ 5 min

Corrigé p. 144

Dans chaque question, une seule réponse est exacte. Laquelle ? Pourquoi ?

1° Si A et B sont des événements incompatibles tels que $P(A) = 0{,}28$ et $P(B) = 0{,}15$, alors :
a. $P(A \cup B) = 0{,}0042$; b. $P(A \cup B) = 0{,}43$; c. $P(A \cup B) = 0{,}13$.

2. Si A et B sont des événements tels que $P(A) = 0{,}8$ et $P(\overline{B}) = 0{,}3$ et $P(A \cup B) = 0{,}9$, alors :
a. $P(A \cap B) = 0{,}1$; b. $P(A \cap B) = 0{,}6$; c. c'est impossible.

Exercice 5 ★ 10 min

Corrigé p. 144

On considère un jeu de 32 cartes. On tire, au hasard, une carte du paquet.
On considère les événements suivants : V : « la carte est un valet » ; F : « la carte est une figure » ; T : « la carte est un trèfle » ; A : « la carte n'est ni un as, ni un roi, ni une dame ».

1. Calculer les probabilités de V, F, T, A.
2. Décrire l'événement $F \cap T$, puis calculer sa probabilité. En déduire $P(F \cup T)$.

Exercice 6 ★ 10 min

Corrigé p. 144

Un lycée compte 240 élèves de seconde, parmi lesquels 130 choisissent les sciences économiques et sociales (SES) pour premier enseignement d'exploration.
La répartition avec la langue vivante 1 s'effectue de la façon suivante :
66 élèves étudient l'anglais ; 30 % étudient l'allemand, dont 40 ont choisi SES ; 25 % des élèves étudient l'espagnol et les sciences économiques et sociales.

1. Résumer l'énoncé dans un tableau à double-entrée et le compléter.
2. Un élève est choisi au hasard parmi les élèves de seconde.
   Calculer la probabilité de chacun des événements suivants.
   A : « l'élève étudie l'anglais » ; B : « l'élève a choisi SES » ;
   C : « l'élève a choisi SES et anglais » ; D : « l'élève n'étudie pas l'espagnol » ;
   E : « l'élève a choisi SES et n'étudie pas l'allemand ».

Maths

CORRIGÉS

CHAPITRE 1 (Énoncés p. 76)

1 1. **Vrai** : si N = 10, alors a = 7 × 10 = 70 et b = 70 – 5 = 65.

2. **Vrai** : si N = 2, alors a = 7 × 2 = 14 et b = 14 – 5 = 9.

3. **Faux** : si N = – 2, alors a = 7 × (– 2) = – 14 et b = – 14 – 5 = – 19.

4. **Vrai** : si N = – 10, alors a = 7 × (– 10) = – 70 et b = – 70 – 5 = – 75.

2

Entrer *a*
Entrer *b*
S reçoit $a^2 + b^2$
Afficher *S*

3 $V_{\text{parallélépipède}}$ = longueur × largeur × hauteur

Entrer L
Entrer l
Entrer h
V reçoit L × l × h
Afficher V

4

Entrer *X*
Si $X \leqslant 0$
Alors
    R reçoit $X \times 4$
Sinon
    R reçoit $X \times 5$
FinSi
Afficher *R*

5

Entrer *P*
Entrer *T*
I reçoit P/T^2
Si $I > 25$
Alors
    Afficher « en surpoids »
Sinon
    Afficher « pas en surpoids »
Fin Si

6

Entrer *n*
S reçoit 0
Pour i variant de 1 à *n*
    S reçoit $S + i^2$
Fin Pour
Afficher *S*

7 On appelle *D* le double du capital de départ.
Augmenter de 4 % revient à multiplier par 1,04.
Tant que le capital *S* est inférieur à *D*, on le multiplie donc par 1,04 et on compte avec *N* le nombre de fois où l'on rentre dans la boucle Tant que.

Entrer S
N reçoit 0
D reçoit 2 × S
Tant que S < D
    S reçoit S × 1,04
    N reçoit N+1
Fin Tant que
Afficher N

8

S reçoit 0
n reçoit 0
Tant que $S \leqslant 1\,000\,000$
    n reçoit *n*+1
    S reçoit $S + n$
Fin tant que
Afficher *n*

CHAPITRE 2 (Énoncés p. 78)

1 [– 2 ; 3] est l'ensemble des réels x tels que :
$$-2 \leqslant x \leqslant 3.$$
]– 5 ; 1] est l'ensemble des réels x tels que :
$$-5 < x \leqslant 1.$$
]3 ; + ∞[est l'ensemble des réels x tels que : $3 < x$.
]– ∞ ; 2] est l'ensemble des réels x tels que : $x \leqslant 2$.
]3 ; 10[est l'ensemble des réels x tels que :
$$3 < x < 10.$$

2 1. $-10 \leqslant x \leqslant -9{,}9$ signifie :
$$x \in [-10 ; -9{,}9].$$

2. $x \geqslant -100$ signifie : $x \in [-100 ; +\infty[$.

3. $-10^6 < x < -10^5$ signifie : $x \in]-10^6 ; -10^5[$.

4. $x < -3$ signifie : $x \in]-\infty ; -3[$.

5. $-0{,}1 < x \leqslant 0{,}1$ signifie : $x \in]-0{,}1 ; 0{,}1]$.

6. $0{,}3 \leqslant x < 1$ signifie : $x \in [0{,}3 ; 1[$.

3 1. $I \cap J = [-3 ; 2]$ et $I \cup J = [-10 ; 7[$.

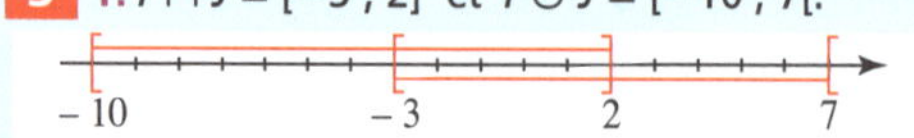

2. $I \cap J = [7 ; 10]$ et $I \cup J = [-5 ; +\infty[$.

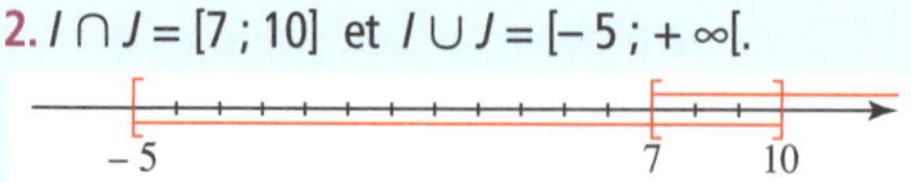

3. $I \cap J = [0\,;5]$ et $I \cup J = \mathbb{R}$.

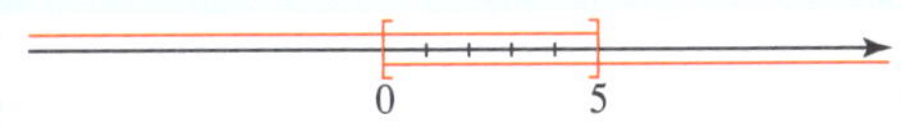

4 **1.**

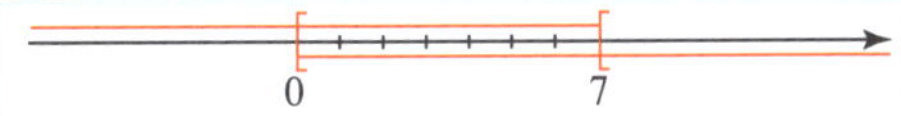

Le système a pour ensemble de solutions : $[0\,;7[$.

2.

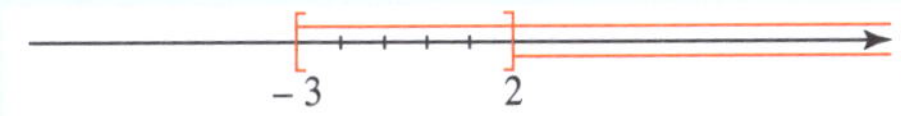

Le système a pour ensemble de solutions : $]2\,;+\infty[$.

3.

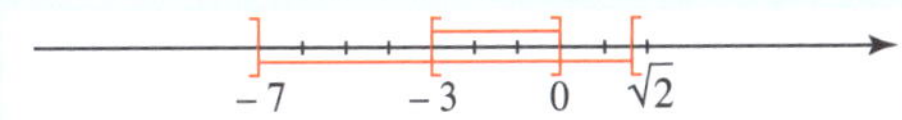

Le système a pour ensemble de solutions : $[-3\,;0]$.

CHAPITRE 3 *(Énoncés pp. 80-81)*

1 **1.** $\frac{1}{4}=0{,}25$; $-\frac{3}{4}=-0{,}75$; $\frac{5}{2}=2{,}5$; $-\frac{8}{5}=-1{,}6$.

2. $-0{,}5=-\frac{1}{2}$; $0{,}42=\frac{42}{100}=\frac{21}{50}$;
$1{,}8=\frac{18}{10}=\frac{9}{5}$; $-0{,}6=-\frac{6}{10}=-\frac{3}{5}$.

2 $A=\dfrac{4-\frac{1}{3}}{4+\frac{1}{3}}=\dfrac{\frac{12}{3}-\frac{1}{3}}{\frac{12}{3}+\frac{1}{3}}=\dfrac{\frac{11}{3}}{\frac{13}{3}}=\frac{11}{3}\times\frac{3}{13}=\frac{11}{13}$;

$$B=\dfrac{\frac{4}{5}-\frac{1}{5}\times\left(\frac{8}{7}-\frac{2}{7}\right)}{1-\frac{1}{3}}=\dfrac{\frac{4}{5}-\frac{1}{5}\times\frac{6}{7}}{\frac{3}{3}-\frac{1}{3}}=\dfrac{\frac{4}{5}-\frac{6}{35}}{\frac{2}{3}}$$

$$B=\dfrac{\frac{28}{35}-\frac{6}{35}}{\frac{2}{3}}=\dfrac{\frac{22}{35}}{\frac{2}{3}}=\frac{22}{35}\times\frac{3}{2}=\frac{2\times11\times3}{35\times2}=\frac{33}{35}.$$

3 **1.** $0{,}000\,1=10^{-4}$; $100\,000=10^{5}$;
10 millions $=10\,000\,000=10^{7}$;
1 centième $=\frac{1}{100}=10^{-2}$.

2. $10^{3}=1\,000$; $-10^{6}=-1\,000\,000$;
$-10^{-5}=-0{,}000\,01$; $10^{-7}=0{,}000\,000\,1$.

4 $A=a^{2\times2}\times b^{3\times2}\times c^{5\times2}=a^{4}b^{6}c^{10}$.

$B=\dfrac{ab^{2\times4}c^{7}}{a^{4}b^{2}c^{13}}=a^{1-4}\times b^{8-2}\times c^{7-13}=a^{-3}b^{6}c^{-6}$.

$C=\dfrac{a^{2\times3}b^{3}c^{2}}{a^{3}b^{7}c^{2\times5}}=\dfrac{a^{6}b^{3}c^{2}}{a^{3}b^{7}c^{10}}=a^{6-3}\times b^{3-7}\times c^{2-10}$

$C=a^{3}b^{-4}c^{-8}$.

5 $A=2^{3\times2}\times3^{4\times2}\times5^{2\times2}=2^{6}\times3^{8}\times5^{4}$.

$B=\dfrac{2\times3^{3\times6}\times5^{5}}{2^{-3}\times3^{7}\times5^{7}}=2^{1+3}\times3^{18-7}\times5^{5-7}$

$B=2^{4}\times3^{11}\times5^{-2}$.

$C=\dfrac{2^{4\times3}\times3^{2\times3}\times5^{2}}{2^{5}\times3^{6}\times5^{7\times2}}=2^{12-5}\times3^{6-6}\times5^{2-14}$

$C=2^{7}\times5^{-12}$.

6 $A=\sqrt{81}=9$.
$B=\sqrt{45}=\sqrt{(9\times5)}=3\sqrt{5}$.
$C=2\sqrt{32}+\sqrt{50}-3\sqrt{2}$
$\quad=2\sqrt{(16\times2)}+\sqrt{(25\times2)}-3\sqrt{2}$
$\quad=2\times4\sqrt{2}+5\sqrt{2}-3\sqrt{2}$
$\quad=8\sqrt{2}+5\sqrt{2}-3\sqrt{2}$
$\quad=10\sqrt{2}$.

7 **1.** $(x+10)^{2}=x^{2}+20x+100$
$(3x-7)^{2}=9x^{2}-42x+49$
$(x-1)(x+1)=x^{2}-1$
$\left(\frac{x}{4}+\sqrt{5}\right)\left(\frac{x}{4}-\sqrt{5}\right)=\frac{x^{2}}{16}-5$

2. $x^{2}+4x+4=(x+2)^{2}$
$4x^{2}-4x+1=(2x-1)^{2}$
$x^{2}-16=(x-4)(x+4)$
$x^{2}-\frac{2}{5}x+\frac{1}{25}=\left(x-\frac{1}{5}\right)^{2}$

3. $(3x+7)^{2}=9x^{2}+42x+49$
$(5x-8)^{2}=25x^{2}-80x+64$
$(x+6)(x-6)=x^{2}-36$

8 $A(x)=2x^{2}-4x+x-2$
$\quad=2x^{2}-3x-2$.
$B(x)=3(4x^{2}+20x-x-5)-(8x-3x^{2}-48+18x)$
$\quad=3(4x^{2}+19x-5)-(26x-3x^{2}-48)$
$\quad=12x^{2}+57x-15-26x+3x^{2}+48$
$\quad=15x^{2}+31x+33$.

$(a+b)^{2}=a^{2}+2ab+b^{2}$

$(a-b)^{2}=a^{2}-2ab+b^{2}$

$C(x)=x^{2}+6x+9-2(x^{2}-4x+4)$
$\quad=x^{2}+6x+9-2x^{2}+8x-8$
$\quad=-x^{2}+14x+1$.
$D(x)=3x^{2}+x^{3}+7x-15x-5x^{2}-35$
$\quad=x^{3}-2x^{2}-8x-35$.

9 $A(x)=(2x-1)(x+3-3x)$
$\quad=(2x-1)(-2x+3)$.
$B(x)=(5x)^{2}-2\times5x\times6+6^{2}$
$\quad=(5x-6)^{2}$.

$a^{2}-b^{2}=(a+b)(a-b)$

$C(x)=[(2x-1)+(5x+3)][(2x-1)-(5x+3)]$
$\quad=(7x+2)(-3x-4)$.
$D(x)=x^{3}(x^{2}+4x+4)$
$\quad=x^{3}(x+2)^{2}$.

10 **a.** C $x^{2}-10x+25$.
b. B $(y-3)(y+3)$.
c. B $(x-1)(x+6)$.
d. A $(2x-2)(x+3)$ et C $(x-1)(2x+6)$.

Maths

CHAPITRE 4 (Énoncés p. 84)

1 • (E_1) est équivalente à : $9x = 20$.

L'équation (E_1) admet une unique solution : $\frac{20}{9}$.

• (E_2) est équivalente à :

$$\begin{aligned} 3x - 8 - 7x + 21 &= 9 \\ -4x &= 9 - 21 + 8 \\ -4x &= -4 \\ x &= 1. \end{aligned}$$

L'équation (E_2) admet une unique solution : 1.

• (E_3) est équivalente à :

$$\begin{aligned} 12x - 4 &= 12x - 6 \\ -4 &= -6 \quad \text{jamais vrai} \end{aligned}$$

L'équation (E_3) n'a pas de solution.

• (E_4) est équivalente à :

$$\begin{aligned} 2x + 3 &= 3x - 6 - x + 9 \\ 2x + 3 &= 2x + 3 \\ 0 &= 0 \quad \text{toujours vrai} \end{aligned}$$

Tous les nombres sont solutions de l'équation (E_4).

2

> Si a est un nombre strictement positif, alors l'équation $x^2 = a$ admet deux solutions $\sqrt{a}$ et $-\sqrt{a}$.

• (E_1) est équivalente à : $x^2 = \frac{16}{25}$.

L'équation (E_1) admet deux solutions : $\frac{4}{5}$ et $-\frac{4}{5}$.

• (E_2) est équivalente à : $x^2 = -\frac{9}{4}$ jamais vrai

L'équation (E_2) n'a pas de solution.

• (E_3) est équivalente à :

$$\begin{aligned} 4x^2 + 28x + 49 &= 28x + 49 \\ 4x^2 &= 0 \\ x^2 &= 0. \end{aligned}$$

L'équation (E_3) admet une unique solution : 0.

> 0 est le seul nombre dont le carré vaut 0.

3

> Un produit de facteurs est nul si, et seulement si, l'un des facteurs est nul.

• $(3x - 5)(2x + 11) = 0$ équivaut à :

$$3x - 5 = 0 \text{ ou } 2x + 11 = 0.$$

L'équation (E_1) admet deux solutions : $\frac{5}{3}$ et $-\frac{11}{2}$.

• $\left(\frac{x-1}{2}\right)\left(\frac{3-2x}{4}\right) = 0$ équivaut à :

$$\frac{x-1}{2} = 0 \text{ ou } \frac{3-2x}{4} = 0$$

$$x - 1 = 0 \text{ ou } 3 - 2x = 0.$$

L'équation (E_2) admet deux solutions : 1 et $\frac{3}{2}$.

• $-15(7 - 2x)(4 - x)(3x + 8) = 0$ équivaut à :

$$7 - 2x = 0 \text{ ou } 4 - x = 0 \text{ ou } 3x + 8 = 0.$$

-15 n'est bien sûr jamais nul.

L'équation (E_3) admet trois solutions : $\frac{7}{2}$, 4 et $-\frac{8}{3}$.

4

> Un quotient est nul si, et seulement si, son numérateur est nul et son dénominateur n'est pas nul.

• $\frac{x^2 - 4}{2x + 1} = 0$ équivaut à :

$$\begin{aligned} x^2 - 4 = 0 &\text{ et } 2x + 1 \neq 0 \\ x^2 = 4 &\text{ et } x \neq -\frac{1}{2} \\ x = 2 &\text{ ou } x = -2. \end{aligned}$$

L'équation (E_1) admet deux solutions : 2 et -2.

• $\frac{4x - 3}{x - 1} = 0$ équivaut à :

$$\begin{aligned} 4x - 3 = 0 &\text{ et } x - 1 \neq 0 \\ x = \frac{3}{4} &\text{ et } x \neq 1. \end{aligned}$$

L'équation (E_2) admet une unique solution : $\frac{3}{4}$.

• $4 + \frac{3}{2x - 5} = 0$ équivaut à :

$$\frac{4(2x - 5) + 3}{2x - 5} = 0$$

$$\begin{aligned} 4(2x - 5) + 3 = 0 &\text{ et } 2x - 5 \neq 0 \\ 8x - 20 + 3 = 0 &\text{ et } x \neq \frac{5}{2} \\ 8x = 17 &\text{ et } x \neq \frac{5}{2}. \end{aligned}$$

L'équation (E_3) admet une unique solution : $\frac{17}{8}$.

5 • (E_1) est équivalente à :

$$3x(x + 5) = 0.$$

L'équation (E_1) admet deux solutions : 0 et -5.

• (E_2) est équivalente à :

$$\begin{aligned} (3 - x)^2 - (1 + 4x)(3 - x) &= 0 \\ (3 - x)(3 - x - 1 - 4x) &= 0 \\ (3 - x)(2 - 5x) &= 0. \end{aligned}$$

On a transformé l'équation (E_2) en une équation équivalente qui est une équation « produit nul ».

L'équation (E_2) admet deux solutions : 3 et $\frac{2}{5}$.

• (E_3) est équivalente à :

$$\begin{aligned} (1 - x)(2x - 3) + 3(1 - x) &= 0 \\ (1 - x)(2x - 3 + 3) &= 0 \\ 2x(1 - x) &= 0. \end{aligned}$$

L'équation (E_3) admet deux solutions : 0 et 1.

6 Soit x la contenance du réservoir en litres, x vérifie :

$$\begin{aligned} \frac{3}{7}x + 18 &= \frac{3}{4}x, \\ \frac{9}{28}x &= 18, \\ x &= 56. \end{aligned}$$

La contenance du réservoir est donc de 56 litres.

7 Soit x la longueur en mètres du côté de la maison ; l'aire de la maison et de la terrasse est :

$$x^2 + 81 \text{ et aussi } (x+3)^2.$$

x vérifie donc : $x^2 + 81 = (x+3)^2$,

$$81 = 6x + 9,$$

$$x = 12.$$

Le côté de la maison est 12 m, donc l'aire de cette maison est 144 m².

CHAPITRE 5 *(Énoncés pp. 88-89)*

(Énoncés pp. 88-89)

1 1. $f(4) = (4-2)^2 - 1 = 3.$

$$f\left(-\frac{1}{2}\right) = \left(-\frac{1}{2} - 2\right)^2 - 1 = \left(-\frac{5}{2}\right)^2 - 1 = \frac{25}{4} - 1 = \frac{21}{4}.$$

$$f(\sqrt{2}) = (\sqrt{2} - 2)^2 - 1 = 2 - 4\sqrt{2} + 4 - 1 = 5 - 4\sqrt{2}.$$

2. $f(-3) = (-3-2)^2 - 1 = 25 - 1 = 24.$
Donc -3 est bien un antécédent de 24 par f.

3. $f(x) = 0$ équivaut à :

$$(x - 2 - 1)(x - 2 + 1) = 0$$

$$(x-3)(x-1) = 0,$$

donc les antécédents de 0 par f sont 1 et 3.

4. $f(x) = -1$ équivaut à : $(x-2)^2 = 0$, donc -1 a un seul antécédent par f qui est 2.

2 1. $f(1) = \dfrac{1}{\sqrt{1+5}} = \dfrac{1}{\sqrt{6}} = \dfrac{\sqrt{6}}{6}.$

$$f(-2) = \frac{(-2)^3}{\sqrt{(-2)^2+5}} = \frac{-8}{\sqrt{4+5}} = \frac{-8}{\sqrt{9}} = -\frac{8}{3}.$$

$$f\left(\frac{1}{2}\right) = \frac{\left(\frac{1}{2}\right)^3}{\sqrt{\left(\frac{1}{2}\right)^2 + 5}} = \frac{1}{8\sqrt{\frac{1+5\times 4}{4}}} = \frac{1}{4\sqrt{21}} = \frac{\sqrt{21}}{84}.$$

$$f\left(\frac{2}{3}\right) = \frac{2^3}{3^3\sqrt{\left(\frac{2}{3}\right)^2 + 5}} = \frac{8}{9\sqrt{4+45}} = \frac{8}{9\sqrt{49}}$$

$$= \frac{8}{9 \times 7} = \frac{8}{63}.$$

2. • $f(0) = 0$, donc $\mathscr{C}_f$ passe par l'origine.

• $f(1) = \dfrac{\sqrt{6}}{6}$ et $\dfrac{\sqrt{6}}{6} \neq 0{,}41$, d'où : $f(1) \neq 0{,}41$,

donc $\mathscr{C}_f$ ne passe pas par $A(1\,;0{,}41)$.

3. Les coordonnées de C sont $(-2\,;f(-2))$, c'est-à-dire : $\left(-2\,;-\dfrac{8}{3}\right)$.

3 1. $f(-5) = 4$. 2. $g(3) = 0$.
3. $h(5) = -2$. 4. $f(6) = -1$.
5. $g\left(-\dfrac{1}{2}\right) = 7$. 6. $h(4) = 0$.

4 1. a. L'ensemble de définition de f est $[-8\,;11]$.
b. $f(-8) = 1$; $f(-6) = 2$; $f(2) = 0$; $f(4) = -2$.
c. Les antécédents de 3 par f sont les abscisses des points de $\mathscr{C}_f$ ayant pour ordonnée 3.
Donc les antécédents de 3 par f sont : -5 ; 1 et 9.
d. $-2 \leqslant f(3) \leqslant -1$.

2. a. Les solutions de l'équation $f(x) = 0$ sont les abscisses des points d'intersection de $\mathscr{C}_f$ avec l'axe des abscisses.
Donc $f(x) = 0$ admet deux solutions : 2 et 7.
b. Les solutions de l'inéquation $f(x) < 0$ sont les abscisses des points de $\mathscr{C}_f$ situés en dessous de l'axe des abscisses.
Donc l'ensemble des solutions de $f(x) < 0$ est $]2\,;7[$.
c. Les solutions de l'inéquation $f(x) > 0$ sont les abscisses des points de $\mathscr{C}_f$ situés au-dessus de l'axe des abscisses.
Donc l'ensemble des solutions de $f(x) > 0$ est :

$$[-8\,;2[\, \cup\,]7\,;11].$$

3. Le tableau de signes de $f(x)$ est :

x	-8		2		7		11
signe de $f(x)$		+	0	−	0	+	

5 1. Tableau de variation de f.

x	-1		1		3		5
variation de f	-3	↗	2	↘	-1	↗	3

2. Sur $[-1\,;5]$, le maximum de f est 3.
Il est atteint en 5.

3. Sur $[0\,;4]$, le minimum de f est -1.
Il est atteint en 3.

6 1. La résolution graphique permet d'établir le tableau ci-dessous :

x	-4		-3		-1		1		2,5		3
signe de $f(x)$		+	0	−	0	+	0	−	0	+	

2. Tableau de variation de f.

x	-4		-2		0		2		3
variation de f	2	↘	-2	↗	2	↘	-3	↗	3

7 1. Courbe représentative de f.

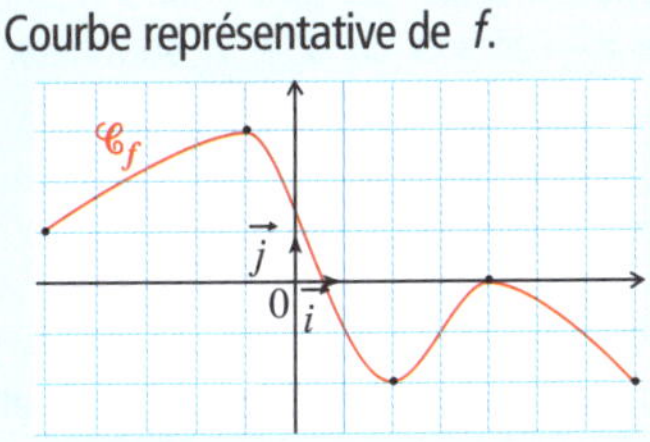

2. Sur les intervalles $[-5\,;-1]$ et $[2\,;4]$, la fonction f est croissante. Sur les intervalles $[-1\,;2]$ et $[4\,;7]$, la fonction f est décroissante.

3. Une fonction croissante respecte l'ordre, une fonction décroissante change l'ordre.

• -2 et -4 appartiennent à l'intervalle $[-5\ ;-1]$ sur lequel f est croissante et $-4<-2$; donc $f(-4)<f(-2)$.

• 0 et 1,5 appartiennent à l'intervalle $[-1\ ;2]$ sur lequel f est décroissante et $0<1{,}5$; donc $f(0)>f(1{,}5)$.

• 2,1 et 3,9 appartiennent à l'intervalle $[2\ ;4]$ sur lequel f est croissante et $2{,}1<3{,}9$; donc $f(2{,}1)<f(3{,}9)$.

• 3 appartient à l'intervalle $[2\ ;\ 4]$ sur lequel f est croissante ; 6 appartient à l'intervalle $[4\ ;\ 7]$ sur lequel f est décroissante.

f n'est pas monotone sur $[3\ ;\ 6]$, donc on ne peut pas comparer $f(3)$ et $f(6)$.

8

Pour x variant de -10 à 10
f reçoit $2x^2-7$.
Afficher f
Fin pour

CHAPITRE 6

(Énoncés p. 92)

1 1. • f est une fonction affine, de coefficient $\frac{3}{2}$.

• h est une fonction linéaire, donc affine, de coefficient $\frac{3}{4}$.

• l est une fonction affine, de coefficient $-\frac{1}{3}$.

• g, k et m ne sont pas des fonctions affines.

2. f et h sont croissantes sur $\mathbb{R}$; l est décroissante sur $\mathbb{R}$. Voici leurs représentations graphiques.

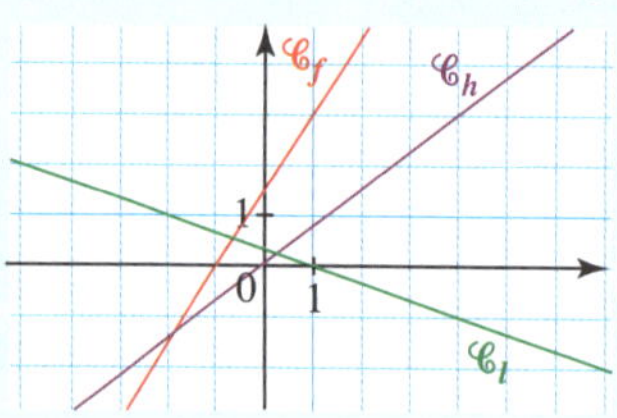

2

Une fonction affine est une fonction qui peut s'écrire $x\mapsto ax+b$, où a et b sont deux réels.

$$a=\frac{f(x_1)-f(x_2)}{x_1-x_2}$$

Fonction f

1. Graphiquement, on constate : $f(0)=1$ et $f(3)=5$, donc

$a=\frac{f(0)-f(3)}{0-3}=\frac{4}{3}$.

$f(0)=1$ donne $b=1$.

Donc, pour tout réel x, $f(x)=\frac{4}{3}x+1$.

2. $\frac{4}{3}>0$, donc f est croissante sur $\mathbb{R}$.

x	$-\infty$	$+\infty$
variation de f	↗	

3. $f(x)=0$ équivaut à : $\frac{4}{3}x+1=0$,

c'est-à-dire : $x=-\frac{3}{4}$.

Donc l'abscisse du point d'intersection de la courbe de f avec l'axe des abscisses est $-\frac{3}{4}$.

4. Tableau de signes de f

x	$-\infty$		$-\frac{3}{4}$		$+\infty$
signe de $f(x)$		$-$	0	$+$	

Fonction g

1. Graphiquement, on constate :

$g(-3)=5$ et $g(6)=-1$,

donc $a=\frac{g(-3)-g(6)}{-3-6}=-\frac{2}{3}$.

$g(-3)=5$ donne $5=-\frac{2}{3}\times(-3)+b$, d'où $b=3$.

Donc, pour tout réel x, $g(x)=-\frac{2}{3}x+3$.

2. $-\frac{2}{3}<0$, donc g est décroissante sur $\mathbb{R}$.

x	$-\infty$	$+\infty$
variation de g	↘	

3. $g(x)=0$ équivaut à $-\frac{2}{3}x+3=0$, soit $x=\frac{9}{2}$.

Donc l'abscisse du point d'intersection de la courbe de g avec l'axe des abscisses est $\frac{9}{2}$.

4. Tableau de signes de g

x	$-\infty$		$\frac{9}{2}$		$+\infty$
signe de $g(x)$		$+$	0	$-$	

3 a. **Faux**, car : $f(1)=3\times1-4=-1$.

b. **Vrai**, car : $f(-6)=3\times(-6)-4=-22$.

c. **Faux**, car : $f(x)=0 \Leftrightarrow 3x-4=0 \Leftrightarrow x=\frac{4}{3}$.

d. **Vrai**, car : $f(x)=95 \Leftrightarrow 3x-4=95$

$\Leftrightarrow x=\frac{99}{3}=33$.

e. **Vrai**, car : $f(34) = 3 \times 34 - 4 = 98$.
f. **Faux**, car : $f(-15) = 3 \times (-15) - 4 = -49$.

4 • (I_1) est équivalente aux inéquations suivantes :

$$-4x \geqslant 0$$
$$x \leqslant 0$$

L'ensemble des solutions de (I_1) est $]-\infty ; 0]$.

Lorsque l'on multiplie ou divise les deux membres d'une inéquation par un nombre négatif, on change le sens de l'inéquation.

• (I_2) est équivalente aux inéquations suivantes :

$$3x + 6 \leqslant 3x + 5$$
$$6 \leqslant 5 \quad \text{jamais vrai}$$

L'inéquation (I_2) n'admet pas de solution.

• (I_3) est équivalente aux inéquations suivantes :

$$2x - 4x < 3 + 3$$
$$-2x < 6$$
$$x > -3$$

L'ensemble des solutions de (I_3) est $]-3 ; +\infty[$.

• (I_4) est équivalente aux inéquations suivantes :

$$0{,}5x + 8 \geqslant \frac{1}{2}x - 3$$
$$8 \geqslant -3 \quad \text{toujours vrai}$$

Tous les nombres sont solutions de (I_4).

5

x	$-\infty$		$\frac{3}{2}$		$+\infty$
signe de $-2x+3$		+	0	−	

x	$-\infty$		1		$+\infty$
signe de $1-x$		+	0	−	

x	$-\infty$		$-\frac{3}{2}$		$+\infty$
signe de $2x+3$		−	0	+	

x	$-\infty$		0		$+\infty$
signe de $-2x$		+	0	−	

6 Soit x le nombre d'années pour que l'âge d'Anne soit inférieur ou égal à la somme des âges de Noémie et Lola (x est un entier naturel).
Dans x années, Anne aura $(39 + x)$ ans, Noémie aura $(20 + x)$ ans et Lola aura $(6 + x)$ ans.
Donc x vérifie l'inéquation :

$$39 + x \leqslant 20 + x + 6 + x.$$

On en déduit : $-x \leqslant -13$,
$x \geqslant 13$.

Donc, dans 13 ans, l'âge d'Anne sera inférieur ou égal à la somme des âges des deux autres.

7

```
Entrer N
Si N ⩽ 3
Alors  P reçoit 61,5 × N
Sinon  P reçoit 45 × N
Fin Si
Afficher P
```

Maths

CHAPITRE 7 (Énoncés p. 94)

1 On considère la fonction $x \mapsto x^2$ et on trace sa courbe représentative $\mathscr{C}$ (voir page 93).

1. Les points de $\mathscr{C}$ ayant une abscisse comprise entre -3 et 2 ont une ordonnée comprise entre 0 et 9. Donc : si $-3 \leqslant x \leqslant 2$, alors $0 \leqslant x^2 \leqslant 9$.

2. Les points de $\mathscr{C}$ ayant une abscisse comprise entre 0 et 4 ont une ordonnée comprise entre 0 et 16. Donc : si $0 < x < 4$, alors $0 < x^2 < 16$.

3. Les points de $\mathscr{C}$ ayant une abscisse comprise entre -1 et 2 ont une ordonnée comprise entre 0 et 4. Donc : si $-1 \leqslant x \leqslant 2$, alors $0 \leqslant x^2 \leqslant 4$.

4. Les points de $\mathscr{C}$ ayant une abscisse comprise entre -2 et -1 ont une ordonnée comprise entre 1 et 4. Donc : si $-2 < x < -1$, alors $1 < x^2 < 4$.

2 1. $x^2 = 16$ a pour solutions -4 et 4.

2. $x^2 \leqslant 9$ a pour ensemble de solutions $[-3 ; 3]$.

3. $x^2 > 4$ a pour ensemble de solutions :
$]-\infty ; -2[\cup]2 ; +\infty[$.

3 1. (E) $x^2 = x + 1$

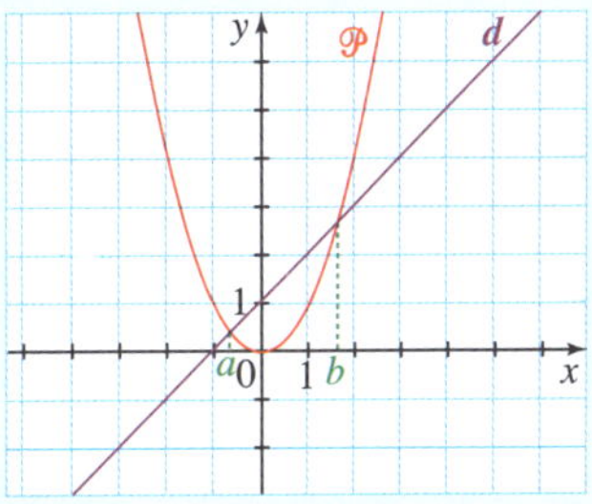

2. La parabole $\mathscr{P}$ et la droite d ont deux points d'intersection ; donc l'équation (E) a deux solutions a et b, la plus petite de ces solutions étant comprise entre -1 et 0, l'autre entre 1 et 2.

4 1. On trace la parabole $\mathscr{P}$ d'équation $y = x^2$ et la droite d d'équation $y = 2x + 8$.

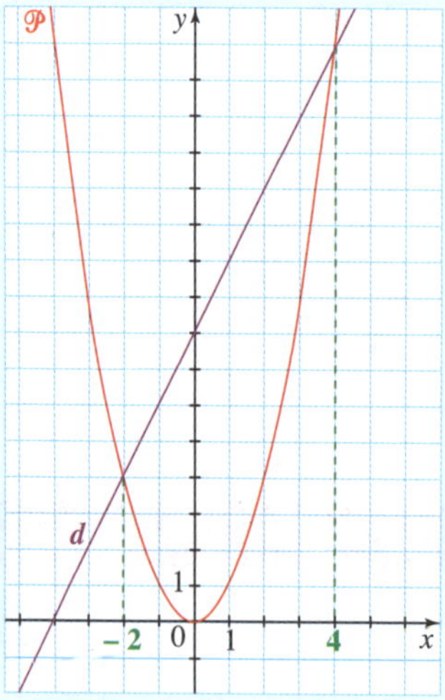

$\mathscr{P}$ et d ont deux points d'intersection ; donc l'équation admet deux solutions et il semble qu'elles soient égales à – 2 et 4.
On vérifie :
- $(-2)^2 = 4$ et $2 \times (-2) + 8 = 4$, donc -2 est bien solution.
- $(4)^2 = 16$ et $2 \times 4 + 8 = 16$, donc 4 est bien solution.

2. Les solutions de l'inéquation $x^2 \leqslant 2x + 8$ sont les abscisses des points de la parabole $\mathscr{P}$ situés sur ou en dessous de la droite d.
L'ensemble des solutions de $x^2 \leqslant 2x + 8$ est donc :

$$[-2\ ;\ 4].$$

5 On considère la fonction $x \mapsto \frac{1}{x}$ et on trace sa courbe représentative $\mathscr{C}$ (voir page 93).

1. Les points de $\mathscr{C}$ ayant une abscisse comprise entre 2 et 3 ont une ordonnée comprise entre $\frac{1}{3}$ et $\frac{1}{2}$.

Donc : si $2 < x < 3$, alors $\frac{1}{3} < \frac{1}{x} < \frac{1}{2}$.

2. Les points de $\mathscr{C}$ ayant une abscisse comprise entre – 4 et – 1 ont une ordonnée comprise entre -1 et $-\frac{1}{4}$.

Donc : si $-4 \leqslant x \leqslant -1$, alors $-1 \leqslant \frac{1}{x} \leqslant -\frac{1}{4}$.

6 La représentation graphique de la fonction inverse permet d'obtenir les résultats suivants :

1. $\frac{1}{x} \geqslant 2$ a pour ensemble de solutions $\left]0\ ;\ \frac{1}{2}\right]$.
Les points qui ont une ordonnée supérieure à 2 ont une abscisse comprise entre 0 et $\frac{1}{2}$.

2. $\frac{1}{x} < -1$ a pour ensemble de solutions $]-1\ ;\ 0[$.
Les points qui ont une ordonnée inférieure à – 1 ont une abscisse comprise entre – 1 et 0.

CHAPITRE 8 (Énoncés pp. 97)

1 • $A(x) = (x+1)(x-1)(x+2)$

x	$-\infty$		-2		-1		1		$+\infty$
signe de $x+1$		$-$		$-$	0	$+$		$+$	
signe de $x-1$		$-$		$-$		$-$	0	$+$	
signe de $x+2$		$-$	0	$+$		$+$		$+$	
signe de $A(x)$		$-$	0	$+$	0	$-$	0	$+$	

• $B(x) = (x+1)^2(2x-1)(3x+2)$

x	$-\infty$		-1		$-\frac{2}{3}$		$\frac{1}{2}$		$+\infty$
signe de $(x+1)^2$		$+$	0	$+$		$+$		$+$	
signe de $2x-1$		$-$		$-$		$-$	0	$+$	
signe de $3x+2$		$-$		$-$	0	$+$		$+$	
signe de $B(x)$		$+$	0	$+$	0	$-$	0	$+$	

• $C(x) = (x-3)(1+2x)$

x	$-\infty$		$-\frac{1}{2}$		3		$+\infty$
signe de $x-3$		$-$		$-$	0	$+$	
signe de $1+2x$		$-$	0	$+$		$+$	
signe de $C(x)$		$+$	0	$-$	0	$+$	

• $D(x) = (2x+1)(x-4) - (2x+1)\left(\frac{7}{4}x - 5\right)$

$$= (2x+1)\left(x - 4 - \frac{7}{4}x + 5\right)$$

$$= (2x+1)\left(-\frac{3}{4}x + 1\right)$$

x	$-\infty$		$-\frac{1}{2}$		$\frac{4}{3}$		$+\infty$
signe de $2x+1$		$-$	0	$+$		$+$	
signe de $-\frac{3}{4}x+1$		$+$		$+$	0	$-$	
signe de $D(x)$		$-$	0	$+$	0	$-$	

2 • $A(x) = \dfrac{1-x}{x+2}$

x	$-\infty$		-2		1		$+\infty$
signe de $1-x$		$+$		$+$	0	$-$	
signe de $x+2$		$-$	0	$+$		$+$	
signe de $A(x)$		$-$	‖	$+$	0	$-$	

-2 est une valeur interdite.

• $B(x) = \dfrac{x^3}{5x-2}$. Le signe de x^3 est celui de x.

x	$-\infty$		0		$\frac{2}{5}$		$+\infty$
signe de x^3		$-$	0	$+$		$+$	
signe de $5x-2$		$-$		$-$	0	$+$	
signe de $B(x)$		$+$	0	$-$	‖	$+$	

$\frac{2}{5}$ est une valeur interdite.

• $C(x) = \dfrac{4}{2-x} + 3.$

$= \dfrac{4}{2-x} + \dfrac{3(2-x)}{2-x}$

$= \dfrac{4+6-3x}{2-x}$

$= \dfrac{-3x+10}{2-x}.$

x	$-\infty$		2		$\frac{10}{3}$		$+\infty$
signe de $-3x+10$		$+$		$+$	0	$-$	
signe de $2-x$		$+$	0	$-$		$-$	
signe de $C(x)$		$+$	‖	$-$	0	$+$	

3 a. **Vrai.** Dans le tableau, on lit :
si $x \in]3 ; +\infty[$, alors $E(x) < 0$.
b. **Faux.** 1 est une valeur pour laquelle $E(x)$ n'existe pas.
c. **Vrai.** Dans le tableau, on lit :
si $x \in [-2 ; 1[$, alors $E(x) \geqslant 0$.
d. **Vrai.**
e. **Faux.** Dans le tableau, on lit :
si $x \in]-2 ; 0]$, alors $E(x) > 0$.
f. **Faux.** L'ensemble des solutions de $E(x) \geqslant 0$ est $[-2 ; 1[\cup]1 ; 3]$.

4 • Inéquation (I_1)

x	$-\infty$		-2		1		$+\infty$
signe de -3		$-$		$-$		$-$	
signe de $x+2$		$-$	0	$+$		$+$	
signe de $x-1$		$-$		$-$	0	$+$	
$-3(x+2)(x-1)$		$-$	0	$+$	0	$-$	

$-3(x+2)(x-1) \geqslant 0$ équivaut à $x \in [-2 ; 1]$.
L'ensemble des solutions de (I_1) est donc $[-2 ; 1]$.
• L'inéquation (I_2) est équivalente à $x(4x+3) < 0$.

x	$-\infty$		$-\frac{3}{4}$		0		$+\infty$
signe de x		$-$		$-$	0	$+$	
signe de $4x+3$		$-$	0	$+$		$+$	
signe de $x(4x+3)$		$+$	0	$-$	0	$+$	

$x(4x+3) < 0$ équivaut à $x \in \left]-\frac{3}{4} ; 0\right[$, donc l'ensemble des solutions de l'inéquation (I_2) est $\left]-\frac{3}{4} ; 0\right[$.

5 1. L'équation $x^2 + 2x - 3 = 0$ est équivalente à $x^2 = -2x + 3$.
On construit la parabole $\mathcal{P}$ d'équation $y = x^2$ et la droite d d'équation $y = -2x + 3$.

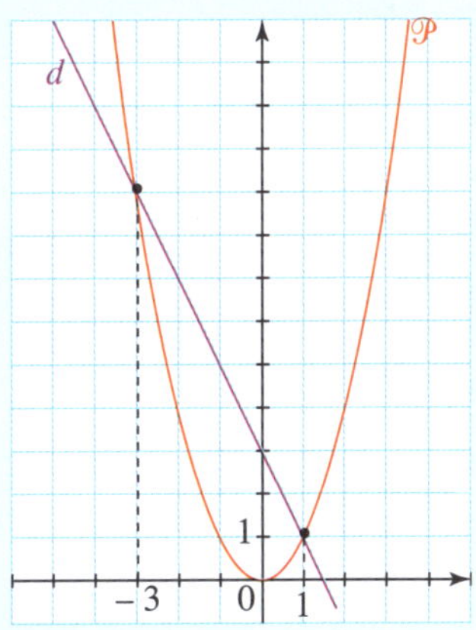

• Les solutions de l'équation $x^2 + 2x - 3 = 0$ sont les abscisses des points d'intersection de la parabole $\mathcal{P}$ et de la droite d.
L'équation a deux solutions et il semble qu'elles sont égales à 1 et -3.
On vérifie :
• $1^2 = 1$ et $-2 \times 1 + 3 = 1$, donc 1 est bien solution ;
• $(-3)^2 = 9$ et $-2 \times (-3) + 3 = 9$, donc -3 est bien solution.
Finalement, les solutions de l'équation $x^2 + 2x - 3 = 0$ sont 1 et -3.

• Les solutions de l'inéquation $x^2 + 2x - 3 \geqslant 0$, équivalente à l'inéquation $x^2 \geqslant -2x + 3$, sont les abscisses des points de la parabole $\mathcal{P}$ situés au-dessus ou sur la droite d.
L'ensemble des solutions de l'inéquation $x^2 + 2x - 3 \geqslant 0$ est donc : $]-\infty ; -3] \cup [1 ; +\infty[$.

2. Pour tout réel x :

$$\begin{aligned} x^2 + 2x - 3 &= x^2 + 2x + 1 - 4 \\ &= (x+1)^2 - 4 \\ &= (x+1+2)(x+1-2) \\ &= (x+3)(x-1) \end{aligned}$$

• L'équation $x^2 + 2x - 3 = 0$ est alors équivalente à $(x+3)(x-1) = 0$, et a pour solutions -3 et 1.

• L'inéquation $x^2 + 2x - 3 \geqslant 0$ est équivalente à $(x+3)(x-1) \geqslant 0$.
On dresse un tableau de signes.

x	$-\infty$		-3		1		$+\infty$
signe de $x+3$		$-$	0	$+$	|	$+$	
signe de $x-1$		$-$	|	$-$	0	$+$	
signe de $(x+3)(x-1)$		$+$	0	$-$	0	$+$	

L'inéquation $x^2 + 2x - 3 \geqslant 0$ a pour ensemble de solutions $]-\infty ; -3] \cup [1 ; +\infty[$.
On retrouve bien les résultats de la question **1.**

6 • Inéquation (I_1)

x	$-\infty$		$\frac{2}{7}$		$\frac{3}{4}$		$+\infty$
signe de $2-7x$		$+$	0	$-$	|	$-$	
signe de $3-4x$		$+$	|	$+$	0	$-$	
signe de $\frac{2-7x}{3-4x}$		$+$	0	$-$	||	$+$	

$\frac{2-7x}{3-4x} \leqslant 0$ équivaut à $x \in \left[\frac{2}{7} ; \frac{3}{4}\right[$.

L'ensemble des solutions de (I_1) est donc $\left[\frac{2}{7} ; \frac{3}{4}\right[$.

• (I_2) est équivalente aux inéquations :

$\frac{2x+1}{x-7} + 3 > 0$;

$\frac{2x+1+3x-21}{x-7} > 0$;

$\frac{5x-20}{x-7} > 0$

x	$-\infty$		4		7		$+\infty$
signe de $5x-20$		$-$	0	$+$	|	$+$	
signe de $x-7$		$-$	|	$-$	0	$+$	
signe de $\frac{5x-20}{x-7}$		$+$	0	$-$	||	$+$	

$\frac{5x-20}{x-7} > 0$ équivaut à $x \in]-\infty ; 4[\cup]7 ; +\infty[$.
L'ensemble des solutions de (I_2) est donc :
$]-\infty ; 4[\cup]7 ; +\infty[$.

CHAPITRE 9 *(Énoncés pp. 99)*

1 **1.** $3 + x^2 - 15x = x^2 - 15x + 3$
donc $a = 1$, $b = -15$ et $c = 3$.

2. $x(2x+1) - 5x + 2 = 2x^2 + x - 5x + 2 = 2x^2 - 4x + 2$
donc $a = 2$, $b = -4$ et $c = 2$.

3. $(3x-1)(4-5x) = 12x - 15x^2 - 4 + 5x$
$= -15x^2 + 17x - 4$
donc $a = -15$, $b = 17$ et $c = -4$.

2 Dans le tableau de variation, on lit : $\alpha = 2$, $\beta = -5$.
De plus f est décroissante sur $]-\infty ; 2]$ et croissante sur $[2 ; +\infty[$ donc on doit avoir $a > 0$.
La seule des quatre expressions qui peut-être la forme canonique de f est donc : $f(x) = 4(x-2)^2 - 5$.

3 $a^2 - 2ab + b^2 = (a-b)^2$

1. $f(x) = x^2 - 6x + 9 = (x-3)^2$;
S a pour coordonnées $(3 ; 0)$.

2. $f(x) = x^2 - 6x + 10 = (x-3)^2 + 1$;
S a pour coordonnées $(3 ; 1)$.

3. $f(x) = x^2 - 6x + 5 = (x-3)^2 - 4$;
S a pour coordonnées $(3 ; -4)$.

$a^2 + 2ab + b^2 = (a+b)^2$

4. $f(x) = x^2 + 10x + 25 = (x+5)^2$;
S a pour coordonnées $(-5 ; 0)$.

5. $f(x) = x^2 + 10x + 28 = (x+5)^2 + 3$;
S a pour coordonnées $(-5 ; 3)$.

6. $f(x) = x^2 + 10x + 18 = (x+5)^2 - 7$;
S a pour coordonnées $(-5 ; -7)$.

4 $f(x) = 2(x-3)^2 - 4$ et $g(x) = -6(x+5)^2 + 7{,}2$.

1. Le coefficient 2 étant positif, f est décroissante sur $]-\infty ; 3]$ et f est croissante sur $[3 ; +\infty[$.
Le coefficient -6 étant négatif, g est croissante sur $]-\infty ; -5]$ et g est décroissante sur $[-5 ; +\infty[$.

2. f admet un minimum, qui est atteint en 3 et qui vaut -4.

3. g admet un maximum, qui est atteint en -5 et qui vaut 7,2.

5 $f(x) = -x^2 + 2x + 4$

1. $f(1) = -1^2 + 2 + 4 = 5$

et $f\left(-\frac{1}{2}\right) = -\frac{1}{4} - 1 + 4 = \frac{11}{4}$.

2. Déterminer les antécédents de 4 par f, c'est résoudre l'équation $f(x) = 4$ qui équivaut à :

$-x^2 + 2x + 4 = 4$

$-x^2 + 2x = 0$

$x(-x + 2) = 0$

$x = 0$ ou $x = 2$.

Donc les antécédents de 4 par f sont 0 et 2.

3. Pour n'importe quel réel x :

$$\begin{aligned}-(x-1)^2 + 5 &= -(x^2 - 2x + 1) + 5\\ &= -x^2 + 2x - 1 + 5\\ &= -x^2 + 2x + 4,\end{aligned}$$

donc : $f(x) = -(x-1)^2 + 5$.

4. f est croissante sur $]-\infty\,;1]$ et f est décroissante sur $[1\,;+\infty[$.

x	$-\infty$	1	$+\infty$
variation de f	↗	5	↘

5. La fonction f admet un maximum qui vaut 5 et qui est atteint en 1.

$\mathscr{C}$ est une parabole de sommet $S(1\,;5)$ et dont l'axe de symétrie est la droite d'équation $x = 1$.

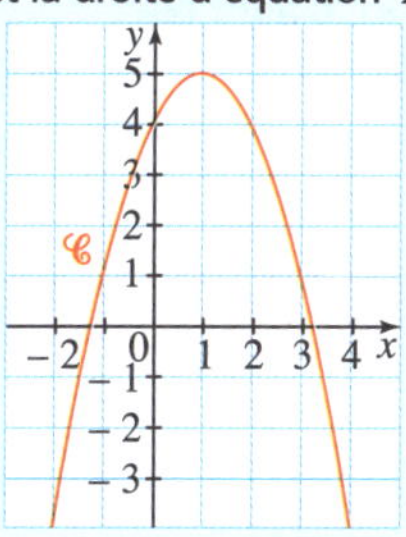

6

Entrer a
Entrer b
Entrer c
α reçoit $\frac{-b}{2a}$
β reçoit $a\alpha^2 + b\alpha + c$
Afficher α
Afficher β

CHAPITRE 10 *(Énoncés p. 101)*

1 Le tableau ci-après est un tableau de proportionnalité.

Angle en degrés	Longueur de l'arc intercepté
75	$\frac{5\pi}{12}$
100	$\frac{5\pi}{9}$
216	$\frac{6\pi}{5}$
280	$\frac{14\pi}{9}$
240	$\frac{4\pi}{3}$
160	$\frac{8\pi}{9}$
330	$\frac{11\pi}{6}$
165	$\frac{11\pi}{12}$
360	2π

2 **1.**

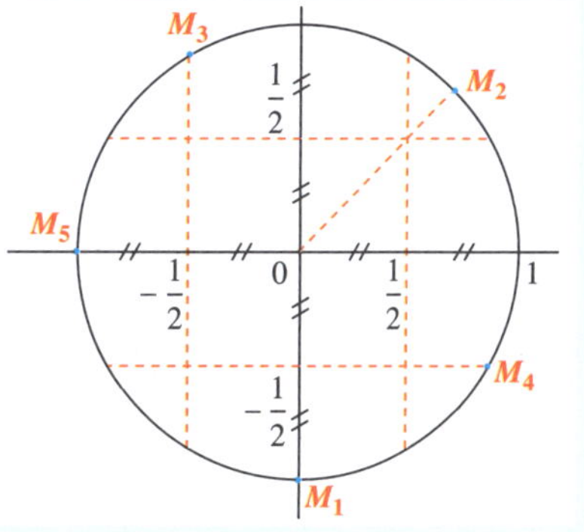

2. $\cos\left(\frac{3\pi}{2}\right) = 0$ et $\sin\left(\frac{3\pi}{2}\right) = -1$;

$\cos\left(\frac{\pi}{4}\right) = \frac{\sqrt{2}}{2}$ et $\sin\left(\frac{\pi}{4}\right) = \frac{\sqrt{2}}{2}$;

$\cos\left(\frac{2\pi}{3}\right) = -\frac{1}{2}$ et $\sin\left(\frac{2\pi}{3}\right) = \frac{\sqrt{3}}{2}$;

$\cos\left(-\frac{\pi}{6}\right) = \frac{\sqrt{3}}{2}$ et $\sin\left(-\frac{\pi}{6}\right) = -\frac{1}{2}$;

$\cos(-\pi) = -1$ et $\sin(-\pi) = 0$.

3 En observant la figure de l'*exercice* 2, on peut dire que, dans $]-\pi\,;\pi[$:

1. $\sin(x) = \frac{1}{2}$ a pour solutions $\frac{\pi}{6}$ et $\frac{5\pi}{6}$;

2. $\cos(x) = -\frac{1}{2}$ a pour solutions $\frac{2\pi}{3}$ et $-\frac{2\pi}{3}$;

3. $\cos(x) = 1$ a pour solution 0 ;

4. $\sin(x) = -1$ a pour solution $-\frac{\pi}{2}$.

4 1.

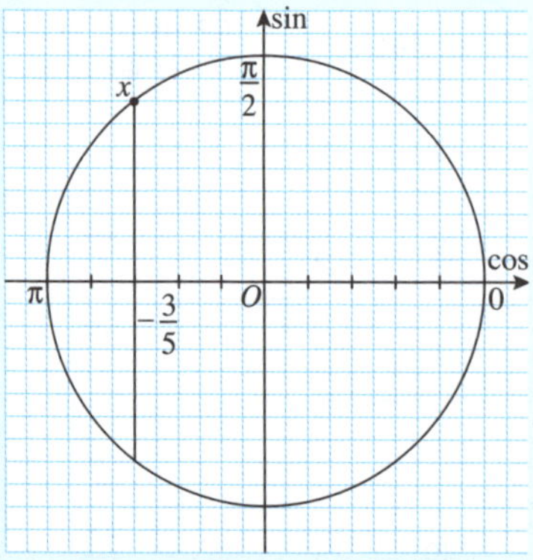

2. On sait que, pour n'importe quel x :
$$\cos^2(x) + \sin^2(x) = 1 \text{ et } \cos(x) = -\frac{3}{5},$$
donc $\left(-\frac{3}{5}\right)^2 + \sin^2(x) = 1$,

d'où : $\sin^2(x) = 1 - \frac{9}{25} = \frac{16}{25}$.

On en déduit : $\sin(x) = \frac{4}{5}$ ou $\sin(x) = -\frac{4}{5}$;

de plus : $x \in [0 ; \pi]$, donc $\sin(x) \geqslant 0$,

d'où $\sin(x) = \frac{4}{5}$.

3. On règle la calculatrice en mode radians.

On a : $\cos(x) = -\frac{3}{5}$,

donc : $x = \cos^{-1}\left(-\frac{3}{5}\right) \approx 2{,}214$.

3 1. a. Vrai b. Faux 2. a. Vrai b. Faux
3. a. Vrai b. Vrai 4. a. Faux b. Faux
5. a. Faux b. Faux 6. a. Faux b. Faux
7. a. Vrai b. Vrai

4 Le triangle EFH est rectangle en E, donc, d'après le théorème de Pythagore :
$$FH^2 = EF^2 + EH^2,$$
d'où $FH^2 = 10^2 + 15^2 = 100 + 225 = 325$.

Le triangle AFH est rectangle en F, donc, d'après le théorème de Pythagore :
$$AH^2 = AF^2 + FH^2,$$
d'où $AH^2 = 8^2 + 325 = 64 + 325 = 389$.

On en déduit que la longueur de la diagonale $[AH]$ du pavé est $\sqrt{389}$ cm.

5 Soit R la longueur en cm du rayon de la base de ce cône et $V_{\text{cône}}$ le volume du cône.

On a d'une part : $V_{\text{cône}} = \frac{1}{3}\pi R^2 h = \frac{1}{3}\pi R^2 \times 7{,}5$,

d'autre part : $V_{\text{cône}} = 125{,}7$.

R vérifie donc : $\frac{1}{3}\pi R^2 \times 7{,}5 = 125{,}7$;

on obtient : $R^2 = \frac{125{,}7 \times 3}{\pi \times 7{,}5} \approx 16{,}0046$,

c'est-à-dire : $R \approx 4{,}0$ à 0,1 près.

Le rayon de base du cône vaut environ 4 cm au millimètre près.

CHAPITRE 11 (Énoncés p. 104)

1

solides	F	S	A	$S + F$
❶	6	8	12	14
❷	5	6	9	11
❸	5	5	8	10
❹	8	12	18	20
❺	7	10	15	17
❻	6	8	12	14

Remarque : $A + 2 = S + F$.

2 On a :
- $AB = 30$ cm, donc $4\,AB = 120$ cm ;
- $AD = 25$ cm, donc $2\,AD = 50$ cm ;
- $AE = 40$ cm, donc $2\,AE = 80$ cm.

La longueur de la ficelle est donc :
$$120 \text{ cm} + 50 \text{ cm} + 80 \text{ cm} + 15 \text{ cm},$$
c'est-à-dire 265 cm.

CHAPITRE 12 (Énoncés p. 106)

1 1. 2. 3.

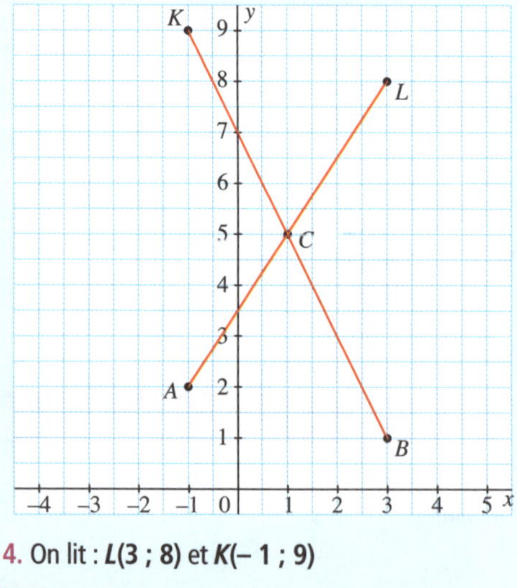

4. On lit : **$L(3 ; 8)$** et **$K(-1 ; 9)$**

2 $P(-4 ; -1)$, $Q(1 ; 0)$, $R(2 ; 2)$ et $S(-3 ; 1)$.

L'abscisse du milieu d'un segment est la moyenne des abscisses des extrémités.

L'ordonnée du milieu d'un segment est la moyenne des ordonnées des extrémités.

1. K est le milieu de $[PR]$,

donc : $x_K = \dfrac{-4+2}{2}$ et $y_K = \dfrac{-1+2}{2}$,

d'où : $K\left(-1\,;\dfrac{1}{2}\right)$.

2. L est le milieu de $[QS]$,

donc : $x_L = \dfrac{1-3}{2}$ et $y_L = \dfrac{0+1}{2}$,

d'où : $L\left(-1\,;\dfrac{1}{2}\right)$.

3. Les diagonales $[PR]$ et $[QS]$ du quadrilatère $PQRS$ ont le même milieu, donc $PQRS$ est un parallélogramme.

3 $A(-1\,;-1)$, $B(2\,;3)$ et $C(4\,;-1)$.

$$AB = \sqrt{(x_B - x_A)^2 + (y_B - x_A)^2}$$

1. $AB = \sqrt{(2+1)^2 + (3+1)^2} = 5$;
$AC = \sqrt{(4+1)^2 + (-1+1)^2} = \sqrt{25+0} = 5$;
$BC = \sqrt{(4-2)^2 + (-1-3)^2} = \sqrt{4+16} = \sqrt{20} = 2\sqrt{5}$;

2. $AC = AB = 5$, on en déduit que le triangle ABC est isocèle en A.

3. Le périmètre P du triangle ABC est tel que :
$$P = 5 + 5 + 2\sqrt{5} = 10 + 2\sqrt{5}.$$

4. Comme le triangle ABC est isocèle en A, le milieu M de $[BC]$ est aussi le pied de la hauteur issue de A et son aire $\mathcal{A}$ vérifie : $\mathcal{A} = \dfrac{AM \times BC}{2}$.

On a : $x_M = \dfrac{2+4}{2} = 3$ et $y_M = \dfrac{3-1}{2} = 1$,

donc : $AM^2 = (3+1)^2 + (1+1)^2 = 16 + 4 = 20$,
d'où : $AM = 2\sqrt{5}$.

$$\mathcal{A} = \frac{AM \times BC}{2} = \frac{2\sqrt{5} \times 2\sqrt{5}}{2} = \frac{20}{2} = 10.$$

L'aire du triangle ABC vaut 10.

4 Notons (x, y) et (x', y') les coordonnées des deux extrémités du segment.

```
Lire x, y, x', y'
X reçoit (x + x')/2
Y reçoit (y + y')/2
Afficher X, Y
```

CHAPITRE 13 *(Énoncés p. 109)*

1 **1. On ne sait pas.**

2. Un **rectangle** ou un **carré**.

3. Un **losange** et un **rectangle** et un **carré**.

4. Un **losange**.

2 **1.** $[AC]$ et $[BD]$ ont le même milieu, donc $ABCD$ est un parallélogramme.

2. $OA^2 + OB^2 = 8^2 + 4^2 = 64 + 16 = 80$
et $AB^2 = 9^2 = 81$,
donc : $OA^2 + OB^2 \neq AB^2$, ce qui prouve que le triangle OAB n'est pas rectangle en O.
Puisque ses diagonales ne sont pas perpendiculaires, le parallélogramme $ABCD$ n'est pas un losange.

3

```
Lire a
d reçoit a√2
Afficher d
```

4 **1.**

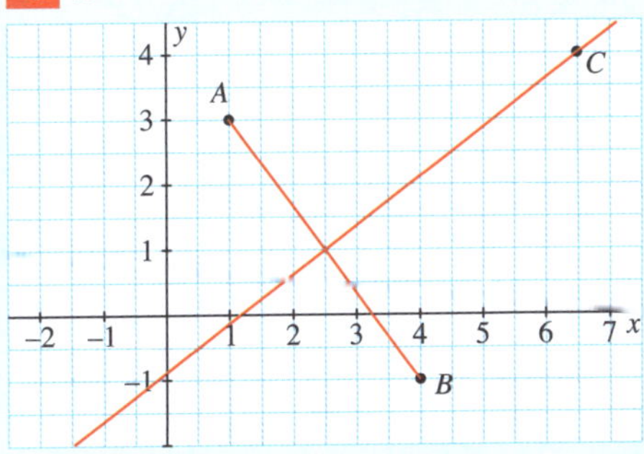

2. $AC = \sqrt{(6{,}5-1)^2 + (4-3)^2} = \sqrt{5{,}5^2 + 1^2} = \sqrt{31{,}25}$.
$BC = \sqrt{(6{,}5-4)^2 + (4+1)^2} = \sqrt{2{,}5^2 + 5^2} = \sqrt{31{,}25}$.
$AB = BC$ donc C est bien un point de la médiatrice du segment $[AB]$.

5 **1.** $\boldsymbol{AB} = \sqrt{(5+3)^2 + (4+2)^2} = \sqrt{8^2 + 6^2} = \sqrt{100}$.
Donc $\boldsymbol{AB} = \mathbf{10}$.

2. $x_M \dfrac{-3+5}{2} = 1$ et $y_M \dfrac{-2+4}{2} = 1$, donc **M a pour coordonnées (1 ; 1).**

3. Démontrons que le triangle ABC est rectangle en C.

$AC = \sqrt{(4+3)^2 + (-3+2)^2}$
$= \sqrt{7^2 + 1^2} = \sqrt{50} = 2\sqrt{5}$.

$BC = \sqrt{(4-5)^2 + (-3-4)^2}$
$= \sqrt{(-1)^2 + (-7)^2}$
$= \sqrt{50}$
$= 2\sqrt{5}$.

On a : $AB^2 = 100$ et $AC^2 + BC^2 = 50 + 50 = 100$,
donc $AB^2 = AC^2 + BC^2$.
D'après Pythagore, le triangle est rectangle en C, ce qui permet d'affirmer que C appartient au cercle $\mathscr{C}$ de diamètre $[AB]$.

4. La tangente en C est la droite perpendiculaire à la droite (MC) en C.

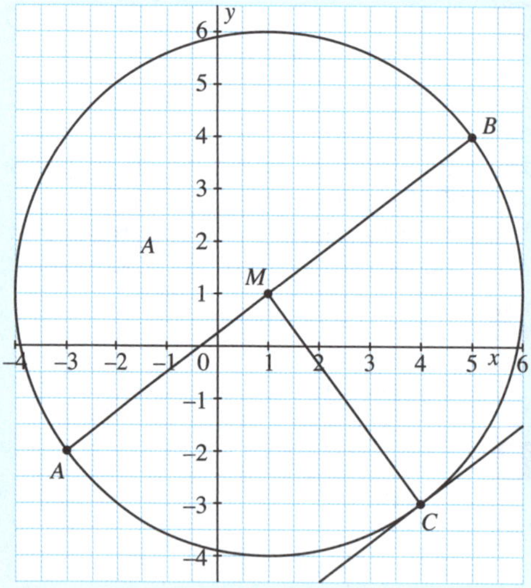

6 $A(-2\,;3)$, $B(5\,;2)$ et $C(-3\,;-4)$.

1.

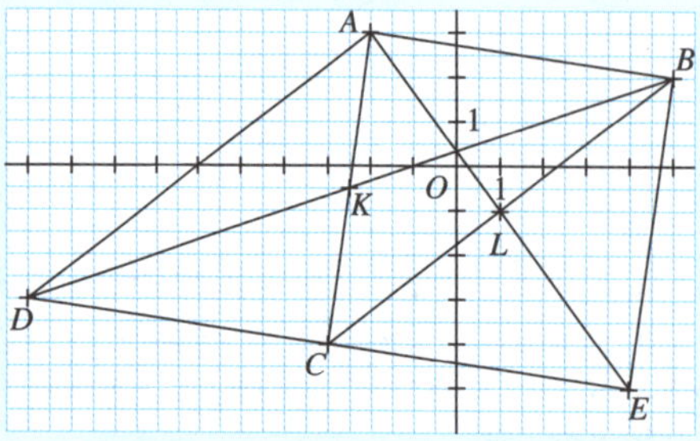

2. $AB^2 = (5-(-2))^2 + (2-3)^2 = 49 + 1 = 50$;
$AC^2 = (-3-(-2))^2 + (-4-3)^2 = 1 + 49 = 50$;
$BC^2 = (-3-5)^2 + (-4-2)^2 = 64 + 36 = 100$.

D'une part : $AB^2 + AC^2 = BC^2$, et on déduit, grâce à la réciproque de Pythagore, que ABC est rectangle en A ;

d'autre part : $AB = AC = \sqrt{50} = 5\sqrt{2}$, ce qui prouve que ABC est isocèle en A.

3. K est le milieu de $[AC]$,

donc : $x_K = \dfrac{-2-3}{2} = -\dfrac{5}{2}$ et $y_K = \dfrac{3-4}{2} = -\dfrac{1}{2}$,

d'où : $K\left(-\dfrac{5}{2}\,;-\dfrac{1}{2}\right)$.

4. $ABCD$ est un parallélogramme, donc ses diagonales $[AC]$ et $[BD]$ ont le même milieu.

K est le milieu de $[AC]$, donc K est aussi le milieu de $[BD]$, donc : $-\dfrac{5}{2} = \dfrac{5+x_D}{2}$ et $-\dfrac{1}{2} = \dfrac{2+y_D}{2}$;

on en déduit : $5 + x_D = -5$ et $2 + y_D = -1$,
c'est-à-dire : $x_D = -10$ et $y_D = -3$,
d'où : $D(-10\,;-3)$.

5. L est le milieu de $[BC]$,

donc : $x_L = \dfrac{5-3}{2} = 1$ et $y_L = \dfrac{2-4}{2} = -1$

d'où : $L(1\,;-1)$.

6. E est le symétrique du point A par rapport à L, donc L est le milieu de $[AE]$,

donc : $1 = \dfrac{-2+x_E}{2}$ et $-1 = \dfrac{3+y_E}{2}$;

donc : $x_E = 4$ et $y_E = -5$

d'où : $E(4\,;-5)$.

7. On sait que L est le milieu de $[BC]$ et de $[AE]$, donc $ABEC$ a ses diagonales qui ont le même milieu, on peut donc affirmer que $ABEC$ est un parallélogramme.

De plus, on a prouvé dans la question **2.** l'égalité $AB = AC$, donc le parallélogramme $ABEC$, qui a deux côtés consécutifs de même longueur, est un losange.

Enfin, on a démontré que ABC est rectangle en A, donc $ABEC$ a un angle droit, ce qui permet de conclure que $ABEC$ est un carré.

CHAPITRE 14 (Énoncés p. 112)

1 $\overrightarrow{AB} = 2\,\overrightarrow{BN}$; $\overrightarrow{MD} = -\dfrac{4}{3}\overrightarrow{DC}$;

$\overrightarrow{NM} = -2\,\overrightarrow{CB}$; $\overrightarrow{CD} = -\overrightarrow{NM}$;

$\overrightarrow{CN} = -4\,\overrightarrow{NB}$; $\overrightarrow{DC} = -\dfrac{3}{4}\overrightarrow{MD}$.

2

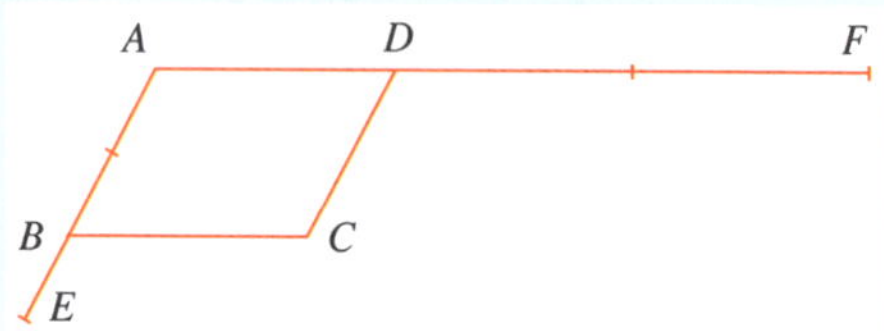

3

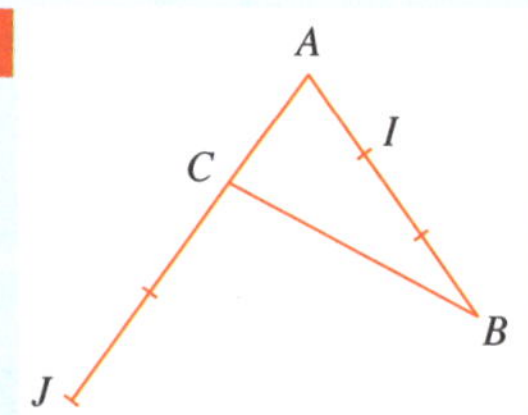

4 $A(1\,;3)$, $B(-2\,;1)$ et $C(0\,;-4)$.

1. $ABCD$ est un parallélogramme, donc $\overrightarrow{CD} = \overrightarrow{BA}$, c'est-à-dire :

$\begin{cases} x_D = 1 + 2 \\ y_D + 4 = 3 - 1, \end{cases}$ soit $\begin{cases} x_D = 3 \\ y_D = -2\,; \end{cases}$

D a pour coordonnées $(3\,;-2)$.

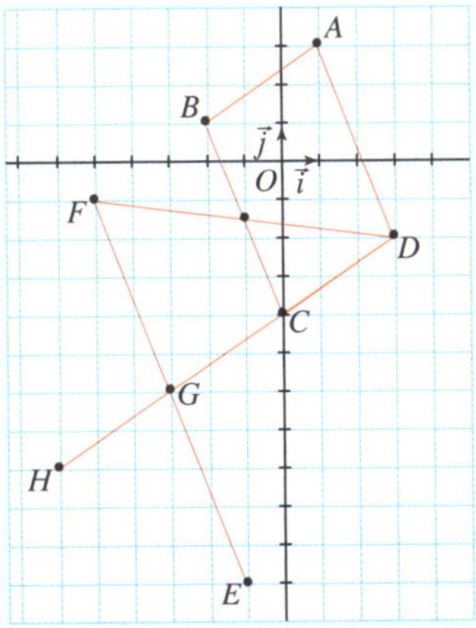

2. E est le symétrique de A par rapport à C, donc $\overrightarrow{CE} = \overrightarrow{AC}$, c'est-à-dire :

$$\begin{cases} x_E = 0 - 1 \\ y_E + 4 = -4 - 3, \end{cases} \text{ soit } \begin{cases} x_E = -1 \\ y_E = -11\,; \end{cases}$$

E a pour coordonnées $(-1\,;-11)$.

3. Le milieu de $[BC]$ a pour coordonnées :

$$\left(\frac{-2+0}{2}\,;\frac{1-4}{2}\right), \text{ c'est-à-dire } \left(-1\,;\frac{-3}{2}\right).$$

Le milieu de $[FD]$ est celui de $[BC]$, donc :

$$\begin{cases} \dfrac{x_F+3}{2} = -1 \\ \dfrac{y_F-2}{2} = \dfrac{-3}{2} \end{cases}$$

d'où $x_F = -5$ et $y_F = -1$.

F a pour coordonnées $(-5\,;-1)$.

4. Le milieu G de $[FE]$ a pour coordonnées :

$$\left(\frac{-5-1}{2}\,;\frac{-1-11}{2}\right), \text{ c'est-à-dire : } (-3\,;-6).$$

On en déduit que G a pour coordonnées $(-3\,;-6)$.

5. H est l'image de C par la translation de vecteur $2\,\overrightarrow{AB}$, donc $\overrightarrow{CH} = 2\,\overrightarrow{AB}$, c'est-à-dire :

$$\begin{cases} x_H = 2(-2-1) \\ y_H + 4 = 2(1-3), \end{cases} \text{ soit } \begin{cases} x_H = -6 \\ y_H = -8\,; \end{cases}$$

H a pour coordonnées $(-6\,;-8)$.

5 Deux vecteurs sont colinéaires si, et seulement si, leurs coordonnées sont proportionnelles.

1. $\vec{u}\left(\frac{1}{3}\,;\frac{-4}{7}\right)$ et $\vec{v}\left(\frac{1}{4}\,;\frac{-3}{7}\right)$.

$$\frac{1}{3}\times\left(\frac{-3}{7}\right) - \frac{1}{4}\times\left(\frac{-4}{7}\right) = -\frac{1}{7} + \frac{1}{7} = 0.$$

Donc $\vec{u}$ et $\vec{v}$ sont colinéaires.

On a : $\vec{v} = \frac{3}{4}\vec{u}$ et aussi $\vec{u} = \frac{4}{3}\vec{v}$.

2. $\vec{u}\,(1-\sqrt{2}\,;1)$ et $\vec{v}\,(1+\sqrt{2}\,;-1)$.

$$(1-\sqrt{2})\times(-1) - (1+\sqrt{2})\times 1 = -1+\sqrt{2}-1-\sqrt{2} = -2,$$

et $-2 \neq 0$. Donc $\vec{u}$ et $\vec{v}$ ne sont pas colinéaires.

3. $\vec{u}\,(\sqrt{3}+1\,;-2)$ et $\vec{v}\,(1\,;1-\sqrt{3})$.

$(\sqrt{3}+1)(1-\sqrt{3}) - 1\times(-2) = 1 - 3 + 2 = 0.$

Donc $\vec{u}$ et $\vec{v}$ sont colinéaires, et l'on a :

$$\vec{v} = \frac{1-\sqrt{3}}{-2}\vec{u} \quad \text{ou encore} \quad \vec{v} = \frac{\sqrt{3}-1}{2}\vec{u}.$$

On a aussi : $\vec{u} = (\sqrt{3}+1)\,\vec{v}$.

6 **1.** $\vec{u}\begin{pmatrix} x-3 \\ -2 \end{pmatrix}$ et $\vec{v}\begin{pmatrix} 3 \\ 1 \end{pmatrix}$.

Dire que $\vec{u}$ et $\vec{v}$ sont colinéaires signifie :

$$(x-3)\times 1 = (-2)\times 3,$$

c'est-à-dire : $x = -6 + 3$, ou encore $x = -3$.

On a alors $\vec{u}\begin{pmatrix} -6 \\ -2 \end{pmatrix}$ et $\vec{v}\begin{pmatrix} 3 \\ 1 \end{pmatrix}$, donc $\vec{u} = -2\vec{v}$.

2. $\vec{u}\begin{pmatrix} x+1 \\ x \end{pmatrix}$ et $\vec{v}\begin{pmatrix} -2 \\ 5 \end{pmatrix}$.

Dire que $\vec{u}$ et $\vec{v}$ sont colinéaires signifie :

$$(x+1)\times 5 = x\times(-2),$$

c'est-à-dire $5x + 5 = -2x$,

soit : $7x = -5$,

ou encore : $x = -\frac{5}{7}$.

On a alors : $\vec{u}\begin{pmatrix} \frac{2}{7} \\ \frac{-5}{7} \end{pmatrix}$ et $\vec{v}\begin{pmatrix} -2 \\ 5 \end{pmatrix}$.

Donc $\vec{v} = -7\,\vec{u}$.

7 **1.** $A(0\,;3)$, $B(9\,;-3)$ et $C(-3\,;5)$.

On a : $\overrightarrow{AB}\begin{pmatrix} 9 \\ -6 \end{pmatrix}$ et $\overrightarrow{AC}\begin{pmatrix} -3 \\ 2 \end{pmatrix}$.

Donc $\overrightarrow{AB} = -3\,\overrightarrow{AC}$, ce qui prouve que les vecteurs $\overrightarrow{AB}$ et $\overrightarrow{AC}$ sont colinéaires. On en déduit que les points A, B et C sont alignés.

2. $A(0\,;3)$, $B(9\,;-3)$ et $D\left(7\,;-\frac{3}{2}\right)$.

On a : $\overrightarrow{AB}\begin{pmatrix} 9 \\ -6 \end{pmatrix}$ et $\overrightarrow{AD}\begin{pmatrix} 7 \\ \frac{-9}{2} \end{pmatrix}$,

or $9\times\left(\frac{-9}{2}\right) - (-6)\times 7 = \frac{-81}{2} + 42 = \frac{3}{2}$, et $\frac{3}{2} \neq 0$.

Donc les vecteurs $\overrightarrow{AB}$ et $\overrightarrow{AD}$ ne sont pas colinéaires, ce qui prouve que les points A, B et D ne sont pas alignés.

3. $B(9\,;-3)$, $C(-3\,;5)$ et $E\left(-1\,;\frac{11}{3}\right)$.

On a : $\overrightarrow{BC}\begin{pmatrix} -12 \\ 8 \end{pmatrix}$ et $\overrightarrow{BE}\begin{pmatrix} -10 \\ \frac{20}{3} \end{pmatrix}$.

$$-12\times\left(\frac{20}{3}\right) - (-10)\times 8 = -80 + 80 = 0.$$

Donc les vecteurs $\overrightarrow{BC}$ et $\overrightarrow{BE}$ sont colinéaires, ce qui prouve que les points B, C et E sont alignés.

8 $A(-1\,;4)$, $B\left(\frac{7}{3}\,;3\right)$, $C(-3\,;2)$ et $D\left(\frac{11}{3}\,;\frac{1}{4}\right)$.

Les droites (AB) et (CD) sont parallèles si, et seulement si, les vecteurs $\overrightarrow{AB}$ et $\overrightarrow{CD}$ sont colinéaires.

On a : $\overrightarrow{AB}\begin{pmatrix}\frac{10}{3}\\-1\end{pmatrix}$ et $\overrightarrow{CD}\begin{pmatrix}\frac{20}{3}\\-\frac{7}{4}\end{pmatrix}$,

$\frac{10}{3}\times\left(\frac{-7}{4}\right)-(-1)\times\frac{20}{3}=\frac{-35}{6}+\frac{40}{6}=\frac{5}{6}\neq 0.$

Donc les vecteurs $\overrightarrow{AB}$ et $\overrightarrow{CD}$ ne sont pas colinéaires, ce qui permet d'affirmer que les droites (AB) et (CD) ne sont pas parallèles.

CHAPITRE 15 *(Énoncés pp. 115-116)*

1

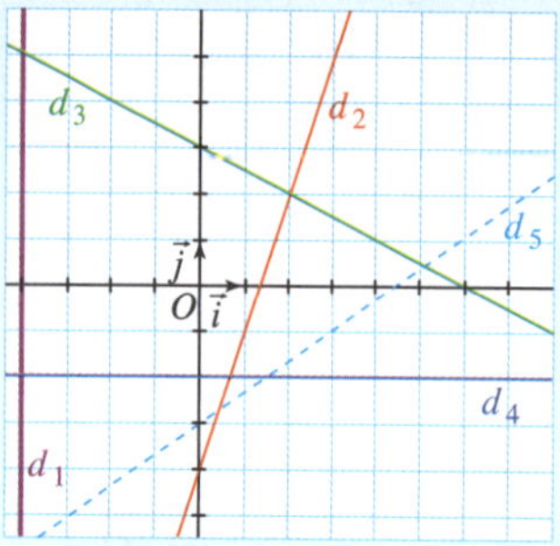

2 $d_1 : y = -x$; $d_2 : y = -2x + 3$; $d_3 : y = x - 3$; $d_4 : y = 3$; $(OJ) : x = 0$.

3

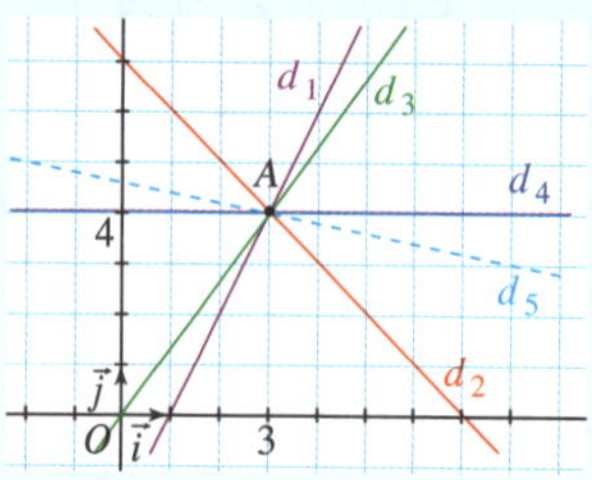

4 Si les points A et B n'ont pas la même abscisse, le coefficient directeur a de la droite (AB) vérifie :

$$a=\frac{y_B-y_A}{x_B-x_A}.$$

1. $A(1\,;5)$ et $B(0\,;3)$.
Le coefficient directeur a de (AB) est tel que :

$$a=\frac{3-5}{0-1}=\frac{-2}{-1}=2.$$

2. $A(0\,;1)$ et $B(-2\,;1)$.
Le coefficient directeur de (AB) est nul car A et B ont la même ordonnée.

3. $A(-65\,;54)$ et $B(23\,;-34)$.
Le coefficient directeur a de (AB) est tel que :

$$a=\frac{-34-54}{23-(-65)}=\frac{-88}{88}=-1.$$

5 **1.** $A(3\,;-1)$ et $d : y = 2x + 1$.
La droite d a pour coefficient directeur 2, donc il en est de même pour d'.

L'équation de d' est du type : $y = 2x + b$.
De plus, A est un point de d', donc ses coordonnées vérifient l'équation de d'. Par conséquent :

$$-1 = 2\times 3 + b,\text{ d'où } b=-7.$$

Finalement, d' a pour équation : $y = 2x - 7$.

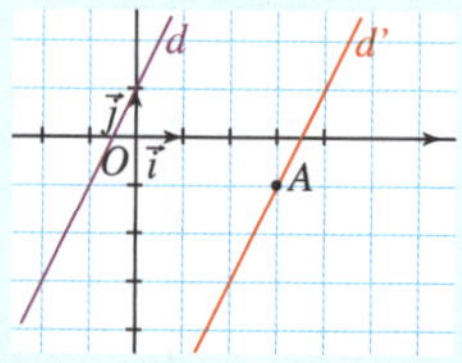

2. $A(3\,;-1)$ et $d : x = 1$.
La droite d est parallèle à la droite des ordonnées, donc d' est aussi parallèle à la droite des ordonnées. L'équation de d' est de la forme : $x = k$.
Comme, de plus, d' passe par le point A qui a pour abscisse 3, l'équation de d' est : $x = 3$.

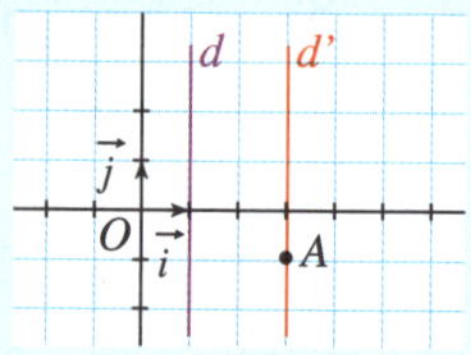

3. $A(3\,;-1)$ et $d : y = 3$.
La droite d est parallèle à la droite des abscisses, donc d' l'est aussi. L'équation de d' s'écrit $y = b$.
De plus, A a pour ordonnée -1, donc l'équation de d' est : $y = -1$.

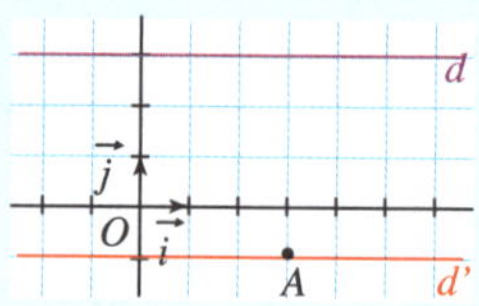

6 **1.** On a : $4x_A + 7 = 4\times(-1)+7 = 3 = y_A$,
donc $A \in \mathscr{D}$.
De même : $4x_B + 7 = 4\times 1 + 7 = 11 \neq y_B$,
donc $B \notin \mathscr{D}$.

2. On a $y_C = 15$, et on sait que C appartient à $\mathscr{D}$,
donc : $15 = 4x_C + 7$, d'où : $x_C=\frac{15-7}{4}=2$.

3. A et B n'ayant pas la même abscisse, (AB) n'est pas parallèle à l'axe des ordonnées et elle possède une équation de la forme $y = ax + b$;
de plus : $a=\frac{y_B-y_A}{x_B-x_A}=\frac{10-3}{1-(-1)}=\frac{7}{2}$.

A appartient à (AB), donc : $y_A=\frac{7}{2}x_A+b$,

c'est-à-dire : $3=\frac{7}{2}\times(-1)+b$, d'où : $b=\frac{13}{2}$.

Finalement : $y=\frac{7}{2}x+\frac{13}{2}$ est une équation de (AB).

7 • $(S_1)\begin{cases}4x-y=3\\-24x+6y=7\end{cases}$ équivaut à $\begin{cases}y=4x-3\\y=4x+\frac{7}{6}\end{cases}$.

Les droites d'équations $y = 4x - 3$ et $y = 4x + \frac{7}{6}$ étant strictement parallèles, le système (S_1) n'admet pas de solution.

• $(S_2)\begin{cases} x = \sqrt{2} \\ x - 2y = 1 \end{cases}$

La droite d d'équation $x = \sqrt{2}$ est parallèle à la droite des ordonnées.
La droite d' d'équation $x - 2y = 1$ n'est pas parallèle à la droite des ordonnées.
d et d' sont sécantes, donc (S_2) admet une seule solution.

• $(S_3)\begin{cases} x - y = 4 \\ x + y = 7 \end{cases}$ équivaut à $\begin{cases} y = x - 4 \\ y = -x + 7. \end{cases}$

Les droites d'équations $y = x - 4$ et $y = -x + 7$ n'ont pas le même coefficient directeur, elles sont donc sécantes.
Donc, le système (S_3) admet une seule solution.

• $(S_4)\begin{cases} 4x - 2y = 3 \\ -24x + 12y = -18 \end{cases}$ équivaut à $\begin{cases} y = 2x - \frac{3}{2} \\ y = 2x - \frac{3}{2}. \end{cases}$

(S_4) équivaut à une seule équation : $y = 2x - \frac{3}{2}$.
On en déduit que (S_4) admet une infinité de solutions : tous les couples $\left(x, 2x - \frac{3}{2}\right)$ avec x réel.

8 **1.** $d : y = -3x + 1$ et $d' : x = \frac{1}{2}$.

Le couple de coordonnées du point d'intersection de d et d' est solution du système :

$(S) : \begin{cases} y = -3x + 1 \\ x = \frac{1}{2} \end{cases}$ équivalent à $\begin{cases} x = \frac{1}{2} \\ y = -3 \times \frac{1}{2} + 1 \end{cases}$

(S) équivaut à $\begin{cases} x = \frac{1}{2} \\ y = -\frac{1}{2} \end{cases}$

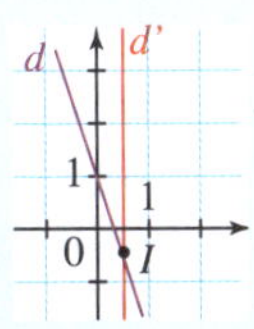

Finalement, d et d' se coupent en $I\left(\frac{1}{2} ; -\frac{1}{2}\right)$.

2. $d : y = \frac{1}{3}x - 2$ et $d' : y = -1$.

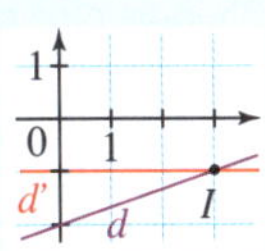

d et d' se coupent au point I de coordonnées (x, y) telles que :

$\begin{cases} y = \frac{1}{3}x - 2 \\ y = -1. \end{cases}$

Ce système équivaut à $\begin{cases} -1 = \frac{1}{3}x - 2 \\ y = -1 \end{cases}$

ou encore : $\begin{cases} x = 3 \\ y = -1. \end{cases}$

Par conséquent, le point d'intersection I de d et d' a pour coordonnées $(3 ; -1)$.

3. $d : y = 2x - 1$ et $d' : y = x + 1$.
Résolvons le système :

$(S)\begin{cases} y = 2x - 1 \\ y = x + 1. \end{cases}$

(S) équivaut à : $\begin{cases} 2x - 1 = x + 1 \\ y = x + 1 \end{cases}$

$\begin{cases} x = 2 \\ y = x + 1, \end{cases}$

$\begin{cases} x = 2 \\ y = 3. \end{cases}$

On en déduit que d et d' se coupent au point $I(2 ; 3)$.

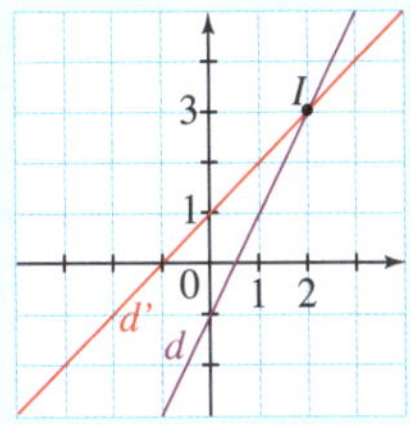

9 Soit x le montant en euros de la partie des 2 700 euros placée au taux de 10 % et y le montant en euros de la partie placée au taux de 8 %.
x et y vérifient le système suivant :

$\begin{cases} x + y = 2\,700 \\ \frac{10}{100}x + \frac{8}{100}y = 261. \end{cases}$

Par la méthode de substitution utilisée pour résoudre ce système, on obtient les systèmes équivalents suivants :

$\begin{cases} x = 2\,700 - y \\ 10\,(2\,700 - y) + 8y = 26\,100 \end{cases}$

$\begin{cases} x = 2\,700 - y \\ 27\,000 - 2y = 26\,100 \end{cases}$

$\begin{cases} y = 450 \\ x = 2\,700 - 450. \end{cases}$

On peut donc conclure que le particulier a placé 2 250 euros au taux de 10 % et 450 euros au taux de 8 %.

CHAPITRE 16 *(Énoncés pp. 120-121)*

1 **1.** Tableau statistique

Note	3	6	7	8	9	10	11	12	13	14	16
Effectif	1	2	1	6	5	2	3	1	5	8	1

2. La valeur du caractère le plus souvent prise est 14, donc le mode est 14.

3. Dans cette classe de Seconde, il y a 35 élèves. Si on les ordonne d'après leur résultat en physique, le dix-huitième élève a 11 pour note en physique.
La moitié des élèves ont au moins 11, la moitié des élèves ont au plus 11.
La médiane est donc 11.

4. On a :

$$\overline{x}=\frac{1}{35}(3\times1+6\times2+7\times1+8\times6+9\times5+10\times2+11\times3+12\times1+13\times5+14\times8+16\times1)=\frac{373}{35},$$

donc $\overline{x}\approx 10{,}6$ à 0,1 près.

2 1. Les valeurs étant rangées dans l'ordre croissant ou décroissant, la médiane est une valeur (réelle ou fictive) du caractère qui partage la population en deux populations de même effectif.
Pour tous les individus de l'une des populations, le caractère prend des valeurs inférieures ou égales à la médiane ; pour tous ceux de l'autre population, les valeurs du caractère seront supérieures ou égales à la médiane.

• Rangeons les 25 valeurs dans l'ordre croissant ; celle située au 13e rang est la médiane.

0 0 1 1 1 2 2 4 4 5 5 5 6 6 6 7 7 8 8 8 8 9 9 9 9

← 12 valeurs → 6 (médiane) ← 12 valeurs →

• La moyenne $\overline{x}$ vérifie :

$$\overline{x}=\frac{1}{25}(0\times2+1\times3+2\times2+4\times2+5\times3+6\times3+7\times2+8\times4+9\times4)=\frac{130}{25}.$$

Donc, la moyenne est 5,2.

2. Le club comporte maintenant 30 membres.

• Les valeurs étant toujours rangées dans l'ordre croissant, la médiane sera une valeur fictive quelconque prise entre la valeur de rang 15 et celle de rang 16.
On prend, en général, la moyenne arithmétique de ces deux valeurs.

0 0 1 1 1 2 2 4 4 5 5 5 6 6 6 7 7 7 8 8 8 8 8 8 9 9 9 9 9 9

← 15 valeurs → (médiane) ← 15 valeurs →

Toute valeur strictement comprise entre 6 et 7 peut être considérée comme médiane ; nous prendrons 6,5.

• En utilisant la question 2., la nouvelle moyenne $\overline{x'}$ vérifie :

$$\overline{x'}=\frac{25\times5{,}2+1\times7+2\times8+2\times9}{30}=\frac{171}{30}.$$

Donc, la moyenne est 5,7.

3. Rangeons les résultats dans l'ordre croissant.

001112244 555556666 667777888 888999999

← 9 valeurs → ← 9 valeurs → ← 9 valeurs → ← 9 valeurs →

Le premier quartile est la plus petite valeur du caractère telle qu'au moins un quart des valeurs lui soient inférieures ou égales.

Le troisième quartile est la plus petite valeur du caractère telle qu'au moins trois quarts des valeurs lui soient inférieures ou égales.

On en déduit que la médiane est 6, le premier quartile est 5, le troisième quartile est 8.

L'écart interquartile est $Q_3 - Q_1$, c'est-à-dire 3.
L'étendue, c'est-à-dire la différence entre la valeur la plus grande et la valeur la plus petite, est 9.

3 1.

x_i	n_i	$n_i\uparrow$	$n_i\downarrow$	f_i (%)	$f_i\uparrow$(%)	$f_i\downarrow$(%)
100	3	3	40	7,5	7,5	100
110	3	6	37	7,5	15	92,5
120	12	18	34	30	45	85
130	4	22	22	10	55	55
140	3	25	18	7,5	62,5	45
150	3	28	15	7,5	70	37,5
160	4	32	12	10	80	30
170	4	36	8	10	90	20
180	4	40	4	10	100	10
	40			100		

2. • L'effectif maximum étant obtenu pour la valeur 120, le mode est 120.

• L'effectif total étant de 40, on peut choisir pour médiane tout nombre compris entre les valeurs de rangs 20 et 21.
D'après la colonne des effectifs cumulés, le caractère prend la valeur 130 aux rangs 19, 20, 21 et 22 ; donc la médiane est 130.

3.

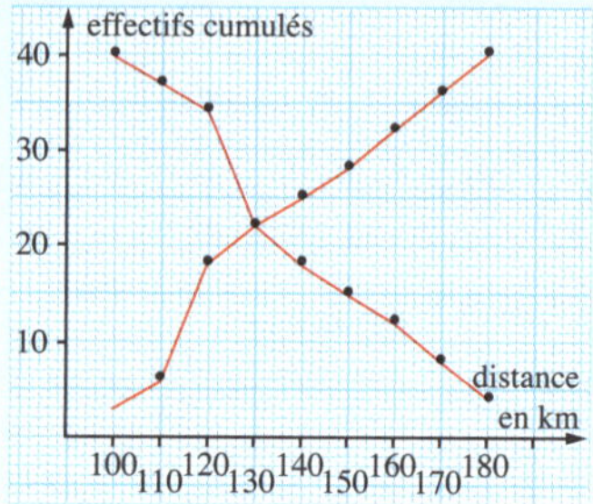

On note que la médiane est l'abscisse du point d'intersection des deux polygones.

4. a. D'après les effectifs cumulés décroissants, il y a 12 jours où monsieur Dupont parcourt, au moins, 160 km.

b. D'après les effectifs cumulés croissants, il y a 25 jours où il parcourt, au plus, 140 km.

5. Il y a 22 jours sur 40 où monsieur Dupont parcourt plus de 120 km.
Or, on a $\frac{3}{5}>\frac{22}{40}$; donc l'affirmation de monsieur Dupont est fausse.

4 1. x_i désignant le centre d'une classe et f_i (%) la fréquence donnée en pourcentages, on obtient le tableau suivant :

classes	n_i	f_i (%)	x_i	$n_i x_i$
[155 ; 160[	7	14	157,5	1 102,5
[160 ; 165[	9	18	162,5	1 462,5
[165 ; 170[	11	22	167,5	1 842,5
[170 ; 175[	10	20	172,5	1 725
[175 ; 180]	13	26	177,5	2 307,5
Total	50	100		8 440

La classe modale est la classe [175 ; 180].

2. Les résultats étant maintenant groupés en classes, on utilisera un histogramme pour représenter la série ; l'aire de chaque rectangle est proportionnelle à l'effectif de la classe qu'il représente. Ici, les bases des rectangles étant isométriques (car les classes ont toutes la même amplitude), leurs hauteurs seront proportionnelles aux effectifs respectifs de chacune des classes.

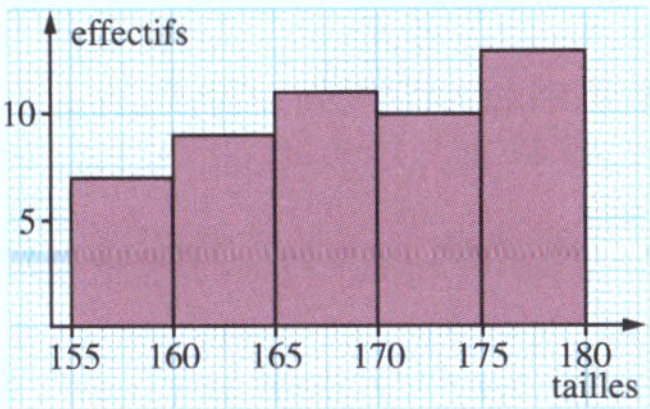

3. Utilisons la dernière colonne du tableau.

On a : $\frac{8\,440}{50} = 168{,}8$; donc la moyenne est 168,8.

5 et **6** Voir tableaux ci-dessous.

CHAPITRE 17 (Énoncés p. 125)

1 Puisque le dé est équilibré, les six issues 1 ; 2 ; 3 ; 4 ; 5 ; 6 sont équiprobables et la probabilité de chaque issue est $\frac{1}{6}$.

$P(A) = \frac{1}{6}$.

$P(B) = P(2 \text{ ou } 4 \text{ ou } 6) = \frac{3}{6} = \frac{1}{2}$.

$P(C) = 0$ car l'événement « obtenir 7 » est impossible.

$P(D) = 1$ car l'événement « obtenir un nombre entier » est certain.

2 1.

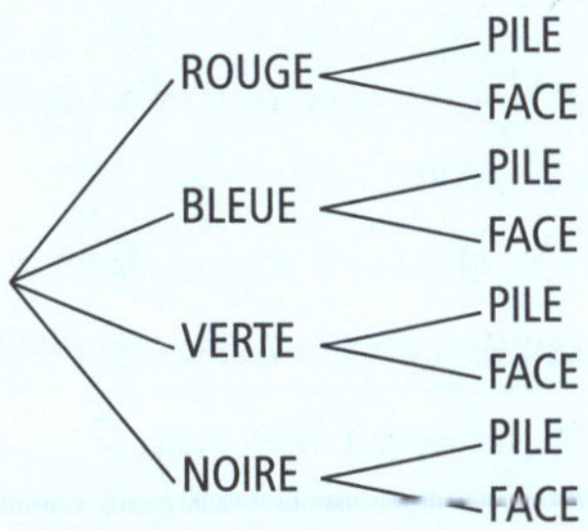

2. Les huit issues ROUGE-PILE, ROUGE-FACE, BLEUE-PILE, BLEUE-FACE, VERTE-PILE, VERTE-FACE, NOIRE-PILE, NOIRE-FACE sont équiprobables puisque le tirage de la boule se fait au hasard et que la pièce est équilibrée, donc : $P(A) = \frac{1}{8}$.

5 Langage naturel	TI	Casio
X reçoit un entier aléatoire entre 1 et 6 Si $X = 6$ alors Afficher « Gagné » sinon Afficher « Perdu » FinSi	NbrAleatEnt(1,6) → X If X=6 Then Disp «Gagné» Else Disp «Perdu» End	RanInt#(1,6) → X If X=6 Then «Gagné» ◢ Else «Perdu» ◢ IfEnd

6 Langage naturel	TI	Casio
Lire N C reçoit 0 Pour i allant de 1 à N X reçoit un entier aléatoire entre 1 et 6 Si $X = 1$ alors C reçoit C+1 FinSi FinPour F reçoit $\frac{C}{N}$ Afficher F	Prompt N 0 → C For (I,1,N) NbrAléatEnt(1,6) →X If X=1 Then C+1 →C End End C/N → F Disp F	?→N 0 → C For 1→ I To N RanInt#(1,6) →X If X=1 Then C+1→C IfEnd Next C÷N → F F ◢

3

2e dé \ 1er dé	1	2	3	4
1	2	3	4	5
2	3	4	5	6
3	4	5	6	7
4	5	6	7	8

Puisque les deux dés tétraédriques sont équilibrés, les seize issues (1 ; 1), (1 ; 2), (1 ; 3), (1 ; 4), (2 ; 1), (2 ; 2), (2 ; 3), (2 ; 4), (3 ; 1), (3 ; 2), (3 ; 3), (3 ; 4), (4 ; 1), (4 ; 2), (4 ; 3), (4 ; 4) sont équiprobables.

Il n'y a que l'issue (4 ; 4) qui réalise l'événement A : « obtenir 8 », donc : $P(A) = \frac{1}{16}$.

Les issues (3 ; 4) et (4 ; 3) sont les seules qui réalisent l'événement B : « obtenir 7 », donc : $P(B) = \frac{2}{16} = \frac{1}{8}$.

Huit issues réalisent l'événement C : « obtenir un nombre pair », donc : $P(C) = \frac{8}{16} = \frac{1}{2}$.

« Obtenir au moins 6 » signifie « obtenir 6, 7 ou 8 », donc : $P(D) = \frac{3+2+1}{16} = \frac{6}{16} = \frac{3}{8}$.

L'événement E : « obtenir au plus 8 » est certain, donc : $P(E) = 1$.

4 1. C'est la réponse **b.** qui est exacte. En effet, A et B sont incompatibles, donc :

$$P(A \cup B) = P(A) + P(B) = 0{,}28 + 0{,}15 = 0{,}43.$$

2. C'est la réponse **b.** qui est exacte. En effet :
$P(B) = 1 - P(\overline{B}) = 1 - 0{,}3 = 0{,}7$
et $P(A \cup B) = P(A) + P(B) - P(A \cap B)$, donc :
$P(A \cap B) = P(A) + P(B) - P(A \cup B) = 0{,}8 + 0{,}7 - 0{,}9 = 0{,}6$.

5 Puisque le tirage de la carte est fait au hasard, toutes les cartes ont autant de chances d'être choisies. Les 32 issues (qui correspondent aux 32 cartes) sont équiprobables.

1. Un jeu de 32 cartes contient quatre valets, douze figures et huit trèfles, donc :
$P(V) = \frac{4}{32} = \frac{1}{8}$, $P(F) = \frac{12}{32} = \frac{3}{8}$ et $P(T) = \frac{8}{32} = \frac{1}{4}$.

Un jeu de 32 cartes comporte douze cartes qui sont soit des as, soit des rois, soit des dames, donc :
$P(A) = \frac{32-12}{32} = \frac{20}{32} = \frac{5}{8}$.

2. $F \cap T$ est l'événement : « la carte est un trèfle et une figure », et trois cartes sont à la fois une figure et un trèfle, donc : $P(F \cap T) = \frac{3}{32}$.

$$P(F \cup T) = P(F) + P(T) - P(F \cap T) = \frac{12}{32} + \frac{8}{32} - \frac{3}{32} = \frac{17}{32}.$$

6 1.

Enseignement d'exploration 1 \ Langue vivante 1	Anglais	Allemand	Espagnol	Total
SES	30	40	60	130
Autre	36	32	42	110
Total	66	72	102	240

240 − 130 = 110, donc 110 élèves ont choisi un autre enseignement d'exploration 1 que SES.
25 % de 240 = 60, donc 60 élèves font espagnol et SES.
30 % de 240 = 72, donc 72 élèves étudient l'allemand.
72 − 40 = 32, donc 32 élèves ont choisi allemand et pas SES.
130 − 40 − 60 = 30, donc 30 élèves font anglais et SES.
Et l'on termine ainsi de remplir le tableau...

2. Le choix de l'élève se fait au hasard, donc les 240 issues sont équiprobables.

• 66 élèves étudient l'anglais en LV1, donc :
$$P(A) = \frac{66}{240} = \frac{11}{40}.$$

• 130 élèves ont choisi SES en premier enseignement d'exploration, donc :
$$P(B) = \frac{130}{240} = \frac{13}{24}.$$

• 30 élèves font anglais et SES, donc :
$$P(C) = \frac{30}{240} = \frac{1}{8}.$$

• Parmi les 240 élèves, 102 étudient l'espagnol, donc :
$$P(D) = \frac{240-102}{240} = \frac{138}{240} = \frac{23}{40}.$$

On aurait pu aussi totaliser les élèves qui étudient l'anglais ou l'allemand.

• On obtient, de même :
$$P(E) = \frac{130-40}{240} = \frac{90}{240} = \frac{3}{8}.$$

Histoire-Géographie

LES MÉTHODES

Histoire

Géographie

LE COURS

Histoire

Géographie

Comparer et analyser un ensemble de cartes

Comment faire

L'analyse de plusieurs cartes consiste à **discerner** et à **expliquer l'évolution d'un phénomène historique dans le temps et dans l'espace**. Les questions demandent d'abord de décrire l'évolution, puis d'analyser et d'expliquer les éléments qui ont provoqué cette évolution. Il est donc nécessaire de **bien maîtriser le cours**.

- **Lire et comprendre les documents.** Il faut prendre le temps de bien **lire et comprendre les cartes** ainsi que toutes les informations qui y sont attachées : la **légende**, les **noms** et les **chiffres** associés. Le sujet de l'étude doit devenir concret dans votre esprit. Il est nécessaire de cerner les **bornes chronologiques** et de connaître les **espaces concernés** à toutes les échelles afin de pouvoir les repérer et les nommer.
- **Cerner la logique du questionnement.** Lisez les questions en portant une attention particulière à l'**espace** et à l'**époque** concernés pour chaque question.
- **Décrire et expliquer.** La démarche la plus sûre et la plus complète consiste à **décrire d'abord le phénomène** représenté sur les documents puis à **l'expliquer** grâce aux connaissances.

Attention !

Tout phénomène doit être décrit et expliqué, même si cette demande n'est pas explicite dans la question.

Exercice d'application

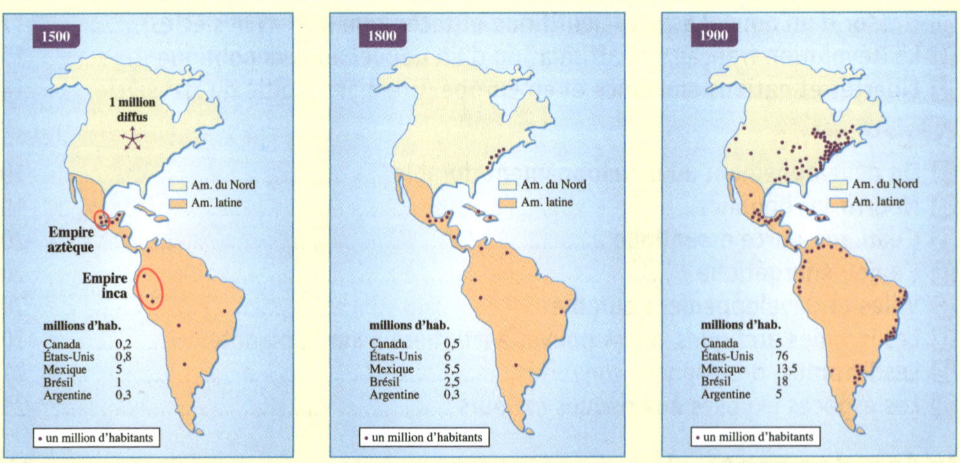

▲ Le peuplement de l'Amérique de 1500 à 1900.

ÉNONCÉ

Étudiez les documents de la page précédente et répondez aux questions.

1. Présentez l'ensemble des documents.

2. Quel rôle ont joué les Européens dans le faible accroissement démographique de l'Amérique latine entre 1500 et 1800 ?

3. Caractérisez et expliquez l'évolution du peuplement aux États-Unis de 1500 à 1900.

CORRIGÉ

1. Cette présentation permet de **cerner le sujet.** Donnez la nature, la source et le thème des documents. Précisez l'espace concerné et les bornes chronologiques.

• Il s'agit de trois cartes du continent américain. Chaque carte présente la répartition du peuplement par point – un point représente un million de personnes – à une époque précise : vers 1500, vers 1800 et vers 1900. Une **distinction** est faite **entre l'Amérique du Nord et l'Amérique latine**.

• Près de chaque carte, un tableau donne l'estimation de la population de certains pays à la date donnée. L'ensemble de ces cartes permet donc d'**étudier l'évolution de la population en Amérique ainsi que sa répartition**.

2. La question porte sur une situation différente de la question précédente. À nouveau, il faudra décrire puis expliquer. Notez le **changement d'échelle spatiale et de chronologie** : il est nécessaire de superposer et comparer les cartes.

• D'après les tableaux associés aux cartes en 1500 et 1800, la population mexicaine n'augmente que de 500 000 habitants, la population brésilienne passe de 1 million à 2,5 millions et la population argentine stagne à 300 000 habitants.

• Cette **faible croissance générale de la population d'Amérique latine** s'explique par l'impact du contact avec les conquérants espagnols et portugais. Plus que les guerres de conquête et l'organisation sociale coloniale, ce sont les **épidémies**, et notamment celles de la **variole**, qui furent la cause de la disparition d'une partie de la population amérindienne.

• À partir de 1650, **les Européens importent de nombreux esclaves** comme main-d'œuvre pour les plantations, principalement au Brésil et aux Caraïbes. L'implantation européenne croît faiblement aux XVIIe et XVIIIe siècles.

3. Le verbe « caractériser » indique qu'il faut préciser le genre de l'évolution. À nouveau, repérez le changement d'échelle dans le temps et dans l'espace.

• Entre 1500 et 1800, **la population des États-Unis a très fortement augmenté** : elle est passée de 800 000 habitants répartis sur l'ensemble du territoire à 6 millions essentiellement concentrés sur la côte orientale du pays, du fait de l'**arrivée des colons européens**.

• En réalité, l'immigration européenne est relativement tardive : la première colonie de la Nouvelle-Angleterre est fondée en 1620 par les 99 pèlerins du *Mayflower*. Pendant deux siècles, bien que la migration européenne et l'importation d'esclaves africains y participent, l'augmentation démographique s'explique surtout par l'**accroissement naturel**.

• **Au XIXe siècle, la population des États-Unis explose** et se diffuse sur tout le territoire. En effet, entre 1800 et 1900, elle passe de 6 à 76 millions d'habitants. Aux effets d'une **fécondité élevée**, s'ajoute un **exode européen massif** qui permet à plus de 35 millions d'Européens de s'établir aux États-Unis. La conquête de l'Ouest, motivée par la fin de la guerre avec le Mexique (1848) et la ruée vers l'or (à partir de 1849), conduisent la population à s'étendre sur l'ensemble du territoire. En 1900, la Californie compte plus d'1 million d'habitants.

LES MÉTHODES

Analyser un texte historique

Comment faire

Après avoir **replacé le document dans son contexte historique**, l'objectif d'une analyse de document est de le mettre en relation et de le confronter avec des connaissances personnelles, grâce à des pistes fournies par les questions.
Il s'agit de **dégager les apports essentiels du document et de le critiquer**. Aussi, pour réussir l'analyse du document, est-il indispensable de bien connaître et comprendre le cours.

• Une démarche historique…

Étudier un document en histoire, c'est être capable, grâce à ses connaissances, de prendre du recul et de **percevoir le point de vue de l'auteur**. Il faut donc avoir une **lecture critique** et ne pas prendre au pied de la lettre tout ce que le document affirme. De plus, les réponses doivent montrer la maîtrise du vocabulaire, des notions et des concepts historiques indispensables à une bonne compréhension du document.

• … pour bien comprendre et expliquer le texte

D'abord, prenez le temps de lire et comprendre chaque mot du document. **Repérez les mots-clés et la structure de l'argumentation.** Puis, lisez attentivement toutes les questions et **cernez la logique du questionnement**. Cela permet alors de placer les éléments de réponse au bon endroit et d'éviter les répétitions. Il sera alors possible de rédiger les réponses.

Attention !

Ne mettez pas toutes les connaissances dans la première réponse : il serait ensuite difficile de répondre aux autres questions sans vous répéter.

Exercice d'application

ÉNONCÉ

Lisez le texte ci-dessous et répondez aux questions.

L'édit de Caracalla (212 apr. J.-C.)

« Voilà pourquoi j'estime pouvoir accomplir de manière si magnifique et si digne des dieux un acte qui convienne à leur majesté, en ralliant à leur culte, comme Romains, autant de fois de dizaines de milliers de fidèles qu'il en viendra chaque fois se joindre à mes hommes. Je donne donc à tous ceux qui habitent l'Empire le droit de cité romaine, étant entendu que personne ne se trouvera hors du cadre des cités, excepté les déditices. Il se doit en effet que la multitude soit non seulement associée aux charges qui pèsent sur tous, mais qu'elle soit désormais aussi englobée dans la victoire. Et le présent édit augmentera la majesté du peuple romain : il est conforme à celle-ci que d'autres puissent être admis à cette même dignité que celle dont les Romains bénéficient depuis toujours. »

Constitution antonine, traduction et reconstitution J. Mélèze-Modrzejewski,
La Documentation photographique, n° 8001, février 1998.

1. Présentez le document.
2. Quelle restriction est faite, dans ce texte, à l'ouverture de la citoyenneté ?
3. Comment Caracalla justifie-t-il sa décision d'ouvrir le droit de cité ?
4. Quelles sont les conséquences de la promulgation de la Constitution antonine ?

CORRIGÉ

1. Présenter le texte : identifier le document par sa nature, sa source, son auteur, sa date, son contexte historique et son thème général.

• Ce **texte juridique**, la *Constitution antonine*, est un **édit**, c'est-à-dire une décision qui a force de loi prise par l'empereur romain Marcus Aurelius Antoninus, plus connu sous le nom de Caracalla. Ce document est une **traduction** et une **reconstitution** d'une copie grecque très mutilée du texte originel. L'édit est promulgué en 212 après J.-C., peu après l'arrivée au pouvoir en 211 de Caracalla, fils de Septime Sévère. Ce dernier, fondateur d'une nouvelle dynastie, est le premier empereur dont la famille est d'origine pérégrine. Ceci montre l'**évolution de la politique romaine** dans l'intégration des élites qui émanent de l'ensemble de l'Empire au IIe siècle.

• Mais jusqu'en 212, la **citoyenneté romaine** n'est accordée de façon globale qu'aux **hommes de l'Italie** et, dans les provinces, aux **cités qui ont le statut de colonie romaine**. Elle est également attribuée aux **pérégrins** qui servent dans les unités auxiliaires de l'armée. Le processus d'intégration des provinces s'achève par cet édit de 212 qui accorde la **citoyenneté romaine à tous les hommes libres de l'Empire**.

2. Analyser le texte : les réponses aux questions suivantes doivent s'appuyer sur des **citations courtes et bien sélectionnées.**

Si Caracalla accorde *« à tous ceux qui habitent l'empire le droit de cité romaine »*, il exclut de la citoyenneté les ***« déditices »***. Ce sont des peuples conquis et soumis par la force, qui n'ont pas été réduits en esclavage. Ils sont donc **libres** mais ont un statut inférieur et constituent la **dernière catégorie de la société** avec les esclaves.

3. L'édit évoque les *« dieux »* à qui l'empereur, très pieux, veut rendre hommage. En décembre 211, après avoir tué son frère Géta qui partageait le pouvoir avec lui, Caracalla prétend avoir été victime d'une tentative de complot et décide de remercier les dieux par un *« acte qui convienne à leur majesté »*. Il veut peut-être réaliser l'unité des fidèles devant les dieux de Rome en *« ralliant à leur culte »* tous les hommes libres de l'Empire et régner, à l'image d'Alexandre le Grand qu'il admire, sur un monde unifié.

4. Évaluer la portée du texte : la dernière question invite à **mettre le document en perspective**, à souligner son intérêt et à en faire parfois une lecture critique.

• La **Constitution antonine** marque l'aboutissement d'une longue évolution qui, par des concessions plus ou moins généreuses des empereurs depuis le Ier siècle avant J.-C., a progressivement étendu à des provinciaux vaincus, les droits du citoyen romain. La *« multitude »* des hommes libres obtient la marque de la citoyenneté romaine : les *tria nomina*. Cette mesure étend le droit romain à tout l'Empire et fait disparaître le droit latin. C'est aussi la **fin de la suprématie du citoyen romain** sur les autres citoyens de l'Empire. Cet édit a un impact négatif sur les recrutements de l'armée romaine car elle n'est plus, à partir de 212, un facteur de promotion juridique.

LES MÉTHODES

Analyser le plan d'une abbaye

Comment faire

L'objectif est de comprendre et d'expliquer, à partir de la description et de l'analyse du **plan d'un ensemble de bâtiments spécifiques** – une abbaye – la vie très particulière des personnes qui y vivaient et les impacts qu'elles ont eus sur les sociétés environnantes durant l'époque étudiée.

• Un document spécifique...

Il faut bien comprendre la particularité du document présenté, un **plan de bâtiments**. S'agit-il d'un plan reconstitué à partir de ruines ou de textes ? Le plan a-t-il été dessiné à partir de bâtiments toujours existants, et, dans ce cas, s'agit-il de **bâtiments d'époque** ? Dans quelle mesure y a-t-il eu des **modifications postérieures à la période étudiée** ?

Attention !

Dans le cas d'un plan de bâtiment, il est nécessaire de s'interroger sur les **sources**.

• ... à replacer dans un contexte global

Il est indispensable de **replacer cette abbaye dans son contexte global** – géographique, historique et religieux – en tenant compte des différentes échelles. À noter que ce **plan** est **représentatif** de très nombreux **monastères fondés au Moyen Âge** dans toute la chrétienté.

• Nécessité des connaissances

Ce type de document demande une **mobilisation générale**, non seulement de vos connaissances acquises grâce au cours, mais aussi à votre culture générale pour prendre conscience de la réalité des bâtiments, des gens qui y ont vécu et de l'environnement global de l'époque médiévale.

Exercice d'application

ÉNONCÉ

Étudiez le document ci-contre et répondez aux questions.

1. Présentez le document en insistant sur l'origine de la construction.

2. Décrivez la vie des moines à partir des éléments du plan.

3. En quoi l'abbaye de Noirlac manifeste-t-elle la place de la chrétienté en Europe entre le XIe et le XIIIe siècle ?

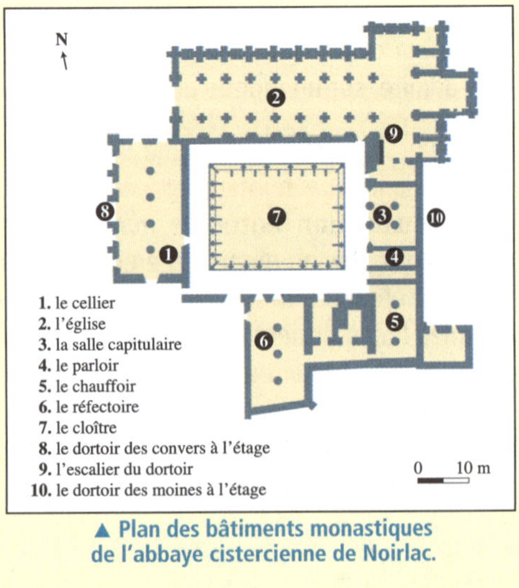

▲ Plan des bâtiments monastiques de l'abbaye cistercienne de Noirlac.

CORRIGÉ

1. Cette première question de présentation permet de mettre en avant la spécificité du document. Remarquez la précision demandée dans la deuxième partie de la question : développer un aspect de la présentation conduit aux **questions d'analyse**.

• Ce document présente le plan de l'**abbaye de Noirlac**, au sud de Bourges, dans le Cher en France. Bien que l'abbaye ait fait l'objet d'une restauration à partir des années 1950, il s'agit d'un plan qui correspond à l'abbaye telle qu'elle était **au XIVe siècle**. Elle a été fondée en 1136 par un moine, Robert, qui fut envoyé avec 11 autres moines par **Bernard de Fontaine**, supérieur de l'**abbaye de Clairvaux**, pour en fonder une nouvelle.

• À plus de 300 km de Clairvaux, avec la permission du seigneur du lieu, les 12 moines s'installent sur ces terres boisées, inhospitalières et marécageuses. Les **débuts** sont **très difficiles** : pendant plusieurs années, ils vivent dans des huttes en bois et tentent d'assainir et de cultiver les terres qui leur sont cédées en 1150. Grâce aux **droits seigneuriaux** qu'ils possèdent sur ces terres, les moines se lancent dans la longue construction de l'abbaye, achevée deux siècles plus tard.

2. Cette question repose sur la description du plan. Il faut l'examiner avec attention et comprendre l'usage et l'agencement de chaque pièce pour saisir la vie des moines.

• Les principaux corps de l'abbaye forment un rectangle ordonné autour du **cloître**. Réservée aux **moines** et aux **convers**, une vaste église gothique, de style très épuré et orientée vers l'Est, occupe tout le côté septentrional : c'est le cœur de la vie des moines puisqu'ils s'y rendent près de huit fois par jour pour y prier. Un escalier leur permet d'aller directement du dortoir à l'église pour y prier au début et à la fin de la journée, mais aussi la nuit.

• Entre les offices religieux, les **moines** – en nombre minoritaire – effectuent un **travail intellectuel**, généralement dans la salle des moines, le « chauffoir », l'une des rares pièces chauffées de l'abbaye, tandis que les **convers** – la majorité – accomplissent un **travail manuel** aux cuisines, aux champs pour remplir les celliers, ou à la construction de l'abbaye.

• Deux fois par jour, moines et convers prennent leurs repas au réfectoire et, en début et en fin de journée, se rassemblent dans la **salle capitulaire** autour de l'abbé pour en recevoir les directives et faire le bilan de la journée.

3. Enfin, la dernière question place le document en perspective par rapport au thème étudié. Il faut définir avec précision le terme « *manifeste* » et **reformuler la question pour la clarifier**.

• À la mort de Bernard de Fontaine, la seule abbaye de Clairvaux compte environ 160 fondations dont l'abbaye de Noirlac. Ce mouvement de diffusion prouve qu'**entre le XIe et le XIIIe siècle, des centaines de monastères sont fondés en Europe**.

• Les abbayes possèdent souvent de vastes territoires : en 1189, l'abbaye de Noirlac possède 17 fermes, des bois qui couvrent 275 hectares, des maisons, des moulins. Données par le seigneur du lieu ou par des particuliers, l'importance de ces dons aux monastères prouve que **les sociétés européennes étaient chrétiennes**, au point de céder leurs biens aux moines.

• Enfin, les abbayes sont vastes : leur attraction sur des centaines d'hommes qui deviennent moines ou convers prouvent la place majeure de la religion auprès des sociétés européennes. Cette abbaye montre donc bien que **la chrétienté occupait une place essentielle en Europe entre le XIe et le XIIIe siècle**.

LES MÉTHODES

Analyser un tableau

Comment faire

L'**analyse d'une peinture** suit la même démarche globale que celle d'un texte ou de tout autre document. Cependant, elle présente des **spécificités**.

• **Présenter un tableau**

Comme tout document, il s'agit de l'**identifier** (nature, source, auteur, date, contexte historique, thème général) en précisant pour un tableau : son **genre**, ses **dimensions**, son **lieu de conservation**, son **support** et les **techniques utilisées** par le **peintre**.

> **Attention !**
> L'auteur du tableau doit être situé dans l'**histoire de l'art** et son œuvre replacée dans le **contexte historique** et **artistique** de son époque, en indiquant si possible son **commanditaire**.

• **Analyser un tableau**

Il faut d'abord **décrire le tableau** en étudiant la composition, les couleurs et la lumière, le dessin et les contours des personnages ou des objets pour ensuite en déduire sa signification artistique et historique en déterminant les **intentions de l'artiste**.

• **Estimer l'intérêt et la portée d'un tableau**

Il s'agit d'**évaluer la place de la peinture dans son époque** et de définir son **influence** dans l'histoire de l'art à court et à long terme.

Exercice d'application

ÉNONCÉ

Étudiez le document de la page suivante et répondez aux questions.

1. Présentez le document.

2. Étudiez le mouvement et la composition du tableau.

3. Étudiez les contours des différents personnages et le paysage en arrière-plan.

4. Comment Léonard de Vinci interprète-t-il ce thème religieux ?

5. Quelles innovations décisives Léonard de Vinci apporte-t-il à la représentation de cette scène déjà très courante au Moyen Âge ?

Sainte Anne, la Vierge et l'Enfant, ▶
huile sur bois de Léonard de Vinci, vers 1510,
(Vinci 1452-Amboise 1519) 1,685 m × 1,30 m,
Paris, musée du Louvre.

CORRIGÉ

1. Ce tableau de grand format (1,70 m × 1,30 m) est une huile sur bois conservée à Paris au musée du Louvre et peinte par **Léonard de Vinci**. Célèbre peintre florentin, il participe à la **révolution artistique de la Renaissance** qui apparaît en **Italie** au **XVe siècle** puis se diffuse à l'ensemble de l'**Europe** au **XVIe siècle**. Esprit curieux et universel, il se déplace dans toute l'Italie au service de différents princes.

- Le **commanditaire** de cette œuvre, dont l'identité reste sujette à discussion, est sûrement le roi de France **Louis XII**. Ce dernier passe une commande privée à Vinci en 1499. Le peintre réalise plusieurs dessins très différents avant d'arriver à l'état final.
- Achevée vers 1510, cette **peinture religieuse** représente la Vierge assise sur les genoux de sa mère, Sainte Anne, qui tente de retenir l'enfant Jésus qui lui échappe. Si la représentation est courante depuis le XIIe siècle, **la manière de traiter le sujet a considérablement évolué à la Renaissance**.

2. La **composition** est basée sur la forme géométrique du **triangle** dans lequel s'inscrivent les trois personnages. Ce groupe repose sur un équilibre fragile et une cohérence étroite. Le **mouvement** est **descendant vers la droite** le long d'une ligne qui joint tous les visages, souligné par la lumière portée sur les carnations, et accompagné par les bras de Marie et de Jésus. C'est l'enfant, qui en s'échappant du groupe familial pour étreindre l'agneau – symbole du futur sacrifice du Christ – provoque le déséquilibre apparent de la pyramide maternelle formée par Anne et Marie.

3. Vinci remplace la ligne de contour et de démarcation, c'est-à-dire le dessin, par la **modulation chromatique** : les transitions entre les figures et les objets se font fluides. Cette **technique du *sfumato*, inventée par Léonard de Vinci**, qui consiste à **estomper les contours des formes**, est ici employée de manière à mettre en évidence à la fois l'originalité et la personnalité de chaque figure : ainsi le corps de Marie émerge-t-il de celui d'Anne, et celui de Jésus, de Marie.

• En arrière-plan, le paysage, une chaîne de montagnes aux sommets acérés et aux tons froids et purs, tranche avec la terre brune de l'avant-plan, par son caractère mystique, presque fantasmagorique.

• Fondée sur l'observation physique selon laquelle les couleurs d'un paysage bleuissent vers l'horizon, la **perspective atmosphérique** sert ici pour figurer l'austérité minérale d'un monde céleste imaginaire. Ce paysage met en valeur le **caractère sacré des personnages** du premier plan. L'arbre sur la droite, seul organisme vivant de cette contrée désertique, pourrait être l'emblème de l'homme, la trace de Joseph, personnage exclu de cette trinité sacrée.

4. Par la **composition**, le **mouvement**, la **lumière** et les **techniques picturales** utilisées, Léonard insiste sur le **sublime déchirement de l'humain et du divin** dans la naissance de Jésus. La position des corps imbriqués des deux femmes induit un équilibre fragile que compromettrait lui-même le corps de Jésus, ainsi exclu de l'humanité qui l'a enfanté.

• L'**étreinte avec l'agneau** peut être lue comme la véritable **naissance du christ** : une métamorphose directe de l'enfant dans le futur symbole de son martyre. Si la filiation terrestre est mise en évidence par le passage d'Anne à Marie, puis de Marie à Jésus, son origine céleste domine largement la scène par l'arrière-plan sur lequel vient s'inscrire le visage de Sainte Anne.

5. Cette **scène caractéristique de l'art chrétien** diffère totalement du Moyen Âge dans la manière de traiter le sujet. Les **techniques picturales** employées ici sont **novatrices**.

• En recourant à la perspective, mais en en détournant l'usage, en réduisant les contours et les délimitations, alors que le dessin domine encore la couleur au début de la Renaissance, **Léonard de Vinci révolutionne la conception de la peinture**.

• L'**originalité** vient aussi de la **composition** et du **traitement des personnages**, non plus hiératiques, mais positionnés en double mouvement d'accompagnement et d'éloignement. Ils expriment toutes sortes d'émotions qui humanisent les figures sacrées de la religion chrétienne : Marie, anxieuse, essaie d'empêcher Jésus de tomber en l'étreignant alors que Sainte Anne, souriante, semble incarner l'acquiescement au sacrifice divin. Ces personnages sont presque à la portée du spectateur si ce n'est la présence du fossé au premier plan.

• Enfin, l'inscription de cette **scène** dans un paysage naturel imaginaire est aussi **en rupture avec l'art religieux médiéval**.

LES MÉTHODES

Comparer deux caricatures

Comment faire

Comparer deux gravures satiriques révolutionnaires permet d'établir les transformations politiques et sociales entre deux régimes.

• Des documents spécifiques...

Une **caricature** est un document, le plus souvent un **dessin**, qui présente de façon exagérée et volontairement déformée une situation ou une personne. Elle porte un **jugement critique sous une forme humoristique**.

C'est une **arme de combat** pour dénoncer une situation politique ou un régime mais elle peut être aussi positive et défendre un point de vue. Elle s'accompagne souvent d'un texte en dehors ou à l'intérieur du dessin et d'un titre qui peut renvoyer au sens de l'image.

• ... à analyser...

Comme tout autre document iconographique, une caricature est un document à **décrire** et à **interpréter**. Elle emploie des **codes de représentation** et des **symboles** qu'il faut identifier en éclairant les références politiques par une **connaissance** très précise **du contexte historique** d'une époque.

Il faut enfin **dégager l'intérêt et la portée de la caricature** en évaluant son originalité, son efficacité et son degré de vérité.

• ... et à comparer

Les différences entre les positions et la tenue des personnages, les objets symboliques, les annotations et les titres doivent être précisément relevées et expliquées. Cette **analyse** doit montrer l'ampleur **des transformations constatées entre les deux caricatures**.

Exercice d'application

ÉNONCÉ

Étudiez les documents de la page suivante et répondez aux questions.

1. Présentez les documents en insistant sur le contexte historique d'apparition de telles gravures.

2. Décrivez la gravure A et déduisez-en ce que représentent les trois personnages.

3. Que dénonce l'auteur à travers cette caricature du printemps 1789 ?

4. Décrivez la gravure B en relevant les différences avec la gravure A.

5. De quelles transformations politiques et sociales ces deux gravures témoignent-elles ?

A. « Â faut espérer qu'eu s jeu la finira ben tôt »

B. « J'savais ben qu'jaurions not' tour »

▲ **Caricatures révolutionnaires du XVIIIe siècle.** Gravures anonymes coloriées, BNF, Paris.

CORRIGÉ

1. Les deux documents sont des **gravures anonymes coloriées, du dernier quart du XVIIIe siècle**, conservées à Paris à la Bibliothèque nationale. Ces **images satiriques** commencent à être diffusées au début de l'année **1789** dans un contexte de crise aiguë de la monarchie absolue et d'effervescence politique et sociale.

• En difficulté pour régler la crise financière, le roi, Louis XVI, annonce la **réunion des États généraux** pour mai 1789. L'élection des députés s'accompagne de la rédaction de cahiers de doléances qui libère la parole des Français. Dans ce contexte d'une **liberté de la presse** tacitement reconnue, les **gravures politiques** se multiplient et se diffusent rapidement.

• Réalisée au printemps 1789, la **première gravure** dénonce l'**inégalité de la société d'ordres**. La **seconde** témoigne des **changements politiques et sociaux** consécutifs à la première année de la Révolution française.

2. Cette gravure représente **deux personnages richement vêtus assis sur le dos d'un homme dépenaillé**. Ils symbolisent les **trois ordres de la société française** de l'Ancien Régime. À califourchon, on identifie d'abord le **clergé** (premier ordre de la société française) et la **noblesse**. Le clergé est reconnaissable à l'habit clérical et à la croix, et la noblesse à son chapeau et à son épée. Celui qui porte la charge symbolise le **tiers état**, représenté par un paysan qui porte des sabots et s'appuie sur son outil de travail.

• Ces personnages sont dans un champ où les lapins mangent les laitues et les oiseaux les graines qui viennent d'être plantées par le paysan qui s'échine au travail.

3. La **caricature** dénonce la société d'ordres et de privilèges de l'Ancien Régime. Elle met en évidence l'**inégalité sociale** profonde qui la caractérise en montrant concrètement la domination du clergé et de la noblesse qui pèsent sur le tiers état.

• Le paysan surchargé ne peut vivre décemment, d'autant moins que les animaux qu'il n'a pas le droit de chasser (droit de chasse de la noblesse) détruisent ses récoltes. Comme le souligne le titre, la **caricature exprime le souhait que cette situation cesse** en réclamant une société réorganisée selon un principe nouveau : l'**égalité**.

4. La position des trois personnages a changé. Le **tiers état est sur le dos de la noblesse**. Il a abandonné sa binette pour une épée et ramène fièrement un lapin qu'il a chassé. Les oiseaux qui mangent les récoltes sont morts et les laitues sont magnifiques. Le paysan porte une veste rouge sans accroc et arbore sur son chapeau, comme les deux autres ordres, la **cocarde tricolore**. Il frappe dans ses mains et donne le rythme au trio dirigé par le clergé qui porte la **balance de l'égalité**.

5. La seconde gravure montre que l'ordre social a changé. Les privilèges, l'impôt dû au clergé (la dîme) et les **droits seigneuriaux n'existent plus**. Ils ont été **abolis** par les députés dans la nuit du **4 août 1789**. Les principes de liberté et d'égalité de tous face à la justice, aux impôts et aux emplois sont proclamés fin août dans la **Déclaration des Droits de l'Homme et du Citoyen**.

• En abolissant les ordres et en supprimant les impôts inégalitaires, la **Révolution** permet au **tiers état** de prendre sa **revanche**. Les paysans, écrasés par les impôts, qui travaillent sous la domination du clergé et de la noblesse sous l'Ancien Régime (gravure A), peuvent maintenant donner le rythme à une **société nouvelle et égalitaire** (gravure B).

• Le changement politique évoqué par ces deux gravures représente donc le **passage d'une monarchie absolue de droit divin à une monarchie constitutionnelle** où la Nation est au cœur de la vie politique. La nouvelle monarchie est instaurée par une constitution rédigée en septembre 1791. Les annotations (*« Vive le Roi, Vive la Nation »*, *« Paix et concorde »*) permettent de dater la gravure des années 1790-1791, à une période où le roi, qui prête serment à la **Constitution**, semble accepter le régime.

1 Les populations de l'Europe dans le peuplement de la Terre

Le **continent européen** a joué un rôle prépondérant dans le peuplement planétaire, à la fois dans l'**augmentation de la population** mondiale et dans les grands mouvements migratoires modifiant la **répartition des êtres humains sur la Terre**.
Comment ont évolué, dans le cadre mondial, la population et le peuplement de l'Europe de l'Antiquité au XVe siècle, aux XVIe-XVIIe siècles puis au XIXe siècle ?

Ier siècle après J.-C. → **Un foyer majeur de peuplement ancien** → XVIe siècle → **Un foyer de peuplement en forte croissance** → XVIIIe siècle → **L'Europe au cœur des migrations mondiales** → XIXe siècle

- **Un foyer majeur de peuplement ancien** : Le foyer de peuplement européen trouve son origine dans l'Empire romain et se développe lentement tout au long du Moyen Âge.
- **Un foyer de peuplement en forte croissance** : Le foyer européen connaît les premières migrations vers les Nouveaux Mondes et la transition démographique amorce une croissance inédite de population.
- **L'Europe au cœur des migrations mondiales** : L'augmentation de population européenne et les grands mouvements de l'histoire (colonisation, industrialisation) incitent les Européens à émigrer dans le monde.

1 De l'Antiquité à l'époque moderne

A L'Europe, un foyer de peuplement ancien

• **Prépondérance des foyers eurasiatiques.** Au début de notre ère, près de 6 hommes sur 10 vivent **en Europe, en Mésopotamie, en Inde et en Chine**. Ailleurs sur le globe, le peuplement reste faible.

• **Le rôle de l'Empire romain dans le foyer méditerranéen.** L'**agriculture** (céréales, vigne, oliviers) a permis le développement d'un foyer de population. En l'an 200, l'Empire romain comprend **cinq des dix plus grandes villes du monde**, dont Rome qui compte 650 000 habitants.

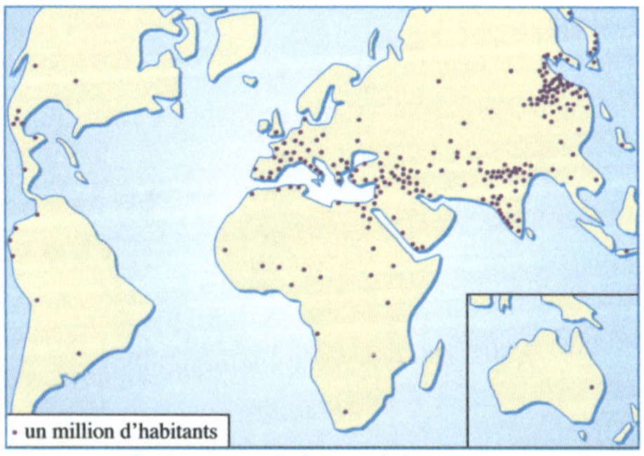

▲ La population mondiale au début de l'ère chrétienne.

B Un dynamisme démographique fragile

• **Une croissance démographique lente.** Pendant plus de mille ans, la population européenne progresse globalement mais lentement. En effet, bien que le taux de natalité soit fort, **le taux de mortalité reste élevé**. On parle d'un **régime démographique traditionnel**.

• **Un foyer sensible aux crises.** La croissance démographique dépend des **conditions de vie** (famine ou disette fréquentes) et du **contexte politique** (périodes de paix ou au contraire de désordres). Enfin, certains creux démographiques s'expliquent par les grandes épidémies (la **Peste Noire** au XIVe siècle).

2 Un foyer majeur à l'époque moderne

A L'Europe, espace d'émigrations (XVIe-XVIIIe siècles)

• **Les premières migrations européennes vers le continent américain.** Après la **découverte de l'Amérique** (1492), Espagnols et Portugais se lancent à la conquête du Sud du continent. Anglais, Hollandais et Français installent des comptoirs dans le Nord. Mais l'**implantation européenne** reste d'abord faible.

• **La population amérindienne sous l'influence européenne.** Les Européens bouleversent la population locale : les **maladies venues d'Europe** déciment une partie des Amérindiens ; à partir de 1650, les Européens importent de nombreux **esclaves africains** pour travailler dans les plantations.

• **Des migrations en Asie, Afrique et Océanie.** Les guerres de religion amènent certains **protestants** à s'exiler en **Afrique du Sud**. La France développe ses **comptoirs en Afrique et en Asie**. Explorateurs et missionnaires se lancent dans des **expéditions en Océanie et en Asie**. Enfin, la Russie s'étend peu à peu vers l'Asie.

B Le XVIIIe siècle et l'essor démographique de l'Europe

• **L'envol de la démographie européenne au XVIIIe siècle.** Alors que les **progrès agricoles** font disparaître les famines, les **progrès de la médecine** font reculer les épidémies et la mortalité infantile : c'est la première phase de la **transition démographique**.

• **Un léger ralentissement.** À la fin du XVIIIe siècle, on note un **recul progressif de la natalité**, notamment sous l'effet du **malthusianisme**. L'Europe entre dans la deuxième phase de la transition démographique.

Mots-clés

• **Transition démographique** : période au cours de laquelle la mortalité diminue, tandis que la natalité se maintient longtemps à un niveau élevé, puis baisse à son tour. Durant cette période de transition, la population augmente fortement. Par la suite, elle augmente beaucoup plus lentement.
• **Malthusianisme** : théorie selon laquelle il faut limiter les naissances pour contrôler les besoins d'une population et conserver le patrimoine familial.

3 1800-1900 : l'Europe au cœur des migrations mondiales

A Renforcement des foyers européens

En 1900, sur les neuf zones qui possèdent une population supérieure à 40 millions d'habitants, on discerne **l'Allemagne, l'Angleterre et la France** ainsi que deux zones pionnières de la périphérie européenne : **les États-Unis et la Russie**.

B Les impérialismes européens

La croissance nourrit l'émigration et la colonisation. Éclatant hors de leurs frontières, **les Européens émigrent en masse** dans toutes les directions. Certains territoires conquis au cours du XIXe siècle deviennent des **colonies de peuplement**, comme l'Algérie pour la France (1830).

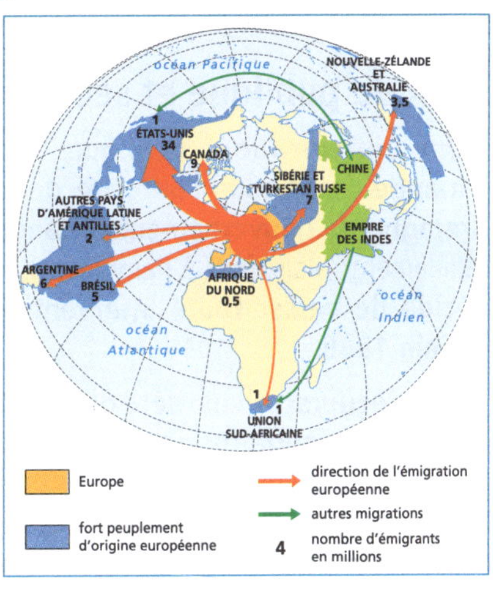

L'émigration européenne au XIXe siècle. ▶

2 L'émigration des Européens au XIXe siècle : le cas irlandais

Entre 1820 et 1920, on estime à 55 millions le nombre d'**Européens** qui ont **quitté le continent**, dont plus des deux tiers **pour les États-Unis ou le Canada**.
La **Grande Famine** donne à l'**émigration irlandaise** une ampleur sans équivalent qui dure plusieurs décennies. Mais l'afflux de ces migrants provoque des réactions hostiles et ils se heurtent à une **difficile intégration**.

1845-1848
Une famine dévastatrice →
Au milieu du XIXe siècle, suite à des désastres agricoles et politiques, l'émigration irlandaise s'accélère : la population affamée n'a d'autre choix que de périr ou émigrer.

Milieu XIXe siècle
Une émigration de masse →
Plus d'1,5 million d'Irlandais émigrent vers les États-Unis et voyagent dans des conditions terribles auxquelles beaucoup ne survivent pas.

XIXe siècle
Une intégration difficile
Les émigrés irlandais ne sont pas acceptés et vivent en ghettos. Mais ils s'intègrent peu à peu. La deuxième génération accède à la vie publique et politique.

1 La Grande Famine en Irlande (1845-1849)

A Une crise agricole d'une ampleur inédite

• **Les disettes, un phénomène récurrent.** L'Irlande a connu des **crises alimentaires** dans les années 1720, en 1740-1741 ou encore dans les années 1830. Elles s'expliquent surtout par l'**importante croissance de la population** : en 1841, on compte plus de 8 millions d'habitants en Irlande.

• **Des famines qui se succèdent.** Les **terres agricoles** sont divisées en **minuscules parcelles**, à peine suffisantes pour subvenir aux besoins des paysans. La **pomme de terre**, élément de **base de la nourriture irlandaise**, est frappée par la maladie et les récoltes sont anéanties.

▲ **Enfants à la recherche de pommes de terre.**
Dessin de l'Irlandais James Mahony.
Illustrated London News, 22 décembre 1849.

B Aide publique et secours privés

• **Une intervention publique insuffisante. L'Irlande étant sous l'autorité de la Grande-Bretagne, le gouvernement britannique** réagit rapidement. Mais, face à l'ampleur du désastre, il **décide de cesser toute intervention à partir de juin 1846**.

• **Des secours privés dérisoires.** Des **organisations humanitaires** sont créées. Des soupes populaires s'ouvrent dans tout le pays, les dons affluent de l'Empire, d'Europe, des États-Unis. Mais les **secours** sont très **insuffisants**.

C Des millions d'Irlandais affamés

• **Une société en faillite.** Il n'y a plus d'état civil, plus de cérémonies religieuses, plus de cercueils. Des **milliers d'affamés mendient** à travers tout le pays et beaucoup meurent. Les crimes se multiplient. On enregistre quelques cas de cannibalisme.

• **Émigrer ou périr.** La **population irlandaise** n'a bientôt d'autre alternative que **périr ou émigrer** : plus d'un million de personnes meurent de faim ou de maladie et un million et demi d'Irlandais émigrent.

2 Une émigration de masse vers les États-Unis

A Les États-Unis, l'espoir d'un Nouveau Monde

• **Une traversée éprouvante et risquée. Ils sont des milliers à s'embarquer pour l'Amérique.** Des navires chargés d'émigrants appareillent de tous les ports d'Irlande, sans respect des consignes de sécurité. La traversée s'effectue dans des conditions particulièrement dures. Certains bateaux partent sans les quantités réglementaires de vivres et d'eau ; d'autres font naufrage.

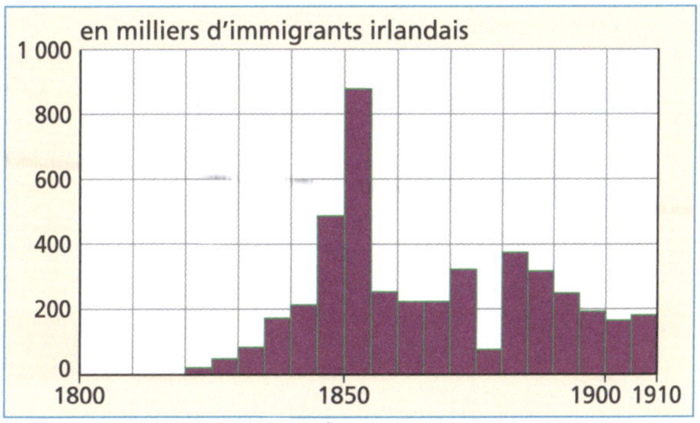

▲ L'émigration irlandaise aux États-Unis au XIXe siècle.

• **La quarantaine à l'arrivée.** Une fois **à destination**, ils sont rassemblés dans des **stations de quarantaine** inaptes à accueillir cette foule décharnée et fiévreuse. Les médecins et les rations alimentaires font défaut, l'eau est polluée. **Beaucoup meurent**.

• **Un accueil hostile.** L'opinion publique locale se méfie de cette foule indigente : les ouvriers redoutent la concurrence, les bourgeois y voient un ferment de troubles. **Heurts et bagarres éclatent, les actes xénophobes se multiplient**.

> **Mot-clé**
>
> **Xénophobie** : du grec *xenos*, étranger, et *phobia*, peur ; peur ou hostilité à l'égard des étrangers qui se traduisent par des actes de violence et de rejet.

B Une intégration difficile

• **Des Irlandais qui s'isolent. Fixés sur la côte est des États-Unis**, les immigrés s'entassent dans des **ghettos** urbains misérables. À New York, ils représentent bientôt 25 à 30 % de la population totale. Ils vivent en vase clos, ont **leurs codes, leurs églises, leurs gangs**. Dans de telles conditions, beaucoup plongent dans l'alcoolisme et la violence.

• **Des emplois d'abord peu qualifiés.** Très vite, ils forment une main-d'œuvre capable de s'adapter à la demande locale : ils occupent les **fonctions de domestiques**, s'enrôlent pour la **construction des voies de communication et des villes.** Leur combativité leur assure peu à peu une certaine **hégémonie dans le monde ouvrier** américain. En même temps, les Irlandais contrôlent les réseaux criminels.

• **À la conquête d'une reconnaissance sociale.** La génération suivante s'installe dans les **petits commerces**, l'**administration** et surtout la **police**. Les Irlandais contrôlent bientôt l'Église catholique et se lancent rapidement dans la **politique**, à la conquête des municipalités.

3 Citoyenneté et démocratie à Athènes (Vᵉ-IVᵉ siècles av. J.-C.)

La **citoyenneté** est la **qualité qui permet aux habitants d'un État de participer à sa vie politique**. C'est à la **fin du VIᵉ siècle av. J.-C.** que la cité-État d'**Athènes** adopte la **démocratie**. Si **les citoyens sont au cœur des institutions**, la citoyenneté ne concerne que 15 % de la population totale. La démocratie est donc un **objet de débat** au sein de la société athénienne.

Des droits	Des devoirs	La participation à la vie de la cité	Une démocratie discutée
Fondé sur le droit du sang, le statut de citoyen accorde des droits politiques, juridiques, religieux et culturels.	En contrepartie, le citoyen doit participer à la défense de la cité et au financement de son fonctionnement.	La participation des citoyens aux décisions législatives et juridiques est encouragée même si elle favorise souvent les plus riches.	Valorisée par ses contemporains, en particulier philosophes et dramaturges, la démocratie fait aussi l'objet de critiques.

1 Être citoyen à Athènes

A Les droits du citoyen athénien

• **Un droit du sang.** Pour devenir citoyen, il faut être de **sexe masculin, né d'une union légitime entre un citoyen athénien et une fille de citoyen athénien**. En 451 av. J.-C., sur 300 000 habitants, seuls 40 000 sont citoyens.

• **Des droits politiques.** Un Athénien peut assister aux séances de l'**Ecclesia** – **l'assemblée des citoyens** – pendant lesquelles il participe aux débats et exerce son droit de vote pour légiférer. Il peut aussi exercer temporairement une charge publique.

• **Des droits juridiques.** Tous les **citoyens sont égaux devant la loi**. Lorsqu'on est orphelin de guerre ou gêné par la pauvreté, on peut bénéficier d'aides financières.

• **Des droits religieux et culturels.** La **religion** imprègne très étroitement la **vie politique**. Le citoyen a la possibilité d'être désigné pour exercer une charge de prêtre et a le droit de participer aux nombreuses fêtes et aux repas sacrificiels qui réunissent l'ensemble des citoyens.

Mot-clé

Culte civique : culte rendu aux dieux dans le cadre de la cité ; les Grecs en général et les Athéniens en particulier sont persuadés qu'il est nécessaire de rendre un culte aux dieux poliades, protecteurs de la cité : un bon citoyen est quelqu'un qui honore les dieux de sa cité.

B Les devoirs du citoyen athénien

• **La défense de la Cité.** À **18 ans,** le citoyen fait **deux ans de service militaire**. En cas de mobilisation, il est affecté à un poste en fonction de sa fortune puisque **chacun fournit et entretient son équipement**.

• **Des obligations financières. Le citoyen doit participer** selon ses revenus **aux dépenses publiques**, par exemple financer le commandement d'un navire de guerre.

2 La participation à la vie de la cité

A Les citoyens au cœur des institutions

• **Le pouvoir législatif.** L'**Ecclesia** est l'**institution de base** de la démocratie. Tous les sujets relatifs à la vie de la cité y sont abordés mais on ne vote une loi que si le texte est auparavant passé par le **Conseil**. Ce denier regroupe **500 citoyens tirés au sort**.

• **Le pouvoir juridique.** La **justice** est rendue par **deux tribunaux**. Les **crimes de sang** sont jugés par l'**Aréopage**, composé d'anciens magistrats. Les **autres affaires** sont jugées devant l'**Héliée**, tribunal populaire.

B Les limites de la participation citoyenne

• **L'absentéisme.** Il ne vient jamais plus de 6 000 citoyens à l'Ecclesia. C'est pourquoi, au début du IVe siècle, une **indemnité journalière**, le **misthos**, est créée pour encourager les citoyens à participer.

• **Les plus riches avantagés.** Les **magistratures** restent entre les mains des plus riches. Leur fortune leur permet, grâce à leurs études, de maîtriser l'**art de la rhétorique** mais aussi de participer largement aux dépenses publiques. Ils obtiennent ainsi plus facilement les faveurs du peuple.

3 La démocratie discutée par ses contemporains

A La démocratie, sujet de débat

• **Le point de vue des lettrés.** En favorisant la **liberté d'expression**, Athènes attire de nombreux intellectuels. Le régime devient alors le sujet des auteurs contemporains, surtout des **philosophes** et des **auteurs dramatiques**.

• **La critique théâtrale.** La **tragédie** ou la **comédie** sont l'occasion d'un **débat** attentivement suivi par les citoyens.

B L'évolution des regards contemporains

• **Une démocratie glorifiée.** Au début du Ve siècle, les Athéniens font l'éloge de leur régime. Dans *Les Perses*, **Eschyle** fait de la victoire d'Athènes contre les Perses à Salamine, un élément fondateur de la démocratie ; dans *Les Suppliantes*, **Euripide** souligne la grandeur de la démocratie en comparant ses valeurs à celles des autres régimes.

• **Des critiques de moins en moins acceptées.** À la fin du siècle, **les critiques**, plus nombreuses et plus acerbes, **deviennent risquées**. C'est ainsi que le philosophe **Socrate** est condamné à mort.

Personnage-clé

Socrate (469-399 av. J.-C.) : son enseignement de philosophe est combattu par certains politiciens favorables à la démocratie, qui l'accusent de pervertir la jeunesse en lui apprenant le libre examen. Il est condamné à boire la ciguë, poison mortel. On connaît la pensée de Socrate essentiellement par les écrits de Platon et de Xénophon et par les critiques d'Aristophane.

4 Citoyenneté et Empire à Rome (Ier-IIIe siècles)

Dès le règne d'**Auguste**, premier empereur romain en **27 av. J.-C.**, les Romains réussissent à faire **l'unité de l'Empire** autour de la mer Méditerranée. Par étapes, l'Empire romain facilite **l'accès à la citoyenneté**, notamment aux peuples conquis.

Début du Ier siècle		Au cours du Ier siècle-IIe siècle		IIIe siècle
Un statut réservé aux hommes libres de l'Italie actuelle	→	**Ouverture vers la citoyenneté pour les peuples conquis**	→	**Vers une citoyenneté universelle**
Le citoyen romain jouit d'une protection juridique spécifique mais bénéficie de faibles droits politiques.		L'affranchissement des esclaves, le service militaire et l'essor du droit latin sont les premières étapes vers une citoyenneté accessible à tous.		L'édit de Caracalla, en 212, accorde la citoyenneté romaine à tous les hommes libres de l'Empire.

1 Être citoyen romain sous l'Empire

A Des droits et des devoirs spécifiques

• **Les devoirs fiscal, militaire et religieux.** Le **citoyen** doit acquitter des **impôts spéciaux** comme les 5 % sur les héritages. Tout **jeune homme entre 18 et 21 ans**, reconnu apte par le **conseil de révision** peut devenir légionnaire et servir l'Empire pendant 25 ans. Il doit aussi **participer à la religion d'État** et se comporter conformément aux intérêts de Rome.

> **Mot-clé**
>
> **Droit latin :** ce droit confère aux magistrats des cités de l'Empire la citoyenneté romaine à leur sortie de charge pour eux-mêmes, leurs parents et leurs enfants mineurs. Ce droit confère toutefois un statut inférieur à celui du droit romain.

• **Un statut juridique privilégié.** Par rapport au pérégrin, étranger libre de l'Empire, le citoyen romain jouit d'un droit très élaboré, supérieur aux droits locaux. Il est **justiciable devant les seuls magistrats romains** en pouvant, en appel, recourir au jugement de l'empereur.

• **Des exemptions avantageuses.** Il bénéficie aussi d'**exemptions d'impôts** et, surtout, **ne doit pas payer le tribut**. Toutefois, la diffusion de la citoyenneté a fini par causer des problèmes au fisc et les dispenses sont peu à peu supprimées.

B Une citoyenneté vidée de son contenu politique

• **Une participation citoyenne hiérarchisée et inégalitaire.** Les fonctions politiques les plus importantes sont **réservées aux riches et aux nobles**, qui appartiennent aux **ordres sénatorial et équestre**. Le peuple perd la possibilité d'accéder aux **magistratures inférieures**.

• **Un nouveau statut social.** Les **droits politiques disparaissent** de fait, sans avoir jamais été abolis en droit. Si la **citoyenneté** n'offre plus la participation directe aux affaires, elle permet de faire partie de la **classe dirigeante** et d'acquérir un statut social.

2 L'ouverture de la citoyenneté

A L'extension progressive de la citoyenneté au début de l'Empire

• **Une grande part de la population exclue.** Au **milieu du Ier siècle après J.-C., tous les hommes libres de l'Italie** actuelle, soit 5 à 6 millions de personnes **sont citoyens**, c'est-à-dire moins d'un dixième de la population totale.

• **L'octroi de la citoyenneté.** Les deux premiers mécanismes d'extension de la citoyenneté sont l'**affranchissement des esclaves** et le **service militaire** dans des unités auxiliaires. Le processus est renforcé par l'**octroi de la cité** à un individu ou à une collectivité par la faveur impériale et par l'essor du droit latin qui gagne la moitié occidentale de l'Empire avant la fin du Ier siècle.

B Le cas de la Gaule chevelue (de l'Aquitaine à la Belgique)

• **L'intégration des notables gaulois.** Les premiers empereurs tentent d'intégrer dans le corps civique les **élites locales des peuples conquis**. La découverte à Lyon au XVIe siècle d'un bronze appelé « les tables claudiennes » permet de comprendre le rôle de l'**empereur Claude** (41-54), premier empereur né hors d'Italie, dans la diffusion de la citoyenneté dans la Gaule du nord, la Gaule chevelue, conquise près d'un siècle auparavant par César.

• **Les tables claudiennes.** Ces tables retranscrivent le **discours** de Claude prononcé à Rome devant le Sénat en 48, **en faveur des notables Gaulois** qui souhaitent le **droit de cité complet**, égal à celui des citoyens de Rome. Pour convaincre le Sénat, Claude insiste sur la **tradition politique de Rome** dans la propagation du droit de cité et sur la loyauté des Gaulois.

C Vers une citoyenneté universelle

• **L'édit de Caracalla.** En 212, l'**empereur Caracalla** (211-217) promulgue la « **constitution antonine** », un texte de loi qui donne la **citoyenneté romaine à tous les hommes libres de l'Empire**, sauf aux déditices, vaincus libres, une catégorie toutefois peu nombreuse. Cet édit étend la qualité de citoyen romain à de nombreuses populations jusque-là écartées par l'humilité de leur condition.

• **Des motivations politiques.** Cet édit, publié au début du règne de Caracalla, peut éventuellement lui permettre de raffermir son jeune pouvoir en contentant et fidélisant le peuple des provinces romaines.

• **Des motivations économiques.** Les opposants de l'empereur attribuent plutôt cette décision à des raisons fiscales. Certains impôts, en particulier sur les successions, dont Caracalla vient de porter le taux de 5 à 10 %, ne sont jusqu'alors dus que par les citoyens romains. Le nombre de contribuables augmente donc considérablement.

• **La citoyenneté pour tous les hommes libres.** Ce texte constitue à la fois l'**aboutissement de l'ouverture de la cité** commencée au début du Ier siècle et la **fin de la suprématie du citoyen romain sur les autres citoyens de l'Empire**. Que tous les habitants libres en 212 soient citoyens romains n'empêche pourtant pas la **société romaine** de rester très **hiérarchisée et inégalitaire**.

Histoire

5 La chrétienté médiévale

Au XIe siècle, l'Europe est chrétienne. Convertis par des siècles d'évangélisation, **peuples et souverains croient en l'existence de Dieu** et suivent le message de Jésus, répété et développé par l'Église romaine conduite par le **pape**. On assiste aux XIIe-XIIIe siècles à une **nouvelle expansion** de la chrétienté.

XIe siècle	XIIe-XIIIe siècle	XIIIe siècle
L'affirmation de la chrétienté	**La chrétienté confrontée à des difficultés internes et externes**	**Une Europe presque entièrement christianisée**
Le clergé fixe les règles de la société et encadre une population chrétienne profondément croyante. L'Église appelle à la Première Croisade.	L'autorité spirituelle du pape est contestée par certains souverains et certaines hérésies comme les Cathares. Les croisades ne permettent pas de reconquérir Jérusalem, passée sous domination musulmane.	La fondation d'ordres religieux puissants et le début de la Reconquista manifestent l'apogée de la chrétienté au XIIIe siècle. À la fin du siècle, des dissensions internes la déchirent et permettent aux musulmans de s'emparer définitivement de la Palestine

1 Une société chrétienne

A Le clergé, cadre de la société

• **Le clergé séculier.** La **chrétienté** est **divisée en diocèses**, chacun administré par un **évêque**. Sous son autorité, les **curés** dirigent les **paroisses**. **Évêques et curés, mêlés au monde**, forment le **clergé séculier**.

• **Les pouvoirs juridiques de l'Église.** L'Église possède les **officialités, tribunaux** particuliers qui jugent selon un droit spécial, le **droit canon**. Ainsi, toute personne qui recourt au droit d'asile des églises et des cimetières relève des officialités.

▲ Un baptême. Miniature du XIIIe siècle.

• **Le clergé régulier.** À côté, existe le **clergé régulier** formé de **moines qui vivent** selon une règle de vie précise **dans des monastères ou abbayes**. Ils partagent leur temps entre le travail manuel, intellectuel et la prière.

Personnage-clé

Bernard De Clairvaux (1090-1153) est un moine cistercien qui fonde l'abbaye de Clairvaux, en Bourgogne, en 1115. Bien que la vie des moines y soit particulièrement austère, les enseignements de Bernard et sa charité le font connaître dans toute la région et attirent beaucoup d'hommes à son monastère. Bernard conseille les papes, appelle les évêques et les abbés à se réformer, parcourt l'Europe pour apaiser les conflits seigneuriaux. Il prêche la deuxième croisade en 1146 et intervient pour faire cesser les massacres de juifs dans l'empire.

B Être chrétien

• **Un contact étroit avec l'Église.** Encadrés par le clergé, les **chrétiens** vivent dans le but de **devenir meilleurs** afin que, après leur mort, leur **âme aille au Ciel et évite l'Enfer**. Ils sont en contact avec l'Église tout au long de leur vie.

• **Une profonde dévotion. Baptisés** souvent à la naissance, ils se rendent régulièrement dans les nombreuses églises pour prier et pratiquer les sacrements. Ils donnent un dixième de leurs revenus, la **dîme**, au clergé pour les œuvres.

2 La chrétienté entre périls et réformes (XIIe-XIIIe s.)

A Les problèmes intérieurs et extérieurs

• **Le temporel contre le spirituel.** Depuis la fin de la *Querelle des investitures* (1122), **l'autorité spirituelle du pape prime sur l'autorité temporelle des princes**. En **Angleterre**, l'assassinat en 1170 de l'archevêque **Thomas Becket** indigne l'Europe, ce qui oblige le roi **Henri II** à se soumettre au pape. En **Allemagne**, l'empereur Barberousse revendique un pouvoir absolu sur le clergé.

• **Les hérésies.** Au même moment, **de nombreuses hérésies se multiplient en Europe**. La plus importante est celle des **Cathares** dans le sud de la France. Le pape appelle les chevaliers à une croisade qui y met fin après de longs combats.

• **Les problèmes extérieurs.** Face aux **attaques musulmanes**, la **deuxième et la troisième croisades** sont lancées. Mais les querelles entre les rois les mènent à l'**échec**. **Jérusalem reste aux mains de Saladin**. En Asie, le **chef mongol Gengis Kahn conquiert la Russie chrétienne**.

B Réformes et apogée de la chrétienté occidentale

• **Le rayonnement de nouveaux ordres religieux. Deux ordres missionnaires** sont fondés : les **frères mineurs** par l'italien **François d'Assise**, les **frères prêcheurs** par l'espagnol **Dominique**. Ce dernier ordre donne de grands professeurs d'université comme **Thomas d'Aquin**. Il prêche la *Reconquista* espagnole et encourage la **quatrième croisade**.

• **Louis IX et la Sainte-Chapelle.** Le roi **Saint-Louis** domine le XIIIe siècle français. Particulièrement pieux et préoccupé du soin des pauvres, il multiplie les œuvres comme l'**Hôtel-Dieu**. Il dirige deux croisades et revient de l'une d'elles avec la Couronne d'épines du Christ pour laquelle il fait construire la **Sainte-Chapelle** à Paris.

Édifice-clé

La Sainte-Chapelle, construite sur l'île de la Cité à Paris, est longue de 36 m et large de 17 m. Elle s'élève à 42 m et compte deux chapelles superposées. La chapelle haute, dédiée à la famille royale et aux grands officiers, marque l'aboutissement de toutes les recherches de l'art gothique sur le voûtement et l'éclairage. Chacune des 15 verrières compte 1 134 scènes de vitrail. Un peu en arrière de l'autel s'élève un baldaquin en bois sous lequel étaient exposées les reliques.

C La chrétienté en déclin ?

À la **fin du XIIIe siècle**, les divisions au sein de l'église chrétienne favorisent l'expansion de la religion musulmane. Chaque élection d'un pape est troublée par les rivalités entre les familles romaines. Les **luttes intestines qui déchirent la chrétienté** empêchent toute nouvelle croisade et **la Palestine tombe définitivement aux mains des musulmans**.

6 Sociétés et cultures rurales

Du XIe siècle au XIIIe siècle, les sociétés rurales se sont perfectionnées. Chaque **paysan** est intégré dans une **communauté** qui constitue la **cellule de base de la société rurale**. Parallèlement, **dans le monde seigneurial**, triomphe l'**idéal chevaleresque**.

Une société paysanne communautaire

En lien avec le représentant de l'église, la communauté paysanne gère la vie du village et l'organisation du travail agricole. L'accès à une certaine autonomie vis-à-vis du seigneur, dans le cadre de franchises, permet l'émergence d'assemblées politiques.

Une société féodale complexe

Basée sur la foi chrétienne et encadrée par l'église, la féodalité instaure un réseau complexe et hiérarchisé entre seigneurs et vassaux. Les chevaliers sont les bras armés de la féodalité dont ils défendent les valeurs réelles et magnifiées par la littérature.

1 Les communautés paysannes

A Les solidarités paroissiales et agraires

• **La paroisse, premier pôle d'identité paysanne.** Lieux de paix et sols d'asile, les **centres paroissiaux** (église et cimetière) permettent aux paysans de se rapprocher. En lien avec le curé, la communauté gère les revenus financiers de la paroisse, entretient locaux et mobiliers et organise des structures de piété et de charité.

• **Des compétences communautaires agraires.** La communauté paysanne intervient dans les aspects de la vie agraire qui touchent les intérêts communs des exploitants. Entre autres, elle fixe le **calendrier des grands travaux** et gère les modalités d'usage des espaces communautaires.

B L'affirmation des communautés villageoises

• **La formation de communautés villageoises.** Le regroupement des populations dans les villages a contribué à former ces communautés. L'**entraide** et les voisinages ont fondé un **esprit de corps à la base des communautés**. Cette union se construit à la taverne, au moulin, au lavoir, et se manifeste sur la place publique, lors du marché ou des fêtes.

• **La concession de franchises.** Les intérêts convergents des seigneurs et des paysans donnent lieu à des compromis : les **franchises**. Elles garantissent un certain nombre de **droits judiciaires, économiques et sociaux** à la communauté. En contrepartie, le **seigneur** reçoit des taxes – comme la **taille** et les **péages** – dont le montant est tarifé et les modalités de versement fixées par la coutume.

• **L'apparition d'assemblées politiques.** Ainsi naissent des **assemblées politiques** aux formes très diverses. Pour y assister, il faut résider sur place et être propriétaire. Cependant, peu à peu, l'autorité initiale de l'assemblée passe entre les mains d'un conseil de 20 à 30 membres qui prend les décisions avalisées par l'assemblée villageoise.

2 La féodalité, entre réalités et imaginaire

A Suzerains et vassaux

• **Un réseau complexe de réciprocité de services.** Dans le désordre causé par l'**effondrement de l'autorité carolingienne** devant les invasions, la **féodalité** se met spontanément en place. Elle constitue une **structure pyramidale du plus faible au plus fort**, dont la pointe est le roi ou l'empereur. Elle repose sur la foi chrétienne, qui lui donne une valeur sacrée.

> **Mot-clé**
>
> **La féodalité** peut être définie comme l'ensemble des relations de subordination établies entre les seigneurs, aux différents niveaux de puissance : des rois, des ducs ou des comtes, des châtelains, des petits seigneurs. C'est un réseau complexe et très varié d'engagements mutuels, de services et de défense.

• **Des relations qui reposent sur des rites sacrés.** Une double relation hiérarchique s'est nouée entre les seigneurs : par l'**hommage** juré sur les Évangiles, un seigneur se reconnaît le vassal d'un autre et s'engage à l'aider et à le servir ; en échange, il reçoit un bien, **une terre** souvent, **le fief**. L'Église surveille l'observance de cette relation par l'**excommunication** et l'**interdit**.

B Les chevaliers, figures idéales de la féodalité

• **Les chevaliers, bras armés de la féodalité.** La force des seigneurs repose sur leurs **chevaliers**. Ce sont des cavaliers dont la conduite doit suivre des **valeurs morales** : l'honneur, le courage et la justice. Pour être chevalier, il faut être fort, bon cavalier et habile à manier les armes.

• **De l'idéal à l'imaginaire.** Les chevaliers élaborent un **code d'honneur** diffusé et proposé en modèle par la littérature. Leurs **exploits réels ou imaginaires** sont **racontés par les trouvères**.

• **De Roland à Arthur.** ***La Chanson de Roland*** (XIe siècle) fut la première épopée chevaleresque en France ; au XIIe siècle, **Chrétien de Troyes** écrit les aventures des chevaliers du roi Arthur, de Perceval **à la conquête du Graal** et de Lancelot, modèle du chevalier par excellence, sans cesse confronté à des choix difficiles.

▲ Huit étapes de *La Chanson de Roland* en une image, in *Grandes Chroniques de France*, Milieu du XVe siècle.

> **Notion-clé**
>
> **Les principales étapes de la vie d'un chevalier**
>
> Vers 20 ans, l'écuyer est fait chevalier par la cérémonie de l'adoubement au cours de laquelle il reçoit son épée. Puis le chevalier part seul à la recherche d'exploits et d'aventures. C'est le temps des épreuves et aussi d'une grande liberté. Son activité essentielle consiste à combattre dans les tournois. Et, souvent, vient un temps où il s'engage dans des aventures plus sérieuses comme les croisades. Enfin, une fois marié, il s'établit.

7 Sociétés et cultures urbaines

Du XIe siècle au XIIIe siècle, les **sociétés urbaines**, quoique minoritaires face aux sociétés rurales, **se sont affirmées** et développées. L'essor urbain s'accompagne du **développement de l'autonomie municipale**. Des villes comme **Cologne** ou **Florence** témoignent de ce phénomène.

Les villes : un rôle et un fonctionnement spécifiques

Les villes sont le lieu des pouvoirs religieux et judiciaire mais aussi des centres de savoirs et commerciaux. Chaque ville est dirigée par un conseil qui a obtenu son autonomie vis-à-vis du seigneur dans le cadre d'une franchise.

Des villes aux origines diverses

Issues d'une cité romaine ou de la réunion d'espaces plus modestes ou villes nouvelles, les villes médiévales vivent en lien avec les campagnes qui les entourent et établissent des réseaux entre elles.

1 Dynamisme et ouverture du monde urbain

A Le rôle croissant des villes

• **Activités et fonctions urbaines.** Les villes ont une **fonction religieuse forte**. Ce sont aussi des **lieux de justice** ainsi que de savoirs (**universités**). Enfin, les villes sont des **acteurs commerciaux** au rayon d'action de plus en plus large. Les **artisans** s'y rassemblent dans des **associations de métiers** stables et permanentes, les **corporations**.

• **L'impulsion du monde marchand.** Tout indique le rôle grandissant des **hommes d'affaires**, des **marchands** et des **donneurs d'ouvrages** de qui dépendent les autres citadins.

• **Villes et campagnes : des liens complémentaires.** Des **activités rurales** subsistent en ville : jardins, petit élevage *intra muros*. Certains possèdent des terres qu'ils cultivent près de la ville et gardent des liens avec leur village d'origine. **Les villes dépendent de la prospérité des campagnes** ; elles accélèrent la demande en ravitaillement et stimulent l'économie rurale.

B Communautés et gouvernement urbain

• **Négociations avec le monde seigneurial.** Les sociétés urbaines se fondent durablement lorsqu'elles obtiennent du pouvoir un acte qui définit leurs libertés en échange de taxes diverses payées aux seigneurs. Cette **reconnaissance juridique** passe par des chartes, ou **franchises**.

• **Échevinages et consulats.** Les **échevinages** (Nord) et les **consulats** (Sud) désignent les conseils et assemblées qui exercent le pouvoir dans la ville.

• **Les limites de l'exercice du pouvoir.** Faire partie de cette communauté, c'est **être « bourgeois »**, c'est-à-dire habiter la ville depuis plus d'un an, posséder une maison ou des biens. De plus, les charges municipales sont occupées par la minorité des gens riches et puissants.

Mot-clé

Bourgeois : à l'origine, celui qui habite le bourg, la ville, par opposition au paysan qui habite le plat pays. Pour être bourgeois, il faut payer un droit de bourgeoisie ; les bourgeois sont donc des artisans aisés, des marchands, des banquiers ou changeurs.

2 Diversité des villes

A Des réseaux urbains anciens

• **Origines du réseau urbain médiéval.** Dès le **XIe siècle**, un renouveau urbain se produit à partir de villes qui possèdent un héritage romain. Il est aussi le fruit de la réunion de plusieurs noyaux primitifs et de leurs espaces intermédiaires. Enfin, des **villes neuves** sont **créées**, prévues et réalisées par le pouvoir.

• **Des réseaux urbains basés sur de nombreuses petites villes.** Quelques grandes villes, comme **Venise** ou **Paris**, **dépassent les 100 000 habitants**. Beaucoup d'autres rassemblent entre 10 000 et 100 000 habitants : Bruges, Toulouse ou Londres, centres industriels et marchands ou centres internationaux universitaires. Enfin, il existe un **semis de petites villes** fort actives.

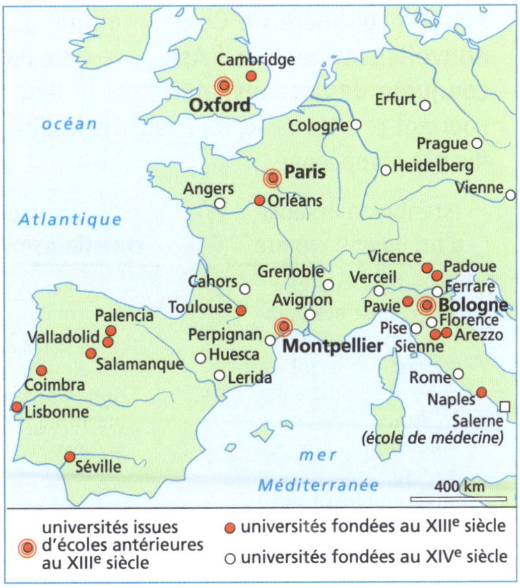

▲ Les universités en Europe au XIIIe et XIVe siècle.

B Un exemple de l'Empire germanique : Cologne

• **Une cité ancienne et marchande.** La « mère des villes allemandes » fut une **cité prospère** dans la vallée du Rhin, ce qui lui a permis de profiter largement du démarrage économique au XIe siècle. Le commerce s'intensifie et des marchands étrangers la fréquentent.

• **L'extension au-delà des remparts.** La ville se développe avec l'**urbanisation de l'espace** entre la vieille muraille romaine de la cité et le fleuve. Comme ailleurs, une enceinte nouvelle est construite au début du XIIe siècle : elle protège un espace de 197 hectares.

• **Constitution précoce de la communauté urbaine.** La **guilde marchande** est à l'origine de l'organisation interne de la jeune communauté urbaine. **En 1112, la commune est reconnue par l'archevêque.** C'est en 1216 que le conseil apparaît.

C Un exemple dans l'espace méridional : Florence

• **Une ville franchisée fondée sur le commerce.** Avec le renouveau économique du XIe siècle, les bourgs florentins gonflent et les premiers éléments d'un **gouvernement autonome** apparaissent (1125-1138). La ville s'assure une position solide fondée sur la **draperie de luxe** et le **commerce de l'argent lié au prêt à intérêt**.

• **Renforcement du pouvoir marchand.** Au début du XIIIe siècle, le gouvernement est dirigé par un **podestat** – magistrat extérieur à Florence, recruté pour ses compétences. Peu à peu dominée par les marchands, la commune fonde les bases durables de son gouvernement.

• **Croissance topographique de Florence.** La ville compte 95 000 habitants. Une **nouvelle enceinte** construite entre 1172 et 1175 protège désormais Florence, devenue **ville-pont sur l'Arno** par l'incorporation des anciens bourgs.

8 L'élargissement du monde (XVe-XVIe siècles)

Après la **conquête de Constantinople** par les Turcs, les Européens recherchent de **nouvelles routes vers l'Asie.** À la suite de **Christophe Colomb**, ils se lancent à la **conquête des océans**, attirés par la terre des merveilles qu'est **l'Empire chinois**. Pourtant ce pays reste, à l'image de la Cité interdite, difficilement pénétrable à l'influence européenne.

Istanbul, naissance d'un nouvel empire

Capitale en déclin de l'empire byzantin, Constantinople est renommée Istanbul après sa conquête par Mehmed II en 1453. Ville cosmopolite, elle devient l'emblème du nouvel empire ottoman.

Diffuser le christianisme en Asie

Soutenus par les monarques catholiques d'Espagne, Christophe Colomb cherche une nouvelle route maritime vers l'Asie, par l'Ouest.

La Chine : un empire inaccessible

Au centre de Pékin, nouvelle capitale de l'empire Ming, la Cité Interdite, construite au début du XVe siècle, devient le siège du pouvoir et le centre sacré de l'empire.

1 De Constantinople à Istanbul

A Une capitale impériale

• **Constantinople, « nouvelle Rome ». Constantinople**, capitale de l'Empire byzantin, assure l'héritage de l'Empire Romain en Méditerranée. La ville attire marchands génois et vénitiens qui possèdent leurs quartiers, mais aussi bulgares, turcs ou russes. Au début du XVe siècle toutefois, la capitale ne compte plus que **50 000 habitants** et l'Empire est affaibli.

• **La conquête ottomane vue d'Europe.** Lorsque **Mehmed II** conquiert la ville en 1453, le retentissement est immense dans l'Europe chrétienne. Les Européens sont surpris et fascinés par la **cohabitation des communautés musulmanes, grecques, arméniennes et juives**. Avec 700 000 habitants à la fin du XVIe siècle, **Istanbul** est la **ville la plus peuplée du monde**.

B Une ville au rayonnement religieux et culturel

• **Sainte-Sophie l'orthodoxe.** La suprématie de la ville dans le **monde orthodoxe** se manifeste par la présence de plusieurs centaines d'églises et de monastères. Nommée « la Grande Église », la cathédrale **Sainte-Sophie** domine la ville de sa gigantesque coupole qui reste sans concurrence jusqu'à la Renaissance.

• **Un centre intellectuel. Constantinople** est dépositaire dans de somptueuses bibliothèques des œuvres des philosophes, des écrivains et des savants de l'Antiquité grecque et influence l'Occident chrétien, jusqu'après sa chute en 1453.

▲ La mosquée Suleyman construite par l'architecte Sinan (1549-1557).

• **L'emblème du cosmopolitisme méditerranéen.** Les **sultans ottomans** renforcent encore le **caractère multireligieux** de la ville et sa splendeur. **Mehmed II** affirme sa nouvelle identité impériale en transformant **Sainte-Sophie** en **mosquée**. Dans la première moitié du XVIe siècle, **Soliman** décide de faire de Constantinople, devenue Istanbul, la plus belle ville du monde en bâtissant une mosquée qui rivalise avec Sainte-Sophie.

2 Christophe Colomb

A L'erreur féconde

• **Un projet révolutionnaire.** Persuadé que la Terre est ronde, Colomb souhaite **rejoindre les Indes**, non pas en contournant l'Afrique mais en naviguant vers l'Ouest, au beau milieu de l'océan. Il est influencé dans son analyse par les travaux de l'astronome grec Ptolémée (IIe siècle après J.-C.), modernisés par quelques adjonctions issues des découvertes portugaises, et par le récit de **Marco Polo** sur l'Asie.

• **Une estimation bien loin de la réalité.** Colomb prévoit d'atteindre le Japon au terme d'un voyage de 4 440 km, soit une traversée de trois à quatre semaines. La distance estimée est **plus de 4 fois inférieure à la réalité**. Le roi du Portugal refuse ce projet de voyage car le conseil des cosmographes portugais juge cette hypothèse irréaliste.

• **Un but ultime : l'extension de la foi chrétienne.** En 1492, les rois catholiques, **Isabelle de Castille** et **Ferdinand d'Aragon**, qui viennent d'achever la reconquête de la péninsule sur les Arabes, accueillent favorablement le projet de Colomb, en espérant qu'il permettra la diffusion du christianisme en Asie. Colomb devient le héraut de la chrétienté occidentale et de ses prétentions universalistes.

B Cap vers l'Ouest au beau milieu de l'océan

• **La caravelle, instrument de la conquête.** Le 3 août 1492, les trois caravelles de Christophe Colomb, la *Santa Maria*, la *Pinta* et la *Nina*, quittent terre. La **caravelle**, mise au point par les Portugais dans les années 1430, puis sans cesse perfectionnée au cours du siècle, est maniable, robuste et légère. D'un faible coût à la construction, elle permet d'envisager des voyages plus longs.

Personnage-clé

Marin originaire de Gênes, en Italie, **Christophe Colomb** (1451-1506) épouse une jeune femme issue d'une famille de navigateurs portugais. Le Portugal fait de lui un navigateur averti et un esprit curieux. Les quatre expéditions outre-Atlantique qu'il dirige sont des échecs : elles n'apportent ni métaux précieux ni épices tant attendus. Il meurt dans la misère en 1506, sans savoir qu'il a découvert l'Amérique.

• **Les deux premiers voyages. Christophe Colomb effectue quatre voyages** et est resté, jusqu'à sa mort en 1506, persuadé d'avoir abordé l'Asie. Lors de sa première expédition (1492-1493), il atteint au bout de deux mois les Bahamas, Cuba et Haïti. Avec le deuxième voyage, il explore, outre la Dominique, la Guadeloupe, Porto Rico, la Jamaïque et la côte cubaine.

• **Les deux derniers voyages.** En 1498, lors de son troisième départ, il découvre les côtes de l'actuel Venezuela. En 1502-1503, il entreprend son dernier voyage, le long de l'Amérique centrale, dans des conditions très difficiles. D'autres explorateurs affirment qu'il s'agit d'un nouveau continent, notamment **Amerigo Vespucci**, dont le prénom sera utilisé en 1507 pour désigner l'**Amérique**.

3 Pékin : la Cité interdite

A La construction de la Cité interdite

• **La cité impériale des Ming.** En 1405, **Yongle**, troisième empereur des Ming, décide de transférer sa capitale de Nankin à Pékin et d'y édifier en son centre un immense palais. De 1407 à 1420, près de 200 000 ouvriers vont s'activer sur ce chantier. En **1421**, Yongle **inaugure la nouvelle demeure impériale** qui devient le centre sacré de l'Empire.

• **Un monument à la gloire de l'Empereur.** La **Cité interdite** est une véritable ville dans la ville, un grand quadrilatère orienté sud-nord. De couleur pourpre, symbole de la joie et du bonheur, son dessin même **reflète le pouvoir absolu** et le rôle cosmique de l'empereur. Ce dernier, le Fils du Ciel, a reçu le mandat de préserver l'harmonie entre le monde naturel et humain.

• **Un palais d'hiver pour les Fils du Ciel.** L'exercice du pouvoir, les cérémonies officielles et privées des souverains Ming ont pour cadre immuable les **palais d'apparat** qui se succèdent sur l'axe sud-nord de la Cité interdite.

B Une symétrie parfaite pour une cité céleste

• **Une cité protégée.** Les bâtiments du complexe palatial regardent vers le Midi pour bénéficier des bienfaits du principe **yang** et se protéger des effets néfastes **yin**. Les remparts isolent le palais de la ville. Seules quatre portes monumentales, aux points cardinaux, ouvrent la cité sur l'extérieur.

• **Un plan symbolique.** Ce complexe monumental a un **tracé à la fois symétrique et labyrinthique** : des pavillons disposés autour de cours, avec les salles de réception sur le devant au sud, les pièces privées au nord et les bâtiments annexes à l'est et à l'ouest.

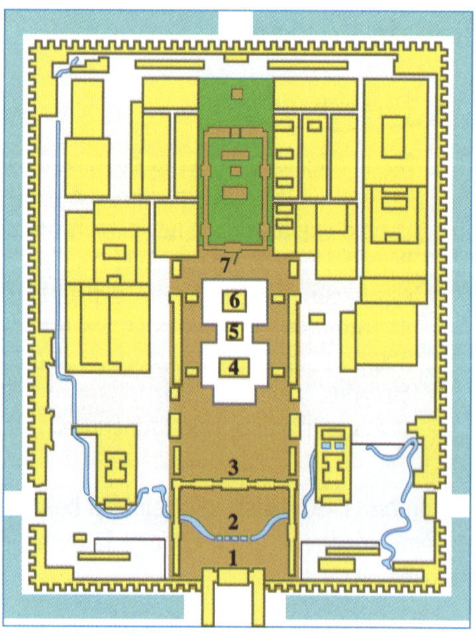

: Salles de réception au sud

: Pièces privées au nord

: Bâtiments annexes à l'ouest et à l'est

1. Porte du Midi, majestueuse entrée de la cité.
2. Ponts sur la rivière aux Eaux d'or.
3. Porte de l'Harmonie suprême ; elle s'ouvre sur la cour la plus vaste du palais.
4. Salle de l'Harmonie suprême, toute de rouge et d'or. Elle abrite le trône en palissandre doré, orné de dragons, symbole de la puissance impériale.
5. Salle de l'Harmonie du Milieu.
6. Salle de l'Harmonie préservée.
7. Porte de la pureté céleste ; elle sépare la partie officielle du palais impérial de sa partie privée.

▲ Plan de la Cité interdite au XVe siècle.

9 Les hommes de la Renaissance (XVe-XVIe siècles)

La **Renaissance** est une période de grands **bouleversements religieux et artistiques**. Des hommes comme **Martin Luther** et **Léonard de Vinci** jouent un rôle majeur dans la **révolution mentale** que connaît l'Europe aux XVe et XVIe siècles.

La remise en cause de l'Église catholique	Le développement de la vie artistique
Martin Luther s'oppose aux pratiques de la vente des indulgences par l'église catholique et fonde, en 1517, une nouvelle église chrétienne. Après sa mort, ses idées ne cesseront de se répandre dans toute l'Europe.	Leonard de Vinci associe des connaissances scientifiques et des savoir-faire techniques à des talents artistiques multiples pour développer une œuvre prolifique qui en fait l'un des grands esprits de la Renaissance.

Histoire

1 Martin Luther

A Le message luthérien

• **Le salut par la foi.** Né en 1483, **Martin Luther** est un moine saxon, devenu prêtre puis **professeur à l'université de Wittenberg**. Luther est persuadé que le **chrétien assure son salut par sa seule croyance en Dieu** : c'est la justification par la foi.

• **Remise en cause de l'Église.** Par la **vente des indulgences, l'Église usurpe donc le pouvoir d'offrir le salut** que seul Dieu possède. Elle s'est éloignée de la Bible, qu'il faut débarrasser de ses commentaires et traduire dans toutes les langues. Luther rend publiques ses convictions en 1517 par **95 thèses**.

Mot-clé

Indulgences : grâce accordée par l'Église catholique aux chrétiens repentis de leurs péchés contre un don fait à l'Église. La vente des indulgences permet à l'âme du fidèle d'accéder plus rapidement au Paradis après sa mort. Cette pratique se multiplie à la fin du Moyen Âge.

B La diffusion du luthérianisme

• **Un message protestant.** Le **message luthérien se diffuse rapidement** grâce à l'**imprimerie**. Luther est **excommunié par le pape Léon X en 1521. Il reçoit le soutien de nombreux princes et villes germaniques** qui protestent en 1529 en sa faveur devant l'empereur Charles Quint. De là vient le nom de « **protestant** » qu'on leur donne désormais.

• **Fondation d'une nouvelle Église.** Ces princes aident Luther à organiser une **nouvelle Église**. Il ne retient que trois sacrements : baptême, pénitence et eucharistie. Les messes sont avant tout des réunions de prières et des chants. Il n'y a pas de clergé, mais de simples **pasteurs qui peuvent se marier**.

• **L'influence réformatrice.** À sa mort, en 1546, une bonne partie du monde germanique et de la Scandinavie se sont converties au **luthérianisme**. Dans le sillage de Luther, toute une génération de Réformateurs s'engage dans le combat pour le triomphe des idées nouvelles.

2 Léonard de Vinci

Léonard de Vinci est aussi un homme de son temps à une époque où les artistes sont des hommes à tout faire des cours princières et peuvent y construire leur gloire.

A Une fulgurante ascension sociale

• **À Florence : les années de formation.** Fils d'un petit notaire toscan (Italie), né en 1452, Vinci est initié à la **peinture** et à la **sculpture** dès l'âge de 17 ans dans un atelier de **Florence**. Même s'il passe moins du tiers de sa vie dans cette ville, 14 de ses 38 œuvres ont été peintes pendant cette période.

• **Vinci devient un artiste de cour.** Très apprécié pour ses talents de technicien, d'**organisateur de fêtes somptueuses** agrémentées de feux d'artifices, mais aussi pour ses **qualités d'ingénieur** militaire, Vinci met son talent au **service des princes** dans un contexte politique de concurrence entre les États. Il voyage à travers l'Europe au gré des résidences de ses protecteurs successifs.

• **Sa mort en France.** Finalement, en 1516, sur l'invitation du roi **François Ier**, il arrive en France où il porte le titre de « premier peintre, ingénieur et architecte du Roi ». Quand il meurt en 1519, c'est un homme qui a approché et servi les personnages les plus exceptionnels de son temps.

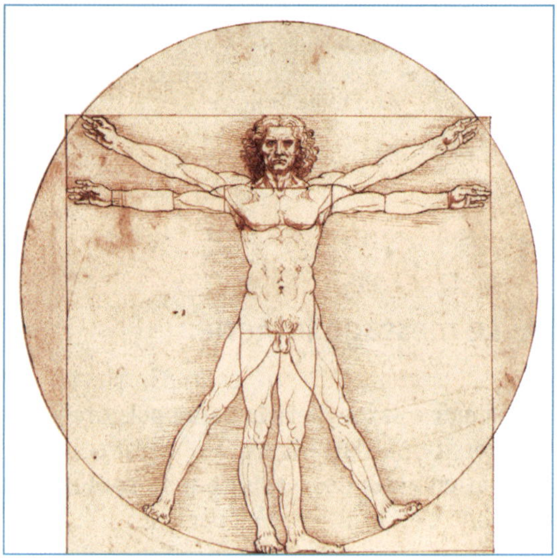

▲ *La Divine Proportion.* Dessin à la plume de Léonard de Vinci, vers 1490.
D'après Vitruve, architecte romain de l'Antiquité.

B Le triomphe de l'artiste total

• **Vinci, un « homme universel ».** Autodidacte, Vinci rencontre en 1496 le mathématicien **Luca Pacioli** qui lui donne les instruments théoriques de sa passion de la mesure et des nombres. Vinci parvient alors à fonder sa pratique et son savoir sur des bases théoriques globales, ce qui contribue à renforcer l'**unité absolue de sa démarche**. Son **savoir encyclopédique** dépasse les frontières des États.

• **Un génie sans pareil.** Peintre, dessinateur, botaniste, anatomiste, architecte, ingénieur, mathématicien et musicien, **Léonard de Vinci incarne le génie prolifique de la Renaissance**.

• **Art et science.** Ses travaux sur la géométrie et ses observations sur le corps humain nourrissent ses œuvres d'art. Il met au point la **perspective atmosphérique** : en utilisant l'effet d'optique causé par la lumière absorbée et réfléchie par l'atmosphère, il atténue les contrastes de couleurs dans les lointains de ses tableaux. Pour cela, il invente le procédé de ***sfumato*** (modelé vaporeux).

10 L'essor d'un nouvel esprit scientifique et technique (XVIe-XVIIIe siècles)

À partir du XVe siècle, au principe d'autorité qui impose à la science européenne le respect de la pensée des grands savants de l'Antiquité, se substitue peu à peu l'**expérience personnelle** qui annonce la **science moderne et expérimentale**, symbolisée par des savants comme **Isaac Newton**. À partir des années 1730, on constate les progrès et le succès de la démarche de **vulgarisation des sciences**.

XVIIe siècle **La révolution scientifique**	→	XVIIIe siècle **La diffusion des sciences**
De nombreux savants, comme Newton, développent de nouvelles pratiques scientifiques basées sur l'observation et l'expérimentation.		L'intérêt pour la recherche scientifique et ses découvertes gagne le grand public éclairé et les savants voient se multiplier les canaux de diffusion de leurs découvertes.

Histoire

1 Isaac Newton, savant du XVIIe siècle

A Une vie consacrée à la recherche scientifique

• **Une jeunesse solitaire et studieuse.** **Isaac Newton** naît le 25 décembre 1642, l'année de la mort de **Galilée**. Tout en suivant un cursus traditionnel à l'université de Cambridge, il découvre tout seul les œuvres innovantes des savants du XVIIe siècle comme Galilée, **Descartes** et **Kepler** et note à partir de 1664 ses lectures, ses expériences et ses idées.

• **« L'année merveilleuse » : 1665-1666.** À 23 ans, Newton construit le premier **télescope à miroir** et invente ce qui deviendra le **calcul différentiel**. C'est sous un pommier de son verger en regardant la Lune, que Newton a l'**intuition de la loi de gravitation universelle** ; mais il n'a pas les outils mathématiques pour le démontrer et il garde jalousement le secret de ses premières réflexions.

B Une œuvre qui suscite enthousiasme et controverse

• **Newton rend publiques ses découvertes à contrecœur.** Newton craint la controverse et la fureur des discussions, comme celle qui l'oppose à l'Allemand **Leibniz**, sur la manière de bâtir le calcul différentiel. Ce n'est donc qu'en **1687** qu'il **publie la théorie de la gravitation universelle**.

• **La loi de la gravitation reconnue comme un chef-d'œuvre.** Même si elle n'est comprise que par une dizaine de savants en Europe, elle passionne le public cultivé, ce qui montre l'**intérêt général de l'époque pour les progrès scientifiques**. Newton meurt, riche et célèbre, le 19 mars 1726, en ayant refusé les sacrements de l'Église.

2 Les modalités de diffusion des sciences au XVIIIe siècle

A Les vecteurs de diffusion de l'information savante

• **Les académies.** De nombreuses **académies** sont créées au XVIIIe siècle en Europe. Ce sont des lieux destinés à faciliter les échanges savants, à développer le goût des sciences et la diffusion du savoir en publiant les œuvres des chercheurs.

• **Les périodiques, de nouveaux vecteurs.** De **nouveaux périodiques** s'orientent vers les questions scientifiques. S'ils ont d'abord une **fonction de vulgarisation**, de nombreux savants y publient leurs travaux dans le but de les faire connaître rapidement car les actes des académies paraissent souvent avec beaucoup de retard.

• **Les correspondances.** Les **correspondances** continuent au XVIIIe siècle à alimenter les périodiques. Leurs fondateurs sont à la tête d'un vaste réseau épistolaire qui leur fournit matière à publication. De plus, les correspondances entre savants perdurent.

B Faire apprécier les sciences dans l'espace public

• **Des ouvrages destinés à un public de non-spécialistes.** Pour attirer les lecteurs, des textes comme les éloges des savants sont rédigés dans un style très différent et avec un contenu scientifique beaucoup plus accessible. Des ouvrages sont explicitement destinés à un public de non-spécialistes.

• **Des cours et des manuels pour un public cultivé.** Dans toute l'Europe, des savants ouvrent des **cours publics** dans lesquels ils proposent des démonstrations expérimentales. Le succès est considérable. Des manuels de sciences sont publiés pour ce même public.

Texte-clé

L'*Encyclopédie*, ou *Dictionnaire raisonné des sciences, des arts et des métiers*, dont le premier volume paraît en 1751, dresse un bilan de tous les nouveaux savoirs de l'époque moderne, notamment scientifiques, pour le mettre à la disposition du public cultivé.

Texte-clé

Voltaire, par exemple, rend hommage aux savants dans ses *Lettres philosophiques* : « *Un nouvel univers a été découvert par les philosophes du dernier siècle, et ce monde nouveau était d'autant plus difficile à connaître qu'on ne se doutait pas même qu'il existât. Il semblait aux plus sages que c'était une témérité d'oser seulement songer qu'on pût deviner par quelles lois les corps célestes se meuvent, et comment la lumière agit. Galilée, par ses découvertes astronomiques, Kepler, par ses calculs, Descartes, au moins dans sa dioptrique, et Newton, dans tous ses ouvrages, ont vu la mécanique des ressorts du monde.* »

Voltaire, *Lettres philosophiques*, Seizième Lettre « Sur l'optique de M. Newton », 1726.

11 La Révolution française : l'affirmation d'un nouvel univers politique

En une décennie, la **France** connaît un **bouleversement politique sans précédent**. La monarchie absolue cède la place à une **monarchie constitutionnelle**, puis à une **République** qui se termine par un **coup d'État en 1799** instaurant un nouveau régime : le **Consulat**.

1789-1792	1792-1793	1793-1794	1794-1799	1799-1804
Monarchie constitutionnelle	La République girondine	La République montagnarde	La République conservatrice	Le Consulat

1 L'exigence de liberté au siècle des Lumières

A La liberté : une notion centrale des Lumières

• **La liberté, fondement du progrès.** Au XVIIIe siècle, un mouvement intellectuel européen se développe autour de l'idée que le progrès de l'humanité ne peut se réaliser que par l'exercice de la **liberté de jugement** et par l'**esprit critique** dans tous les domaines.

• **De nouvelles idées politiques.** Les **philosophes** français plaident tous pour que soient respectées les libertés de penser, de s'exprimer et d'agir. Mais si **Montesquieu** prône la séparation des trois pouvoirs (exécutif, législatif, judiciaire), **Diderot** réclame le consentement de tous et **Rousseau** définit le « contrat social » entre des citoyens libres et égaux.

• **Une réflexion au service des souverains.** Les philosophes critiquent les excès de l'arbitraire monarchique. Cependant, la plupart d'entre eux penchent vers un système politique où le souverain, conseillé par des penseurs, éclairés reste le détenteur de l'autorité. Ainsi **Voltaire** se rend auprès de Frédéric II de Prusse, **Diderot** rencontre Catherine II de Russie.

B La diffusion des idées de liberté

• **La circulation des idées nouvelles en France.** Les **idées des Lumières** se propagent parmi les élites urbaines et façonnent une véritable opinion publique. Nobles et bourgeois se retrouvent dans les académies, les cafés, où l'on peut lire des journaux et débattre des sujets d'actualité.

• **La portée de la révolution américaine.** La guerre d'indépendance américaine, à partir de **1776**, déchaîne en France un élan de sympathie. Une fois revenus en France, ceux qui ont soutenu la **République américaine**, à l'instar du **marquis de La Fayette**, jouent un rôle actif dans la diffusion des idéaux démocratiques.

2 1789 : année de tous les bouleversements

A La crise de la monarchie absolue

• **Une crise financière.** La **monarchie** est confrontée à un **déficit financier chronique**, après l'échec de toutes les tentatives de réforme. En 1788, la dette, aggravée par la guerre d'Amérique, absorbe la moitié des revenus annuels de l'État.

• **Une crise sociale.** La **misère** s'étend, d'autant que deux mauvaises récoltes, en 1787 et 1788 font monter considérablement le prix du pain. La France connaît un **record d'émeutes** (310) de janvier à avril 1789.

• **Les Français ont la parole.** Louis XVI convoque pour le 1er mai 1789 les **États généraux** des représentants des **trois ordres** (**clergé**, **noblesse** et **tiers état**). Les Français rédigent au sein de chaque ordre, des **cahiers de doléances** (60 000), qui témoignent de l'attachement à la monarchie, mais aussi d'une aspiration à la liberté.

B La Révolution juridique puis sociale (mai-août)

• **La révolution des députés.** **Louis XVI ne réagissant pas** face à ses réclamations, le **tiers état** se proclame le **17 juin Assemblée nationale**. Le roi les fait expulser. Les députés, réunis dans la salle du **Jeu de paume**, font le **serment** de ne se séparer qu'après avoir rédigé une **Constitution**. L'**Assemblée** au complet se déclare le **9 juillet « constituante »**.

• **La rue et les campagnes entrent en scène.** La peur du complot contre l'Assemblée déclenche la révolution populaire violente avec, le **14 juillet**, la **prise de la Bastille**, symbole de l'arbitraire royal. **Louis XVI reconnaît les décisions de l'Assemblée**. Dans les campagnes, la peur d'une conspiration aristocratique se diffuse et les paysans attaquent des châteaux.

Texte-clé

La Déclaration des Droits de l'Homme et du Citoyen s'inspire à la fois de la pensée des Lumières et des Déclarations des droits anglaise et américaine. Elle définit de grands principes devenus universels. Reprise ensuite dans les Constitutions des IVe et Ve Républiques, elle a inspiré la rédaction de la Déclaration universelle des droits de l'Homme de 1948.

▲ *Le Serment du Jeu de Paume*, Jacques-Louis David, 1789.

C L'effondrement de la monarchie (août-octobre)

• **Les députés mettent fin à l'Ancien Régime.** Afin de sauver le droit de propriété, **l'Assemblée abolit les privilèges et les droits seigneuriaux** au cours de la nuit du **4 août**. Elle adopte, le **26 août**, la **Déclaration des Droits de l'Homme et du Citoyen**.

• **Les journées d'octobre.** Les tensions culminent les **5 et 6 octobre** : des femmes armées envahissent le château de Versailles. Louis XVI doit signer les décrets d'août et accepter de s'installer aux Tuileries, bientôt rejoint par l'Assemblée.

3 1789-1792 : la monarchie constitutionnelle

A La monarchie constitutionnelle

• **Une réorganisation religieuse.** Tout en préparant la future Constitution, les députés entreprennent de **profondes réformes** en appliquant les nouveaux principes de liberté et d'égalité civile. La Constituante adopte le 12 juillet 1790 la constitution civile du clergé qui transforme les **membres du clergé** en **fonctionnaires élus et rémunérés par l'État**.

• **Une union entre la nation et le roi.** Le 14 juillet 1790, la **fête de la fédération** célèbre une France nouvelle où la souveraineté réside dans la nation et les Français sont devenus des citoyens. Louis XVI jure de respecter la **Constitution** qui est **votée en septembre 1791**.

• **Le roi, chef de l'exécutif.** **Louis XVI**, devenu le « roi des Français », est le **chef de l'exécutif** et choisit librement ses ministres. Mais il lui est impossible de dissoudre l'Assemblée, de déclarer la guerre ou de signer un traité sans son accord.

• **L'Assemblée, chef du législatif.** L'Assemblée législative est élue au **suffrage censitaire masculin**. Seuls peuvent voter les « citoyens actifs », 4 300 000 sur 15 millions d'adultes. Le privilège de la richesse remplace celui de la naissance.

B L'échec de la monarchie constitutionnelle

• **Le divorce entre le roi et la nation.** En décidant le **20 juin 1791** de fuir Paris pour rejoindre les nobles émigrés, Louis XVI ruine l'immense respect dont il jouissait encore. Il est reconnu à Varennes. Sa fuite ouvre une **grave crise politique** entre une partie du peuple, acquise à la République et la bourgeoisie modérée, qui rétablit le roi dans ses fonctions.

• **La tentation militaire.** Louis XVI s'oppose aux décrets contre les émigrés et les prêtres réfractaires, et pousse à la guerre dans l'espoir de restaurer son pouvoir dans la défaite. Dans sa volonté de renforcer le régime par la victoire ou de propager les idées révolutionnaires et de démasquer le roi, **l'Assemblée déclare la guerre à l'empereur d'Autriche le 20 avril 1792**.

• **La chute de la monarchie.** Le désastre militaire face aux Autrichiens, la menace d'invasion et l'agitation contre-révolutionnaire renforcent l'hostilité des **sans-culottes** vis-à-vis du roi. Le **10 août 1792**, ils s'emparent des Tuileries et imposent à l'Assemblée de voter la suspension de la royauté. La **République** est proclamée dans l'urgence en **septembre 1792**.

> **Mot-clé**
>
> **Sans-culottes** : artisans, boutiquiers, ouvriers aux idées révolutionnaires. Ils sont appelés ainsi parce qu'ils portent un pantalon, à la différence des nobles, qui portent la culotte.

4 1792-1799 : les premières expériences républicaines

A La naissance difficile de la République (1792-1793)

• **L'instauration de la République.** La **Convention**, première assemblée élue au suffrage universel masculin, est divisée. Les **Montagnards** souhaitent se diriger vers une démocratie sociale. Leurs adversaires, les **Girondins** s'inquiètent de cette pression populaire permanente et entendent surtout consolider les acquis de 1789.

• **La République girondine.** Le **20 septembre 1792**, la **victoire de Valmy** écarte la menace d'un anéantissement par les troupes prussiennes. Si les Girondins obtiennent des succès militaires, le procès du roi divise la Convention. Après de longs débats, les arguments des Montagnards l'emportent et **Louis XVI est déclaré coupable de trahison**.

• **Le triomphe des Montagnards.** Après son exécution en **janvier 1793**, les rois européens attaquent la France. À l'intérieur du pays, les paysans vendéens se soulèvent. Encerclée par les sans-culottes le 2 juin 1793, l'Assemblée vote l'arrestation de 29 Girondins.

B La République montagnarde (1793-1794)

• **La Révolution menacée.** La République est attaquée de tous côtés. Pour la sauver, la Convention confie dès mars 1793 le gouvernement à un **Comité de salut public** de 14 membres où **Robespierre** joue un rôle dominant. Les libertés individuelles sont suspendues et, dans le but d'éliminer les ennemis de la Révolution, la **Terreur** est mise à l'ordre du jour le **5 septembre 1793**.

• **La victoire mais une dictature qui persiste.** À l'automne, les invasions sont arrêtées, les fédéralistes et vendéens écrasés mais la Terreur a fait 17 000 victimes et la guerre civile environ 200 000. Au début de l'été 1794, Robespierre instaure une véritable dictature, éliminant ses opposants. Inquiets, les députés modérés, le font arrêter et guillotiner le **28 juillet 1794** sans procès.

Deux acteurs de la révolution.

Danton, Georges Jacques (1758-1794)	Robespierre, Maximilien de (1758-1794)
 **Avocat**, membre du **club des Cordeliers, Danton** incarne d'abord la défense de la patrie. ***« De l'audace, encore de l'audace, toujours de l'audace et la France sera sauvée »***, proclame-t-il le 2 septembre 1792. Il ne tente pas de s'opposer aux massacres de septembre afin de ne pas briser l'élan révolutionnaire mais il ne les approuve pas. **Élu à la Convention**, il souhaite, à partir du printemps 1794, un apaisement de la Terreur, ce qui lui vaut d'être éliminé par Robespierre. Orateur puissant et chaleureux, profondément humain mais vénal, Danton a toujours été populaire : en avril 1794, le Tribunal révolutionnaire décide de le juger à huis clos, de crainte qu'il n'ameute la foule. **Il est condamné à mort et guillotiné le 5 avril 1794**.	 **Avocat, député aux États généraux**, orateur influent au **club des Jacobins** et **chef de file des Montagnards** à la Convention, Robespierre est pendant un an le principal animateur du Comité de salut public. Il élimine à la fois les Enragés, qui veulent accentuer la Terreur, et les Indulgents qui, avec Danton, veulent la limiter, et s'isole ainsi progressivement. Il décide alors d'accentuer la Terreur. Des députés de la Convention, redoutant eux aussi d'être éliminés, le font arrêter ; il est guillotiné le lendemain (27 juillet 1794). Peu populaire, Robespierre est surtout l'homme de la rigueur. Convaincu de travailler au triomphe de la vertu, il ne supporte pas les opposants, assimilés à des brigands, et n'hésite pas à recourir, contre eux, à la terreur. Pour certains, Robespierre est le symbole de la pureté révolutionnaire ; pour d'autres, celui de la tyrannie sanguinaire.

C La République conservatrice (1794-1799)

• **La Convention thermidorienne.** Les **Thermidoriens**, issus avant tout de la bourgeoisie modérée, désirent à la fois éviter un retour à la monarchie et enlever au peuple tout rôle politique. La **Constitution de 1795** est donc fondée sur le suffrage censitaire et l'extrême division des pouvoirs.

• **Le Directoire.** Pour lutter contre les oppositions de gauche et de droite, le Directoire multiplie les appels à l'armée et les coups d'État. Le **coup d'État du 9 novembre 1799**, organisé par le jeune **général Bonaparte met fin au Directoire**.

5 Le Consulat (1799-1804)

A Un pouvoir fort pour clore la Révolution

• **Une nouvelle Constitution.** Marqué par les acquis de la Révolution et décidé à stabiliser le nouveau régime, Bonaparte fait adopter la Constitution de l'an VIII (décembre 1799) qui maintient la République, mais fonde un **régime exécutif fort**, le **Consulat**. Les **plébiscites**, questions auxquelles il faut répondre par oui ou par non, permettent le vote direct du peuple mais le scrutin n'est pas secret.

• **Une réorganisation administrative et un État centralisé.** Bonaparte conserve les divisions administratives de la Révolution mais, en 1800, il nomme les **préfets** à la tête des départements, chargés de **surveiller l'opinion publique** et les activités économiques. Dans les communes, les maires sont nommés par le préfet. Les juges également nommés par le pouvoir central, sont dévoués au Premier Consul.

B Consolider l'héritage de la Révolution

• **Un État modernisé.** Bonaparte réorganise les structures financières : il crée la **Banque de France**, qui a le monopole de l'émission des billets de banque, et le franc qui connait une grande stabilité jusqu'en 1914.

• **Le renouvellement des élites.** Pour former les élites et les futurs cadres de la nation, Bonaparte crée les **lycées**. Pour gouverner, **Bonaparte s'appuie sur la bourgeoisie**. La **légion d'honneur** sert à récompenser les meilleurs serviteurs de l'État.

• **Le Code civil simplifie et unifie le droit français.** Le **Code civil** confirme l'égalité des droits proclamée en 1789, et garantit le **droit à la propriété**. Mais il **interdit le droit de grève et d'association**. En même temps, la population ouvrière est sévèrement encadrée avec la création du livret ouvrier. Enfin, pour satisfaire les colons de Saint-Domingue, **l'esclavage est rétabli en 1802**.

C Réconcilier les Français

• **La paix à l'intérieur.** Pour restaurer la paix civile, Bonaparte signe avec le pape le **Concordat** de 1801. Le catholicisme n'est plus religion d'État et la **liberté de conscience** est **reconnue**. Les évêques sont nommés par le Premier Consul et investis par le pape. Ils sont payés par l'État et prêtent serment. Les autres religions sont reconnues et encadrées par le pouvoir.

• **La pacification rend le régime populaire.** Bonaparte signe la paix avec l'Autriche en 1801 puis avec l'Angleterre en 1802, mettant **fin** à **dix années de guerre**. En 1802, par plébiscite, il devient seul Consul à vie. Puis prenant le prétexte d'un complot royaliste, **Bonaparte se fait proclamer en 1804 empereur des Français**, toujours par plébiscite.

▲ Napoléon Ier, Empereur.
Jean Auguste Dominique Ingres, 1806.

12 Libertés et nations en France et en Europe (première moitié du XIXe siècle)

Les guerres révolutionnaires, poursuivies par Napoléon Bonaparte jusqu'en 1815, propagent en **Europe les idées de la Révolution**, notamment les idées de libertés politiques, économiques et religieuses, mais aussi le **droit des peuples à disposer d'eux-mêmes**. Des **courants nationaux et libéraux** s'organisent alors contre les monarchies restaurées par le Congrès de Vienne, en **Grèce** d'abord puis en **France** et en **Europe**. Ils s'accompagnent de mouvements d'**abolition de la traite et de l'esclavage**.

Première moitié du XIXe siècle

Un mouvement national et libéral en Europe
En opposition au Congrès de Vienne de 1815, de nombreux peuples revendiquent leur identité nationale et leur indépendance. La Grèce quitte ainsi l'Empire ottoman pour devenir un État indépendant en 1830.

1848
Le printemps des peuples
En France, en Autriche-Hongrie, en Italie et en Allemagne, les peuples demandent davantage de liberté politique et des avancées sociales pour les plus pauvres. Malgré son échec, ce mouvement laissera des pistes pour une évolution future.

La question de l'esclavage
Dans la lignée de cet esprit libéral, le mouvement abolitionniste obtient successivement l'arrêt de la traite et celui de l'esclavage (1848).

1 À l'origine de l'indépendance grecque

A Le mouvement national et libéral grec

• **Naissance et extension du mouvement.** C'est dans le milieu de la **bourgeoisie fortunée** qu'est fondée une société secrète, l'**Hétairie**, qui se donne pour but d'**unir les Grecs** en vue de leur **indépendance** vis-à-vis de l'Empire ottoman. Un véritable réseau clandestin de résistance aux Turcs se forme dans le pays et recueille l'appui du Tsar.

• **Échec de la première insurrection.** Les Grecs chassent les troupes ottomanes et proclament en **janvier 1822 l'indépendance du pays**. Mais le manque d'aide extérieure et les divisions internes permettent aux Turcs de riposter ; la répression est féroce : les **massacres de Chio** (avril 1822) provoquent l'indignation de l'Europe et la naissance d'un **puissant courant philhellénique**. Mais Athènes capitule en juin 1827.

B La difficile acquisition de l'indépendance grecque

• **Déclencheur russe et intervention européenne.** Une **triple alliance** (Grande-Bretagne, France, Russie) est signée, qui engage ces trois États à proposer leur médiation aux Turcs et aux Grecs sans rechercher d'avantages particuliers.

• **Guerre d'indépendance.** Un incident – coups de feu tirés sur un canot anglais – transforme la médiation européenne en guerre. Les Turcs sont attaqués en Morée par une expédition française, et en Asie Mineure par les Russes. La Grèce se donne alors une Constitution et confie la présidence à **Capo d'Istria**.

• **Une réussite imparfaite.** La Convention de février **1830** fait de la **Grèce un État indépendant**, cependant amputé de nombreux territoires peuplés de Grecs. En octobre 1830, Capo d'Istria, devenu une sorte de dictateur, est assassiné, et un monarque étranger est imposé : le prince bavarois **Othon**, qui gouverne en souverain absolu.

▲ *Scène des massacres de Scio*, Eugène Delacroix, 1824.

2 Les révolutions de 1848 en France et en Europe

A La Révolution de 1848 en France

• **Contexte politique et social.** Le mécontentement des ouvriers, frappés de plein fouet par la crise économique (1846-1848), se conjugue avec celui des bourgeois hostiles à la politique de Louis-Philippe.

• **La Révolution de février 1848.** Une étincelle met le feu aux poudres : l'interdiction d'un banquet de l'opposition à Paris provoque le **22 février 1848** une série de manifestations. Les soldats, à bout de nerfs, ouvrent le feu sur la foule. Les manifestants prennent alors l'Hôtel de Ville et marchent sur les Tuileries. **Louis-Philippe abdique** et un gouvernement provisoire républicain est créé.

• **L'œuvre sociale de la IIe République.** Des **réformes sociales** sont votées : adoption du suffrage universel, diminution de la durée de la journée de travail, instauration des Ateliers nationaux, abolition de l'esclavage. Mais les bourgeois libéraux du gouvernement ferment les Ateliers en juin : une émeute, durement réprimée, éclate à Paris.

Mot-clé

Ateliers nationaux : organisation publique destinée à donner du travail aux chômeurs après la révolution de 1848.

B La vague révolutionnaire en Europe

• **L'Empire d'Autriche-Hongrie menacé.** À l'annonce de la Révolution française, une **émeute éclate à Vienne** pour obliger l'empereur à accorder une Constitution. Les Hongrois se révoltent aussi et obtiennent rapidement un gouvernement, un parlement, une armée, une monnaie. **L'Empire paraît au bord de la dislocation**.

• **Extension des Révolutions en Allemagne et en Italie.** Les Allemands obtiennent des constitutions, y compris dans la Prusse autoritaire. À Francfort, un Parlement constituant doit jeter les bases d'un État allemand. L'Italie, divisée en sept États, est en proie depuis 1847 à une agitation menée par le ***Risorgimento***, mouvement unificateur. La plupart des souverains accordent des Constitutions.

• **L'échec des révolutions.** Mais l'illusion du ***« printemps des peuples »*** ne dépasse pas l'été 1848. L'écrasement par l'armée autrichienne de la révolution viennoise, puis, avec l'aide des Russes, de l'insurrection hongroise, rétablit l'Autriche dans son rôle de gendarme de l'ordre de 1815. Les Italiens, vaincus, doivent rentrer dans le rang. Les Constitutions allemandes sont abrogées.

3 Les abolitions de la traite et de l'esclavage

A Lutter contre la traite et abolir l'esclavage

• **Lutte contre la traite des esclaves.** L'abolition de la traite est votée en 1807 par le Parlement britannique. À partir de 1830, l'Angleterre et la France collaborent dans la répression de la traite. Mais seuls 4 % des cargaisons humaines sont interceptées. De plus, les réseaux de traite se modifient, les prix des captifs augmentent et les conditions de déportation s'aggravent.

• **Lutte pour l'abolition de l'esclavage.** En 1833, les Britanniques votent l'abolition de l'esclavage, qui oblige les esclaves à une période d'apprentissage de six à huit ans chez leurs maîtres en contrepartie d'une indemnité versée à leurs anciens propriétaires. En France, Victor Schoelcher élabore un plan de réorganisation des sociétés coloniales sans esclavage. Mais il reste isolé.

Personnage-clé

Grand bourgeois libéral, **Victor Schoelcher (1804-1893)** voyage aux colonies et combat en faveur de l'abolition de l'esclavage. Avec la révolution de 1848, il devient sous-secrétaire d'État à la Marine (mars-mai 1848). Il prépare et fait voter le décret d'abolition de l'esclavage dans les colonies françaises, ainsi que l'article de la Constitution qui fait des esclaves libérés des citoyens français. Élu député de la Martinique et de la Guadeloupe (avril 1848), il s'oppose au coup d'État de 1851 et doit s'exiler en Angleterre. Rentré en France en 1870, il devient à nouveau député de la Martinique, puis sénateur inamovible en 1875.

B L'émancipation immédiate et complète

• **Avril 1848 : abolition de l'esclavage dans les colonies françaises.** Il faut attendre **1848** et l'instauration de la IIe République pour qu'en **France** l'**esclavage** soit **aboli**. Victor Schoelcher, alors président de la Commission d'abolition de l'esclavage, réussit à imposer une émancipation « immédiate et complète » par le décret du 27 avril 1848.

• **Les conditions de l'émancipation.** Les **« nouveaux libres »** sont appelés à élire leurs représentants à l'Assemblée constituante au suffrage universel masculin. Leurs anciens propriétaires seront indemnisés, tandis que les esclaves libérés ne recevront ni indemnisation, ni terre, comme chez les Britanniques.

• **Une réconciliation difficile.** Une politique d'oubli du passé est lancée : le slogan de la **« réconciliation sociale »** est proclamé au nom de la prospérité. Mais la réalité est rude : livrets de travail et passeports intérieurs, obligatoires pour tout déplacement de « nouveaux libres », sont instaurés et des arrêtés fixent la police du travail.

• **La dure condition des « nouveaux libres ». Leur dénuement est profond.** Des bandes d'anciens esclaves errent dans les colonies. Le chômage ne cesse de croître et les planteurs font venir une main-d'œuvre sous-payée, recrutée sur contrats en Afrique, en Inde et en Chine.

LES MÉTHODES

Analyser un texte

Comment faire

Le but de l'exercice est d'**analyser la portée géographique d'un texte**. En effet, un **texte** peut avoir une **dimension géographique** dans la mesure où il concerne des **espaces** à plus ou moins grandes échelles et des **acteurs** agissant sur ces espaces.

- **Mise en œuvre des acquis**

Comme toujours, une **connaissance approfondie du cours** est nécessaire pour analyser correctement un document, l'expliquer et le critiquer.

- **Cerner le contexte de l'étude**

Il faut bien comprendre le contexte global du document : dans le cas de l'exercice ci-dessous, il faudra le replacer dans les évolutions de la réflexion sur le développement durable.

Géographie

Exercice d'application

ÉNONCÉ

Lisez le texte suivant et répondez aux questions.

Extraits du texte récapitulatif des ODD (Objectifs du Développement Durable) publié par l'ONU en 2015

Objectif 1. Éliminer la pauvreté sous toutes ses formes et partout dans le monde.
Objectif 2. Éliminer la faim, assurer la sécurité alimentaire, améliorer la nutrition et promouvoir l'agriculture durable.
Objectif 4. Veiller à ce que tous puissent suivre une éducation de qualité.
Objectif 5. Réaliser l'égalité des sexes et autonomiser toutes les femmes et les filles.
Objectifs 6 et 7. Garantir l'accès de tous à des services d'approvisionnement en eau et d'assainissement et [...] à des services énergétiques fiables, durables.
Objectif 11. Faire en sorte que les villes et les établissements humains soient ouverts à tous.
Objectif 14. Conserver et exploiter de manière soutenable les océans, les mers et les ressources marines aux fins du développement durable.
Objectif 17. Revitaliser le partenariat mondial au service du développement soutenable et renforcer les moyens de ce partenariat.

1. Présentez le document en insistant sur les destinataires.
2. En quoi ce texte marque-t-il un tournant officiel dans le développement durable ?
3. Sur quels aspects sociaux l'accent est-il mis ? Justifiez.
4. Quelles conséquences paradoxales le « *partenariat mondial au service du développement soutenable* » peut-il avoir dans les pays du Sud ?

CORRIGÉ

1. En préparant la présentation du document, faites attention à la deuxième partie de la question : « en insistant » implique plusieurs lignes sur l'élément concerné.

• Ce texte est un **extrait d'un programme officiel**, signé en septembre 2015 par 193 États et publié à l'issue du Sommet spécial sur le développement durable, tenu à New York sous l'égide des Nations Unies (ONU). Émis par un organisme mondial particulièrement puissant, sa portée doit atteindre les **États** chargés de le répercuter aux **acteurs locaux** et à la **population**, mais aussi les **organismes internationaux**, les **ONG** et les **acteurs économiques à toutes les échelles**.

• Ce document présente quelques uns des 17 ODD (Objectifs du Développement Durable), c'est-à-dire les principaux buts à atteindre pour améliorer à l'échelle planétaire le développement dans une dimension durable. Les ODD se fondent sur les Objectifs du Millénaire pour le développement (OMD), huit objectifs de lutte contre la pauvreté, adoptés en 2000, que les pays du monde entier s'étaient engagés à atteindre d'ici 2015. Le programme des nouveaux ODD porte comme titre : « Transformer notre monde, programme de développement durable d'ici à 2030 ».

2. « En quoi » sous-entend qu'il faut ici justifier un fait constaté. Il faut donc répondre en deux temps : confirmer le fait en s'appuyant sur le texte, puis le justifier.

• Sur les 8 objectifs fixés en 2000, seul l'objectif 7 voulait *« assurer un environnement durable »* en faisant mention explicitement à *« la perte des ressources environnementales »*. En 2015, **la question du réchauffement climatique et la montée du niveau des océans** (14) est devenue essentielle et les enjeux environnementaux sont bien plus présents qu'en 2000.

• Une grande partie des objectifs donnent **une large priorité à la dimension durable**. Les mots « durable » et « soutenable » (issu de l'anglais *sustainable*) sont très présents dans tout le rapport. Les grands thèmes du programme de Seconde se retrouvent dans cette déclaration : « Nourrir les hommes » (2), « L'eau, ressource essentielle » (6), « L'enjeu énergétique » (7), « Villes et développement durable » (11).

3. Ici, il est demandé de définir différents thèmes d'action. La justification permet d'établir les liens entre ces thèmes et le développement durable, notion-clé de l'exercice.

• En dehors des objectifs concernant l'environnement, tous les autres insistent sur des aspects socio-économiques. L'objectif 1 veut *« éliminer la pauvreté »*. Exigence indispensable du développement durable, l'**éradication de la pauvreté** constitue le **grand défi du monde actuel**. Non seulement la diminution de la pauvreté permet de satisfaire les besoins, mais la pauvreté est aussi parfois envisagée comme l'une des causes de la dégradation des ressources, comme un accélérateur de la crise environnementale.

• Il apparaît aussi que l'**inégal accès au savoir** tient un rôle important dans les inégalités de développement au sein des pays du Sud. Le niveau d'**alphabétisation des femmes** influe sur le type d'éducation donnée aux enfants et donc sur l'avenir du pays, ce qui justifie les objectifs 4 et 5.

4. La question est à étudier par le biais des acteurs et des espaces concernés.

• Il est clair que le **manque chronique de moyens financiers**, entre autres, explique la **difficulté des pays en développement à se développer de manière durable**. Et il semble naturel qu'un « **partenariat mondial** » dirigé par des organismes internationaux les aide. Mais cette aide peut avoir des conséquences inattendues pour les pays du Sud.

• D'abord, les **applications de certains principes**, menées sous la direction des ONG ou des spécialistes des pays développés, peuvent provoquer des **effets inverses à ceux souhaités**.

• De plus, par leurs interventions, les **grands organismes internationaux – Banque mondiale, FMI** – tendent à utiliser le développement durable pour imposer le **libéralisme économique** dans les pays du Sud. Loin de réduire l'**ingérence des pays riches dans les pays pauvres**, comme cela était souhaité, ce système semble l'accroître.

Comparer deux photographies

Comment faire

En géographie, la comparaison de deux photographies a pour objectif de mettre en relation un même espace vu à des échelles différentes, ou à des époques différentes, ou bien deux espaces différents.

• L'importance du paysage en géographie

Le paysage est un élément majeur de la géographie. Il révèle **des cultures, des modes de vie et de développement des sociétés humaines.**

• Les démarches de l'analyse

Avant de comparer les **photographies**, il faut **les analyser séparément**. Commencez par **décrire** ces paysages puis analysez-les en tirant des informations à partir de la description, de l'échelle, du thème des photographies ; enfin, pensez à **expliquer**, à **justifier** systématiquement les analyses **par les connaissances acquises par le cours**.

• Comparer les photographies

Ces **photographies** doivent être **comparées** en fonction de la consigne. Il faut donc **replacer vos remarques dans le cadre général du cours.**

Exercice d'application

ÉNONCÉ

Analyse de documents : systèmes agricoles en Afrique.

▲ A. Travail à la houe pour la culture de l'igname, Bénin central.

▲ B. Plantation de thé dans l'ouest du Kenya.

Consigne

Après avoir présenté les documents en insistant sur leur localisation, vous décrirez et définirez les deux grands types d'agriculture présents en Afrique subsaharienne. Puis vous expliquerez pourquoi ces deux systèmes agricoles ne permettent pas d'assurer la sécurité alimentaire en Afrique subsaharienne.

Ainsi, pour finir, vous en déduirez que l'Afrique est mal intégrée au système mondialisé.

CORRIGÉ

Les deux photographies représentent des **espaces ruraux d'Afrique subsaharienne et équatoriale**. La première photographie est prise au **Bénin**, situé sur le golfe de Guinée, et la seconde au **Kenya**, situé en Afrique orientale. Leur description permet de définir deux systèmes agricoles présents en Afrique subsaharienne. Il s'agit ensuite d'analyser leur rôle sur la sécurité alimentaire de cette région.

Ces deux documents sont des **photographies récentes** : la première est prise légèrement en oblique vers le bas, depuis un endroit à peine surélevé tandis que la deuxième est une photographie aérienne, prise probablement d'un avion, à l'oblique.
Le **document A.** montre, à droite, une partie d'un champ cultivé et, à gauche, un autre champ laissé en friche aux dimensions modestes. Il présente une plantation d'ignames, tubercule qui est l'une des bases de l'alimentation en Afrique subsaharienne. Au premier plan sur la droite, un homme est courbé au-dessus de la terre et semble, à l'aide d'une houe, entretenir de petites buttes de terre où sont enfouis les débris végétaux et de l'humus, avant de planter les ignames, pour accroître la fertilité des sols. Le travail est donc manuel, sûrement long et pénible, et se fait à l'aide d'une houe, c'est-à-dire d'un outillage rudimentaire. Ces éléments ajoutés aux dimensions visibles du champ permettent de dire qu'il s'agit d'une exploitation plutôt petite. Ce document nous présente donc une agriculture vivrière ou de subsistance. En effet, ce type d'agriculture, dominant en Afrique, est caractérisé par une faible productivité qui permet simplement aux exploitants de se nourrir.
Le **document B.** représente de vastes parcelles de plusieurs dizaines d'hectares, souvent géométriques, séparées par de larges chemins bien visibles, ce qui permet de déduire qu'il est sans doute question d'une agriculture mécanisée. Au centre, les nombreux corps de bâtiment semblent modernes et bien entretenus. Il s'agit donc d'une agriculture commerciale à forte productivité. En effet, c'est un autre type d'agriculture que l'on trouve en Afrique subsaharienne : ces exploitations de thé exportent leur production qu'elles vendent sur le marché mondial.

Le système agricole le plus répandu dans cette région est **l'agriculture familiale de subsistance**. Or, cette agriculture ne parvient plus à nourrir une population en forte croissance. L'usage de machines, d'engrais pour fertiliser le sol et de produits chimiques pour lutter contre les parasites est très limité. Aussi, les rendements sont faibles pour un travail souvent manuel et pénible. Le rendement moyen est d'autant plus bas que la pauvreté paysanne empêche d'investir dans des techniques plus rentables. Quant aux **cultures d'exportation** possédées par les grandes Firmes Multinationales, elles occupent de nombreux hectares aux dépens de l'extension des cultures vivrières et leurs retombées financières ne bénéficient qu'à très peu de personnes. La plupart de ces plantations appartiennent à de grands groupes étrangers, majoritairement issus des pays du Nord. Ils possèdent soit l'exploitation, soit des parts de marché, aussi les retombées économiques potentielles sur l'espace local sont particulièrement limitées. Ces facteurs expliquent, entre autres, l'insécurité alimentaire en Afrique.

Certains espaces africains sont reliés au marché mondial par leur production, mais l'Afrique subsaharienne en elle-même ne l'est pas : la pauvreté et l'agriculture vivrière dominante ne le permettent pas. L'insécurité alimentaire perdure.

LES MÉTHODES

Réaliser un schéma à partir de deux cartes

Comment faire

Un **schéma** est une **représentation simplifiée** visant à représenter un territoire donné à l'aide de formes géométriques. Il **récapitule les traits essentiels de l'organisation d'un territoire** et **met en valeur les dynamiques présentes sur le territoire étudié**.

• Des cartes au schéma

Il faut **simplifier les contours des cartes** en partant de la forme géométrique de l'espace représenté.

• Sélectionner les informations

Il s'agit de **choisir** sur les deux cartes **les informations essentielles** nécessaires à la compréhension du phénomène mis en évidence par le schéma sans oublier les **dynamiques de l'espace concerné**.

• Réaliser le schéma

Même si les **figurés** et les **localisations** sont **simplifiés**, il faut choisir, comme pour tout croquis des figurés adaptés et conformes au **langage cartographique**.

La **légende** doit être structurée en deux ou trois grandes parties, voire même en sous-parties, avec des titres explicites.

> **Attention !**
> Il ne faut pas oublier la **nomenclature** ni le **titre**.

Géographie

Exercice d'application

ÉNONCÉ

Étudiez les documents suivants et répondez aux questions.

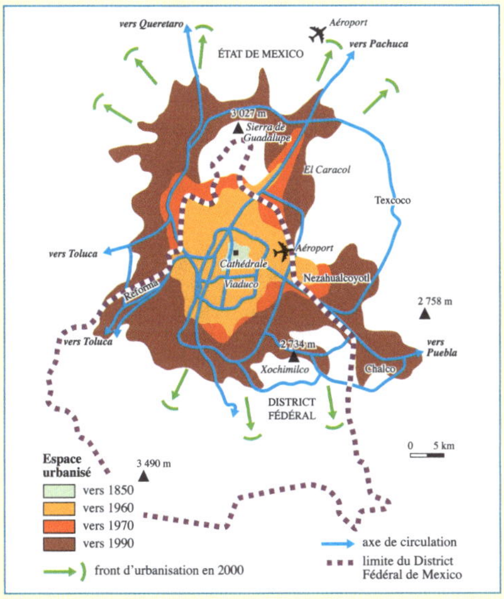

◄ Document A. Mexico : deux siècles de croissance.

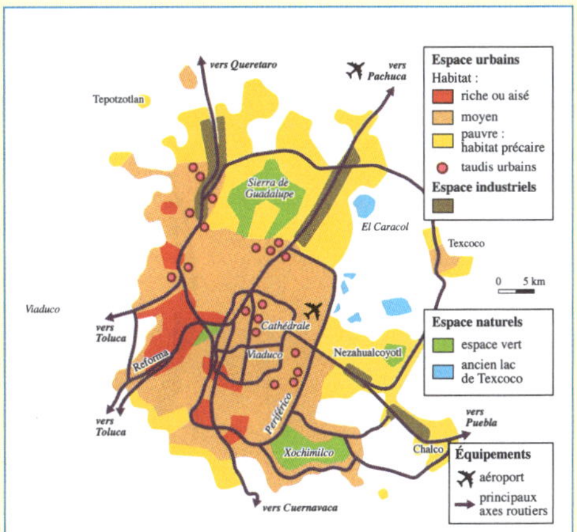

▲ Document B. Les espaces urbains de Mexico.

Réaliser un schéma à partir de deux cartes

1. À l'aide de la carte A., indiquez quelle est la forme géométrique la plus adaptée pour représenter l'espace urbain de Mexico et son extension spatiale.

2. Quels éléments faut-il sélectionner sur la carte B. et comment les cartographier de manière simplifiée ?

3. Autour de quels thèmes faut-il organiser la légende ?

4. À l'aide des deux cartes p. 191 et des réponses aux questions, réalisez un schéma qui a pour sujet : *Mexico : une mégapole du Sud.*

CORRIGÉ

1. La **ville** s'est **étendue par étapes** en **cercles concentriques autour d'un noyau originel.** L'**étalement** est **considérable** car sa superficie (6 000 km²) a sextuplé en soixante ans. Elle est, avec **plus de 20 millions d'habitants**, la **troisième ville du monde**.
- Elle est toutefois **limitée** dans son étalement par une **barrière montagneuse** qui l'entoure.
- Le **cercle** est donc la **forme** géométrique la plus **adaptée pour simplifier cet espace** urbain en forte croissance depuis plus de deux siècles.

2. Il faut **faire apparaître la différenciation sociospatiale** caractéristique d'une mégapole du Sud en représentant au sein du **dernier cercle** de croissance les **contrastes des espaces** urbains : l'**habitat pauvre** est plutôt concentré à l'est, au nord et en périphérie, tandis que l'**habitat riche** est plus réduit et se situe dans un triangle à partir du centre ancien et tout autour du centre. Dans la partie ouest, se trouve un **habitat** réservé aux **classes moyennes** en forte progression.
- Les **axes de communication** qui permettent l'étalement spatial sont aussi à cartographier **sous forme de flèches** qui partent du centre et ouvrent sur la périphérie et les villes voisines.

3. La **légende** doit s'organiser autour de **trois grands thèmes** : il faut d'abord montrer la **forte croissance** par étapes de l'espace urbain, puis la **ségrégation spatiale** que connaît cet espace urbain et, enfin, les **problèmes de saturation et de pollution** que pose cette urbanisation galopante.

4. Réalisation du schéma de Mexico.

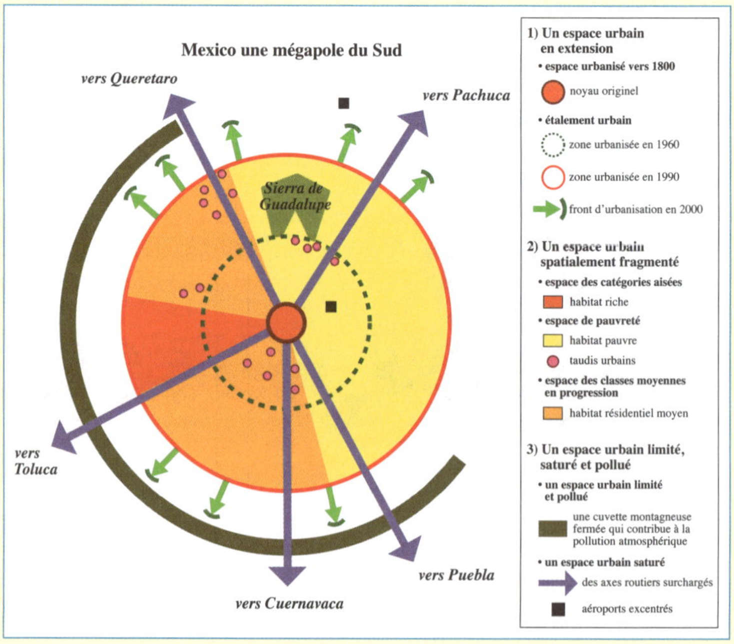

LES MÉTHODES

Présenter une situation grâce à deux documents de natures différentes

Comment faire

Confronter des documents de nature différente permet de tirer des **informations complémentaires** pour **analyser une situation**. La confrontation permet l'explication d'un document par le second, la **comparaison** et / ou la **remise en question d'arguments** apportés par l'un ou l'autre document.

• Bien identifier les documents

De **natures différentes**, les documents sont aussi souvent de **sources différentes.** Il faut donc identifier avec précision leur nature, leurs auteurs, leur thème, leur date et **replacer chaque document dans son contexte**. C'est une étape indispensable à la confrontation.

• Trouver les relations entre eux

Après les avoir lus avec attention et avant de se lancer dans l'analyse proposée par les questions, il faut **les confronter** : l'espace étudié est-il le même ? À la même échelle ? L'un et l'autre concernent-ils les mêmes notions du cours ? Y a-t-il des liens de causes à effets ?

• Ne pas oublier les connaissances

Évidemment, toutes les réponses aux questions doivent s'appuyer sur les documents mais il faut aussi **développer chaque argument**, **chaque allusion** des documents **avec les connaissances du cours**.

Exercice d'application

ÉNONCÉ

Étudiez les documents suivants et répondez aux questions.

A. Le Japon face aux risques

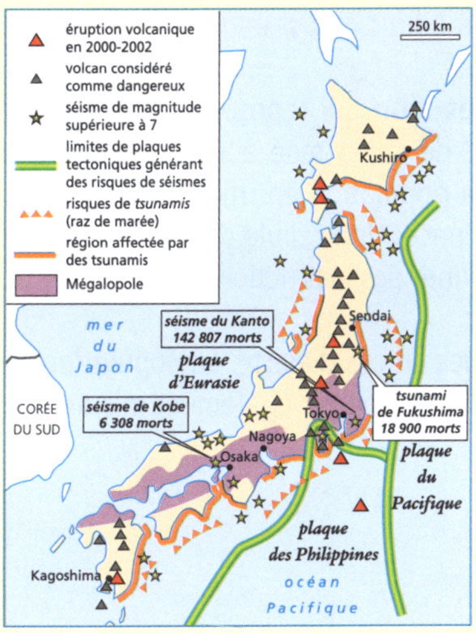

▲ Risques géophysiques au Japon.

B. Agir contre le risque

« Au Japon, un violent séisme de magnitude 7,4 a brièvement ravivé le souvenir de la catastrophe du 11 mars 2011*. [...] L'Agence de météorologie a maintenu pendant près de quatre heures un ordre immédiat d'évacuation face au risque de tsunami pour les départements de Fukushima et de Miyagi avant de l'abaisser au niveau de simple « conseil », et de finalement l'annuler vers midi. [...] Le premier ministre, Shinzo Abe, a rapidement réagi : « J'ai ordonné au gouvernement de donner au public une information précise et fiable sur les modalités d'évacuation. » [...] Comme à chaque fois en pareille occasion, la NHK** a interrompu ses programmes pour suivre la situation en direct. [...] À la différence des séismes précédents, notamment celui de 2011, qui avait fait 19 000 morts et disparus et soulevé des interrogations sur la préparation aux catastrophes, le ton des présentateurs était particulièrement directif et alarmiste. Ils ont littéralement martelé les appels à évacuer. »

* Un séisme et un tsunami suivis d'un accident nucléaire à Fukushima.
** La radio et chaîne de télévision nationales.

Philippe Mesmer, *Le Monde*, 21 novembre 2016.

Géographie

1. Présentez les documents en insistant sur leurs liens.
2. D'après le doc. A., quels types de risques menacent le Japon ?
3. D'après le doc. B., quels moyens permettent de limiter les risques ?

CORRIGÉ

1. La deuxième partie de la question est la plus importante. Sachant qu'elle est posée au pluriel, il faut penser à tous les aspects géographiques concernant l'espace étudié, aussi bien les aspects spatiaux que systémiques.

• Il s'agit d'un croquis qui représente les risques naturels auxquels le Japon est soumis et d'un extrait d'un article du journal *Le Monde*, quotidien français de presse écrite, paru le 21 novembre 2016, après un séisme survenu dans la région de Fukushima, la même qui avait été frappée en 2011 par un tremblement de terre et un tsunami qui avaient provoqué une terrible catastrophe nucléaire. Cet article présente les moyens mis en place par le Japon pour faire face aux risques de tsunamis.

• Les deux documents portent donc sur les **risques naturels** qui menacent le Japon, mais le premier présente les **aléas à l'origine des risques**, alors que le second expose les **moyens de prévention pour diminuer ces risques**.

2. Les risques qu'il faut aborder sont ceux auxquels les documents font référence. Ne pas oublier de les relier et de les expliquer grâce au cours.

• D'après le document A., le Japon est soumis à de nombreux **risques géophysiques**. Il possède de nombreux volcans considérés comme dangereux, certains ayant connu des éruptions récentes. Ces **volcans** sont présents aussi bien au centre du pays qu'en mer, à moins de 300 km des côtes.

• De plus, le Japon est soumis au **risque sismique** : de nombreux séismes de magnitude 7 ont eu lieu soit au large, soit au Japon même. D'où un certain nombre de **risques induits**, principalement des **tsunamis** : un séisme en pleine mer provoque une onde de choc et donc des vagues qui déferlent sur les côtes.

• En effet, le Japon se situe sur la « ceinture de Feu du Pacifique » qui correspond à **l'alignement des volcans qui bordent l'océan Pacifique** sur la majorité de son pourtour et qui coïncide avec les limites de **plaques tectoniques**. Le jeu de ces plaques donne naissance aux volcans et à de fréquents séismes.

3. Il s'agit de limiter les risques en agissant sur les vulnérabilités : il est question ici de la prévention et de l'adaptation des sociétés.

• Pour limiter les risques, les Japonais pratiquent la **prévision** qui repose sur des systèmes d'alerte performants grâce à un système de surveillance de l'aléa relié à « l'Agence météorologique nippone ». Celle-ci répercute l'information à la population en utilisant les **médias**, « radio » et « télévision », qui réagissent à la moindre menace. Une cellule de crise est ouverte par le gouvernement pour recueillir des informations et donner des instructions aux secours, aux localités et à leurs habitants.

• Des **procédures d'évacuation** très précises sont prévues en cas d'alerte. La population doit notamment quitter la zone littorale exposée. Un système de sirène est également mis en place pour alerter les habitants.

13 Du développement au développement durable

Le **développement** désigne **l'amélioration des conditions de vie** d'une population. Des **inégalités de développement** existent entre États mais aussi à l'intérieur des pays. La croissance de la population mondiale oblige à trouver des solutions pour **répondre aux besoins actuels** d'habitants de plus en plus nombreux, **tout en préservant les ressources pour les générations futures**.

1 Un développement inégal et déséquilibré à toutes les échelles

A La fracture de développement Nord / Sud

• **Les critères de mesure.** Pour prendre en compte la dimension qualitative du développement, l'**Indicateur de Développement Humain (IDH)**, étalonné de 0 à 1, intègre la richesse, l'espérance de vie à la naissance, le taux de scolarisation et d'alphabétisation des adultes et l'accès aux soins.

• **La limite Nord / Sud.** On oppose schématiquement les **pays développés, au Nord**, aux **pays en développement (PED), au Sud**, séparés par une ligne de fracture imaginaire.

• **Des « Nords »...** Au **Nord**, les **États de la Triade** concentrent les pouvoirs de commandement économique et financier ainsi que la maîtrise technologique. En revanche, les **anciens pays du bloc soviétique** affichent des PIB par habitant très modestes. Les **Nouveaux Pays Industrialisés** (Corée du Sud, Taïwan, Singapour) d'Asie du Sud-Est ont désormais rejoint le Nord.

• **... et des « Suds ».** **Au Sud**, l'hétérogénéité est très forte. Certains, en **voie rapide de développement** et au fort poids démographique, constituent de **véritables puissances** (Chine, Inde, Brésil) alors que les **Pays les Moins Avancés** sont des terres de grande pauvreté. Les **pays pétroliers** forment une catégorie particulière : **grande richesse** et **développement modeste**.

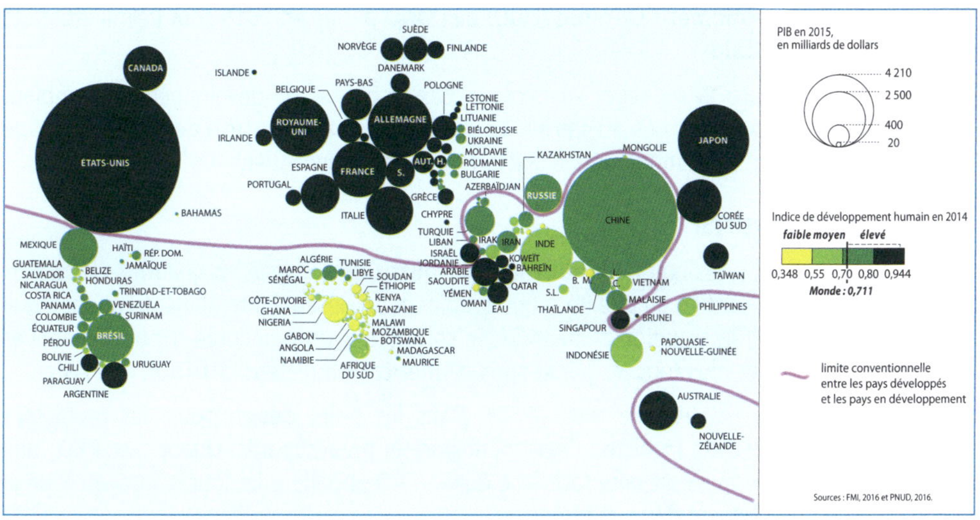

▲ L'inégal développement dans le monde.

B Impacts des inégalités à différentes échelles

• **À l'échelle nationale.** Il existe d'importants **contrastes spatiaux** de développement **à l'intérieur des États**. Par exemple, les espaces de contact entre deux pays sont généralement favorisés, surtout quand il s'agit d'un pays du Nord et d'un pays du Sud.

• **Des inégalités socio-spatiales.** Ces **inégalités de développement** entraînent des **inégalités socio-spatiales** qui sont plus importantes et plus violentes dans les pays du Sud que dans les pays du Nord, comme le montre l'exemple des métropoles émergentes.

2 Définir les besoins pour plus de 9 milliards d'hommes en 2050

A Une population en augmentation

• **Une croissance démographique accélérée au XXe siècle.** Les estimations de la population mondiale étaient de 1 milliard en 1820 et de 3 milliards en 1959. Depuis, **la croissance de la population mondiale s'est emballée** : 7,45 milliards d'êtres humains en 2017.

• **Les préoccupations pour le futur.** Cependant, **le taux d'accroissement de la population mondiale ralentit** : 2 % par an en 1970, 1,1 % aujourd'hui. En valeur absolue, la population continue de croître : **en 2050**, on compterait plus de **9 milliards de personnes**. Une telle **croissance démographique** oblige de **définir des priorités d'action**.

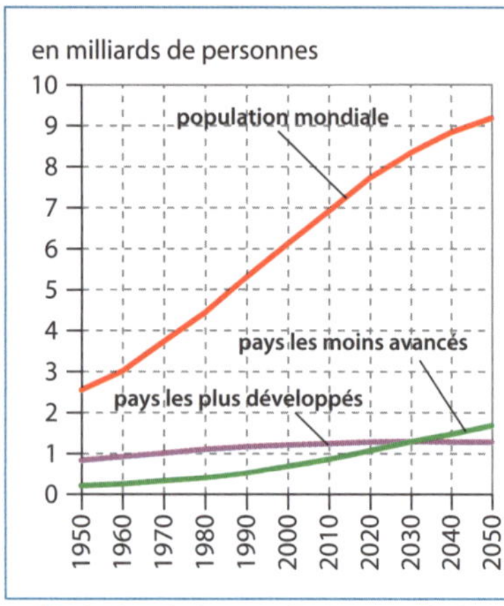

▲ Évolution de la population mondiale de 1950 à 2050 (prévisions).
Source : Word Population Prospects, 2010.

B Réduire la pauvreté

• **Agir sur la pauvreté pour développer.** La **satisfaction des besoins essentiels** de la population future passe par une **réduction de la pauvreté**. C'est pourquoi les deux premiers **Objectifs du Développement Durable** (ODD) de l'ONU publié en 2015 sont l'élimination de **la pauvreté** et **de la faim**.

• **Réduire la pauvreté par l'accès au savoir.** Ces disparités de développement semblent liées notamment à l'**inégal accès au savoir**. Le niveau d'**alphabétisation des femmes** influe fortement sur le type d'éducation donnée aux enfants et par conséquent sur l'avenir du pays.

C Mieux se nourrir

• **Deux défis majeurs.** Il s'agit de **limiter la sous-nutrition** – déficit en quantité – et d'**agir sur la malnutrition** – déficit en qualité – qui entraînent un déséquilibre alimentaire. Bien que sur le plan quantitatif, la situation alimentaire se soit nettement améliorée depuis les années 1960, les continents les plus touchés par la **sous-alimentation** restent l'**Afrique et l'Asie**.

• **Une amélioration qualitative nécessaire.** Dans les **pays développés**, les problèmes d'**obésité** et de **maladies induites** deviennent parfois préoccupants. Quant aux **PED**, une part croissante d'entre eux doit faire face à ce que la FAO appelle « le double fardeau » de la malnutrition : **sous-alimentation** et **obésité**.

D Accéder à l'eau potable

• **L'accès à l'eau, un enjeu vital.** Dans beaucoup de régions, l'**accès à l'eau** reste **difficile pour les plus pauvres**. L'**absence d'eau potable** a des **effets catastrophiques** sur la santé humaine et notamment sur la survie des enfants.

• **Nécessité de l'assainissement.** Dans de nombreuses villes, l'arrivée de l'**eau potable** n'est pas toujours accompagnée de la mise en place d'un **réseau d'assainissement** fiable, ce qui a de **lourdes conséquences** : pollution des nappes superficielles, eaux stagnantes, proliférations de moustiques, odeurs nauséabondes...

3 La mise en œuvre du développement durable

A Une prise de conscience progressive

• **Le processus du « développement durable ».** Le **développement durable** a été défini comme *« le développement qui répond aux besoins du présent sans compromettre la capacité des générations futures à répondre aux leurs »* en 1987. En visant à concilier l'**environnement**, l'**économie** et le **social**, le développement durable se veut une nouvelle manière de penser le monde et de le gérer.

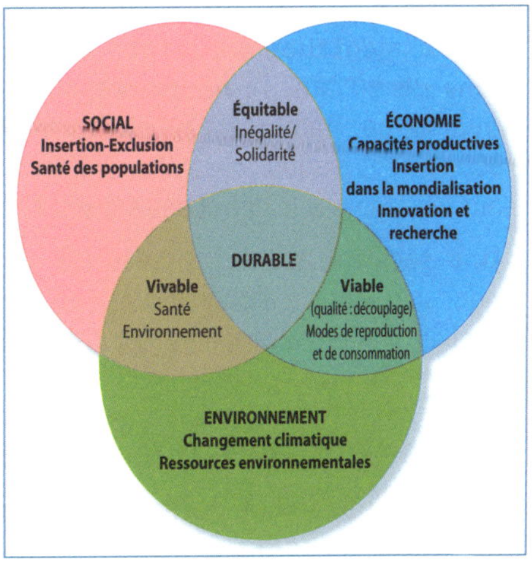

▲ Les trois piliers du développement durable.

• **Le sommet de la Terre (1992) à Rio.** Le développement durable a été popularisé par le **sommet de la Terre**, conférence tenue à **Rio** en 1992. L'idée dominante est qu'une gestion écologique devrait contribuer à une vie meilleure. Chaque pays doit mettre en place une **politique de développement durable**, définie dans des « Agendas 21 » (pour le XXIe siècle).

• **Les priorités environnementales.** En 2015, les 17 Objectifs du Développement Durable (ODD) réaffirment l'importance des préoccupations environnementales à côté des enjeux socio-économiques. La pauvreté est aussi envisagée comme l'une des causes de la dégradation des ressources, comme un accélérateur de la crise environnementale.

B La difficile mise en œuvre du développement durable

• **À l'échelle globale.** Les **acteurs en présence** (organismes internationaux, ONG, acteurs économiques, États) possèdent des **approches différentes**, sinon contradictoires, des choix à effectuer pour appliquer les grands principes. Ainsi, les États-Unis sont très hostiles à l'élaboration d'un droit international de l'environnement, tout comme la Chine, le Brésil et l'Inde qui n'acceptent pas d'entraves à leur développement. Certains **pays émergents commencent cependant à pratiquer le développement durable** en tentant de réduire les pollutions.

• **À l'échelle locale.** Dans les **pays développés**, notamment européens, le **développement durable** est **intégré à l'aménagement du territoire**. C'est le résultat d'un long travail d'éducation de la population. En revanche, **pour la population des pays pauvres** dont la priorité est d'assurer ses besoins indispensables à la vie, le **développement durable** paraît comme un **luxe de riches**, une idée venue du Nord.

14 Nourrir les hommes

Les statistiques démographiques et climatiques des prochaines décennies amènent la communauté internationale à se pencher sur les enjeux majeurs du futur, notamment le **défi alimentaire**. Ces enjeux sont d'autant plus difficiles qu'ils doivent être satisfaits en tenant compte des inégalités de développement et des politiques de développement durable.

1 Croissance des populations et des productions

A Une population globalement mieux nourrie

• **Une alimentation croissante.** Malgré **le doublement de la population mondiale en moins de 50 ans, la nourriture n'a jamais été aussi abondante** sur Terre. La **ration moyenne par habitant** a augmenté de plus de 20 % depuis 1960, passant de 2 300 à plus de 2 800 calories par jour, le seuil de 2 400 calories, considéré comme niveau de nutrition suffisant, étant dépassé dès le début des années 1970.

• **Une sécurité accrue.** La **sécurité alimentaire** s'améliore grâce à une croissance de la production agricole mondiale très supérieure à celle de la population. Les crises alimentaires actuelles, limitées à certaines régions, notamment en **Afrique subsaharienne**, sont en général liées à des conflits.

B Une croissance due à une agriculture performante

• **Un développement agricole soutenu sur toute la planète.** L'**irrigation** et l'**utilisation accrue d'engrais** ont été les principaux facteurs de ces progrès. Ainsi, la **production de céréales**, blé, riz, **maïs** surtout, qui constituent toujours l'une des bases de l'alimentation mondiale, a presque quadruplé depuis 1960, alors que la population mondiale doublait.

• **Des situations diversifiées.** Dans les **pays riches**, la **consommation se stabilise**, car la population vieillit et a les moyens d'importer tout ce qui lui est nécessaire. En revanche, l'**insécurité alimentaire** continue à peser sur les **pays du Sud** car le développement rapide des dernières décennies a **dégradé l'environnement** et **épuisé les ressources**, en particulier les sols et les eaux d'irrigation.

C De profondes inégalités alimentaires

• **Le Sud touché par la malnutrition.** Dans une cinquantaine de pays, la **ration alimentaire moyenne par habitant** reste **insuffisante** et plus de 963 millions de personnes souffrent encore de malnutrition, dont 95 % dans les pays en développement. Les trois quarts d'entre elles vivent en milieu rural, mais l'exode rural a fait entrer la faim dans les villes où les citadins pauvres sont les plus exposés.

• **L'obésité, une caractéristique des pays riches.** À l'inverse, les **pays riches**, dont la population n'a augmenté que faiblement, disposent d'une **ration alimentaire excessive**,

Mot-clé

Malnutrition : déficit qualitatif en nourriture (moins de 20 g de protéines animales par personne et par jour ; manque de vitamines). La malnutrition désigne un régime alimentaire basé sur un petit nombre d'aliments (céréales ou tubercules), entraînant des carences en protéines, fer et vitamines, ainsi que des maladies.

mal composée, et leurs habitants souffrent de plus en plus d'**obésité**. Leur agriculture moderne et performante produit l'essentiel des surplus alimentaires mondiaux.

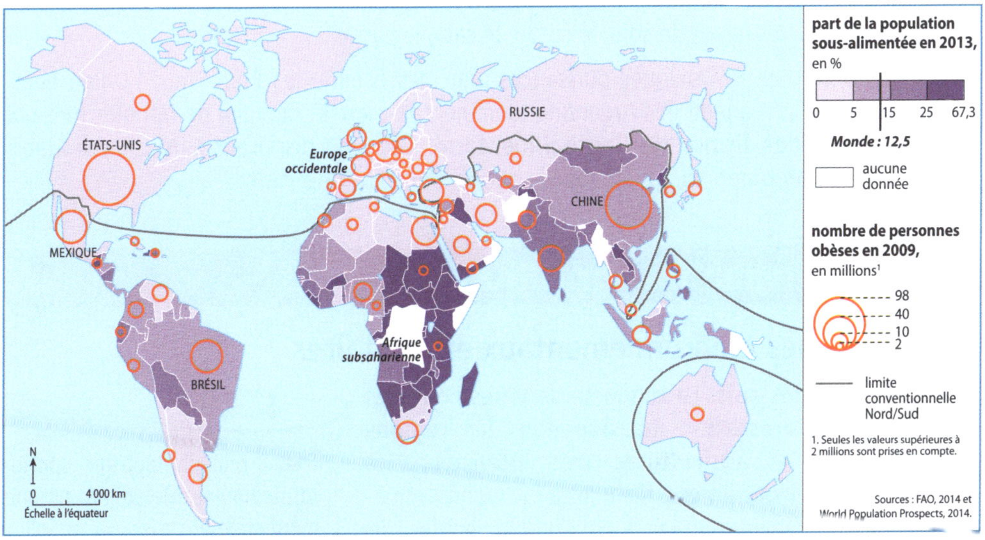

▲ Les deux formes de malnutrition dans le monde.

2 Assurer la sécurité alimentaire

A Les agricultures vivrières dans l'impasse

• **Une faible productivité.** Dans beaucoup de régions du Sud, existe encore une **agriculture vivrière** qui ne parvient plus à nourrir une population en forte croissance. Les **rendements** et la **productivité** sont **faibles** pour un travail souvent pénible.

• **La conquête de nouvelles terres.** L'**extension des surfaces** cultivées est possible quand existent d'importantes réserves foncières, des terres cultivables non exploitées comme au Brésil.

> **Mot-clé**
> **Agriculture vivrière :** pratique agricole dans laquelle le travail reste essentiellement manuel, l'emploi de machines limité et dont la production est essentiellement destinée à l'auto-consommation.

• **L'intensification agricole.** La **solution intensive** a dominé en **Asie** avec la « **révolution verte** », avec des politiques encadrées par l'État. L'utilisation de semences améliorées, la maîtrise de l'irrigation ainsi que l'usage d'engrais et de produits chimiques ont permis d'accroître fortement et durablement les productions.

B Produire pour le marché mondial

• **Le modèle productiviste.** Dans les **pays du Nord** et les **pays les plus développés du Sud**, l'agriculture est intégrée à un complexe agroalimentaire, et travaille pour le marché national mais surtout international. C'est une **agriculture productiviste** qui, comme l'industrie, a recours à la recherche scientifique et à des moyens techniques performants.

• **Le rôle des OGM.** Elle est ainsi entrée dans l'ère des **OGM** (organismes génétiquement modifiés) qui constitueront peut-être les aliments du futur, mais qui suscitent bien des craintes dans certains pays. Elle fournit des **productions de masse** comme les céréales (d'abord le blé), le lait, les viandes, les huiles, le soja, le coton, le café, le cacao.

• **Le « *Food power* ».** Quelques puissances agricoles comme les États-Unis, l'Union européenne, le Brésil, le Canada et l'Argentine, dominent le marché mondial de la nourriture par le biais des **grandes firmes de l'agroalimentaire**. Ces pays disposent ainsi d'un véritable pouvoir au plan international, qu'on appelle parfois l'**arme alimentaire**.

3 Développer des agricultures durables

A Des risques environnementaux et sanitaires

• **Dégradation des sols.** La conquête de terres nouvelles entraîne une **déforestation massive dans les régions humides**. Dans les **agricultures très intensives**, les **atteintes à l'environnement** tiennent à la surconsommation de produits chimiques qui polluent durablement les sols et les eaux. L'irrigation provoque aussi des problèmes de salinité des sols.

• **Désertification.** Dans les **régions semi-arides**, le labourage répété des sols, le surpâturage par des troupeaux aux effectifs de plus en plus élevés soumettent de nombreux sols à l'érosion du vent et des eaux et accélèrent la **désertification**. Cette dernière menace un quart de la surface terrestre et pourrait provoquer, à terme, le **déplacement forcé de plus de 130 millions de personnes**.

> **Mot-clé**
>
> **ESB :** encéphalopathie spongiforme bovine. Maladie communément appelée de la « vache folle » car contractée par les bovins après absorption de farines élaborées à partir de cadavres d'animaux. La consommation de viande provenant d'animaux atteints d'ESB peut être à l'origine du développement chez l'homme de la maladie (mortelle) de Creutzfeldt-Jakob.

• **Recrudescence de maladies.** À cela s'ajoutent les **risques pour la santé** humaine, du fait de l'utilisation d'hormones de croissance, de médicaments et d'aliments industriels pour nourrir le bétail. La **maladie de la vache folle** en Europe et les **grippes des volailles** transmissibles à l'homme en Asie en sont les conséquences.

B Promouvoir des agricultures durables

• **Concilier l'inconciliable ?** Il faudrait parvenir à concilier des rendements élevés, qui assurent une alimentation suffisante pour l'humanité, et des techniques de production agricole qui n'altèrent pas la qualité des ressources naturelles et qui leur permettent de se renouveler.

• **La réorientation des agricultures productivistes.** Suite à la pression des opinions publiques et des consommateurs, notamment en Europe, divers **progrès** ont été **accomplis** : l'utilisation d'engrais et de pesticides moins polluants, la mise en place de techniques de culture et d'irrigation qui respectent mieux la fertilité des sols, plus économes en eau et qui ralentissent l'érosion.

• **Les difficultés des pays du Sud.** Promouvoir une agriculture durable n'est guère d'actualité **pour les pays du Sud** car l'**augmentation des productions** reste un **objectif vital** afin de nourrir leur population croissante.

15 L'eau, ressource essentielle

L'**eau** est une **ressource essentielle** dont les sociétés ont besoin pour se développer. Sa **maîtrise** se heurte à **des inégalités de répartition et d'accès** dans le temps et dans l'espace, à des **convoitises fortes** entre usagers et à des **menaces** concernant sa qualité mais aussi sa disponibilité.

1 Une ressource inégalement répartie et accessible

A Une répartition inégale de l'eau douce

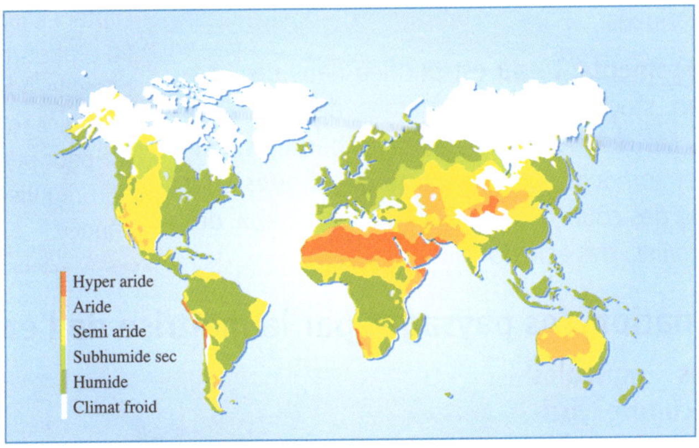

▲ Une humidité inégale sur Terre.

• **L'inégale répartition à l'échelle mondiale.** Les **régions les plus arrosées** sont les **régions équatoriales**, les régions soumises aux vents de la mousson et, dans les zones tempérées, les régions exposées aux vents venus de l'océan et qui apportent la pluie. Les **régions les moins arrosées** sont situées au **centre des continents**.

• **L'inégale répartition à l'échelle régionale.** Les **contrastes pluviométriques** peuvent être très marqués en raison de conditions particulières liées aux reliefs et à la circulation générale des vents et des courants marins.

• **L'inégale répartition des pluies dans le temps.** Des **inégalités de précipitations** existent entre saisons sèches et saisons humides. Il peut y avoir aussi d'importantes **inégalités d'une année sur l'autre**.

B Une inégalité d'accès à l'eau douce

• **Écarts entre ressources et besoins.** Les **ressources en eau** ne sont **pas toujours accessibles**. 500 millions de personnes vivent dans **31 pays en état de stress ou de pénurie hydrique**. Des aménagements sont donc nécessaires pour transférer l'eau.

• **À l'échelle mondiale.** Le **problème** est d'abord **quantitatif** : 75 % des habitants de la planète ne bénéficient pas d'eau courante. Cette inégalité oppose clairement pays du Nord et du Sud. Le **problème** est aussi **qualitatif** : 1,2 milliard de personnes ne disposent pas d'eau potable et l'**absence d'eau potable** et le manque d'hygiène provoquent **2 millions de morts chaque année**.

• **À l'échelle des villes.** Ces **inégalités** se rencontrent aussi à plus grande échelle au **cœur des villes**, surtout dans les **pays du Sud**. Les quartiers aisés disposent d'eau courante alors que les bidonvilles ne sont pas raccordés aux réseaux d'eau.

2 Maîtrise de l'eau et transformation des espaces

A Techniques et aménagements : entre tradition et modernité

• **Capter l'eau.** Pour **capter l'eau**, les **techniques traditionnelles** comme le chadouf (système de levier) ou la noria (roue), les puits traditionnels peu profonds ou les galeries drainantes (foggaras du Maroc) sont encore utilisées dans les pays du Sud. Mais l'utilisation des **motopompes** se généralise. Enfin, pour capter l'eau des nappes fossiles, des **forages profonds** sont pratiqués.

• **Autres aménagements.** L'**eau** est purifiée dans des **stations d'épuration**, stockée dans des citernes, distribuée par des canalisations. Les réservoirs, mais aussi les barrages, permettent de réguler son débit. Des levées ou des **digues** sont aménagées le long des cours d'eau, ainsi que des canaux, des voies d'eau artificielles, des écluses.

Mot-clé

Maîtrise de l'eau : C'est la capacité à contrôler l'eau sous toutes ses formes. Les aménagements hydrauliques visent à capter l'eau, à l'acheminer vers un espace qui en a besoin et, si possible, à la traiter mais aussi à réguler son débit, à la canaliser pour permettre une utilisation régulière tout au long de l'année.

B Transformation des paysages par la maîtrise de l'eau

• **Les paysages agricoles irrigués.** L'**agriculture irriguée** crée une **multitude de paysages** : vastes **plaines agricoles** des États-Unis, **rizières** irriguées des plaines et deltas d'Asie des moussons, **oasis** intra-désertiques, **huertas** méditerranéennes, **champs circulaires** des milieux arides…

▲ Champs de céréales dans les grandes plaines d'Arizona.

• **L'eau et les espaces industriels.** L'**eau** utilisée comme **énergie** a motivé la construction de **barrages hydroélectriques** (houille blanche) mais elle est aussi employée par les industries qui s'installent près des cours d'eau : l'eau devient une matière première ainsi qu'un élément majeur pour le refroidissement des machines, le nettoyage…

• **La maîtrise de l'eau au service des loisirs.** Les cours d'eau sont aménagés **pour le sport** (canyoning, rafting) **ou les croisières** ; des plans d'eau souvent artificiels sont utilisés **pour la pêche, la baignade, le ski nautique** ; d'autres espaces comme **les parcs de loisirs, les golfs ou les piscines** demandent une consommation d'eau particulièrement importante.

• **Eau et espaces urbains.** L'eau permet d'améliorer les espaces urbains par **l'aménagement de fontaines et d'espaces verts.**

3 Gérer une ressource convoitée et menacée

A Une ressource convoitée : conflits et tensions

• **De fréquents conflits d'usage.** Le **secteur agricole**, aux énormes besoins, est souvent accusé d'être pollueur et entre en concurrence avec des **agglomérations** toujours plus gourmandes, mais aussi avec le **tourisme**. Le problème est particulièrement aigu au cœur de la saison sèche ; il n'est pas rare alors que l'eau soit coupée plusieurs heures dans la journée pour répondre aux différents besoins.

• **Tensions frontalières et zones hydroconflictuelles.** Les tensions portent aussi sur la qualité de l'eau et / ou le débit. Ce peut être un différend de type rive droite / rive gauche d'un fleuve qui constitue une frontière entre deux États, ou un désaccord de type amont / aval puisque **200 réseaux hydrographiques dans le monde sont partagés entre au moins deux pays**.

• **L'absence de cadre législatif.** **Aujourd'hui, aucune loi internationale ne réglemente le partage de l'eau en tant que ressource**. Il n'existe que des propositions et des conventions entre États faciles à contourner.

B Une ressource menacée : mesures pour la protéger

• **Menaces sur la quantité.** La pression démographique, agricole et / ou celle due à un haut niveau de développement qui favorise le **gaspillage** augmentent la consommation de manière importante. Les **besoins en eau croissent** et occasionnent une diminution importante des ressources par habitant. Dans les **pays arides**, on puise dans les **réserves non renouvelables**.

• **Menaces sur la qualité.** De plus, l'**activité humaine** provoque souvent la **pollution** de l'eau, qui touche les cours d'eau, mais aussi les nappes phréatiques.

• **De nouvelles sources d'approvisionnement.** On peut tenter de se procurer de nouvelles quantités d'eau par le **dessalement d'eau de mer** ou par le **traitement des eaux usées** et leur réutilisation : 70 % des déchets industriels dans les PVD sont rejetés sans traitement préalable dans les eaux de surface, où ils polluent la réserve d'eau utilisable.

• **Des mesures d'économie d'eau.** On peut aussi envisager de **lutter contre le gaspillage** (différence entre prélèvement et consommation essentiellement par drainage, fuite, évaporation) par le développement de l'irrigation par goutte à goutte par exemple, et réduire la consommation dans les secteurs industriels et domestiques. Mais tout **cela coûte cher**.

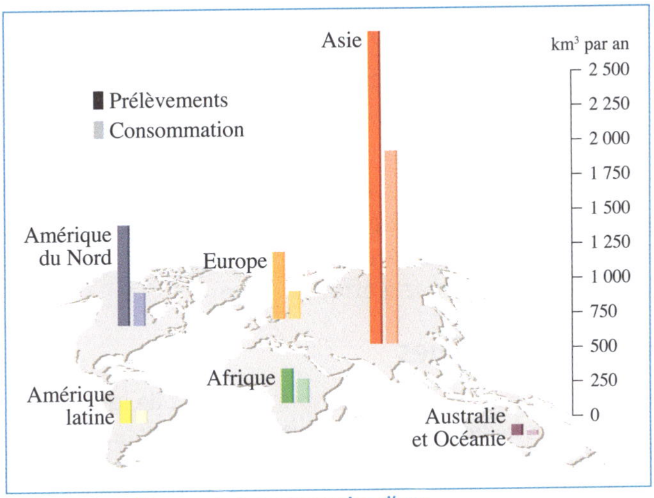

▲ Rapports prélèvements / consommation d'eau.

16 L'enjeu énergétique

Plus un État est développé, plus il a besoin d'énergie pour se chauffer, se déplacer, produire : l'approvisionnement énergétique est **l'un des enjeux majeurs des relations internationales**. L'**essor des énergies renouvelables** apparaît comme une solution face à la raréfaction des ressources et au réchauffement climatique.

1 Gérer les ressources énergétiques

A Besoins en ressources énergétiques

• **Les secteurs de consommation.** À l'**échelle mondiale**, l'**habitat** et les **transports** représentent **les plus grosses parts de la consommation d'énergie**. Le **libre-échange** généralisé constitue la **principale cause de l'explosion énergétique**.

• **Répartition globale des ressources. La demande annuelle mondiale d'énergie ne cesse de croître**. Elle s'élève aujourd'hui à près de 12 milliards de tonnes équivalent pétrole : 35 % pour le pétrole, 25 % pour le charbon, 21 % pour le gaz naturel, 13 % pour les énergies renouvelables et 6 % pour le nucléaire.

B Des ressources variées

• **Ressources anciennes.** Avec l'industrialisation, le **charbon** a surtout nourri la production d'électricité et la sidérurgie. Au cours du XXe siècle, les **hydrocarbures** (gaz et pétrole) se sont substitués au charbon dans le chauffage, le transport et la production industrielle.

• **Ressources nouvelles.** Tandis qu'à la suite d'accidents comme celui de **Tchernobyl** en 1986, l'**énergie nucléaire civile** décline, les **énergies renouvelables** attirent de plus en plus les grands groupes énergétiques et financiers mondiaux.

2 Enjeux environnementaux et géopolitiques

A Les impacts sur l'environnement

• **Les conséquences directes.** Les principaux effets sont aussi bien dus à l'émission de **gaz à effet de serre** (surtout le **CO_2**) qu'aux **fuites de produits toxiques** (Tchernobyl, marées noires).

• **Le protocole de Kyoto.** La production d'énergie entraîne la production de dioxyde de carbone (CO_2) qui s'accumule dans l'atmosphère et constitue l'une des raisons du **réchauffement climatique**. C'est pourquoi lors de la **conférence de Kyoto** (1997), de nombreux États se sont engagés à **réduire les émissions de gaz à effet de serre**.

B Les tensions géopolitiques

• **Les tensions autour des richesses de la Caspienne.** Avec de **larges réserves énergétiques**, la **Russie** mise sur les hydrocarbures pour retrouver son statut de grande puissance et faire **contrepoids aux États-Unis**. Le contrôle des **hydrocarbures de la Caspienne** est source de tensions diplomatiques dans la lutte d'influence auprès des États locaux.

• **Contrôler le pétrole du Moyen-Orient.** Après le 11 septembre 2001, les États-Unis entrent en guerre en Irak. Or, l'énergie est une clé de cette intervention. L'**Irak** se place au **troisième rang** des pays en matière de **réserves prouvées de pétrole**. Le contrôle de la région par les Américains leur permettrait de s'assurer plus de la moitié des réserves mondiales.

3 Prévisions et choix énergétiques pour l'avenir

A L'épuisement des ressources ?

• **Évolutions prévisibles de la demande.** L'Agence internationale de l'énergie prévoit une **augmentation** de plus de la moitié **de la demande d'énergie** de 2004 à 2030, **puis** un **doublement** en 2050. Or, une insuffisance physique de l'offre en hydrocarbures provoquerait un terrible choc des prix, aux effets sans précédent sur l'économie mondiale, les relations internationales et notre mode de vie.

• **Réagir face à la réduction des ressources.** **Il faut donc réduire la consommation d'énergie** en combinant les énergies renouvelables, en améliorant l'efficacité énergétique, en relocalisant les productions et en transformant l'habitat et les transports. Mais cela suppose de **ne plus soumettre les choix au critère de la rentabilité**.

B Des solutions en attente

• **Le bilan de la mise en œuvre du protocole de Kyoto est insuffisant.** C'est pourquoi un nouvel accord a été trouvé lors de la **COP21**, en décembre **2015**, à Paris, dans lequel pour la première fois **195 États se sont engagés à réduire leurs émissions de gaz à effet de serre.**

• **Les agrocarburants ?** La production d'**agrocarburants** – à base de canne à sucre brésilienne ou d'huile de palme asiatique – bien que possédant des avantages décisifs en terme de bilan énergétique, se fera au prix de la **déforestation massive de l'Amazonie et des forêts tropicales asiatiques**.

• **Quelles solutions ? Dans quelles proportions ?** **Les solutions ne sont pas nombreuses** : efficacité énergétique, énergies renouvelables, nucléaire. Dans quelles proportions ? C'est toute la question.

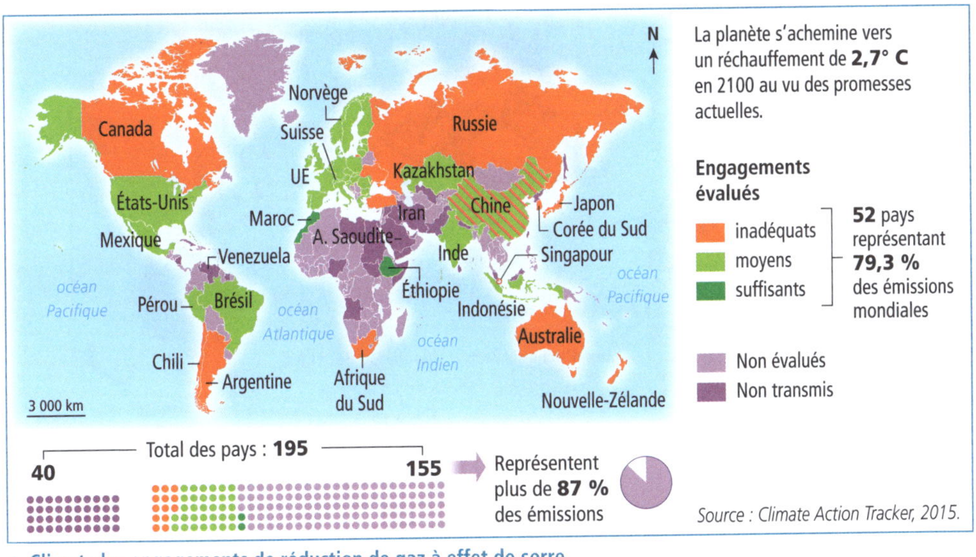

▲ Climat : les engagements de réduction de gaz à effet de serre.

17 Villes et développement durable

Presque achevé dans les pays du Nord, l'**essor de la population urbaine se poursuit** fortement **au Sud**. Cette explosion transforme les paysages urbains et crée de nombreuses **inégalités sociales et spatiales**. Elle engendre aussi de graves **problèmes environnementaux**, l'objectif étant aujourd'hui de **faire émerger une ville durable**.

1 Croissance urbaine et inégalités socio-spatiales

A Un monde d'urbains

• **Un phénomène universel.** **En 2017, 54 % de la population mondiale**, soit plus de 4 milliards de personnes, **se concentrent dans les agglomérations urbaines** alors qu'elles étaient 800 millions en 1950. En **2030**, cette proportion devrait atteindre **60 %**.

• **Une urbanisation ralentie dans les villes du Nord.** La forte croissance urbaine des **pays du Nord** date des années 1950-1980 et les taux d'**urbanisation** aujourd'hui y dépassent souvent **75 %**. La croissance urbaine se poursuit mais à un rythme ralenti qui ne dépasse guère 0,5 % par an.

• **Des villes du Sud en pleine expansion.** Si l'**urbanisation** est moindre dans les **pays du Sud**, **40 %** en moyenne, les rythmes d'urbanisation sont plus forts que dans les pays développés. L'Afrique et l'Asie, moins urbanisées pour l'instant, ont des villes en très forte croissance.

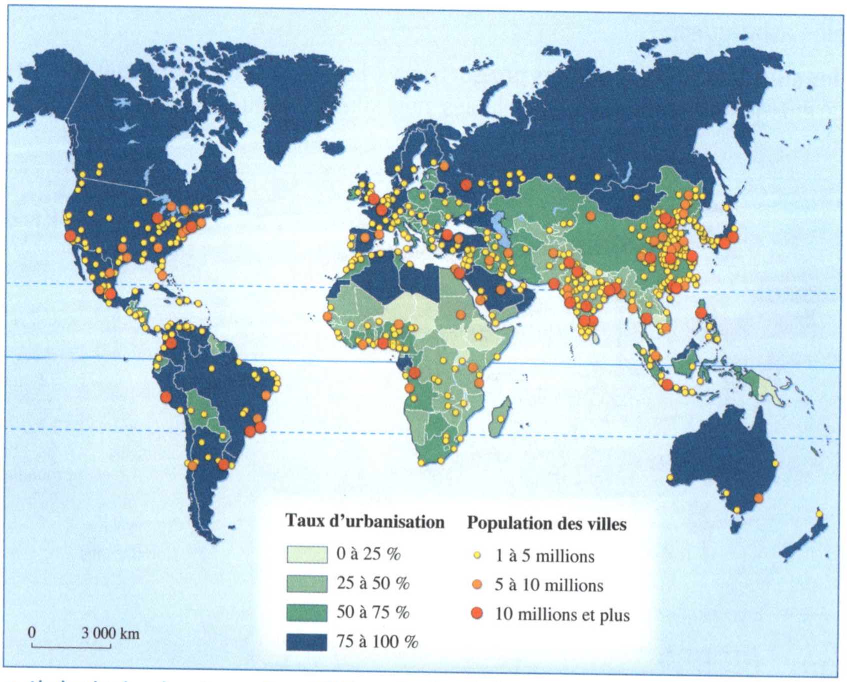

▲ L'urbanisation dans le monde en 2025 : projection de l'Onu.

B Partout, des villes qui s'étalent

• **L'extension spatiale de l'espace urbanisé.** Le processus qui domine est l'**étalement** ; la croissance s'opère par l'intégration des **zones rurales** devenues **périurbaines**. Du point de vue démographique, cet **étalement** profite surtout aux **périphéries**, alors que les centres voient leur population se stabiliser, voire décroître.

• **Au Nord, périurbanisation et « desserrement urbain ».** Cette croissance s'effectue d'abord le long des voies de communication, puis, en taches d'huile entre ces principaux axes. Les **citadins s'éloignent du centre des agglomérations** pour trouver un cadre de vie plus agréable, plus près de la nature et moins cher.

> Mot-clé
>
> **Périurbanisation :** débordement de la ville qui s'opère au détriment des campagnes.

• **Au Sud, un étalement anarchique.** Si les centres villes restent encore densément peuplés, l'habitat précaire, ou **bidonvilles**, s'est emparé des **périphéries** où s'installent les nouveaux venus sur des terrains inoccupés, ce qui entretient le processus d'étalement.

C Fractures sociales, fractures spatiales

• **Spécialisation des espaces urbains.** Le **centre ville** concentre les **fonctions** les plus **prestigieuses** matérialisées par les gratte-ciels du quartier des affaires. Il est aussi rénové et réhabilité pour les populations aisées. À la **périphérie**, se situent les **quartiers résidentiels** et certaines **activités de production** qui recherchent de l'espace (aménagements de loisirs, aéroports, aires de stockage).

• **De nouveaux centres.** De **nouvelles centralités**, à proximité des nœuds de communication, s'affirment à la **périphérie des villes**, là où aujourd'hui se concentrent les urbains : centres commerciaux, technopôles, nouveaux quartiers d'affaires.

• **De forts contrastes spatiaux et sociaux.** Plus du tiers de la population urbaine des pays en développement vit dans des bidonvilles : 62 % en Afrique, 43 % en Asie du Sud. Dans les villes de ces pays, aux **quartiers populaires dégradés** s'opposent des **quartiers résidentiels fermés** pour les populations aisées.

2 Une société urbaine mobile, dépendante des transports

A Des mobilités croissantes, pivots de nouveaux modes de vie

• **Les écarts mondiaux de mobilité urbaine.** Les **distances de mobilité urbaine** diffèrent selon les grandes villes de la planète : de l'ordre de 13 kilomètres dans les grandes villes des pays émergents du Sud-Est asiatique, à 45 kilomètres en Amérique du Nord, en passant par 25 à 30 kilomètres dans les métropoles européennes.

• **Pour assurer ces déplacements, des choix différents.** La **voiture** est en situation de quasi-monopole en **Amérique du Nord** et en **Australie**. Le **transport collectif** domine largement en **Amérique latine**. Les **deux-roues à moteur**, majoritairement peu utilisés, constituent le premier moyen de transport dans les **pays émergents d'Asie du Sud-Est**.

> Mot-clé
>
> **Mobilité :** forme de mouvement qui s'exprime par un changement de lieu. Les hommes vivent aujourd'hui dans un espace fondé sur la spécialisation fonctionnelle : espaces de vie, de loisirs et de travail. Rallier et relier ces espaces implique de nombreuses et de nouvelles mobilités. La mobilité est donc l'expression d'un besoin et d'une nécessité, elle peut être choisie ou subie.

B Route et étalement urbain

• **Une mobilité facilitée par l'automobile.** De meilleures conditions de **mobilité** grâce à l'**automobile** et à un **réseau routier performant** élargissent les possibilités de choix du lieu de résidence. L'automobile permet d'accéder en périurbain à un logement décent pour une large partie de la population, tout en conservant une **forte accessibilité à l'emploi et aux services**.

• **Une conséquence : la spécialisation des espaces.** L'automobile aboutit à une **spécialisation des espaces** en fonction des activités et à une **spécialisation de l'habitat** en fonction des catégories sociales. Elle accentue la **mise à distance des activités** par rapport aux zones résidentielles et celle **des populations** les unes par rapport aux autres.

• **Des transports mis en accusation.** Ainsi, après avoir favorisé l'urbanisation, la route est accusée de tous les maux : étalement urbain anarchique, **engorgement et embouteillages**, **pollution** sonore et atmosphérique, allongement des distances entre les lieux de travail et de résidence, pertes de temps, **gaspillage** énergétique, aggravation de la **ségrégation spatiale et sociale**.

3 Aménager des « villes durables »

A La ville, un espace fragile et à risques

• **Un environnement vulnérable.** La densité de l'habitat, le regroupement de nombreuses fonctions urbaines, la multiplication des infrastructures de communication, l'intensité de la circulation et des flux favorisent la **dégradation globale de l'environnement** et du cadre de vie des citadins.

• **Des risques nombreux.** Les **villes** connaissent de **nombreux problèmes** : hygiène et logement, gestion des déchets, insécurité et violences, nuisances liées au bruit... En raison de sa forte densité, la **ville** apparaît aussi comme un **environnement vulnérable aux risques naturels et technologiques**.

B Une gestion durable de l'espace urbain ?

• **Améliorer la qualité de la vie en ville.** La rénovation, la réhabilitation, la réduction des poches de pauvreté, la multiplication des espaces verts et piétonniers, ont pour objectif de **faire émerger une ville durable**. Dans le domaine des transports, la tendance est de **privilégier les transports collectifs** en incitant les citadins à les utiliser davantage.

• **Des moyens inégaux entre villes du Nord et du Sud.** Ces changements, sensibles dans les **villes du Nord**, restent limités dans les **villes du Sud** où les tentatives pour gérer les espaces urbains, ponctuellement efficaces, se heurtent le plus souvent à la « **marée démographique** » qui pousse toujours plus loin les limites de la ville et décuple risques et pollutions.

18 Les mondes arctiques, une « nouvelle frontière » sur la planète

L'Arctique s'étend sur une surface d'environ 24 millions de km² dont 17 millions d'océan. Ses **richesses minières et énergétiques** et sa localisation dans la **géographie mondiale du transport** suscitent la **convoitise des États riverains**, dans un contexte de **fonte massive de la banquise**.

1 L'Arctique, une ultime frontière de la mondialisation

A Les mondes arctiques : un assemblage complexe de territoires

• **Une région centrée sur le pôle Nord.** Cette région comprend l'**océan Arctique** et le **nord des terres qui l'entourent**, qui appartiennent à plusieurs États (Canada, États-Unis, Norvège, Danemark, Fédération de Russie). La **limite terrestre** est la ligne à l'intérieur de laquelle la température de l'air ne dépasse jamais 10 °C en juillet.

Mots-clés

• **Banquise :** amas de glace flottantes formé par la congélation de l'eau de mer.
• **Pergélisol :** sol gelé en permanence.

• **Un froid extrême.** L'hiver dure environ 9 mois dont 6 mois de nuit polaire pour les régions les plus au nord. L'océan est en grande partie recouvert par une **banquise** épaisse dont l'extension varie suivant les saisons. Le **pergélisol** ne dégèle qu'en surface en été.

B Un espace en voie d'intégration

• **Un « nouveau Nord ».** La forte croissance urbaine, l'ouverture des mines, l'exploitation gazière ou pétrolière, la construction de grands barrages, l'ouverture d'aéroports, d'hôpitaux, de collèges ou d'infrastructures touristiques sont des signes révélateurs de la **modernisation des territoires arctiques**.

• **Un espace relié au monde.** En été, les **eaux territoriales** arctiques connaissent un **important trafic** minéralier pour acheminer les ressources du Nord vers les centres de transformations, ou pour approvisionner villes et villages arctiques. Depuis 20 ans, les **volumes de fret augmentent** fortement dans cette région.

2 À l'assaut du pôle Nord ?

A Des ressources convoitées

• **Un potentiel minier et énergétique.** Les États polaires mesurent depuis longtemps les potentiels **miniers et énergétiques** de l'Arctique en dressant des cartes des gisements. Cet espace polaire recèlerait **25 % des réserves en hydrocarbures** de la planète. Aujourd'hui, la **Russie** lance l'exploitation du **gaz de la mer de Barents**.

• **Un espace géostratégique majeur.** La **diminution** de la **banquise estivale** rend de plus en plus vraisemblable l'**utilisation régulière de deux voies** : le **passage du nord-ouest**, qui traverse l'archipel arctique canadien, et le **passage du nord-est**, qui longe les côtes de la Sibérie. Cela permettrait une nette **réduction des distances et des coûts**.

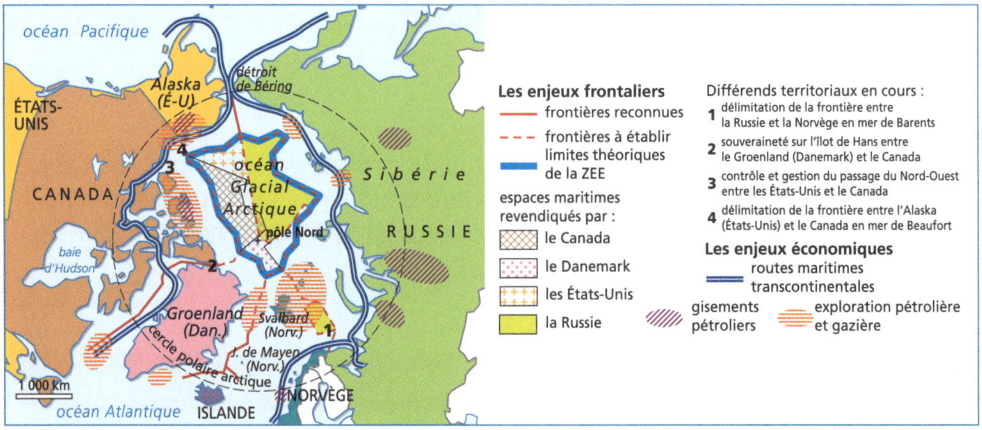

▲ Les enjeux géostratégiques d'un océan Arctique « réchauffé ».

B Des tensions entre les États

• **L'enjeu d'un partage des eaux arctiques.** Si les **cinq pays** bordant l'océan Arctique **contrôlent les eaux** jusqu'à 426 km de leur ligne de côte, ils souhaitent étendre leurs **zones économiques exclusives**. Ces revendications doivent être soumises à l'ONU, qui décide des possibilités d'extension des zones concernées, mais pas de leur délimitation.

• **D'importantes rivalités.** Les **différends territoriaux** entre les cinq États riverains sont nombreux. Ces querelles s'intensifient alors que commence l'exploitation de la zone.

Notion-clé

ZEE : Zone économique exclusive. Il s'agit de la zone des 200 milles nautiques (370 km) sur laquelle s'étend le droit de souveraineté d'un pays en matière d'exploitation des ressources minérales et de la pêche.

C L'Arctique, un enjeu des équilibres mondiaux

• **Un sanctuaire mondial.** Les **milieux boréaux** sont **protégés** depuis longtemps et possèdent de nombreux parcs nationaux, des réserves et des sites classés. Malgré leurs rivalités, les États riverains sont conscients de la **vulnérabilité de ces territoires** et d'une dégradation irréversible des écosystèmes polaires, conséquence du **réchauffement global sur la région Nord**.

• **Un laboratoire pour le futur.** L'**Arctique** concentre les **problèmes de l'avenir de la planète** : changement climatique, énergie, écologie humaine, développement et protection. Les habitants des mondes arctiques doivent inventer un modèle polaire de développement durable.

• **La politique de protection reste fragile.** Les pressions pour l'exploitation des gisements, y compris des zones protégées, demeurent fortes et les relations entre les États de l'Arctique sont complexes. Les cadres internationaux mis en place sont fragmentés. La concurrence est croissante entre la **valeur écologique** et la valeur **économique des territoires**.

• **Des signaux d'alarme.** Le **retour des prospecteurs miniers et énergétiques** dans des zones à fort potentiel écologique détermine une hiérarchie de valeur d'une région arctique qui, pour l'instant, penche en faveur de sa valeur économique.

19 Les littoraux, des espaces convoités

Le **littoral** est un **espace influencé par le contact entre la mer et le continent. Aujourd'hui, les littoraux concentrent près des deux tiers de la population mondiale** et plus de la moitié des plus grandes agglomérations de la planète. **Ces milieux aménagés**, où de nombreux acteurs sont en concurrence, **sont aussi des milieux à ménager.**

Géographie

1 Un milieu attractif pour les hommes et les activités

A Les côtes, des espaces humanisés

• **L'attractivité littorale.** La population est concentrée sur les **littoraux** qui présentent les **conditions naturelles les plus favorables**. Certains littoraux font l'objet d'une occupation plus discontinue et d'autres sont peu ou pas peuplés (falaises, côtes marécageuses...).

• **Des littoraux inégalement peuplés.** Les **littoraux des régions tempérées** sont **très peuplés**. C'est le cas des façades atlantique et méditerranéenne de l'Europe et des côtes de l'Amérique du Nord, de l'Asie du Nord-Est et du sud-est de l'Australie. À plus haute latitude, la population se concentre le long des littoraux au climat moins rude que l'intérieur. Sous les **tropiques**, les rivages densément occupés correspondent aux **deltas rizicoles** et aux **grands ports.**

• **Une forte emprise urbaine.** Les grandes agglomérations possèdent souvent **un port** qui a développé ses activités (Stockholm, Le Havre, Vancouver), occupe une **position stratégique** (Istanbul, Singapour), a servi de **porte d'entrée** dans les pays neufs (New York, Buenos Aires et le Cap) et / ou **pour exporter les ressources** du pays (Dakar).

B Les littoraux, espaces économiques privilégiés

• **Espaces favorables au secteur primaire.** Le climat littoral favorise les **cultures légumières et fruitières**. La **production de sel** dans les marais et les lagunes, ainsi que la **production de coquillages** modèlent les paysages littoraux. Crevettes, saumon, truite de mer, bar ou turbot sont élevés dans des **fermes aquacoles** spécialisées.

> **Mot-clé**
>
> **Littoralisation :** processus de concentration des populations et des activités humaines le long ou à proximité des littoraux.

• **Une maritimisation croissante.** Avec l'**augmentation du nombre de navires et de leur taille moyenne**, les ports se sont éloignés des centres villes afin de faire face à la concurrence. C'est pourquoi les industries, notamment les **industries lourdes**, se sont déplacées **sur les littoraux**, dans de vastes **zones industrialo-portuaires**.

• **Une logique d'interface.** La croissance des ports et la littoralisation de l'industrie sont à l'origine du fort **dynamisme des façades maritimes** qui se développent selon une logique d'interface entre les arrière-pays continentaux et les façades maritimes. Les moyens de transports continentaux (chemin de fer, voies d'eau, autoroutes) convergent donc massivement vers elles.

C L'attraction littorale sur les populations

• **Le tourisme littoral.** Depuis la seconde moitié du XXe **siècle**, **le tourisme** littoral **s'est démocratisé** : les stations se multiplient et font évoluer les paysages en fonction du niveau de vie de la clientèle. **Aujourd'hui**, ce type de **tourisme** s'est développé dans le monde, souvent pour **des populations riches**.

• **Les transformations de la société.** Après avoir été pendant longtemps des lieux d'échanges, les **littoraux** attirent, dans les pays riches, les **retraités** sensibles à une certaine qualité de vie. Parallèlement, **les côtes séduisent de plus en plus les actifs** qui désirent trouver dans ces régions non seulement un **emploi**, mais aussi un meilleur cadre de vie, lié au soleil (**héliotropisme**).

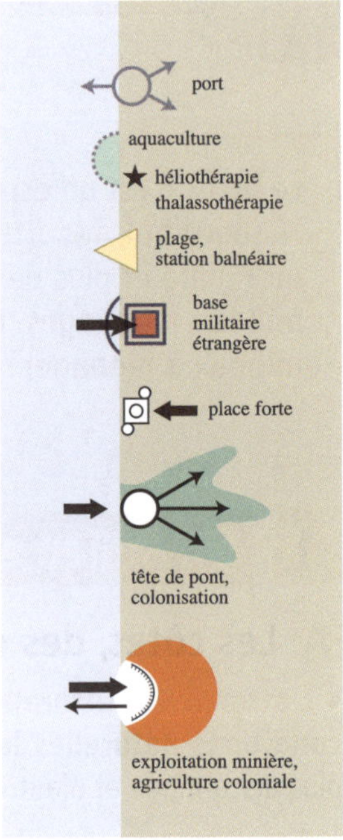

▲ L'espace littoral attractif pour de nombreuses activités.

2 Aménager durablement les littoraux

A Une forte demande sur un espace restreint

• **Un espace à se partager.** Le fort développement du tourisme et la littoralisation des économies entraînent une forte **urbanisation des côtes**. Le littoral est un espace rare parce que limité et convoité par des usages nombreux qui, pour des raisons différentes, réclament un accès à la mer.

• **Une forte concurrence pour l'espace.** Certaines de ces activités excluent les autres. Lorsque l'industrie occupe le littoral, le tourisme ne peut s'y développer. Les rejets de **polluants en mer**, issus de l'industrie comme des urbanisations, entravent l'aquaculture et la pêche. L'**extension des zones résidentielles** peut aussi se heurter à celle des ports qui réclament de grandes surfaces.

• **Des conflits d'usage.** Les marais maritimes cristallisent actuellement beaucoup de tensions, souvent entre les **agriculteurs** et les **écologistes**, les premiers agissant pour une utilisation agricole, les seconds pour la conservation ou un retour à l'état naturel. Les pratiques des **chasseurs**, des **agriculteurs** et des **citadins** s'opposent à la volonté des **écologistes** de conserver ces espaces comme réserve pour les oiseaux.

B Un environnement littoral menacé

• **Des milieux naturellement fragiles.** Le **littoral** est un **milieu fragile** qui subit les actions destructrices ou constructrices de la mer. Les **vagues** et les **marées** sapent la base des falaises et réduisent les plages alors que certaines se forment sur les littoraux d'accumulation. Les **littoraux, sans cesse en mouvement**, contrarient parfois les activités humaines (ports ensablés).

• **Des menaces en provenance de l'arrière-pays...** L'**urbanisation excessive** des côtes s'accompagne de rejets d'eaux polluées auxquels s'ajoutent les rejets des usines littorales et la pollution agricole. Des **algues vertes** prolifèrent. La construction de jetées et de digues, l'extraction de sable ou de gravier modifient les courants marins et peuvent conduire à la **disparition progressive des plages**.

• **... ou du large.** Il s'agit surtout de **rejets d'hydrocarbures** ou d'autres **produits chimiques** dus à des dégazages, des naufrages de pétroliers ou des fuites (Louisiane, 2010). Difficiles à éliminer sur les plages, ces pollutions détruisent la flore et la faune marines. Par ailleurs, le développement du tourisme affecte les récifs coralliens (Caraïbes, Grande Barrière australienne).

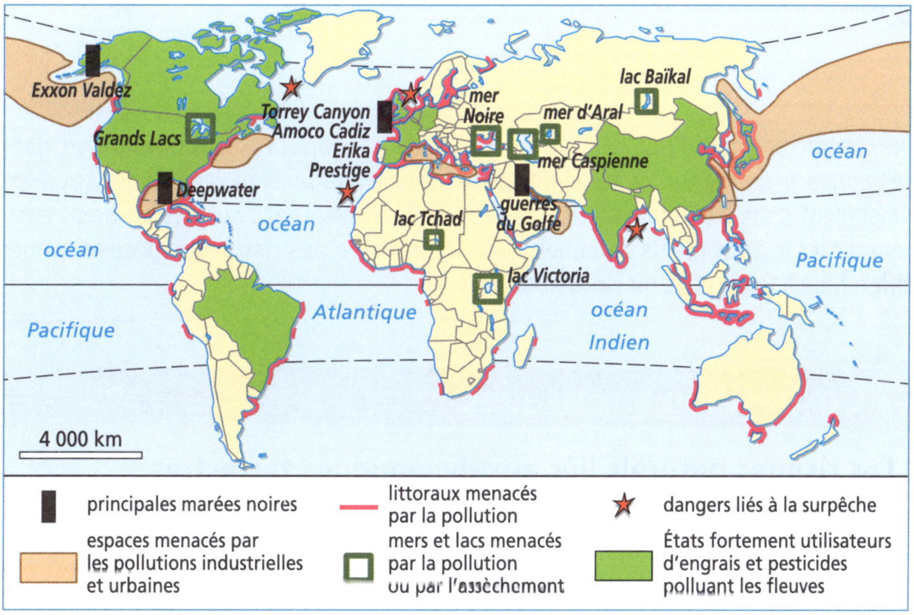

▲ Les menaces à l'environnement littoral.

C Des efforts de protection à différentes échelles

• **Protéger la nature littorale.** Les paysages jugés remarquables pour des raisons esthétiques et écologiques et les espaces sauvages réputés pour la qualité de leur faune font l'objet de **mesures de conservation totale**. Ces **espaces** sont soit **classés** et rendus **inconstructibles**, soit rachetés par un organisme de conservation (National Trust au Royaume-Uni, Conservatoire du littoral en France).

• **Des gestions « intégrées » de la zone littorale.** Sur les autres espaces, des politiques s'efforcent de **concilier protection et aménagement du littoral** : elles sont dites « intégrées » parce qu'elles prennent en compte à la fois le développement économique et la protection de la nature.

• **Se protéger de la mer.** La remontée attendue des eaux marines, liée au réchauffement climatique, devrait rendre la construction de digues et levées à la fois nécessaires et plus difficiles au regard des **enjeux liés au développement durable**.

20 Les espaces exposés aux risques majeurs

On considère aujourd'hui que près du **tiers de la population mondiale** vit dans des **zones à risque**, en ne retenant que les risques naturels majeurs. Si les **sociétés** s'installent dans les régions à risque, c'est que les avantages qu'elles en tirent compensent les inconvénients potentiels. Mais la **maîtrise des risques** se pose en termes différents dans les pays du Nord et du Sud.

1 L'exposition aux risques

A Les risques naturels liés aux dynamiques terrestres

• **Les risques d'origine géophysique.** Les **séismes à l'intensité variable** représentent un risque majeur lorsque leurs ondes touchent des zones habitées. Le **risque volcanique** dépend du type d'éruption : les **nuées ardentes** des volcans explosifs sont très dangereuses pour les populations environnantes.

• **Les risques d'origine climatique.** Les **risques météorologiques** comme les tempêtes, les tornades ou les cyclones sont des risques **brefs mais récurrents** car **liés à une saison**. Les **risques climatiques**, comme les sécheresses ou le réchauffement climatique global, concernent une **échelle de temps beaucoup plus longue**.

• **Les risques induits.** Ces aléas naturels provoquent souvent d'autres **aléas** – dits **induits** – qui, cumulés, rendent le risque redoutable : un **séisme sous-marin** *a priori* inoffensif provoque des **tsunamis** ravageurs ; le passage d'un **cyclone** entraîne **inondations, coulées de boue** et **glissements de terrain**.

• **Les risques naturels et l'action anthropique.** Certains **risques** sont **aggravés par l'action des sociétés sur leur environnement**. Ainsi, l'**érosion** due à l'agriculture, à la déforestation et au surpâturage aggrave les glissements de terrain. L'**imperméabilisation** de certains **sols** par l'urbanisation augmente les ruissellements et donc le risque d'inondation.

Mots-clés

• Un **risque** est la menace d'un **aléa** sur un espace qui possède des **vulnérabilités**.
• Un **risque** est dit majeur en fonction de la gravité des conséquences potentielles de l'aléa sur un territoire.
• Un **aléa** devient un risque majeur s'il s'applique à une zone qui présente des enjeux humains, économiques et / ou environnementaux. Plus un aléa est rare, plus il est dangereux puisque la société n'est pas préparée à y faire face.
• La **vulnérabilité** se mesure en fonction des conséquences potentielles du risque. Plus le système social concerné est vulnérable, plus le risque est grave.

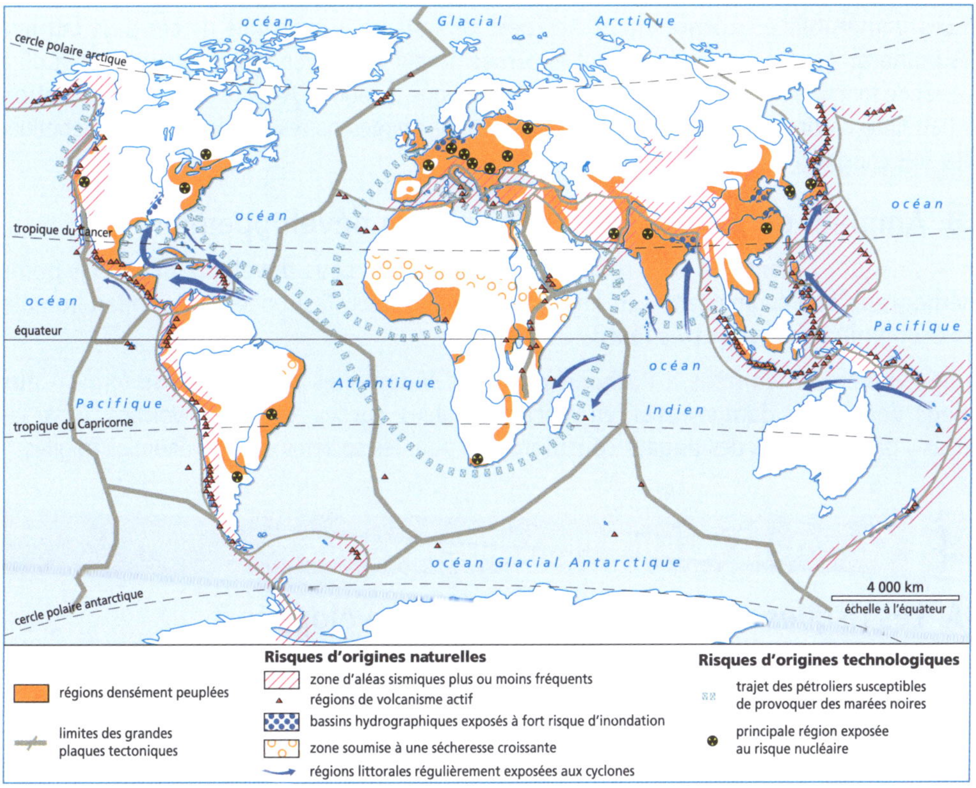

▲ Les grands types de risques dans le monde.

B Les risques technologiques

• **Les menaces industrielles.** L'**activité industrielle** est **dangereuse** parce qu'elle concentre des produits toxiques : il y a donc des risques de fuite, d'explosion et d'incendie. En cas d'accident, ces produits touchent un espace qui s'étend souvent bien au-delà des limites de l'usine.

• **Les risques liés aux transports.** Ces risques concernent le transport de produits chimiques, toxiques ou d'hydrocarbures par camion, bateau (**marées noires**) ou canal, mais aussi le transport de passagers : accident (**naufrage**, **déraillement**) ou **détournement** (comme les attentats du 11 septembre 2001).

• **De nouveaux risques.** Les **progrès techniques** donnent sans cesse naissance à de **nouveaux risques** liés aux **biotechnologies** ou à l'informatique (**cyber-terrorisme**).

2 L'inégale vulnérabilité des sociétés

A Les sociétés des pays riches face aux risques

• **Les risques des pays développés.** Les **pays industrialisés** ne sont pas à l'abri des accidents climatiques ou géophysiques et la multiplication des flux ainsi que le fort **développement industriel** sont responsables d'un **accroissement des risques technologiques**.

• **Des vulnérabilités humaines.** Ces **vulnérabilités** sont dues d'une part à la **forte urbanisation**, responsable d'une concentration de population telle qu'un risque devient vite très menaçant et, d'autre part, à l'**attraction de certains sites** qui amènent les populations à s'installer dans des zones à risque.

• **Les vulnérabilités économiques accrues.** Le système économique de ces pays fait que les **vulnérabilités économiques** sont **énormes**. Il faut aussi prendre en compte le coût dû à l'arrêt de fonctionnement des entreprises et au manque à gagner. À cela s'ajoute la **réparation** à l'atteinte **environnementale**, notamment lors de marées noires ou lorsqu'il faut dépolluer des sols constructibles.

B Ampleur des risques dans les pays en développement

• **Des risques accentués.** Si les risques sont les mêmes, le **sous-développement** et le **poids démographique** augmentent leurs impacts potentiels : les catastrophes ont un **bilan humain et économique souvent très lourd**.

• **Les vulnérabilités liées à l'urbanisation.** Les **bidonvilles** par exemple se forment **aux pieds des usines dangereuses**, en zones inondables, sur les pentes des volcans. Aussi les aléas y provoquent-ils des **dégâts considérables** pour les sociétés et les économies fragiles.

3 Comment réduire ces vulnérabilités ?

A Les risques maîtrisés dans les pays développés ?

• **Des solutions techniques.** La réduction des pertes lors des catastrophes passe par la **connaissance** et la **cartographie des aléas**, par le développement du contrôle de l'usage urbain, par **l'amélioration de systèmes de prévision et d'alerte**, par l'entretien des aménagements existants, par le renforcement des moyens de protection et enfin par l'**élaboration de plans de secours** cohérents.

• **Un dispositif efficace.** Les pays développés possèdent une **législation** qui limite certains risques (normes parasismiques, Plan d'occupation des sols). Les systèmes de **surveillance** et d'**information** sont performants et les populations facilement averties des risques météorologiques. En cas de crise, des **réserves financières** et des assurances sont mobilisés.

• **Des sociétés plus fragiles.** Les sociétés des pays développés acceptent de moins en moins l'exposition aux risques. La garantie de la **sécurité individuelle** est **considérée comme un droit**. En outre, il arrive que nos **sociétés perdent la mémoire du risque** et s'exposent dangereusement.

B Difficultés de gestion dans les pays en développement

• **Les freins à une gestion efficace.** Face à cette forte exposition aux risques, les autorités et les populations des pays en développement restent rarement sans réponse. Mais ils rencontrent de nombreuses difficultés : l'**insuffisance de la connaissance du risque**, l'**absence de plans de développement urbain**, des **contraintes financières** et les choix des gouvernements en terme de priorité.

• **L'aide internationale** joue un rôle qui peut s'avérer vital et la **Banque mondiale** finance à travers le monde des programmes de gestion des risques. Les **ONG** (la Croix Rouge, Médecins sans frontières…) sont souvent le dernier recours possible pour gérer les crises.

• **Des solutions pour réduire les risques.** Lorsque la **prévention et la protection contre les risques** sont **inexistants** ou **dépassés par l'ampleur du risque**, une solution radicale reste le **déplacement des populations** exposées. Développer une culture du risque *via* l'**information** et l'**enseignement**, par l'organisation de plans de secours, permettrait d'améliorer la prise en compte du risque par les populations urbaines.

Physique-Chimie

Physique Chimie

1 Description de l'Univers

1 Mouvement de la Terre et des planètes

• **Les trajectoires des planètes** sont quasiment circulaires. Leur mouvement est **uniforme**. Entre le Soleil et les planètes règne le vide.

• La Terre tourne sur elle-même en 24 heures : c'est la période de **rotation**.
La Terre tourne autour du Soleil en un an (365,25 jours) : c'est sa période de **révolution**.

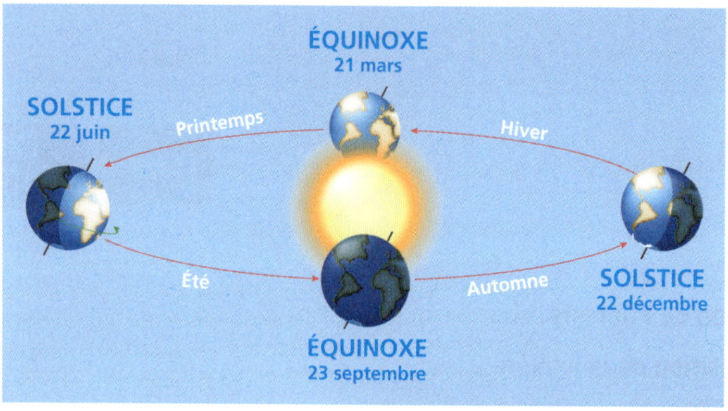

• **Le système solaire** est composé de **huit planètes** (Mercure – Vénus – Terre – Mars – Jupiter –Saturne – Uranus et Neptune) qui gravitent autour d'une étoile : le **Soleil**.

2 Les outils de la physique

A L'écriture scientifique

• L'écriture scientifique permet d'écrire plus simplement un nombre très grand ou très petit.

• L'écriture scientifique d'un nombre est de la forme : $a \times 10^n$.
Le nombre décimal a ne possède qu'un seul chiffre non nul avant la virgule ($1 \leqslant a < 10$).

Appliquer le cours Déterminer l'écriture scientifique des nombres suivants :
1. Rayon de la Terre : R = 6 370 km.
2. Distance Terre – Soleil : d = 150 000 000 km.

Solution Il faut faire apparaître un nombre décimal a non nul tel que $1 \leqslant a < 10$.
1. $6\,370 = 6{,}37 \times 1000 = 6{,}37 \times 10^3$,
$R = 6{,}37 \times 10^3$ km.
2. $150\,000\,000 = 1{,}5 \times 100\,000\,000 = 1{,}5 \times 10^8$,
$d = 1{,}5 \times 10^8$ km.

B Les puissances de 10

Pour simplifier les écritures, on peut utiliser une puissance de 10 ou son symbole.

femto	pico	nano	micro	milli		kilo	méga	giga	téra
10^{-15}	10^{-12}	10^{-9}	10^{-6}	10^{-3}	10^0	10^3	10^6	10^9	10^{12}
(f)	(p)	(n)	(µ)	(m)		(k)	(M)	(G)	(T)

C Ordre de grandeur

L'ordre de grandeur d'un nombre est la puissance de 10 la plus proche de ce nombre.

Pour l'établir, on doit d'abord écrire ce nombre en écriture scientifique $a \times 10^n$ puis rechercher la puissance de dix la plus proche.

– Si $0 \leqslant a < 5$ l'ordre de grandeur est égal à la puissance de dix.

– Si $5 \leqslant a < 10$: l'ordre de grandeur est égal à 10 multiplié par la puissance de dix .

Attention !

L'unité utilisée doit être celle du système international. Pour la longueur il s'agit du mètre.

Appliquer le cours

Déterminer l'ordre de grandeur des longueurs suivantes :

1. Diamètre d'un atome d'aluminium : 286×10^{-12} m

2. Distance Terre – Lune : 384 400 km.

Solution

1. 286×10^{-12} m $= 2{,}86 \times 10^{-10}$ m.
$2{,}86 < 5$. La puissance de 10 la plus proche de ce nombre est 10^{-10}. L'ordre de grandeur est donc 10^{-10} m.

2. 384 400 km = 384 400 000 m = $3{,}844 \times 10^8$ m.
$3{,}844 < 5$. L'ordre de grandeur est donc 10^8 m.

3 Les longueurs dans l'Univers

A L'unité astronomique

L'unité astronomique (U.A.) est l'unité de longueur utilisée pour mesurer les distances dans le système solaire. Elle correspond à la distance moyenne entre la Terre et le Soleil : 150 millions de kilomètres.

$$1 \text{ U.A.} = 150 \times 10^6 \text{ km}$$

Appliquer le cours La distance moyenne séparant le Soleil et Jupiter est de 778 500 000 km. Calculer cette distance en unité astronomique.

Solution Pour calculer cette distance en unité astronomique, il faut diviser cette distance par la valeur de l'unité astronomique.

$d = 778\,500\,000 / 150 \times 10^6$

$d = 5{,}2$ U.A.

B L'année de lumière

- Dans le vide (ou dans l'air) la lumière se propage à la vitesse de 299 792 458 mètres par seconde.

Dans la pratique, la valeur de la vitesse de la lumière (ou célérité) est : $c = 3 \times 10^8$ m.s^{-1} .

- La distance parcourue par la lumière en une année est obtenue par la formule : $d = c \times t$.
(6 = 2 × 3) donc $\Delta t = \frac{d}{c}$; $c = \frac{d}{\Delta t}$

Il y a 365,25 jours dans une année, 24 heures dans un jour, 60 minutes dans une heure et 60 secondes dans une minute. $d = 3 \times 10^8 \times 365{,}25 \times 24 \times 60 \times 60 = 9{,}47 \times 10^{15}$ m.

- L'année de lumière (a.l.) est l'unité de longueur utilisée pour mesurer les distances dans l'Univers. Elle correspond à la distance parcourue par la lumière en une année :

$$1 \text{ a.l.} = 9{,}47 \times 10^{15} \text{ m}$$

Exercices d'entraînement

Exercice 1 ★ 5 min

Corrigé p. 258

Pour chaque affirmation, indiquer si elle est vraie ou fausse. Corriger les affirmations fausses.

1. Entre le noyau et les électrons d'un atome règne le vide. vrai
2. Le système solaire contient 9 planètes. faux : pluton : planète naine
3. La célérité de la lumière est de 3×10^8 m.s^{-1}. vrai
4. L'année de lumière est une durée. faux c'est l'année lumière
5. L'écriture scientifique de 108×10^6 km est $1{,}08 \times 10^4$ km. ~~vrai~~ faux c'est $1{,}08 \times 10^6$

Exercice 2 ★★ 10 min

Corrigé p. 258

Exprimer, en mètre, les valeurs suivantes en utilisant l'écriture scientifique.

1. Diamètre de l'atome de carbone : 140×10^{-12} m. $1{,}40 \times 10^{-10}$ m
2. Distance Terre – Saturne : 1427×10^6 km. ~~[illegible]~~ m
3. Diamètre d'une goutte d'eau : 0,2 mm.
4. Diamètre de la Lune : 10 917 km.

Exercice 3 ★★ 10 min

Corrigé p. 258

Utiliser le multiple ou le sous-multiple approprié pour réécrire les nombres suivants.

1. $2{,}7 \times 10^3$ m 2. 27×10^{-10} m 3. $0{,}27 \times 10^{-5}$ m 4. 39×10^{-4} m 5. $3{,}9 \times 10^9$ m

Exercice 4 ★★ 5 min

Corrigé p. 258

Déterminer les ordres de grandeurs des masses suivantes :

1. Masse de la Terre : $5{,}97 \times 10^{24}$ kg 2
2. Masse du Soleil : $1{,}99 \times 10^{30}$ kg 1
3. Masse de la lune : $7{,}36 \times 10^{22}$ kg 3

Exercice 5 ★★ 5 min

Corrigé p. 258

La lumière produite par le Soleil met 12 minutes et 40 secondes pour parvenir jusqu'à Mars.

1. Quel(s) milieu(x) traverse la lumière pendant son trajet ? vide
2. Sachant que la célérité de la lumière $c = 3 \times 10^8$ m.s^{-1}, calculer, en kilomètre, la distance Soleil-Mars.
3. Convertir cette distance en unité astronomique.

1 min = 60 s 12 × 60 + 40 = 760 s 760 × 3 × 10⁸ = 228⁹ m = 228¹² km

Exercice 6 ★★★ 10 min

Corrigé p. 258

Dans la constellation de la Lyre on peut observer une étoile très brillante : Véga.
Elle se trouve à une distance de $2{,}37.10^{14}$ km de la Terre.

1. Donner la définition de l'année de lumière. distance que traverse la lumière en 1 an
2. Calculer, en année lumière, la distance entre la Terre et Véga.
3. En quelle année a été émise la lumière de cette étoile si on l'observe en 2014 ?

2 Décomposition de la lumière

1 Composition de la lumière

La lumière blanche est **polychromatique**, elle contient toutes les lumières colorées et est donc constituée d'une infinité de radiations monochromatiques. La décomposition d'une lumière par un prisme ou un spectroscope est appelée **spectre**.

Chaque radiation est identifiée par sa longueur d'onde λ, exprimée en nanomètre.

1 nm = 10^{-9} mètre.

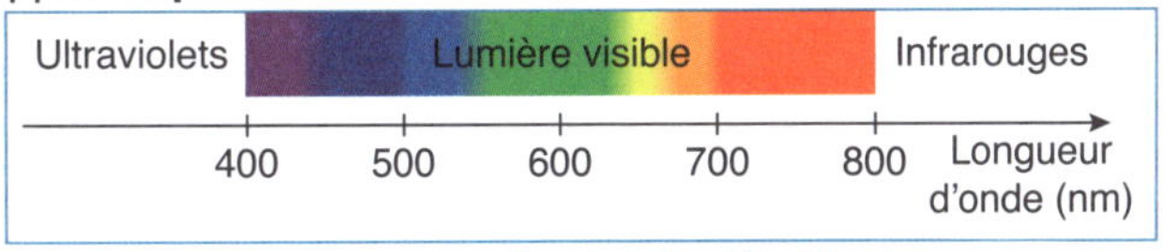

▲ Spectre continu de la lumière blanche.

2 Comment analyser la lumière ?

A Le spectre d'émission

Un spectre d'émission est obtenu par analyse directe de la lumière produite par un corps à travers un spectroscope. Un spectre d'émission d'une entité chimique est composé de **raies colorées sur un fond noir.**

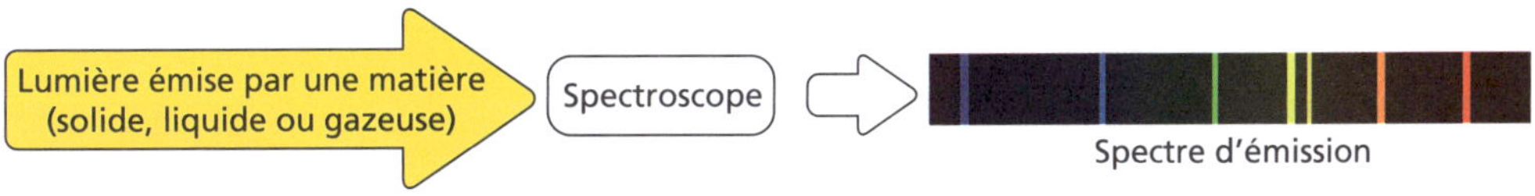

B Le spectre d'absorption

Pour obtenir le spectre d'absorption d'une substance, il faut éclairer cette substance avec une lumière blanche puis analyser la lumière après sa traversée de la substance. Le spectre d'absorption est composé de **raies sombres sur un fond coloré.**

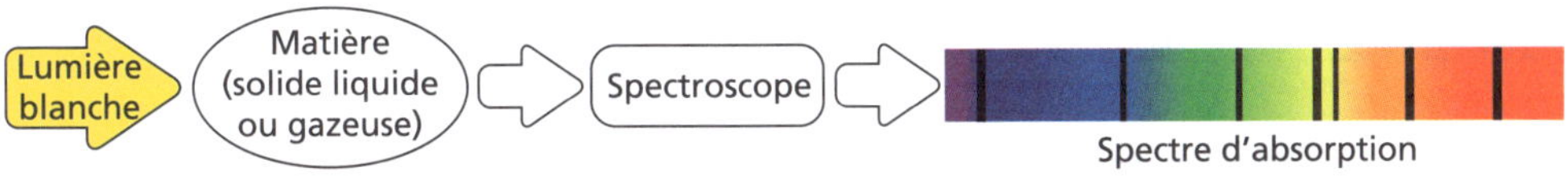

Les raies colorées du spectre d'émission d'une entité chimique ont les mêmes longueurs d'onde que les raies noires de son spectre d'absorption.

3 Pourquoi analyser la lumière ?

- **Chaque entité chimique (atome ou ion)** possède ses propres raies, identifiables par leur longueur d'onde. Une entité absorbe uniquement les radiations qu'elle est capable d'émettre. L'analyse d'un spectre de raies permet donc d'**identifier les entités chimiques** présentes dans la source de lumière.

- **Le spectre d'une entité** dépend de la température. Il s'enrichit vers le violet lorsque la température de l'entité augmente. L'analyse d'un spectre de raies permet donc d'**évaluer la température d'un corps.**

L'analyse de la lumière émise par une étoile permet donc d'identifier les entités chimiques présentes dans son atmosphère et d'évaluer sa température à sa surface.

Exercices d'entraînement

Exercice 1 ★ 5 min
Corrigé p. 258

Spectre A

Spectre B

Spectre C

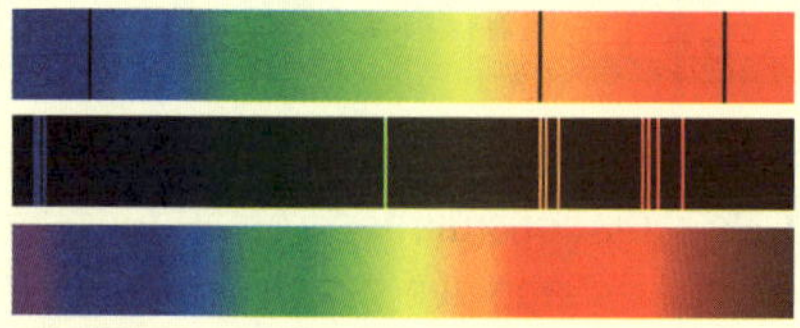

1. Décrire chaque spectre en utilisant les termes suivants : absorption, émission, continu, raie.
2. Citer deux appareils permettant de décomposer la lumière.

Exercice 2 ★ 5 min
Corrigé p. 258

Pour chaque affirmation, indiquer si elle est vraie ou fausse. Corriger les affirmations fausses.

1. La longueur d'onde s'exprime en hertz, de symbole Hz.
2. Un prisme permet de décomposer la lumière blanche.
3. Un spectre d'absorption est constitué de raies colorées sur un fond noir.
4. Lorsque la température d'une entité augmente, son spectre s'enrichit vers le rouge.
5. L'analyse du spectre d'un corps permet d'identifier les entités chimiques présentes dans ce corps.

Exercice 3 ★ 5 min
Corrigé p. 259

Le spectre d'absorption d'un élément est représenté ci-contre. Identifier, en justifiant votre choix, son spectre d'émission parmi les spectres suivants :

Spectre A

Spectre B

Spectre C

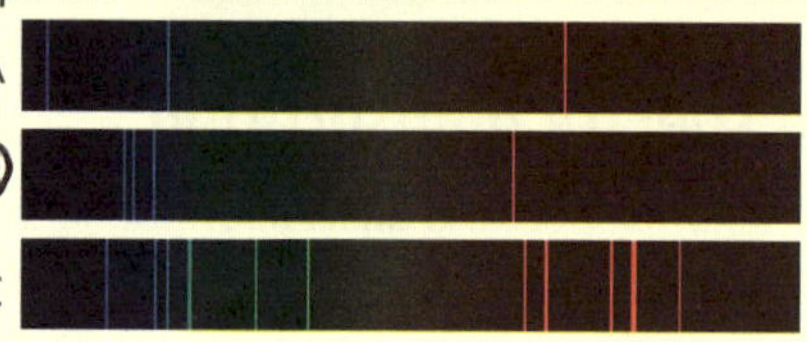

Exercice 4 ★★ 5 min
Corrigé p. 259

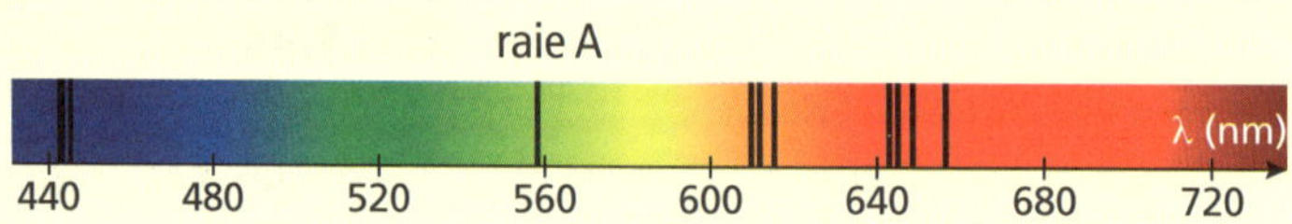

1. Décrire ce spectre en utilisant les termes appropriés.
2. Nommer la grandeur portée sur l'axe des abscisses ainsi que son unité.
3. Que représentent les raies noires visibles sur le spectre ?
4. Donner une valeur approchée de la raie A et convertir cette valeur en mètre.

Exercice 5 ★★ 5 min
Corrigé p. 259

Les spectres ci-contre ont été obtenus avec la même entité chimique, portée à des températures différentes.

1. Comment évolue le spectre d'une entité en fonction de la température ?
2. Classer les spectres par ordre croissant de température.

3 Atome et élément chimique

1 La constitution de l'atome

Un atome est composé d'un **noyau** (chargé positivement) et d'un **nuage d'électrons** (chargé négativement). Ces électrons sont en mouvement autour du noyau.

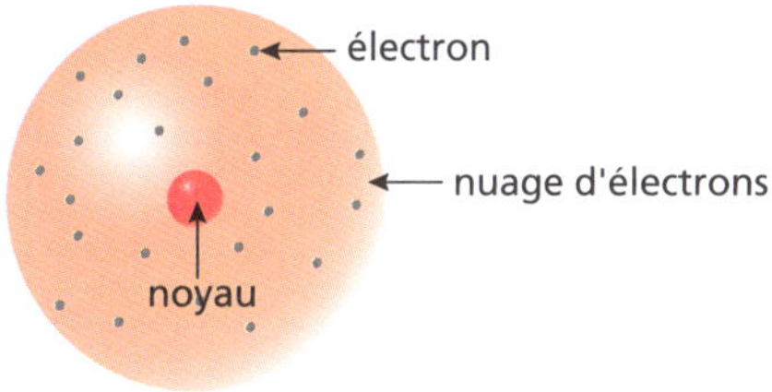

Un atome est **électriquement neutre** car il contient autant de charges positives dans son noyau que d'électrons dans son nuage.
Pour représenter un atome, on va définir le modèle de l'atome.

A Le noyau

Le noyau est constitué de **protons** (chargés positivement) et de **neutrons** (neutres). Ils constituent les nucléons. Pour décrire le noyau on utilise deux nombres :

– Z : c'est le nombre de protons. Il se nomme **numéro atomique**.
– A : c'est le nombre de nucléons.

Le nombre de neutrons N s'obtient par le calcul A – Z.

À savoir

Pour représenter un atome, on utilise la notation $^{A}_{Z}X$ avec X symbole de l'atome.

B Le nuage électronique

Le nuage contient les électrons. Ils sont chargés négativement.
Un atome possède autant de protons que d'électrons. **L'atome est donc est électriquement neutre.**

Appliquer le cours Le symbole du noyau de l'atome de sodium est $^{23}_{11}Na$.
Donner la composition de l'atome de sodium.

Solution Le nombre de nucléons A est égal à 23 et le nombre de protons est égal à 11.
Le nombre de neutrons s'obtient par le calcul $N = A - Z$, soit $N = 23 - 11 = 12$ neutrons.
Le noyau contient donc 23 nucléons : 11 protons et 12 neutrons.
L'atome de sodium est électriquement neutre. Il contient donc autant de protons que d'électrons.
L'atome contient donc 11 électrons.

C Charge électrique

La charge électrique d'un proton est notée $+\,e$. La charge électrique d'un électron est notée $-\,e$.

Cette charge s'exprime en coulomb. $+\,e = +\,1{,}6 \times 10^{-19}$ C.

La charge électrique du noyau, notée Q, est donc égale à $Z \times e$.

Appliquer le cours Calculer la charge électrique du noyau de l'atome de fluor.
Données : $^{19}_{9}F$
$e = 1{,}6 \times 10^{-19}$ C.

Solution Pour ce noyau, A = 19 et Z = 9.
Le noyau du fluor contient donc 9 protons.
$Q = Z \times e$
$Q = 9 \times 1{,}6 \times 10^{-19}$
$Q = 1{,}44 \times 10^{-18}$ C

2 L'élément chimique

A Identification d'un élément chimique

Un élément chimique est identifié par son symbole et par son numéro atomique Z.
Les espèces chimiques (atome ou ion) provenant du même élément chimique possèdent le même numéro atomique.

B Isotopie

Deux espèces chimiques (atome ou ion) sont dites isotopes si elles possèdent le même numéro atomique Z mais pas le même nombre de nucléons A.

Appliquer le cours Les entités chimiques ci-dessous proviennent-elles du même élément ? Sont-elles isotopes ?

$^{3}_{2}He$ $^{3}_{1}H$

Solution Ces entités chimiques ne possèdent pas le même numéro atomique ni le même symbole chimique. Elles ne proviennent pas du même élément et donc ne peuvent pas être isotopes.

3 Dimensions et masse de l'atome

A Dimensions

L'atome peut être modélisé par une sphère.
Le diamètre de l'atome est de l'ordre de **10^{-10} mètre**.
Le noyau de l'atome est 100 000 fois plus petit. Son diamètre est de l'ordre de **10^{-15} mètre**. Un atome a une structure lacunaire car il est principalement constitué de vide.

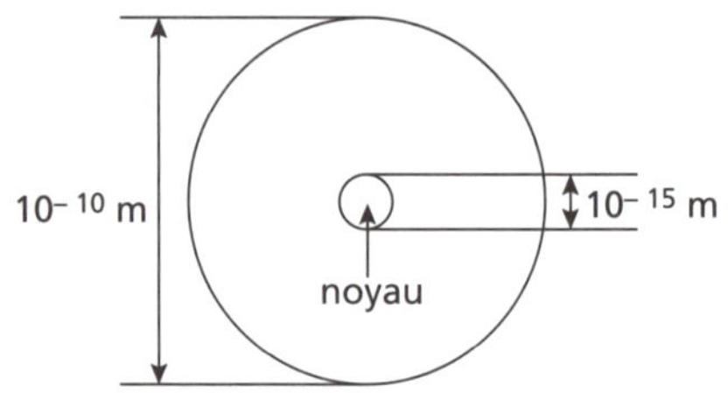

Le nanomètre est un sous-multiple du mètre, égal à un milliardième de mètre $1 \text{ nm} = 10^{-9} \text{ m}$.

B Masse des constituants de l'atome

$m_{\text{proton}} \approx 1{,}7 \times 10^{-27}$ kg
$m_{\text{neutron}} \approx 1{,}7 \times 10^{-27}$ kg
$m_{\text{électron}} = 9{,}1 \times 10^{-31}$ kg
$m_{\text{proton}} \approx m_{\text{neutron}} = m_{\text{nucléon}} = 1{,}7 \times 10^{-27}$ kg

La masse des électrons est négligeable devant celle des nucléons.
La quasi-totalité de la masse étant concentrée dans le noyau, la masse d'un atome est pratiquement égale à celle de son noyau : $m_{\text{atome}} = A \times m_{\text{nucléon}}$.

Appliquer le cours Calculer la masse de l'atome d'aluminium.

Données : $^{27}_{13}Al$
$m_{\text{nucléon}} = 1{,}7 \times 10^{-27}$ kg

Solution La masse approchée de l'atome d'aluminium est donnée par la formule :

$$m_{\text{aluminium}} = A \times m_{\text{nucléon}}$$

A = 27. Le noyau de l'atome d'aluminium contient donc 27 nucléons.

$$m_{\text{aluminium}} = A \times m_{\text{nucléon}} = 27 \times 1{,}7 \times 10^{-27}$$
$$= 4{,}59 \times 10^{-26} \text{ kg}.$$

Exercices d'entraînement

Exercice 1 ★ 5 min

Corrigé p. 259

L'élément chrome, de symbole chimique Cr, possède 28 neutrons et 24 protons.

1. Déterminer la valeur de A et de Z.
2. Écrire la notation symbolique de l'élément chrome.

Exercice 2 ★ 10 min

Corrigé p. 259

Donner la composition des noyaux des atomes suivants :

$^{32}_{16}S$ $^{35}_{17}Cl$

Exercice 3 ★ 5 min

Corrigé p. 259

L'atome de fer a un rayon de $1,5 \times 10^{-10}$ mètre.

1. Calculer son diamètre et exprimer le résultat en nanomètre (nm).
2. Calculer le diamètre de son noyau.

Exercice 4 ★★ 10 min

Corrigé p. 259

Le noyau de l'atome d'argent, de symbole Ag, possède une charge électrique $Q = 7,52 \times 10^{-18}$ C.

1. Calculer le nombre de protons contenus dans son noyau.
2. Calculer le nombre de nucléons sachant qu'il contient 60 neutrons.
3. Écrire la notation symbolique de l'atome d'argent.

Exercice 5 ★★ 5 min

Corrigé p. 259

Un atome a une masse de $1,53 \times 10^{-26}$ kg. Identifier cet atome parmi les atomes suivants :

$^{4}_{2}He$ $^{9}_{4}Be$ $^{12}_{6}C$

Exercice 6 ★★ 5 min

Corrigé p. 259

L'oxygène a pour numéro atomique Z = 8.

1. Écrire les notations symboliques de ses isotopes sachant qu'ils contiennent respectivement 8, 9 et 10 neutrons.
2. Calculer la masse de chaque isotope.

Exercice 7 ★★ 10 min

Corrigé p. 260

L'élément cuivre a pour notation symbolique $^{63}_{29}Cu$.

1. Donner la composition de cet atome.
2. Calculer la charge électrique de son noyau. En déduire la charge électrique de son nuage d'électrons.
3. Calculer la masse approchée de cet atome.

Exercice 8 ★★★ 10 min

Corrigé p. 260

L'élément Or a pour notation symbolique $^{197}_{79}Au$.
Combien d'atomes d'or contient une pièce d'or de 50 grammes ?

4 Classification périodique des éléments

1 Répartition des électrons d'un atome ou d'un ion

A Couche électronique

Les électrons d'un atome se répartissent en **couches électroniques**. Chaque couche, repérée par une lettre, peut contenir un nombre limité d'électrons. Les électrons remplissent progressivement les couches K, L puis M. Une couche est dite **saturée** lorsqu'elle contient le nombre maximal d'électrons qu'elle peut contenir.

- La première couche, notée K, peut contenir jusqu'à 2 électrons.
- La seconde couche, notée L, peut contenir jusqu'à 8 électrons.
- La troisième couche, notée M, peut contenir jusqu'à 18 électrons.

B Formule électronique d'un atome

La formule (ou structure) électronique d'un atome (ou d'un ion) décrit **la répartition des électrons sur les différentes couches**. On écrit cette formule en respectant les règles de remplissage : d'abord la couche K puis la couche L, puis la couche M. La dernière couche contenant des électrons est appelée **couche externe**.

Appliquer le cours
Écrire la formule électronique de l'atome d'azote qui possède 7 électrons.

Solution L'atome d'azote contient 7 électrons.
On commence par remplir la première couche K.
Elle est saturée avec 2 électrons.
Il reste 5 électrons à répartir sur la couche suivante : la couche L.
La formule électronique de l'atome d'azote est : K^2L^5.

2 Règle du duet et de l'octet

A Les gaz nobles

Certains atomes possèdent une structure électronique particulièrement stable. Ils sont inertes chimiquement et existent à l'état d'atome. C'est le cas des gaz nobles comme l'hélium ($Z = 2$), le néon ($Z = 10$), l'argon ($Z = 18$). Leur couche externe contient un **duet** ou un **octet** d'électrons.

- **Exemple**

La formule électronique de l'hélium est K^2. Sa couche externe contient deux (**un duet**) électrons.
La formule électronique du néon est K^2L^8. Sa couche externe contient huit (**un octet**) électrons.
La formule électronique de l'argon est $K^2L^8M^8$. Sa couche externe contient huit (**un octet**) électrons.

B Les règles

Au cours de transformations chimiques, les atomes cherchent à obtenir une structure électronique plus stable, analogue à celle d'un gaz noble. Pour cela ils peuvent former un ion en perdant (ou en gagnant) des électrons.

Les atomes dont le numéro atomique est inférieur ou égal à 4 (H, He, Li et Be) cherchent à obtenir deux électrons sur leur couche externe (règle du duet). Les autres atomes cherchent à acquérir huit électrons sur leur couche externe (règle de l'octet).

3 La classification périodique des éléments

A Structure de la classification

Le remplissage d'une ligne (**période**) correspond au remplissage d'une couche électronique. La première période correspond au remplissage de la couche K, elle contient 2 éléments. La seconde période correspond au remplissage de la couche L, elle contient 8 éléments…

À savoir

Sur Terre, il existe 112 éléments chimiques stables.

(Colonne) Famille ↓

(Ligne) Période →

Période	1	2		13	14	15	16	17	18
1	$_1$H hydrogène K^1								$_2$He hélium K^2
2	$_3$Li lithium K^2L^1	$_4$Be béryllium K^2L^2		$_5$B bore K^2L^3	$_6$C carbone K^2L^4	$_7$N azote K^2L^5	$_8$O oxygène K^2L^6	$_9$F fluor K^2L^7	$_{10}$Ne néon K^2L^8
3	$_{11}$Na sodium $K^2L^8M^1$	$_{12}$Mg magnésium $K^2L^8M^2$		$_{13}$Al aluminium $K^2L^8M^3$	$_{14}$Si Silicium $K^2L^8M^4$	$_{15}$P phosphore $K^2L^8M^5$	$_{16}$S soufre $K^2L^8M^6$	$_{17}$Cl chlore $K^2L^8M^7$	$_{18}$Ar argon $K^2L^8M^8$

▲ Classification des 18 premiers éléments.

B Les familles d'éléments

Les éléments d'une même colonne possèdent le même nombre d'électrons sur leur couche externe. Ils ont des propriétés chimiques semblables et constituent une **famille chimique**.

• **Exemple.**

Les éléments de la colonne 1 possèdent 1 électron sur leur couche externe : c'est la **famille des alcalins (à l'exception de l'hydrogène)**.

Les éléments de la colonne 17 possèdent 7 électrons sur leur couche externe : c'est la **famille des halogènes**.

Les éléments de la colonne 18 possèdent 8 électrons sur leur couche externe : c'est la **famille des gaz nobles**.

C Utilisation de la classification

• Les éléments d'une **même famille** forment des ions monoatomiques **de même charge** afin de respecter la règle du duet ou de l'octet.

• Il y a formation d'un **ion positif** monoatomique (cation) lorsque la couche externe de l'élément contient moins de 4 électrons. Il y a alors **perte d'électrons**.

• Il y a formation d'un **ion négatif** monoatomique (anion) lorsque la couche externe de l'élément contient plus de 4 électrons. Il y a alors **gain d'électrons**.

Exercices d'entraînement

Exercice 1 ★ 5 min

Corrigé p. 260

Recopier et compléter le tableau ci-dessous en utilisant la classification périodique.

Nom	Carbone	Souffre	Bore	Sodium	Magnésium
Symbole chimique	C	S	B	Na	Mg
N° atomique	6	16	5	11	12
Période	2	3	2	3	2
Colonne	14	16	13	1	2
Formule électronique	K_2L_4	$K_2L_8M_6$	K^2L^3	$K_2L_8M_1$	$K_2L_8M_2$

Exercice 2 ★ 5 min

Corrigé p. 260

Le phosphore a pour numéro atomique Z = 15, le soufre Z = 16 et le chlore Z = 17.

1. Écrire la formule électronique de chaque atome.
2. Déterminer le nombre d'électrons contenu dans la couche externe de chaque atome.
3. Ces atomes appartiennent-ils à la même période ? Justifier la réponse.

Exercice 3 ★ 5 min

Corrigé p. 260

L'ion fluorure a pour formule chimique F^-, l'ion lithium a pour formule chimique Li^+. Pour chaque ion :

1. Indiquer, en justifiant, s'il s'agit d'un cation ou d'un anion.
2. Déterminer le nombre total d'électrons de sa structure électronique.
3. Écrire sa formule électronique.

Exercice 4 ★★ 5 min

Corrigé p. 260

On donne les formules électroniques de six atomes : $K^2L^8M^5$ $K^2L^8M^2$ K^2L^1 K^2L^6 K^1 $K^2L^8M^1$

1. Regrouper ceux qui appartiennent à la même période.
2. Regrouper ceux qui appartiennent à la même famille.
3. Identifier ces atomes en utilisant la classification périodique.

Exercice 5 ★★ 5 min

Corrigé p. 260

Le baryum, de formule chimique Ba, est un élément appartenant à la deuxième colonne de la classification périodique. Il se trouve sous forme de carbonate de baryum à l'état naturel.

1. Énoncer la règle du duet et de l'octet.
2. Combien d'électrons possède-t-il sur sa couche externe ?
3. Quel ion peut-il former ?

Exercice 6 ★★★ 5 min

Corrigé p. 261

Le césium, de symbole chimique Cs, est un métal de couleur argentée de la famille des alcalins. Quel ion peut-il donner ? Justifier la réponse.

5 Gravitation et poids d'un corps

1 Représentation de la gravitation

Deux corps possédant une masse exercent l'un sur l'autre une action attractive, à distance, qui dépend de la distance qui les sépare et de la masse des deux corps. Cette interaction, appelée **gravitation**, gouverne tout l'Univers.

Appliquer le cours

La Lune, satellite naturel de la Terre, tourne autour de la Terre.

1. Décrire l'interaction entre ces deux astres.
2. De quoi dépend cette interaction ?

Solution

1. La Terre et la Lune possèdent une masse. La Terre attire la Lune et donc la Lune attire la Terre. Elles exercent, l'une sur l'autre, une action attractive à distance. Cette interaction se nomme gravitation.
2. Cette interaction dépend de la masse des astres et de la distance qui les sépare.

2 Loi de la gravitation

Deux corps A (de masse m_A) et B (de masse m_B), séparés par une distance d, exercent l'un sur l'autre une action attractive dont la valeur est obtenue par la formule :

$$F_{A/B} = F_{B/A} = G \times \frac{m_A \times m_B}{d^2}$$

m_A et m_B : masse en kilogramme (kg)
d : distance entre les deux corps en mètre (m)
G : constante de gravitation, $G = 6{,}67 \times 10^{-11}$ N.m².kg⁻²
$F_{A/B}$ et $F_{B/A}$: valeur de la force d'attraction en newton (N)

L'interaction gravitationnelle entre A et B est modélisée par les forces $\vec{F}_{A/B}$ et $\vec{F}_{B/A}$.
Le point d'application de ces forces est le centre de ces corps, noté C_A et C_B.
Ces deux forces ont même direction, même valeur mais sont de sens opposés.

$\vec{F}_{A/B}$: force d'attraction gravitationnelle exercée par le corps A sur le corps B.

$\vec{F}_{B/A}$: force d'attraction gravitationnelle exercée par le corps B sur le corps A.

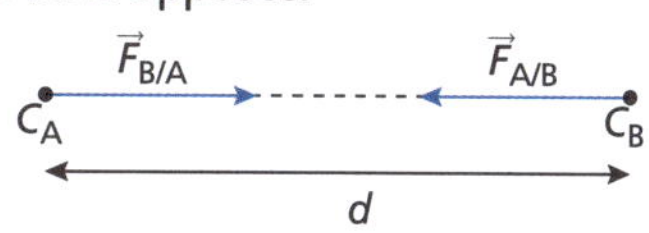

Appliquer le cours

La Terre exerce une action à distance sur la Lune. La distance moyenne entre les centres des deux astres est de 383 400 kilomètres. Calculer la valeur de la force d'attraction exercée par la Terre sur la Lune.

Données :
Masse de la Terre : $5{,}98 \times 10^{24}$ kg,
masse de la Lune : $7{,}35 \times 10^{22}$ kg.

Solution

On applique la loi de gravitation.

$$F_{Terre/Lune} = G \times \frac{m_{Terre} \times m_{Lune}}{d^2_{Terre/Lune}}$$

La distance Terre-Lune doit être convertie en mètre
$d = 383\,400$ km soit $383\,400 \times 10^3$ m
$= 3{,}834 \times 10^8$ m.

$$F_{Terre/Lune} = 6{,}67 \times 10^{-11} \times \frac{5{,}98 \times 10^{24} \times 7{,}35 \times 10^{22}}{(3{,}834 \times 10^8)^2}$$

$F_{Terre/Lune} = 1{,}99 \times 10^{20}$ newtons

3 Application à la Terre

La force d'attraction gravitationnelle exercée par la Terre sur un homme se trouvant à sa surface a pour valeur :

$$F_{Terre/Homme} = G \times \frac{m_{Terre} \times m_{Homme}}{\left(d_{Terre\,Homme}\right)^2} = G \times \frac{m_{Terre} \times m_{Homme}}{R^2}$$

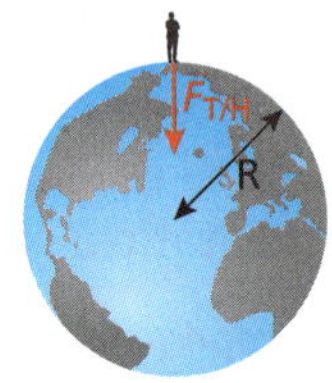

La distance Terre-Homme est environ égale au rayon de la Terre.

$$F_{Terre/Homme} = 6{,}67 \times 10^{-11} \times \frac{5{,}98 \times 10^{24} \times m_{Homme}}{(6{,}37 \times 10^{6})^2} = 9{,}8 \times m_{Homme}$$

Rayon de la Terre : $R = 6{,}37 \times 10^6$ m

4 La pesanteur et le poids

A Poids sur la Terre

La Terre exerce une action attractive, à distance, sur tous les corps placés à son voisinage. Cette force est appelée **force de pesanteur terrestre** ou **poids** du corps. Elle se calcule par la formule :

$$P = m \times g$$

P : poids du corps en newton (N)
m : masse du corps en kilogramme (kg)
g : intensité de la pesanteur en newton par kilogramme ($N.kg^{-1}$)
Sur Terre, $g = 9{,}81\ N.kg^{-1}$

- **Le poids peut être représenté par une force : $\vec{P}$**, de direction la verticale, de sens, dirigé vers le bas, et dont le point d'application est le centre de gravité de l'objet.

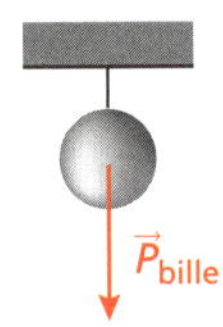

B Poids sur un astre

Le poids d'un corps sur un astre est égal à la force exercée par l'astre sur ce corps.

$$P_{corps} = m_{corps} \times g_{astre} \quad \text{et} \quad g_{astre} = G \times \frac{m_{astre}}{R^2_{astre}}$$

Pour la Lune, de masse $7{,}4 \times 10^{22}$ kg et de rayon $1{,}74 \times 10^6$ m, l'intensité de la pesanteur est :

$$g_{lune} = G \times \frac{m_{lune}}{R^2_{lune}} = 6{,}67 \times 10^{-11} \times \frac{7{,}4 \times 10^{22}}{(1{,}74 \times 10^{6})^2} \approx 1{,}6\ N.kg^{1}$$

Exercices d'entraînement

Exercice 1 ★ **5 min** Corrigé p. 261

1. Écrire la relation entre le poids et la masse d'un corps sur Terre.
2. Indiquer le nom des grandeurs ainsi que les unités correspondantes.
3. Sur la Terre, calculer le poids d'un objet rectangulaire de 500 grammes.
4. Schématiser le poids par une force en utilisant l'échelle 1 cm pour 1 N.

Exercice 2 ★ 5 min

Corrigé p. 261

1. Sur Terre, le poids d'un objet A est de 196,2 newtons. Calculer la masse de l'objet A.
2. Sur la Lune, un objet B pèse 50 kg. Déterminer sa masse sur la Terre.

Exercice 3 ★★ 5 min

Corrigé p. 261

C'est durant l'été 1969 que les astronautes américains se sont posés sur la Lune. Le 21 juillet, Neil Armstrong est le premier homme à poser le pied sur son sol. Pour cette mission, les ingénieurs de la Nasa ont conçu un module lunaire (L.E.M.) pesant 15 tonnes.

1. Quelle force maintient le module lunaire sur la Lune ?
2. Calculer, en kilogramme, la masse du module sur la Terre puis sur la Lune.
3. Calculer le poids du module lunaire sur la Terre puis sur la Lune.
4. Comparer le poids du module sur la Lune et celui sur la Terre.

Exercice 4 ★★ 5 min

Corrigé p. 261

La planète Vénus a une masse de $4{,}87 \times 10^{24}$ kg. Son diamètre équatorial est de 12 100 km.

1. Calculer, en mètre, le rayon de Vénus.
2. Calculer l'intensité de la pesanteur à la surface de cette planète.
3. Comparer l'intensité de la pesanteur de Vénus avec celle de la Terre.

Exercice 5 ★★★ 5 min

Corrigé p. 261

Un container de 3,5 tonnes a un poids de 34 303,5 newtons. Utiliser les données afin de déterminer le lieu du calcul.

Ville	Paris	Madrid	Rome	Stockholm	Moscou
Intensité de la pesanteur	9,809 N.kg^{-1}	9,801 N.kg^{-1}	9,803 N.kg^{-1}	9,918 N.kg^{-1}	9,815 N.kg^{-1}

Exercice 6 ★★★ 10 min

Corrigé p. 261

Mercure est la première planète du système solaire. Sa masse est de $3{,}3 \times 10^{26}$ g. Elle est distante de 57 910 000 km du Soleil. La masse du Soleil est de $1{,}99 \times 10^{33}$ g.

1. Écrire l'expression littérale de la force exercée par le Soleil sur Mercure et indiquer les unités à utiliser dans le système international.
2. Convertir les données de l'énoncé afin de pouvoir les utiliser dans l'expression littérale.
3. Calculer la valeur de cette force.
4. En déduire la force exercée par Mercure sur le Soleil.
5. Représenter ces forces sur un schéma annoté.

6 Réfraction et dispersion de la lumière

1 Représentation de la lumière

Dans un milieu transparent et homogène, la lumière se propage en ligne droite. La lumière est invisible. Pour la représenter on utilise donc **le modèle du rayon lumineux.**

2 La réfraction de la lumière

• **Lorsque la lumière passe d'un milieu à un autre**, elle subit un changement de direction. Ce phénomène est appelé **réfraction**. Un milieu transparent (comme l'eau, l'air, le verre) est caractérisé par son **indice de réfraction.**

Milieu	Indice de réfraction
air	1,00
eau	1,33
plexiglas	1,50

• **Schématisation de la réfraction.** Le rayon se propageant dans le premier milieu est appelé **rayon incident**. Celui qui se propage dans le second milieu est appelé **rayon réfracté**. On appelle **normale** la droite perpendiculaire à la surface de séparation des deux milieux. L'**angle d'incidence i_1** est l'angle entre le rayon d'incidence et la normale. L'**angle de réfraction i_2** est l'angle entre le rayon réfracté et la normale.

Appliquer le cours

Compléter le schéma suivant en utilisant le vocabulaire approprié.

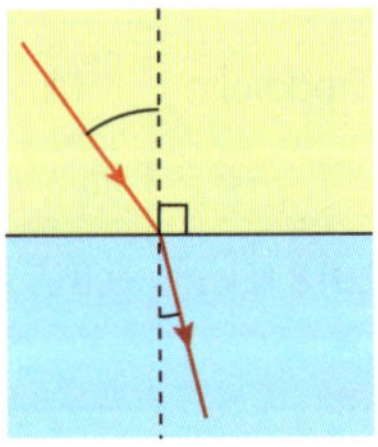

Solution

Le sens de propagation permet de déterminer le rayon incident et le rayon réfracté.

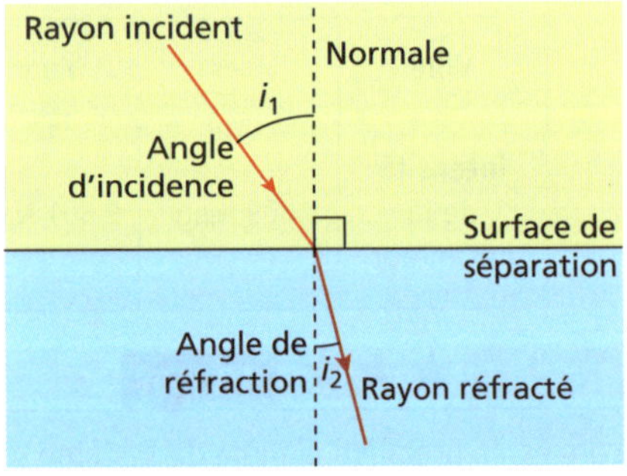

3 Les lois de la réfraction

A Première loi de Snell-Descartes

Le rayon incident, le rayon réfracté et la normale à la surface de séparation se situent dans le même plan, nommé **plan d'incidence**.

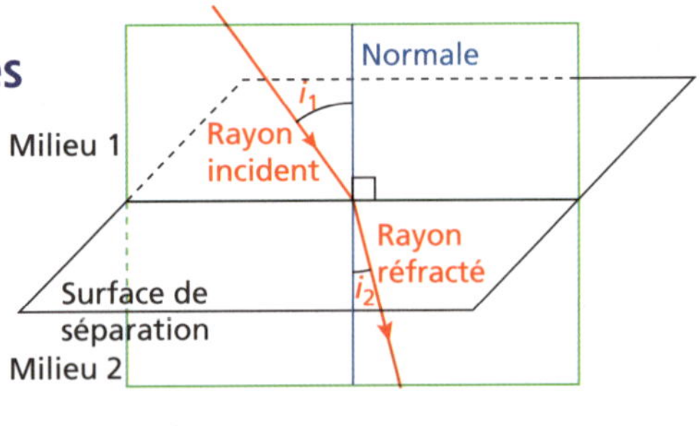

B Deuxième loi de Snell-Descartes

L'angle d'incidence i_1 et l'angle de réfraction i_2 sont liés par la relation :

$$n_1 \times \sin i_1 = n_2 \times \sin i_2$$

avec n_1 et n_2 , indices de réfraction des milieux. Cette relation permet de calculer l'un des termes, connaissant les trois autres.

Attention !

Si le milieu 1 est l'air ou le vide (d'indice de réfraction 1) alors la relation peut être simplifiée et s'écrit :

$$\sin i_1 = n_2 \times \sin i_2$$

Appliquer le cours

Un rayon laser se propage dans l'air. Il atteint un morceau de plexiglas avec un angle d'incidence de 40°.

Calculer la valeur de l'angle de réfraction.

Données : $n_{air} = 1{,}00$; $n_{plexiglas} = 1{,}50$.

Solution Pour calculer l'angle de réfraction, il faut utiliser la deuxième loi de Snell Descartes : $n_1 \times \sin i_1 = n_2 \times \sin i_2$

Ici, il faut trouver I_2. On obtient donc :

$$\sin i_2 = \frac{n_1 \times \sin i_1}{n_2}$$

On remplace par les données de l'énoncé :

$$\text{sln } I_2 = \frac{1{,}00 \times 40}{1{,}50}$$

À l'aide de la calculatrice (réglée en degré) on obtient : $I_2 = 25{,}4°$.

4 Le prisme et la dispersion

- **La lumière blanche** est composée de différentes radiations allant du violet au rouge, elle est polychromatique. Chaque radiation est caractérisée par sa longueur d'onde.

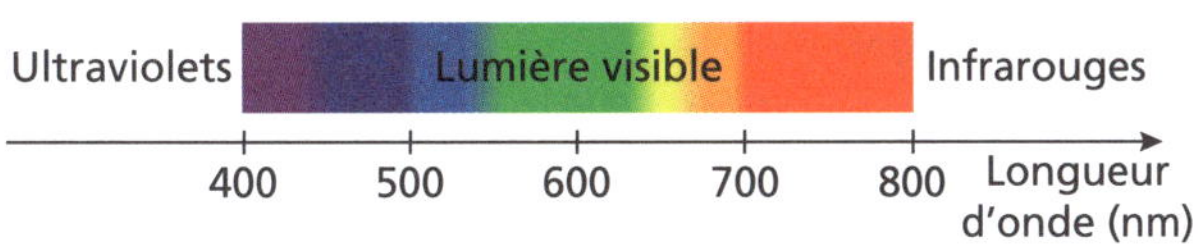

- Un prisme en verre est un **milieu dispersif** : son indice de réfraction dépend de la longueur d'onde de la lumière qui le traverse.

Lorsque la lumière blanche traverse le prisme, les différentes radiations qui la composent ne sont pas réfractées de la même façon : la lumière est décomposée par le prisme.

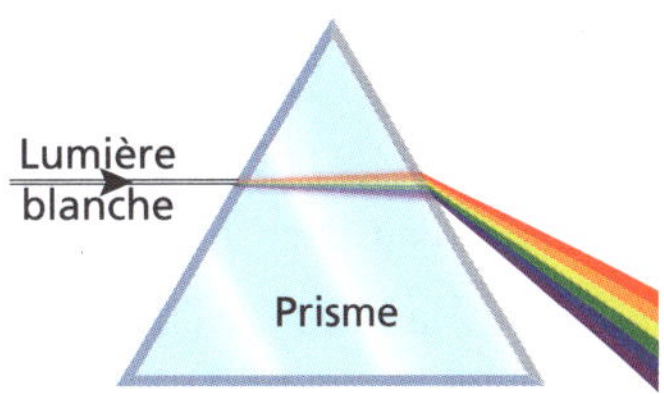

5 Phénomènes atmosphériques

La formation d'un **arc-en-ciel** s'explique par la dispersion de la lumière du soleil par les gouttes de pluie. Chaque petite goutte se comportant alors comme un prisme.

Dans l'air, l'indice de réfraction dépend de la température. Lorsque la température diminue fortement avec l'altitude, la lumière ne se propage plus en ligne droite mais se courbe. Il y a alors formation de **mirages**.

Exercices d'entraînement

Exercice 1 ★ 5 min

Corrigé p. 261

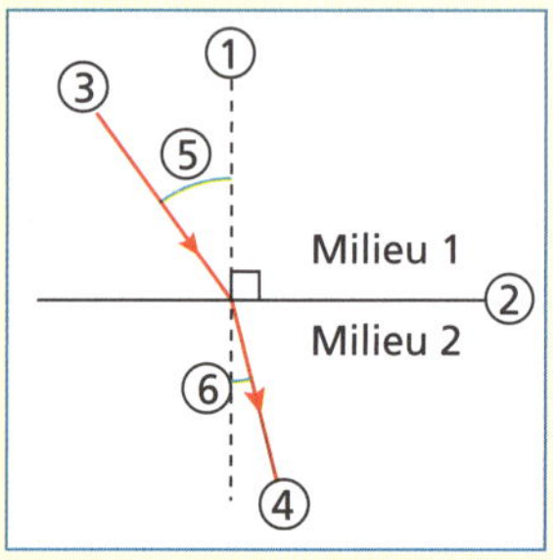

1. Attribuer la bonne légende à chaque numéro.
   – rayon incident
   – rayon réfracté
   – normale
   – angle d'incidence
   – angle de réfraction
   – surface de séparation
2. Qu'arrive-t-il à la lumière lorsqu'elle passe du milieu 1 au milieu 2 ?
3. Quelle valeur permet de caractériser un milieu ?

Exercice 2 ★ 5 min

Corrigé p. 262

La deuxième loi de Snell-Descartes peut s'écrire $n_1 \times \sin i_1 = n_2 \times \sin i_2$
Parmi les formules suivantes quelle est celle permettant de calculer l'indice n_2 ?

A	B	C
$n_2 = \dfrac{n_1 \times \sin i_1}{\sin i_2}$	$n_2 = \dfrac{n_1 \times \sin i_2}{\sin i_1}$	$n_2 = \dfrac{\sin i_1}{n_1 \times \sin i_2}$

Exercice 3 ★★ 5 min

Corrigé p. 262

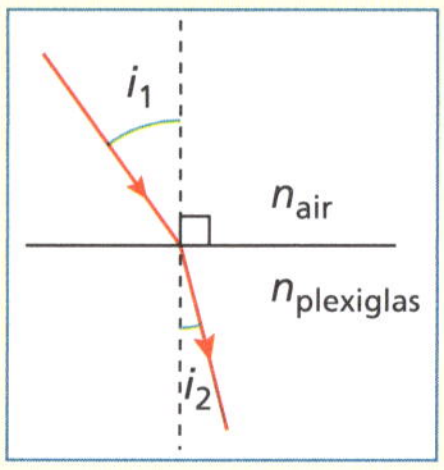

1. Énoncer la deuxième loi de la réfraction de Snell-Descartes en utilisant les notations du schéma ci-contre.
2. Simplifier la deuxième loi de Snell-Descartes en utilisant les indices de réfraction suivants :
   $n_{air} = 1{,}00$; $n_{plexiglas} = 1{,}50$.

Exercice 4 ★★ 5 min

Corrigé p. 262

Un faisceau laser rouge passe de l'air dans l'eau. Le rayon d'incidence est de 20 degrés.

1. Schématiser le phénomène de réfraction.
2. Écrire la deuxième loi de la réfraction.
3. Calculer la valeur de l'angle de réfraction du rayon laser.
   Données : $n_{air} = 1{,}00$; $n_{eau} = 1{,}33$.

Exercice 5 ★★★ 10 min

Corrigé p. 262

Un rayon lumineux blanc se propage dans l'air avant de passer dans un morceau de verre sous un angle d'incidence de 40°. Ce morceau de verre possède les caractéristiques suivantes :
$n_{lumière\ rouge} = 1{,}511$ et $n_{lumière\ violette} = 1{,}554$.

1. Pourquoi peut-on dire que ce morceau de verre est dispersif ?
2. Calculer la valeur de l'angle de réfraction de la radiation rouge puis de la radiation violette.
3. Quelle est la radiation la plus déviée par le morceau de verre ? Justifier la réponse.

7 Signaux périodiques et ondes

Afin d'établir un diagnostic médical, les médecins utilisent des appareils leur permettant d'observer le fonctionnement de certaines parties du corps.

1 L'électrocardiogramme

• L'électrocardiogramme est la représentation graphique des mouvements du cœur. L'axe horizontal, non représenté, est **toujours le temps**. L'axe vertical, non représenté, est **toujours la tension**.

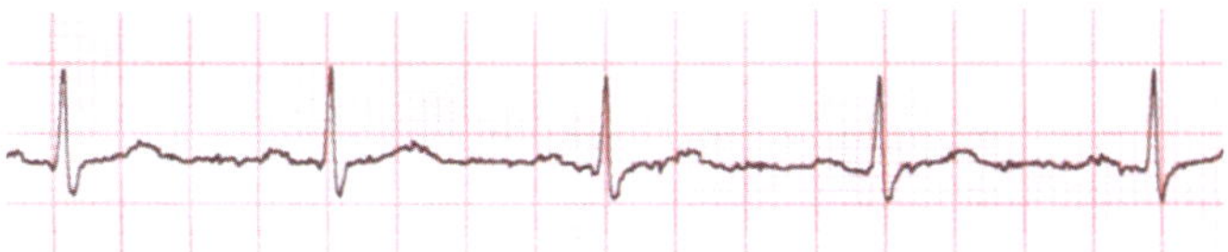

• Ce signal électrique varie au cours du temps, prenant des valeurs positives puis négatives. On parle alors de **tension alternative**. La tension la plus grande est la **tension maximale**, la tension la plus faible est la **tension minimale**. Ces tensions peuvent être mesurées à l'aide d'un oscilloscope branché en dérivation et s'expriment en Volt (V).

• Pour une personne n'ayant aucun problème cardiaque, on constate que le même motif revient à intervalles de temps réguliers. Un tel signal est alors dit **périodique** et la durée du motif élémentaire qui se répète est la **période temporelle *T***, exprimée en seconde (s).

• Le médecin, lors de son diagnostic, s'appuiera sur le rythme cardiaque, c'est-à-dire le nombre de battements par minute. En physique, on parlera de **fréquence *f*** d'un signal périodique, exprimée en hertz (Hz), lorsqu'on déterminera le nombre de fois où le signal se reproduira identique à lui-même par seconde. Par définition, on aura donc $f = \frac{1}{T}$.

Appliquer le cours

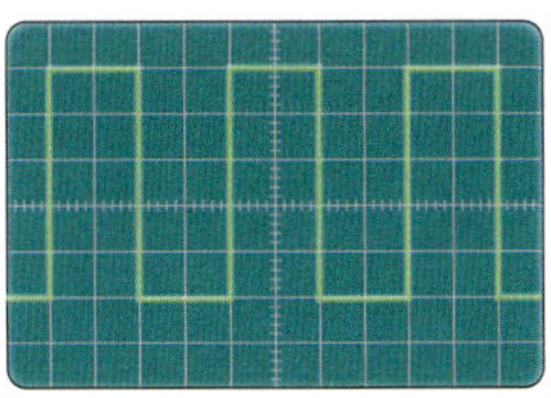

BOUTONS DE RÉGLAGE
Durée de balayage : 0,5 ms / div
Sensibilité verticale : 2V / div

Pour l'oscillogramme ci-dessus, déterminer :
1. Les tensions maximale et minimale.
2. La période puis la fréquence du signal.

Solution

1. La tension maximale est de 3 divisions, soit $3 \times 2 = 6$V et la tension minimale est de – 2 divisions, soit $-2 \times 2 = -4$V.
2. D'après l'oscillogramme, la distance entre 2 maxima est de 4 divisions. Sachant que la durée de balayage horizontal est de 0,5 ms/div, la période est donc de $4 \times 0{,}5 = 2$ ms $= 0{,}002$ s.
La fréquence étant égale à l'inverse de la période, on a $f = \frac{1}{T} = \frac{1}{0{,}002} = 500$ Hz.

2 La radiographie

Pour réaliser un cliché du squelette humain, on utilise les rayons X. Ceux-ci font partie des **ondes électromagnétiques**.

A Domaine de fréquence des ondes électromagnétiques

En fonction de leurs fréquences, on classe les ondes électromagnétiques en différents domaines.

Ondes électromagnétiques	Fréquences
Ondes radio	inférieure à 3.10^8 Hz
Micro-ondes	de 3.10^8 Hz à 3.10^{11} Hz
Infrarouge	de 3.10^{11} Hz à $3{,}75.10^{14}$ Hz
Visible	de $3{,}75.10^{14}$ Hz à $7{,}5.10^{14}$ Hz
Ultraviolet	de $7{,}5.10^{14}$ Hz à 3.10^{16} Hz
Rayons X	de 3.10^{16} Hz à 3.10^{19} Hz
Rayons gamma	supérieure à 3.10^{19} Hz

B Propagation des ondes électromagnétiques

Les ondes électromagnétiques (oem) ont des propriétés différentes en fonction de leur fréquence, mais certaines caractéristiques communes :
- elles se propagent dans toutes les directions possibles en ligne droite ;
- elles se propagent dans le vide et les milieux transparents ;
- elles se propagent dans le vide à une vitesse égale à **$c = 3.10^8$ m/s**.

3 L'échographie

L'échographie utilise des ondes ultrasonores.

A Les ondes sonores

Ce sont des ondes mécaniques qui sont soit audibles, soit inaudibles.

Infrasons	Sons audibles	Ultrasons
$f < 20$ Hz	$20 \text{ Hz} < f < 20\,000 \text{ Hz}$	$f > 20\,000$ Hz

À savoir

Les ondes sonores sont aussi appelées ondes acoustiques.

B Propriétés

Les ondes sonores se propagent en ligne droite dans toutes les directions possibles.

La vitesse de propagation des ondes sonores dépend du milieu de propagation. Plus le milieu est dense et plus la vitesse est importante : $v_{gaz} < v_{liquide} < v_{solide}$. Dans l'air à 20 °C, le son se propage à une vitesse **$v = 340$ m/s**.

Au contraire des ondes électromagnétiques, **les ondes sonores ne se propagent pas dans le vide**, elles ont besoin d'un milieu matériel.

Exercices d'entraînement

Exercice 1 ★ 5 min

Corrigé p. 262

Un patient a un électrocardiogramme comme celui ci-contre :

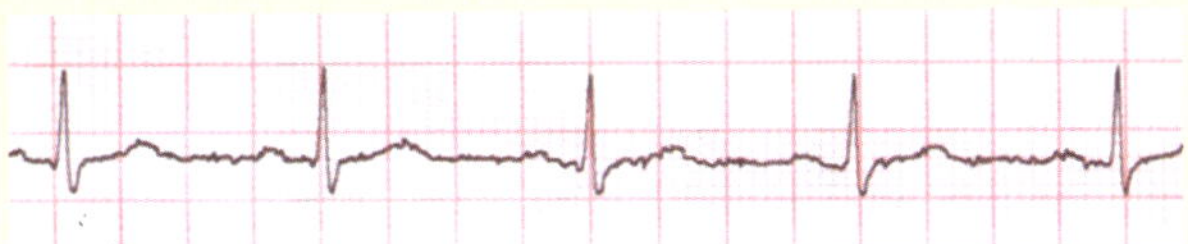

1. Ce signal est-il périodique ?
2. Sachant que l'échelle horizontale est de 0,5 cm (un carreau) pour 0,25 s, déterminer la période cardiaque du patient. En déduire sa fréquence.
3. Le médecin utilise préférentiellement la fréquence cardiaque, qui correspond au nombre de battements par minute. Calculer alors la fréquence cardiaque de ce patient.

Exercice 2 ★ 5 min

Corrigé p. 262

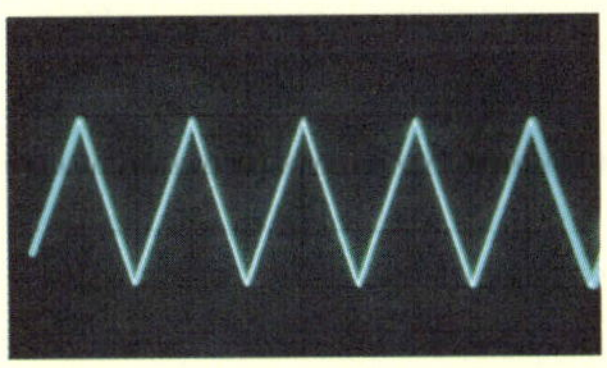

1. La sensibilité horizontale de cet oscilloscope est de 1 µs/div. Quelle est la période de ce signal ?
2. Ces ondes sont-elles sonores ou ultrasonores ?
3. La sensibilité verticale est de 2V/div. Quelle est la valeur maximale de ce signal ?

Exercice 3 ★★ 10 min

Corrigé p. 262

Une sonde, jouant le rôle d'émetteur et de récepteur, envoie une impulsion ultrasonore de faible durée et de faible puissance en direction du crâne d'un patient. L'onde sonore pénètre dans le crâne, s'y propage et s'y réfléchit chaque fois qu'elle change de milieu. Les signaux réfléchis génèrent des échos qui, au retour sur la sonde, y engendrent une tension électrique très brève. Un oscilloscope relié à la sonde permet la détection à la fois de l'impulsion émettrice et des divers échos.

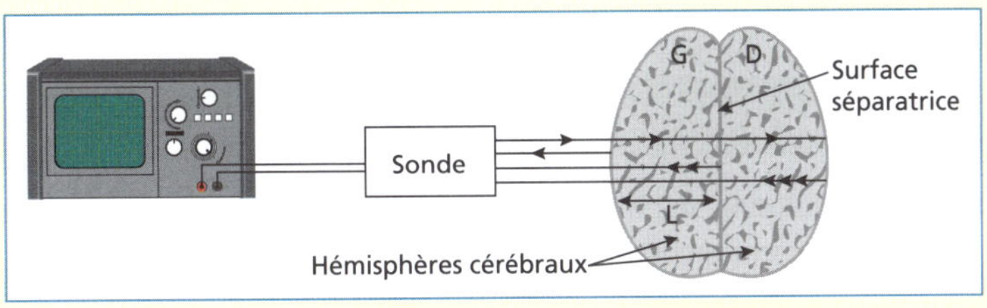

On observe sur l'écran des pics verticaux : P_0, P_1, P_2, P_3.

P_0 correspond à l'émission à l'instant de date $t = 0$ s de l'impulsion ;

P_1 à l'écho dû à la réflexion sur la surface externe de l'hémisphère gauche (G sur le schéma) ;

P_2 à l'écho sur la surface de séparation des deux hémisphères ;

P_3 à l'écho sur la surface interne de l'hémisphère droit (D sur le schéma).

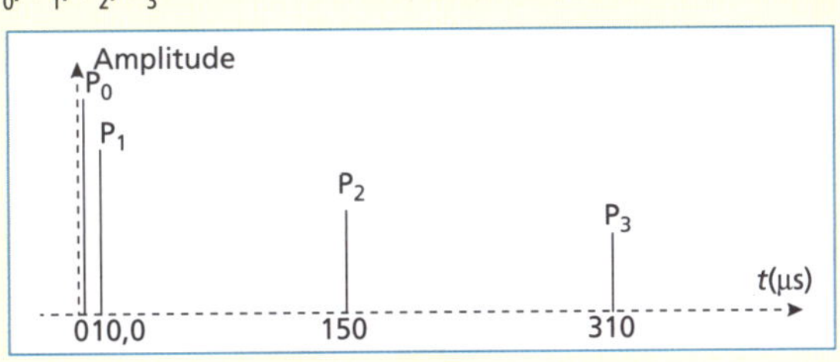

La célérité des ultrasons dans les hémisphères est $v = 1500\ m.s^{-1}$.

1. Quelle est la durée t du parcours de l'onde ultrasonore dans l'hémisphère gauche ainsi que dans l'hémisphère droit ?
2. En déduire la largeur L de chaque hémisphère.

8 Formation et représentation des molécules

1 Constitution de la matière

A Représentation des atomes

La matière est constituée à partir d'atomes. Un atome est représenté par un symbole chimique et modélisé par une sphère colorée.

Atome	carbone	oxygène	hydrogène	azote	chlore
Symbole	C	O	H	N	Cl
Représentation					

B Formation des molécules

Une molécule est un édifice électriquement neutre, composé à partir d'atomes. Elle est décrite par une **formule brute** qui indique le symbole et le nombre d'atomes constituant la molécule. Le **modèle moléculaire compact** permet de la représenter.

Appliquer le cours

Donner la composition puis la formule brute de la molécule de dioxyde de carbone modélisée ci-contre. 

Solution La molécule de dioxyde de carbone contient 1 atome de carbone (modélisé par une sphère noire) et deux atomes d'oxygène (modélisés par une sphère rouge).
Sa formule chimique brute est $\mathbf{CO_2}$.

2 Représentation des molécules

Dans une molécule, les atomes sont reliés entres eux par des liaisons. Selon leur nature, les atomes admettent un nombre particulier de liaisons.

Atomes	H, F, Cl, Br, I	O	N	C
Nombre de liaisons admises par l'atome	1	2	3	4

Il existe plusieurs types de liaisons : simple : CH_3-CH_3, double : $CH_2=CH_2$ ou triple : $CH\equiv CH$

A Formule développée

Dans une formule développée, toutes les liaisons entre les atomes sont représentées par un trait. La formule développée est obtenue grâce à l'étude du modèle moléculaire éclaté.

Appliquer le cours

Écrire la formule brute puis représenter la formule développée de la molécule d'éthanol en utilisant son modèle moléculaire éclaté.

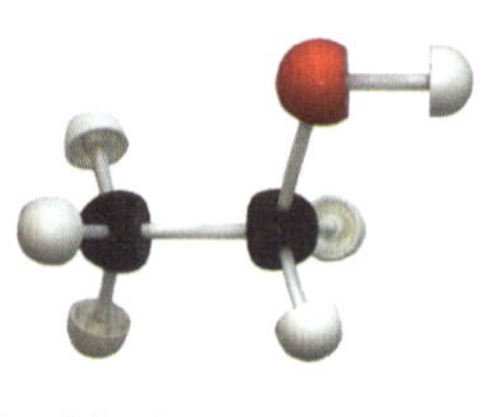

Solution La molécule d'éthanol contient 2 atomes de carbone, 6 atomes d'hydrogène et un atome d'oxygène. Sa formule brute est $\mathbf{C_2H_6O}$.
Pour écrire la formule développée, on remplace l'atome par son symbole et la liaison par un trait.

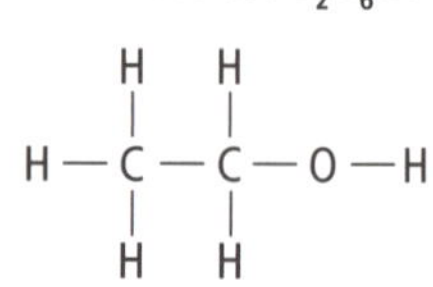

B Formule semi-développée

Dans une formule semi-développée, les liaisons impliquant un atome d'hydrogène ne sont pas représentées.

Appliquer le cours

Écrire la formule semi-développée de la molécule ci-contre.

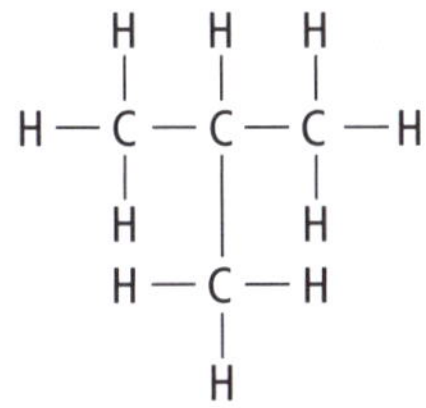

Solution

Les liaisons impliquant l'atome d'hydrogène ne doivent plus apparaître. On regroupe les atomes d'hydrogène à côté de l'atome avec lequel ils sont liés.

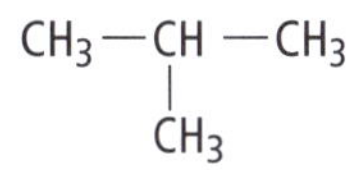

C Isomérie

Deux molécules isomères possèdent la même formule brute mais pas la même formule dévelop-pée. Les atomes ne sont pas liés entre eux de la même manière.

Appliquer le cours

Les molécules représentées sont-elles isomères ?

Molécule A

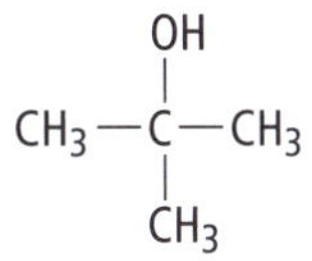

Molecule B

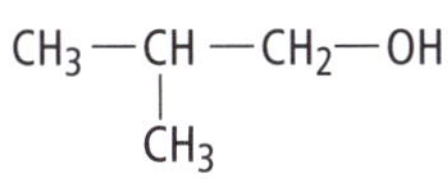

Solution

Deux molécules sont isomères si elles possèdent la même formule brute.

La molécule A a pour formule brute $C_4H_{10}O$.

La molécule B a pour formule brute $C_4H_{10}O$.

A et B sont donc des molécules isomères.

3 Groupes caractéristiques

Un **groupe caractéristique** est un **groupement d'atomes** autres que les seuls atomes de carbone et d'hydrogène. Il donne des propriétés particulières à la molécule qui le contient.

Nom du groupe	hydroxyle	carbonyle	carboxyle	ester	étheroxyde	amine	amide
Formule	—O—H	—C(=O)—	—C(=O)—O—H	—C(=O)—O—C	C—O—C	—N(—)—	—C(=O)—N(—)—

Appliquer le cours

L'acide lactique a pour formule brute $C_3H_6O_3$ et pour formule développée :

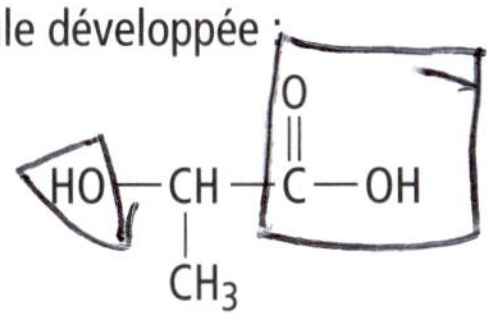

Quels groupes caractéristiques contient cette molécule ?

Solution

Un groupe caractéristique est une partie de la molécule. Dans l'acide lactique, on repère le groupe **hydroxyle** et le groupe **carboxyle**.

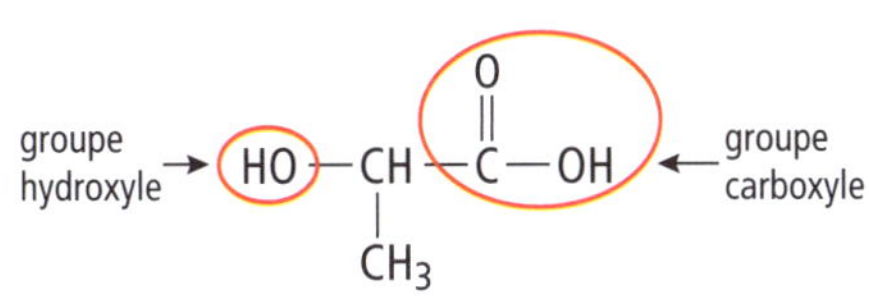

Exercices d'entraînement

Exercice 1 ★ 5 min

Corrigé p. 262

Indiquer le nom de la représentation utilisée pour décrire la molécule d'acide éthanoïque.

Représentation 1	Représentation 2	Représentation 3	Représentation 4
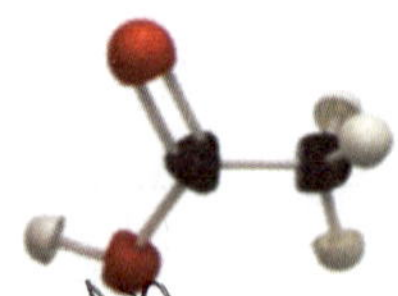	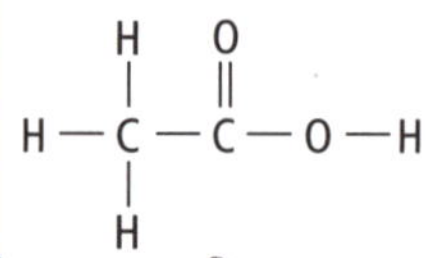	$C_2H_4O_2$	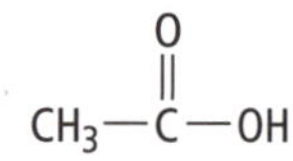
modèle moléculaire	formule développée	formule brute	formule semi-développée

Exercice 2 ★ 5 min

Corrigé p. 262

Molécule de butanone.

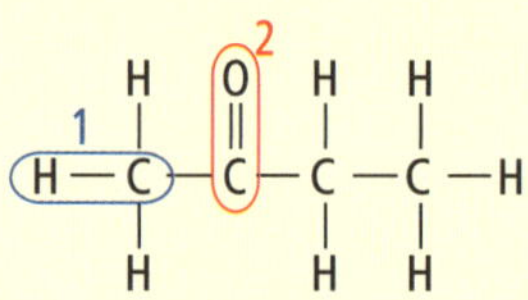

1. Quel nom porte la représentation de la molécule de butanone ? formule développée
2. Quel est le type de liaison 1 ? Même question pour la liaison 2. liaison simple liaison double
3. Écrire la formule brute de la butanone.
4. Écrire la formule semi-développée de cette molécule.

3. C_4OH_8
4. ~~CH_3~~ $CH_3-C(=O)-CH_2-CH_3$

Exercice 3 ★★ 10 min

Corrigé p. 263

1. Combien de liaisons peuvent former : un atome d'hydrogène ? Un atome d'oxygène ? Un atome de carbone ? 4 liaisons 1 liaison 2 liaisons
2. Écrire la formule développée des molécules suivantes :
   a. H_2O b. CCl_4 c. CO_2 d. HCN

Exercice 4 ★★ 10 min

Corrigé p. 263

1. Écrire les formules semi-développées des molécules ci-dessous.
2. Repérer et nommer leur groupe caractéristique.

Propène	Propanone	Éthanoate de méthyle
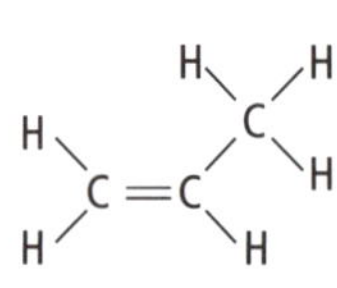	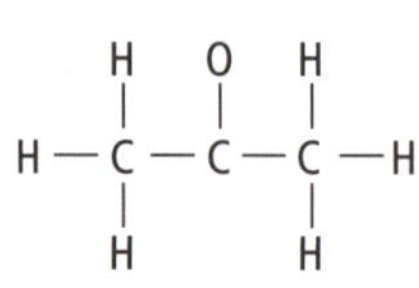	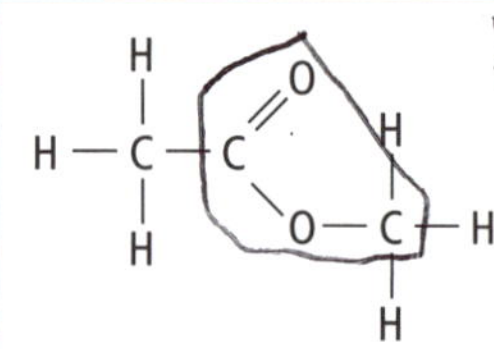

~~Ester~~ Ester

Exercice 5 ★★ 10 min

Corrigé p. 263

Une molécule a pour formule brute C_5H_{12}. Elle admet trois isomères.

1. Donner la définition de molécules isomères.
2. Écrire les formules semi-développées de ces trois isomères.

1. même formule brute mais pas même formule développée
2. $CH_3-CH_2-CH_2-CH_2-CH_3$
$CH_3-CH_2-CH(CH_3)-CH_3$

9 Solutions aqueuses et concentrations

1 Les solutions

A Solvant et soluté

Une solution est obtenue en dissolvant une espèce chimique (solide, liquide ou gazeuse) en petite quantité dans une autre, liquide, en grande quantité. L'espèce en petite quantité est le **soluté** et celle en grande quantité est le **solvant**.

> **Attention !**
> Si le solvant est l'eau, on parle alors de **solution aqueuse**.

• **Exemples**

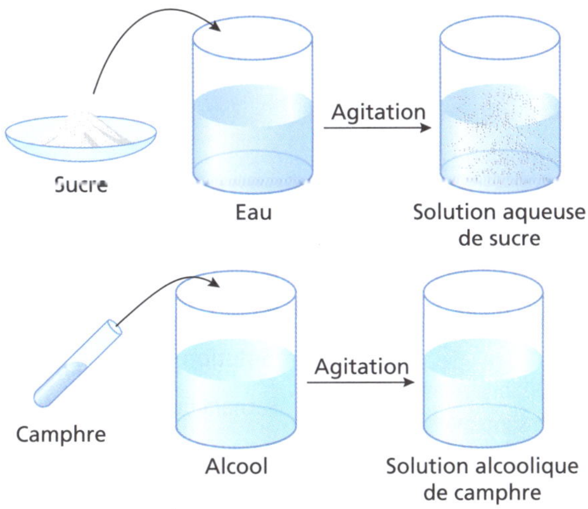

On ne peut pas dissoudre une quantité infinie de soluté dans le solvant. Lorsqu'on a dépassé la quantité maximale de soluté que l'on peut dissoudre, celui-ci reste visible en solution, on a alors une **solution saturée**.

B Dissolution

Il existe deux types de soluté possibles, soit le soluté est un composé **moléculaire**, soit il est **ionique**. Et en fonction de sa nature, il va réagir différemment lors d'une dissolution dans l'eau.

• **Les composés moléculaires,** comme le camphre de formule brute $C_{10}H_{16}O$, sont constitués de molécules. Lors de la mise en solution de ces solutés, les molécules vont se disperser dans l'eau.

• **Les composés ioniques,** eux, sont constitués d'un assemblage d'ions. Le chlorure de sodium, NaCl, est, par exemple, constitué d'un assemblage régulier d'ions sodium Na^+ et d'ions chlorure Cl^-. Lors de la mise en solution de ces solutés, l'eau va dissocier les ions. Ainsi, une solution aqueuse de chlorure de sodium contiendra des ions Na^+, des ions Cl^- mais plus de NaCl.

2 La concentration massique

La concentration massique d'une solution, notée *c*, correspond à la masse de soluté dissous par unité de volume.

On a :

$$c_{soluté} = \frac{m_{soluté}}{V_{solution}},$$

avec $m_{soluté}$ la masse de soluté en g et $V_{solution}$ le volume de la solution en L. La concentration massique s'exprime en g/L ou g.L^{-1}.

Appliquer le cours

On prépare 250 mL d'une solution aqueuse par dissolution de 10 g de sucre.

Quelle est la concentration massique de cette solution ?

Solution

La concentration massique s'obtient en divisant la masse de soluté dissous, en g, par le volume de la solution, en L.

Ainsi, $c_{sucre} = \frac{m_{sucre}}{V_{solution}} = \frac{10}{0,25} = 40$ g/L.

3 Préparation de solutions

On peut préparer les solutions de deux façons.

A Préparation par dissolution

Pour préparer une solution de concentration connue, on peut dissoudre directement la quantité de soluté voulue dans le volume adéquat de solution.

Appliquer le cours

On souhaite préparer 500 mL d'une solution aqueuse de sel de concentration massique c_{sel} de 20 g/L.

Quelle masse de sel doit-on peser ?

Solution

Sachant que $c_{sel} = \frac{m_{sel}}{V_{solution}}$,

on a $m_{sel} = c_{sel} \times V_{solution} = 20 \times 0,500 = 10$ g.

Pour préparer une telle solution, il suffit donc de prélever une masse de 10 g de sel.

B Préparation par dilution

On peut aussi utiliser une solution déjà prête mais de concentration plus élevée. On réalise alors une **dilution**. La solution de concentration plus élevée est la **solution mère** et la solution que l'on prépare ainsi est la **solution fille**. Le volume de solution mère que l'on doit prélever, $V_{mère}$, est obtenu grâce à la relation :

$$V_{mère} = \frac{c_{fille} \times V_{fille}}{c_{mère}},$$

avec les concentrations en g/L et les volumes en L.

Appliquer le cours

On souhaite préparer 200 mL d'une solution aqueuse de bétadine de concentration massique c de 10 g/L à partir d'une solution de concentration $c_{mère} = 50$ g/L.

Quel volume de solution mère doit-on prélever pour préparer cette solution ?

Solution

La solution à préparer, la solution fille, a une concentration c_{fille} de 10 g/L pour un volume V_{fille} de 200 mL = 0,200 L.

Ainsi, le volume de solution mère à prélever est :

$$V_{mère} = \frac{c_{fille} \times V_{fille}}{c_{mère}} = \frac{10 \times 0,200}{50} = 0,04 \text{ L}.$$

On doit donc prélever 40 mL de solution mère.

Exercices d'entraînement

Exercice 1 ★ 5 min

Corrigé p. 263

Après avoir rappelé la définition d'un soluté et d'un solvant, les identifier dans chacune des solutions suivantes : lait au chocolat, soda, menthe à l'eau, vinaigrette. Il peut y avoir plusieurs solutés…

Exercice 2 ★★ 10 min

Corrigé p. 263

On considère la mise en solution de différents solutés.

1. Le fructose est un composé moléculaire. Quelles espèces contient une solution aqueuse de fructose ?
2. Le fluorure de sodium est un cristal ionique. Quelles espèces contient une solution aqueuse de fluorure de sodium ?
3. Une solution aqueuse de chlorure de fer(II) contient de l'eau, des ions fer(II) $Fe^{2+}(aq)$ et des ions chlorure $Cl^{-}(aq)$. Quelle est la formule du chlorure de fer(II) ?

Exercice 3 ★ 5 min

Corrigé p. 263

On prépare une solution aqueuse de chlorure de sodium en dissolvant 25 g de chlorure de sodium dans 250 mL d'eau.

1. Quelle est la concentration massique de cette solution ?
2. Quelle masse de chlorure de sodium doit-on prélever pour obtenir une solution de même concentration mais de volume 600 mL ?

Exercice 4 ★ 5 min

Corrigé p. 263

On dispose d'une solution aqueuse de bétadine de concentration massique c_m = 100 g/L. On souhaite préparer, par dilution, 250 mL d'une solution aqueuse de bétadine de concentration massique c'_m = 10 g/L.

1. Comment nomme-t-on la solution de concentration la plus importante qui sert à préparer la solution diluée ?
2. Quel volume de solution mère doit-on prélever pour préparer la solution diluée ?

Exo 1 :
soluté : se dissout dans le solvant
solvant : dissout le soluté
lait au chocolat : soluté : chocolat, solvant : lait
menthe à l'eau : soluté : menthe, solvant : eau
vinaigrette solutés : herbes, épices solvants : eau, huile, vinaigre

Physique Chimie

10 Extraction et synthèse d'espèces chimiques

Un médicament est obtenu en mélangeant différentes espèces chimiques. L'une, au moins, de ces espèces chimiques est le **principe actif**, c'est-à-dire l'espèce ayant des vertus thérapeutiques. Les autres participent au goût, à la couleur, à l'effervescence, etc. et sont appelées les **excipients**.

Les principes actifs sont soit récupérés à partir de produits naturels, on parle alors d'**extraction**, soit fabriqués à partir d'autres espèces chimiques, on parle alors de **synthèse**.

1 Les techniques d'extraction

Les différentes techniques d'extraction sont très anciennes, car c'est ainsi qu'ont été réalisés les premiers médicaments, ainsi que les premiers parfums. Ces techniques sont toujours utilisées en parfumerie.

Elles reposent toutes sur la **différence de solubilité**, c'est-à-dire sur la capacité qu'a un solvant à dissoudre un soluté. Plus la quantité de soluté que l'on peut dissoudre dans un solvant est importante, plus la solubilité de ce soluté est importante dans ce solvant.

A L'extraction solide/liquide

On cherche ici à récupérer une espèce chimique contenue dans un solide à l'aide d'un liquide (par exemple, l'extraction du menthol, espèce donnant l'odeur mentholée, d'une feuille de menthe).

On peut citer comme exemple de technique utilisée l'**infusion** (le solide est mis en contact avec le solvant chaud), la **décoction** (le solide et le liquide sont mis à chauffer ensemble) ou la **macération** (le solide et le liquide sont mis ensemble à froid).

À chaque fois, on devra s'assurer, afin d'obtenir un rendement important, que la **solubilité** de l'espèce à extraire est **plus importante dans le liquide que dans le solide**.

Appliquer le cours

Le tableau ci-dessous donne la solubilité de l'acide benzoïque dans différents solvants :

Espèce chimique	Solubilité dans l'eau	Solubilité dans l'alcool	Solubilité dans l'acétone
Acide benzoïque	faible	forte	moyenne

Quel solvant doit-on choisir pour réaliser une extraction ?

Solution

La solubilité de l'acide benzoïque étant la plus grande dans l'alcool, c'est cette espèce qui sera choisie pour réaliser une extraction.

B L'extraction liquide/liquide

L'espèce à extraire est cette fois-ci contenue dans un liquide. Afin de réaliser cette extraction, il suffit de mettre en contact les deux liquides et de bien les mélanger. Afin de récupérer au mieux l'espèce souhaitée, il faudra cette fois choisir le liquide de telle sorte que :

– la **solubilité** de l'espèce à extraire soit **plus importante** dans le liquide que l'on rajoute que dans le liquide dans lequel elle est contenue ;

– le liquide ajouté et le liquide contenant l'espèce soient **non miscibles**, c'est-à-dire qu'ils forment un mélange hétérogène.

Ces deux extractions sont aussi appelées **extraction par solvant**.

C L'hydrodistillation

Cette technique, utilisée principalement pour récupérer les huiles essentielles en parfumerie consiste à porter à ébullition un mélange d'eau et de solide contenant l'espèce à extraire. L'eau va se vaporiser et entraîner avec elle l'espèce à extraire. En refroidissant les vapeurs formées, on obtient un mélange contenant l'eau et l'espèce extraite.

À savoir

Cette technique est aussi appelée **entraînement à la vapeur**.

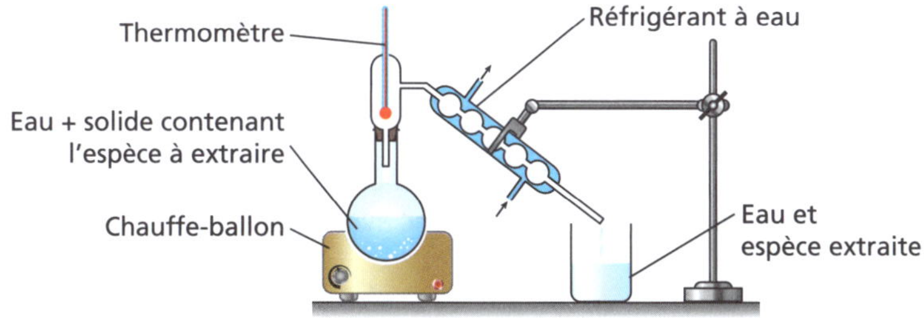

2 La synthèse

Une synthèse est un ensemble de transformations chimiques ayant pour but de fabriquer (**synthétiser**) une espèce chimique à partir d'autres. On peut synthétiser des espèces déjà présentes dans la nature, comme les substances odorantes des fleurs, ou en créer d'autres totalement artificielles, comme les matières plastiques.

3 Contrôles de qualité

Lorsque l'on a réalisé une synthèse chimique, ou au cours d'une des différentes étapes de celle-ci, on peut être amené à vérifier que l'espèce synthétisée est bien celle que l'on souhaite. On réalise alors des **tests d'identification**, basés sur les propriétés physiques ou chimiques des différentes espèces.

A Propriétés physiques

On peut être amené à déterminer, pour une espèce chimique :
– ses températures de changements d'état (fusion et vaporisation) ;
– son indice de réfraction n à une longueur d'onde donnée ;
– sa masse volumique ρ (rapport de la masse par unité de volume d'un corps) ou sa densité (rapport de sa masse volumique sur la masse volumique de l'eau).
Ces grandeurs sont caractéristiques d'un corps et permettront de l'identifier.

B Propriétés chimiques

On peut aussi réaliser quelques tests chimiques afin d'identifier des espèces chimiques. Il s'agit essentiellement de tests de précipitation. Par exemple, on a :

Ions	Formule	Couleur en solution	Réactif	Test positif
Calcium	Ca^{2+}	Incolore	Solution de soude $Na^{+}(aq) + HO^{-}(aq)$	Précipité blanc
Magnésium	Mg^{2+}	Incolore	Solution de soude $Na^{+}(aq) + HO^{-}(aq)$	Précipité blanc
Fer(III)	Fe^{3+}	Orange	Solution de soude $Na^{+}(aq) + HO^{-}(aq)$	Précipité rouille

Ions	Formule	Couleur en solution	Réactif	Test positif
Fer(II)	Fe^{2+}	Vert pâle	Solution de soude $Na^+(aq) + HO^-(aq)$	Précipité vert
Cuivre(II)	Cu^{2+}	Bleu	Solution de soude $Na^+(aq) + HO^-(aq)$	Précipité bleu
Chlorure	Cl^-	Incolore	Solution de nitrate d'argent $Ag^+(aq) + NO_3^-(aq)$	Précipité blanc noircissant à la lumière

• **Remarques**

Un test négatif ne signifie pas obligatoirement qu'une espèce n'est pas présente ! Elle peut être en quantité trop faible pour être détectée.

L'apparition d'un précipité blanc lors de l'ajout de soude ne permet pas de conclure, car plusieurs espèces différentes donnent un précipité blanc avec la soude !

Exercices d'entraînement

Exercice 1 ★★ 5 min

Corrigé p. 263

On dispose de deux coupelles contenant chacune une poudre blanche.

Propriétés physiques	Acide maléique	Acide fumarique
T° fusion	131°C	287°C
Solubilité dans l'eau à 25°C	780 g/L	6,3 g/L
Masse volumique	1,59 $g.cm^{-3}$	1,63 $g.cm^{-3}$
pH d'une solution à 0,7 g/L	2	3

1. Comment identifier simplement chacun des deux acides ?
2. Quel volume occupe 10 g de chaque acide ?

Exercice 2 ★★ 10 min

Corrigé p. 263

Un agent de ménage rentre à la fin des cours dans la salle de TP du lycée. Il constate qu'un groupe n'a pas rangé sa paillasse, y laissant ouverts 3 récipients différents contenant tous un solide. Et malheureusement, le nom des produits est écrit sur les bouchons. L'agent doit donc identifier les différents solides afin de fermer les flacons avec les bons bouchons. Pour cela, il dissout un peu de chaque solide dans des béchers et partage ensuite chaque solution obtenue dans 2 tubes à essais. Il verse dans le premier tube quelques gouttes d'une solution de soude et dans l'autre quelques gouttes d'une solution de nitrate d'argent. Il note alors ses observations dans le tableau ci-dessous :

	Solide A		Solide B		Solide C	
	Tube 1	Tube 2	Tube 1	Tube 2	Tube 1	Tube 2
Observations	Précipité vert	Rien	Précipité blanc	Précipité blanc	Précipité vert	Précipité blanc

Fer II chlorure magnésium chlorure fer II chlorure

1. Identifier les ions ainsi testés.
2. Les 3 solides sont le chlorure de magnésium, le chlorure de fer(II) et le sulfate de fer(II). Identifier ce que sont les solides A, B et C.

11 Mouvement et temps

1 Le temps

L'**écoulement du temps** est une sensation que tout le monde éprouve. Si on représente cet écoulement par un axe horizontal orienté, on peut indiquer sur cet axe des événements distincts, et ainsi définir une **simultanéité**, une **antériorité** et une **postériorité**. Chaque événement représentera un **instant**.
Par exemple, l'événement choisi peut être la première fois où l'Homme a marché sur la Lune.

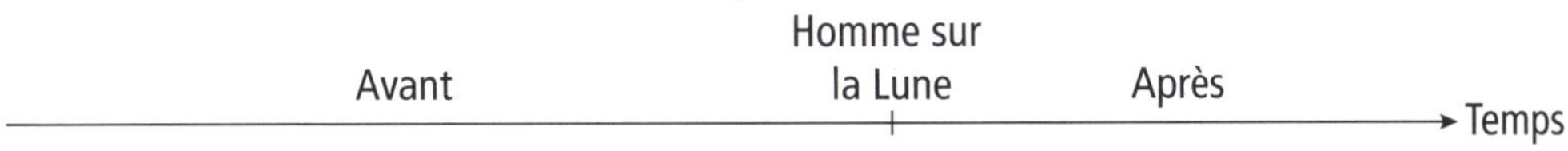

Si maintenant on choisit un autre instant distinct du précédent, et qu'on choisit celui-ci comme origine des dates, alors on pourra donner la date de notre événement. Si on considère la découverte de l'Amérique comme origine des dates, on peut donner la date de notre premier événement.

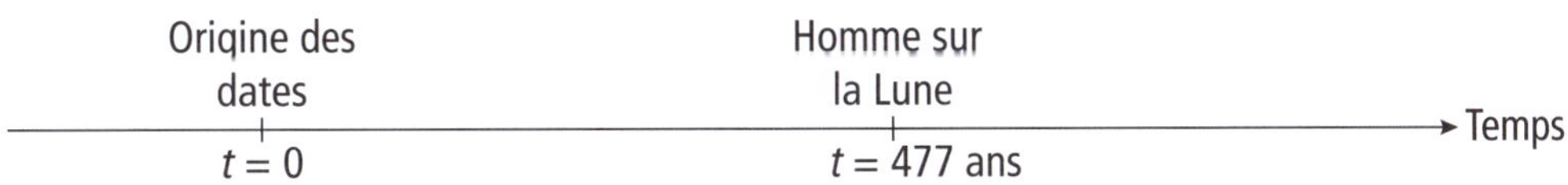

L'unité portée par l'axe du temps est, dans ce cas particulier, l'année, mais celle que l'on utilisera le plus fréquemment sera l'unité légale, à savoir la **seconde (s)**.
L'intervalle de temps s'écoulant entre deux événements est la **durée**.

Appliquer le cours

Pour la deuxième épreuve du combiné nordique, les concurrents partent les uns après les autres, en fonction de la longueur du saut à ski réalisé au cours de la première étape. Voici un tableau récapitulant les départs et arrivées de trois candidats différents :

Candidat	1	2	3
Départ	0	3 min 25	4 min 30
Arrivée	28 min 43	29 min 12	26 min 56

1. À quoi correspond l'origine des temps ?
2. Que représentent les différentes indications du tableau ?
3. Quelle est la durée de course du candidat 2 ?

Solution

L'origine des temps correspond à l'instant $t = 0$, c'est-à-dire au départ du candidat 1.
Les indications du tableau nous renseignent sur les différents instants de la course.
Le candidat 2 est arrivé à l'instant 29 min 12 après être parti à l'instant 3 min 25. Il a donc couru durant 29 min 12 – 3 min 25 = 25 min 47.

2 Le mouvement

A Relativité du mouvement

Lorsque deux personnes font du saut en parachute, dès que l'un ouvre son parachute, le deuxième a la sensation de le voir remonter. Cependant, du sol, un observateur remarquera que les deux parachutistes continuent de tomber. On dit alors que le mouvement est **relatif**, car il

dépend de l'observateur.
La notion de mouvement ou d'immobilité n'a de sens que si l'on précise par rapport à quoi on se repère.

B Référentiel

Si on choisit un objet comme référence d'étude du mouvement, et qu'on attribue à cet objet des axes gradués, alors on définit un **repère**.
Si ce repère est muni d'un appareil permettant la mesure du temps, on définit alors un **référentiel**. Les coordonnées d'un objet sont donc au nombre de 4 : les 3 coordonnées spatiales *x*, *y* et *z* et une coordonnée temporelle *t*.
Il existe différents référentiels usuels : celui lié à un point de la Terre, le **référentiel terrestre**, celui lié au centre de la Terre, le **référentiel géocentrique**, celui lié au centre du Soleil, le **référentiel héliocentrique**.

> **Attention !**
> Le choix du référentiel dépend du type d'études que l'on souhaite mener.

C Vitesse

On peut définir deux types de vitesses :
– la **vitesse moyenne**, obtenue par le calcul. Elle correspond à la vitesse qu'aurait un objet sur un trajet si sa vitesse était constante :

$v = \dfrac{d}{\Delta t}$ avec *d* distance parcourue et Δt durée mise par l'objet pour effectuer ce parcours.

– la **vitesse instantanée**, obtenue par mesure. Elle correspond à la vitesse que possède réellement un objet en déplacement à un instant donné.

Appliquer le cours

Un automobiliste parcourt la distance de 240 km entre Paris et Lille en 4 h.
1. Quel référentiel utilise-t-on pour décrire ce mouvement ?
2. Calculer la vitesse moyenne en m/s puis en km/h.
3. Les limitations de vitesse du code de la route ont-elles été respectées ?

Solution

1. Le mouvement est étudié par rapport à une route, on choisira le référentiel terrestre.
2. La distance est $d = 240$ km $= 240\,000$ m et la durée $\Delta t = 4$ h $= 14\,400$ s. La vitesse moyenne est donc $v_{moyenne} = \dfrac{240\,000}{14\,400} = 16{,}7$ m/s. En multipliant par 3,6, on obtient la valeur en km/h, soit $v_{moyenne} = 60$ km/h.
3. La vitesse moyenne ne nous renseigne pas sur la vitesse à chaque instant. On ne peut donc pas savoir si les limitations ont été respectées.

D Types de mouvement

On appelle **trajectoire** d'un objet en déplacement l'ensemble des positions successives occupées par cet objet au cours du temps. Si la trajectoire est une droite, alors, on parlera de **mouvement rectiligne**. On peut définir trois types de mouvement :
– le **mouvement uniforme** : la vitesse instantanée de l'objet en déplacement est constante (et donc égale à sa vitesse moyenne…) ;
– le **mouvement accéléré** : la vitesse instantanée de l'objet en déplacement augmente au cours du temps ;
– **le mouvement ralenti** : la vitesse instantanée de l'objet en déplacement diminue au cours du temps.

Exercices d'entraînement

Exercice 1 ★ 5 min

Corrigé p. 264

Voici le classement final du Tour de France 2013.

Rang	Coureur	Temps	Écart
1	FROOME Christopher	83 h 56 min 40 s	
2	QUINTANA ROJAS Nairo Alexander		4 min 20 s
3	RODRIGUEZ OLIVER Joaquin	84 h 01 min 44 s	
4	CONTADOR Alberto		6 min 27 s
5	KREUZIGER Roman	84 h 04 min 07 s	

1. Compléter le tableau ci-dessus.
2. Quelle origine des temps est choisie pour le temps ?
3. Quelle origine des temps est choisie pour l'écart ?

Exercice 2 ★ 5 min

Corrigé p. 264

Deux trains A et B sont stationnés en gare sur des voies situées l'une à côté de l'autre. Jérôme est debout dans le train A et regarde par la fenêtre son amie Mélissa, assise dans l'autre train. Soudain, Jérôme voit Mélissa s'éloigner de lui.

1. Jérôme est-il en mouvement par rapport à Mélissa ?
2. Comment Jérôme peut-il savoir si son train s'est mis en mouvement ? Dans quel référentiel se place-t-il alors ?

Exercice 3 ★★ 10 min

Corrigé p. 264

Une voiture se déplace en centre-ville sur une route droite, entre 2 feux tricolores. L'origine des instants correspond à l'instant du démarrage de la voiture au premier feu, lorsque celui-ci passe au vert. On mesure la vitesse d'un point de la voiture dans un référentiel terrestre : le graphique ci-contre illustre l'évolution de cette vitesse en fonction du temps écoulé depuis l'origine des instants.

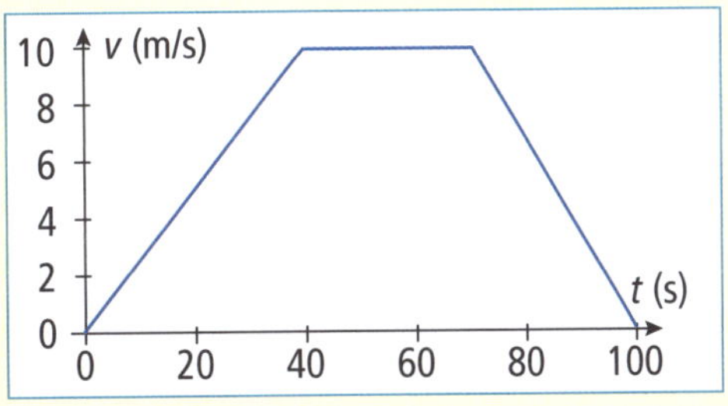

1. Distinguer trois phases pour la description du mouvement.
2. Préciser l'évolution de la vitesse du point étudié au cours des trois phases du mouvement.
3. Quelle partie du graphique correspond à un mouvement uniforme ?

12 Action mécanique, force et principe d'inertie

1 Action mécanique

A Définition

• Lors d'une rencontre sportive de volleyball, un ballon passe de mains en mains avant de finir au sol. Chaque joueur réalise ce qu'on appelle une **action mécanique**.

• On appellera **action mécanique** toute action qui peut **mettre en mouvement un objet** (le service par exemple), **modifier sa trajectoire** (c'est le cas d'une passe par exemple) **et/ou sa vitesse** (lors d'une attaque par exemple) ou bien **le déformer** (lors d'une réception, le ballon se déforme légèrement sur les avant-bras…).

• Pour chaque action mécanique, on désignera donc un **acteur** (celui qui est responsable de l'action, par exemple le joueur) et un **receveur** de celle-ci (celui qui la subit, par exemple la balle). On prendra l'habitude de les préciser lors de chaque étude.

• Pour définir une action mécanique, on a besoin de définir 4 paramètres : sa **direction**, son **sens**, son **point d'application** et son **intensité**.

B Modélisation

• Les actions mécaniques étant extrêmement complexes, on décide de les modéliser. Le modèle choisi est celui de la **force**. On notera ainsi $F_{A/R}$ la force exercée par l'acteur A sur le receveur R : cette force va mettre en mouvement le receveur, ou modifier sa vitesse et/ou sa trajectoire ou bien le déformer.

• L'intensité d'une force se mesurera en **newton** (de symbole N) à l'aide d'un dynamomètre. On représentera une force $F_{A/R}$ par un **vecteur** $\vec{F}_{A/R}$, dont les caractéristiques dépendront de la force :

$\vec{F}_{A/R}$
- direction : **corps de la flèche**
- sens : **sens de la flèche**
- point d'application : **point de départ de la flèche**
- valeur : **longueur de la flèche**

Lors de la représentation d'un vecteur, on devra donc choisir une échelle pour passer des newtons aux cm.

Appliquer le cours

Afin de réaliser un service au volley, un joueur lance préalablement le ballon verticalement vers le haut.

1. Préciser qui est l'acteur et qui est le receveur de la force.

2. Représenter cette force, sachant qu'elle est de 50 N (on choisira une échelle de 1 cm pour 20 N).

Solution

1. C'est le joueur qui lance le ballon, l'acteur est donc le joueur et le ballon est le receveur.

2. Pour représenter cette force, il est nécessaire de connaître ces 4 paramètres :
- direction : la verticale
- sens : vers le haut
- point d'application : zone de contact entre la main et le ballon
- valeur : 50 N, soit, à l'échelle, 2,5 cm.

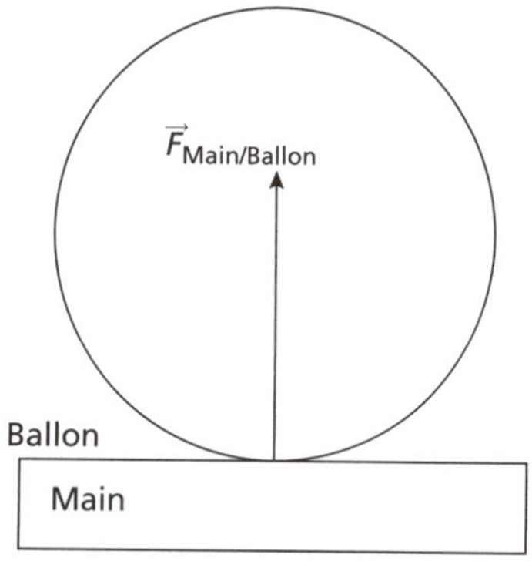

C Importance de la masse

En effectuant le même mouvement de lancer, une balle de tennis ira beaucoup plus haut qu'une boule de pétanque. C'est parce que ces deux objets ont des masses différentes. **Plus la masse d'un corps est importante et plus il est difficile de le mettre en mouvement ou de modifier son mouvement**.

D Énergie cinétique et vitesse

L'énergie cinétique d'un solide en mouvement est obtenu par $E_c = \frac{1}{2} m \cdot v^2$ où *m* et *v* représentent respectivement la masse et la vitesse du solide. Une force peut modifier la vitesse d'un corps, donc elle modifie aussi son énergie cinétique. Par exemple, si la vitesse est doublée, l'énergie cinétique est quadruplée.

2 Équilibre d'un solide

Un solide est dit à l'équilibre s'il est **immobile**.

A Conditions

- Un solide qui n'est soumis à aucune force est obligatoirement à l'équilibre, car une force est justement ce qui perturbe l'équilibre.
- Un solide soumis à une force ne peut pas être à l'équilibre, car une force met en mouvement.
- Un solide soumis à plus d'une force peut être à l'équilibre si ces différentes forces se compensent. Cela se traduit mathématiquement par le fait que la somme vectorielle de toutes les forces est égale au vecteur nul.

Un solide est à l'équilibre si les différentes forces qui s'exercent sur lui se compensent.

B Principe d'inertie

Considérons un mobile en déplacement seulement soumis à des forces qui se compensent. C'est comme s'il n'était soumis à aucune force. Par conséquent, sa trajectoire n'est pas modifiée, il est donc en ligne droite. Sa vitesse non plus ne varie pas, elle est constante. Son mouvement est donc un **mouvement rectiligne uniforme**.

C'est le **Principe d'inertie**, énoncé par Newton, reprenant les travaux de Galilée : **tout corps persévère dans son immobilité ou son mouvement rectiligne uniforme s'il n'est soumis qu'à des forces qui se compensent**.

Appliquer le cours

Un cycliste roule à une vitesse constante sur une ligne droite. Il est doublé par un automobiliste. Le cycliste est-il soumis à des forces qui se compensent ? Même question pour l'automobiliste.

Solution

Le cycliste se déplace en ligne droite à vitesse constante. D'après le principe d'inertie, il est soumis à des forces qui se compensent.

En revanche, la voiture modifie sa trajectoire pour le doubler. Elle n'est donc pas soumise à des forces qui se compensent car son mouvement n'est plus rectiligne uniforme.

Exercices d'entraînement

Exercice 1 ★ 5 min

Corrigé p. 264

Une femme pousse une voiture sur un sol horizontal et exerce une force de 500 N.

1. Faire un schéma de la situation.
2. Représenter la force exercée par la personne sur la voiture, en prenant comme échelle 1 cm pour 500 N.
3. Représenter aussi sur le schéma le poids de cette personne, sachant qu'il est de 800 N.

Exercice 2 ★★ 5 min

Corrigé p. 264

Sur un chantier, une grue soulève des caisses en appliquant à chaque fois la même force. Les hauteurs atteintes par deux caisses différentes sont données dans le tableau ci-dessous :

t (s)	1	2	3	4	5	6	7
Hauteur atteinte par la caisse 1 (m)	0,5	2	4,5	8	12,5	18	24,5
Hauteur atteinte par la caisse 2 (m)	0,2	0,8	1,8	3,2	5	7,2	9,8

Quelle est la caisse la plus lourde ? la 2 car elle va moins haut

Exercice 3 ★ 5 min

Corrigé p. 264

Dans les exemples suivants, on considère le mouvement, dans un référentiel terrestre, d'un objet ou d'un personnage supposé indéformable. D'après chaque description du mouvement, indiquer en justifiant si l'objet ou le personnage est soumis à un ensemble de forces qui se compensent.

1. Une luge descend une piste rectiligne et sa vitesse est constante. Non
2. Une voiture démarre à un feu vert. Non
3. Un skieur remonte une piste sur un tire-fesses qui le tracte en virage à vitesse constante. ~~oui~~ non
4. Un avion fait une chandelle. ~~oui~~ non
5. Une goutte d'huile tombe dans de l'eau et décrit une trajectoire rectiligne à vitesse constante. oui

Exercice 1 :

1)

mru : mouvement rectiligne uniforme

13 La pression

1 Force pressante

• Dans un liquide et a fortiori dans un gaz, les particules sont en mouvement, libres de se déplacer les unes par rapport aux autres. Ce mouvement, désordonné et aléatoire, est appelé le **mouvement brownien**.

• Les particules du fluide (solide ou gaz) vont heurter les parois du récipient, et il va résulter de la multitude de ces chocs une **force pressante** dirigée perpendiculairement à la surface de la paroi.

• Cette force pressante peut être modélisée par un vecteur $\vec{F}_{pressante}$ dont les caractéristiques sont :

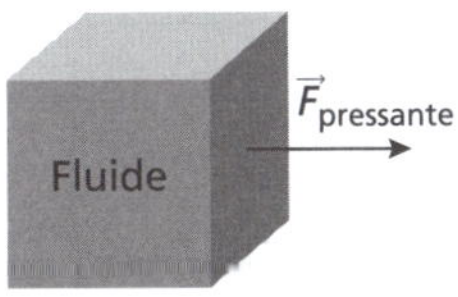

$\vec{F}_{pressante}$
- Direction : perpendiculaire à la paroi
- Sens : vers l'extérieur
- Point d'application : centre de la paroi
- Valeur : s'exprime en N

2 La pression

Les effets de la force pressante dépendent de la surface de la paroi. Pour pouvoir comparer les effets de forces pressantes différentes sur des parois de surfaces différentes, on définit la **pression**. Elle correspond à la **valeur de la force pressante par unité de surface**. Elle s'exprime en pascal, de symbole **Pa**.

$$P = \frac{F_{pressante}}{S},$$

avec P en Pa, $F_{pressante}$ en N et S en m^2.

Appliquer le cours

Calculer la pression en un point d'un gaz exerçant une force pressante de 25 kN sur une surface de 10 cm^2.

Solution

Par définition, $P = \frac{F_{pressante}}{S}$.

Ainsi, $P = \frac{25.10^3}{10.10^{-4}} = 2{,}5.10^7$ Pa.

Dans un liquide, tous les points à la même hauteur ont la même pression. Par conséquent, **la différence de pression entre deux points d'un liquide dépend de la différence de profondeur**.

3 Comportement d'un gaz

A Loi de Boyle – Mariotte

À température constante, le volume V d'une quantité donnée de gaz est inversement proportionnel à sa pression P. **Le produit $P.V$ est constant**.

B Loi d'Avogadro – Ampère

À température et pression données, le volume occupé par une quantité de gaz est **indépendant de la nature du gaz**.

C Dissolution dans les liquides

Lorsqu'un gaz est mis en contact avec un liquide, celui-ci peut dissoudre une partie du gaz. La quantité de gaz dissoute va dépendre de la pression du gaz. Plus la pression du gaz à la surface du liquide est importante, plus le gaz pourra se dissoudre.

Exercices d'entraînement

Exercice 1 ★ 5 min

Corrigé p. 264

La pression atmosphérique dans une salle de cours, mesurée avec un baromètre, est de 1 020 hPa.

1. Convertir la pression atmosphérique en Pa.
2. Calculer la valeur de la force pressante exercée par l'air sur le sol de la salle, qui mesure 10 m sur 6 m.

Exercice 2 ★★ 5 min

Corrigé p. 264

Une bouteille de dioxygène de volume $V = 250$ cm^3 est maintenue à une température constante T. Le gaz contenu dans cette bouteille est initialement à la pression $P_i = 6{,}00.10^5$ Pa. On relie alors la bouteille à un réservoir vide de gaz. La pression finale est de $P_f = 2{,}00.10^5$ Pa et la température n'a pas varié.

1. Calculer le volume total du gaz à la fin de l'opération.
2. En déduire le volume du réservoir.

Exercice 3 ★ 5 min

Corrigé p. 264

Pour une température de 25 °C et pour une pression de 1 013 hPa, le volume occupé par une mole de dioxygène est de 24 L.

1. Pour la même température et la même pression, déterminer le volume occupé par 2 moles de dioxygène.
2. Quel serait le volume occupé par la même quantité de dioxyde de carbone dans les mêmes conditions de température et de pression ?

14 Transformation chimique et bilan de matière

1 Quantité de matière

A Paquet de comptage

• En chimie, les entités auxquelles on s'intéresse sont microscopiques. On aura donc chaque fois à considérer des nombres très grands d'espèces chimiques. Pour cela, on va réaliser des paquets de comptage. Le paquet de comptage que l'on va utiliser est la **mole**. Ce paquet contient $6{,}022.10^{23}$ entités.

• En chimie, on dira qu'on détermine une quantité de matière lorsque l'on détermine le nombre de moles d'une espèce. On la notera ***n***.

• Si on a un nombre d'espèces $N_{\text{espèce}}$, alors la quantité de matière $n_{\text{espèce}}$ vaut $n_{\text{espèce}} = \frac{N_{\text{espèce}}}{N_A}$, avec N_A le **nombre d'Avogadro, $N_A = 6{,}022.10^{23}$ mol^{-1}**.

Appliquer le cours

Une mine de crayon en carbone contient $8{,}5.10^{22}$ atomes de carbone.
Quelle est la quantité de matière de carbone ?

Solution

On a un nombre d'atomes de carbone N_{carbone} de $8{,}5.10^{22}$. La quantité de matière de carbone est donc de $n_{\text{carbone}} = \frac{N_{\text{carbone}}}{N_A} = \frac{8{,}5.10^{22}}{6{,}022.10^{23}}$
$= 0{,}14$ mol.

B Masses molaires

• La **masse molaire atomique** est la masse d'une mole d'atomes. Le paquet de comptage utilisé étant choisi de telle sorte qu'une mole de nucléons pèse 1 g, on en déduit que la masse molaire atomique de l'atome ${}^{A}_{Z}X$ est $M_X = A$ g/mol. Ainsi, $M_{{}^{14}_{6}C} = 14$ g/mol.

• La **masse molaire moléculaire** correspond à la masse d'une mole de molécules. Elle se calcule à partir des masses molaires atomiques des atomes qui constituent la molécule. Par exemple, $M_{C_6H_{12}O_6} = 6 \times M_C + 12 \times M_H + 6 \times M_O = 6 \times 12 + 12 \times 1 + 6 \times 16 = 180$ g/mol.

• La **masse molaire ionique** correspond à la masse d'une mole d'ions. Elle s'obtient en considérant la masse d'une mole de l'entité à l'origine de l'ion. Par exemple, $M_{SO_4^{2-}} = M_{\text{"}SO_4\text{"}} = 1 \times M_S + 4 \times M_O = 32{,}1 + 4 \times 16 = 96{,}1$ g/mol.

2 Détermination de quantité de matière

A Cas des solides

Pour les solides, la grandeur physique la plus aisée à mesurer est la **masse**.
On déterminera donc la quantité de matière d'un solide, n_{solide}, à partir de celle-ci :

$$n_{\text{solide}} = \frac{m_{\text{solide}}}{M_{\text{solide}}},$$

avec m_{solide} masse du solide en g et M_{solide} masse molaire du solide en g/mol.

Physique Chimie

Appliquer le cours

Une pierre de sucre constituée uniquement de saccharose pèse 5 g. Quelle est la quantité de matière de saccharose ?

Donnée : $M_{saccharose}$ = 342 g/mol.

Solution

La quantité de matière de saccharose est donc de $n_{saccharose} = \frac{m_{saccharose}}{M_{saccharose}} = \frac{5}{342} = 1{,}5.10^{-2}$ mol.

B Cas des liquides

Pour les liquides, la grandeur physique la plus aisée à mesurer est le **volume**. On passe donc de celui-ci à la masse par l'intermédiaire de la **masse volumique** : $\rho_{corps} = \frac{m_{corps}}{V_{corps}}$.

On déterminera ensuite la quantité de matière à partir de la masse.

Appliquer le cours

Une éprouvette contient un volume d'huile de 23 mL. Quelle est la quantité de matière d'huile ?

Données : M_{huile} = 282 g/mol et ρ_{corps} = 910 g/L.

Solution

La masse d'huile est de $m_{huile} = \rho_{huile} \times V_{huile} = 23.10^{-3} \times 910 = 20{,}9$ g. La quantité de matière d'huile est donc de $n_{huile} = \frac{m_{huile}}{M_{huile}} = \frac{20{,}9}{282} = 7{,}4.10^{-2}$ mol.

C Cas des gaz

À température et pression données, une même quantité de gaz occupe toujours un même volume (loi d'Avogadro – Ampère). Le volume occupé par une mole est appelé le **volume molaire V_m**. Il vaut 22,4 L/mol à 0 °C et 1 013 hPa et 24 L/mol à 20 °C et 1 013 hPa. On obtient alors la quantité de matière en utilisant la relation $n_{gaz} = \frac{V_{gaz}}{V_m}$.

Appliquer le cours

À 20 °C et 1 013 hPa, un gaz occupe un volume de 5,2 L. Quelle est la quantité de matière de ce gaz ?

Solution

La quantité de matière de gaz est de

$n_{gaz} = \frac{V_{gaz}}{V_m} = \frac{5{,}2}{24} = 0{,}22$ mol.

3 Transformation chimique

A Système chimique

On appelle **système chimique l'ensemble des espèces chimiques présentes à un instant donné**. Pour définir complètement un système chimique, on doit préciser la nature des espèces présentes, leur quantité de matière, leur état physique, ainsi que la température et la pression.

Lorsque des espèces chimiques interagissent entre elles, la composition du système chimique évolue. On appellera **état initial** la composition d'un système chimique avant l'évolution et **état final** la composition du système chimique à la fin de l'évolution.

B Transformation chimique

La transformation chimique correspond au processus d'évolution spontané d'un système chimique d'un état initial vers un état final.

Les espèces qui disparaissent ou dont la quantité de matière diminue sont les **réactifs**, les espèces qui apparaissent ou dont la quantité de matière augmente sont les **produits** et les espèces dont la quantité de matière ne varie pas sont les **espèces spectatrices**.

C Équation de réaction

L'équation de la réaction est la représentation de l'évolution d'un système chimique. On l'écrit en indiquant à gauche d'une flèche orientée vers la droite les formules des réactifs, séparées d'un signe + et à droite de cette flèche les formules des produits, séparées d'un signe +.
On vérifiera que l'équation est équilibrée, c'est-à-dire vérifie la **conservation des éléments chimiques** et **la conservation de la charge électrique** en ajustant les **coefficients stœchiométriques** placés devant les formules.

D Bilan énergétique

Un bilan énergétique permet de décrire les énergies mises en jeu lors d'une transformation physique ou chimique.

Appliquer le cours

Une pile électrochimique est le siège d'une transformation chimique. L'énergie chimique des réactifs est convertie en énergie électrique et en énergie thermique. Construire son bilan énergétique.

Solution

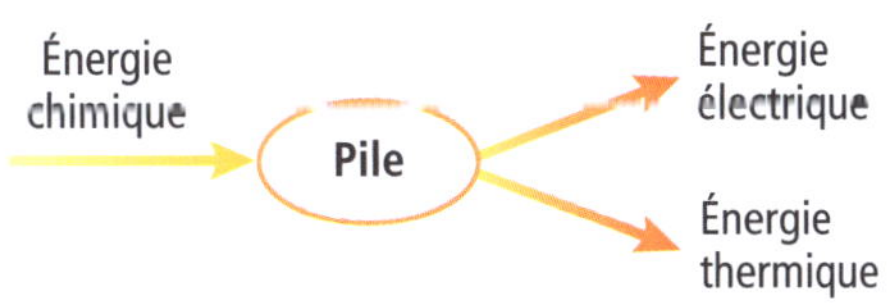

Exercices d'entraînement

Exercice 1 ★ 5 min

Corrigé p. 264

1. Un comprimé de paracétamol contient $2{,}00.10^{21}$ molécules de paracétamol. En déduire la quantité de matière de paracétamol de ce comprimé.
2. Un morceau de sucre contient $1{,}5.10^{-2}$ mol de saccharose. En déduire le nombre de molécules de saccharose dans le morceau de sucre.

Exercice 2 ★★ 5 min

Corrigé p. 264

État initial	État final
– Ions cuivre(II) : $n(Cu^{2+}) = 2$ mol – Zinc métal : $n(Zn) = 2$ mol – Ions sulfate $n(SO_4^{2-}) = 2$ mol – Eau	– Cuivre métal : $n(Cu) = 2$ mol – Ions zinc(II) : $n(Zn^{2+}) = 2$ mol – Ions sulfate $n(SO_4^{2-}) = 2$ mol – Eau

1. Identifier les espèces spectatrices, les réactifs et les produits.
2. Écrire l'équation de la réaction.

Exercice 3 ★★ 10 min

Corrigé p. 264

Déterminer, dans chaque cas, la quantité de matière de l'espèce indiquée.

1. 23,94 g d'oxyde de fer Fe_2O_3(s). Données : $M_{Fe} = 55{,}8$ g/mol et $M_O = 16$ g/mol.
2. 125 mL de sucre liquide de masse volumique $\rho_{sucre} = 1200$ g/L et de masse molaire $M_{sucre} = 180$ g/mol.
3. 9,6 L de dioxygène à 20°C et 1 013 hPa.

CORRIGÉS

CHAPITRE 1 *(Énoncés p. 220)*

1 1. **Vrai.**

2. **Faux**, le système solaire contient 8 planètes : Mercure, Vénus, Terre, Mars, Jupiter, Saturne, Uranus et Neptune.

3. **Vrai.**

4. **Faux**, l'année de lumière est une distance. C'est la distance parcourue par la lumière en une année.

5. **Faux.** $108 \times 10^6 = 1{,}08 \times 10^2 \times 10^6 = 1{,}08 \times 10^8$
L'écriture scientifique de ce nombre est donc $1{,}08 \times 10^8$ km.

2 L'écriture scientifique d'un nombre est de la forme $a \times 10^n$.

1. 140×10^{-12} m $= 1{,}40 \times 100 \times 10^{-12}$ m
$= 1{,}40 \times 10^2 \times 10^{-12}$ m $=$ **$1{,}40 \times 10^{-10}$ m.**

2. 1427×10^6 km $= 1427 \times 10^3 \times 10^6$ m
$= 1427 \times 10^9$ m.
1427×10^9 m $= 1{,}427 \times 10^3 \times 10^9$ m $=$ **$1{,}427 \times 10^{12}$ m.**

3. $0{,}2$ mm $= 0{,}2 \times 10^{-3}$ m $= 2 \times 10^{-1} \times 10^{-3}$ m
$=$ **2×10^{-4} m.**

4. $10\,917$ km $= 10\,917 \times 10^3$ m
$= 1{,}0917 \times 10\,000 \times 10^3$ m
$= 1{,}0917 \times 10^4 \times 10^3$ m $=$ **$1{,}0917 \times 10^7$ m.**

3

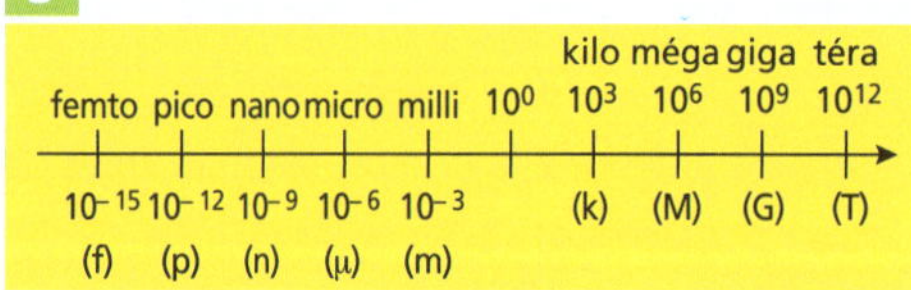

1. La puissance 10^3 correspond au préfixe kilo. **$2{,}7 \times 10^3$ m $= 2{,}7$ km.**

2. 27×10^{-10} m $= 2{,}7 \times 10^{-9}$ m. La puissance 10^{-9} correspond au préfixe nano. **$2{,}7 \times 10^{-9}$ m $= 2{,}7$ nm.**

3. $0{,}27 \times 10^{-5}$ m $= 2{,}7 \times 10^{-6}$ m. La puissance 10^{-6} correspond au préfixe micro. **$2{,}7 \times 10^{-6}$ m $= 2{,}7$ µm.**

4. 39×10^{-4} m $= 3{,}9 \times 10^{-3}$ m. La puissance 10^{-3} correspond au préfixe milli. **$3{,}9 \times 10^{-3}$ m $= 3{,}9$ mm.**

5. $3{,}9 \times 10^9$ m. La puissance 10^9 correspond au préfixe giga. **$3{,}9 \times 10^9$ m $= 3{,}9$ Gm.**

4 L'ordre de grandeur d'un nombre est la puissance de 10 la plus proche de ce nombre.

1. Masse de la Terre : $5{,}97 \times 10^{24}$ kg.
$5{,}97 > 5$. **L'ordre de grandeur de la masse de la Terre est donc $10 \times 10^{24} = 10^{25}$ kg.**

2. Masse du Soleil : $1{,}99 \times 10^{30}$ kg.
$1{,}99 < 5$. **L'ordre de grandeur est égal à la puissance de dix, soit 10^{30} kg.**

3. Masse de la Lune : $7{,}36 \times 10^{22}$ kg.
$7{,}36 > 5$. **L'ordre de grandeur de la masse de la Lune est donc $10 \times 10^{22} = 10^{23}$ kg.**

5 La lumière produite par le Soleil met 12 min. et 40 sec. pour parvenir jusqu'à Mars.

1. Durant son trajet, la lumière traverse le vide puis l'atmosphère martienne.

2. On utilise la formule $d = c \times t$.
Il faut convertir la durée en seconde :
12 min et 40 s $= (12 \times 60) + 40 = 760$ secondes.
$d = 3 \times 10^8 \times 760 = 2{,}28 \times 10^{11}$ m $=$ **$2{,}28 \times 10^8$ km.**

3. Pour convertir une distance en unité astronomique il faut diviser cette distance (exprimée en km) par 150×10^6.
$d = 2{,}28 \times 10^8 / 150 \times 10^6 =$ **1,52 U.A.**

6 1. L'année de lumière est la distance parcourue par la lumière en une année :
1 a.l. $= 9{,}47 \times 10^{15}$ m.

2. Pour convertir une distance en année de lumière il faut diviser cette distance (exprimée en mètre) par $9{,}47 \times 10^{15}$.
$2{,}37 \times 10^{14}$ km $= 2{,}37.10^{14} \times 10^3$ m $= 2{,}37.10^{17}$ m.
$d_{\text{Terre–Véga}} = 2{,}37.10^{17} / 9{,}47 \times 10^{15}$
$=$ **25 années lumière.**

3. La lumière produite par Véga a voyagé pendant 25 années avant d'arriver sur Terre.
Si on observe Véga en 2014, **la lumière reçue a été émise en 1989** (2014 – 25 = 1989).

CHAPITRE 2 *(Énoncés p. 222)*

1 Un spectre d'émission d'une entité chimique est composé de raies colorées sur un fond noir. Un spectre d'absorption est composé de raies sombres sur un fond coloré.

1. Le spectre A est un **spectre d'absorption**.
Le spectre B est un **spectre d'émission**.
Le spectre C est un **spectre d'émission continu**.

2. Un **prisme** ou un **réseau** peuvent décomposer la lumière émise par une source lumineuse.

2 1. **Faux**, la longueur d'onde d'une radiation s'exprime en nanomètre, de symbole nm.

2. **Vrai.**

3. **Faux**, un spectre d'absorption est constitué de raies sombres sur un fond coloré.

4. **Faux**, lorsque la température d'une entité augmente, son spectre s'enrichit vers le violet.

5. **Vrai.**

3 Pour une entité chimique donnée, les raies colorées de son spectre d'émission ont les mêmes longueurs d'onde que les raies noires de son spectre d'absorption. Les raies sombres d'un spectre d'absorption occupent donc les mêmes positions que les raies colorées de son spectre d'émission. **C'est donc le spectre B qui correspond au spectre de cette entité.**

4 1. Ce spectre est constitué de raies sombres sur un fond coloré. C'est un spectre d'absorption.

2. La grandeur portée sur l'axe des abscisses est la longueur d'onde λ. L'unité est le nanomètre (nm).

3. Elles représentent les radiations que l'entité chimique a absorbées.

4. La longueur d'onde de la raie A est $\lambda \approx 559$ nanomètres.
1 nm = 10^{-9} mètre donc $\boldsymbol{\lambda = 559 \times 10^{-9}}$ **m.**

5 1. Le spectre d'une entité dépend de la température. Il s'enrichit vers le violet lorsque la température de l'entité augmente.

2. Pour classer les spectres par ordre croissant de température, il faut observer les extrémités des spectres.
Le spectre 1 ne contient pas de rouge, c'est donc le spectre réalisé à la température la plus élevée.
Le spectre 2 ne contient pas de violet, c'est donc le spectre réalisé à la température la moins élevée.
Le spectre 3 contient du rouge et du violet, c'est donc le spectre réalisé à la température moyenne.
Par ordre croissant de température on obtient donc le spectre 2, le spectre 3 puis le spectre 1.

CHAPITRE 3 *(Énoncés p. 225)*

1 1. Le noyau contient les nucléons : neutrons et protons. L'élément chrome contient 28 neutrons et 24 protons. Il contient donc 28 + 24 = 52 nucléons. **A = 52.**
Le nombre Z correspond au nombre de protons. L'élément chrome contient 24 protons. **Z = 24.**

2. La notation symbolique d'un élément s'obtient en indiquant le nombre Z en indice et le nombre A en exposant devant le symbole de cet élément.

La notation symbolique de l'élément chrome est $^{52}_{24}\mathbf{Cr}$.

2

$^{32}_{16}S$	A = 32, Z = 16 et N = A − Z = 16. Le noyau contient **32 nucléons**, **16 protons** et **16 neutrons**
$^{35}_{17}Cl$	A = 35, Z = 17 et N = A − Z = 18. Le noyau contient **35 nucléons**, **17 protons** et **18 neutrons**

3 L'atome de fer a un rayon de $1{,}5 \times 10^{-10}$ m.
1. $D = 2 \times R = 2 \times 1{,}5 \times 10^{-10} = 3 \times 10^{-10}$ mètre.
$D = 0{,}3 \times 10^{1} \times 10^{-10}$ m $= 0{,}3 \times 10^{-9}$ mètre.
1 nm = 10^{-9} mètre donc $\boldsymbol{D = 0{,}3}$ **nm.**

2. Le noyau d'un atome est 100 000 (10^5) fois plus petit que l'atome.

$$D_{\text{noyau}} = \frac{3 \times 10^{-10}}{10^5} = \mathbf{3 \times 10^{-15}\ mètre.}$$

4 1. La charge électrique du noyau d'un atome, notée Q, est égale à Z × e.
Il faut faire apparaître Z dans la formule : $Z = \frac{Q}{e}$
avec e charge électrique du proton : $+1{,}6 \times 10^{-19}$ C.
$$Z = \frac{7{,}52 \times 10^{-18}}{1{,}6 \times 10^{-19}} = \mathbf{47.}$$
Le noyau de l'atome d'argent contient **47 protons**.

2. Le noyau de l'atome d'argent contient 60 neutrons et 47 protons.
60 + 47 = 107. Le noyau de l'atome d'argent contient **107 nucléons**.

3. A = 107 et Z = 47. Le symbole de l'argent est Ag. Sa notation symbolique est donc $^{107}_{47}Ag$

5 Proton et neutron possèdent la même masse : $m_{\text{nucléon}} = 1{,}7 \times 10^{-27}$ kg.
La masse d'un atome est pratiquement égale à celle de son noyau : $m_{\text{atome}} = A \times m_{\text{nucléon}}$.

Pour identifier cet atome, il faut déterminer le nombre de nucléons qu'il contient.

$$A = \frac{m_{atome}}{m_{nucléon}} = \frac{1{,}53 \times 10^{-26}}{1{,}7 \times 10^{-27}} = 9.$$

Le seul atome de la liste ayant pour nombre de nucléons A = 9 est l'atome ayant pour symbole $^{9}_{4}Be$.

6 Deux espèces chimiques sont dites isotopes si elles possèdent le même numéro atomique Z mais pas le même nombre de nucléons A.

1. L'isotope contenant 8 neutrons possède donc 8 protons et 8 neutrons soit 16 nucléons $^{16}_{8}O$.
L'isotope contenant 9 neutrons possède donc 8 protons et 9 neutrons soit 17 nucléons $^{17}_{8}O$.
L'isotope contenant 10 neutrons possède donc 8 protons et 10 neutrons soit 18 nucléons $^{18}_{8}O$.

2. La masse d'un atome est donnée par la formule :
$m_{\text{atome}} = A \times m_{\text{nucléon}}$ avec $m_{\text{nucléon}} = 1{,}7 \times 10^{-27}$ kg.

Masse de l'isotope $^{16}_{8}O$ $= 16 \times m_{\text{nucléon}}$
$= 16 \times 1{,}7 \times 10^{-27} = \mathbf{2{,}72 \times 10^{-26}}$ **kg.**

Physique Chimie

Masse de l'isotope ${}^{17}_{8}O$ $= 17 \times m_{nucléon}$ $= 17 \times 1,7 \times 10^{-27} =$ **$2,89 \times 10^{-26}$ kg.**
Masse de l'isotope ${}^{18}_{8}O$ $= 18 \times m_{nucléon}$ $= 18 \times 1,7 \times 10^{-27} =$ **$3,06 \times 10^{-26}$ kg.**

7 1. L'atome de cuivre a pour notation symbolique ${}^{63}_{29}Cu$. Il contient **29 protons**. Un atome est électriquement neutre, il contient **29 électrons**. Les nucléons (protons et neutrons) constituent le noyau. Ici, le nombre de nucléons est de 63. Le noyau contient donc 63 – 29 = **34 neutrons**.

2. La charge électrique du noyau, notée Q, est égale à $Z \times e$ avec $e = 1,6 \times 10^{-19}$ C.

$Q = 29 \times 1,6 \times 10^{-19} = 4,64 \times 10^{-18}$ C. **La charge électrique du noyau est de $4,64 \times 10^{-18}$ C.**
Un atome est électriquement neutre. La charge électrique du noyau est opposée à la charge électrique de son nuage d'électrons. **La charge électrique du nuage d'électrons est de $-4,64 \times 10^{-18}$ C.**

3. $m_{atome} = A \times m_{nucléon}$ $m = 63 \times 1,7 \times 10^{-27}$ $= 1,07 \times 10^{-25}$ kg. **La masse d'un atome de cuivre est de $1,07 \times 10^{-25}$ kg.**

8 L'élément Or a pour notation symbolique ${}^{197}_{79}Au$. Il contient donc 197 nucléons.
$m_{atome\ or} = A \times m_{nucléon} = 197 \times 1,7 \times 10^{-27}$
$= 3,349 \times 10^{-25}$ kg.
Un atome d'or pèse $3,349 \times 10^{-25}$ kg.
Masse de la pièce : 50 g $= 50 \times 10^{-3}$ kg.

Nombre d'atomes d'or $= \dfrac{50 \times 10^{-3}}{3,349 \times 10^{-25}}$
$=$ **$1,49 \times 10^{23}$ atomes.**

CHAPITRE 4 (Énoncés p. 228)

1

Nom	Carbone	Soufre	Bore	Sodium	Magnésium
Symbole chimique	C	S	B	Na	Mg
N° atomique	6	16	5	11	12
Période	2	3	2	3	3
Colonne	14	16	13	1	2
Formule électronique	K^2L^4	$K^2L^8M^6$	K^2L^3	$K^2L^8M^1$	$K^2L^8M^2$

2 1. La formule électronique décrit la répartition des électrons sur les différentes couches. La première couche, notée K, peut contenir jusqu'à 2 électrons. La seconde couche, notée L, peut contenir jusqu'à 8 électrons. La troisième couche, notée M, peut contenir jusqu'à 18 électrons.

Phosphore P : Z = 15. Sa formule électronique est **$K^2L^8M^5$**.
Soufre S : Z = 16. Sa formule électronique est **$K^2L^8M^6$**.
Chlore Cl : Z = 17. Sa formule électronique est **$K^2L^8M^7$**.

2. La dernière couche contenant des électrons est appelée couche externe. Le phosphore ($K^2L^8M^5$) possède **5** électrons sur sa couche externe. Le soufre possède **6** électrons sur sa couche externe. Le chlore possède **7** électrons sur sa couche externe.

3. Le remplissage d'une ligne (période) correspond au remplissage d'une couche électronique. Les trois atomes ont la couche M comme couche externe. Ils appartiennent donc à la **même période**.

3 1. L'ion fluorure porte une charge négative c'est donc un ion négatif : un **anion**.
L'ion lithium porte une charge positive, c'est donc un ion positif : un **cation**.

2. L'atome de fluor (Z = 9) possède 9 électrons. En gagnant un électron, cet atome devient l'ion fluorure. **L'ion fluorure contient donc 10 électrons.**
L'atome de lithium (Z = 3) possède 3 électrons. En perdant un électron, cet atome devient l'ion lithium. **L'ion lithium contient donc 2 électrons.**

3. La structure électronique du fluor est K^2L^7. **L'ion fluorure a donc pour structure électronique K^2L^8.**
La structure électronique du lithium est K^2L^1. **L'ion lithium a donc pour structure électronique K^2.**

4 1. Les éléments de même période (ligne) ont la même couche externe.

$K^2L^8M^5$ $K^2L^8M^2$ et **$K^2L^8M^1$** appartiennent à la **même période** car ils ont comme couche externe la couche M.
K^2L^1 et **K^2L^6** appartiennent à la **même période** car ils ont comme couche externe la couche L.

2. Les éléments d'une même famille (colonne) possèdent le même nombre d'électrons sur leur couche externe.

K^2L^1, **K^1** et **$K^2L^8M^1$** possèdent 1 électron sur leur couche externe. Ils appartiennent à la **même famille**.

3.

Structure	$K^2L^8M^5$	$K^2L^8M^2$	K^2L^1	K^2L^6	K^1	$K^2L^8M^1$
N° atomique	15	12	3	8	1	11
Nom	Phosphore	Magnésium	Lithium	Oxygène	Hydrogène	Sodium
Symbole	P	Mg	Li	O	H	Na

5 1. **Règle du duet** : Les atomes dont le numéro atomique est inférieur ou égal à 4 (H, He,

Li et Be) cherchent à obtenir deux électrons sur leur couche externe.
Règle de l'octet : Les autres atomes dont le numéro atomique est supérieur à 4 cherchent à acquérir huit électrons sur leur couche externe.

2. Le baryum appartient à la deuxième colonne de la classification périodique. Il possède donc **deux électrons** sur sa couche externe.

3. Le baryum va perdre deux électrons pour vérifier la règle de l'octet. Il va donc devenir **l'ion baryum Ba^{2+}**.

6 Le césium appartient à la colonne 1 de la classification et possède 1 électron sur sa couche externe. Pour vérifier la règle de l'octet, il va perdre 1 électron pour former **l'ion césium Cs^{+}**.

CHAPITRE 5 *(Énoncés pp. 230-231)*

1 1. $P = m \times g$

2. P : poids du corps en newton (**N**)
m : masse du corps en kilogramme (**kg**)
g : intensité de la pesanteur (**N.kg^{-1}**).

3. Il faut utiliser la formule $P = m \times g$ avec m en kg et $g = 9{,}81$ N.kg^{-1}.

500 g = (500/1000) kg = 0,5 kg.
$P = m \times g = 0{,}5 \times 9{,}81 =$ **4,9 newtons**.

4. L'échelle à utiliser est 1 cm pour 1 N.
La longueur de la force est donc de 4,9 cm.

2 1. Il faut manipuler la formule $P = m \times g$ pour faire apparaître la masse de l'objet A. On obtient $m = P/g = 196{,}2 / 9{,}81 = 20$ kg.
L'objet A a une masse de **20 kg**.

2. La masse ne dépend pas du lieu de la mesure. Sur la Lune et sur la Terre l'objet B a donc la même masse : **50 kg**.

3 1. La Lune exerce sur le module lunaire une action attractive, à distance, communément appelée le poids.

2. $m_{module} = 15$ t $= 15 \times 1\,000$ kg $= 15 \times 10^3$ kg $= 1{,}5 \times 10^4$ kg. La masse est une quantité de matière. Elle ne varie pas selon le lieu de la mesure donc la masse du module sur la Lune et sur la Terre est la même, égale à **$1{,}5 \times 10^4$ kg**.

3. $P_{\text{module sur la Lune}} = m \times g_{\text{Lune}} = 1{,}5 \times 10^4 \times 1{,}6$
$=$ **24 000 N**.
$P_{\text{module sur la Terre}} = m \times g_{\text{Terre}} = 1{,}5 \times 10^4 \times 9{,}81$
$=$ **147 150 N**.

4. Pour comparer le poids du module sur la Lune et celui sur Terre on calcule le rapport :
$P_{\text{module Terre}} / P_{\text{module Lune}} = 147\,150 / 24\,000 = 6{,}1$.
Le poids du module sur la Terre est **six fois plus important** que son poids sur la Lune.

4 1. Le rayon est égal à la moitié du diamètre.
$R = D/2 = 12\,100/2 = 6\,050$ km $=$ **$6{,}05 \times 10^6$ m**.

2. On utilise la formule :
$$g_{\text{Vénus}} = G \times \frac{m_{\text{Vénus}}}{R^2_{\text{Vénus}}}$$ avec m masse de Vénus en kilogramme et R rayon de Vénus en mètre, et on sait que : $m = 4{,}87 \times 10^{24}$ kg et $R = 6{,}05 \times 10^6$ m.
$$g_{\text{Vénus}} = 6{,}67 \times 10^{-11} \times \frac{4{,}87 \times 10^{24}}{(6{,}05 \times 10^6)^2}$$
$$= 8{,}8 \text{ N.kg}^{-1}$$

3. $g_{\text{Terre}} = 9{,}81$ N.kg^{-1} et $g_{\text{Vénus}} = 8{,}8$ N.kg^{-1}.
L'intensité de la pesanteur est plus importante sur la Terre que sur Vénus.

5 Pour déterminer le lieu de la mesure il faut déterminer la valeur de l'intensité de la pesanteur et la comparer au tableau de données.

$P = m \times g$ donc $g = P / m$ avec P en N et m en kg.
$m = 3{,}5$ t $= 3{,}5 \times 1\,000$ kg $= 3\,500$ kg.
$g = 34\,303{,}5/3\,500 = 9{,}801$ N.kg^{-1}.
$g = 9{,}801$ N.kg^{-1} correspond à **Madrid**.

6 1. et 2.

Deux corps A (de masse m_A) et B (de masse m_B), séparés par une distance d, exercent l'un sur l'autre une action attractive dont la valeur est obtenue par la formule :
$$F_{A/B} = F_{B/A} = G \times \frac{m_A \times m_B}{d^2}$$
$G = 6{,}67 \times 10^{-11}$ N.m^2.kg^{-2}

Il faut adapter cette formule avec les données de l'exercice.
$$F_{\text{Soleil/Mercure}} = G \times \frac{m_{\text{Soleil}} \times m_{\text{Mercure}}}{\left(d_{\text{Soleil/Mercure}}\right)^2}$$
$m_{\text{Soleil}} = 1{,}99 \times 10^{33}$ g $= 1{,}99 \times 10^{30}$ kg et
$m_{\text{Mercure}} = 3{,}3 \times 10^{26}$ g $= 3{,}3 \times 10^{23}$ kg.
$d_{\text{Soleil-Mercure}} = 57\,910\,000$ km $= 57\,910\,000 \times 10^3$
$= 5{,}791 \times 10^{10}$ m.

3. $$F_{\text{Soleil/Mercure}} = 6{,}67 \times 10^{-11} \times \frac{1{,}99 \times 10^{30} \times 3{,}3 \times 10^{23}}{(5{,}791 \times 10^{10})^2}$$
$$= \mathbf{1{,}3 \times 10^{22}\ N}.$$

4. $F_{\text{Mercure/Soleil}} = F_{\text{Soleil/Mercure}} =$ **$1{,}3 \times 10^{22}$ N**.

5.
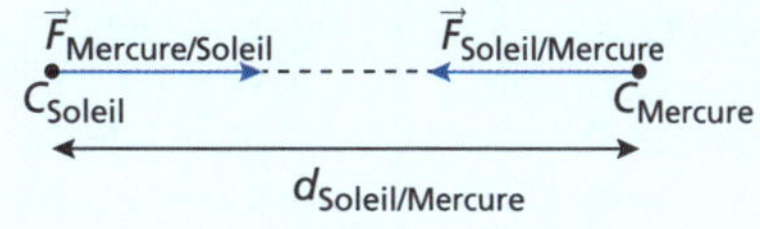

CHAPITRE 6 *(Énoncés p. 234)*

1 1. Rayon incident : 3 Rayon réfracté : 4
Normale : 1 Angle d'incidence : 5
Angle de réfraction : 6 Surface de séparation : 2

Physique Chimie

2. Lorsque la lumière passe d'un milieu à un autre elle subit un **changement de direction**. Ce phénomène est appelé **réfraction**.
3. Un milieu transparent (comme l'eau, l'air, le verre) est caractérisé par son **indice de réfraction**.

2 Pour calculer n_2, il faut l'isoler dans la formule en divisant chaque côté de l'égalité par $\sin i_2$.

$$\frac{n_2 \times \cancel{\sin i_2}}{\cancel{\sin i_2}} = \frac{n_1 \times \sin i_1}{\sin i_2}$$

$$n_2 = \frac{n_1 \times \sin i_1}{\sin i_2}$$ **: formule A.**

3 1. Deuxième loi de Snell-Descartes : L'angle d'incidence i_1 et l'angle de réfraction i_2 sont liés par la relation :
$n_1 \times \sin i_1 = n_2 \times \sin i_2$ avec n_1 et n_2, indices de réfraction des milieux.

En utilisant les notations du schéma, la loi devient : $n_{air} \times \sin i_1 = n_{plexiglas} \times \sin i_2$.
2. Il faut remplacer n_{air}= et $n_{plexiglas}$ par leur valeur dans la loi précédente : $1{,}00 \times \sin i_1 = 1{,}50 \times \sin i_2$
On obtient alors $\sin i_1 = 1{,}50 \times \sin i_2$.

4 1.

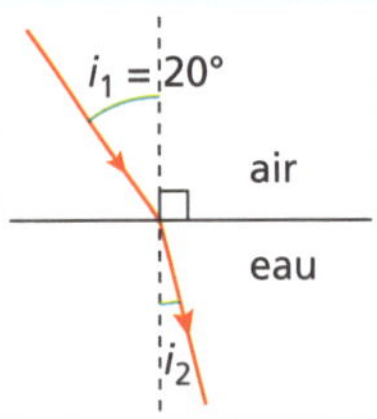

2. $n_{air} \times \sin i_1 = n_{eau} \times \sin i_2$.

3. Il faut calculer l'angle de réfraction i_2.

$$\sin i_2 = \frac{n_{air} \times \sin i_1}{n_{eau}} = \frac{1{,}00 \times \sin 20}{1{,}33} = 0{,}257.$$

À l'aide de la calculatrice, on obtient $i_2 = 14{,}9°$.
L'angle de réfraction est de 14,9°.

5 1. $n_{lumière\ rouge} = 1{,}511$ et $n_{lumière\ violette} = 1{,}554$.
L'indice varie selon la lumière donc ce morceau de verre est dispersif.
2.

Radiation lumineuse rouge Indice de réfraction du verre : $n_{lumière\ rouge} = 1{,}511$	Radiation lumineuse violette Indice de réfraction du verre : $n_{lumière\ violette} = 1{,}554$
$n_{air} \times \sin i_1 = n_{verre} \times \sin i_2$ $\sin i_2 = (n_{air} \times \sin i_1) / n_{verre}$ $n_{air} = 1{,}00$ et $i_1 = 40°$ $n_{verre} = 1{,}511$ $\sin i_2 = \sin 40 / 1{,}511$ $i_2 = 25{,}18°$	$n_{air} \times \sin i_1 = n_{verre} \times \sin i_2$ $\sin i_2 = (n_{air} \times \sin i_1) / n_{verre}$ $n_{air} = 1{,}00$ et $i_1 = 40°$ $n_{verre} = 1{,}554$ $\sin i_2 = \sin 40 / 1{,}554$ $i_2 = 24{,}43°$

3. La radiation la plus déviée par le morceau de verre est la **radiation lumineuse violette** car l'angle de réfraction de la radiation violette est inférieur à l'angle de réfraction de la radiation rouge.

CHAPITRE 7 *(Énoncés p. 237)*

1 1. Cet enregistrement est **périodique**, car un motif se reproduit identique à lui-même.

2. La distance entre chaque pic étant de 4 carreaux, on en déduit que la période est de **$4 \times 0{,}25 = 1$ s.** $f = \frac{1}{T} = \frac{1}{1} = $ **1 Hz.**

3. La fréquence étant de 1 Hz, cela signifie que le cœur bat une fois toutes les secondes. Ainsi, la fréquence cardiaque est donc égale à **60 battements par minute**.

2 1. La période est de 2 carreaux, donc de **$2 \times 1 = 2$ µs.**

2. La fréquence de ce signal est donc de $f = \frac{1}{T} = \frac{1}{2.10^{-6}} = 5.10^5$ Hz. La fréquence étant supérieure à 20 kHz, ces ondes sont donc **ultrasonores**.

3. La valeur maximale de ce signal est de 2 carreaux, on a donc **$2 \times 2 = 4$ V.**

3 1. La durée Δt du parcours de l'onde ultrasonore dans l'hémisphère gauche correspond à la durée comprise entre les pics P_2 et P_1, soit 150 µs. La durée $\Delta t'$ du parcours de l'onde ultrasonore dans l'hémisphère droit correspond à la durée comprise entre les pics P_3 et P_2, soit à nouveau 150 µs.

2. La durée Δt correspond à un aller-retour. Pour avoir la largeur on doit donc diviser cette durée par 2. Ainsi,

$$L = \frac{1}{2}.v.\Delta t = \frac{1}{2} \times 1\,500 \times 150.10^{-6} = \mathbf{11{,}25\ cm.}$$

CHAPITRE 8 *(Énoncés p. 240)*

1 Représentation 1 : **modèle moléculaire**.
Représentation 2 : **formule développée**.
Représentation 3 : **formule brute**.
Représentation 4 : **formule semi-développée**.

2 1. Les atomes sont représentés par leur symbole, toutes les liaisons sont visibles : c'est la **formule développée** de la molécule de butanone.

2. La **liaison 1** (H–C) est une liaison **simple**, la **liaison 2** (C=O) est une liaison **double**.

3. La molécule de butanone contient 4 atomes de carbone, 8 atomes d'hydrogène et 1 atome d'oxygène. Sa formule brute est donc **C_4H_8O**.

4. Dans une formule semi-développée, les liaisons impliquant un atome d'hydrogène ne sont pas représentées.

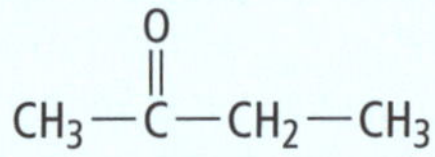

3 1. L'hydrogène admet **1** liaison, l'oxygène admet **2** liaisons et le carbone admet **4** liaisons.

2.

H_2O	H—O—H	CO_2	O=C=O
CCl_4	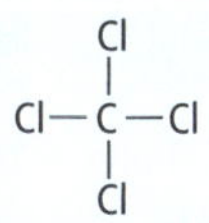	HCN	H—C≡N

4 1.

Propène	$CH_2{=}CH-CH_3$
Propanone	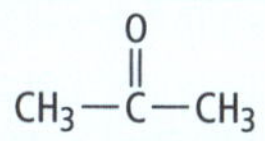
Éthanoate de méthyle	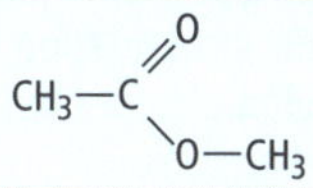

2.

Propène	Ne contient pas de groupe caractéristique
Propanone	Contient le groupe caractéristique **carbonyle** 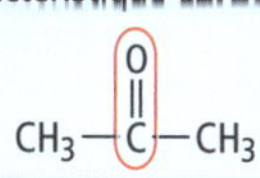
Éthanoate de méthyle	Contient le groupe caractéristique **ester** 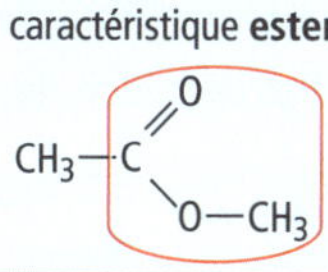

5 1. Deux molécules sont isomères si elles possèdent la même formule brute mais pas la même formule développée. Les atomes ne sont pas liés entre eux de la même manière.

2. Pour écrire les isomères, il faut relier les atomes de carbone de manières différentes.
Il y a trois isomères : 1 linéaire et deux ramifiés.

$CH_3-CH_2-CH_2-CH_2-CH_3$

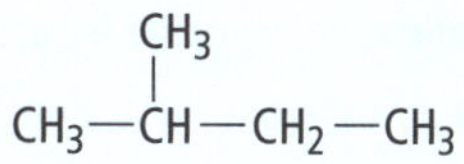

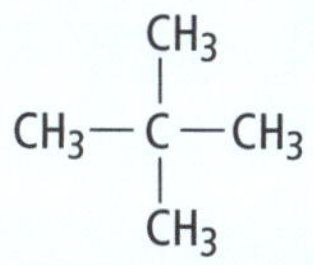

CHAPITRE 9 *(Énoncés p. 243)*

1

Solution	Solvant	Soluté(s)
lait au chocolat	lait	chocolat
soda	eau	sucre, colorant, dioxyde de carbone
menthe à l'eau	eau	menthe
vinaigrette	huile	vinaigre, sel, poivre

2 1. Le fructose est un composé moléculaire. Une solution aqueuse de fructose contient donc de l'**eau** et du **fructose**.

2. Le fluorure de sodium est un cristal ionique, il va donc se dissocier en solution. Une solution aqueuse de fluorure de sodium va donc contenir des **ions fluorure**, des **ions sodium** et de l'**eau**.

3. Un cristal ionique ne comporte aucune charge électrique, il est donc constitué par un assemblage comportant autant de charges positives que de charges négatives. L'ion fer(II) apportant deux charges positives, il faut donc deux charges négatives. L'ion chlorure apportant une charge négative, il faut donc deux ions chlorure pour un ion fer(II), d'où la formule du chlorure de fer(II) : $FeCl_2$.

3 1. $c_m = \dfrac{m_{soluté}}{V_{solution}} = \dfrac{25}{0{,}25} = \mathbf{100\ g/L}$.

2. On doit prélever une masse de soluté égale à $m_{soluté} = c_m \times V_{solution2} = 100 \times 0{,}6 = \mathbf{60\ g}$.

4 1. La solution de concentration la plus importante est la **solution mère**.

2. On doit prélever :

$$V_{mère} = \frac{c_{fille} \times V_{fille}}{c_{mère}} = \frac{10 \times 250.10^{-3}}{100}$$
$$= 25.10^{-3}\ L = \mathbf{25\ mL}.$$

CHAPITRE 10 *(Énoncés p. 246)*

1 1. On peut facilement identifier chacun des deux acides en mesurant leur température de fusion ou en s'aidant de la solubilité. **Celui qui se dissout le plus facilement est l'acide maléique.**

2. La masse volumique permet de savoir quel volume occupe une masse donnée et réciproquement. Ainsi, pour une masse de 10g, **l'acide maléique occupera un volume de :** $\mathbf{\dfrac{10}{1{,}59} = 6{,}29\ cm^3}$ **et l'acide fumarique un volume de** $\mathbf{\dfrac{10}{1{,}63} = 6{,}13\ cm^3}$.

2 1.

	Solide A		Solide B		Solide C	
	Tube 1	Tube 2	Tube 1	Tube 2	Tube 1	Tube 2
Espèces identifiées	Ions Fer(II)	Rien	Ions Magnésium ou Calcium	Ions Cl^-	Ions Fer(II)	Ions Cl^-

2. À l'aide des résultats précédents, on identifie : le solide C est le chlorure de fer(II), le solide B le chlorure de magnésium et, par élimination, A est le sulfate de fer(II).

Physique Chimie

CHAPITRE 11 (Énoncés p. 249)

1 1. Le tableau complété est :

Rang	Coureur	Temps	Écart
1	FROOME Christopher	83 h 56 min 40' s	
2	QUINTANA ROJAS Nairo Alexander	**84 h 01 min 00 s**	4 min 20 s
3	RODRIGUEZ OLIVER Joaquin	84 h 01 min 44 s	**5 min 04 s**
4	CONTADOR Alberto	**84 h 03 min 07 s**	6 min 27 s
5	KREUZIGER Roman	84 h 04 min 07 s	**7 min 27 s**

2. L'origine des temps choisie pour le temps est l'instant où tous les coureurs se sont élancés.
3. L'origine des temps choisie pour les écarts correspond à l'instant où le vainqueur est arrivé.

2 1. La référence est ici Mélissa. La distance entre Mélissa et Jérôme variant, on en déduit que Jérôme est en mouvement par rapport à Mélissa.

2. Jérôme peut savoir si son train s'est mis en mouvement en observant la gare. Il se place alors dans le **référentiel terrestre**.

3 1. On distingue trois phases sur le graphique, de 0 à 40 s, de 40 à 70 s, puis de 70 à 100s.
2. Au cours de la première phase, la vitesse augmente. Lors de la deuxième phase, la vitesse est constante et lors de la troisième phase, la vitesse diminue.

3. Le mouvement uniforme correspond à une vitesse constante.

C'est donc la **deuxième phase**.

CHAPITRE 12 (Énoncés p. 252)

1 1. Voir schéma.

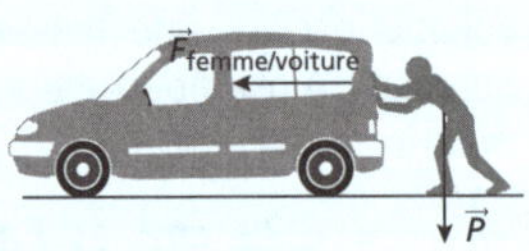

2. Pour $\vec{F}_{femme/voiture}$: la direction de cette force est celle des bras, son sens vers la gauche, son point d'application le contact entre la main et la voiture et sa valeur de 500 N, soit **1 cm**.
3. Le poids $\vec{P}$ de la femme a comme caractéristiques : une direction verticale, vers le bas, appliquée au centre de gravité de la femme et de valeur 450 N, soit **9 mm**.

2 Plus la masse d'un corps est importante et plus il est difficile de le mettre en mouvement.

La caisse 1 monte plus rapidement que la caisse 2, donc **la caisse la plus lourde est la caisse 2**.

3 1. Oui, car elle est en MRU.
2. Non, car sa vitesse n'est pas uniforme.
3. Non, car sa trajectoire n'est pas rectiligne.
4. Non, car sa vitesse n'est pas constante.
5. Oui, car elle est en MRU.

CHAPITRE 13 (Énoncés p. 254)

1 1. La pression est 1 020 hPa = **102 000 Pa**.
2. Par définition, $F_{pressante} = P \times S$
= 102 000 × (10 × 6) = **6,12.10⁶ N**.

2 1. La pression étant divisée par 3, le volume est donc multiplié par 3. Ainsi, le volume de gaz à la fin de l'opération est de **750 cm³**. (On pouvait aussi utiliser la relation $P_i.V_i = P_f.V_f$).
2. Le volume total étant de 750 cm³, le réservoir mesure donc 750 – 250 = **500 cm³**.

3 1. Le volume occupé par une mole est le volume molaire. Par conséquent, le volume de deux moles est de 2 × 24 = **48 L**.
2. D'après la loi d'Avogadro-Ampère, 2 moles de dioxyde de carbone occupent aussi un volume de **48 L**.

CHAPITRE 14 (Énoncés p. 257)

1 1. Par définition, la quantité de matière correspond à $n_{espèce} = \frac{N_{espèce}}{N_A}$ avec N_A nombre d'Avogadro.

Ainsi, $n_{paracétamol} = \frac{N_{paracétamol}}{N_A} = \frac{2{,}00.10^{21}}{6{,}022.10^{23}}$
$= \mathbf{3{,}32.10^{-3}\ mol}$.

2. De même, on a $N_{saccharose} = N_A \times n_{saccharose}$
$= 6{,}022.10^{23} \times 1{,}5.10^{-2} = \mathbf{9{,}03.10^{21}}$ **molécules**.

2 1. **Espèces spectatrices : eau** et **sulfate**. **Réactifs : ions cuivre(II)** et **zinc**. **Produits : cuivre** et **ions zinc(II)**.
2. L'équation équilibrée de la réaction est :

$$Cu^{2+} + Zn \rightarrow Cu + Zn^{2+}.$$

3 1. La quantité de matière en oxyde de fer est de $n_{Fe_2O_3} = \frac{m_{Fe_2O_3}}{M_{Fe_2O_3}}$, avec $M_{Fe_2O_3} = 2 \times M_{Fe} + 3 \times M_O$.

Ainsi, $n_{Fe_2O_3} = \frac{23{,}94}{2 \times 55{,}8 + 3 \times 16} = \frac{23{,}94}{159{,}6} = \mathbf{0{,}15\ mol}$.

2. La masse de sucre est de :
$m_{sucre} = \rho_{sucre} \times V_{sucre} = 1200 \times 0{,}125 = 150$ g.
La quantité de matière de sucre est donc de :

$$n_{sucre} = \frac{m_{sucre}}{M_{sucre}} = \frac{150}{180} = \mathbf{0{,}83\ mol}.$$

3. À 20°C et 1 013 hPa, le volume molaire est de 24 L/mol.
Ainsi, $n_{O_2} = \frac{V}{V_m} = \frac{9{,}6}{24} = \mathbf{0{,}4\ mol}$.

SVT

LES MÉTHODES

LE COURS

La Terre dans l'univers, la vie et l'évolution du vivant : une planète habitée

Enjeux planétaires contemporains : énergie, sol

Corps humain et santé : l'exercice physique

LES MÉTHODES

Exploiter un graphique

Comment faire

• **Lire le titre du graphique.** Celui-ci est souvent **libellé** de la façon suivante : « Évolution (ou variations) de *y* en fonction de *x* ». Ce titre permet d'identifier les axes. L'axe des abscisses *x* correspond à des valeurs d'une variable connue et l'axe des ordonnées *y* correspond à des valeurs variables que l'on doit étudier.

• **Analyser le graphique** consiste à **décrire** sans donner d'explications, les variations de *y* en fonction de *x*.

Il faut, dans un premier temps, **repérer les parties importantes** du tracé et **noter les valeurs significatives** sans s'attarder sur les petites variations non significatives.

Ensuite, on s'attache à **décrire les évolutions du phénomène observé en utilisant des termes précis**. Cette description s'accompagne de **valeurs numériques** afin d'étayer le repérage précédent.

Attention !

On ne dit pas « la courbe monte, descend ou est stable », ni « la pente est positive, négative ou nulle », mais « *y* augmente, diminue ou est stable en fonction de *x* ».

• **Interpréter le graphique** consiste à **trouver des explications aux variations constatées.**

Ce travail s'appuie sur des connaissances acquises ou sur un raisonnement logique. L'interprétation doit permettre de répondre à la problématique posée.

Exercice d'application

ÉNONCÉ

Répondez aux questions.

Le CO_2 (thème 2).

La glace des calottes glaciaires se forme par accumulation de la neige qui tombe année après année. Au cours de ce processus, la glace emprisonne des bulles d'air provenant de l'atmosphère. Elles constituent des échantillons de l'atmosphère régnant à l'époque de la formation de la glace.

Afin de déterminer la composition atmosphérique dans le passé, les scientifiques réalisent des carottes au niveau des pôles et analysent ces bulles d'air en mesurant la concentration de certains gaz (dont le dioxyde de carbone).

De nombreux rapports scientifiques sur le climat mettant en évidence un réchauffement de l'atmosphère ont été maintes fois mis en doute. Aujourd'hui, les scientifiques dressent un constat pessimiste sur le réchauffement climatique, soulignant que les premiers effets se font déjà sentir. À partir du graphique proposé et de vos connaissances :

1. Montrez comment a évolué la composition atmosphérique au cours des 400 000 dernières années.

2. Essayez de justifier l'inquiétude des scientifiques sur le réchauffement climatique.

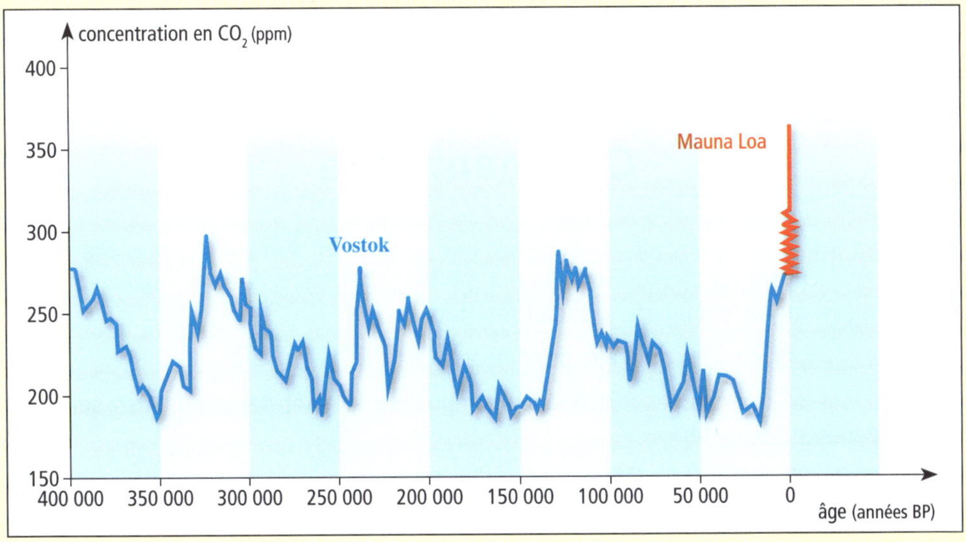

▲ Variations de dioxyde de carbone atmosphérique en fonction de l'âge de la glace.

BP : before present (avant l'actuel). Les valeurs de dioxyde de carbone sont soit des valeurs indirectes (prélevées dans les glaces (Vostok)), soit des mesures directes (prélevées à Hawaï (Mauna Loa)). Les mesures de Mauna Loa sont réalisées depuis 1950.

CORRIGÉ

1. On distingue deux grandes parties dans le graphique proposé. Les données issues de **Vostok** et celles issues de **Mauna Loa**.

Données de Vostok : la concentration de dioxyde de carbone (CO_2) atmosphérique présente une variation cyclique. On observe 4 cycles sur ce graphique : de – 400 000 ans à – 325 000 ans ; de – 325 000 ans à – 240 000 ans ; de – 240 000 ans à – 130 000 ans ; de – 130 000 ans à l'époque actuelle.

Pour chaque cycle, on constate une diminution de la concentration de CO_2 atmosphérique (par exemple, de – 400 000 ans à – 350 000 ans, la concentration de CO_2 atmosphérique diminue de 280 ppm à 190 ppm) et une augmentation de la concentration de CO_2 atmosphérique (par exemple, de – 350 000 ans à – 300 000 ans, la concentration de CO_2 atmosphérique augmente de 190 ppm à 300 ppm).

Durant les trois premiers cycles, de – 400 000 ans à – 130 000 ans, la concentration de CO_2 atmosphérique n'a jamais dépassé 300 ppm.

Pour les données de Mauna Loa, on ne distingue qu'une augmentation de la concentration de CO_2 atmosphérique (de 280 ppm à 370 ppm).

2. Au cours des 400 000 dernières années, les concentrations de CO_2 atmosphérique ont varié de façon cyclique. Ces variations peuvent être corrélées au passage d'une période glaciaire à interglaciaire. Ces variations ont une cyclicité d'environ 90 000 ans.

Toutefois, depuis le début de l'ère industrielle (1850), la concentration de CO_2 atmosphérique n'a cessé d'augmenter pour atteindre aujourd'hui des valeurs jamais atteintes en 400 000 ans. Cette variation s'est produite beaucoup plus rapidement que les variations précédentes : augmentation brutale en une centaine d'années environ.

Sachant que le CO_2 atmosphérique est un gaz à effet de serre, cela peut justifier l'inquiétude des scientifiques. Plus il y aura de gaz à effet de serre, plus les infrarouges seront piégés par ces gaz dans l'atmosphère et plus la température atmosphérique augmentera.

Des variations de CO_2 atmosphérique ont existé au cours du temps (cyclicité précédemment citée), mais jamais aussi rapidement et dans des concentrations aussi fortes.

LES MÉTHODES
Exploiter les résultats d'une expérience

Comment faire

• **Repérer les paramètres expérimentaux qui varient** (en surlignant par exemple sur le texte ou en l'écrivant sur un brouillon) et ceux **qui ne varient pas**. Seuls les paramètres différents vont éventuellement interférer sur les résultats.

• **Repérer l'expérience témoin** afin de comparer.

• **Utiliser ses connaissances** afin de bien comprendre l'intérêt des paramètres qui varient d'une expérience à une autre.

• **Extraire des documents** les informations utiles à la résolution de l'exercice.

• **Élaborer une déduction issue de la comparaison** des résultats, et éventuellement utiliser les connaissances utiles afin d'approfondir la réponse.

> **Attention !**
> Lorsqu'il y a plusieurs données expérimentales, il faut les mettre en relation.

• **Élaborer enfin une synthèse** permettant d'**organiser** et d'**approfondir la réponse** à l'aide des connaissances.

Exercice d'application

ÉNONCÉ

Un métabolisme différent chez une souche mutante (thèmes 1 et 2).
À l'aide des documents, éprouvez l'hypothèse qu'une mutation génétique a des conséquences sur le métabolisme des cellules.
Les euglènes sont des algues unicellulaires que l'on cultive dans des milieux liquides contenant des substances nutritives que l'on peut modifier.
On cultive ces deux souches sur des milieux de culture C_1 et C_2 à la lumière et dans des conditions de température identiques. On observe alors le développement de ces deux souches au bout d'une semaine).

▲ Doc. 1. Deux souches d'euglènes.

Milieu	C_1 eau, sels minéraux	C_2 eau, sels minéraux, acides aminés, glucose...
Souche *A* chlorophyllienne	Les cellules se multiplient	Les cellules se multiplient
Souche *B* non chlorophyllienne	Les cellules meurent	Les cellules se multiplient

▲ Doc. 2. Évolution des deux souches dans deux milieux de cultures C_1 et C_2.

CORRIGÉ

Travail préparatoire

Les paramètres de l'expérience : présence ou non de chloroplastes ; souche mutante ou non ; paramètres lumière et température identiques dans les deux cas, ainsi que la présence d'eau et de sels minéraux ; présence ou non d'acides aminés et de glucose dans les milieux nutritifs. Il faut s'interroger sur les acides aminés et le glucose : de quel type de molécules s'agit-il ? Pourquoi précise-t-on sels minéraux, acides aminés, glucose..., parmi les substances nutritives du milieu C_2 ?
Il faut aussi remarquer les termes « souche mutante » et « métabolisme ».

Résolution de l'exercice

D'après le document 1, les deux souches ne diffèrent que par un seul point : la souche *A* est chlorophyllienne, souche témoin, mais pas la souche *B* : cette souche est mutante.
Le terme « mutant » vient de mutation génétique. Or une mutation génétique est une modification de la séquence des nucléotides de l'ADN d'un gène. Comme seule la souche B est mutante et non chlorophyllienne, on peut mettre en relation mutation génétique et absence de chlorophylle. La souche A ne présente pas cette mutation génétique.
D'après le document 2, la seule différence entre les deux milieux de culture est la présence ou non d'acides aminés et de glucose (les conditions d'éclairement et de température sont identiques). On constate que seule la souche *A* possédant de la chlorophylle, souche témoin, est capable de se développer sur le milieu C_1 en présence uniquement d'eau et de sels minéraux. La souche *B* ne se développe que dans un milieu contenant en plus des acides aminés et du glucose.
La souche A est capable d'utiliser de l'eau et des sels minéraux pour se nourrir, c'est-à-dire uniquement de la matière minérale. La souche B doit utiliser en plus des acides aminés et du glucose pour se nourrir, c'est-à-dire qu'elle a besoin de consommer de la matière organique. La souche A et la souche B n'ont donc pas le même type de métabolisme (ensemble des réactions biochimiques qui se déroulent dans la cellule).

Synthèse

La souche *B* est mutante, elle ne possède pas de chlorophylle (doc. 1) et elle ne peut pas utiliser de matière minérale (doc. 2). La souche *A*, non mutée, possède de la chlorophylle et peut utiliser la matière minérale pour synthétiser sa propre matière organique. La mutation génétique est à l'origine d'un métabolisme différent chez la souche *B*.
L'hypothèse de départ est vérifiée : une mutation génétique a des conséquences sur le métabolisme des cellules. Cette mutation génétique empêche le déroulement de la photosynthèse chez la souche *B*, car la chlorophylle étant absente, cette souche d'euglènes ne peut capter l'énergie lumineuse.
La souche *A* est autotrophe et la souche *B* est hétérotrophe.

LES MÉTHODES

Extraire des informations issues de documents et les mettre en relation

Comment faire

• **L'étude des documents est toujours liée à une question.** Il faut cerner le sujet de la question et faire une **lecture active** des documents, c'est-à-dire toujours garder en mémoire le sujet afin de ne retenir des différents documents que ce qui est en relation avec votre sujet. Pour cela, il ne faut extraire des documents **que les informations utiles** pour répondre à la question posée.

Attention !

L'étude des différents documents peut ne pas suivre l'ordre dans lequel ils sont présentés.

• **Il faut également repérer la nature des documents** (texte, graphique, carte, photographie...). Si l'iconographie apporte des renseignements supplémentaires, il faut aussi savoir en extraire l'information utile.

• **Il faut relier les documents entre eux.** Repérer si les documents apportent des **informations contradictoires ou non.** Si certaines apparaissent contradictoires, il faut clairement expliciter l'idée des auteurs.

– Penser à mettre en relation les différentes informations, car certaines peuvent être liées par une **relation de cause à effet** ou des informations peuvent **se compléter**.

– Il est intéressant également de faire, au brouillon, une sorte d'**organigramme** permettant de mettre en relation les informations et d'**indiquer avec des flèches les rapports de cause à effet**. (Voir exemple d'organigramme page 271.)

• **L'apport de connaissances ou toute autre forme de restitution** (lecture antérieure sur le même sujet par exemple) peut être utilisé afin d'expliciter certaines informations.

Enfin, une synthèse permet de récapituler les idées principales et de les organiser.

Exercice d'application

ÉNONCÉ

À l'aide des documents, expliquer pourquoi le panda est une espèce susceptible d'être en voie de disparition.

Le panda est un Ursidé et fait partie de la famille des ours. La population de pandas géants est estimée actuellement à environ 1 500.

Il y a 3 millions d'années, l'habitat du panda géant couvrait la majorité de la Chine orientale et méridionale, ainsi que le nord du Vietman et du Myanmar (ex-Birmanie).

Aujourd'hui le panda n'occupe plus que six massifs forestiers en Chine. Son habitat a donc été fragmenté. Cette fragmentation du territoire du panda est en grande partie liée à la déforestation. Les pandas géants peuvent difficilement migrer d'un territoire à un autre.

L'Homme a implanté des cultures, remplaçant la forêt originelle et cela a entraîné une diminution de la biodiversité.

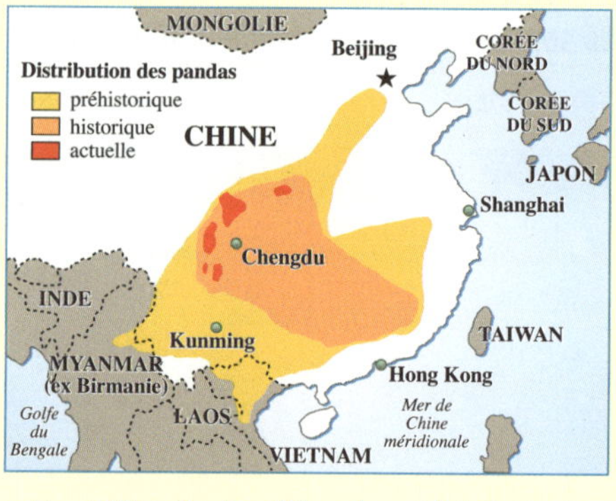

▲ Doc.1. Aire de répartition du panda géant.

Le panda géant consacre une grande partie de sa journée à se nourrir de bambous.
Ce régime alimentaire est très spécifique puisque l'animal se nourrit presque exclusivement (99 % de son alimentation) des différentes espèces de bambous qu'il trouve dans son habitat de hautes montagnes.
Le bambou est une nourriture pauvre en éléments nutritifs. Le panda doit par conséquent en consommer beaucoup, de 12 à 38 kg par jour, passant ainsi jusqu'à 14 heures par jour à se nourrir.
Il consomme, selon les saisons, les tiges, les rameaux ou les feuilles.
L'habitat des pandas compte une quarantaine d'espèces de bambous comestibles, mais les pandas en préfèrent une dizaine.

▲ Doc. 2. L'alimentation du panda.

Un massif de bambous met plusieurs dizaines d'années pour se développer. Ce développement nécessite de l'ombre apportée par des sapins âgés. Les bambous s'épaississent en lançant sous terre des tiges, ou rhizomes, qui émettent eux-mêmes des pousses. Mais, comme c'est le cas pour toutes les plantes à fleurs, la dissémination des bambous et la préservation de leur diversité génétique ne se fait que par l'intermédiaire de graines. Or ces graminées ont la caractéristique inhabituelle de ne fleurir que très rarement, une fois tous les 10 ans ou même tous les 100 ans suivant les espèces. Cette floraison est suivie de la mort immédiate de la plante. De jeunes sapins vont alors coloniser les espaces laissés ainsi vides. Plus tard, ces arbres fourniront l'ombre dont les bambous ont besoin pour pousser.
Dans les années 70, deux lieux où vivent des pandas ont subi cette floraison (et donc la mort) du bambou : de 1974 à 1976, trois espèces de bambous ont fleuri simultanément et sont donc mortes en même temps dans les monts Min. Cette disparition a entraîné la mort d'au moins 138 pandas (ce chiffre semble maintenant être admis par la plupart des spécialistes).

▲ Doc. 3. Particularités des bambous.

La population de pandas devenant de plus en plus réduite, la diversité génétique des pandas semblerait diminuer. La fragmentation de leur habitat augmente la dérive génétique en réduisant le nombre d'individus dans chaque territoire géographique désormais isolé. Cependant des études montrent que, chez le panda, la variabilité génétique est encore assez élevée. Ce qui offrirait à cette espèce une possibilité d'adaptation en cas de modifications irréversibles de son biotope. Le panda a conservé dans son génome des gènes susceptibles de permettre à celui-ci de s'adapter à un régime carnivore.
L'observation de pandas dans leur milieu naturel a permis de montrer qu'il leur arrive de manger de la viande, principalement des carcasses. D'autre part, son tube digestif reste assez caractéristique de celui des carnivores.

▲ Doc. 4. La diversité génétique des pandas.

CORRIGÉ

Travail préparatoire : exemple d'organigramme

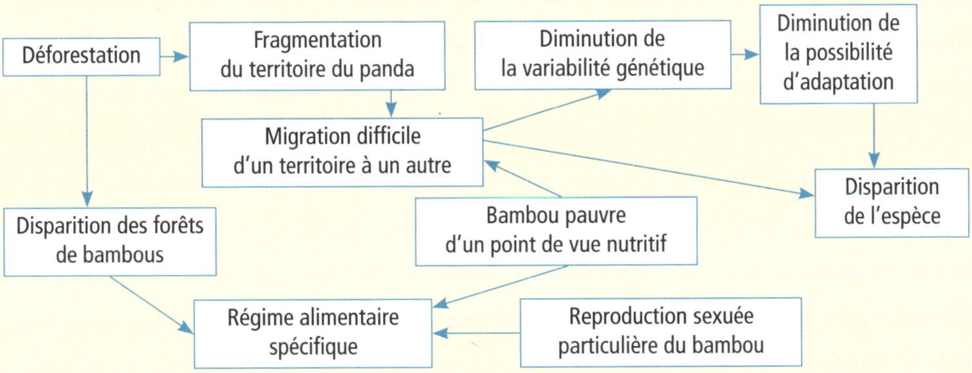

Réponse

D'après la carte du document 1, l'aire de répartition du panda géant a fortement diminué depuis l'âge préhistorique. Il semblerait que le domaine géographique dans lequel vit le panda a commencé à diminuer dès la période historique. Mais, cette diminution est particulièrement importante actuellement. En effet le panda n'occupe plus que six massifs forestiers en Chine. Cette fragmentation de son territoire est en grande partie liée à la déforestation.
L'Homme participe donc activement à la diminution de l'aire de répartition du panda. Une des premières conséquences de cette fragmentation du territoire est la difficulté, voire l'impossibilité pour les pandas de pouvoir migrer d'une région à une autre.
Cette impossibilité de migrer a une autre conséquence : la diminution de la diversité génétique de l'espèce (doc. 4).
Or, cette diversité dépend des échanges que les individus entretiennent entre eux : plus il y aura de croisements entre des individus présentant des allèles différents, plus cette diversité sera maintenue. La fragmentation du territoire des pandas limite la rencontre entre des individus éloignés et donc les échanges génétiques.
L'alimentation du panda est très spécifique, car il se nourrit presque exclusivement des bambous qui représentent 99 % de son régime alimentaire (doc. 2). Or le bambou est un aliment pauvre d'un point de vue nutritif, le panda doit en consommer beaucoup.
La fragmentation du territoire des pandas peut avoir ainsi une autre conséquence : l'impossibilité pour le panda de se déplacer vers de nouvelles forêts de bambous pour se nourrir.
Le mode de reproduction du bambou est aussi très particulier, car après sa floraison, la plante meurt immédiatement (doc. 3).
Ainsi, les années où plusieurs espèces de bambous fleurissent en même temps, les sources de nourriture se raréfient.
La fragmentation du territoire du panda ne facilite donc pas, à nouveau, la recherche de nourriture abondante.
Cependant des études montrent que la diversité génétique des pandas est assez importante (doc. 4). Les scientifiques se basent sur la présence de gènes « susceptibles de permettre à celui-ci de s'adapter à un régime carnivore », de la présence « d'un tube digestif restant assez caractéristique de celui des carnivores ».
Des observations sur le terrain montrent que les pandas peuvent aussi occasionnellement consommer de la viande.
Cette diversité génétique permettrait à l'espèce de s'adapter à un régime alimentaire plus variée comme un régime omnivore.

Synthèse

Ainsi, même si on peut noter une diminution de l'aire de répartition du panda depuis la période historique, celle-ci s'est accélérée à l'époque actuelle. La déforestation est le facteur principal, car elle entraîne une fragmentation du territoire (doc. 1). Celle-ci a plusieurs conséquences néfastes sur les populations de pandas :
– recherche de la nourriture plus difficile ;
– raréfaction des forêts de bambous, alimentation presque exclusive des pandas (doc. 2 et 3) ;
– échanges génétiques entre les différentes populations moins importants, et rencontre des partenaires sexuels plus problématique.
L'ensemble de ces facteurs concourent donc à la diminution des effectifs de pandas et à terme à l'extinction de cette espèce. Une chance de survie peut résider au niveau des capacités d'adaptation du panda, grâce à une biodiversité génétique encore assez élevée (doc. 4).

1 Les conditions de la vie : une particularité de la Terre ?

Le **système solaire** appartient à un ensemble de près de 200 milliards d'étoiles qui composent notre **galaxie** : la **Voie lactée**.
Il existe des **millions de galaxies**. L'ensemble de ces galaxies forme l'**Univers**.
L'Univers s'est formé il y a environ 15 milliards d'années. La création de notre système solaire remonte à 4,55 milliards d'années.

1 Les différents objets du système solaire

A Situation de la Terre dans le système solaire

	Soleil	Mercure	Vénus	Terre	Mars	Jupiter	Saturne	Uranus	Neptune
Distance moyenne au Soleil (en UA*)	/	0,39	0,72	1	1,52	5,2	9,54	19,18	30,06
Diamètre (km)	1 400 000	4 878	12 104	12 756	6 794	143 884	120 536	51 118	50 530
Masse relative (Terre = 1)	/	0,055	0,814	1	0,107	317,8	95,16	14,55	17,23
Densité moyenne	1,4	5,4	5,3	5,5	3,9	1,3	0,7	1,2	1,7
Composition chimique globale	H_2, He	Silicates, Fe	Silicates, Fe	Silicates, Fe	Silicates, Fe	H_2, He	H_2, He	H_2, He, glaces	H_2, He, glaces
Atmosphère	/	Quasi inexistante	CO_2, N_2, traces de SO_2, H_2O	N_2, O_2, traces de CO_2	CO_2, N_2, Ar, traces de H_2O, O_2	H_2, He, CH_4	H_2, He, CH_4	H_2, He, CH_4	H_2, He, CH_4
Température moyenne (°C)		+ 167	+ 477	+ 15	– 40	– 110	– 180	– 221	– 230
Pression atmosphérique en surface (bar)	/	/	90	1	0,08	/	/	/	/
Gravité** relative (Terre = 1)	/	0,38	0,90	1	0,38	2,53	1,07	0,92	1,19

▲ Situation de la Terre dans le système solaire.

* UA = unité astronomique correspondant à la distance entre la Terre et le Soleil (soit 150 millions de km).
** Gravité : force d'attraction exercée par une planète sur la matière qui l'entoure.

B Quelques caractéristiques des objets du système solaire

• **Le Soleil** est une **immense boule de gaz à très haute température**. Son **diamètre** est plus de 100 fois supérieur à celui de la Terre. Les **réactions nucléaires** qui se déroulent en son sein lui permettent d'**émettre des rayonnements lumineux**. Cette capacité d'émettre des rayonnements par lui-même en fait une **étoile**. Les autres objets du système solaire gravitent autour du Soleil en décrivant des orbites elliptiques.

• **Les planètes telluriques** sont **rocheuses** (Mercure, Vénus, La Terre et Mars). On les qualifie aussi de **planètes internes,** car ce sont les plus proches du Soleil. Elles sont toutes des solides composés de fer et de silicates. Elles ont un **petit diamètre** et une **forte densité**.

• **Les planètes géantes** sont **gazeuses** (Jupiter, Saturne, Uranus et Neptune). Ce sont d'énormes boules de gaz, elles n'ont pas de véritable surface solide. Elles ont un **grand diamètre** et une **faible densité**.

• **Les astéroïdes** sont des objets dont la composition est très proche de celle des planètes telluriques. Ils sont de petite taille (diamètre inférieur à 1 000 km). Ils sont principalement regroupés en une ceinture entre les orbites de Mars et de Jupiter.

• **Les comètes** sont composées de glaces et de silicates. Elles décrivent des orbites très excentriques qui recoupent celles des planètes. Lorsqu'elles se rapprochent périodiquement du Soleil, elles s'échauffent et éjectent des vapeurs et des poussières qui forment la queue de la comète.

2 La singularité de la Terre

Dans notre système solaire, la Terre est la seule planète abritant des formes de vie. La présence de la vie est associée à certaines conditions : présence d'eau à l'état liquide et atmosphère protectrice ayant une composition et une température compatibles avec la vie.

A La présence d'eau liquide

• **La molécule d'eau est présente sur plusieurs planètes du système solaire.** Selon les conditions physiques du milieu (pression et température), l'eau peut se retrouver sous différents états (solide, liquide ou gazeux).

• **La Terre est la seule planète** ayant une température moyenne globale à sa surface de 15 °C et une pression de 1 bar en surface. Ces conditions de température et de pression sont telles que l'eau peut s'y trouver à l'état liquide, ce qui permet l'existence d'un milieu compatible avec la vie.

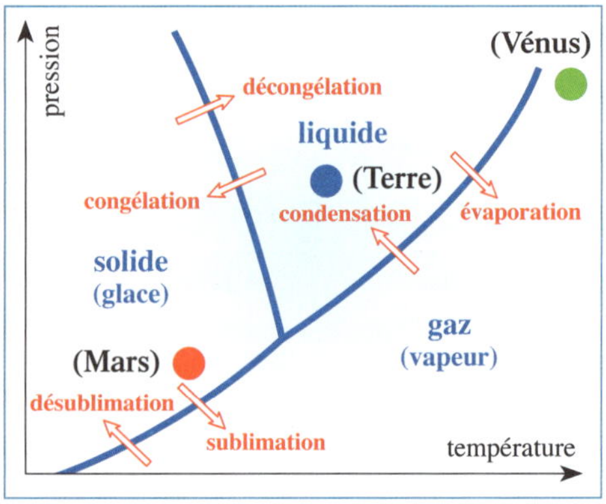

▲ Diagramme de phase de l'eau.

• **Sur Vénus**, l'eau est à l'état gazeux et sur Mars à l'état solide.

B La présence d'une atmosphère

• **La présence et le maintien d'une atmosphère** dépendent non seulement de la masse de la planète, mais aussi de sa distance au Soleil. En effet, cette dernière conditionne l'énergie reçue par la planète. Plus la température au sol est élevée plus les molécules ont tendance à s'échapper. La masse de la planète doit être suffisante pour que la gravité retienne les molécules gazeuses. Une masse trop faible (comme celle de Mercure) entraîne une faible gravité, ce qui ne permet pas de maintenir une atmosphère autour de la planète.

• **L'atmosphère terrestre de par sa composition permet la présence de vie.** La présence d'ozone dans la très haute atmosphère permet de réduire les rayonnements ultraviolets (UV) qui, s'ils sont en excès, sont nocifs pour les êtres vivants en milieu aérien. La présence de gaz à effet de serre (CO_2, vapeur d'eau…) permet d'avoir un réchauffement de l'atmosphère terrestre et une température compatible avec la vie (15 °C en moyenne alors que sans effet de serre, la température sur Terre serait de – 18 °C en moyenne).

À retenir

La présence de dioxygène n'est pas une condition indispensable à l'existence de la vie sur Terre. En effet, les premières traces de vie remontent à 3,5 milliards d'années alors que le dioxygène n'est présent que depuis environ 2 milliards d'années.

C Une zone d'habitabilité

• **Définition.** Si on considère que la vie a besoin pour se développer d'eau à l'état liquide et de la présence d'une atmosphère protectrice contre des rayonnements nocifs, on peut alors définir une **zone d'habitabilité** autour des étoiles : c'est un domaine théorique à proximité d'une étoile au sein duquel toutes les planètes présentes pourraient disposer d'eau liquide à leur surface.

• **Une zone d'habitabilité doit remplir deux critères pour acquérir la vie.**
Premièrement, sa localisation doit peu varier au cours du temps. La luminosité des étoiles augmente avec leur âge et une zone habitable donnée s'écarte de l'étoile au fur et à mesure. Cette zone sera donc plus ou moins proche de l'étoile. Si la migration de cette zone est trop rapide cela empêchera l'installation de la vie sur une planète.
Deuxièmement, aucun corps de masse importante tel qu'une planète gazeuse géante ne doit être présent dans la zone habitable ou à proximité de celle-ci : sa présence pourrait empêcher la formation de planètes telluriques.
Ainsi, ces conditions peuvent exister sur d'autres planètes dans l'univers qui possèderaient des caractéristiques voisines sans pour autant que la présence de vie y soit certaine.

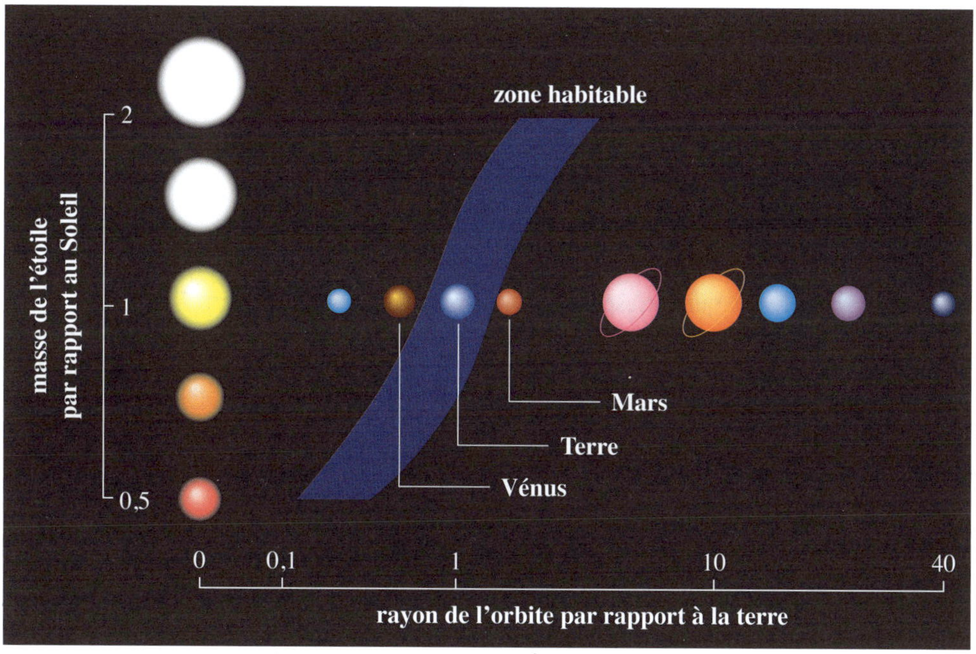

▲ Schéma de la répartition de la zone d'habitabilité dans le système solaire.

SVT

2 La chimie du vivant

1 Les éléments chimiques du vivant

Notre planète est composée de 92 éléments chimiques naturels. Une trentaine est très répandue et une demi-douzaine est indispensable à la vie.

• **Les proportions des éléments chimiques sur Terre.** Les éléments chimiques présents dans la **biosphère** sont les mêmes que ceux présents dans l'**hydrosphère**, l'**atmosphère** ou la **lithosphère**, mais ils ne se trouvent pas dans les mêmes proportions dans le monde minéral et le monde vivant. L'élément chimique carbone est primordial et est caractéristique de la chimie du vivant. D'autres éléments chimiques importants sont présents dans la matière vivante.

	Monde vivant	Monde minéral		
	Biosphère	**Atmosphère**	**Hydrosphère**	**Lithosphère**
Oxygène O	**70**	23,1	**88**	**46,4**
Carbone C	**18**	traces	traces	traces
Hydrogène H	**10,5**	traces	11	0,14
Azote N	0,3	**75,6**	traces	traces
Autres éléments	traces	très rares	traces	**52,5**

▲ Tableau récapitulatif des éléments caractéristiques des différentes enveloppes de la Terre.

2 Les molécules du vivant

• **Les éléments chimiques constituent les molécules organiques du vivant** qui correspondent à la **matière carbonée** produite par les êtres vivants. Elles comprennent principalement quatre catégories :
– les **glucides** et les **lipides** composés de trois éléments chimiques : C, O et H ;
– les **protides** composés de quatre éléments chimiques : C, O, H et N ;
– les **acides nucléiques** composés de cinq éléments : C, O, H, N et P.

À retenir

Seules les molécules organiques possèdent une liaison entre les atomes de carbone et d'hydrogène.

• **Les êtres vivants sont également constitués de molécules minérales :** 65 % à 90 % d'eau (H_2O) et environ 1 % d'ions minéraux tels que Ca^{2+} (ion calcium), $H_3PO_4^{2-}$ (ion phosphate), K^+ (ion potassium), Na^+ (ion sodium)…

• **L'unité chimique des êtres vivants : un indice de leur parenté.**
Tous les êtres vivants sont composés des mêmes atomes et des mêmes molécules. Cette unité chimique est un indice de parenté entre tous les êtres vivants.

3 Unité et diversité des cellules

1 La cellule, unité structurale et fonctionnelle du vivant

A Unité structurale du vivant

- Bien qu'il existe une grande diversité de cellules, elles possèdent des caractéristiques communes : on parle d'**unité structurale**. Toute cellule est entourée par une **membrane plasmique** délimitant un compartiment cellulaire appelé **cytoplasme**. La cellule contient également du **matériel chromosomique** qui contient l'**information génétique**.

À retenir

Tout être vivant est constitué d'une ou plusieurs cellules : la cellule est la plus petite unité nécessaire à la vie.

- Chez les **eucaryotes**, le cytoplasme est compartimenté. Il renferme différents **organites** spécialisés : **noyau**, **mitochondries**, **chloroplastes**, réticulum endoplasmique... Alors que chez les **procaryotes**, le cytoplasme n'est pas compartimenté : il n'y a ni noyau, ni autre organite cellulaire.
- Cependant, les cellules **procaryotes** et les cellules **eucaryotes** ont des points communs d'un point de vue structural. Voir schéma ci-contre.

Les cellules végétales **chlorophylliennes** (cellules eucaryotes) possèdent en plus une paroi végétale et des **chloroplastes**.

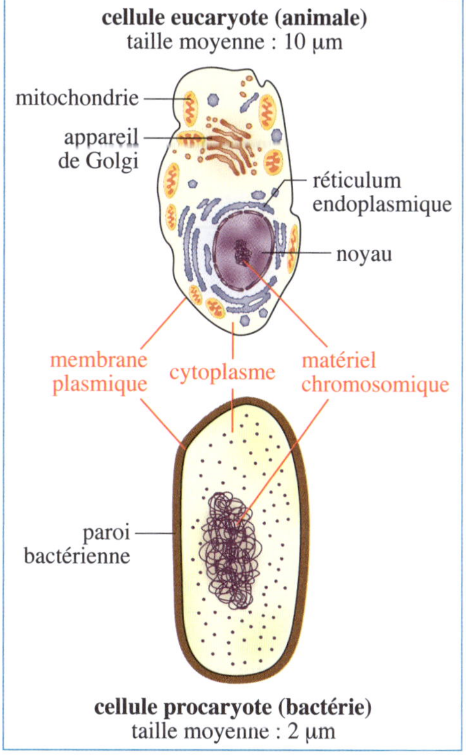

▲ Comparaison de cellule eucaryote et de cellule procaryote observées au microscope électronique.

B Unité fonctionnelle du vivant

- La cellule échange avec le milieu environnant des informations, des molécules et de l'**énergie**. Elle a besoin d'énergie pour son fonctionnement et est capable de se reproduire par division cellulaire (**mitose**).
- Le **métabolisme** de la cellule (ensemble des réactions biochimiques qui se déroulent dans la cellule) dépend de l'information génétique et des facteurs du milieu. Ces réactions chimiques fournissent de l'énergie, ainsi que des molécules organiques nécessaires à la vie de la cellule et à sa multiplication.

2 Diversité des cellules : un indice de l'évolution

Au cours de l'évolution, des cellules se sont spécialisées dans un type de **métabolisme**. Cette spécialisation est due à des **mutations** (modifications) de l'information génétique, dont dépend le métabolisme de la cellule. Ces modifications se sont accompagnées d'une spécialisation de certains organites présents dans les cellules. On peut ainsi mettre en relation la **structure de la cellule** avec la **fonction de la cellule**.

Par exemple, les cellules animales et les cellules végétales chlorophylliennes, cellules eucaryotes, ne possèdent pas exactement les mêmes organites : les **mitochondries** et les **chloroplastes** assurent des fonctions différentes. Les mitochondries sont le siège de la **respiration cellulaire**, alors que les chloroplastes sont celui de la **photosynthèse**.
Des modifications de l'information génétique peuvent altérer ces fonctions.

À retenir

L'unité structurale et fonctionnelle commune à tous les êtres vivants est un indice de leur parenté.

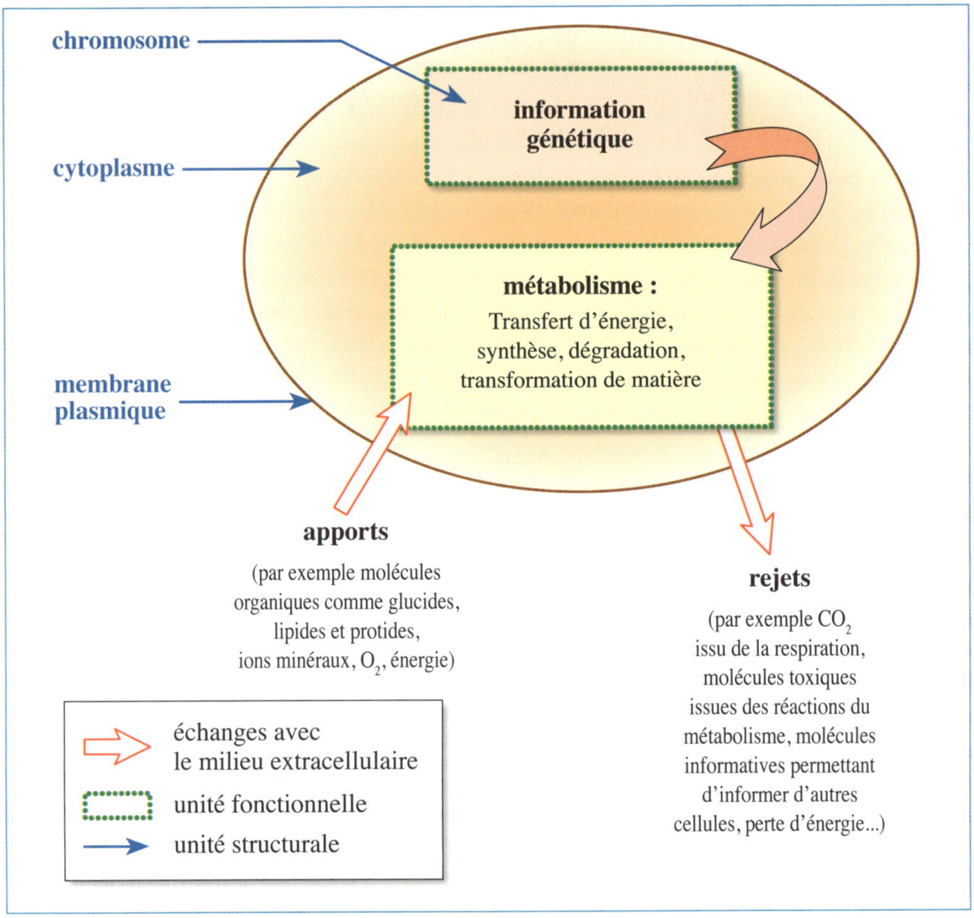

▲ L'unité structurale et fonctionnelle de la cellule.

4 L'ADN : support moléculaire de l'information génétique

1 L'universalité de la molécule d'ADN

A La transgénèse : une preuve de l'universalité de la molécule d'ADN

• **Principe.** Un **gène** d'intérêt, le **transgène**, est transféré d'une cellule d'un organisme *A* dans une cellule d'un organisme *B*. L'organisme *B* acquiert la possibilité de fabriquer des protéines issues de l'expression du transgène. Il est devenu un **organisme génétiquement modifié** (**OGM**).

• **Exemple.** Voir le document 1.
Grâce à cette technique de **transgénèse**, les bactéries fabriquent de l'insuline humaine, indispensable pour certains individus diabétiques.

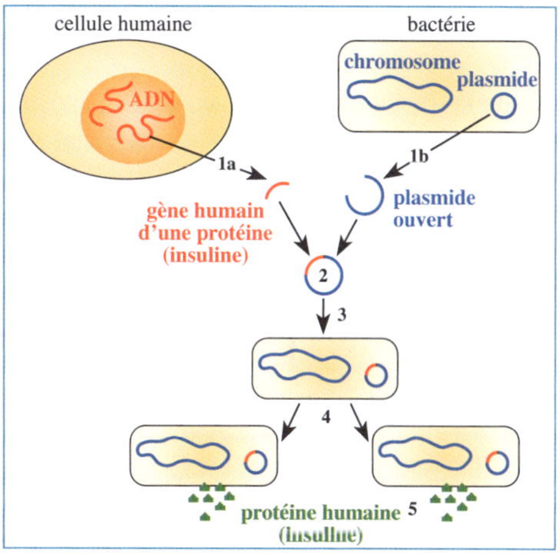

▲ 1. Transgénèse : production de l'insuline humaine.
Le plasmide est du matériel génétique circulaire caractéristique des procaryotes.

B Le message codé au niveau de l'ADN

Cette technique du génie génétique peut être appliquée à tous les organismes vivants (bactéries, végétaux, champignons, animaux). L'ADN s'intègre dans le génome des cellules hôtes où il peut être « lu » par ces organismes.
L'ADN est donc une molécule universelle de composition identique chez tous les êtres vivants. Le langage de ce **message codé** est lui aussi universel.

2 Composition chimique et structure de la molécule d'ADN

L'**acide désoxyribonucléique** (ADN) est une macromolécule filamenteuse qui entre dans la composition d'un **chromosome**.
L'ADN est constitué de deux brins enroulés en double hélice. Chaque brin est une chaîne formée d'une succession de **nucléotides** dont il existe quatre types : nucléotide à **adénine**, noté A ; nucléotide à **thymine**, noté T ; nucléotide à **guanine**, noté G ; nucléotide à **cytosine**, noté C.

Attention !
T ne peut s'associer qu'avec A, et C ne peut s'associer qu'avec G.

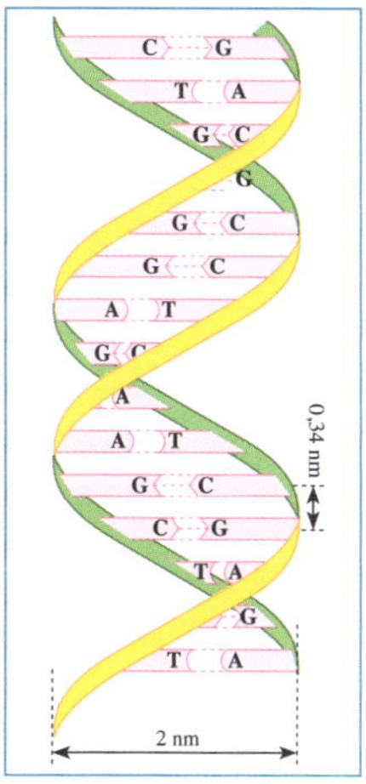

▲ 2. Schéma d'une molécule d'ADN.

3 Le gène : unité d'information de l'ADN

Le **gène** correspond à une portion de chromosome, donc à une portion d'ADN. Il est composé d'une succession de **nucléotides** qui forment une séquence portant un message génétique. Son expression permet la synthèse d'une **protéine** dont la séquence d'**acides aminés** dépend de sa séquence de nucléotides.

SVT

Pour l'espèce humaine, il y a environ 25 000 gènes portés par 46 chromosomes.
Tous les individus appartenant à la même espèce ont le même **caryotype,** donc le même nombre de chromosomes. Ils ont donc tous les mêmes gènes.

4 La diversité génétique

Même si tous les individus d'une même espèce possèdent les mêmes gènes, ils ne sont pas strictement identiques : malgré une grande similitude, il existe une variabilité de l'information génétique.

> **À noter**
> L'universalité de la structure, du rôle et du langage utilisé par l'ADN sont des indices de la parenté des êtres vivants.

A Des séquences nucléotidiques différentes pour un même gène

La ß-globine est une protéine qui entre dans la composition de l'hémoglobine. On constate qu'une modification d'une paire de nucléotides, ou **mutation génétique**, entraîne la synthèse d'une ß-globine dont la séquence en acides aminés est différente. Cette protéine modifiée peut être à l'origine d'une **maladie génétique** : la drépanocytose.
Voir le document 3.

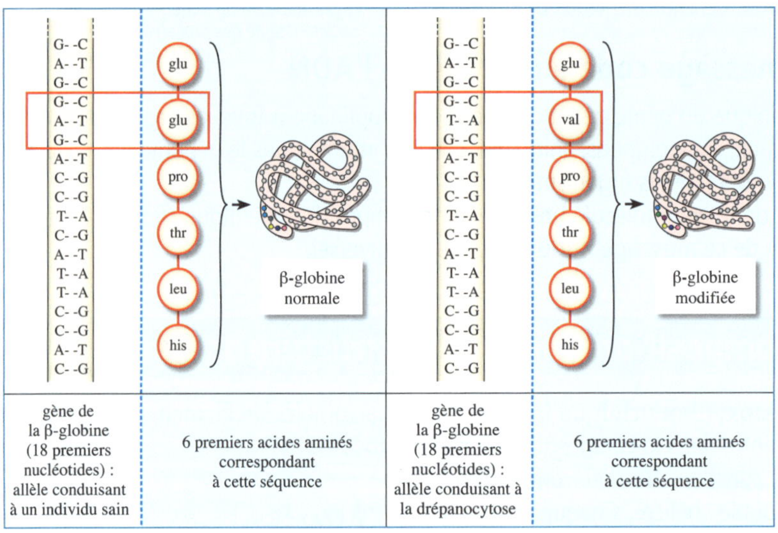

▲ 3. Relation entre séquence nucléotidique et séquence en acides aminés.

B Les mutations : à l'origine d'une biodiversité

Les mutations provoquent l'apparition d'une nouvelle séquence de nucléotides pour un même gène. Ces séquences différentes sont appelées des **allèles.** Les allèles d'un gène sont situés au même emplacement sur le chromosome (**locus**).
Les mutations sont spontanées et aléatoires ; elles interviennent avec une fréquence faible sur le **génome.** Des agents de l'environnement, **agents mutagènes,** peuvent augmenter la fréquence d'apparition de ces mutations (les UV, la radioactivité, les rayons X, le benzène, l'amiante, la fumée de cigarette...).
Les mutations sont à l'origine de la variabilité de la molécule d'ADN et donc du génome. Cette variabilité est responsable des différences entre les individus : c'est l'un des mécanismes à l'origine de la biodiversité.

5 Les parentés chez les êtres vivants

Malgré une grande biodiversité, il existe des **liens de parenté** plus ou moins étroits entre les êtres vivants. Ces liens de parenté se traduisent par le partage de caractères. Par exemple, la composition chimique du vivant, la molécule d'ADN, les unités structurale et fonctionnelle de la cellule sont autant de caractères partagés par les êtres vivants et qui montrent des liens de parenté et une origine commune.

1 Les liens de parenté

En utilisant d'autres caractères communs partagés par des individus, on peut établir des liens de parenté plus étroits. Plus des individus partagent de caractères et plus les liens de parenté sont importants.

Ces liens de parenté fondent les groupes d'êtres vivants. Ainsi, les vertébrés regroupent tous les êtres vivants possédant un squelette interne.

L'Homme et le pigeon partagent le plus grand nombre de caractères : amnios (organe permettant le développement de l'embryon dans une « poche » remplie de liquide amniotique), quatre membres terminés par une main ou un pied, squelette osseux, crâne et vertèbres, squelette interne… L'Homme et le pigeon sont donc étroitement apparentés et issus d'un ancêtre commun dont les autres groupes ne sont pas issus.

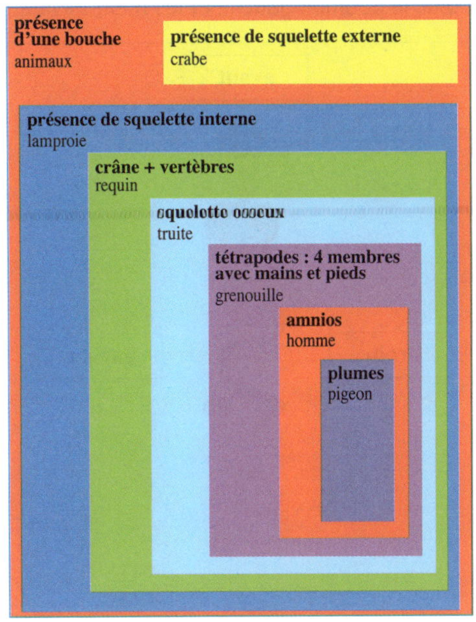

▲ Une classification des animaux en groupes emboîtés.

2 Un plan d'organisation commun aux Vertébrés

A Les axes de polarité

Trois axes de polarité caractérisent les vertébrés :

– l'**axe de polarité antéro-postérieur** allant de l'avant vers l'arrière ① ;

– l'**axe de polarité dorso-ventral** allant du dos vers le ventre ② ;

– l'**axe de polarité droite-gauche** ③.

On observe un plan de symétrie bilatérale.

Le corps est divisé en trois parties disposées selon l'axe antéro-postérieur : la tête à l'avant de l'animal, le tronc portant les membres et la queue à l'arrière de l'animal.

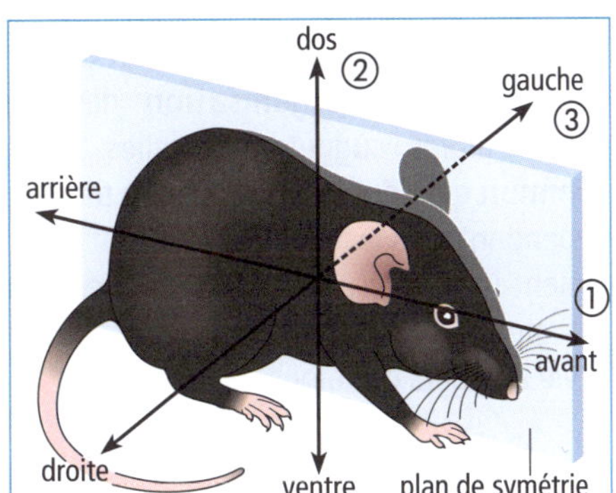

▲ Axes de polarité et plan bilatéral chez la souris.

Les axes de polarité sont des axes par rapport auxquels s'organise le corps de l'animal, c'est-à-dire l'ordre dans lequel sont disposés les organes les uns par rapport aux autres.

B Disposition des organes selon les axes de polarité

La comparaison des dissections de deux vertébrés montre une similitude dans la disposition des organes selon les axes de polarité.

On a successivement en suivant l'**axe antéro-postérieur** :

– au niveau de la tête, les organes sensoriels, l'encéphale (« cerveau ») ;
– au niveau de la cage thoracique : le cœur et les poumons ;
– au niveau de l'abdomen : l'appareil digestif, les reins et l'appareil génital avec les gonades.

On a successivement en suivant l'**axe dorso-ventral** : la moelle épinière, les reins, le tube digestif, le cœur, les poumons et le foie.

On distingue en suivant l'**axe droite-gauche** : les membres droits, le foie, le poumon droit, le cœur, le poumon gauche et les membres gauches.

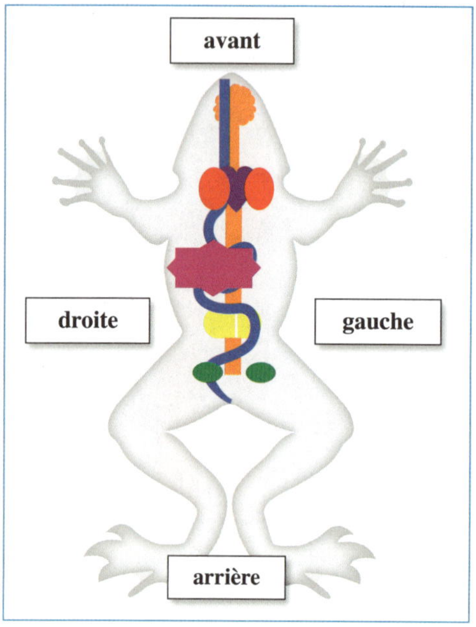

▲ Dissection d'une grenouille.

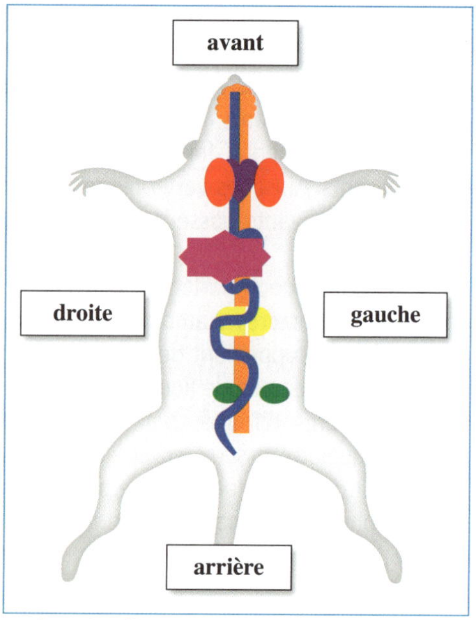

▲ Dissection d'une souris.

C Diagramme de polarité des vertébrés

Les **axes de polarité** et la disposition des organes selon ces axes définissent le **plan d'organisation** de l'animal.

Ces **parentés d'organisation** des espèces formant le groupe des vertébrés suggèrent qu'elles partagent toutes un **ancêtre commun** qui possédait lui aussi le même plan d'organisation.

Cependant tous les vertébrés ne sont pas strictement identiques. Cela suggère une diversité des groupes de vertébrés et une évolution de la vie au cours du temps.

> **À noter**
> Tous les vertébrés ont un plan d'organisation en commun.

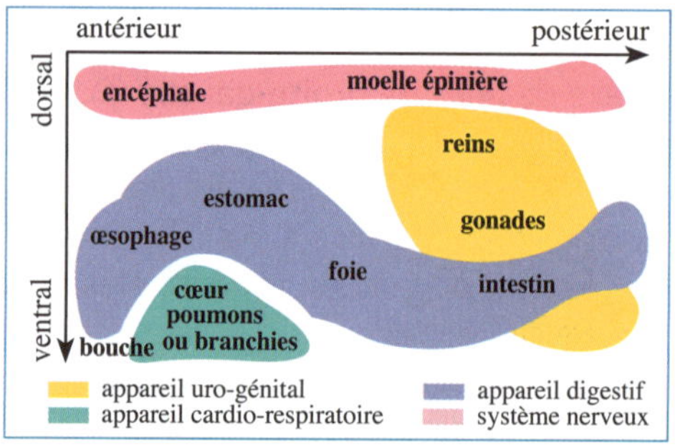

Diagramme de polarité des vertébrés. ▶

6 La biodiversité au sein de la biosphère

1 La notion d'espèce

A Mettre de l'ordre au sein de la diversité

Les scientifiques ont regroupé les êtres vivants dans différents ensembles en fonction de certains critères. L'un de ces ensembles correspond à l'**espèce,** qui regroupe des individus présentant le même caryotype, les mêmes gènes, des ressemblances ; ils sont interféconds et leurs descendants sont fertiles.

B Désignation de l'espèce

L'espèce est désignée par un nom de genre suivi d'un nom d'espèce. Par exemple, l'espèce humaine est désignée par ***Homo sapiens*** où « *Homo* » est le nom de genre et « *sapiens* » le nom d'espèce.

C Mode de vie

Les individus d'une même espèce présentent le même mode de vie : même type de comportement, notamment au cours de la reproduction, même régime alimentaire, et occupent une place particulière dans le milieu dans lequel ils vivent.

2 La diversité génétique au sein des espèces

La **diversité génétique** au sein des espèces correspond à la diversité des gènes, mais aussi des allèles existant au sein d'une espèce. Cette diversité dépend des échanges que les individus entretiennent entre eux : plus il y a de croisements entre des individus présentant des allèles différents, plus cette diversité est maintenue.
En revanche, si des croisements s'effectuent entre des individus possédant les mêmes allèles, la diversité génétique peut diminuer.

À retenir

Les mutations génétiques à l'origine des allèles d'un gène sont un des facteurs de diversité.

3 La biodiversité des espèces

• **Les espèces actuelles** ne représentent qu'un faible pourcentage par rapport à toutes les espèces qui ont vécu dans le passé.
On estime à **1,8 million** le nombre d'espèces actuelles connues, dont la moitié environ regroupe les insectes. À titre de comparaison, il existe à peu près 4 500 espèces de mammifères.
Près de 10 000 nouvelles espèces vivantes, en majorité des insectes, sont en effet identifiées chaque année : animaux, végétaux et divers organismes microscopiques témoignent de la diversité infinie que semble contenir la biosphère.

À noter

L'espèce regroupe des individus qui vivent pendant une période donnée et dans un milieu donné.

• **L'espèce n'est pas fixe dans le temps.** De nombreuses espèces sont apparues, puis ont disparu au cours de l'évolution du monde vivant. Les espèces d'aujourd'hui ne seront pas forcément celles de demain.

4 La biodiversité des écosystèmes

• **Un écosystème** est défini comme étant l'ensemble des êtres vivants présents dans un milieu à un moment donné ; il est caractérisé par les paramètres physico-chimiques du milieu et par les échanges que ces êtres vivants entretiennent entre eux. Ces échanges sont de nature alimentaire, on dit aussi trophique, mais aussi par exemple comportementale et liée à la reproduction ou encore à la défense du territoire.

• **Un exemple : l'étang.**
L'écosystème présente plusieurs caractéristiques :
– **biodiversité** : il existe diverses espèces de poissons, d'insectes, de crustacés, de microorganismes et parmi le zooplancton et le phytoplancton ;
– **composantes physico-chimiques :** ce sont la température de l'eau, le pH, les teneurs en dioxygène, dioxyde de carbone et sels minéraux ;
– **le réseau trophique :** il s'agit de la relation alimentaire entre les êtres vivants.

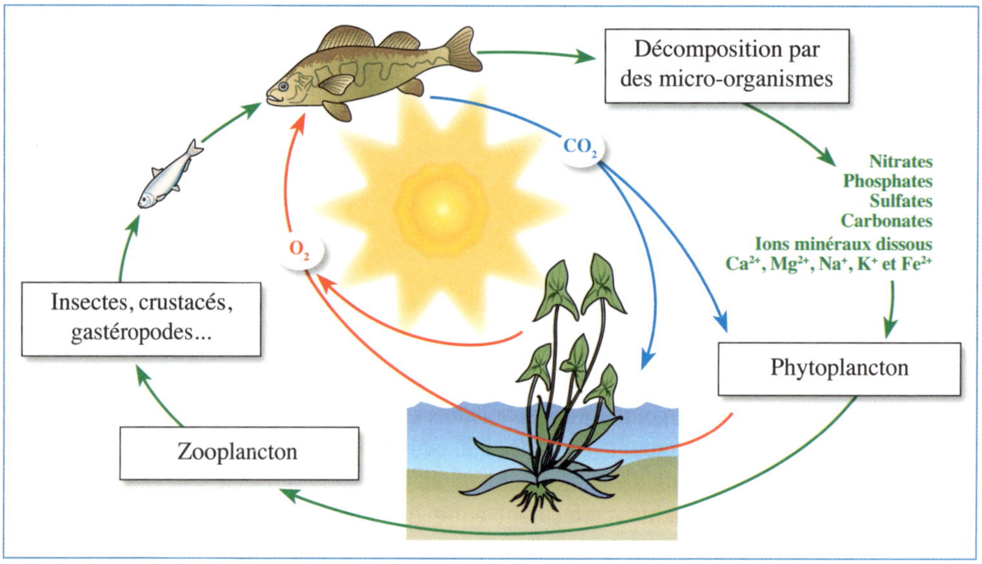

▲ L'écosystème de l'étang.

7 L'influence de l'Homme sur la biodiversité

1 Biodiversité génétique des espèces

L'Homme intervient sur la biodiversité génétique en favorisant, par exemple, des variétés stables, c'est-à-dire dont les descendants présentent toujours les mêmes caractères que les parents. Dans ce cas, la biodiversité génétique de la nouvelle variété obtenue est plus faible.

A Un exemple : la culture du maïs

Les découvertes archéologiques ont prouvé que le maïs était cultivé sur les hauts plateaux du Mexique 7000 ans av. J.-C. Les indiens nomades, dès 3500 av. J.-C., procédèrent aux premières méthodes de sélection, privilégiant les variétés les plus adaptées à l'alimentation humaine.

Actuellement, le maïs est une des espèces les plus cultivées dans le monde. Les méthodes de sélection ont permis d'obtenir des variétés de plus en plus performantes, c'est-à-dire à fort rendement. Progressivement, par sélections successives, l'Homme a obtenu des épis de maïs plus grands avec des grains de maïs plus gros, un nombre de grains par épi plus élevé.

Cette sélection a cependant entraîné une diminution de la diversité génétique des variétés cultivées. Ces variétés sont plus vulnérables aux maladies ou aux intempéries. Les sélectionneurs doivent ainsi chercher à obtenir des variétés moins sensibles. Pour cela, ils doivent utiliser les variétés sauvages, non sélectionnées, qui sont de véritables réservoirs de diversité. Il est donc important de préserver les variétés sauvages dont le patrimoine génétique est plus diversifié que celui des variétés sélectionnées.

B Principe de la sélection

Au fur et à mesure des sélections, on peut ainsi obtenir des individus qui présentent tous les mêmes caractères. Croisés entre eux, leur descendance peut ainsi être identique à la génération des parents. Cette nouvelle variété, entretenue par la sélection, n'est plus enrichie par un apport de nouveaux caractères.

L'affaiblissement de la diversité génétique a des conséquences sur la biodiversité non seulement des espèces, mais aussi sur celle des écosystèmes.

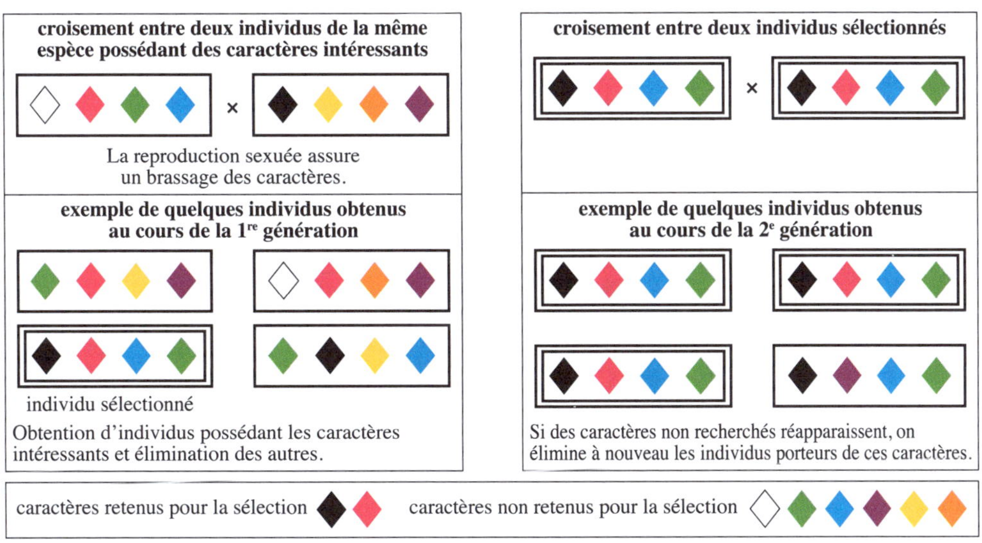

▲ Principe d'une sélection avec diminution de la biodiversité génétique.

2 Diminution de la biodiversité

A Facteurs

La biodiversité se modifie au cours du temps sous l'effet de nombreux facteurs : modification de l'environnement, catastrophes écologiques naturelles, modification du climat... Ces transformations sont à l'origine de la disparition d'espèces, mais aussi de l'apparition de nouvelles espèces.
L'activité humaine affecte également la biodiversité en transformant les conditions du milieu de vie des espèces. Ces transformations se font souvent à un rythme trop rapide pour que les espèces s'adaptent, pouvant entraîner irrémédiablement la disparition d'un certain nombre d'entre elles.
À terme, des modifications trop importantes peuvent entraîner la suppression totale d'un écosystème (*exemple :* des déforestations massives dans certaines régions du globe).

À noter

L'érosion de la biodiversité n'a jamais été aussi soutenue qu'aujourd'hui ; le quart ou le tiers des espèces auront probablement disparu au milieu du siècle.
Selon des chercheurs, « rien que pour les vertébrés, dont on ne devrait naturellement perdre en moyenne qu'une espèce par siècle, on enregistre pour le XXe siècle 260 extinctions ».

B Les écosystèmes agricoles

La modification des milieux naturels par l'intervention de l'Homme entraîne une diminution de la biodiversité des espèces dans les écosystèmes. Les espèces qui vivent dans ce type de milieu sont moins nombreuses. Les chaînes alimentaires sont simplifiées (voir le schéma ci-dessous).
La transformation de l'écosystème naturel en écosystème agricole entraîne une diminution du nombre d'espèces et une simplification des chaînes alimentaires. L'élimination des haies, bois et prairies naturelles ajoutée à une monoculture appauvrissent la diversité des milieux de vie.

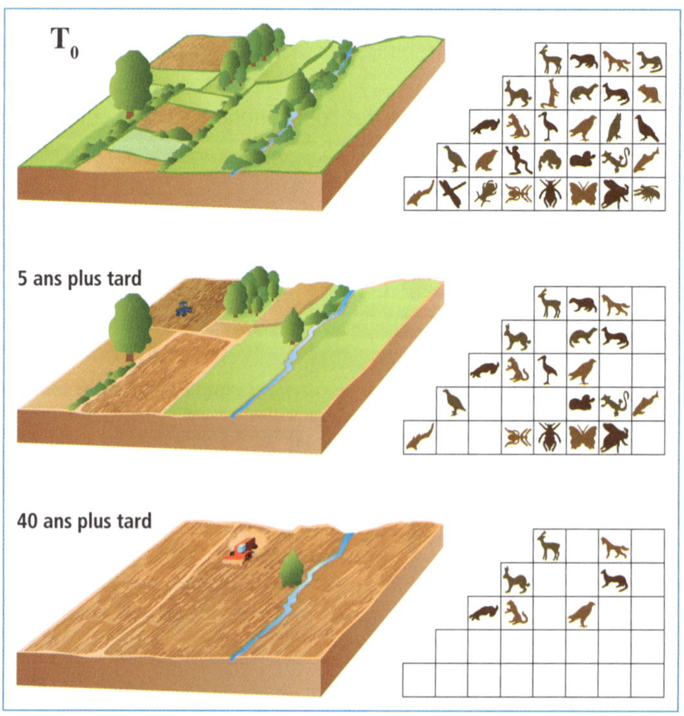

▲ Exemple d'un écosystème progressivement soumis à l'action de l'Homme.

C Incidence sur la fécondité des espèces

• **Des modifications des milieux naturels peuvent aussi entraîner une diminution de la fécondité** des individus au sein d'une espèce. Ainsi la modification d'un facteur physique du milieu peut empêcher la rencontre des partenaires ou provoquer des dysfonctionnements de l'appareil reproducteur. À terme, des espèces peuvent disparaître, ce qui entraîne la suppression de nombreuses interactions au sein de l'écosystème.

À noter

Disparition récente d'une espèce : le dauphin de Chine *(Lipotes vexillifer).* Il vivait en eau douce dans le fleuve Yangzi Jiang en Chine. Seul membre de son genre, il a été déclaré espèce disparue en 2008.
Les causes de cette extinction sont liées à une importante pollution des rivières chinoises, au trafic de cargos parcourant le fleuve, aux filets de pêcheurs capturant les dauphins et à la construction du gigantesque barrage des Trois-Gorges.

• **Quelques exemples.** Les constructions humaines peuvent empêcher la reproduction de certaines espèces. Les saumons sauvages doivent remonter les rivières pour frayer (se reproduire), et ce à une époque donnée de l'année pour que le succès de la reproduction soit optimal. Les barrages artificiels construits sur les rivières entravent la migration des saumons vers leur lieu de reproduction, empêchant ainsi la rencontre des partenaires sexuels.
Des études ont montré que chez les carpes, les ovules produits dans les ovaires des femelles achèvent leur maturation si les conditions de leur milieu sont favorables.
De même, la ponte ne pourra avoir lieu que si ces conditions sont réunies. Les facteurs qui interviennent sont la température, l'oxygénation ou encore l'alimentation. La température influence également l'âge de la maturité sexuelle.

8 Apparition ou disparition des espèces

1 Renouvellement des espèces et biodiversité génétique

Depuis l'apparition de la vie sur Terre, les espèces se sont renouvelées à des rythmes plus ou moins rapides. Les archives fossiles témoignent de l'existence de ces espèces actuellement disparues.

La **diversité des allèles** est l'un des aspects de la biodiversité génétique. Plus cette diversité sera grande, plus les individus porteront des caractères différents susceptibles d'être bénéfiques en cas de changement du milieu ou en cas de migration.

2 Sélection naturelle

A Pression de sélection

• Des modifications des paramètres du milieu (climat, prédateurs…) peuvent exercer une pression de sélection sur les individus d'une population donnée. Les individus porteurs des caractères qui les favorisent face à cette **pression sélective** sont sélectionnés. Ces derniers ont plus de chance de se reproduire et de transmettre à leur descendance les caractères favorables dans un environnement donné.

B Pression exercée par des prédateurs : exemple de l'escargot des haies

• **La décoration des coquilles de l'escargot des haies** *Cepaea nemoralis* présente des variations notables au niveau de :
– la présence éventuelle et la disposition des bandes sombres ;
– de la couleur rose ou jaune.
Ces deux caractères sont héréditaires.

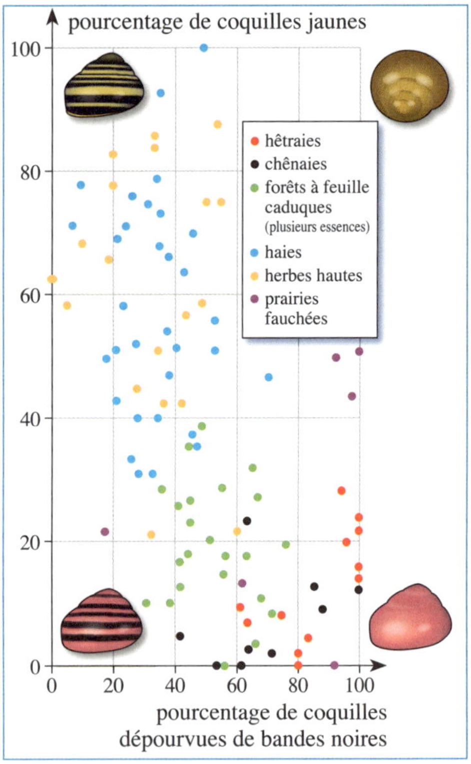

▲ Présence des différents type d'escargot des haies en fonction du type d'habitat.

• **Influence du milieu.** On constate, en réalisant des prélèvements, que dans les forêts ou les prairies fauchées (zones dégagées) les individus à coquille rose prédominent, et que dans les haies ou les herbes hautes (zones non dégagées), les individus à coquille jaune rayé prédominent.

• **Influence de la présence d'un prédateur.** Les principaux prédateurs de ces gastéropodes sont les grives musiciennes qui brisent leur coquille sur une pierre (appelée enclume à « escargot »). Les coquilles cassées sont récoltées et comparées avec les individus prélevés dans les différents milieux. On trouve beaucoup de coquilles jaune rayé dans les forêts près des enclumes à « escargot » et beaucoup de coquilles roses dans les haies et les hautes herbes.

• **Interprétation.** La coquille jaune de l'escargot semble avoir un avantage sur la couleur rose dans les prairies herbeuses, mais un désavantage dans les forêts. La répartition des décorations des coquilles d'escargots retrouvées près des enclumes à « escargot » diffère de celle de la population alentour : il existe une sélection visuelle par les prédateurs qui capturent de préférence les coquilles les plus voyantes sur un substrat donné.
La décoration de la coquille des escargots a donc une influence sur leur probabilité de survie sous la pression sélective de la prédation des grives.

3 Dérive génétique

A Modélisation de la variation de la fréquence des allèles

À l'aide d'un logiciel, on peut simuler la variation de la fréquence d'un allèle au sein d'une population donnée. On effectue la simulation avec un effectif de départ important (250 individus), puis réduit (10 individus). Pour chacun, on suit l'évolution de la fréquence de l'allèle trois fois (ce qui équivaut à trois populations de départ).

• **Variation de la fréquence d'un allèle dans une population de grande taille.** (Graphique A)
Effectif initial de la population : 250. Fréquence *P* de l'allèle au départ : 0,5. Nombre de générations : 50.
La fréquence *P* de l'allèle est de 0,5 à la première génération et passe à 0,25 à la 50e génération pour la population ❸ et reste relativement constante au sein des populations ❶ et ❷.

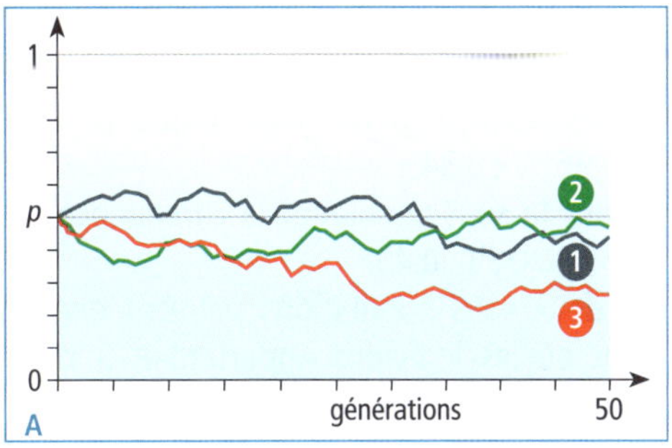

• **Variation de la fréquence d'un allèle dans une population de petite taille.** (Graphique B)
Effectif initial de la population : 10. Fréquence *P* de l'allèle au départ : 0,5. Nombre de générations : 50.
La fréquence *P* de l'allèle varie au cours du temps et selon les populations. Cette fréquence passe de 0,5 à 0 pour la population ❸ : l'allèle a donc disparu, il n'a pas été transmis au cours de la reproduction sexuée au-delà de la 20e génération.

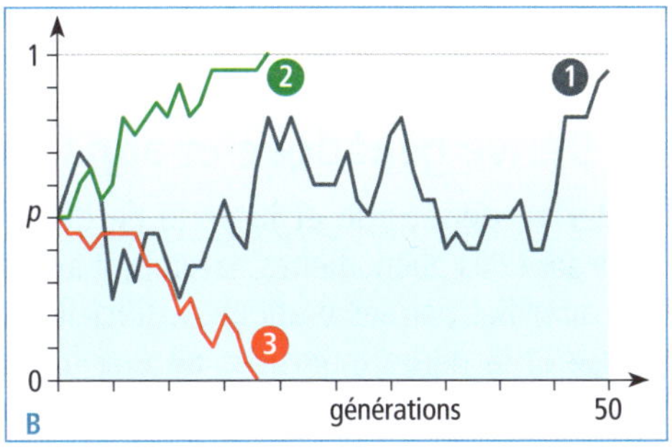

Pour la population ❷, la fréquence passe de 0,5 à 1 en 20 générations : l'allèle est donc fixé dans la population, il se transmettra de génération en génération.
Dans le cas de la population ❶, la fréquence de l'allèle varie énormément d'une génération à l'autre, et à la 50e génération, elle de 0,9.

• **Interprétation.** Au sein d'une même espèce, on peut donc observer deux phénomènes différents.
– Lorsque l'effectif d'une population est important, on observe que la fréquence d'un allèle donné, en dehors de toute pression sélective, ne varie que très peu au cours des générations successives.

– Lorsque l'effectif de la population se réduit, la fréquence de ce même allèle peut varier de façon importante. Cette variation se fait de façon imprévisible, on dit **aléatoire**.

B Modélisation de la dérive génétique et apparition d'une nouvelle espèce

• **Population initiale.** Chaque rond représente un allèle d'un gène donné. Chaque allèle a une fréquence donnée dans la population d'une espèce représentée par le cercle noir.

🔴 : allèle R avec une fréquence de 0,33

🔵 : allèle B avec une fréquence de 0,25.

🟢 : allèle V avec une fréquence de 0,42.

• **Isolement géographique de deux sous-populations.** Dans les deux sous-populations 1 et 2, les fréquences alléliques sont identiques.

• **Dérive génétique.** La fréquence des allèles varie de façon aléatoire dans les deux sous-populations au fil des générations.

– Dans la sous-population *A* : fréquence de l'allèle R : 0 ; B : 0,66 ; V : 0,34.

– Dans la sous-population *B* : fréquence de l'allèle R : 0,57 ; B : 0 ; V : 0,43.

Les deux sous populations peuvent diverger jusqu'au point où les individus appartenant à chacune d'elles ne sont plus interféconds. Il apparaît alors une nouvelle espèce.

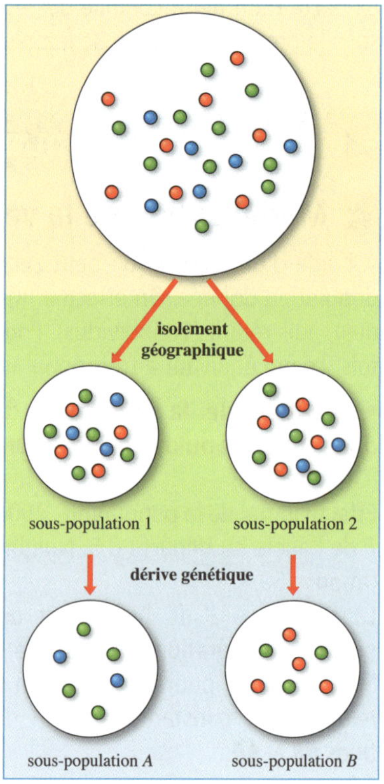

▲ Dérive génétique.

C Dérive génétique et appauvrissement de la diversité génétique

La **dérive génétique** et la perte de diversité génétique sont des phénomènes naturels, mais ils peuvent être amplifiés par des pratiques artificielles comme la chasse et la pêche intensives ou une fragmentation du paysage (déforestation, pratiques agricoles). Ces facteurs **anthropiques** (dus à l'activité de l'Homme) entraînent la diminution des effectifs de certaines espèces.

> **À retenir**
>
> Deux populations d'une même espèce et de taille réduite sont soumises à une dérive génétique et à un appauvrissement de leur diversité génétique.

La diminution de la **diversité génétique** d'une espèce freine ses capacités d'adaptation. Par exemple, l'arrivée d'un nouveau parasite peut être « supportée » par une population si elle est assez vaste, car il y aura une **sélection naturelle** des individus résistants. Si la population est trop petite, la probabilité qu'il existe un allèle adapté au nouveau facteur de l'environnement est faible. Le risque d'**extinction** de l'espèce sera important. C'est pourquoi il est nécessaire de maintenir les espèces à l'état sauvage, avec des effectifs significatifs, afin d'empêcher les effets néfastes de la dérive génétique.

9 La lumière solaire : une entrée d'énergie dans la biosphère

1 L'énergie lumineuse

A La chlorophylle et les radiations lumineuses

La **lumière blanche** est composée d'un ensemble de **radiations lumineuses** visibles et invisibles. Les radiations visibles sont caractérisées par des longueurs d'onde comprises entre 400 nm (radiations violettes) et 700 nm (radiations rouges). Voir figure a. ci-contre.

> **À noter**
>
> Les radiations lumineuses sont associées à une certaine quantité d'**énergie** que l'on exprime en joule (*symbole :* J).

• **Spectre d'absorption de la chlorophylle.** La **chlorophylle** est un pigment vert qui a la propriété d'absorber certaines radiations lumineuses du spectre de la lumière blanche, principalement les radiations bleues et rouges (figure b.).

a. b.

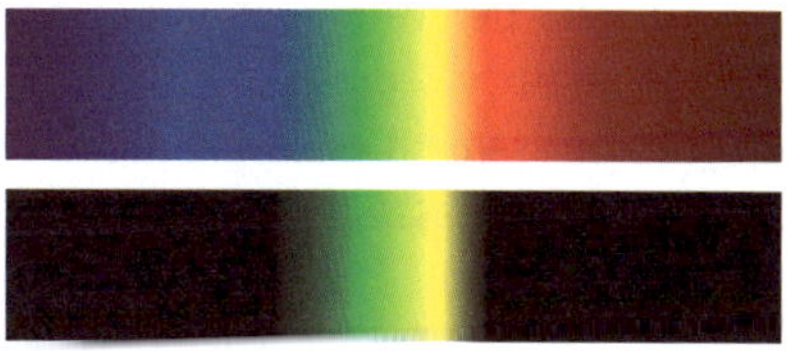

B L'entrée d'énergie dans la biosphère

La chlorophylle, en absorbant les radiations lumineuses, capte de l'énergie lumineuse. Elle permet l'entrée d'énergie dans la biosphère : les végétaux chlorophylliens représentent le premier maillon des **chaînes alimentaires,** car grâce à leur partie chlorophyllienne, ils ont la capacité d'utiliser **l'énergie lumineuse.**

2 La synthèse de la matière organique

A Les besoins nutritifs

Pour vivre, les **végétaux chlorophylliens** ont besoin de consommer de l'eau, du **dioxyde de carbone** et des **sels minéraux :** ils consomment uniquement des molécules minérales.
Les autres organismes tels que les animaux et les champignons consomment de la matière organique.

B La transformation de la matière minérale

• **La photosynthèse.** La synthèse de la matière organique par les végétaux chlorophylliens est réalisée au cours de la **photosynthèse :** grâce à l'énergie lumineuse captée par la chlorophylle, la matière minérale (carbone minéral) est transformée en matière organique (carbone organique).

$$6\,\mathbf{C}O_2 + 6\,H_2O \rightarrow C_6H_{12}O_6 + 6\,O_2$$

carbone minéral — **carbone organique**

Le glucose ($C_6H_{12}O_6$) formé peut être stocké sous forme d'amidon.

• **Autotrophie.** L'énergie lumineuse captée par les végétaux chlorophylliens est convertie en énergie chimique (énergie stockée dans les molécules organiques).

• Les végétaux chlorophylliens sont qualifiés d'**organismes autotrophes.** Les autres organismes qui consomment du carbone organique pour synthétiser leur propre matière organique sont qualifiés d'**hétérotrophes.**

> **À retenir**
>
> Les végétaux chlorophylliens permettent l'entrée de matière minérale dans la biosphère.

10 Productivité primaire

1 Évaluation de la productivité primaire

A Les producteurs primaires

– Dans un **écosystème**, la **productivité primaire** est réalisée par les producteurs primaires : les végétaux chlorophylliens qui sont le premier maillon des chaînes alimentaires.

– La productivité primaire correspond à la **biomasse** produite par l'ensemble des végétaux chlorophylliens. Elle s'évalue par l'accroissement de la biomasse végétale par unité de temps et par unité de surface ou de volume.

– En raison des variations importantes de la teneur en eau des végétaux, la productivité s'exprime généralement non par l'accroissement de la biomasse totale, mais par l'accroissement de la masse de matière sèche (c'est-à-dire sans tenir compte de l'eau).

Exemple

La productivité primaire estimée dans une toundra est en moyenne de 0,4 g de matière sèche par m^2 et par jour, et celle d'une forêt pluvieuse de 7 g.

B Les facteurs influençant la productivité primaire

– La productivité primaire est limitée par des facteurs tels que la température, la pluviosité, l'hygrométrie, la teneur en sels minéraux, l'intensité de l'énergie lumineuse, mais aussi par la capacité des producteurs primaires à utiliser les éléments disponibles.

– Ces facteurs présents de façon inégale sur le globe expliquent les variations de la productivité primaire des différentes régions du globe (voir schéma ci-dessous).

– La productivité primaire dépend non seulement des facteurs climatiques (faible productivité dans les milieux désertiques par exemple), mais aussi de l'apport en éléments minéraux favorisant le développement des végétaux chlorophylliens comme le plancton dans les océans (forte productivité dans les eaux océaniques subpolaires par exemple).

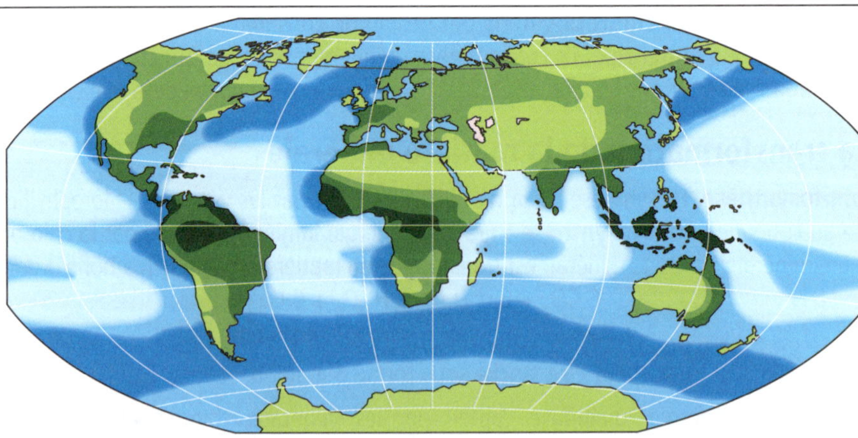

milieu terrestre	plus de $8 \cdot 10^3$ kg	de 10^3 kg à $4 \cdot 10^3$ kg
	de $4 \cdot 10^3$ kg à $8 \cdot 10^3$ kg	de 0 kg à 10^3 kg
milieu marin	plus de $2 \cdot 10^3$ kg	moins de $0,5 \cdot 10^3$ kg
	de $0,5 \cdot 10^3$ kg à $2 \cdot 10^3$ kg	

▲ **Productivité primaire en kg de carbone par ha et par an.**
(La productivité primaire est exprimée ici en masse de carbone fixé par les végétaux chlorophylliens.)

2 Biomasse et transfert de matière dans les écosystèmes

A Transfert et perte d'énergie

La **productivité primaire** doit permettre de faire vivre tous les êtres vivants, consommateurs présents dans l'écosystème.
Or, le transfert de matière organique d'un maillon (par exemple des producteurs primaires) au maillon suivant (par exemple les herbivores) s'accompagne d'une perte importante d'énergie.
Ainsi, lorsque qu'un **herbivore** consomme de l'herbe, une partie de la biomasse produite par les producteurs primaires n'est pas utilisée. Toute l'herbe ingérée n'est pas assimilée (une partie est rejetée sous forme d'excréments) et une partie ne sera pas utilisée pour produire de la matière organique, mais sera perdue sous forme de chaleur, dégagée au cours de la respiration.

B Transfert au sein des chaînes alimentaires

Sur le schéma suivant, on constate que le lapin de garenne, pour produire 1 g de matière organique, a dû consommer 100 g de matière organique végétale.
Quant à la belette, elle a dû consommer, pour produire 2 g de matière organique, 100 g de matière organique de lapin, qui ont été produits par :
$100 \times 100 = 10\,000$ g de matière organique végétale consommées par le lapin.

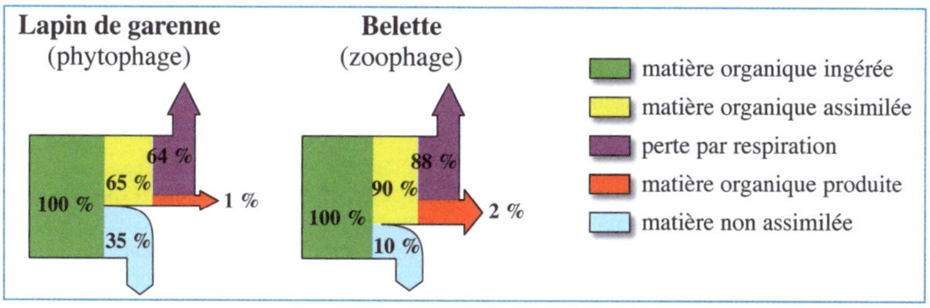

▲ Devenir de la matière organique ingérée chez deux animaux.

Ces **transferts de matière** au sein des chaînes alimentaires permettent de comprendre pourquoi la productivité primaire est primordiale pour l'ensemble des êtres vivants. Il est donc important que l'Homme préserve la diversité des espèces végétales, ainsi que l'effectif des populations végétales.

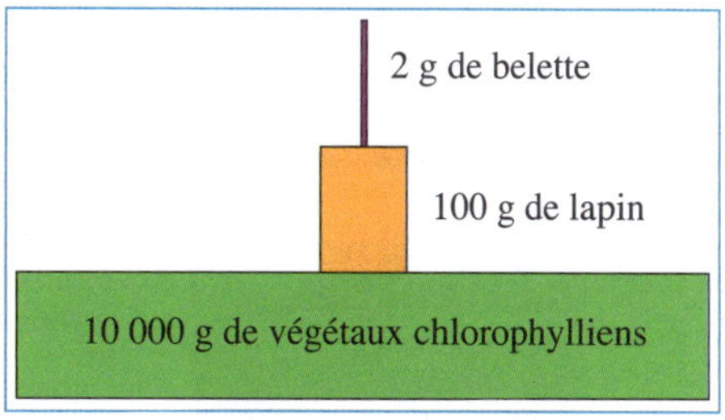

▲ Pyramide des biomasses.

3 Importance de la photosynthèse

À l'échelle de la planète, **la photosynthèse est donc indispensable au fonctionnement des écosystèmes**, car elle permet **l'entrée d'énergie dans la biosphère** et la **synthèse de matière organique à partir de matière minérale**.
La biomasse produite par les végétaux chlorophylliens est ensuite consommée par les autres êtres vivants qui s'organisent en réseaux alimentaires. L'équilibre alimentaire au sein des écosystèmes dépend donc de la photosynthèse.
L'Homme est donc dépendant de la photosynthèse pour se nourrir.

11 La biomasse fossile : une énergie non renouvelable

1 La transformation de la biomasse végétale en combustible fossile

A Nature des combustibles fossiles

Les combustibles fossiles sont des **roches sédimentaires** dites **carbonées,** car elles contiennent du carbone organique. L'étude microscopique d'échantillons de combustibles fossiles montre que ces derniers se sont formés à partir de restes d'organismes :
– fossiles de végétaux ligneux de type fougères et conifères pour les charbons ;
– organismes planctoniques en majorité pour les pétroles.

> **Mot-clé**
> Les **combustibles fossiles** sont les hydrocarbures, pétrole et gaz naturel, et le charbon.

B Formation des combustibles fossiles

La formation des combustibles fossiles nécessite des conditions particulières.

• Exemple du pétrole.

Plusieurs millions d'années		
↓	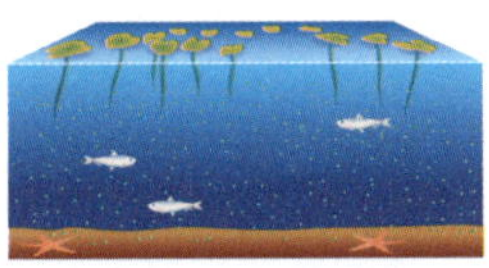	**1) Conditions préalables** • Zones de haute productivité du plancton qui se développe en milieu aquatique. Le développement du plancton nécessite des apports nutritifs importants et un milieu bien oxygéné. • Les organismes marins (notamment le plancton) meurent et tombent au fond de l'océan.
↓		**2) Conditions anaérobies et 3) Enfouissement rapide** • Des sédiments recouvrent rapidement et enfouissent les organismes. • Le milieu dans lequel se retrouve la matière organique de ces organismes devient anaérobie. La matière organique n'est alors pas dégradée et minéralisée sous l'action d'organismes décomposeurs.
↓	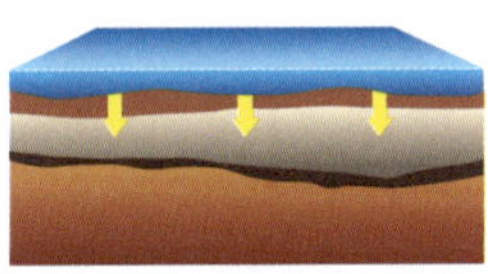	**3) Enfouissement rapide et subsidence** La conservation de la matière organique est réalisée d'autant plus facilement que la matière est enfouie rapidement et mélangée à des sédiments. Un enfouissement rapide est lié à un phénomène de subsidence important. La subsidence est un affaissement lent entraînant un dépôt progressif de sédiments sous une profondeur d'eau constante Le phénomène se répète de nombreuses fois.
↓	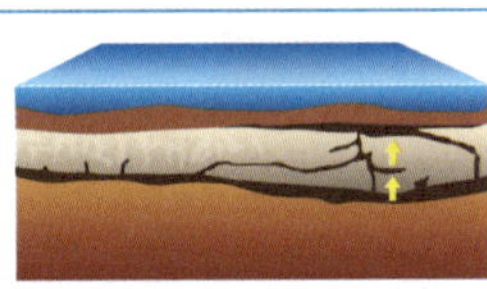	La matière organique va ensuite subir une maturation au cours de son enfouissement. Des fermentations bactériennes interviennent au tout début. Ensuite, ce sont essentiellement des phénomènes thermiques qui entrent en jeu. Le pétrole remonte à travers la roche poreuse et forme un réservoir qui stocke le combustible.

2 Les gisements de combustibles fossiles

A Une répartition variable selon les combustibles fossiles

• Les gisements de charbon sont géographiquement bien répartis, alors que les réserves de pétrole et de gaz le sont très mal : 60 % des gisements se trouvent au Moyen-Orient où ils représentent 40 % des réserves prouvées de la planète.

• La répartition des gisements d'hydrocarbures (plate-formes offshores sur les bordures continentales, anciens bassins sédimentaires) montre que la formation de combustibles fossiles nécessite des conditions géologiques particulières.

B Les conditions géologiques

• **Les circonstances favorisant la formation de pétrole** (milieu anaérobie, subsidence importante, environnement de haute productivité) nécessitent des conditions géologiques particulières. Les conditions anoxiques (anaérobies) se retrouvent sur le fond. Cela nécessite une couche d'eau constante.

• **La subsidence** peut être réalisée dans un bassin sédimentaire, des bassins d'effondrement (mer du Nord) ou au niveau de marges passives (Congo, Gabon). L'importance du gisement dépendra entre autres de la rapidité de l'enfouissement. Un environnement de haute productivité, en milieu océanique, est lié à un apport important d'éléments nutritifs.

Mot-clé

Subsidence : mouvement d'affaissement du fond d'une dépression.

• **Le phytoplancton.** Cette carte satellite montre la distribution mondiale des concentrations de chlorophylle, représentées « naturellement » en vert. Les concentrations de chlorophylle sont les plus fortes dans les eaux froides près du pôle Sud et surtout du pôle Nord, et à proximité des côtes. Cette image montre l'importance du phytoplancton (en vert) à proximité des côtes et son absence (en violet) au milieu des océans Atlantique et Pacifique. Les zones riches en phytoplancton sont des zones à forte productivité.

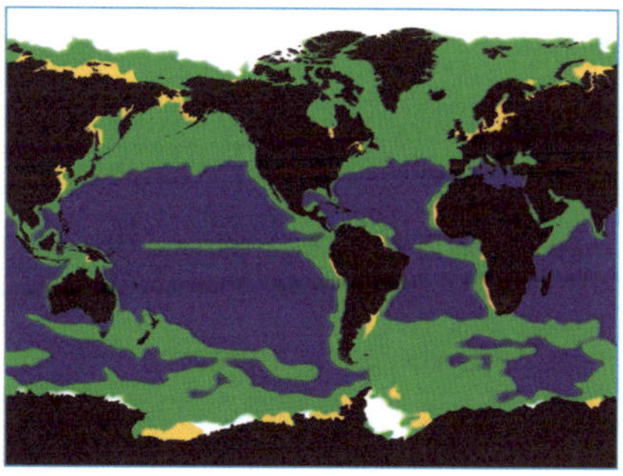

▲ Image satellitale de la répartition de la chlorophylle en milieu océanique.

3 L'exploitation des hydrocarbures

A Une énergie non renouvelable

Une ressource naturelle est qualifiée de non renouvelable ou épuisable lorsque sa vitesse de destruction dépasse, largement ou non, sa vitesse de création. Ainsi les hydrocarbures mettent plusieurs millions d'années pour se former, alors qu'ils sont actuellement détruits en quelques dizaines d'années, voire quelques années dans certaines régions.
Les projections actuelles montrent que le pétrole, qui a mis plusieurs dizaines de millions d'années à se former, sera épuisé au cours du XXIe siècle.

À noter

Le pétrole n'est pas la seule ressource non renouvelable. D'autres ressources risquent d'arriver à épuisement avant le pétrole, au rythme actuel de consommation : l'argent, l'uranium, l'or, le zinc, le lithium, le cuivre, le nickel.

B Découverte de gisement et exploitation

Pour le pétrole, l'exploration commence par l'identification d'indices permettant de supposer où se trouve le pétrole et en quelle quantité. Géologues et géophysiciens collaborent à cette enquête minutieuse à fort enjeu économique qui commence à la surface de la Terre pour descendre dans le sous-sol.

C Implications économiques et environnementales

La découverte d'un gisement et le choix de son exploitation dépendent de la rentabilité du gisement. Il faut que les coûts d'exploitation ne soient pas supérieurs au prix de vente. Ces mécanismes sont très dépendants du prix des hydrocarbures sur les marchés économiques mondiaux.

12 Conséquences de l'utilisation des combustibles fossiles

1 Le dioxyde de carbone dans l'atmosphère

• **Les variations de la concentration en CO_2.** La concentration de CO_2 dans l'atmosphère a varié de façon cyclique pendant 400 000 ans. Cependant, elle n'a jamais atteint des valeurs aussi élevées que celles mesurées depuis le début de l'ère industrielle.

• **La combustion de matière organique fossile libère massivement et rapidement du carbone** (sous forme de dioxyde de carbone) dans l'atmosphère, alors que celui-ci était piégé dans la lithosphère depuis des millions d'années. Cette augmentation rapide du carbone atmosphérique peut avoir des effets sur le cycle naturel du carbone.

2 Interférence avec le cycle du carbone

• **Les réservoirs de carbone de la planète** sont l'**atmosphère**, l'**hydrosphère**, la **lithosphère** et la **biosphère**.

• **Les transferts de carbone.** Il existe des transferts de carbone à **court terme** (transferts biochimiques et physico-chimiques) entre les réservoirs (biosphère, hydrosphère, atmosphère). **Ces échanges sont quasiment à l'équilibre.**
Il existe des transferts de carbone à plus **long terme** (plusieurs millions d'années) entre les réservoirs (biosphère, lithosphère). **Dans ce cas, le carbone échappe au cycle du carbone pendant de longues périodes.**

• **Le cycle du carbone. Après l'ère industrielle, des perturbations d'origine anthropique** (du fait de l'activité humaine) **interfèrent avec le cycle naturel du carbone.** Les échanges de carbone à court terme entre les réservoirs ne sont plus à l'équilibre du fait de l'introduction dans le cycle du carbone d'une grande quantité de carbone immobilisé normalement dans la lithosphère.
Cette augmentation de dioxyde de carbone atmosphérique joue un rôle important dans l'évolution de la température moyenne de l'air par le biais d'une augmentation des **gaz à effet de serre** dont le dioxyde de carbone fait partie.

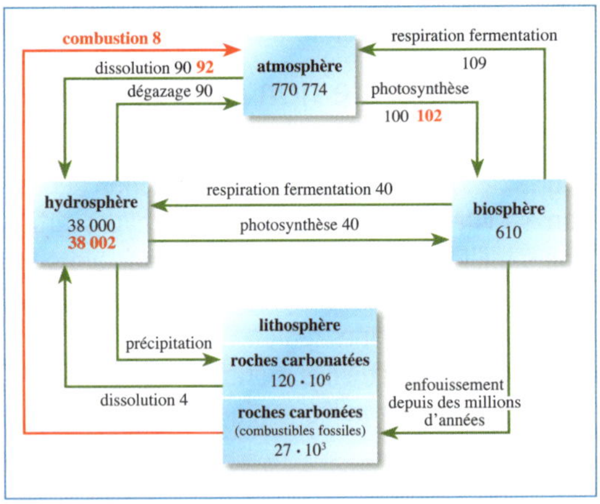

▲ **Le cycle du carbone avant et après l'ère industrielle.**
Perturbation anthropique en rouge, réservoir en GtC et flux en GtC/an

Un réchauffement climatique est constaté (même si tous les scientifiques ne sont pas d'accord sur les causes) dont les premiers effets sont constatés : recul des glaciers continentaux au niveau des chaînes de montagnes, recul (fonte) de la banquise.
Une réduction de l'émission de gaz à effet de serre s'impose ; toutefois des enjeux économiques et politiques interfèrent avec cette nécessité.

13 Le Soleil : une énergie renouvelable

1 La répartition de l'énergie solaire à la surface du globe

A Une répartition inégale

Le Soleil émet de l'énergie uniformément dans tout le système solaire. La Terre tourne autour du Soleil à une distance plus ou moins constante. On peut considérer qu'elle reçoit une quantité d'énergie E pratiquement constante par unité de surface.

À cause de la sphéricité de la Terre, la quantité d'énergie reçue par unité de surface varie en fonction de la latitude pour une époque donnée de l'année.

À l'équateur, les rayons arrivent presque perpendiculairement : la surface éclairée S_1 est restreinte.

Quand on monte en latitude (45°), les rayons arrivent de façon oblique et la surface éclairée S_2 est plus large. On a $S_1 < S_2$.

Ainsi le flux solaire (quantité d'énergie solaire reçue par unité de surface) à l'équateur est plus fort qu'à 45° : $(E / S_1) > (E / S_2)$.

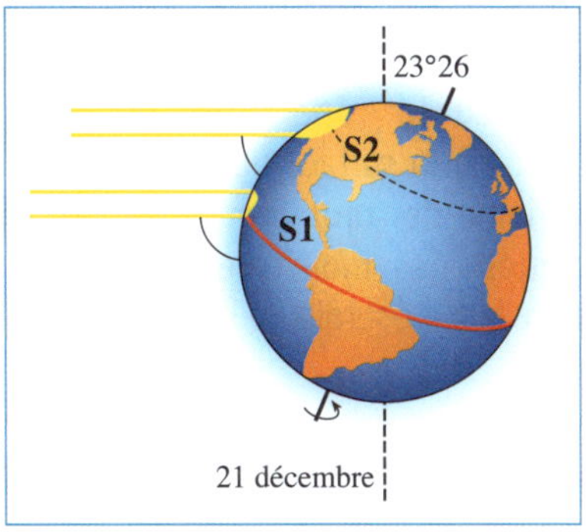

▲ Énergie solaire reçue par la Terre en fonction de la latitude.

B Un bilan radiatif déséquilibré

La Terre absorbe l'énergie du Soleil et émet de la chaleur vers l'espace sous forme de radiation infrarouge. La différence entre le flux solaire absorbé (qui chauffe la Terre) et le flux d'infrarouges émis vers l'espace (qui la refroidit) peut être calculée pour les différents points de la surface de la Terre. On obtient alors le « bilan radiatif » de la Terre.

La Terre se réchauffe à l'équateur et se refroidit aux pôles. Cette inégale répartition de l'**énergie solaire** et donc du **flux solaire** est responsable de la circulation des enveloppes fluides (atmosphère et hydrosphère) à la surface du globe.

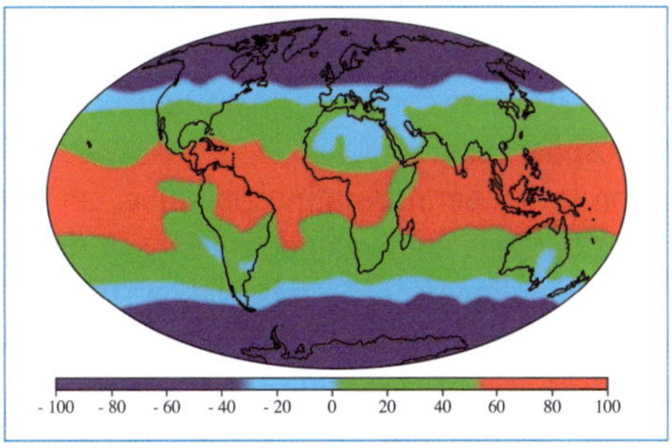

▲ Le bilan radiatif de la Terre, en moyenne annuelle. Valeurs exprimées en W/m².

2 Les mouvements des enveloppes fluides

A L'origine des mouvements atmosphériques

• **À l'équateur**, l'énergie solaire réchauffe les molécules composant l'air.
Avec l'augmentation de la température de l'air, la densité des molécules diminue, ce qui entraîne un mouvement vertical ascendant de l'air vers les hautes altitudes. Au niveau du sol, le nombre de molécules d'air diminue, d'où la formation d'une basse pression (dépression).

• **Parallèlement, au Nord ou au Sud,** la pression atmosphérique est plus élevée qu'à l'équateur ; les molécules composant l'air se déplacent horizontalement en allant des zones de hautes pressions vers les zones de basses pressions.

SVT

Ainsi, les différences de température entre le sol et l'air en altitude créent des mouvements verticaux à l'origine des différences de pressions qui créent des mouvements horizontaux (vents) toujours dirigés des hautes pressions vers les basses pressions.

• **L'inégale répartition** de l'énergie solaire à la surface du globe est donc à l'origine des **mouvements atmosphériques**. Ces mouvements assurent un transfert d'énergie de l'équateur vers les pôles.

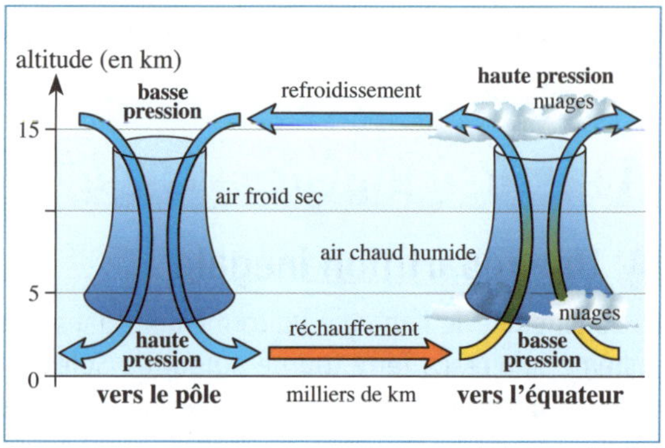

▲ Cellule de convection atmosphérique.

B L'origine des mouvements océaniques

Les vents exercent une friction qui entraîne les couches d'eau superficielles. Les déplacements de l'hydrosphère sont donc eux aussi dus à l'inégale répartition de l'énergie solaire à la surface du globe. Ces mouvements assurent eux aussi un transfert d'énergie de l'équateur vers les pôles.

3 Le cycle de l'eau

Le réchauffement de la Terre, par le biais de l'énergie solaire, permet à l'eau de s'évaporer. La vapeur d'eau se condense en altitude pour former les nuages qui se déplacent selon les courants atmosphériques.

Selon la température atmosphérique, cette vapeur d'eau peut précipiter sous forme de pluie, neige ou grêle au niveau des océans et des continents.

Sur les continents, l'eau ruisselle en suivant la pente des terrains vers les rivières et les fleuves pour retourner vers les océans. Elle peut aussi être absorbée par la végétation ou s'infiltrer dans les couches profondes du sol.

L'ensemble de ces transferts forme **le cycle de l'eau**. (Voir schéma page suivante.)

4 L'utilisation des énergies renouvelables

A Les différents types d'énergies renouvelables

Une **énergie renouvelable** est une énergie exploitable par l'Homme, de telle manière que ses réserves ne s'épuisent pas. L'énergie solaire est à l'origine de nombreuses énergies renouvelables.

Le cycle de l'eau permet de créer, par l'intermédiaire des **barrages** au niveau des grands fleuves, une **énergie hydroélectrique** renouvelable.

À noter

Une énergie est dite « renouvelable » si sa vitesse de formation est plus grande que sa vitesse d'utilisation.

L'inégale répartition de l'énergie solaire à l'origine des **vents** et des **courants marins** peut être exploitée grâce aux **éoliennes** et aux **hydroliennes** (projet futur) pour créer une énergie rapidement renouvelable.

B Place actuelle et future des différentes formes d'énergie d'origine solaire

L'énergie solaire reçue par la Terre est de $1,5.10^{18}$ kWh / an. La consommation mondiale d'énergie représente 15 000 fois moins que l'énergie solaire reçue par la Terre, hors atmosphère, en un an (et 10 000 fois moins que celle reçue au sol).
Ces chiffres suggèrent une potentialité énorme pour une énergie d'origine solaire. Toutefois, si on examine la production d'électricité mondiale, on constate que la part des énergies renouvelables représente 21,8 %.
En France, les énergies renouvelables représentent 18,2 % de la production d'électricité. Et parmi ces différents modes de production d'électricité, 58,3 % sont d'origine **hydroélectrique**. Voir le tableau suivant.
Si on considère les différents types d'énergies à disposition, on estime que les réserves de pétrole seront épuisées dans 40 ans, celles de gaz dans 60 ans, celles d'uranium dans 70 ans et celles de charbon dans 200 ans. Toutes ces énergies non renouvelables n'ont pas la potentialité de réserves de l'énergie solaire qui sera épuisée dans 4 milliards d'années.

Types d'énergie		Répartition de la production d'électricité dans le monde (*source :* EDF 2014)	Répartition de la production d'électricité en France (*source :* EDF 2014)	Répartition de la production d'électricité en France par les énergies renouvelables (*source :* ERDF 2015)
Énergie non renouvelables (combustibles fossiles)		67,6 %	4,8 %	/
Nucléaire		10,6 %	77 %	/
Énergie renouvelables	hydroélectrique	16,6 %	12,5 %	58,3 %
	solaire	5,2 %	5,7 %	14,2 %
	éolien			23,6 %
	biomasse géothermie			3,9 %

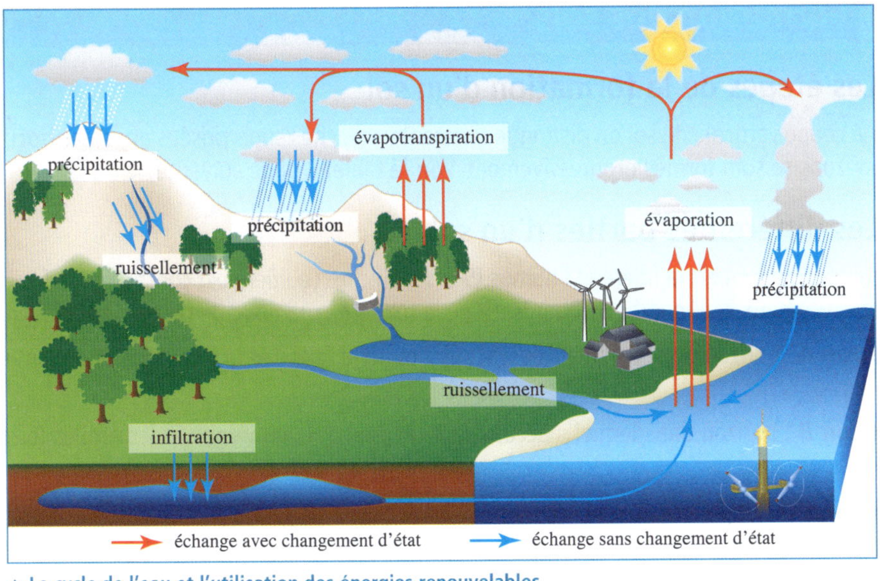

▲ Le cycle de l'eau et l'utilisation des énergies renouvelables.

14 L'importance des sols dans la biosphère

1 Les différents constituants d'un sol

A La biomasse dans les sols

Les sols sont riches en espèces très différentes et leur biomasse dépasse de loin la masse totale de la population humaine mondiale. La majorité de ces êtres vivants est concentrée dans la zone la plus superficielle du sol (**litière** du sol) et comprend des micro-organismes comme des bactéries, mais aussi des champignons, des animaux de petite taille comme des insectes, des araignées ou encore des vers de terre.

Mot-clé

Le **sol** est la partie la plus superficielle de la croûte terrestre modifiée par la pluie, le vent, la température, les êtres vivants.

• ***Remarques :* quelques chiffres.**

– Le nombre de bactéries est de l'ordre de quelques dizaines de millions par gramme de sol.

– Un hectare de forêt renferme près de 1 tonne de vers de terre, ce qui correspond environ à deux millions d'individus.

– On estime par ailleurs à 260 millions le nombre d'êtres vivants par mètre carré de sol dans une prairie naturelle, soit l'équivalent 1,5 tonne de **biomasse.**

À noter

La diversité des êtres vivants du sol, leur nombre et leur activité dépendent du type de sol.

B La partie non vivante du sol

Cette partie est composée de quatre fractions : les particules minérales solides (sables, argiles, limons...) ; l'eau et les ions minéraux ; les gaz (dioxygène, dioxyde de carbone, diazote) ; les constituants organiques (débris végétaux, acides humiques...).

Le pourcentage de ces différents constituants varie d'un type de sol à l'autre, ce qui a une incidence sur la productivité primaire.

2 Formation des sols

A Les étapes de la formation d'un sol

Sur une coupe verticale de sol on distingue différentes couches superposées appelées **horizons.** Ces horizons se sont formés progressivement. Voir le tableau page suivante.

B Les différentes parties d'un sol

• **Partie superficielle :** la litière et l'humus (5 cm à 10 cm). La litière est constituée de feuilles et de débris végétaux peu modifiés. L'humus est de la matière organique de couleur brune à noire.

• **Horizon *A* :** horizon où les plantes s'enracinent et où la faune et la flore sont abondantes (20 à 30 cm).

• **Horizon *B* :** horizon dans lequel s'accumulent les éléments minéraux et les argiles lessivées (20 à 30 cm).

• **Horizon *C* :** il s'agit de la roche mère (à une profondeur moyenne de 120 cm).

Le nombre d'horizons présents ainsi que leurs épaisseurs respectives varient d'un sol à l'autre, et permettent de distinguer différentes catégories de sols.

Étape 1 Altération de la roche mère et installation de la végétation.	Étape 2 Apparition d'un horizon avec humus et organisation verticale du sol.	Étape 3 Apparition d'un horizon B d'accumulation.
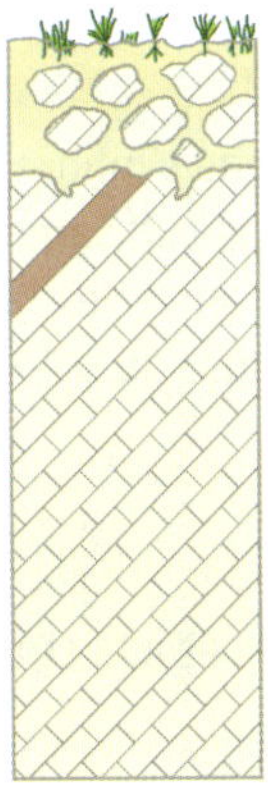	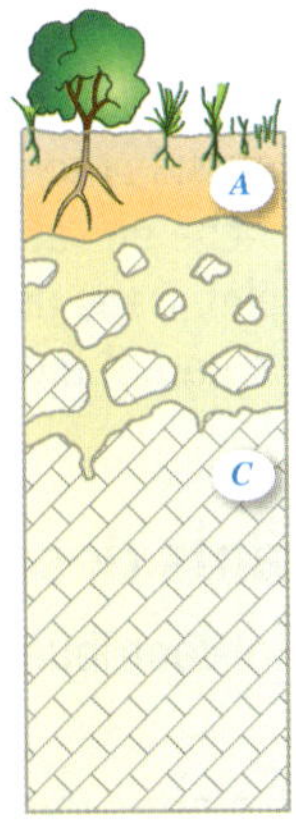	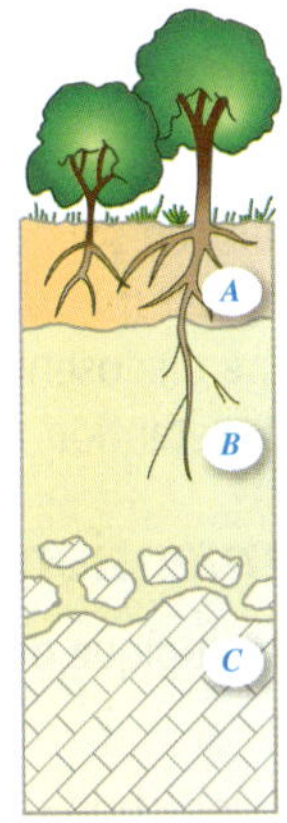
Dégradation de la roche mère sous l'action combinée de la température (gel/dégel) et de la pénétration des racines qui provoquent une fragmentation de la roche. **Altération** de la roche mère par hydrolyse (action de l'eau). Libération progressive d'argiles, de sable, d'ions minéraux.	Décomposition de la litière sous l'action des micro-organismes du sol. **Minéralisation** des molécules organiques. Transformation de la matière organique en humus (réserve de matière organique). Transformation très lente nécessitant deux à trois ans.	**Infiltration** des eaux dans le sol qui entraînent les ions minéraux et les argiles (lessivage). Ces derniers migrent plus ou moins profondément et contribuent à former un horizon d'accumulation.

▲ Les étapes de la formation d'un sol.

C Facteurs de formation d'un sol

Trois facteurs conditionnent la formation d'un sol :
– les propriétés physiques et chimiques de la roche mère dont dépend sa vitesse d'altération ;
– la présence d'une couverture végétale qui fournit la majeure partie de la fraction organique du sol, permettant ainsi le renouvellement plus ou moins rapide de l'humus ;
– le climat qui joue un rôle important avec la température (qui influe sur la vitesse d'altération de la roche mère) et avec les précipitations (qui interviennent dans les phénomènes de lessivage des sols).

3 Sols, eau et productivité primaire

Les végétaux chlorophylliens puisent dans le sol l'eau et les éléments minéraux nécessaires à la photosynthèse et donc à la production de la matière organique végétale constituant la production primaire. La productivité primaire d'un écosystème dépend de la qualité du sol.
Plusieurs facteurs conditionnent la productivité primaire.

A La texture et la structure des sols

- **La texture** d'un sol correspond à la proportion des particules de différentes tailles : gravier, sables, limons et argile.
- **La structure** d'un sol est la façon dont sont agencées entre elles ces différentes particules. La structure dite **grumeleuse** est la plus favorable à une bonne productivité primaire : les agrégats forment un complexe dit argilo-humique (agrégat constitué d'argile et d'humus) qui retient des ions minéraux qui ne sont pas lessivés.

B La porosité et la perméabilité des sols

• **Une structure suffisamment poreuse** permet une bonne circulation de l'air (indispensable à la flore et à la faune du sol) et de l'eau. Les racines s'y développent alors facilement et le déplacement de certains animaux du sol est ainsi facilité.

• **La perméabilité des sols** conditionne aussi la productivité primaire. L'eau s'infiltre trop rapidement dans un sol poreux (par exemple riche en sable) et ne s'infiltre pas suffisamment dans un sol compact (par exemple riche en argile). Dans un cas comme dans l'autre, les racines des végétaux ne disposent pas suffisamment d'eau. Il faut donc que la structure du sol favorise la capacité de rétention en eau d'un sol.

C Intervention des êtres vivants des sols

L'activité biologique des êtres vivants du sol contribue à la fertilité des sols et à la structure des sols.

• **Le rôle des champignons.** Les feuilles mortes tombées sur le sol subissent une attaque de champignons : les filaments mycéliens pénètrent dans les feuilles et, sous l'action d'enzymes, ils digèrent partiellement les cellules. Cette digestion partielle des tissus végétaux va permettre l'action des animaux **détritivores** comme les vers de terre.

• **Le rôle des vers de terre.** On a évalué que 30 000 lombrics sur un hectare peuvent retravailler une tonne et demie de feuilles par saison en les mélangeant à 15 tonnes de terre sèche. Leur activité est capitale pour plusieurs raisons : d'une part les déplacements des vers de terre assurent un brassage des horizons superficiels ; d'autre part ils assurent la fragmentation de la matière organique de la litière, et dans leurs excréments se trouvent des molécules organiques non digérées qui vont servir à leur tour à nourrir des espèces de plus petite taille.

• **Le rôle des bactéries.** Ces micro-organismes sont qualifiés de **décomposeurs.** Ils permettent la **minéralisation** de la matière organique. Ils permettent aussi de minéraliser les molécules organiques azotées, transformations qui aboutissent à l'obtention de **nitrates.**
Ces substances minérales serviront ensuite aux végétaux chlorophylliens qui, en présence d'énergie lumineuse, vont à nouveau transformer les matières minérales en matières organiques au cours de la photosynthèse.

Un véritable réseau alimentaire s'installe au niveau des sols permettant le recyclage de la matière.

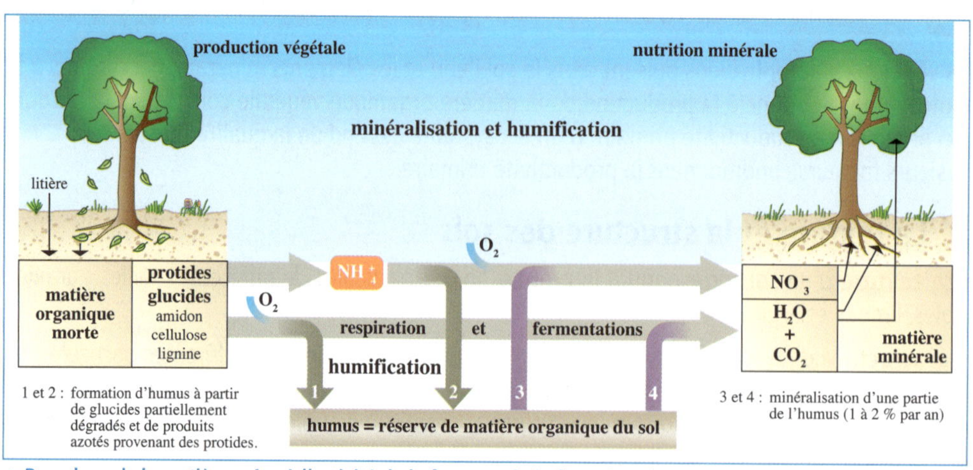

▲ Recyclage de la matière grâce à l'activité de la faune et de la flore du sol.

15 Le sol : un enjeu majeur pour l'alimentation

1 Des écosystèmes déséquilibrés

Les écosystèmes agricoles ou agrosystèmes ont une productivité primaire élevée, car l'Homme a sélectionné des variétés végétales à fort rendement, et il utilise aussi de nombreux produits permettant d'augmenter la masse de matière organique produite par ces variétés.
L'apport d'engrais minéraux s'est révélé indispensable, car lors des récoltes, une bonne part de la biomasse végétale est exportée. Ainsi, contrairement à ce qui se passe dans un écosystème naturel, le recyclage de la matière est perturbé : une quantité importante de matière organique ne sera pas minéralisée dans le sol.

2 À l'échelle mondiale

Sur Terre, les sols représentent une superficie de 15 milliards d'hectares environ, soit seulement 30 % de la superficie du globe.
Les spécialistes des sols estiment que plusieurs siècles sont nécessaires pour que s'installe un sol à l'équilibre bien structuré et capable de supporter des cultures sur du long terme. Mais quelques semaines suffisent à dégrader les sols.

À retenir

Les sols sont des écosystèmes fragiles et sensibles aux aléas des climats et à l'activité humaine.

3 Surexploitation des sols

Afin d'améliorer la production primaire, l'Homme travaille le sol pour en augmenter la **fertilité**. Malgré les connaissances actuelles sur l'écosystème sol, de nombreuses pratiques agricoles sont à l'origine de la dégradation des sols. Ces pratiques sont dues à la pression démographique croissante, mais aussi à des pressions économiques privilégiant la rentabilité à court terme, sans souci de la durabilité de l'exploitation des ressources naturelles comme le sol.

A Des menaces sur la biodiversité des sols

Les agrosystèmes sont caractérisés par une faible biodiversité qui se retrouve aussi au niveau des sols qui les supportent ; l'utilisation massive et répétée de pesticides est nuisible à la faune et à la flore peuplant le sol.

B L'érosion des sols et les cultures intensives

Dans les monocultures, les sols restant nus après les récoltes, l'eau s'y infiltre difficilement ; le ruissellement n'est pas freiné par la végétation et l'érosion du sol s'accélère.

C L'érosion des sols et la déforestation

On assiste actuellement à une déforestation galopante, en particulier dans les forêts tropicales. Cette déforestation entraîne une exportation massive de matière organique.
Les averses, importantes dans ces régions, ravinent les sols qui deviennent rapidement infertiles et imperméables.

D L'érosion des sols et le surpâturage

Les troupeaux, en broutant herbes et arbustes, contribuent à diminuer un peu plus la végétation : les sols se dénudent et l'érosion est alors très active.

4 Une utilisation des sols pour produire de l'énergie

A Les biocarburants

Les biocarburants sont produits à partir de matière organique non fossile provenant de la biomasse. On distingue différentes filières :
– la **filière huile** et ses dérivés qui donnent du biodiesel ;
– la **filière alcool**, produit à partir d'amidon ou de cellulose, par exemple.
Le **biodiesel** est obtenu à partir d'huile végétale ou animale et destiné à remplacer le carburant utilisé dans les moteurs classiques (gazole). Le **bioéthanol** est obtenu par fermentation de sucres grâce à des levures.

B Les agrocarburants

Les **agrocarburants** sont des biocarburants issus de la production agricole.

• **La première génération d'agrocarburants** utilise les organes de réserves des plantes comme les graines (blé, maïs, colza et tournesol), les racines de betterave, les fruits du palmier à huile.

• **La seconde génération d'agrocarburants** utilise la plante entière. Dans ce cas, toutes les molécules organiques qui composent le végétal sont utilisées. Cette solution permet de valoriser les déchets verts, les tiges, les pailles, les feuilles...

C Les avantages des agrocarburants

Les agrocarburants apportent des réponses non négligeables à la demande d'énergie du fait de la raréfaction des ressources disponibles en énergie fossile.
Ils pourraient permettre à certains pays d'accéder une certaine autonomie énergétique, et offrent une nouvelle filière d'exploitation pour les agriculteurs.

D Impacts environnementaux

• **Impact sur la biodiversité.** La production de biocarburant nécessite la culture intensive d'une variété végétale (monoculture) sur d'importantes surfaces.
Dans certains pays, la déforestation massive nécessaire à ces cultures n'a fait qu'augmenter l'érosion de la biodiversité.

> **À noter**
>
> La production massive d'éthanol peut augmenter la pression sur les terres cultivables et accélérer la déforestation.

• **Impact sur les sols.** L'utilisation massive de pesticides et d'engrais entraîne une dégradation des sols contribuant à réduire la surface des sols cultivables.

• **Impact sur le cycle de l'eau.** Les surfaces mises en jeu pour assurer une production suffisante d'agrocarburants nécessitent une consommation d'eau tout aussi importante. Cette consommation amène à l'épuisement des réserves d'eau douce et une modification des flux d'eau entre les différents réservoirs d'eau.
À ces problèmes environnementaux s'ajoute une concurrence entre l'utilisation de la biomasse productrice d'aliments et celle productrice d'agrocarburants. La demande de biocarburants « bouleverse » les marchés agricoles.

> **Exemple**
>
> Les céréales nécessaires pour le plein d'un véhicule 4 × 4 peuvent nourrir un humain pendant un an.

16 Quantifier l'effort et ses effets

1 L'apport d'énergie

A La consommation de nutriments et de dioxygène

• **L'exercice physique : un travail musculaire.** La **contraction** des muscles est un **travail musculaire** qui est mesurable. Ce travail nécessite une **dépense énergétique** qui doit être compensée par un apport d'énergie permanent.

Activité	Dépense énergétique en kJ/h
Écriture	450
Marche	900
Tennis	1 260
Jogging	1 450
Ski de fond	2 500

▲ Variations des dépenses énergétiques mesurées au cours de diverses activités.

• **L'utilisation des nutriments.** Ce sont les **molécules organiques** apportées par l'alimentation qui fournissent l'énergie nécessaire pour effectuer un travail musculaire. Cependant, pour être assimilées, les molécules organiques doivent être d'abord simplifiées en molécules plus petites, ou **nutriments**, au cours de la digestion.

Grâce au sang, les nutriments sont apportés aux muscles ; ils sont alors dégradés dans les **cellules musculaires**. Au cours de cette dégradation, une grande partie de l'énergie stockée dans les molécules organiques (nutriments) est libérée et utilisée pour permettre la contraction du muscle.

• **L'apport en dioxygène.** La dégradation des molécules organiques s'accompagne d'une consommation de dioxygène. On dit qu'il y a **oxydation de la matière organique.** Cette dégradation correspond au phénomène de **respiration cellulaire.** La respiration permet donc de fournir l'énergie nécessaire à l'organisme.

L'équation bilan de la respiration cellulaire lors de la consommation du glucose s'écrit :

$$C_6H_{12}O_6 + 6\ O_2 \rightarrow 6\ CO_2 + 6\ H_2O + \text{Énergie}$$

B Les variations de la consommation en nutriments et en dioxygène

• **La consommation en nutriments et en dioxygène au cours d'un exercice physique.** La consommation en nutriments augmente au cours d'un exercice physique ; le travail musculaire entraîne une augmentation de la consommation en dioxygène.

On peut mesurer les dépenses énergétiques de l'organisme au cours d'un effort en mesurant sa consommation en dioxygène, appelé **VO_2** (volume de dioxygène consommé).

Paramètres sanguins (par min et par kg de muscle)	Muscle au repos	Muscle en activité
Volume de sang traversant le muscle	225 mL	1 040 mL
Dioxygène consommé	8,4 mL	115 mL
Glucose utilisé	15,5 mg	190 mg

▲ Variations de quelques paramètres sanguins au cours de la contraction d'un muscle.

• **Les limites de la consommation en dioxygène.** L'organisme ne peut pas prélever du dioxygène au-delà d'un certain seuil correspondant au **VO_2 max** (consommation maximale de dioxygène d'un sujet effectuant un effort physique prolongé d'intensité maximale).

Le travail musculaire est limité par le VO_2 max qui correspond à la quantité maximale de dioxygène qu'un sujet peut prélever au niveau pulmonaire, transporter au niveau du sang et consommer au niveau musculaire.

– La Vitesse Maximale Aérobie, ou **VMA,** est la vitesse à partir de laquelle une personne consomme le maximum de dioxygène, c'est-à-dire atteint le VO_2 max.
– La Puissance Maximale Aérobie, ou **PMA**, est la puissance développée par un individu pour atteindre la VMA.

À noter
Le VO_2 max diminue avec l'âge, mais augmente avec l'entraînement.

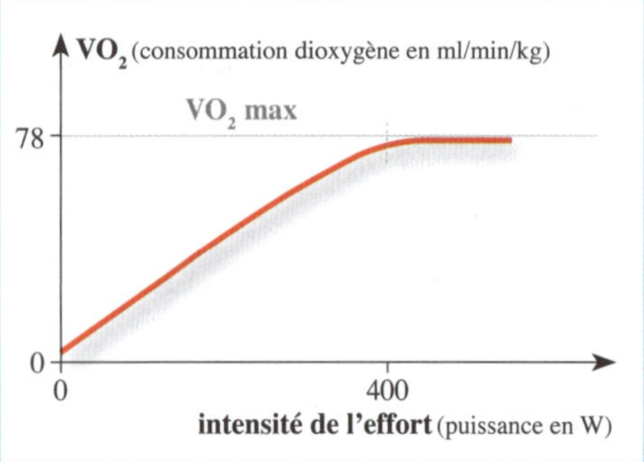

▲ Variation du volume de O_2 consommé en fonction de la puissance de l'exercice.

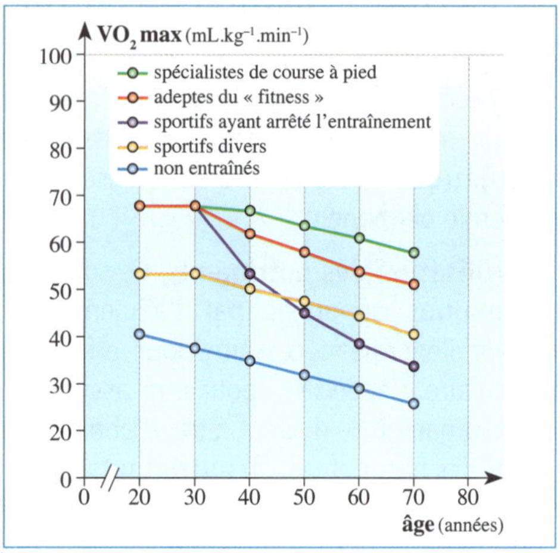

Évolution avec l'âge de VO_2 max chez des hommes entraînés et non entraînés. ▶

2 Les modifications des paramètres physiologiques

A Le cœur : une pompe efficace

• **Les différentes parties du cœur.** Le cœur est un muscle creux divisé en deux parties séparées par une cloison étanche. Chaque partie du cœur comporte deux cavités communiquant entre elles : l'**oreillette** et le **ventricule.**
Les deux parties du cœur se contractent (**systole**), puis se relâchent (**diastole**) de manière synchrone au cours d'une **révolution cardiaque.**

• **Circulation du sang.** Chaque partie du cœur joue le rôle d'une pompe.
– La partie gauche du cœur reçoit le sang enrichi en dioxygène provenant des poumons et l'envoie aux autres organes.
– La partie droite du cœur reçoit le sang appauvri en dioxygène en provenance des organes et l'envoie aux poumons.
Dans chaque partie du cœur, le sang circule à sens unique grâce à la présence de valvules. Le sang arrive aux oreillettes par des **veines** et quitte les ventricules par des **artères.**

À noter
L'organisation du cœur en deux parties, gauche et droite, impose une double circulation du sang dans l'organisme.

B L'efficacité de l'appareil cardio-respiratoire au cours d'un effort physique

• **Modifications de l'activité du système respiratoire.** La **fréquence respiratoire** (nombre de cycles respiratoires par minute) augmente en fonction de la puissance de l'effort. L'**amplitude** des mouvements respiratoires (inspiration et expiration) augmente également en fonction de la puissance de l'effort.
Le **volume courant** (ou volume d'air ventilé par les poumons) est donc plus grand.

L'augmentation de ces deux paramètres, fréquence respiratoire et volume courant, concourt à augmenter le **débit ventilatoire** ou **débit respiratoire** qui correspond au volume d'air ventilé par les poumons par minute. Cela permet de renouveler plus rapidement l'air dans les poumons et donc un approvisionnement en dioxygène suffisant.

• **Modifications de l'activité du système cardio-vasculaire.** La **fréquence cardiaque** (nombre de battements par minute) augmente en fonction de la puissance de l'effort. Le volume d'**éjection systolique** (volume de sang éjecté par un ventricule à chaque contraction) augmente également en fonction de la puissance de l'effort.
L'augmentation de ces deux paramètres, fréquence cardiaque et volume d'éjection systolique, concourt à augmenter le **débit cardiaque** (volume de sang éjecté par chaque ventricule par minute). Cela permet d'augmenter le débit de sang au niveau des muscles en activité et un meilleur approvisionnement en dioxygène et en nutriments qui arrivent par les capillaires sanguins.

• **Une organisation anatomique assurant un apport optimal en dioxygène et en nutriments.** La disposition en série de la circulation pulmonaire et de la circulation générale permet la recharge en dioxygène de l'ensemble du volume sanguin.
La **circulation pulmonaire** permet au sang de se saturer en dioxygène. La **circulation générale** distribue ce sang oxygéné aux différents organes.
Les différents organes de la circulation générale sont disposés en parallèle, ce qui permet à chaque organe de recevoir en permanence du sang saturé en dioxygène.
L'augmentation du débit cardiaque permet d'apporter davantage de dioxygène aux muscles en activité.
La disposition en parallèle de la circulation générale associée à une **vasomotricité** variable permet d'assurer un approvisionnement préférentiel de dioxygène aux muscles en activité.

À noter
Le débit cardiaque est le même dans les deux circulations, pulmonaire et générale.

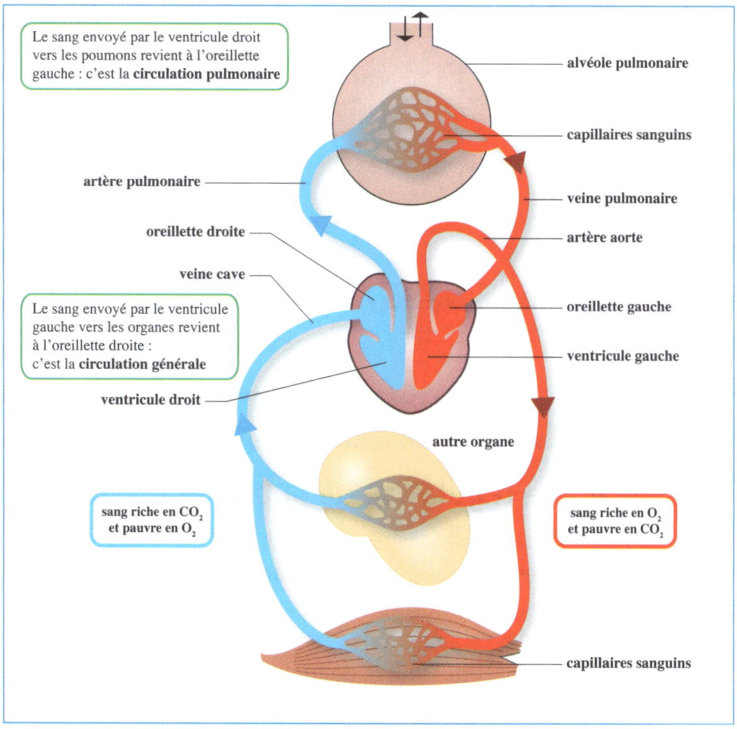

▲ Schéma de la double circulation sanguine.

SVT

17 Étude d'un paramètre physiologique au cours de l'effort

1 Un paramètre qui varie au cours de l'effort : la pression artérielle

A Origine de la pression artérielle

Les **contractions rythmiques** du muscle cardiaque assurent la propulsion du sang dans l'appareil circulatoire et sont à l'origine de la pression régnant dans l'ensemble des vaisseaux. Le flot sanguin exerce sur la paroi des artères une pression appelée **pression artérielle.**

À noter

Lorsqu'une artère est sectionnée, le sang jaillit : le sang circule donc sous pression, c'est-à-dire à une pression supérieure à la pression atmosphérique.

B Une mesure chez l'Homme

La mesure de la pression artérielle (appelée aussi **tension artérielle**) consiste à estimer la pression sanguine régnant dans l'artère du bras à l'aide d'un tensiomètre. On enregistre alors deux valeurs : la **pression systolique** et la **pression diastolique.**

C Les variations de la pression artérielle

La pression artérielle varie au cours de la journée. Elle est plus élevée lorsque l'individu est en activité que durant son sommeil.
Une activité physique intense entraîne une augmentation du débit cardiaque qui tend à son tour à élever la pression artérielle.

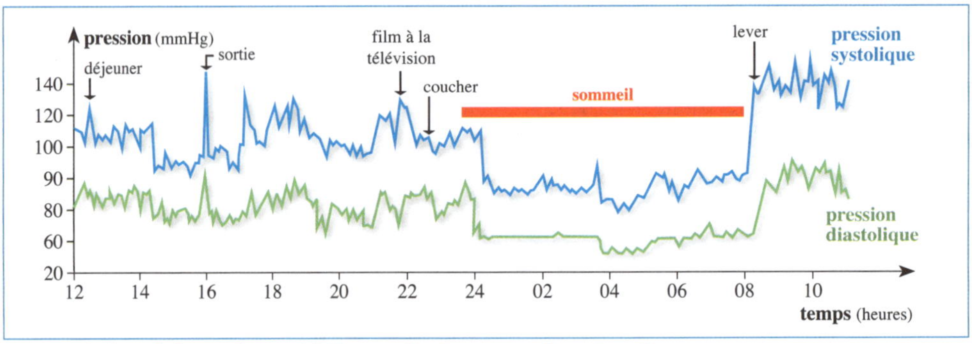

▲ Les variations de la pression artérielle enregistrée au cours d'une journée.

2 La régulation de la pression artérielle

A La nécessité d'une régulation de la pression artérielle

Les variations de la pression artérielle doivent rester dans certaines limites.
Des mécanismes assurent la régulation de la pression artérielle.
– Une **hypotension** trop importante (chute de la pression artérielle) se traduit par un débit sanguin insuffisant au niveau des organes.
– Une **hypertension** trop importante (hausse de la pression artérielle) augmente le risque de maladies cardiovasculaires.

B Un contrôle réflexe de la pression artérielle

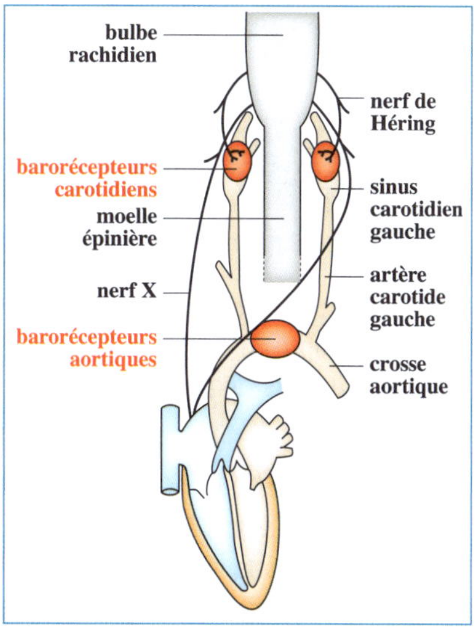

▲ Localisation des barorécepteurs.

Les variations de la pression artérielle sont captées par des récepteurs, appelés **barorécepteurs** et localisés au niveau de la crosse aortique et des sinus carotidiens.

Lorsqu'il y a une hausse de la pression artérielle à ces niveaux, les barorécepteurs envoient un message nerveux (succession de signaux de nature électrique) vers un centre nerveux, le **bulbe rachidien.**

Ce centre nerveux envoie à son tour un message nerveux vers le cœur. Ce dernier répond par une diminution de la fréquence cardiaque, ce qui entraîne une baisse de la pression artérielle.

C Les différents acteurs de la régulation

La régulation fait intervenir :

– des récepteurs sensibles aux variations de la pression artérielle et localisés au niveau des artères (carotides et aorte) ;

– des nerfs qui transmettent un **message nerveux afférent** au centre nerveux cardio-régulateur, localisé au niveau du bulbe rachidien ;

– un centre nerveux qui enregistre le message nerveux qu'il reçoit et transmet à nouveau des messages **nerveux efférents** en direction de l'**effecteur ;**

– un **effecteur,** le cœur, qui répond en fonction du message nerveux que lui envoie le centre nerveux.

Il existe deux types de **voies efférentes :**

– les voies **parasympathiques** qui réduisent le rythme cardiaque et abaissent donc la pression artérielle ;

– les voies **orthosympathiques** dont le rôle est inverse.

D Notion de boucle de régulation

Le contrôle réflexe met en jeu une **boucle de régulation** dont le rôle est de maintenir la valeur de la pression artérielle aux alentours d'une valeur consigne.

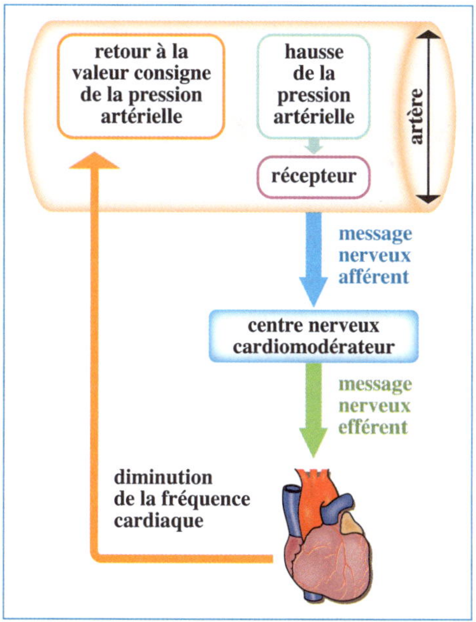

▲ Schéma fonctionnel d'une boucle de régulation.

SVT

18 Pratiquer une activite physique en préservant sa santé

1 Localisation des différents types d'accident musculo-articulaires

• **Les déchirures musculaires** sont des détériorations du tissu musculaire qui peuvent survenir pendant ou après un exercice physique intense.
Il existe plusieurs degrés de gravité de déchirures musculaires : l'élongation, l'étirement et le claquage.

• **Les détériorations du tendon** correspondent à des **tendinites** ou des ruptures de tendon.

• **Les entorses et les luxations** sont des détériorations de la structure articulaire.
– L'**entorse** est une lésion touchant une articulation et se caractérisant par une élongation ou une déchirure d'un ou des ligaments de l'articulation.
– Si l'articulation se déboîte, il s'agit d'une **luxation.**

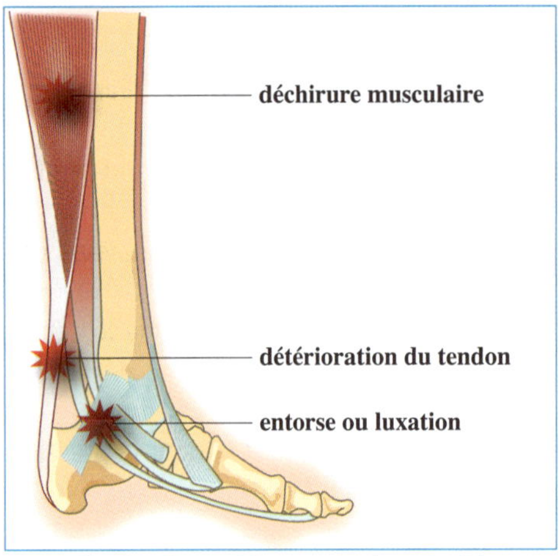

▲ Localisation des accidents musculo-articulaires.

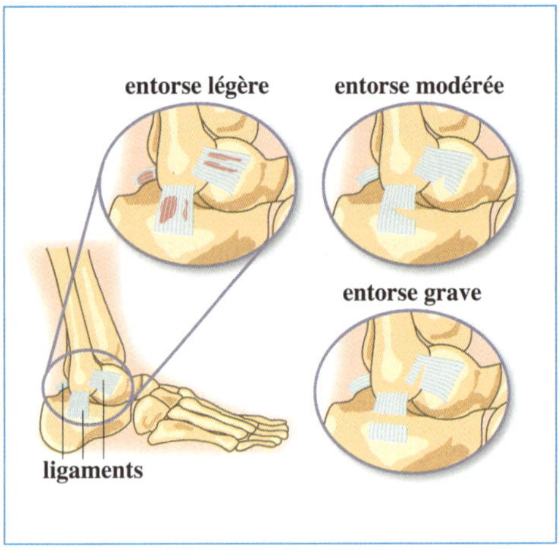

▲ Les trois niveaux de gravité de l'entorse.

2 Anatomie d'une articulation : la cheville

L'organisation du système musculo-articulaire permet un mouvement des membres. On étudie ici un mouvement particulier : celui de l'extension du pied.

• **Les principaux os de l'articulation de la cheville :** le **péroné**, le **tibia** et l'**astragale.** Les deux premiers (appartenant à la jambe) viennent s'emboîter dans le troisième (appartenant au pied). L'emboîtement des os au niveau de la cheville ne permet des mouvements du pied que dans une direction.
Au niveau de l'articulation, l'extrémité des os est recouverte d'un **cartilage articulaire** lisse qui

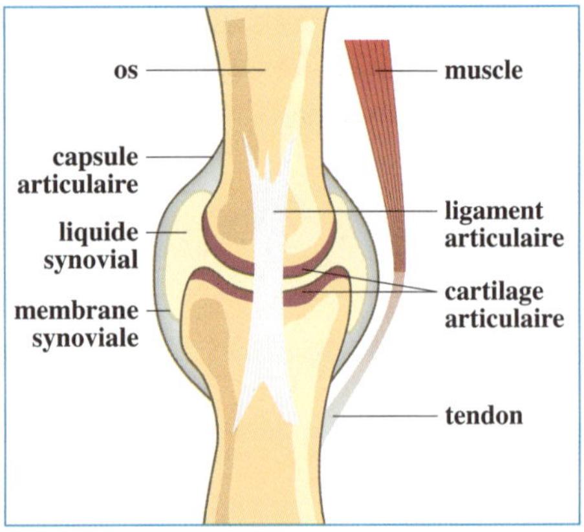

▲ Schéma d'une articulation.

permet le glissement des os. Les cartilages baignent dans le **liquide synovial** qui sert de lubrifiant pour faciliter les mouvements relatifs des os au niveau de l'articulation.

• **Le rôle des ligaments.** Les articulations sont maintenues par des **ligaments** qui assurent la cohésion des os, mais limitent leurs déplacements (afin d'éviter toute luxation).

3 Le muscle squelettique

• **L'organisation du muscle squelettique.** Les muscles squelettiques sont des muscles qui adhèrent à des parties du squelette. Ils sont composés de **fibres musculaires** disposées parallèlement les unes aux autres.
Chaque fibre musculaire provient de la fusion de nombreuses cellules musculaires. Chaque fibre a la capacité de se contracter, ce qui entraîne son raccourcissement.
Les extrémités des muscles sont rattachées aux os par le biais de tendons.

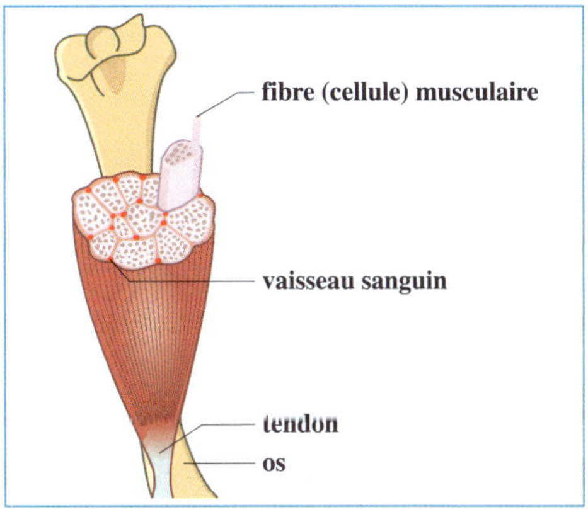

▲ Schéma de l'organisation d'un muscle squelettique.

• **La contraction musculaire.** À l'échelle du muscle, la contraction plus ou moins importante d'un nombre variable de fibres musculaires est à l'origine de la contraction plus ou moins intense du muscle. La contraction du muscle entraîne son raccourcissement.
Les muscles sont donc des organes très spécialisés dont la fonction est de se contracter.

4 Le fonctionnement du système musculo-articulaire

• **Les mouvements du pied et les différents muscles permettant ces mouvements.** On parle de **flexion** lorsque le pied remonte en se rapprochant du tibia. L'**extension** correspond au mouvement inverse : le pied va vers le bas, presque dans le prolongement de la jambe.
Des mouvements volontaires au niveau d'une articulation (ici la cheville) ne peuvent se réaliser sans la présence de muscles.
Ainsi, on peut considérer deux muscles principaux pour réaliser les mouvements de flexion et d'extension du pied. Ces muscles se trouvent au niveau du segment antérieur du membre (la jambe) :
– le **triceps sural** (muscle du mollet) est rattaché au **calcanéum** (os du talon) par le biais du **tendon d'Achille ;**
– le muscle **jambier antérieur** (muscle du devant de la jambe à côté du tibia) est rattaché à des os au-dessus du pied par le biais d'un tendon.

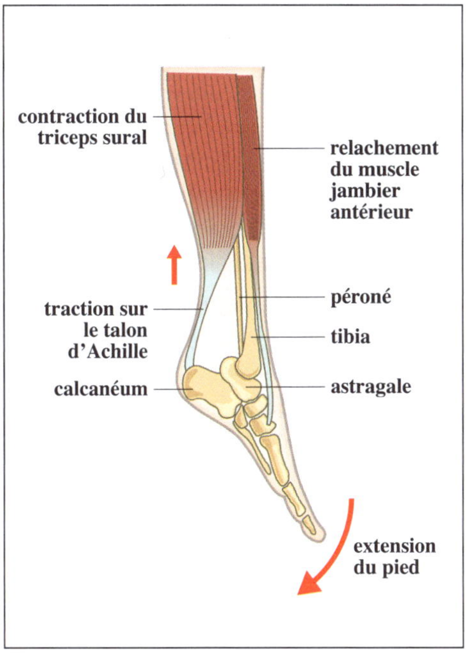

▲ Schéma du mouvement d'extension du pied.

• **Le rôle des muscles au cours de l'extension du pied.** La contraction d'un muscle entraîne son raccourcissement. La force exercée tire sur le tendon qui est rattaché au segment suivant. Cela permet un mouvement au niveau de l'articulation.
Pour l'extension du pied, la contraction du triceps sural entraîne son raccourcissement et la traction sur le tendon d'Achille. Le calcanéum est alors tiré vers l'arrière et mettant en mouvement l'articulation de la cheville, ce qui conduit à l'extension du pied.

5 Les pratiques qui augmentent la fragilité du système musculo-articulaire

• **Une activité répétitive responsable d'inflammation du tendon (tendinites)** qui provoque des douleurs au cours des mouvements.
Les tendinites touchent surtout les sportifs qui répètent les mêmes mouvements et les personnes dont le métier implique des gestes répétitifs (électriciens, jardiniers,...) ou des vibrations (utilisation de machines-outils).

À noter

La rupture totale d'un tendon ne permet plus aucun mouvement du membre concerné.

• **Une sollicitation exagérée de l'articulation.** Au niveau de la cheville, une **entorse** peut survenir dans les cas suivants :
– une flexion, une extension ou une torsion de l'articulation au-delà de son amplitude normale, comme lorsque l'on se tord la cheville en marchant sur une surface accidentée ;
– une tension extrême sur une articulation comme lorsqu'un joueur de football ou de basket-ball change brusquement de direction ;
– un coup direct sur une articulation ;
– des entorses antérieures qui ont laissé un ligament affaibli.

• **Une sollicitation exagérée du muscle.**
La contracture : ce sont des micro-déchirures au niveau des fibres musculaires. Le muscle ne retrouve pas sa longueur initiale après un exercice, d'où la douleur.
La contracture est la conséquence d'une activité anormale ou exagérée du muscle (contraction exagérée au cours d'un effort violent).
L'élongation : on a une impression d'étirement du muscle qui n'implique pas l'arrêt de l'effort, mais simplement de le limiter. Il n'y a pas de gros dégâts anatomiques.
C'est l'inverse de la contracture, le muscle a été au-delà de ses possibilités d'étirement.
Le claquage : c'est la lésion plus ou moins importante d'un certain nombre de fibres musculaires. Il y a des dégâts anatomiques. Dans des cas extrêmes, le muscle peut se rompre totalement.

• **Des comportements dangereux responsables de lésions importantes.** Les sportifs utilisent des produits dopants pour diminuer la douleur musculaire ou articulaire suite à un exercice prolongé. Les anesthésiques locaux, utilisés abusivement, peuvent conduire le sportif à dépasser ses capacités physiques par abolition de la douleur, d'où les accidents de claquages musculo-tendineux ou les traumatismes articulaires.

Langues

ANGLAIS

ESPAGNOL

ALLEMAND

1 Présent simple ou présent *be + V-ing*

1 Le présent simple

A Forme affirmative

1re et 2e personnes du singulier et du pluriel + 3e personne du pluriel	**Base verbale** (c'est-à-dire le verbe sous la forme qu'il a dans le dictionnaire, par exemple *come, go, walk, run*)
3e personne du singulier	**Base verbale + *-s***

Ex. : ***run*** (courir) → *I run, you run, he / she / it runs, we run, you run, they run.*

Attention !
N'oubliez surtout pas le *-s* de la troisième personne du singulier.

B Modifications orthographiques à la 3e personne du singulier

- Pour les verbes qui se terminent par *-ss, -sh, -ch, -x* ou *-o*, on ajoute ***-es***.
Ex. : *push → he / she / it pushes ;*
miss → he / she / it misses.

- Pour les verbes terminés par *-y* précédé d'une consonne, ***y → i*** et on ajoute ***-es***.
Ex. : *carry → he / she / it carries.*

Attention !
Cette règle ne s'applique pas aux verbes terminés par *-y* précédé d'une voyelle.
Ex. : *pay → he / she **pays**.*

C Forme négative

1re et 2e personnes du singulier et du pluriel + 3e personne du pluriel	***don't*** **+ base verbale**
3e personne du singulier	***doesn't*** **+ base verbale**

Ex. : ***run*** → *I don't run, you don't run* (tu ne cours pas), *he doesn't run / she doesn't run / it doesn't run, we don't run, you don't run* (vous ne courez pas), *they don't run.*

D Forme interrogative

1re et 2e personnes du singulier et du pluriel + 3e personne du pluriel	***Do*** **+ sujet + base verbale + ?**
3e personne du singulier	***Does*** **+ sujet + base verbale + ?**

Ex. : ***run*** → *Do I run?, Do you run?* (Cours-tu ?), *Does he run? / Does she run? / Does it run?, Do we run?, Do you run?, Do they run?*

E Forme interro-négative

1re et 2e personnes du singulier et du pluriel + 3e personne du pluriel	***Don't*** **+ sujet + base verbale + ?**
3e personne du singulier	***Doesn't*** **+ sujet + base verbale + ?**

Ex. : *Don't I run?, Don't you run?, Doesn't he run? / Doesn't she run? / Doesn't it run?, Don't we run?, Don't you run?, Don't they run?*

2 Le présent *be* + *V-ing*

- **Formation :** ***be*** **au présent + base verbale +** ***-ing***.
- **Exemple :** ***run***

Forme affirmative : *I am running, you are running, he / she / it is running, we are running, you are running, they are running.*
Forme négative : *I'm not running, you're not running, he / she / it is not running, we're not running, you're not running, they're not running.*
Forme interrogative : *am I running?, are you running?, is he / she / it running?, are we running?, are you running?, are they running?*
Forme interro-négative : *am I not runing?, aren't you running?, isn't he / she / it running?, aren't we running?, aren't you running?, aren't they running?*

3 Emploi du présent simple ou du présent *be* + *V-ing*

A Emploi du présent simple

- Pour exprimer **une vérité générale**.

Ex. : *Most people* ***want*** *to have children.* (La plupart des gens veulent avoir des enfants.)

- Pour exprimer **une habitude**.

Ex. : *I* ***have*** *breakfast at 6.30.* (Je prends mon petit déjeuner à 6 heures et demie.)

- Pour exprimer **une opinion, un sentiment, un désir**.

Ex. : *He* ***doesn't believe*** *in reincarnation but he* ***thinks*** *it's a beautiful notion.* (Il ne croit pas à la réincarnation, mais il pense que c'est une belle idée.)
I ***don't feel*** *like going to the cinema.* (Je n'ai pas envie d'aller au cinéma.)

- Pour **décrire l'action** dans un film ou un commentaire télévisé.

Ex. : *Superman* ***frees*** *her from her chains, and* ***carries*** *her away in his arms.* (Superman la libère de ses chaînes et l'emporte dans ses bras.)

- Dans les subordonnées introduites par ***when*** quand la principale exprime le futur.

Ex. : *That idiot will kill her when she* ***walks*** *out.* (Cet imbécile la tuera quand elle sortira.)

> **Attention !**
>
> Pour exprimer un futur, on peut employer le présent, **simple ou progressif + adverbe ou complément de temps.**
>
> Ex. : *I* ***go*** *to Rome next week. = I'****m going*** *to Rome next week.* (Je vais à Rome la semaine prochaine.)

B Emploi du présent *be* + *V-ing*

- Pour **décrire ce qui est en train de se dérouler au moment où l'on parle.**

Ex. : *"What's Laura doing?"*
"She is getting up."
(« Que fait Laura ? – Elle est en train de se lever. »)

- Pour **décrire ce qui a lieu dans une période qui englobe le moment où l'on parle.**

Ex. : *They are drafting a new bill.* (On prépare un nouveau projet de loi.)

- Associé à l'adverbe ***always***, le présent *be* + *V-ing* peut exprimer **l'irritation**.

Ex. : *Why are you always criticizing your parents?* (Mais pourquoi est-ce que tu critiques sans arrêt tes parents ?)

2 L'expression du passé

1 Le prétérit simple

La forme du prétérit simple des verbes réguliers et irréguliers est la même à toutes les personnes, y compris la 3e personne du singulier.

A Verbes réguliers à la forme affirmative

• **Formation : base verbale + *-ed*** (***-d*** si le verbe se termine par un *e*).
Ex. : *talk* → ***talked*** ; *stay* → ***stayed*** ; *love* → ***loved***.

• **Modifications orthographiques.** Pour les verbes terminés par *y* précédé d'une consonne, ***y*** devient ***i*** : *try* → ***tried***.
Pour les verbes terminés par une seule consonne précédée d'une seule voyelle, et à condition que la dernière syllabe soit accentuée, on redouble la consonne finale : *stop* → ***stopped*** ; *pin* → ***pinned***.

Exception !

Book → ***booked*** parce qu'il y a deux voyelles avant la consonne finale.

B Verbes irréguliers à la forme affirmative

Le prétérit des verbes irréguliers est une forme qui est, le plus souvent, différente de la base verbale et qu'il faut apprendre par cœur.
Ex. : *eat* (manger) → *ate* ; *take* (prendre) → *took* ; *buy* (acheter) → *bought*.

Prononciation

La marque du prétérit des verbes réguliers se prononce de trois façons différentes.
• [ɪd] après les sons [t] et [d] :
*He **noted** what the teacher said.* [nəʊtɪd]
• [t] après les sons [p], [k], [f], [s], [θ], [ʃ] et [tʃ] :
walked [wɔ:kt] ***kissed*** [kɪst] ***pushed*** [pʊʃt]
• [d] après tous les autres sons :
loved [lʌvd] ***played*** [pleɪd]

C Formes négative et interrogative des verbes réguliers ou irréguliers

• **Forme négative : *did not* / *didn't* + base verbale.**
Ex. : *She **didn't watch** the match on TV.* (Elle n'a pas regardé le match à la télé.)

• **Forme interrogative : *did* + sujet + base verbale + *?***
Ex. : ***Did she buy** a new car?* (A-t-elle acheté une nouvelle voiture ?)

2 Le prétérit *be + V-ing*

• **Formation : prétérit de *be* + base verbale + *-ing*.**

• **Exemple : *play* (jouer)**
Forme affirmative : *I / he / she / it* ***was playing****. You / we / they* ***were playing****.*
Forme négative : *I / he / she / it* ***was not playing****. You / we / they* ***were not playing****.*
Forme interrogative : *Was I / he / she / it* ***playing****? Were you / we / they* ***playing****?*
Forme interro-négative : ***Wasn't*** *I / he / she / it* ***playing****?* ***Weren't*** *you / we / they* ***playing****?*

3 Emploi du prétérit simple ou du prétérit *be + V-ing*

Le prétérit est le **temps du récit au passé** en anglais. Il correspond à plusieurs temps français : le passé composé, le passé simple, l'imparfait.

A Emploi du prétérit simple

• Pour parler d'une **action ou d'un état situés dans le passé**, à un **moment** qui est explicitement ou implicitement **précisé**.
Ex. : *Trump **was** elected president in 2016.* (Trump a été élu président en 2016.)

• Pour **interroger sur le moment du passé**.
Ex. : *When **did you** see her?* (Quand l'avez-vous vue ?)

• Pour parler d'une **action terminée qui a eu une certaine durée dans le passé**.
Ex. : *We **stayed** in the United States for three years.* (Nous sommes restés trois ans aux États-Unis.)

• Pour parler d'**habitudes passées**.
Ex. : *He **went** to bed at 11 p.m. every evening.* (Il se couchait tous les soirs à 11 heures.)

B Emploi du prétérit *be + V-ing*

On emploie le **prétérit *be + V-ing*** pour exprimer qu'une action est **vue dans son déroulement**. Cette action est souvent située par rapport à une autre action, plus ponctuelle, qui sert de repère et qui est exprimée par un prétérit simple.
Ex. : *When I arrived, he **was talking** on the phone.* (Quand je suis arrivé, il parlait au téléphone.)
arrived exprime l'action qui sert de point de repère ; ***was talking*** exprime l'action qui était en cours à ce moment-là.

4 *Used to*

Pour parler d'une action terminée, d'une habitude révolue, on peut aussi employer l'expression ***used to*** suivie de la base verbale.
Ex. : *I **used to stay** at that hotel years ago.* (Je séjournais dans cet hôtel il y a des années de cela.)

5 Le *present perfect*

A Le *present perfect* simple

• **Formation : présent de *have* + participe passé du verbe.**

• **Exemple : *eat* (manger)**
Forme affirmative : *I / you / we / they **have eaten**. He / she / it **has eaten**.*
Forme négative : *I / you / we / they **haven't eaten**. He / she / it **hasn't eaten**.*
Forme interrogative : *Have I / you / we / they **eaten**? Has he / she / it **eaten**?*
Forme interro-négative : *Haven't I / you / we / they **eaten**? **Hasn't** he / she / it **eaten**?*

• **Emploi :** Avec le *present perfect*, on **relie toujours le présent au passé**. On fait, dans le présent, un bilan sur le passé, ou bien on exprime un point de vue présent sur une action, un événement situés **totalement ou en partie** dans le passé. C'est pourquoi, lorsqu'une action n'est pas localisée de façon précise dans le passé, on emploie le *present perfect.*
Ex. : ***Have you done** your homework?* (As-tu fait tes devoirs et appris tes leçons ?) On emploie le *present perfect* parce qu'on ne s'intéresse pas au moment de l'action mais au résultat. La réponse pourra être : *Yes, I **have**. I **did** it as soon as I returned from school.* (Oui. Je les ai faits dès que je suis rentré de l'école.) La deuxième partie de la réponse est au prétérit *(did)* parce que l'action est située précisément dans le passé.

B Le *present perfect be + V-ing*

• **Formation :** ***present perfect*** **de** ***be*** **+ base verbale +** ***-ing***.

Ex. : *They* ***have been working*** *in the garden for two hours.* (Il y a deux heures qu'ils / elles travaillent au jardin.)

• **Emploi.** On emploie le *present perfect be + V-ing* pour les actions commencées dans le passé et non terminées ou qui viennent tout juste de se terminer.

Ex. : *He* ***has been walking*** *non-stop for five hours.* (Il y a cinq heures qu'il marche sans s'arrêter.)

> **Attention !**
> Notez l'emploi du présent en français.

6 Le *past perfect*

A Le *past perfect* simple

• **Formation :** ***had*** **+ participe passé.**

Ex. : *He* ***had slept*** *on the train and felt quite refreshed when he arrived.* (Il avait dormi dans le train et se sentait bien reposé en arrivant.)

• **Emploi.** Le ***past perfect*** s'emploie pour marquer l'antériorité d'une action ou d'un état par rapport à un moment du passé exprimé au prétérit.

Ex. : *They* ***had known*** *each other for over five years when they decided to get married.* (Ils se connaissaient depuis plus de cinq ans quand ils ont décidé de se marier.)

B Le *past perfect be + V-ing*

• **Formation :** ***had been*** **+ base verbale +** ***-ing***.

• **Emploi.** Cette forme s'emploie pour insister sur le fait qu'une action était en train de se dérouler ou bien qu'elle n'était pas terminée au moment de référence (exprimé au prétérit).

Ex. : *He* ***had been driving*** *for two hours when he realized he was going in the wrong direction.* (Il roulait depuis deux heures quand il s'est rendu compte qu'il allait dans la mauvaise direction.)

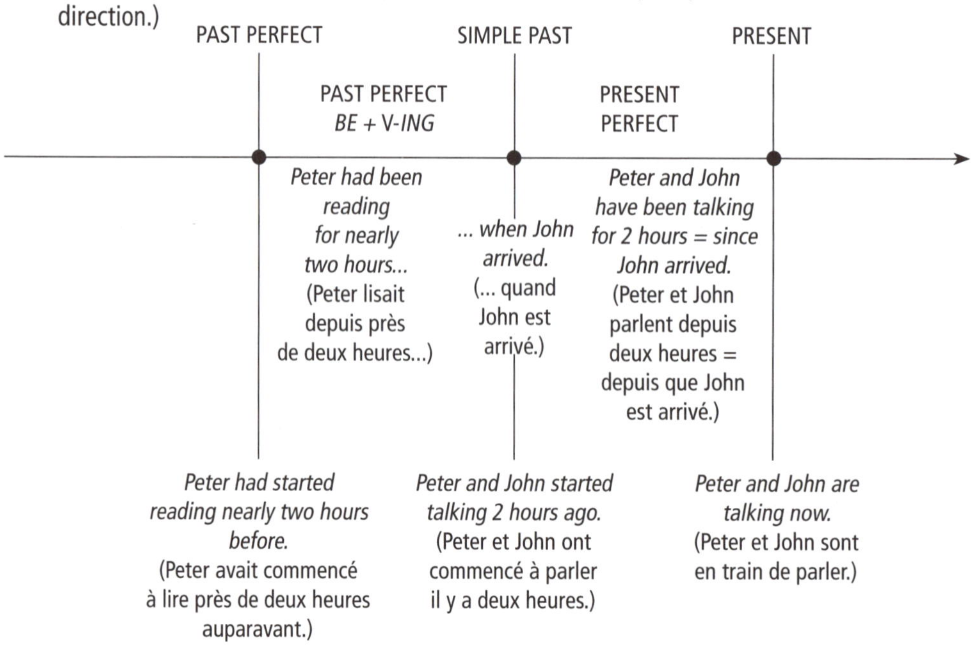

3 L'expression du futur

Il n'y a pas de futur en anglais. Mais il y a plusieurs manières d'exprimer la futurité.

1 L'auxiliaire *will*

• Formes

– **Forme affirmative : sujet +** ***will*** **+ base verbale.**
– **Forme négative : sujet +** ***won't*** **+ base verbale.**
– **Forme interrogative :** ***will*** **+ sujet + base verbale + ?**
– **Forme interro-négative :** ***won't*** **+ sujet + base verbale + ?**

• Emploi

• Pour exprimer qu'un **événement** est **certain**, **déterminé à l'avance**.
Ex. : *They* ***will get married*** *next Tuesday.* (Ils se marieront mardi prochain.)

• Pour exprimer une **intention**, une **résolution** (surtout à la forme négative).
Ex. : *I* ***won't spend*** *so much money.* (Je ne dépenserai pas autant d'argent.)

2 L'expression *be going to*

• Avec *be going to*, l'énonciateur **déduit les conséquences futures d'une situation présente**.
Ex. : *We****'re going to be*** *late.* (Nous allons être en retard.) La personne qui parle remarque que le sujet ne se dépêche pas, prend tout son temps, etc.

• Ou bien il exprime sa détermination, sa volonté.
Ex. : *I****'m going to*** *give him a good dressing-down.* (Je vais lui passer un bon savon.)

3 Le présent simple

• Pour parler, de façon impersonnelle, d'un événement à venir.
Ex. : *The train* ***arrives*** *at 5.15.* (Le train arrive à cinq heures quinze.)

• Pour décrire une série d'événements à venir.
Ex. : *We* ***arrive*** *at 6,* ***visit*** *the museum, and then* ***have*** *tea before we go to the theatre.* (Nous arrivons à 6 heures, visitons le musée, puis prenons le thé avant d'aller au théâtre.)

4 Le présent *be + V-ing*

Ex. : *I****'m seeing*** *the doctor on Friday.* (Je vois le médecin vendredi.) C'est la présence d'un marqueur temporel (*on Friday*) qui permet de comprendre que c'est un futur qui est exprimé.

5 L'expression *be about to* + base verbale

Cette formulation exprime un **futur immédiat**.
Ex. : *We****'re about to go*** *out.* (Nous sommes sur le point de sortir.)

4 Les auxiliaires et les expressions de modalité

1 Propriétés communes aux modaux

- Ils n'ont ni infinitif, ni participe présent, ni participe passé.
- Ils ne prennent pas *-s* à la 3e personne du singulier.
- On ne peut associer deux modaux entre eux.
- Ils se conjuguent sans l'auxiliaire *do / did* et sont suivis de la seule base verbale.
- Ils ne se conjuguent pas à tous les temps. Pour les temps qui leur font défaut, on emploie des mots ou des structures qui expriment la même modalité.

2 *Can, could, can't, couldn't*

- **La capacité physique ou intellectuelle. Équivalent : *be able to*.**

Ex. : *This little girl **can** swim very well.* (Cette petite fille sait très bien nager.)

- **Une demande polie : can / could. Pas d'équivalent.**

Ex. : ***Can you** / **Could you** pass me the salt, please?*

- **La permission : can / could. Équivalent : *be allowed to*.**

Ex. : ***Can** I / **Could** I watch TV now?* (Puis-je / Pourrais-je regarder la télé maintenant ?)

- **Une possibilité : can / could. Équivalent : *it is possible* + proposition.**

Ex. : *Pigeons **can** cause diseases.* (Les pigeons peuvent donner des maladies.)
*That bird **could** be a pigeon.* (Cet oiseau pourrait être un pigeon.)

- **L'impossibilité : can't / couldn't. Équivalent : *it is impossible* + proposition.**

Ex. : *He **can't** have written his essay himself – there is not a single mistake.* (Il ne peut pas avoir écrit sa rédaction lui-même : il n'y a pas une seule faute.)

3 *May, might*

- **La permission : may. Équivalent : *be allowed to*.**

Ex. : *They **may** go out if they wish.* (Ils ont la permission de sortir s'ils le souhaitent.)

- **L'éventualité : may. Équivalent : *perhaps* + proposition.**

L'emploi de ***may*** au présent simple exprime que quelque chose pourra se produire dans l'avenir.

Ex. : *It **may** rain.* (Il se pleut qu'il pleuve.)

Si l'on veut indiquer qu'il est peut-être en train de pleuvoir, on emploiera la forme ***be*** + ***V-ing***.

Ex. : *It **may be raining**.* (Peut-être qu'il pleut en ce moment.)

> **À savoir**
>
> Pour le passé, on a deux possibilités : *It may have rained = Perhaps it has rained / Perhaps it rained.*

- **L'hypothèse (conditionnel) : might. Pas d'équivalent.**

Ex. : *It **might** rain if the temperature got lower.* (Il pourrait pleuvoir / Il se pourrait qu'il pleuve si la température baissait.)

4 *Must*

- **Le devoir, l'obligation. Équivalent : *have to.***

Ex. : *We **must** do our English exercises.* (Il faut que nous fassions nos exercices d'anglais.)

- **La forte probabilité. Équivalent : *probably / no doubt / certainly* + proposition.**

Ex. : *They **must** have air-conditioning – they're wearing sweaters when it's so hot outside.* (Ils doivent avoir l'air conditionné : ils portent des pulls alors qu'il fait si chaud dehors.)

Attention !

Mustn't n'exprime pas l'absence d'obligation mais l'**interdiction**.
Ex. : *You **mustn't** run so fast.* (Il ne faut pas que tu coures si vite.)

5 *Will*

- **Le futur (voir p. 319).**
- **La volonté.** Ex. : ***Will** you stop!* (Voulez-vous arrêter !)
- **Une suggestion.** Ex. : ***Won't** you have some rest?* (Reposez-vous donc !)

6 *Would*

- **Le conditionnel.**

Ex. : *I **would** read more if I didn't have so much homework.* (Je lirais plus si je n'avais pas autant de devoirs et de leçons.)

- **La répétition d'une action, d'un état dans le passé.**

Ex. : *Every time my grandmother came she **would** spoil us.* (Chaque fois que ma grand-mère venait, elle nous gâtait.)

- **La volonté.** Cette notion de volonté est plus nette à la forme négative.

Ex. : *I told him to stop but he **wouldn't**.* (Je lui ai dit d'arrêter mais il n'a pas voulu.)

Cas particulier

Avec le verbe *like*, *would* exprime une proposition, une suggestion.
Ex. : ***Would you like** to go for a walk?* (Cela vous tenterait-il d'aller faire une promenade ?)

7 *Should*

- **Pour exprimer un conseil.**

Ex. : *You **should** be more self-confident.* (Tu devrais avoir plus confiance en toi.)

8 L'expression de modalité *had better* (+ *not*) + base verbale

On implique qu'il y a risque pour le sujet s'il ne suit pas le conseil exprimé.
Ex. : *She'**d better take** a raincoat if she doesn't want to be soaked through.* (Elle ferait mieux de prendre un imperméable si elle ne veut pas être trempée.)

5 L'interrogation

1 Les questions fermées

On répond à ces questions par *yes* ou *no*. Elles consistent en une simple forme interrogative.
Ex. : *"Are they dining with us?"* (Est-ce qu'ils dînent avec nous ?)
→ Réponses : *"Yes, they are."* ou : *"No, they aren't."*

2 Les questions ouvertes

Ces questions commencent par un mot interrogatif (adjectif, pronom ou adverbe). Ces mots interrogatifs commençant tous par ***wh***, à l'exception de ***how*** ; on parle de ***"wh-questions"***.

Les mots et expressions interrogatifs.

On emploie	pour interroger sur	Exemple
who...?	une personne	***Who*** *is knocking at the door?* (Qui frappe à la porte ?)
what...?	un objet, une activité	***What*** *is this?* (Qu'est-ce que cela ?) ***What*** *are you doing?* (Que faites-vous ?)
which...?	un objet, une activité, une personne, mais avec choix limité	***Which*** *play do you prefer* – Julius Caesar *or* Coriolanus*?* (Laquelle de ces (deux) pièces préférez-vous : *Jules César* ou *Coriolan* ?)
whose + nom*...?*	un possesseur	***Whose*** *house is that?* (À qui appartient cette maison ?)
why...?	la raison d'une action, d'une attitude	***Why*** *don't you like her?* (Pourquoi est-ce que tu ne l'aimes pas ?)
when...?	le moment	***When*** *will you write?* (Quand écriras-tu ?)
where...?	le lieu	***Where*** *is the key?* (Où est la clé ?)
how...?	le moyen	***How*** *did you get in?* (Comment êtes-vous entré ?)
how much...?	le prix	***How much*** *is that coat?* (Combien coûte ce manteau ?)
how much + nom sing*....?* *how many* + nom plur*....?*	} la quantité	***How much*** *food and* ***how many*** *bottles of water should we take?* (Quelle quantité de nourriture et combien de bouteilles d'eau faudrait-il emporter ?)
how old...?	l'âge	***How old*** *is she?* (Quel âge a-t-elle ?)
how far...?	la distance	***How far*** *is the hotel?* (À quelle distance se trouve l'hôtel ?)
how often...?	la fréquence	***How often*** *do you see them?* (Vous les voyez tous les combien ?)
how long...?	1) la durée 2) la longueur	***How long*** *will you stay?* (Combien de temps resterez-vous ?) ***How long*** *is the room?* (Quelle longueur fait la pièce ?)

6 Les propositions subordonnées relatives

Une subordonnée relative commence par un **pronom relatif** qui reprend un des éléments de la proposition principale appelé **l'antécédent**.

Ex. : *Mary, **who** is my best friend, is sitting next to me.* (Mary, qui est ma meilleure amie, est assise à côté de moi.) Dans cette phrase, *Mary* est l'antécédent de ***who***, qui est pronom relatif (sujet de *is*).

1 Choisir le pronom relatif qui convient

On doit tenir compte de la fonction du pronom relatif dans la subordonnée et de la nature de l'antécédent. En anglais, le pronom relatif n'est pas le même selon que l'antécédent est **humain** ou **non humain**. Le pronom relatif est **sujet** ou **complément d'objet direct** du verbe de la subordonnée, ou bien **complément du nom** qui le suit.

A Antécédent humain

- **Relatif sujet : *who*** ou ***that.***

Ex. : *The man **who** / **that** is wearing a hat is my father.* (L'homme qui porte un chapeau est mon père.)

- **Relatif COD : *whom*** ou ***who*** ou ***that*** ou **pas de pronom (*Ø*)**.

Ex. : *The boy **whom** / **who** / **that** / **Ø** you met is my brother.* (Le garçon que tu as rencontré est mon frère.)

- **Relatif complément de nom : *whose.***

Ex. : *The children **whose** parents are here may leave.* (Les enfants dont les parents sont là peuvent partir.)

B Antécédent non humain

- **Relatif sujet : *which*** ou ***that.***

Ex. : *The book **which** / **that** is on my desk is mine.* (Le livre qui est sur mon bureau est à moi.)

- **Relatif COD : *which*** ou ***that*** ou **pas de pronom (*Ø*)**.

Ex. : *Did you read the book **which** / **that** / **Ø** I gave you?* (As-tu lu le livre que je t'ai donné ?)

- **Relatif complément de nom : *whose.***

Ex. : *The house **whose** owner is ill is on sale.* (La maison dont le propriétaire est malade est à vendre.)

Attention !

Que l'antécédent soit humain ou non humain, le pronom relatif sujet ne peut jamais être omis. Dans la langue parlée, le pronom relatif COD est toujours omis.

C Le pronom relatif complément indirect

On place la préposition à la fin de la proposition relative et on omet le pronom relatif.

Ex. : *This is exactly the friend I've been looking for.* (C'est exactement l'ami(e) que je cherchais.)

7 Rapporter les paroles d'autrui (discours indirect)

Pour rapporter, expliquer, commenter paroles ou récits (discours direct), vous devez savoir les mettre au discours indirect. Le **passage du discours direct au discours indirect** entraîne un certain nombre de **modifications de l'énoncé** selon que la proposition principale introductive est au présent ou au *present perfect* ou bien au prétérit ou au *past perfect*.

1 Principale introductive au présent ou *present perfect*

Ex. : Style direct : *He says: "I'll come as soon as my car is ready."* (Il dit : « Je viendrai dès que ma voiture sera prête. »)

Style indirect : *He says (that)* ***he****'ll come as soon as* ***his*** *car is ready.* (Il dit qu'il viendra dès que sa voiture sera prête.)

On fait les quatre remarques suivantes :

– Le pronom relatif *that* peut être omis.

– La subordonnée (phrase rapportée au discours indirect) est au même temps que la phrase au style direct.

– Le pronom sujet de la phrase rapportée change : *I* devient *he*.

– L'adjectif possessif change : *my* devient *his*.

Attention !

Dans une phrase rapportée au discours indirect :
– *I* peut devenir *he* ou *she*, *we* devient *they* ;
– *my* peut devenir *her* ou *his*, *our* devient *their*.

2 Principale introductive au prétérit ou *past perfect*

• Les paroles prononcées au présent sont rapportées au prétérit.

Ex. : Style direct : *She said to me: "I'm really enjoying myself in the company of my friends."* (Elle m'a dit : « Je m'amuse vraiment en compagnie de mes amies. »)

Style indirect : *She told me (that)* ***she was*** *really enjoying* ***herself*** *in the company of* ***her*** *friends.* (Elle m'a dit qu'elle s'amusait vraiment…)

Remarquez : *myself* → *herself.*

À savoir

Au discours indirect, on utilise le verbe *tell* plutôt que le verbe *say*.

• Les paroles prononcées au futur sont rapportées au futur ou au conditionnel.

Ex. : Style direct : *The president said: "I'll focus my attention on energy savings."* (Le président a dit : « Je vais me concentrer sur les économies d'énergie. »)

Style indirect : *The president said (that)* ***he'll focus*** / ***he'd focus his*** *attention on…* (Le président a dit qu'il va / qu'il allait se concentrer sur…)

• Les paroles prononcées au conditionnel sont rapportées au conditionnel.

Ex. : Style direct : *The M.P. said: "We'd help more people if we had more money."* (Le député a dit : « Nous aiderions plus de gens si nous avions plus d'argent. »)

Style indirect : *The M.P. said (that)* ***they'd help*** *more people if* ***they had*** *more money.*

• Les paroles prononcées au prétérit ou au *present perfect* sont rapportées au *past perfect*.

Ex. : Style direct : *She said to her sister: "I've applied for that job."* (Elle a dit à sa sœur : « J'ai posé ma candidature pour cet emploi. »)

Style indirect : *She told her sister (that)* ***she had applied*** *for that job.* (Elle a dit à sa sœur qu'elle avait posé sa candidature pour cet emploi.)

8 Enrichir son vocabulaire : la formation des mots

1 La dérivation

La dérivation est la formation de mots par **adjonction de préfixes ou de suffixes**.

• **Formation de verbes**
– **Préfixe + adjectif.** Ex. : *en-* + *able* → *enable* (permettre, rendre capable de).
– **Préfixe + nom.** Ex. : *en-* + *courage* → *encourage* (encourager).
– **Préfixe + verbe.** Ex. : *dis-* + *appear* → *disappear* (disparaître).
mis- + *use* → *misuse* (mal utiliser, faire un emploi impropre ou abusif).

• **Formation de noms**
– **Adjectif + suffixe.** Ex. : *thankful* + *-ness* → *thankfulness* (gratitude).
– **Nom + suffixe.** Ex. : *child* + *-hood* → *childhood* (enfance).

• **Formation d'adjectifs**
– **Nom + suffixe.** Ex. : *care* + *-ful* ≠ *-less* → *careful* ≠ *careless* (prudent, consciencieux, soigné ≠ insouciant, négligent, sans soin).
– **Verbe + suffixe.** Ex. : *forget* + *-ful* → *forgetful* (étourdi, négligent, distrait).
– **Préfixe + adjectif.** Ex. : *un–* + *pleasant* → *unpleasant* (désagréable).

• **Formation d'adverbes**
– **Adjectif + suffixe *"-ly"* → adverbe de manière.** Ex. : *pleasant* + *-ly* → *pleasantly*.

À savoir

Ces diverses opérations peuvent se combiner : ***il*** + ***legal*** + ***ly*** → ***illegally*** (illégalement).

2 La composition

La composition est la formation de mots par **juxtaposition de deux mots**.

• **Formation de verbes**
– **Adverbe ou préposition + verbe.**
Ex. : *out* + *do* → *outdo* (surpasser), *out* + *grow* → *outgrow* (devenir trop grand pour), *over* + *rate* → *overrate* (surestimer), *over* + *take* → *overtake* (dépasser), *under* + *value* → *undervalue* (sous-évaluer, sous-estimer).

• **Formation de noms**
– **Nom + nom.** Ex. : *kitchen table* (table de cuisine) ; *savings bank* (caisse d'épargne)
– **Nom + gérondif.** Ex. : *coalmining* (extraction du charbon) ; *data processing* (informatique).
– **Gérondif + nom.** Ex. : *driving licence* (permis de conduire) ; *waiting room* (salle d'attente).

• **Formation d'adjectifs**
– **Nom + adjectif.** Ex. : *navy blue* (bleu marine) ; *seasick* (qui a le mal de mer).
– **Adjectif + adjectif.** Ex. : *pale blue* (bleu clair).
– **Adverbe + participe passé.** Ex. : *ill-advised* (mal conseillé) ; *well-bred* (bien élevé).
– **Adverbe / adjectif / nom + participe présent.**
Ex. : *profit-making* (rentable).
– **Adjectif ou nom + nom + *-ed*.**
Ex. : *old-fashioned* (démodé) ; *short-sighted* (myope).

Attention !

Dans les noms et adjectifs composés, le premier élément détermine ou précise toujours le second.

9 Enrichir son vocabulaire : fonctions

• Accord et désaccord

– *I think so (too) / I agree with you / I'm of the same opinion / I think you're right...* Je pense que vous avez raison.

– *I don't think so / I don't agree = I disagree = I've a different opinion / I can't go along with you...* Je ne suis pas de votre avis.

• But

– *What... for?* → *To* + verbe. *"What did you say that for?" "To remind them of the whole business."* « Pourquoi as-tu dit cela ? – Pour leur rappeler toute l'affaire. »

– *in order to / so as to* + verbe.

– *so that* + sujet de la subordonnée + *should / could / might / would* + verbe. *He studied hard so that he should / could / might / would have an interesting job.* Il a fait beaucoup d'études pour avoir un emploi intéressant.

– *with a view to* + verbe + *-ing*. *... with a view to obtaining an interesting job.* ... en vue d'obtenir un emploi intéressant.

– *intend / want / mean* + *to* + verbe. *He intends to look for a new job.* Il a l'intention de chercher un autre emploi.

– *aim at* + verbe + *-ing*. *He aims at earning more money.* Il a pour objectif de gagner plus d'argent.

• Cause

– *because / as / since* + proposition parce que / comme / puisque

– *owing to / due to* + nom ou gérondif en raison de

• Condition

– *if* ou *unless* (= *if... not*). *We won't go unless they tell us to.* Nous n'irons que s'ils nous disent d'y aller.

• Conseils

– *should / shouldn't / ought to / had better / had better not* + verbe. *You should give up smoking = You ought to give up smoking = You had better give up smoking.* Vous devriez arrêter de fumer. *You shouldn't smoke.* Vous ne devriez pas fumer.

– *Why don't you* + verbe...? *Why don't you stop?* Pourquoi n'arrêtez-vous pas ?

– *I advise you to ≠ I advise you not to* + verbe. Je vous conseille ≠ déconseille de...

– *I suggest you* + verbe. *I suggest you work harder.* Je te suggère de travailler plus.

• Conséquence

– *result in* + nom ou gérondif. *Their policy resulted in war.* Leur politique a abouti à la guerre.

– *as a result = consequently* à la suite de quoi

– *so that* + proposition à l'indicatif. *The weather was glorious, so that we went to the seaside.* Le temps était magnifique, si bien que nous sommes allés au bord de la mer.

– expressions : *provided that = providing that = on condition that.*

> **Attention !**
>
> Ne confondez pas *so that + should / ...* (= but) et *so that* suivi de l'indicatif (= conséquence).

• Contraste

– *unlike* + nom. *Unlike her sister, she is a good musician.* À la différence de sa sœur,...

– *in spite of = despite* + nom. *In spite of the bad weather...* Malgré le mauvais temps...

– *yet / however*. *She is old, and yet she is very active.* Elle est vieille, et pourtant elle est très active.

– *although / though / even though* + phrase à l'indicatif. *Even though she is old, she is very active.*

– *whereas*. *She is very active, whereas her husband is very lazy.* ... alors que son mari est très paresseux.

- **Éventualité**

– *may / might* + verbe. *I may take that exam.* Il se peut que je passe cet examen.
– Adverbes : *perhaps, possibly, maybe. Perhaps I'll pass that exam.* Peut-être réussirai-je cet examen.

- **Goûts**

– *enjoy / like / love* + verbe + *-ing. He loves playing with his computer.*
– *be fond of / keen on* + nom / verbe + *-ing. She is fond of music.* Elle aime beaucoup la musique. *She is fond of playing the piano.*
– *can't stand / can't bear / hate* + verbe + *-ing. I can't stand being treated like that.* Je ne supporte pas d'être traité ainsi.

- **Hypothèse**

– *They may be late = Perhaps they'll be late.* Il se peut qu'ils soient en retard.
– *He is probably very ill.* Il est probablement très malade.
– *They must have gone away: all the doors are locked.* Ils ont dû partir : toutes les portes sont verrouillées.
– *They can't have gone away: the windows are open.* Il est impossible qu'ils soient partis…

- **Interdiction**

– *You mustn't be rude = You aren't to be rude.* Tu ne dois pas être impoli.
– *Don't be rude!* Ne sois pas impoli.
– *Driving fast is forbidden / prohibited / not allowed / not permitted.* Il est interdit / Il n'est pas permis de conduire vite.

- **Obligation et absence d'obligation**

– *You must arrive on time / You have to arrive on time / You've got to arrive on time / You are to arrive on time.* Il faut que tu arrives à l'heure.
– *You don't have to / You don't need to / You needn't / You haven't got to be back before 10.* Il n'est pas nécessaire / indispensable que tu sois de retour avant dix heures.

- **Préférence**

– Le sujet exprime une préférence qui le concerne lui-même.
I would rather have some fruit than jelly = I'd prefer to have some fruit rather than jelly. Je préfèrerais prendre des fruits plutôt que de la gelée.
I like walking better than cycling = I prefer walking to cycling.
– Le sujet exprime une préférence qui concerne quelqu'un d'autre que lui-même.
I would rather you came straightaway = I'd prefer you to come straightaway. Je préfèrerais que tu viennes tout de suite.

- **Regret et reproche**

– *shouldn't + have* + participe passé. *You shouldn't have insulted him.* Tu n'aurais pas dû l'insulter.
– Expressions. *Why did you do this? If only you had not betrayed them! Why did I behave like this? If only I had been honest! I wish I had been honest!*

- **Vœu ou souhait**

– Vœu ou souhait réalisable. *She wants / wishes / would like to act in one of Shakespeare's plays.* Elle veut / souhaite / aimerait jouer dans l'une des pièces de Shakespeare.
They want / wish / would like their daughter to be an actress. Ils veulent / souhaitent / voudraient que leur fille soit actrice.
– Vœu ou souhait dont la réalisation n'est pas certaine. *We wish you would say yes.* Nous voudrions bien que vous disiez oui.
– Vœu ou souhait qui n'est plus réalisable. Il peut s'agir d'un regret. *I wish you had informed me.* J'aurais bien voulu que vous m'informiez = Je regrette que vous ne m'ayez pas informé.

10 L'oral

Pour aborder l'oral avec confiance, vous devez, tout au long de l'année, faire porter l'effort sur **l'énonciation** (syntaxe et prononciation correctes, élocution claire) et ne pas vous contenter de phrases trop simples.
Avoir une idée claire de ce que vous voulez dire vous aidera à le dire clairement.

1 Argumenter

• Pour commencer un paragraphe

It is often said that… On dit souvent que…

It may be argued that… On peut avancer que…

We must bear in mind that… Nous ne devons pas oublier que…

Generally speaking… / Broadly speaking… / Roughly speaking… D'une manière générale, …

By and large,… En général, …

Oddly enough,… / Strangely enough,… / Surprisingly enough,… Curieusement, …

Strange as it may seem,… Aussi étrange que cela puisse paraître, …

Paradoxically,… Paradoxalement, …

In fact,… / As a matter of fact,… En fait, …

Admittedly,… Il est généralement admis que…

• Pour introduire une nouvelle idée et poursuivre l'argumentation

We may add that… Nous pouvons ajouter que…

This brings in another point… Ceci nous amène à considérer un autre point…

This raises a new problem. Ceci soulève un autre problème.

It follows that… Il s'ensuit que…

This being so,… Étant donné…

We must also take into account… Il nous faut aussi prendre en compte…

• Pour conclure

In conclusion,… / To conclude,… / As a conclusion,… Pour conclure, …

2 Nuancer

• Pour formuler une opinion personnelle

It seems to me that… Il me semble que…

I think that… Je pense que…

I feel that… J'ai l'impression que…

• Pour s'opposer à celle d'autrui

Some people believe… but I think that… Certains pensent… mais, je pense que…

Though most people believe that…, I think… Bien que la plupart des gens croient que…, je pense…

3 Repérer les divers mouvements d'un document oral

• Exprimer une suite logique

First / In the first place / For a start / To begin with… Premièrement / Pour commencer

Secondly / Then / Next… Deuxièmement / Ensuite

Moreover / Besides / What's more / In addition… De plus / Qui plus est…

• Exprimer la raison

Because Parce que

This is the reason why C'est la raison pour laquelle

• Expliciter

That is / That is to say c'est-à-dire

for example = for instance par exemple

What I mean is… Ce que je veux dire, c'est…

• Exprimer une alternative

Or ou ; *or else* ou bien alors

otherwise sinon / ou alors

either… or… soit… soit… / ou bien… ou bien…

• Compléter

And et

also / too aussi

not only… but also non seulement… mais aussi…

Exercices d'entraînement

CHAPITRE 1

Exercice 1

Corrigé p. 358

Complétez chaque phrase par le verbe entre parenthèses à la forme du présent qui convient (simple ou *be* + V-*ing*).

1. (make) My mother always ... her dresses herself ; today, she ... one for my eldest sister.
2. (grow) In tropical countries, trees and plants ... fast.
3. (turn) Look! The leaves of the trees ... brown already.
4. (speak) Isn't that your father who ... to the schoolteacher?

CHAPITRE 2

Exercice 2

Corrigé p. 358

Complétez chaque phrase avec le prétérit du verbe donné entre parenthèses que vous mettrez à la forme qui convient (simple ou *be + V-ing*).

1. (work ; call) I ... on my computer when you ... .
2. (arrive ; work ; read) When I ..., my mother ... in the sitting-room and my father ... his newspaper.
3. (draw ; paint ; supervise) While some pupils ... and others ..., the teacher ... them all.
4. (sleep ; ring) I ... when the phone ... .

Exercice 3

Corrigé p. 358

Complétez les phrases en mettant les verbes donnés entre parenthèses au prétérit ou au *present perfect* selon le cas.

1. (see ; go ; be) "I have a terrible headache."
"... the doctor?"
"I ... to see him about an hour ago ; he ... out."
2. (get) How long ago ... they ... married?
3. (be) They ... married for three years.
4. (have ; feel ; think ; be ; take ; feel) Yesterday, she ... a fever, she ... giddy, she ... it ... the flu, but she ... an aspirin and soon ... better.

CHAPITRE 3

Exercice 4

Corrigé p. 358

Toutes les phrases suivantes expriment le futur. Réécrivez-les en utilisant une autre formulation.

1. I will look after the Martins' baby tomorrow.
2. I'm not going to spoil him.
3. Mr and Mrs Martin are driving me home when they come back.
4. They will pay me £30 for my evening's work.
5. I'll buy books with the money.

CHAPITRE 4

Exercice 5

Corrigé p. 358

Associez l'auxiliaire de modalité en gras dans chaque phrase à ce qu'il exprime en français.
Exemple : 1. – i).

1. I **can't** go to the cinema with my friends tonight.
2. I **may not** drink too much coffee because I get too excited.
3. I **must** hurry up if I don't want to be late.
4. They **could** help me if they wished to.
5. They **couldn't** afford the journey to Australia.
6. You **shouldn't** tire her so much.
7. "She offered to help me." "She **would**."
8. He isn't here. He **may** have missed his train.
9. He isn't here. He **must** have missed his train.
10. **Will** you help me?

a. vous ne devriez pas. b. il est possible que / peut-être que. c. il ne m'est pas permis. d. c'est bien d'elle. e. ils sont dans l'impossibilité. f. ils en ont la possibilité. g. il a sûrement. h. en avez-vous la volonté. i. il m'est impossible. j. il faut que.

CHAPITRE 5

Exercice 6

Corrigé p. 358

Observez chaque question et sa réponse, puis complétez la question comme il convient.

1. "... did you take your exam?" "In June."
2. "... did you spend on your revisions?" "Two or three weeks."
3. "... do you have to take an exam?" "Every year."
4. "... book is that?" "Ann's."
5. "...'s your hobby?" "Painting."
6. "... did you put the newspaper?" "On that stool over there."
7. "... do you intend to stay at your uncle's?" "Two weeks."
8. "... did you pay for that watercolour?" "£150."
9. "... told you I was away?" "Your mother."
10. "We can see *Titanic* or the latest Woody Allen. ... do you prefer?" "I don't mind."

CHAPITRE 6

Exercice 7

Corrigé p. 358

Reliez les deux phrases à l'aide d'un pronom relatif afin de n'en faire qu'une. Il peut y avoir plusieurs possibilités.

1. The painter didn't know what a basket looks like. He painted that still life.
2. The art gallery was full of treasures. We visited it yesterday.
3. We live in an artist's studio. It is located on the banks of a river.
4. Sheridan has not written many plays. We studied his masterpiece last month.
5. John can receive videos on his computer. His computer is more sophisticated than mine.
6. This physicist has won a Nobel prize. He received a tremendous offer from the Americans last month.
7. The crossing lasted three days. It was very rough.
8. Some people couldn't get on board. They had made reservations.

CHAPITRE 7

Exercice 8

Corrigé p. 358

Mettez les phrases suivantes au discours indirect.
1. My mother said to her friends: "I'm not free next Wednesday."
2. Fanny said to me: "I'm not helping you with your homework."
3. The history teacher told the pupils: "We'll deal with the Revolution next week."
4. He added: "I'd like to help you realize how it changed people's lives."
5. My best friend told me: "I've always been interested in the history of our country."
6. "You mustn't play in the garden!" their parents told them.

Exercice 9

Corrigé p. 358

Écrivez les paroles qui ont été prononcées.
Exemple : Dennis asked me what we are supposed to learn for tomorrow.
→ "What are we supposed to learn for tomorrow?"
1. The teacher told us to sit down.
2. My sister asked when we were supposed to go to the museum.
3. I replied that we were going to an exhibition instead.
4. My mother told me not to forget my piano lesson.
5. A friend asked me where we would go next summer.
6. The Prime Minister said that everbody would have to make efforts.

CHAPITRE 8

Exercice 10

Corrigé p. 358

Soulignez l'élément de base de chaque mot (celui à partir duquel a été formé le mot).
Exemple : <u>care</u>ful.
1. constitutional. 2. crossing. 3. activity. 4. profoundly. 5. equally. 6. blindness. 7. unshaved. 8. unemployment. 9. reactivate. 10. homelessness. 11. exploitation. 12. shopping. 13. craftsmanship. 14. thoughtful. 15. mismanagement. 16. encouraging. 17. understatement. 18. undertaking.

CHAPITRE 9

Exercice 11

Corrigé p. 358

Reformulez chaque phrase pour dire la même chose en employant une autre expression que celle qui est en gras.
1. **I'm not of the same opinion as** Jane.
2. We called Pete's parents **in order to** inform them of what had happened.
3. **Because** they were late, they couldn't see the first act of the play.
4. **Why don't you** work more regularly?
5. We arrived early **so that they shouldn't be** anxious.
6. We arrived early, **so that they weren't** anxious.
7. He is not rich, **and yet** he will help you as much as he can.
8. **Perhaps we'll take** a week's rest.
9. **It is most certainly** a good film – everybody is enthusiastic about it.
10. **Why didn't you warn us** that the road was a dangerous one?

11 Les pronoms personnels sujets et compléments

1 Les pronoms sujets

• ***yo*** (je), ***tú*** (tu), él (il), ***ella*** (elle), ***usted*** (forme de politesse singulier), ***ello*** (ceci, cela), ***nosotros / -as*** (nous masculin / féminin), ***vosotros / -as*** (vous masculin / féminin – forme de tutoiement), ***ellos / -as*** (ils / elles), ***ustedes*** (forme de politesse pluriel).

• Lorsque la forme verbale est clairement différenciée les pronoms sujets ne s'emploient pas.
Ex. : ***Tengo** un problema.* (J'ai un problème.)

• Les pronoms français « moi » et « toi » quand ils sont sujets se traduisent par ***yo*** et ***tú***.
Ex. : *Soy **yo**.* (C'est moi.)

2 Les pronoms compléments

• Les pronoms compléments d'objet direct

Masculin	*me*	*te*	***lo*** (personnes et choses) ***le*** (personnes)	*nos*	*os*	***los*** (personnes et choses)
Féminin	*me*	*te*	***la*** (personnes et choses)	*nos*	*os*	***las*** (personnes et choses)
Politesse			***lo, le*** (masculin) ***la*** (féminin)			***los, les***
Réfléchi	*me*	*te*	*se*	*nos*	*os*	*se*

Ex. : *El niño **me** mira.* (L'enfant me regarde.)

Attention !

Neutre : ***lo*** (3e personne du singulier).
Ex. : *No **lo** entiendo.* (Je ne le comprends pas [lui / ceci / cela].)

• Les pronoms compléments d'objet indirect sans préposition

Masculin **Féminin**	*me*	*te*	***le*** (personnes, choses et neutre)	*nos*	*os*	***les*** (personnes et choses)
Politesse			***le*** (masculin ou féminin)			***les*** (masculin ou féminin)
Réfléchi	*me*	*te*	*se*	*nos*	*os*	*se*

Ex. : *No **me** des nada.* (Ne me donne rien).

• Les pronoms précédés d'une préposition

Masculin	*mí*	*ti*	él	*nosotros*	*vosotros*	*ellos*
Féminin	*mí*	*ti*	*ella*	*nosotras*	*vosotras*	*ellas*
Politesse			*usted*			*ustedes*
Réfléchi			*sí*			*sí*

Ex. : *Estas flores son **para ti**.* (Ces fleurs sont pour toi.)

Attention !

Avec la préposition *con*, les pronoms *mí*, *ti*, *sí* prennent les formes *conmigo*, *contigo*, *consigo*.
Ex. : *Ven conmigo.* (Viens avec moi.)

• Ordre des pronoms dans la phrase

– Le pronom ***se*** précède toujours tous les autres pronoms.
Ex. : ***Se** le ocurre.* (Il lui vient à l'esprit.)
– Le pronom complément indirect précède toujours le pronom complément direct.
Ex. : ***Me lo** das.* (Tu me le donnes.)

12 Tutoiement ou forme de politesse, l'enclise – *le* / *les* remplacés par *se*

1 Tutoiement ou forme de politesse *(forma de cortesía)*

• **Le tutoiement** est une forme familière. Il est rendu par la **2e personne du singulier** s'il s'adresse à une seule personne et par la **2e personne du pluriel** s'il s'adresse à plusieurs personnes.

Ex. : ***(Tú) préstame*** *tu libro.* (Toi, prête-moi ton livre.)
(Vosotros) venid *con vuestros amigos.* (Vous, [toi + toi + toi...] venez avec vos amis.)

• **La forme de politesse** nécessite l'emploi des pronoms ***usted*** et ***ustedes*** qui appartiennent à la 3e personne du singulier ou du pluriel.

Ex. : ***Usted*** *trabaja con entusiasmo.* (Vous travaillez avec enthousiasme.)
Ustedes *se van temprano.* (Vous partez tôt.)

L'usage de la forme de politesse implique l'utilisation de pronoms (sujets, compléments, réfléchis, possessifs), d'adjectifs possessifs et de formes verbales correspondant à la 3e personne.

> **Attention !**
> ***Vosotros / as*** est le pluriel de ***tú*** et marque obligatoirement le tutoiement collectif.

• La langue espagnole **différencie clairement le vouvoiement singulier, le vouvoiement pluriel et le tutoiement pluriel**.

Ex. : ***Usted se lleva sus libros.*** (Vous, [une personne] vous emportez vos livres.)
Ustedes se llevan sus libros. (Vous, [vouvoiement plusieurs personnes] vous emportez vos livres.)
Vosotros os lleváis vuestros libros. (Vous, [toi + toi...]) vous emportez vos livres.)

2 L'enclise

• **Avec l'infinitif, l'impératif et le gérondif.** Le ou les pronoms compléments sont rejetés à la fin du verbe et soudés à la terminaison de ce dernier.

Ex. : *Podrías* ***ayudarme****.* (Tu pourrais m'aider.) ***Dámelo.*** (Donne-le-moi.)
Aprenderás ***ayudándome****.* (Tu apprendras en m'aidant.)

• **Forme verbale composée d'un verbe conjugué suivi d'un infinitif ou d'un gérondif.** Le ou les pronoms peuvent se situer soit devant le verbe conjugué, soit en position enclitique (soudés à l'infinitif ou au gérondif), mais jamais entre les deux comme en français.

Ex. : ***Te lo*** *quiero prestar.* ou *Quiero* ***prestártelo****.* (Je veux te le prêter.)

3 *Le* ou *les* remplacés par *se*

• Les pronoms COI ***le*** et ***les*** sont toujours remplacés par ***se*** quand ils se trouvent **devant** les pronoms COD ***lo***, ***la***, ***los***, ***las***.

• On n'emploie jamais deux pronoms commençant par la lettre « ***l*** » l'un derrière l'autre.

Ex. : ***Se lo da.*** (Il le lui donne.) et non : *le lo da.*
No quiere dárselo. (Il ne veut pas le lui donner.) et non : *no quiere dárlelo.*

• ***Se***, en se substituant aux pronoms indirects ***le*** ou ***les***, conserve toute l'ambiguïté de la 3e personne et peut donc signifier :

– ***Se lo da*** [a él, a ella] (Il le lui donne).
– ***Se lo da*** [a usted, a ustedes] (Il vous le donne).
– ***Se lo da*** [a ellos, a ellas] (Il le leur donne).

13 Participe passé et temps composés

1 Formation des temps composés

- Tous les temps composés sont formés à partir des temps simples de l'auxiliaire ***haber*** : *haber* + ***participe passé*** du verbe conjugué.

Ex. : ***He trabajado*** (J'ai travaillé), ***has trabajado*** (tu as travaillé), etc.

- **Le participe passé associé à l'auxiliaire *haber* est invariable.**

> **Attention !**
>
> Auxiliaire + participe passé forment un bloc indissociable.

A Formation du participe passé

- **Participes passés réguliers**

– Verbes du 1er groupe en *-ar* → **radical** + *-ado*. Ex. : ***cantado.***
– Verbes des 2e et 3e groupes en *-er* et *-ir* → **radical** + *-ido.* Ex. : ***bebido / vivido.***

- **Participes passés irréguliers**

Seuls quelques verbes très utilisés ont un **participe passé irrégulier** : *abrir* (ouvrir) → ***abierto*** ; *cubrir* (couvrir) → ***cubierto*** ; *decir* (dire) → ***dicho*** ; *escribir* (écrire) → ***escrito*** ; *hacer* (faire) → ***hecho*** ; *morir* (mourir) → ***muerto*** ; *poner* (poser) → ***puesto*** ; *romper* (casser) → ***roto*** ; *ver* (voir) → ***visto*** ; *volver* (revenir / devenir) → ***vuelto***.

> **Cas particulier**
>
> Le participe passé peut être utilisé (comme en français) comme adjectif. Dans ce cas, il s'accorde.
> Ex. : ***Una casa pintada de blanco.*** (Une maison peinte en blanc.)

B Les temps composés

- **Passé composé de l'indicatif : présent de *haber* + participe passé.**

Ex. : *he cantado* (j'ai chanté).

- **Plus-que-parfait de l'indicatif : imparfait de *haber* + participe passé.**

Ex. : *había cantado* (j'avais chanté).

- **Passé antérieur de l'indicatif : passé simple de *haber* + participe passé.**

Ex. : *hube cantado* (j'eus chanté).

- **Futur antérieur de l'indicatif : futur de *haber* + participe passé.**

Ex. : *habré cantado* (j'aurai chanté).

- **Passé du subjonctif : subjonctif présent de *haber* + participe passé.**

Ex. : *haya cantado* (que j'aie chanté).

- **Subjonctif plus-que-parfait : subjonctif imparfait de *haber* + participe passé.**

Ex. : *hubiera / hubiese cantado* (que j'eusse chanté).

- **Conditionnel passé : conditionnel présent de *haber* + participe passé.**

Ex. : *habría cantado* (j'aurais chanté).

2 La conjugaison des formes passives

- Elle est formée à partir des temps simples du verbe *ser* + **participe passé.**

Ex. : ***Ser apreciado.*** (Être apprécié.)
Era apreciado / a. (J'étais apprécié / e.). ***Seré apreciado / a.*** (Je serai apprécié / e.)

- Dans la forme passive le participe passé s'accorde toujours avec le sujet.

Ex. : ***Fuiste muy apreciada.*** (Tu as été très appréciée.)

14 Les formes affectives

1 Usage du verbe *gustar*

A Sens du verbe

- Il est habituel de traduire ***gustar*** par « aimer ». Cependant, il ne faut jamais perdre de vue qu'il correspond au verbe français « plaire » et s'emploie de la même façon. Ainsi, la phrase : ***Me gustan las flores*** signifie « *Les fleurs me plaisent.* »
- Quand « aimer » exprime en français le sentiment amoureux, il correspond au verbe ***querer***.

Attention !

Te quiero (Je t'aime.) est différent de : ***Me gustas tú.*** (Tu me plais.)

B Constructions avec *gustar*

- Le sujet « J' » de la phrase française, « J'aime les fleurs. », devient le COI de la phrase espagnole. Le complément français (« les fleurs ») devient le sujet qui sera toujours placé derrière le verbe selon le schéma suivant.

Me	*gustan*	*las flores*
Pronom complément	Verbe conjugué à la personne déterminée par le sujet	Sujet

- Généralement le verbe ***gustar*** s'emploie à la 3e personne du singulier ou du pluriel. Il doit être immédiatement précédé du pronom complément (qui correspond au sujet français du verbe « aimer »), soit, pour les différentes personnes : ***me***, ***te***, ***le***, ***nos***, ***os***, ***les***.

C Le complément de renforcement

- D'emploi facultatif et précédé de la préposition **a** le renforcement peut être un nom ou un pronom (voir liste des pronoms après proposition page 332). Il ne peut jamais se substituer à la base verbale indissociable.

A mí	*me gusta*	*el cine*
Forme de renforcement facultative	Base verbale indissociable	Sujet

2 Les tournures affectives

Elles expriment le sentiment, la sensation, l'impression, etc. Elles se construisent sur le modèle de ***gustar***. Il convient de se familiariser avec l'emploi des plus courantes.

Me aburre *la música clásica.* La musique classique m'ennuie.
Me da *igual.* Cela m'est égal.
Me encanta *el cine de Almodóvar.* J'adore le cinéma d'Almodóvar.
Nos conviene *perfectamente.* Cela nous convient tout à fait.
*¿**Te apetece** comer jamón serrano?* Cela te dit de manger du jambon de montagne ?
Nos alegra *tu éxito.* Ta réussite nous réjouit.
Me cae *bien / mal esta chica.* Je trouve / ne trouve pas cette fille sympathique.
Me extraña *tu reacción.* Je m'étonne de ta réaction.
Nos interesan *sus novelas.* Ses / vos romans nous intéressent.
Me duelen *los dientes.* J'ai mal aux dents.
Me toca *limpiar.* C'est mon tour / il m'incombe de nettoyer.

Espagnol

15 *SER* et *ESTAR*

Ser et ***estar*** donnent à la phrase un sens différent qu'il faut absolument maîtriser.

1 Emploi systématique de *ser* ou de *estar*

• **Toujours *ser***
– Avec **un nom attribut**. Ex. : ***Es una persona simpática.*** (C'est une personne sympathique.)
– Avec **un infinitif**. Ex. : ***Trabajar es necesario.*** (Il faut travailler.)
– Avec **un pronom**. Ex. : ***Es el mío, el tuyo es aquel.*** (C'est le mien, le tien c'est celui-là.)

• **Généralement *ser***
Pour situer dans le temps et exprimer l'heure, le jour, la date, la saison.
Ex. : ***Hoy es lunes y son las cuatro.*** (Aujourd'hui, c'est lundi et il est quatre heures.)

• **Toujours *estar***
Avec **les gérondifs**. Ex. : ***Estoy trabajando.*** (Je suis en train de travailler.)

• **Généralement *estar***
Pour situer dans l'espace.
– Situer des personnes. Ex. : ***Carmen está en el jardín.*** (Carmen est dans le jardin.)
– Situer des choses. Ex. : ***Las corbatas están en el armario.*** (Les cravates sont dans l'armoire.)
– Situer des lieux. Ex. : ***El pueblo no está muy lejos de aquí.*** (Le village n'est pas très loin d'ici.)
– Situer des concepts. Ex. : ***¿Dónde está la verdad?*** (Où se trouve la vérité ?)

2 Emploi de *ser* ou *estar* avec le participe passé

• ***Ser* + participe passé** exprime une **action en cours d'exécution**. On doit exprimer ou sous-entendre que quelqu'un ou quelque chose (un agent) fait cette action.
Ex. : ***El pueblo fue destruido.*** (Le village fut détruit. [Sous-entendu : par les bombes, etc.])

• ***Estar* + participe passé** exprime que l'**on considère l'effet, le résultat d'une action antérieure.**
Ex. : ***El pueblo estaba destruido.*** (Le village était détruit. [Il était en ruines.])

3 Emploi de *ser* ou *estar* avec les adjectifs

• ***Ser* associé à un adjectif** exprime l'**essence**, c'est-à-dire des **caractéristiques propres**, inhérentes, fixes et naturelles.
Ex. : ***El hielo es frío.*** (La glace est froide.)

• ***Estar* associé à un adjectif** exprime la **circonstance**, c'est-à-dire des **caractéristiques conjoncturelles**, variables, apparentes.
Ex. : ***Mi café está frío.*** (Mon café est froid.)

• **La plupart des adjectifs peuvent s'employer avec *ser* ou avec *estar*** selon ce que l'on veut exprimer.
Ex. : ***El cielo es azul.*** (Le ciel est bleu. – c'est sa nature –)
Hoy el cielo está gris. (Aujourd'hui, le ciel est gris.)

Attention !

Certains adjectifs peuvent varier très fortement de sens.
Ex. : ***Ser joven*** (Être jeune [d'âge]). ***Estar joven*** (Faire jeune). ***Ser malo*** (Être méchant). ***Estar malo*** (Être malade). ***Ser rico*** (Être riche). ***Estar rico*** (Être savoureux). ***Ser listo*** (Être vif d'esprit). ***Estar listo*** (Être prêt).

16 Situer l'action dans le temps

• Situer l'action dans l'instant présent

Ahora / actualmente / en el momento actual (maintenant / actuellement / au moment présent).
Ex. : ***Ahora puedo afirmar que...*** (À l'instant, je peux affirmer que...)

• Situer l'action aux différents moments de la journée

– ***Por la mañana / a mediodía / por la tarde / por la noche / a medianoche*** (le matin / à midi / l'après-midi / le soir, la nuit / à minuit).
Ex. : ***Por la mañana voy al instituto.*** (Le matin, je vais au lycée.)
– ***De día / de noche***.
Ex. : ***Duerme de día y sale de noche.*** (Il dort le jour et sort la nuit.)

• Préciser la durée de l'action

– ***Desde ... hasta ...*** (depuis ... jusqu'à ...).
Ex. : ***Duermo la siesta desde las dos hasta las cuatro.*** (Je fais la sieste de deux heures à quatre heures.)
– ***De ... a ...*** (de / du ... à ...).
Ex. : ***Trabajo de la mañana a la noche.*** (Je travaille du matin au soir.)

• Exprimer le temps écoulé

– ***Hace ... que*** (Il y a / cela fait). Le verbe ***hacer*** est toujours employé à la 3e personne du singulier.
Ex. : ***Hace un año que no he jugado al fútbol.*** (Il y a un an que je n'ai pas joué au football.)
– ***Desde hace*** (depuis : suivi d'une mesure de temps).
Ex. : ***No he ido al cine desde hace más de un año.*** (Je ne suis pas allé au cinéma depuis plus d'un an.)
– ***Llevar ...*** + **gérondif**.
Ex. : ***Llevo dos horas esperando.*** (J'attends depuis deux heures.) ***Llevaba dos años en la empresa.*** (Il était dans l'entreprise depuis deux ans.)

• Exprimer la fréquence de l'action

– ***De vez en cuando / a veces*** (de temps en temps / parfois).
Ex. : ***De vez en cuando iba a verla.*** (De temps en temps, il allait la voir.)
– ***Cada vez que / siempre que*** (chaque fois que / toutes les fois que).
Ex. : ***Cada vez que juega, gana.*** (Chaque fois qu'il joue, il gagne.)
– ***A menudo / muchas veces / la mayoría de las veces*** (souvent / de nombreuses fois / la plupart du temps).
Ex. : ***A menudo se equivoca.*** (Souvent, il se trompe.)

• Exprimer qu'une action se passe avant, en même temps, après une autre

– ***Antes de / antes de que*** (avant de / avant que).
Ex. : ***Antes de empezar, quiero decir que...*** (Avant de commencer, je veux dire que...)
– ***Mientras / al mismo tiempo*** (pendant / en même temps).
Ex. : ***Mientras trabajaba, pensaba en ella.*** (Pendant qu'il travaillait, il pensait à elle.)
– ***Después de*** (après).
Ex. : ***Después de comer, dormimos.*** (Après manger, nous dormons.)

• Exprimer la simultanéité de deux actions

– ***Al*** + **gérondif** indique simplement que deux actions se passent en même temps.
Ex. : ***Al entrar saludó.*** (En entrant, il salua.)
– **Le gérondif** indique la simultanéité et la manière dont se passe l'action.
Ex. : ***Entró saludando.*** (Il entra en saluant.)

17 Les adverbes

Les adverbes modifient le sens d'un verbe, d'un adjectif ou d'un autre adverbe. Ils sont **invariables**.

1 Les adverbes de manière

• Adjectif au féminin singulier + suffixe *-mente*.
Ex. : ***Rápido [a]*** (rapide) + ***mente*** = ***Rápidamente*** (rapidement).
Útil (utile) + ***mente*** = ***Útilmente*** (utilement).

• Les principaux autres adverbes de manière. ***Así*** (ainsi), ***adrede*** (exprès), ***bien*** (bien), ***despacio*** (lentement), ***deprisa*** (rapidement), ***mal*** (mal).

2 Les adverbes de lieu

• *Aquí* / *acá* (ici), *ahí* (là), *allí* / *allá* (là-bas) établissent une notion progressive d'éloignement.
Ex. : ***Aquí mi casa, ahí la iglesia, allí el castillo.*** (Ici ma maison, là l'église, là-bas le château).

• Les principaux adverbes de lieu. ***Adelante*** (en avant), ***atrás*** (en arrière), ***arriba*** (en haut), ***abajo*** (en bas), ***encima*** (dessus), ***debajo*** (dessous), ***dentro*** (dedans), ***fuera*** (dehors), ***lejos*** (loin), ***cerca*** (près), ***delante*** (devant), ***detrás*** (derrière), ***enfrente*** (en face), ***alrededor*** (autour).

3 Les adverbes de temps

• *Nunca* et *jamás* (jamais), se construisent avec la négation *no* quand ils suivent le verbe.
Ex. : ***No trabaja nunca.*** (Il ne travaille jamais.)

• Autres adverbes de temps. ***Ya*** (déjà, maintenant), ***hoy*** (aujourd'hui), ***anoche*** (hier soir), ***ayer*** (hier), ***anteayer*** (avant-hier), ***mañana*** (demain), ***ahora*** (maintenant), ***antes*** (avant), ***aún*** (encore), ***después*** (après), ***enseguida*** (aussitôt), ***entonces*** (alors), ***siempre*** (toujours), ***tarde*** (tard), ***temprano*** (tôt), ***todavía*** (encore), etc.

4 Les adverbes de quantité

• *Más* (plus) et *menos* (moins) se construisent avec *que*.
Ex. : ***Pedro es más joven que María.*** (Pierre est plus jeune que Marie.)

• *Tanto* / *tan* (aussi, autant, tant, si) se construit avec ***como***.
Ex. : ***Trabaja tanto como su padre.*** (Il travaille autant que son père.)

• *Sólo* (seulement) permet de traduire la tournure française « ne ... que ». Il équivaut à la forme *no ... más que*.
Ex. : ***Trabaja sólo por la mañana. No trabaja más que por la mañana.*** (Il ne travaille que le matin.)

• Autres adverbes de quantité. ***Apenas*** (à peine), ***bastante*** (assez), ***demasiado*** (trop), ***mucho*** (beaucoup), ***muy*** (très), ***poco*** (peu), etc.

Rappel

Devant les adjectifs, les participes ou les adverbes, on emploie la forme ***tan***.
Ex. : ***Estás tan cansado como yo.*** (Tu es aussi fatigué que moi.)

5 Les adverbes de doute

• *Tal vez* / *acaso* / *quizás* (peut-être), *a lo mejor* (peut-être), sont équivalents. *A lo mejor* est toujours suivi de l'indicatif. Les autres sont généralement suivis d'un verbe au subjonctif.

18 Argumenter, critiquer, relier les idées

1 Les connecteurs

• Commencer ou reprendre un discours
Pues Bon
Dicho esto Cela dit

• Ordonner des idées ou des événements
En primer lugar En premier lieu
Por una parte D'une part
Por otro lado D'un autre côté

• Introduire une digression
Por cierto Bien sûr
A propósito À propos

• Ajouter une information
Además En plus
Encima En plus / En outre
Incluso Y compris

• Exprimer une conséquence
Por eso C'est pourquoi
Por consiguiente Par conséquent

• Opposer un argument
En cambio Par contre
Al contrario Au contraire
Sin embargo Cependant
A pesar de todo Malgré tout

• Reformuler, rectifier
Es decir C'est-à-dire
Mejor dicho Plus exactement
Más bien Plutôt
De todos modos De toute façon

• Récapituler
En conclusión En conclusion
Al fin y al cabo En fin de compte

• Renforcer un argument, donner un exemple
En realidad En réalité
Por ejemplo Par exemple

• Marquer l'approbation
Claro Bien sûr
Desde luego Bien entendu

• Émettre une supposition
Por lo visto Apparemment
Al parecer À ce qu'il paraît

2 Commenter un document

• Le présenter
Este texto está sacado de ... publicado en ... y escrito por ... Ce texte est tiré de ... publié en ... et écrit par ...
En primer lugar vamos a ... Tout d'abord, nous allons ...
Después presentaremos ... Ensuite, nous présenterons ...
Al final intentaremos ... Pour finir, nous essaierons ...

• En rendre compte
Este párrafo presenta / aborda Ce paragraphe présente / aborde ...
La frase me hace pensar en ... La phrase me fait penser à ...

• Conclure
El desenlace del cuento permite ... Le dénouement du conte permet de ...
Esto nos incita a meditar sobre ... Ceci nous incite à méditer sur ...

3 Les mots-clés de l'image

Un cómic Une bande dessinée
Una tira de viñetas Une bande d'images
Un cuadro Un tableau
Un retrato Un portrait
Un dibujo humorístico Un dessin humoristique
Un grabado Une gravure
El pintor Le peintre
El dibujante Le dessinateur
El humorista L'humoriste
El marco Le cadre
El primer plano Le premier plan
El fondo Le fond

19 Emploi du subjonctif

Contrairement à l'indicatif qui exprime et constate l'existence d'un fait, **le subjonctif s'emploie quand on ne constate pas l'existence ou la réalité d'un fait**.

• Dans les propositions complétives

Quand le verbe de la proposition principale :

– marque **l'ordre, la défense, le souhait, la crainte, le doute, le sentiment...**

Ex. : ***No quiero que salgas con ese chico.*** (Je ne veux pas que tu sortes avec ce garçon.)

– exprime **une obligation** ;

Ex. : ***Hace falta que lo ayudes.*** (Il faut que tu l'aides.)

– est à **la forme négative, principalement avec les verbes : *creer, pensar, saber*.**

Ex. : ***No creo que diga la verdad.*** (Je ne crois pas qu'il dise la vérité.)

• Dans les propositions concessives

Principalement après : *aunque* (quoique) ou *por más que* (avoir beau), le subjonctif marque un fait qui n'est pas avéré et présenté comme improbable.

Ex. : ***Aunque digas la verdad, no te creerán.*** (Quoique tu dises la vérité, ils ne te croiront pas.)

• Le futur hypothétique

Parce qu'il présente toujours un fait non encore accompli et avéré, le futur dans les propositions subordonnées, doit être rendu par le subjonctif présent.

Ex. : ***Iremos al cine cuando vengas.*** (Nous irons au cinéma quand tu viendras.)

• Exprimer la probabilité avec les adverbes de doute

Quizá / *quizás*, *tal vez* et *acaso* (peut-être) ont le même sens. Quand ils sont placés au début de la proposition, ils doivent être suivis du subjonctif.

Ex. : ***Quizás no quiera venir.*** (Peut-être ne veut-il pas venir.)
Tal vez te dejen pasar. (Peut-être te laisseront-ils passer.)

Attention !

A lo mejor (peut-être) est, en revanche, suivi de l'indicatif.

• La concordance des temps

Verbe de la principale	Verbe de la subordonnée au subjonctif
Présent	Subjonctif présent
Temps du passé ou conditionnel	Subjonctif imparfait

Ex. : ***Hoy el profesor desea que los alumnos trabajen, aprendan y escriban.*** (Aujourd'hui, le professeur désire que les élèves travaillent, apprennent et écrivent.)

Ayer el profesor deseaba / deseó / había deseado que los alumnos trabajaran, aprendieran y escribieran. (Hier, le professeur désirait / désira / avait désiré que les élèves travaillent, apprennent et écrivent.)

En cualquier otra ocasión el profesor desearía que los alumnos trabajaran, aprendieran y escribieran. (En toute autre occasion, le professeur désirerait que les élèves travaillent, apprennent et écrivent.)

20 L'obligation

On distingue :
– l'**obligation impersonnelle** qui correspond à « il faut » + infinitif ou « on doit » + infinitif ;
– l'**obligation personnelle** qui correspond à « je (tu, il, etc.) dois » + infinitif ou « il faut que je (tu, il, etc.) » + subjonctif présent.

1 L'obligation impersonnelle

• Forme principale : ***hay que*** + **infinitif** est la forme la plus utilisée.
Ex. : ***Hay que tomar las buenas decisiones.*** (Il faut prendre les bonnes décisions.)

• Autres formes. ***Hace falta*** / ***Es necesario*** / ***Es preciso*** / ***Es menester*** + **infinitif**
Ex. : ***Hace falta trabajar. Es necesario trabajar. Es preciso trabajar. Es menester trabajar.*** (Il faut travailler.)

• ***Haber de*** + **infinitif** marque davantage la convenance que l'obligation.
Ex. : ***Has de saber, Sancho.*** (Il faut que tu saches, Sancho.)

2 L'obligation personnelle

• Formes principales
– ***Tener que*** + **infinitif** marque une nécessité, un devoir impérieux.
Ex. : ***Tienes que estudiar.*** (Tu dois étudier.)
Tengo que ir. (Je dois aller.)
– ***Deber*** + **infinitif** exprime plus une obligation morale qu'une nécessité impérieuse.
Ex. : ***Debes decirme la verdad.*** (Tu dois me dire la vérité.)

• Autres formes
On utilise également avec la même valeur que ***tener que*** + **infinitif** les formes suivantes : ***Hace falta*** / ***Es necesario*** / ***Es preciso*** / ***Es menester*** + **que** + **subjonctif**.
Ex. : ***Hace falta que trabajes. Es necesario que trabajes. Es preciso que trabajes. Es menester que trabajes.*** (Il faut que tu travailles.)

Attention !

Ces formes impliquent l'application de la règle de concordance des temps (voir p. 340).
Ex. : ***Era preciso que se lo dijeras.*** (Il fallait que tu le lui dises.)
Hizo falta que saliera. (Il fallut qu'il sorte.)

3 Traduction de « il n'y a qu'à »

• Si « il n'y a qu'à » signifie « il suffit de », la tournure est traduite par : ***no hay más que*** ou ***basta con***.
Ex. : ***Basta con aplicar la regla.*** (Il n'y a qu'à appliquer la règle.)
No hay más que devolvérselo. (Il n'y a qu'à le lui rendre.)

• Si « il n'y a qu'à » signifie « il n'y a pas d'autre moyen ou d'autre solution que », la tournure est traduite par : ***No hay más remedio que***.
Ex. : ***No hay más remedio que pagar.*** (Il n'y a qu'à payer.)
No hay más remedio que abandonar. (Il n'y a qu'à abandonner.)

21 Expression de la condition

La condition est exprimée par une proposition généralement introduite par *si*.

1 La condition réalisable

La condition réalisable s'exprime toujours par le mode indicatif dans la proposition qui énonce la condition.

Présent	***Si me quieres*** Si tu m'aimes (aujourd'hui)	***nos casamos.*** nous nous marions. ***nos casaremos.*** nous nous marierons. ***casémonos.*** marions-nous.
Passé	***Si me aburría*** Si je m'ennuyais (alors)	***iba al cine.*** j'allais au cinéma (à cette époque).

2 La condition irréalisable

La condition irréalisable s'exprime toujours par le subjonctif imparfait ou plus-que-parfait dans la proposition qui énonce la condition.

Présent	***Si trabajaras*** Si tu travaillais (mais tu ne travailles pas) **Subjonctif Imparfait**	***ganarías dinero.*** tu gagnerais de l'argent. **Conditionnel présent**
Passé	***Si hubieras trabajado*** Si tu avais travaillé (hier) **Subjonctif plus-que-parfait**	***ganarías dinero.*** tu gagnerais de l'argent (maintenant). ***hubieras (habrías) ganado dinero.*** tu aurais gagné de l'argent (hier). **Subjonctif plus-que-parfait ou conditionnel passé**

3 Le subjonctif imparfait

A Verbes réguliers

• Verbes du premier groupe

-ar : **radical** + *-ara, -aras, -ara, -áramos, -arais, -aran*.

Ex. : ***Cantar*** (chanter). *Cantara, cantaras, cantara, cantáramos, cantarais, cantaran.*

• Verbes des deuxième et troisième groupes

-er, -ir : **radical** + *-iera, -ieras, -iera, -iéramos, -ierais, -ieran*.

Ex. : ***Beber*** (boire). *Bebiera, bebieras, bebiera, bebiéramos, bebierais, bebieran.*
Escribir (écrire). *Escribiera, escribieras, escribiera, escribiéramos, escribierais, escribieran.*

• À côté des terminaisons en ***-ra*** qui sont les plus fréquentes, il existe une autre forme de subjonctif imparfait terminée en ***-se***.

Ex. : ***Cantara*** ou ***cantase*** – ***Bebiera*** ou ***bebiese*** – ***Viviera*** ou ***viviese.***

B Verbes irréguliers

La connaissance du passé simple permet de former facilement le subjonctif imparfait des verbes irréguliers. Celui-ci se forme à partir de la 3e personne du pluriel du passé simple en substituant à la terminaison ***-ron*** les formes : *-ra, -ras, -ra, -ramos, -rais, -ran*.

Ex. : ***Decir*** → ***dijeron*** → ***dijera*** ou ***dijese***.

Exercices d'entraînement

CHAPITRE 11

Exercice 1

Corrigé p. 359

Traduisez en utilisant les pronoms quand c'est nécessaire.

1. Il travaille avec elle.
2. Je ne sais pas si elle veut.

CHAPITRE 12

Exercice 2

Corrigé p. 359

Transformez le tutoiement en formes de politesse.

1. Tu entusiasmo te dará la victoria.
2. Debéis abandonar vuestras costumbres.

Exercice 3

Corrigé p. 359

Mettez les pronoms des phrases suivantes sous la forme enclitique équivalente.

1. No te lo quiero decir.
2. Te lo estoy explicando.
3. No os lo puedo contar.
4. Me estáis tomando el pelo.

CHAPITRE 13

Exercice 4

Corrigé p. 359

Transformez l'infinitif en participe passé.

1. Todos los libros que he ... (leer) están en la biblioteca.
2. Todavía no han ... (volver) las golondrinas.

Exercice 5

Corrigé p. 359

Faites l'accord du participe passé quand c'est nécessaire.

1. Todas las luces estaban ... (apagar).
2. Todas las casas fueron ... (destruir) por el terremoto.

CHAPITRE 14

Exercice 6

Corrigé p. 359

Traduisez en fonction du sens et du sujet.

1. J'aime beaucoup voyager.
2. Tu ne m'aimes plus.

Exercice 7

Corrigé p. 359

Indiquez le pronom de renforcement (facultatif) qu'il convient d'employer dans les phrases suivantes.

1. A ... os interesa saberlo.
2. A ... le conviene perfectamente.

CHAPITRE 15

Exercice 8

Corrigé p. 359

Complétez en utilisant *ser* ou *estar.*

1. Este coche ... tuyo y ... mal aparcado.
2. La noticia ... anunciada por el presidente.
3. El invierno ... una estación fría. ... lógico que (tú)... enfermo.

Exercice 9

Corrigé p. 359

Traduisez.

1. Tu es belle avec ce chapeau.
2. Le gazpacho est une soupe froide.

CHAPITRE 16

Exercice 10
Corrigé p. 359

Traduisez en utilisant : *después de, mientras.*

1. Nous irons à la plage après manger.
2. Pendant qu'il parlait, il réfléchissait.

Exercice 11
Corrigé p. 359

Complétez les phrases par : *hace* ou *desde hace.*

1. ... tres años que no he fumado.
2. No nos hablamos ... más de un año.

Exercice 12
Corrigé p. 359

Exprimez la simultanéité des actions en utilisant soit : *al* + infinif, soit le gérondif.

1. Se pasa el día ... (fumar)
2. ... (abrir) la maleta, se llevó un gran susto.
3. Se quedó dos días ... (trabajar) en casa.
4. ... (entrar) en el agua, se estremeció.

CHAPITRE 17

Exercice 13
Corrigé p. 359

Traduisez.

1. Sa fille ne vient jamais le voir.
2. Peut-être viendra-t-il nous voir demain.

CHAPITRE 18

Exercice 14
Corrigé p. 359

Traduisez.

1. Ce tableau me fait penser à une gravure de Goya.
2. Bien entendu, ce dessin nous incite à réfléchir sur la pollution.

CHAPITRE 19

Exercice 15
Corrigé p. 359

Subjonctif ou indicatif : mettez le verbe proposé au mode qui convient.

1. Afirmo que este chico ... mi hijo. (ser)
2. Te ruego que me ... en paz. (dejar)

Exercice 16
Corrigé p. 359

Mettez au passé en respectant la concordance des temps.

1. Quiero que vengas. Quería que ...
2. Deseo que escribas. Deseaba que ...

CHAPITRE 20

Exercice 17
Corrigé p. 359

Utilisez *que* + subjonctif pour transformer les phrases suivantes en obligation personnelle, conformément au sujet proposé.

1. Hace falta encontrar la salida. (tú)
2. Es necesario saber escribir. (nosotros)

Exercice 18
Corrigé p. 359

Mettez les phrases suivantes au présent.

1. Fue necesario que vendieran la casa.
2. Hacía falta que aprendieran la lengua del país.

CHAPITRE 21

Exercice 19
Corrigé p. 359

Traduisez.

1. S'il pleut, nous irons au cinéma.
2. Si tu manges trop, tu grossiras.

22 Le verbe à l'indicatif présent

1 Les auxiliaires et les verbes faibles

• **Les auxiliaires *haben, sein* et *werden***

– ***Haben*** (avoir) : *ich hab**e** – du ha**st** – er / es / sie ha**t** – wir hab**en** ihr hab**t** – sie / Sie hab**en**.*

– ***Sein*** (être) : *ich bin – du bist – er / es / sie ist – wir sind – ihr seid – sie / Sie sind.*

– ***Werden*** : *ich werde – du wir**st** – er / es / sie wir**d** – wir werd**en** – ihr werd**et** – sie / Sie werd**en**.*

À savoir

À l'indicatif présent, ***werden*** signifie « devenir ». Il sert également à exprimer **le futur** et **le passif**.

• **Les verbes faibles (verbes réguliers)**

– **Radical du verbe** + *-e, -st, -t, -en, -t, -en*.

Ex. : *ich wohn**e** – du wohn**st** – er / es / sie wohn**t** – wir wohn**en** – ihr wohn**t** – sie / Sie wohn**en**.*

2 Les verbes forts

• **Les verbes forts sont des verbes irréguliers** car la voyelle du radical est modifiée à la 2e et à la 3e personne du singulier de **l'indicatif présent** et / ou au **prétérit** (page 346) et / ou au participe II (page 347).

• **Au présent**, les terminaisons sont les mêmes que celles des verbes faibles.

Ex. : *ich fahr**e** – du f**ä**hr**st** – er / es / sie f**ä**hr**t** – wir fahr**en** – ihr fahr**t** – sie / Sie fahr**en**.*

3 Les verbes de modalité

Les verbes de modalité sont accompagnés d'un verbe à l'infinitif placé en bout de phrase.

Ex. : *Ich **kann** heute nicht kommen.* (Je ne peux pas venir aujourd'hui.)

– Pouvoir → ***können*** (être capable de) ; ***dürfen*** (avoir la permission de).

– Vouloir → ***wollen*** (avoir la volonté de) ; ***mögen*** (apprécier qqch ou qqn).

– Devoir → ***müssen*** (être contraint(e) de) ; ***sollen*** (être obligé(e) de (parce qu'on me le demande)).

• **Conjugaison à l'indicatif présent**

Le radical est modifié au singulier (sauf pour ***sollen***) et les terminaisons sont particulières : *-Ø, -st, -Ø, -en, -t, -en*.

– ***Können*** : *ich kann – du kann**st** – er / es / sie kann – wir könn**en** – ihr könn**t** – sie / Sie könn**en**.*

– ***Dürfen*** : *ich darf – du darf**st** – er / es / sie darf – wir dürf**en** – ihr dürf**t** – sie / Sie dürf**en**.*

– ***Wollen*** : *ich will – du will**st** – er / es / sie will – wir woll**en** – ihr woll**t** – sie / Sie woll**en**.*

– ***Mögen*** : *ich mag – du mag**st** – er / es / sie mag – wir mög**en** – ihr mög**t** – sie / Sie mög**en**.*

– ***Müssen*** : *ich muss – du muss**t** – er / es / sie muss – wir müss**en** – ihr müss**t** – sie / Sie müss**en**.*

– ***Sollen*** : *ich soll – du soll**st** – er / es / sie soll –wir soll**en** – ihr soll**t** – sie / Sie soll**en**.*

4 Les verbes à particule

La particule modifie le sens du verbe. La **particule séparable** accentuée se place en bout de phrase dans les énonciatives. La **particule inséparable** (*ge-*, *mis-*, *zer-*, *be-*, *er-*, *ent-*, *emp-*, *ver-*) reste soudée au verbe.

Ex. : ***ab**/fahren → Der Zug **fährt** um sechs Uhr **ab**.* (Le train part à six heures.)

***erklären** → Er **erklärt** die Regeln.* (Il explique les règles.)

23 Différents modes et voix

1 Les temps du passé à l'indicatif

A Le prétérit

Le prétérit est le temps du récit. Il correspond à l'**imparfait** et au **passé simple** en français.

• Le prétérit des auxiliaires *haben* et *sein*

– ***Haben :*** *ich ha**tte** – du ha**ttest** – er / es / sie ha**tte** – wir ha**tten** – ihr ha**ttet** – sie / Sie ha**tten**.*
– ***Sein :*** *ich war – du war**st** – er / es / sie war – wir war**en** – ihr war**t** – sie / Sie war**en**.*

• Le prétérit des verbes faibles

– **Radical du verbe** + -*t* + -*e*, -*est*, -*e*, -*en*, -*et*, -*en*.
Ex. : *wohnen* (habiter) → *ich wohn**te** – du wohn**test** – er / es / sie wohn**te** – wir wohn**ten** – ihr wohn**tet** – sie / Sie wohn**ten**.*
– Les verbes dont le radical se termine par -*t* ou -*d* prennent un -*e* intercalaire.
Ex. : *Ich arbeitete.* (Je travaillais.)

• Le prétérit des verbes de modalité

– **Radical sans l'inflexion de la voyelle** (¨) + -*t* + les terminaisons du prétérit.
– ***Können :*** *ich konn**te*** – ***Dürfen :*** *ich durf**te*** – ***Wollen :*** *ich woll**te*** – ***Mögen :*** *ich moch**te*** – ***Müssen :*** *ich muss**te*** – ***Sollen :*** *ich soll**te**.*

• Le prétérit des autres verbes mixtes

Brennen (brûler), ***bringen*** (apporter), ***denken*** (penser), ***kennen*** (connaître), ***rennen*** (courir), ***senden*** (envoyer) modifient leur radical, prennent la marque -*t* et les terminaisons des verbes faibles.
Ex. : *brennen : er br**annte** ; bringen : er br**achte** ; denken : er d**achte** ; kennen : er k**annte** ; rennen : er r**annte** ; senden : er s**andte**.*

• Le prétérit des verbes forts

– **Radical modifié** + -*Ø*, -*st*, -*Ø*, -*en*, -*t*, -*en*.
Ex. : *fahren* (conduire) → *ich f**uhr** – du f**uhrst** – er / es / sie f**uhr** – wir f**uhren** – ihr f**uhrt** – sie / Sie f**uhren**.*
– Les verbes en -*a* changent leur voyelle du radical en -*u* ou -*ie* : *fahren* (conduire) → *er fuhr* ; *lassen* (laisser) → *er **ließ**.*
– Les verbes en -*i* changent leur voyelle du radical en -*a* : *finden* (trouver) → *er fand.*
– Les verbes en -*e* changent leur voyelle du radical en -*a* : *geben* (donner) → *er gab.*
– Les verbes en -*ei* changent leurs voyelles du radical en -*ie* ou -*i* : *bleiben* (rester) → *er blieb* ; *streichen* (peindre) → *er strich.*
– Les verbes en -*ie* changent leurs voyelles du radical en -*o* : *frieren* (avoir froid) → *er fror.*

> **Exception**
> *Fangen* (attraper) → *er fing.*

> **Exceptions**
> *Heben* (soulever) → *er hob* ; *gehen* (aller à pied) → *er ging* ; *werden* (devenir) → *er wurde* ; *stehen* (se tenir debout) → *er **stand**.*

B Le parfait

Le parfait est l'équivalent du **passé composé** en français. Il se forme avec l'**auxiliaire *haben* ou *sein* au présent** + **participe II (participe passé)**.
Ex. : *Ich **habe** heute viel **gearbeitet**.* (J'ai beaucoup travaillé aujourd'hui.)

• Choix de l'auxiliaire

– ***Sein*** s'emploie avec ***sein*** (être), ***werden*** (devenir) et ***bleiben*** (rester) ; les verbes de déplacement tels que ***gehen*** (aller à pied) et les verbes qui indiquent un changement d'état tels que ***einschlafen*** (s'endormir).
– ***Haben*** s'emploie avec tous les autres verbes.

• Formation du participe II

– **Auxiliaires :** *haben* (avoir) → ***gehabt*** ; *sein* (être) → ***gewesen*** ; *werden* (devenir) → ***geworden***.
– **Verbes faibles simples :** ***ge*** **+ radical +** ***-t***. Ex. : *wohnen* (habiter) → ***gewohnt***.
– **Verbes faibles à particule séparable : particule +** ***ge*** **+ radical +** ***-t***.
Ex. : *einkaufen* (faire les courses) → ***eingekauft***.
– **Verbes faibles à particule inséparable : radical +** ***-t***. Ex. : *verkaufen* (vendre) → ***verkauft***.
– **Verbes en** ***-ieren*** **: radical +** ***-t***. Ex. : *telefonieren* (téléphoner) → ***telefoniert***.
– **Verbes de modalité** et verbes **mixtes :** ***ge*** **+ radical modifié +** ***-t***.
Ex. : *können* (pouvoir) → ***gekonnt***.
– **Verbes forts simples :** ***ge*** **+ radical modifié +** ***-en***. Ex. : *gehen* (aller à pied) → ***gegangen***.
– **Verbes forts à particule séparable : particule +** ***ge*** **+ radical modifié +** ***-en***.
Ex. : *ausgehen* (sortir) → ***ausgegangen***.
– **Verbes forts à particule inséparable : radical modifié +** ***-en***.
Ex. : *verstehen* (comprendre) → ***verstanden***.

C Le plus-que-parfait

Le plus-que-parfait se forme comme le parfait mais avec les auxiliaires ***haben*** et ***sein*** au **prétérit** (page 346).
Ex. : *fahren* (aller avec un véhicule) → *ich* ***war gefahren*** – *du* ***warst gefahren***.

2 Le futur

Pour tous les types de verbes : ***werden*** **au présent + infinitif**.
Ex. : *kommen* (venir) → *ich* ***werde kommen*** – *du* ***wirst kommen***.

3 Le mode impératif

• Conjugaison

– 2e personne du singulier : **radical +** ***(-e)***.
Ex. : ***Mach(e)*** *deine Hausaufgaben!* (Fais tes devoirs !)
Remarque : la marque ***-e*** est facultative et peu employée. Elle est cependant obligatoire pour les verbes conjugués avec un ***-e*** intercalaire.
Ex. : *Rede / Redet nicht so laut!* (Ne parle / parlez pas si fort !)
– 1re personne du pluriel : **radical +** ***-en*** **+** ***wir***.
Ex. : ***Machen wir*** *unsere Hausaufgaben!* (Faisons nos devoirs !)
– 2e personne du pluriel : **radical +** ***-t***.
Ex. : ***Macht*** *eure Hausaufgaben!* (Faites vos devoirs !)
– Formule de politesse : **radical +** ***-en*** **+** ***Sie***.
Ex. : ***Machen Sie*** *Ihre Hausaufgaben!* (Faites vos devoirs !)

> **Attention !**
> Le verbe occupe la première place dans la phrase et celle-ci se termine par un point d'exclamation.

• Cas particuliers

– Les verbes irréguliers en *-e* voient leur radical modifié à la 2e personne du singulier, comme au présent. Le *-e* est alors remplacé par *-i* ou *-ie*.

Ex. : (*du gibst*) *Gib!* (Donne !) ; (*du liest*) *Lies!* (lis !)

À savoir

Sein (être) à la 2e personne du pluriel : la terminaison *-t* est remplacée par un *-d*.

Ex. : *Seid ruhig!* (Soyez tranquilles !)

4 Le subjonctif II

• Le subjonctif II présent se forme sur le **radical du prétérit** + *-e*, *-est*, *-e*, *-en*, *-et*, *-en* ainsi qu'une inflexion (¨) sur le *a*, le *o* et le *u*.

Ex. : *ich wäre – du wärest.*

• Le subjonctif II présent des verbes faibles est identique au prétérit. Pour les différencier, on emploie **le subjonctif II futur** qui se forme de la manière suivante : ***werden* au subjonctif II + infinitif**.

Ex. : *Ich **machte** gern einen Ausflug. / Ich **würde** gern einen Ausflug **machen**.* (J'aimerais bien faire une sortie.)

À savoir

Le subjonctif II est le mode de **l'irréel** et sert à exprimer un **souhait** ou une **condition**.

• Le subjonctif II passé correspond au conditionnel passé en français et se forme avec l'**auxiliaire *haben* ou *sein* au subjonctif II + participe II**.

Ex. : *Ich **wäre** gerne **gekommen**.* (J'aurais bien aimé venir.)

5 Le subjonctif I

• Le subjonctif I présent se forme à partir du **radical du verbe** + *-e*, *-est*, *-e*, *-en*, *-et*, *-en*.

Ex. : *ich **habe** – du **habest**.*

• Le subjonctif I passé se forme avec l'**auxiliaire *haben* ou *sein* au subjonctif I + participe II**.

• Le subjonctif I futur se forme avec l'**auxiliaire *werden* au subjonctif I + infinitif**.

À savoir

Le subjonctif I est le mode du **discours indirect** et sert à rapporter les propos de quelqu'un.

Ex. : *Der Minister **habe** gesagt, man **brauche** ein neues Gesetz.* (Le ministre a dit qu'on avait besoin d'une nouvelle loi.)

6 Le passif

• Le passif personnel

– Au passif, le sujet **subit l'action**. Le sujet de la voix active devient alors **complément d'agent**. Voix active : *Die Umweltverschmutzung zerstört den Wald.* (La pollution détruit la forêt.) → Voix passive : *Der Wald **wird** von der Umweltverschmutzung **zerstört**.* (La forêt est détruite par la pollution.)

– Pour passer de la voix active à la voix passive, il suffit de conjuguer l'auxiliaire ***werden*** au temps de la voix active.

• Le passif impersonnel

Le passif impersonnel se substitue au **« on » français**. Le pronom impersonnel ***es*** prend la place de sujet à la voix passive et occupe toujours la première place. Il peut disparaître au profit d'un complément.

Ex. : ***Es** wird gearbeitet!* (On travaille !) *Am Sonntag wird gearbeitet!* (On travaille dimanche !)

24 La phrase

1 La place du verbe dans la déclarative et l'interrogative

A La déclarative

Dans l'énoncé déclaratif, le **verbe occupe toujours la deuxième position**. Les autres éléments de l'énoncé peuvent changer de place. Toutefois, si le sujet n'occupe pas la première place, il doit être placé immédiatement après le verbe.

Ex. : *Ich / **habe** / heute / eine Mathearbeit. Heute / **habe** / ich / eine Mathearbeit. Eine Mathearbeit / **habe** / ich / heute.* (J'ai un contrôle de maths aujourd'hui.)

B L'interrogative directe

- **Interrogative directe globale :** le verbe conjugué occupe la première place.

Ex. : ***Hast** du heute Zeit?* (As-tu du temps aujourd'hui ?)

- **Interrogative directe partielle :** commence toujours par un mot interrogatif.

Ex. : *Was **machst** du heute?* (Que fais-tu aujourd'hui ?)

Mots interrogatifs : ***Wer** / **wen** / **wem*** (qui) ; ***was*** (que, quoi) ; ***wie*** (comment) ; ***wo** / **wohin*** (où) ; ***woher*** (d'où) ; ***wann*** (quand) ; ***warum*** (pourquoi) ; ***wie viel*** (combien) ; ***wie lange*** (combien de temps).

2 La subordonnée

La proposition subordonnée dépend de la proposition principale à laquelle elle est rattachée. La conjonction de subordination introduit la subordonnée et le **verbe conjugué occupe la position finale**.

A Compléter un énoncé avec *dass* et *weil*

Dass permet de compléter un énoncé et ***weil*** exprime une cause.

- ***Dass :*** *Ich glaube nicht, **dass** ich morgen kommen werde.* (Je ne crois pas que je viendrai demain.)
- ***Weil :*** *Ich muss zum Arzt gehen, **weil** ich krank bin.* (Je dois aller chez le médecin, parce que je suis malade.)

B L'interrogative indirecte

- **L'interrogative indirecte globale** est toujours introduite par la conjonction de subordination ***ob*** (si). On ne peut y répondre que par « oui » ou par « non ».

Ex. : *Weißt du, **ob** sie ihre Prüfung bestanden hat? Nein, ich weiß es nicht.* (Sais-tu si elle a réussi son examen ? Non, je ne le sais pas.)

- **L'interrogative indirecte partielle** est toujours introduite par un mot interrogatif dont dépend la réponse.

Ex. : *Weißt du, **wann** unsere Eltern zurückkommen? Sie kommen übermorgen zurück.* (Sais-tu quand nos parents rentrent ? Il rentrent après-demain.)

C Se repérer dans le temps : *wenn* et *als*

• ***Wenn* (quand)** s'emploie au **présent**, au **futur** et au **prétérit**. Au prétérit, il exprime une action qui s'est répétée dans le passé et peut se traduire par « chaque fois que ».

Ex. : Présent : ***Wenn** ich fertig bin, komme ich zu dir.* (Quand j'ai fini, je viens chez toi.)
Futur : ***Wenn** ich fertig sein werde, werde ich erleichtert sein.* (Lorsque j'aurai fini, je serai soulagé(e).)
Prétérit : ***Wenn** ich von der Schule zurückkam, musste ich immer etwas essen.* (Lorsque je rentrais de l'école, je devais toujours manger quelque chose.)

• ***Als* (quand)** s'emploie dans le cas d'un moment unique dans le passé et peut se traduire par « au moment où ».

Ex. : ***Als** ich klein war, wohnte ich in Berlin.* (Lorsque j'étais petit, j'habitais à Berlin.)

D Exprimer une condition avec *wenn* (si)

• **Si la condition est réalisable**, on emploie le **présent**.

Ex. : ***Wenn** ich mit meinem Studium fertig bin, dann suche ich eine Arbeit.* (Quand j'aurai fini mes études, je chercherai un travail.)

• **Si la condition n'est pas réalisable** au moment où on l'exprime, on utilise le **subjonctif II** (page 348).

Ex. : ***Wenn** ich viel Geld hätte, dann würde ich eine Weltreise machen.* (Si j'avais beaucoup d'argent, je ferais un tour du monde.)

À savoir

On peut également exprimer une condition en supprimant ***wenn*** et en plaçant le verbe conjugué en **première position**.

Ex. : ***Hätte** ich viel Geld, dann würde ich eine Weltreise machen.*

E Préciser un énoncé, exprimer un but

• **La relative** est introduite par un **pronom relatif** qui varie selon sa **fonction** dans la phrase et le genre de son **antécédent**. Les pronoms relatifs sont identiques aux déterminants sauf **au datif pluriel et au génitif**.

	Masc.	Neu.	Fém.	Pl.
Nom.	*der*	*das*	*die*	*die*
Acc.	*den*	*das*	*die*	*die*
Dat.	*dem*	*dem*	*der*	***denen***
Gén.	***dessen***	***dessen***	***deren***	***deren***

• **Les pronoms relatifs**

Ex. : Sujet → *Mein Freund, **der** Klaus heißt, feiert heute sein Geburtstag.* (Mon ami, qui s'appelle Klaus, fête son anniversaire aujourd'hui.).
Cod → *Mein Freund, **den** ich am Samstag einlade, freut sich.* (Mon ami, que j'invite samedi, se réjouit.).
Coi → *Mein Freund, **dem** ich etwas geschenkt habe, hat sich sehr gefreut.* (Mon ami, à qui j'ai offert quelque chose, s'est beaucoup réjoui.).
Cdn → *Mein Freund, **dessen** Mutter krank ist, macht sich Sorgen.* (Mon ami, dont la mère est malade, se fait du souci.)

• **Le groupe infinitif complément.**

– **Groupe infinitif avec *zu* :** ***zu*** précède le verbe à l'infinitif ou s'interpose entre la particule et la base du verbe si le verbe est à particule séparable.

Ex. : *Ich habe Lust, ins Kino **zu** gehen.* (J'ai envie d'aller au cinéma.)
*Ich habe Lust mit**zu**kommen.* (J'ai envie de vous accompagner.)

– **Groupe infinitif sans *zu* :** le groupe infinitif se construit sans ***zu*** avec les verbes de modalité, les verbes de perception tels que ***sehen*** (voir) et les verbes ***lassen*** (laisser), ***lehren*** (enseigner), ***lernen*** (apprendre) et ***helfen*** (aider).

Ex. : *Ich höre die Kinder kommen.* (J'entends venir les enfants.)

À savoir

Pour exprimer un but, on utilise la formule ***um … zu***.

Ex. : *Ich lerne, **um** bessere Noten **zu** haben.*

25 Le groupe nominal

1 Le groupe nominal sans adjectif

A Les articles et leurs marques

L'article du groupe nominal permet d'identifier son genre et son nombre ainsi que sa fonction selon un cas.

• **Les différentes fonctions du groupe nominal :** **nominatif** (sujet et attribut du sujet) ; **accusatif** (cod) ; **datif** (coi / cos) ; **génitif** (complément du nom).

• **L'article défini**

	Masc.	Neu.	Fém.	Pl.
Nom.	***der*** *Vater*	***das*** *Kind*	***die*** *Mutter*	***die*** *Kinder*
Acc.	***den*** *Vater*	***das*** *Kind*	***die*** *Mutter*	***die*** *Kinder*
Dat.	***dem*** *Vater*	***dem*** *Kind*	***der*** *Mutter*	***den*** *Kinder**n***
Gén.	***des*** *Vater**s***	***des*** *Kind**es***	***der*** *Mutter*	***der*** *Kinder*

À savoir

Le démonstratif ***dies-*** (ce, cet, cette) se décline comme l'article défini.

• **L'article indéfini**

	Masc.	Neu.	Fém.
Nom.	*ein Vater*	*ein Kind*	*ein**e** Mutter*
Acc.	*ein**en** Vater*	*ein Kind*	*ein**e** Mutter*
Dat.	*ein**em** Vater*	*ein**em** Kind*	*ein**er** Mutter*
Gén.	*ein**es** Vater**s***	*ein**es** Kind**es***	*ein**er** Mutter*

Attention !

L'article indéfini disparaît au pluriel.

B Exprimer la possession

• **Les adjectifs possessifs**

Il faut identifier le ou les **possesseurs** et son ou ses **objets**. À la 3e personne du singulier, le genre du possesseur détermine le choix de l'adjectif possessif. L'identification de l'objet se fait grâce à la déclinaison de l'adjectif possessif qui est identique à celle de l'article indéfini (tableau précédent).

Ex. : ***Meine*** *Freundin.* (Possesseur : 1re personne / Objet : féminin).

	1re pers. du sg.	2e pers. du sg.	3e pers. masc. / neu. du sg.	3e pers. fém. du sg.	1re pers. du pl.	2e pers. du pl.	3e pers. du pl.
Objet masc.	*mein Vater*	*dein Vater*	*sein Vater*	*ihr Vater*	*unser Vater*	*euer Vater*	*ihr Vater*
Objet neu.	*mein Baby*	*dein Baby*	*sein Baby*	*ihr Baby*	*unser Baby*	*euer Baby*	*ihr Baby*
Objet fém.	*meine Mutter*	*deine Mutter*	*seine Mutter*	*ihre Mutter*	*unsere Mutter*	*eure Mutter*	*ihre Mutter*
Objet pl.	*meine Eltern*	*deine Eltern*	*seine Eltern*	*ihre Eltern*	*unsere Eltern*	*eure Eltern*	*ihre Eltern*

Au pluriel, les adjectifs possessifs se déclinent selon le modèle de l'article défini (voir ci-dessus).

• **Le génitif saxon** s'utilise principalement avec des noms propres. Pour marquer la possession, on rajoute un **-s** au nom propre s'il comprend déjà un **-s**, on ajoute une apostrophe.

Ex. : *Peters Auto fährt schnell.* (La voiture de Peter roule vite.)

Thomas' Eltern holen ihn ab. (Les parents de Thomas viennent le chercher.)

Allemand

Avec la **préposition *von*** (de) (page 353), la marque *-s* du nom disparaît.
Ex. : *Die Mutter **von** Lea ist noch nicht da.* (La mère de Léa n'est pas encore là.)

C Nier un énoncé : la négation

• ***Kein*** permet de nier un groupe nominal comprenant l'article ***ein*** ou sans article.
Ex. : *Ich habe einen Termin. / Ich habe **keinen** Termin.* (J'ai un rendez-vous. / Je n'ai pas de RV.)
*Ich trinke Orangensaft. / Ich trinke **keinen** Orangensaft.* (Je bois du jus d'orange. / Je ne bois pas de jus d'orange.)

• ***Nicht*** s'emploie dans tous les autres cas.
Ex. : *Ich will **nicht** ins Schwimmbad gehen.* (Je ne veux pas aller à la piscine.)
– Dans un **groupe verbal simple** comprenant un **cod** ou un **coi**, ***nicht*** se place en fin de phrase.
Ex. : *Ich helfe meinem Vater **nicht**.* (Je n'aide pas mon père.)
Dans tous les autres cas, *nicht* précède l'attribut ou l'adverbe, la particule séparable, le groupe infinitif, le groupe prépositionnel.
Ex. : *Heute gehe ich **nicht** ins Kino.* (Aujourd'hui, je ne vais pas au cinéma.)

• **Les autres négateurs** sont ***nichts*** (rien) et ***nie*** (jamais). On peut renforcer la négation avec ***gar nicht*** (pas du tout), ***keineswegs*** (aucunement) et ***nicht einmal*** (même pas).

D Les pronoms personnels et les pronoms réfléchis

• **Les pronoms personnels** dépendent du nom qu'ils remplacent à la 3e personne du singulier.

	1re pers. du sg.	2e pers. du sg.	3e pers. du sg. (masc., neu., fém.)	1re pers. du pl.	2e pers. du pl.	3e pers. du pl., politesse
Nom.	*ich*	*du*	*er, es, sie*	*wie*	*ihr*	*sie, Sie*
Acc.	*mich*	*dich*	*ihn, es, sie*	*uns*	*euch*	*sie, Sie*
Dat.	*mir*	*dir*	*ihm, ihm, ihr*	*uns*	*euch*	*ihnen, Ihnen*

• **Les pronoms réfléchis** sont identiques aux pronoms personnels, sauf à la 3e personne du singulier et du pluriel où le pronom réfléchi est toujours ***sich***.
Ex. : À l'accusatif → *ich wasche **mich** – er wäscht **sich** – sie waschen **sich**.* Au datif → *ich wasche **mir** die Hände – er wäscht **sich** die Hände – sie waschen **sich** die Hände.*

E Les pronoms indéfinis

• **Les pronoms indéfinis invariables**
– ***man*** (on) : ***Man** könnte heute wegfahren.* (On pourrait partir demain.)
– ***etwas*** (quelque chose) : *Ich habe **etwas** zu sagen.* (Je dois dire quelque chose.)
– ***nichts*** (rien) : *Ich habe **nichts** zu sagen.* (Je n'ai rien à dire.)
– ***jemand*** (quelqu'un) et ***niemand*** (personne) peuvent être invariables, ou déclinés : *Ich habe **niemand(en)** gesehen.* (Je n'ai vu personne.)

• **Les pronoms indéfinis qui se déclinent**
– ***einer, eines, eine...*** (l'un de... quelqu'un) : ***Eine** meiner Freundinnen macht ein Praktikum im Ausland.* (Une de mes amies fait un stage à l'étranger.)
– ***keiner, keines, keine...*** (aucun(e) de...) : *Wir haben **keinen** getroffen.* (Nous n'en avons rencontré aucun.)

2 Le groupe nominal avec adjectif

Un adjectif est **épithète** lorsqu'il est placé devant le nom qu'il qualifie. Dans ce cas, **il se décline**. L'**attribut** reste en revanche **invariable**.

• Il existe deux types de marques pour l'adjectif : les marques fortes (celles des articles définis page 351), et les marques faibles *-e* ou *-en*.

• **Groupe nominal sans article :** l'adjectif prend la marque forte sauf au génitif masculin et neutre, la marque forte étant située sur le nom.

	Masc.	Neu.	Fém.	Pl.
Nom.	*nett**er** Vater*	*nett**es** Kind*	*nett**e** Mutter*	*nett**e** Kinder*
Acc.	*nett**en** Vater*	*nett**es** Kind*	*nett**e** Mutter*	*nett**e** Kinder*
Dat.	*nett**em** Vater*	*nett**em** Kind*	*nett**er** Mutter*	*nett**en** Kinder**n***
Gén.	*nett**en** Vater**s***	*nett**en** Kind**es***	*nett**er** Mutter*	*nett**er** Kinder*

• **Groupe nominal avec article défini**

C'est l'article défini qui porte la marque forte. L'adjectif prend la marque faible ***-e*** ou ***-en***. La marque ***-e*** n'apparaît qu'au nominatif singulier et à l'accusatif neutre et féminin.

	Masc.	Neu.	Fém.	Pl.
Nom.	*der nette Vater*	*das nette Kind*	*die nette Mutter*	*die netten Kinder*
Acc.	*den netten Vater*	*das nette Kind*	*die nette Mutter*	*die netten Kinder*
Dat.	*dem netten Vater*	*dem netten Kind*	*der netten Mutter*	*den netten Kinder**n***
Gén.	*des netten Vater**s***	*des netten Kind**es***	*der netten Mutter*	*der netten Kinder*

• **Groupe nominal avec article indéfini**

L'article indéfini ***ein*** n'ayant pas de marque au nominatif masculin et neutre et à l'accusatif neutre, l'adjectif prend la marque forte. Dans les autres cas, il prend la marque faible ***-e*** ou ***-en***.

	Masc.	Neu.	Fém.
Nom.	*ein nett**er** Vater*	*ein nett**es** Kind*	*eine nette Mutter*
Acc.	*einen netten Vater*	*ein nett**es** Kind*	*eine nette Mutter*
Dat.	*einem netten Vater*	*einem netten Kind*	*einer netten Mutter*
Gén.	*eines netten Vater**s***	*eines netten Kind**es***	*einer netten Mutter*

3 Les prépositions et leur cas

La préposition détermine le cas du groupe nominal.

• **Prépositions suivies de l'accusatif :** ***um*** (autour de), ***ohne*** (sans), ***gegen*** (contre), ***durch*** (à travers), ***für*** (pour).

• **Prépositions suivies du datif :** ***aus*** (provenance), ***bei*** (chez, quand on est chez la personne), ***mit*** (avec), ***seit*** (depuis), ***nach*** (à, après, vers), ***von*** (de), ***zu*** (chez, quand on va chez la personne).

• **Prépositions suivies du génitif :** ***(an)statt*** (au lieu de), ***trotz*** (malgré), ***während*** (pendant), ***wegen*** (à cause de).

> **Attention !**
>
> Contractions possibles : ***zu*** + ***dem*** = ***zum*** ; ***zu*** + ***der*** = ***zur***. ***in*** + ***das*** = ***ins*** ; ***an*** + ***das*** = ***ans*** ; ***in*** + ***dem*** = ***im*** ; ***an*** + ***dem*** = ***am***.

• **Prépositions mixtes :** ***in*** (dans, en), ***auf*** (sur), ***über*** (au-dessus), ***unter*** (sous), ***an*** (à, au), ***vor*** (devant), ***hinter*** (derrière), ***neben*** (à côté), ***zwischen*** (entre).
– Au directif (suivies de l'**accusatif**) : *Ich gehe **in die Stadt**.* (Je vais en ville.)
– Au locatif (suivies du **datif**) : *Ich bin **in der Stadt**.* (Je suis en ville.)

26 La comparaison : infériorité, égalité, supériorité, superlatif

1 L'expression de la comparaison

• Infériorité

nicht so + **adjectif ou adverbe** + *wie*.

Ex. : *Meine Schwester ist* ***nicht so groß wie*** *ich.* (Ma sœur n'est pas aussi grande que moi.)

• Égalité

so + **adjectif ou adverbe** + *wie*.

Ex. : *Meine Schwester ist* ***so groß wie*** *ich.* (Ma sœur est aussi grande que moi.)

• Supériorité

Adjectif ou adverbe + *-er* + *als*.

Ex. : *Mein Buch ist* ***interessanter als*** *dein Buch.* (Mon livre est plus intéressant que ton livre.)

– De nombreux adjectifs monosyllabiques comprenant un *a*, un *o* ou un *u* prennent une inflexion (¨) sur ladite voyelle.

Ex. : *Ich bin* ***größer als*** *meine Schwester.* (Je suis plus grande que ma sœur.)

– Quelques comparatifs de supériorité ont des formes **irrégulières** qu'il faut connaître : *gut* (bon) → ***besser*** (meilleur) ; *hoch* (haut) → ***höher*** (plus haut) ; *gern* (volontiers) → ***lieber*** (de préférence) ; *viel* (beaucoup) → ***mehr*** (plus).

> **Attention !**
> Après ***als*** et ***wie***, le groupe nominal qui suit est toujours au nominatif.

2 Le superlatif

Le superlatif qualifie quelque chose ou quelqu'un en précisant qu'il ou elle est **le plus…** ou **la plus…**

Il peut être apparenté à un **adjectif épithète** ou apparaître sous la forme d'un **adverbe** ou d'un **attribut**.

• Superlatif adjectif épithète

– Il se forme en ajoutant le suffixe *-st* à l'adjectif et il se décline.

Ex. : *Das ist die schön**ste** Frau des Dorfes.* (C'est la plus belle femme du village.)

– Lorsque l'adjectif se termine par *-s*, *-ß*, *-z*, *-tz*, *-d* ou *-t*, on place un *e* intercalaire entre l'adjectif et la marque *-st*.

Ex. : *Das ist das netteste Kind der Klasse.* (C'est l'enfant le plus gentil de la classe.)

• Superlatif adverbe ou attribut

am + **adjectif** + *-sten*.

Ex. : *Dieser Sportler läuft* ***am schnellsten.*** (Ce sportif court le plus vite.)

– Il reste invariable.

– Il existe des formes irrégulières : *gut* (bon) → ***am besten*** (le / la meilleur(e)) ; *gern* (volontiers) → ***am liebsten*** (le / la préféré(e)) ; *nah* (proche) → ***am nächsten*** (le / la plus proche) ; *viel* (beaucoup) → ***am meisten*** (la plupart, la majorité).

Exercices d'entraînement

CHAPITRE 22

Exercice 1

Corrigé p. 360

Conjuguez les verbes au présent.
1. (haben) du ein bisschen Zeit für mich heute?
2. Die Schmidts (wohnen) jetzt in Berlin.
3. Der Schüler (verstehen) die Frage des Lehrers nicht.
4. Wann (fahren) du nach Deutschland zurück?

Exercice 2

Corrigé p. 360

Complétez les phrases suivantes avec le bon verbe de modalité au présent.
1. Ich ... heute nicht kommen. Ich ... lernen.
2. Wir ... morgen Abend ins Kino gehen. Unsere Eltern sind einverstanden.

Exercice 3

Corrigé p. 360

Formez des phrases à partir des éléments donnés et en conjuguant le verbe entre parenthèses à l'indicatif présent.
1. Der Zug / um fünf Uhr. (ankommen)
2. Der Lehrer / den Schülern / die Grammatikregeln. (erklären)
3. Ich / diesen Satz / nicht. (verstehen).

CHAPITRE 23

Exercice 4

Corrigé p. 360

Conjuguez les verbes au prétérit.
1. Die Reisenden (dürfen) die Botschaft wegen Unruhen nicht verlassen.
2. Wir (haben) uns schon lange nicht mehr gesehen. Deswegen (reden) wir die ganze Nacht miteinander.

Exercice 5

Corrigé p. 360

Transformez les phrases au parfait.
1. Unsere Großeltern erzählen uns, wie es im Krieg ist.
2. Ich bleibe zwei Stunden im Schwimmbad.
3. Die Touristen fotografieren den Reichstag in Berlin.

Exercice 6

Corrigé p. 360

Transformez les phrases suivantes au futur.
1. Ich studiere nächstes Jahr Medizin.
2. Er sagt nichts, weil er Angst hat.

Exercice 7

Corrigé p. 360

Transformez les phrases suivantes à l'impératif en supprimant *sollen*.
1. Du solltest aufhören zu rauchen!
2. Ihr solltet fleißiger sein!
3. Sie sollten nicht so schnell fahren!

Exercice 8

Corrigé p. 360

Transformez les phrases suivantes au subjonctif II.
1. Wenn ich kommen kann, dann zeigst du mir dein Bioreferat.
2. Wenn ich frei bin, dann fahre ich gerne mit.

Exercice 9

Corrigé p. 360

Transformez les phrases suivantes au subjonctif I en supprimant *dass*.

1. Der Arzt hat gesagt, dass es leider für diesen Patienten zu spät ist.
2. Der französische Präsident hat im Fernsehen gesagt, dass er die Kanzlerin letzte Woche getroffen hat.

Exercice 10

Corrigé p. 360

Transformez les phrases suivantes à la voix passive en respectant les temps.

1. Am Ende des Krieges hatten die Bomben Berlin zerstört.
2. Man lernt in den französischen Schulen systematisch am Nachmittag.

CHAPITRE 24

Exercice 11

Corrigé p. 360

Remettez les éléments suivants dans l'ordre.

1. Wir / nächsten Sommer / nach Japan / fliegen.
2. Ich / Sie / recht herzlich / ein / lade / zu meinem Geburtstag.

Exercice 12

Corrigé p. 360

Trouvez les questions des réponses (attention aux pronoms).

1. Diese Produkte kommen aus China.
2. Nein, mein Bruder hat mich nicht angerufen.

Exercice 13

Corrigé p. 360

Complétez les phrases par *dass* ou *weil*.

1. Ich weiß, ... du deine Prüfung bestehen wirst.
2. Ich gebe dir diese Information, ... ich weiß, ... es dich interessieren kann.

Exercice 14

Corrigé p. 360

Trouvez les questions indirectes des réponses en les commençant par *Weißt du*.

1. Diese Jacke gehört meinem Bruder.
2. Unsere Deutschlehrerin ist heute nicht da, weil sie krank ist.

Exercice 15

Corrigé p. 360

Complétez les phrases par *wenn* ou *als*.

1. ... der Krieg ausbrach, war mein Vater erst acht.
2. ... die Cousins sich sonntags trafen, war es immer sehr lustig.

Exercice 16

Corrigé p. 00

Traduisez les phrases suivantes.

1. Peux-tu me donner le livre qui est sur la table ?
2. Mon ami, à qui j'ai offert le nouveau CD de LaFee, était très content.

CHAPITRE 25

Exercice 17

Corrigé p. 360

Complétez les phrases suivantes à l'aide de la bonne terminaison.

1. D... Student hat d... Professor ein... Arbeit gegeben.
2. Gib doch d... Nachbarn d... Schüssel d... Haus...
3. Herr Schmidt diktiert ein... Sekretärin ein... Brief.

Exercice 18 *Corrigé p. 360*

Tranformez les phrases suivantes comme sur le modèle.

***Dieters Freundin** ist nett → **Seine** Freundin ist nett.*

1. Ich habe mit ***Martins Schwester*** gesprochen.
2. ***Klaus' Diplom*** ist verschwunden.
3. Ich hole ***Katjas Freundin*** um fünf Uhr ab.

Exercice 19 *Corrigé p. 360*

Niez les phrases suivantes.

1. Ich möchte über meine zukünftigen Pläne sprechen.
2. Ich habe eine neue CD bei Saturn gekauft.
3. Die Kinder trinken nachmittags Orangensaft.

Exercice 20 *Corrigé p. 360*

Complétez les phrases, selon le sens, avec le pronom personnel ou le pronom réfléchi qui convient.

1. Der Lehrer hat ... für morgen zu viel Arbeit gegeben.
2. Du kannst ... vor diesem Spiegel schminken.
3. Er fragt ..., ob es sich noch lohnt.

Exercice 21 *Corrigé p. 360*

Traduisez les phrases suivantes.

1. Je n'ai rencontré personne au théâtre.
2. On devrait rentrer plus tôt ce soir.
3. Nous n'avons rien à cacher.

Exercice 22 *Corrigé p. 360*

Complétez les phrases suivantes à l'aide des bonnes terminaisons.

1. Nach d... Erst.... Weltkrieg begann die Weimacher Republik.
2. Wir haben d... klein... Kinder unser... nett... Nachbarin eingeladen.
3. D... rot... Dach d... klein... Haus... muss repariert werden.

Exercice 23 *Corrigé p. 360*

Traduisez les phrases suivantes.

1. Nous vous félicitons pour la naissance de votre fils.
2. Il travaille depuis des mois à ce projet.

Exercice 24 *Corrigé p. 360*

Complétez les phrases suivantes avec *aus, ohne, ins, unter* ou *nach.*

1. Dieses Jahr fährt meine Klasse ... Lübeck.
2. ... mein Wörterbuch kann ich nicht arbeiten.
3. Hast du Lust, heute Abend ... Kino zu gehen?

CHAPITRE 26

Exercice 25 *Corrigé p. 360*

Traduisez les phrases suivantes.

1. Les études de médecine sont plus longues que les études de droit.
2. Ma sœur est moins âgée, mais aussi grande que moi.

Exercice 26 *Corrigé p. 360*

Traduisez les phrases suivantes.

1. C'est le film qui me plaît le plus.
2. C'est la plus jolie ville du *Land*.
3. Laura est ma meilleure amie !

CORRIGÉS

ANGLAIS (*Énoncés pp. 329 à 331*)

1 1. makes ; is making. 2. grow. 3. are turning. 4. is speaking.

2 1. was working ; called. 2. arrived ; was working ; was reading. 3. were drawing ; were painting ; supervised / was supervising. 4. was sleeping ; rang.

3 1. Have you seen ; went ; was. 2. did they get. 3. have been. 4. had ; felt ; thought ; was ; took ; felt.

4 1. I'm going to look after the ... / I'm looking after the ...
2. I won't spoil him.
3. Mr and Mrs Martin will drive me home ... / are going to drive me home...
4. They are going to pay me £30 ... / They are paying me £30...
5. I'm going to buy books ...

5 2. – *c)* ; 3. – *j)* ; 4. – *f)* ; 5. – *e)* ; 6. – *a)* ; 7. – *d)* ; 8. – *b)* ; 9. – *g)* ; 10. – *h)*.

6 1. When. 2. How long. 3. How often. 4. Whose. 5. What. 6. Where. 7. How long. 8. How much. 9. Who. 10. Which.

7 1. The painter **who** painted that still life didn't know what a basket looks like.
2. The art gallery **Ø** / **that** / **which** we visited yesterday was full of treasures.
3. We live in an artist's studio **which** / **that** is located on the banks of a river.
4. Sheridan, **whose** masterpiece we studied last month, has not written many plays.
5. John, **whose** computer is more sophisticated than mine, can receive videos on his computer. / John can receive videos on his computer **which** is more sophisticated than mine.
6. This physicist, **who** has won a Nobel prize, received a tremendous offer from the Americans last month. / This physicist, **who** received a tremendous offer from the Americans last month, has won a Nobel prize.
7. The crossing, **which** lasted three days, was very rough. / The crossing, **which** was very rough, lasted three days.
8. Some people **who** had made reservations couldn't get on board.

8 1. My mother **told** her friends (that) she **wasn't / isn't** free next Wednesday.
2. Fanny **told** me (that) she **wasn't** helping **me** with **my** homework.
3. The history teacher told the pupils that **they would deal** wih the Revolution the following week / that **they will deal** with the Revolution next week.
4. He added (that) **he would like** to help **them** realize how it **had changed** people's lives.
5. My best friend told me (that) **he had always been** interested in the history of our country.
6. Their parents told them (that) they mustn't play in the garden. / Their parents told them **not to play** in the garden.

9 1. '"Sit down!"
2. "When **are we** supposed to go to the museum?"
3. "**We're** going to an exhibition instead."
4. "**Don't forget** your piano lesson."
5. "Where **will you** go next summer?"
6. "Everybody **will have** to make efforts."

10 1. constitutional (constitute). 2. crossing. 3. activity (active). 4. profoundly. 5. equally. 6. blindness. 7. unshaved (shave). 8. unemployment. 9. reactivate (active). 10. homelessness. 11. exploitation. 12. shopping. 13. craftsmanship (craft & man). 14. thoughtful. 15. mismanagement. 16. encouraging (courage). 17. understatement. 18. undertaking (take).

11 1. I disagree with Jane. / I don't agree with Jane.
2. ... to inform them ... / ... so as to inform them ... / ... with a view to informing them ...
3. As / Since they were late ... / Owing to their being late... / Due to their being late ...
4. You should work ... / You ought to work ...
5. ... for them not to be anxious.
6. ..., as a result / as a consequence / therefore they were not anxious.
7. ... ; however, ... / ... ; still, ... / Although he isn't rich, he will help you...
8. We may take a week's rest. / Possibly we'll take a week's rest.
9. It must be a good film... / There is no doubt that it is a good film...
10. You should have warned us ...

ESPAGNOL *(Énoncés pp. 343-344)*

1 1. Él trabaja con ella. 2. No sé si ella quiere.

2 1. Su entusiamo le dará la victoria. 2. Ustedes deben abandonar sus costumbres.

3 1. decírtelo ; 2. explicándotelo ; 3. contároslo ; 4. tomándome.

4 1. leído ; 2. vuelto.

5 1. apagadas ; 2. destruidas.

6 1. Me gusta mucho viajar. 2. Ya no me quieres.

7 1. vosotros / as ; 2. él / ella / usted.

8 1. es ... está ; 2. fue ; 3. es ... Es ... estés.

9 1. Estás guapa con este sombrero. 2. El gazpacho es una sopa fría.

10 1. Iremos a la playa después de comer. 2. Mientras hablaba, reflexionaba.

11 1. Hace ; 2. desde hace.

12 1. fumando ; 2. Al abrir ; 3. trabajando ; 4. Al entrar.

13 1. Su hija no viene nunca a verlo. 2. Quizás venga a vernos mañana.

14 1. Este cuadro me hace pensar en un grabado de Goya. 2. Desde luego, este cómic nos incita a reflexionar sobre la contaminación.

15 1. es ; 2. dejes.

16 1. vinieras ; 2. escribieras.

17 1. Hace falta que encuentres ; 2. Es necesario que sepamos.

18 1. Es necesario que vendan. 2. Hace falta que aprendan.

19 1. Si llueve, iremos al cine. 2. Si comes demasiado, engordarás.

→ Corrigés des exercices d'Allemand en page 360.

ALLEMAND *(Énoncés pp. 355 à 357)*

1 1. hast ; 2. wohnen. 3. versteht ; 4. fährst.

2 1. kann, muss ; 2. dürfen.

3 1. Der Zug kommt um fünf Uhr an.
2. Der Lehrer erklärt den Schülern die Grammatikregeln.
3. Ich verstehe diesen Satz nicht.

4 1. durften ; 2. hatten, redeten.

5 1. Unsere Großeltern haben uns erzählt, wie es im Krieg gewesen ist.
2. Ich bin zwei Stunden im Schwimmbad geblieben.
3. Die Touristen haben den Reichstag in Berlin fotografiert.

6 1. Ich werde nächstes Jahr Medizin studieren.
2. Er wird nichts sagen, weil er Angst hat.

7 1. Hör auf zu rauchen!
2. Seid fleißiger!
3. Fahren Sie nicht so schnell!

8 1. Wenn ich kommen könnte, dann würdest du mir dein Bioreferat zeigen.
2. Wenn ich frei wäre, dann würde ich gerne mitfahren.

9 1. Der Arzt habe gesagt, es sei für diesen Patienten leider zu spät.
2. Der französische Präsident habe im Fernsehen gesagt, er habe die Kanzlerin letzte Woche getroffen.

10 1. Am Ende des Krieges wurde Berlin von den Bomben zerstört.
2. Es wird systematisch in den französischen Schulen am Nachmittag gelernt.

11 1. Wir fliegen nächsten Sommer nach Japan.
2. Ich lade Sie recht herzlich zu meinem Geburtstag ein.

12 1. Woher kommen diese Produkte?
2. Hat dich dein Bruder angerufen?

13 1. dass ; 2. weil, dass.

14 1. Weißt du, wem diese Jacke gehört?
2. Weißt du, warum unsere Deutschlehrerin heute nicht da ist?

15 1. als ; 2. wenn.

16 1. Kannst du mir das Buch, das auf dem Tisch liegt, geben?
2. Mein Freund, dem ich LaFee neue CD geschenkt habe, war sehr froh.

17 1. der, dem, eine ; 2. den, die, des Hauses ; 3. einer, einen.

18 1. Ich habe mit seiner Schwester gesprochen.
2. Sein Diplom ist verschwunden.
3. Ich hole ihre Freundin um fünf Uhr ab.

19 1. Ich möchte nicht über meine zukünftigen Pläne sprechen.
2. Ich habe keine neue CD bei Saturn gekauft.
3. Die Kinder trinken nachmittags keinen Orangensaft.

20 1. uns ; 2. dich ; 3. sich.

21 1. Ich habe niemanden im Theater getroffen.
2. Man sollte heute Abend früher nach Hause gehen.
3. Wir haben nichts zu verbergen.

22 1. dem Ersten ; 2. die kleinen, unserer netten ; 3. das rote, des kleinen Hauses.

23 1. Wir gratulieren Ihnen für die Geburt ihres Sohnes.
2. Er arbeitet seit Monaten an diesem Projekt.

24 1. nach ; 2. ohne ; 3. ins.

25 1. Medizin dauert länger als Jura.
2. Meine Schwester ist jünger als ich, aber genauso groß wie ich.

26 1. Das ist der Film, der mir am besten gefällt.
2. Das ist die schönste Stadt des Landes.
3. Laura ist meine beste Freundin.

SES

LES MÉTHODES

LE COURS

LES MÉTHODES

Analyser des documents statistiques

Comment faire

Lire un document statistique

Identifier les documents statistiques

Les données numériques (statistiques), très utilisées en SES, mesurent un phénomène que l'on peut représenter sous forme de tableaux, de graphiques ou de schémas.

Repérer les informations sur un document statistique

Une question essentielle précède tout commentaire de documents statistiques : « De quoi parle ce document ? » Elle trouvera une réponse en identifiant plusieurs paramètres, variables selon le type de document statistique.

Graphiques	Tableaux	Schémas
Titre	Titre	Titre
Source	Source	Source
Unités : données en valeur brute (chiffres en milliers, en tonnes...) ou en valeur relative (%, indices)	Unités	Unités
Intitulé des axes (abscisse et ordonnée)	Intitulé des lignes et des colonnes	
Échelle des axes		
Légende : annotations, chiffres, couleurs...	Légende	Légende

Commenter un document statistique

Aller du général au particulier

Il faut dégager l'idée générale qui résume le document (par exemple, dans l'exercice qui suit : le nombre de PACS a augmenté contrairement aux mariages), puis extraire les idées secondaires comme les irrégularités (forte hausse du nombre de PACS).

Illustrer les idées par des exemples et des calculs

Les idées générales et secondaires seront illustrées par un exemple chiffré tiré du document. Les évolutions doivent être qualifiées (augmentation, stagnation, diminution, accélération, ralentissement), le plus souvent par des adverbes ou des adjectifs (baisse *sensible* ; *forte* progression du chômage ; il augmente *régulièrement*...). De plus, il est souvent utile d'effectuer des calculs simples (voir pages 364 et 366) qui fournissent une information supplémentaire et renforcent le commentaire.

Attention !

Les documents statistiques constatent, mais n'expliquent pas ! Des connaissances extérieures sont nécessaires pour donner les causes et / ou les conséquences du phénomène dont le document rend compte.

Exercices d'application

ÉNONCÉ

Lisez et commentez les documents statistiques suivants.

1. Ancienneté moyenne de chômage (en mois).

	1998	2003	2004	2015
Hommes	15,5	15,8	14,7	14,7
Femmes	16,4	15,3	14,1	13,7
Ensemble	16,0	15,5	14,4	14,2

Source : d'après l'INSEE.

2. Évolution du nombre de mariages civils et de PACS en France (1999-2013).

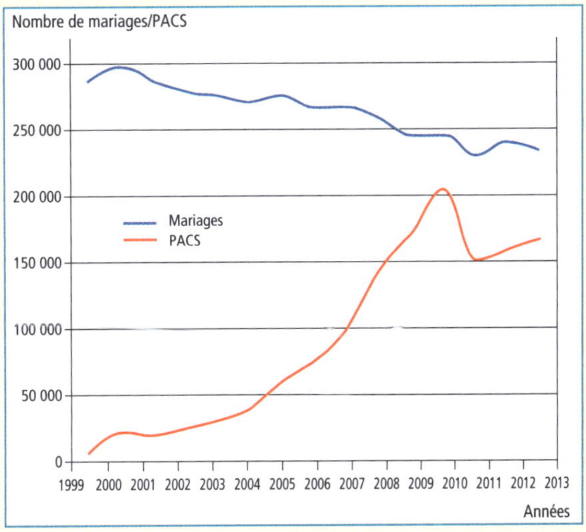

Source : INSEE.

CORRIGÉ

1. Ancienneté moyenne de chômage

• Lecture

Ce tableau, publié par l'INSEE, montre l'évolution de l'ancienneté moyenne de chômage (calculée en mois), entre 1998 et 2015, selon le sexe.

• Commentaire

La durée moyenne de chômage a diminué de 1,8 mois entre 1998 et 2015. La baisse a été forte pour les femmes (– 2,7 mois) mais elles restent en moyenne plus longtemps au chômage que les hommes depuis 1998.
Néanmoins le niveau élevé de la durée moyenne du chômage pour les deux sexes est révélateur de la difficulté du marché du travail à intégrer les chômeurs.

2. Nombre de mariages civils et de PACS

• Lecture

Construit à partir de données émanant de l'INSEE, ce graphique représente le nombre de mariages et de PACS (en ordonnée) entre 1999 et 2013 (en abscisse).

• Commentaire

Depuis 1999, on se marie moins mais les unions par le PACS (Pacte Civil de Solidarité) ont augmenté. Les mariages ont diminué de plus de 50 000 tandis que le nombre de PACS a fortement augmenté : il a été multiplié par 17, passant de 10 000 en 1999 à 170 000 en 2013. Ainsi, par ses formalités simplifiées, le PACS concurrence le mariage. Cependant, depuis 2013, le mariage est désormais possible pour les couples homosexuels.

LES MÉTHODES

Calculer des pourcentages

Comment faire

Calculer des pourcentages de répartition et de variation

Les pourcentages de répartition

Un pourcentage de répartition est une part relative entre une partie (par exemple les revenus du travail) et un tout (par exemple l'ensemble des revenus) à une même date :

$$\frac{\text{revenus du travail}}{\text{ensemble des revenus}} \times 100 = \dots\ \%$$

Attention !

Le numérateur doit toujours être une partie du dénominateur.

Les pourcentages de variation

Un pourcentage de variation est une part relative qui analyse la variation d'une grandeur économique ou sociale entre deux moments donnés :

La variation peut être positive (taux de croissance positif = augmentation) ou négative (taux de croissance négatif = diminution).

$$\frac{VA - VD}{VD} = \dots\ \%$$

VA : valeur d'arrivée de la grandeur.

VD : valeur de départ de la grandeur.

Éviter certaines erreurs

Comprendre les rapports

- Une baisse du taux de croissance ne signifie pas une baisse absolue : ainsi, lorsqu'un salaire augmente de 10 % une année et de 5 % l'année suivante, il continue à augmenter (de même lorsque le taux de croissance est constant, par exemple 10 % par an). Le salaire diminuerait uniquement si le taux de croissance était négatif (par exemple – 20 %).

Attention !

Un taux de croissance augmente, diminue... mais ne monte pas ni ne descend !

- Il ne faut pas croire qu'une augmentation, par exemple de 20 % sur un revenu de 2 000 € (soit 400 €), est supérieure à celle de 5 % sur un revenu de 10 000 € (soit 500 €).

Calculer une différence entre deux pourcentages

Le résultat de l'écart absolu entre deux pourcentages (par exemple 15 % – 3 %) est exprimé en points (soit 12 points) et non en pourcentage.

Multiplier des taux de croissance

Les taux de croissance ne s'ajoutent pas entre eux mais se multiplient à l'aide des coefficients multiplicateurs (CM).

$$CM = \frac{\text{valeur d'arrivée}}{\text{valeur de départ}}$$

ou

CM = taux de croissance (⊕ ou ⊖) + 1

⊕ = positif ; ⊖ = négatif.

- **Exemple**

Un taux de croissance de 5 % correspond à un coefficient multiplicateur de 1,05 $\left(\text{soit } 1 + \frac{5}{100}\right)$.

Exercices d'application

ÉNONCÉS

1. À partir du tableau suivant, calculez les pourcentages de répartition de la population active par secteur d'activité.

Population active occupée par secteur d'activité en 2014 selon l'INSEE (chiffres en milliers).

Agriculture	Industrie	Services
801	5 871	21 680

2. À partir du tableau suivant :

a. calculez, pour chaque année, le pourcentage de variation du prix de la baguette de pain, puis déduisez-en l'évolution du taux de croissance du prix de la baguette sur la période globale ;

Prix de la baguette de pain (exemple fictif).

2014	2015	2016	2017
0,5 €	0,6 €	0,55 €	0,7 €

b. calculez, pour chaque année, le coefficient multiplicateur du prix de la baguette de pain, puis déduisez-en l'augmentation globale du prix de la baguette.

CORRIGÉS

1. Pourcentages de répartition : population active occupée par secteur d'activité en 2014

En milliers, le total de la population active occupée est égal à :
801 + 5 871 + 21 680 = 28 352
– Agriculture : (801 / 28 352) × 100 = 2,8 %.
– Industrie : (5 871 / 28 352) × 100 = 20,7 %.
– Services : (21 680 / 28 352) × 100 = 76,5 %.
Nous vérifions bien que 2,8 % + 20,7 % + 76,5 % = 100 %.

2. Pourcentages de variation : prix de la baguette de pain

a. Taux de croissance du prix de la baguette :
– En 2015 : [(0,6 – 0,5) / 0,5] × 100 = 20 %.
– En 2016 : [(0,55 – 0,6) / 0,6] × 100 = – 8,33 %.
– En 2017 : [(0,7 – 0,55) / 0,55] × 100 = 27,3 %.
Le taux de croissance du prix de la baguette a augmenté de 7,3 points sur la période globale (27,3 % – 20 %) ; soit 36,5 %.
En effet : [(27,3 % – 20 %) / 20 %] × 100 = 36,5 %.

b. En 2015, le prix de la baguette augmente (multiplié par 1,2, soit 0,6 / 0,5 ou 0,2 + 1).
En 2016, le prix diminue (multiplié par 0,916, soit 0,55 / 0,6 ou – 0,0833 + 1).
En 2017, le prix augmente (multiplié par 1,273, soit 0,7 / 0,55 ou 0,273 + 1).
Multiplions les taux de croissance entre 2014 et 2017 à l'aide des coefficients multiplicateurs :
1,2 × 0,916 × 1,273 = 1,4.
Le prix de la baguette a donc augmenté de 40 % sur la période.
Vérification : [(0,7 – 0,5) / 0,5] × 100 = 40 %.

LES MÉTHODES

Calculer des indices

Comment faire

Calculer des indices de répartition et de variation

Les indices de répartition

Ils transforment des données en valeurs absolues à une même date, en les rapportant à l'une d'entre elles choisie comme base 100 (l'indice 100 lui est affecté).

Attention !

Les indices de répartition et les indices de variation n'ont pas d'unité.

Les indices de variation

On applique le principe précédent, mais pour des données en valeurs absolues à des périodes différentes (t_0, t_1, t_2, etc.).
Une période est prise comme base 100 (la valeur correspondante est affectée de l'indice 100), et chaque indice (I) se calcule comme suit :

$$I = \frac{\text{valeur en } t_1}{\text{valeur en } t_0} \times 100$$

(t_0 est la période de base.)

L'indice correspond donc au coefficient multiplicateur (voir page 364) multiplié par 100.

Utiliser les indices

Calculer un taux de croissance

La variation absolue entre un indice et l'indice de base correspond à une variation en pourcentage (par exemple : 120 – 100 = 20 %).
Un indice supérieur à 100 traduit donc une augmentation, tandis qu'une diminution est le fait d'un indice inférieur à 100.

Calculer le pouvoir d'achat

L'inflation (hausse des prix) diminue le pouvoir d'achat (*cf. La consommation*, page 369), alors que la désinflation (ralentissement de l'inflation) ou la déflation (baisse des prix) l'augmente.
En effet, lorsque les prix augmentent ou diminuent, une somme d'argent identique ne permet plus d'acheter la même quantité de biens et de services : la valeur nominale (ou valeur en euros courants) de cette somme diffère alors de sa valeur réelle (ou valeur en euros constants), c'est-à-dire de son pouvoir d'achat.
La valeur réelle se calcule ainsi :

$$\text{valeur réelle} = \frac{\text{valeur nominale}}{\text{indice des prix}} \times 100$$

Exercices d'application

ÉNONCÉS

1. À partir du tableau suivant, calculez les indices de répartition des actifs occupés par secteur d'activité, en prenant comme base 100 les actifs occupés dans l'agriculture.

Population active occupée par secteur d'activité en 2014 selon l'INSEE (chiffres en milliers).

Agriculture	Industrie	Services
801	5 871	21 680

2. À partir du tableau suivant :

a. calculez, pour chaque année, l'indice de variation du salaire en prenant l'année 2015 comme base 100. Déduisez-en les variations en pourcentage du salaire entre 2015 et 2016, entre 2015 et 2017, puis entre 2016 et 2017 ;

b. calculez, pour chaque année, le pouvoir d'achat du salaire nominal.

L'évolution des salaires entre 2015 et 2017 (exemple fictif).

	2015	2016	2017
Salaires en euros	600	700	1 000
Indice des prix	100	102	105

CORRIGÉS

1. Indices de répartition : population active occupée par secteur d'activité en 2014

L'indice des actifs occupés dans l'agriculture est de 100.
L'indice des actifs occupés dans l'industrie est de 733 : (5 871 / 801) × 100 = 733.
L'indice des actifs occupés dans les services est de 2 706,6 : (21 680 / 801) × 100 = 2 706,6.

2. Indices de variation : évolution des salaires entre 2015 et 2017

a. Indice du salaire en 2015 (année de base) : 100.
Indice du salaire en 2016 : (700 / 600) × 100 = 116,6.
Indice du salaire en 2017 : (1 000 / 600) × 100 = 166,6.
– Entre 2015 et 2016, le salaire a augmenté de 16,6 % (116,6 – 100) : il a été multiplié par 1,166.
– Entre 2015 et 2017, le salaire a augmenté de 66,6 % (166,6 – 100) : il a été multiplié par 1,666.
– Entre 2016 et 2017, le salaire a augmenté de 42,8 %.
En effet :
[(166,6 – 116,6) / 116,6] × 100 = 42,8 %
ou
[(1 000 – 700) / 700] × 100 = 42,8 %.

b. 600 €, 700 € et 1 000 € sont les salaires nominaux (salaires en euros courants).
– Le pouvoir d'achat (en euros constants 2015) du salaire en 2015 est de 600 € : (600 / 100) × 100.
– Le pouvoir d'achat (en euros constants 2015) du salaire en 2016 est de 686,3 € : (700 / 102) × 100.
– Le pouvoir d'achat (en euros constants 2015) du salaire en 2017 est de 952,4 € : (1 000 / 105) × 100.

1 Comment les revenus et les prix influencent-ils les choix des consommateurs ?

1 Des revenus primaires au revenu disponible

A Les différents types de revenus

• **Les revenus primaires.** Ce sont les **revenus** que les **ménages reçoivent immédiatement en rémunération des facteurs de production** (voir page 375) qu'ils ont apportés :
– les **revenus du travail** (principalement les salaires) ;
– les **revenus du capital ou de la propriété** (intérêts de l'épargne, loyers perçus, dividendes pour les détenteurs d'actions...) ;
– les **revenus mixtes** concernent les agriculteurs, les artisans ou les professions libérales qui fournissent à la fois la force de travail et les équipements nécessaires à la production.

• **Les revenus sociaux.** L'État, les collectivités locales ou les organismes de Sécurité sociale opèrent une redistribution en versant aux ménages des **revenus sociaux** (ou **revenus secondaires**). Ces revenus viennent corriger l'inégalité des revenus primaires : ainsi, les ménages les moins favorisés reçoivent des aides qui couvrent une part importante de leurs dépenses.

• **Composition des revenus sociaux.** Ils se composent de **prestations sociales** (prestations d'assurance sociale – indemnités de chômage, allocations familiales – et prestations d'assistance sociale – revenu de solidarité active par exemple), de **transferts sociaux** en nature qui englobent les remboursements de soins de santé, les allocations logement, etc., mais aussi les **dépenses individualisables**, principalement d'éducation et de santé, et qui sont fournies et **supportées par les administrations publiques**.

B Le revenu disponible

• **Formation du revenu disponible.** Les revenus primaires et les revenus sociaux sont soumis à des prélèvements obligatoires (PO) composés d'impôts directs (impôt sur le revenu, impôts locaux...) et indirects (TVA...), mais aussi de cotisations sociales (cotisation maladie, chômage...). Les ménages disposent donc soit d'un revenu disponible, soit d'un revenu disponible ajusté :

Revenu disponible (RD) = revenus primaires + prestations sociales – PO
Revenu disponible ajusté (RDA) = RD + transferts sociaux en nature

• **L'utilisation du revenu disponible.** Le RD ou le RDA des ménages est disponible pour la consommation et l'épargne. Il s'écrit aussi :

RD (ou RDA) = consommation + épargne

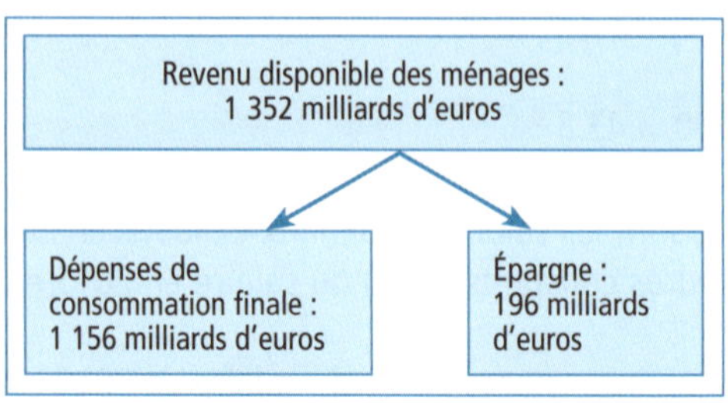

▲ Le revenu disponible affecté à la consommation et à l'épargne en 2015.
(Comptes Nationaux, base 2000, Insee)

2 Les enjeux de l'épargne

A Deux types d'épargne

• **L'épargne financière.** L'épargne représente la **part des revenus qui n'est pas consacrée à la consommation**. Cette épargne est financière lorsqu'elle correspond à des placements financiers (livret A, achats d'actions ou d'obligations, etc.) ou à de simples dépôts bancaires.

• **L'épargne non financière.** Pour les ménages, elle sert à l'**achat de biens immobiliers** (considérés comme un investissement) et aux **remboursements de prêts immobiliers**.

Mots-clés

• Une **action** est un titre de propriété d'une partie du capital d'une entreprise qui donne droit, pour l'actionnaire, à une fraction du bénéfice, appelé le dividende, et à certains droits (participation aux décisions de l'entreprise, contrôle, etc.).

• Une **obligation** est un titre d'emprunt émis par une entreprise ou par l'État qui donne droit, à son détenteur, à une rémunération (l'intérêt) dont le taux est fixe ou variable mais qui ne dépend pas des résultats de l'entreprise.

B De nouveaux comportements d'épargne

• **Une épargne de précaution.** Normalement, une **baisse du pouvoir d'achat** se traduit par une **baisse de l'épargne** : les ménages veulent ainsi maintenir leur niveau de consommation, y compris en puisant dans leur épargne. Or, face à des inquiétudes comme le chômage, le risque d'impôts nouveaux, le montant futur des retraites, **les ménages épargnent de plus en plus par précaution**.

Mot-clé

Le **pouvoir d'achat** (PA) désigne la quantité de biens et services (voir page 372) qu'un revenu permet potentiellement de se procurer. Le PA augmente lorsque le revenu progresse et/ou lorsque les prix diminuent. Ainsi, en 2013 en France, les prix ont peu augmenté (+ 0,6 %), et le revenu disponible des ménages a augmenté en moyenne de 0,9 %. Le PA du revenu disponible a donc augmenté de 0,3 %.

• **Des anticipations.** Normalement, une **désinflation** (ralentissement de la hausse des prix) entraîne une baisse de l'épargne, les ménages préférant consommer dans ce contexte. Mais les ménages peuvent aussi retarder leurs achats quand ils anticipent une plus forte désinflation dans un avenir proche : ainsi, leur épargne reste élevée.

3 L'élasticité de la demande

A L'élasticité-prix

• **Définition.** L'élasticité-prix mesure la **sensibilité de la demande d'un bien ou d'un service à la variation de son prix**.

$$\textbf{Élasticité-prix (notée Ep)} = \frac{\text{Variation relative des quantités demandées}}{\text{Variation relative des prix}}$$

• **Interprétation.** L'élasticité-prix est, en règle générale, négative. Par exemple, une élasticité-prix égale à – 2 (– 2 peut s'écrire aussi – 2/1) peut signifier que, lorsque les prix augmentent de 1 %, la demande diminue de 2 %.

• **L'élasticité de la demande.** La **demande** est dite « **élastique** » lorsque la variation relative des quantités demandées est supérieure à la variation relative des prix. Il suffit alors d'une légère hausse ou d'une légère baisse des prix pour que la demande diminue ou augmente plus ou moins fortement, eu égard à la fonction de la demande (*cf.* chapitre 5, p. 377) : c'est le cas des biens pour lesquels il existe des produits de remplacement (par exemple, lorsque le prix du beurre augmente, sa demande diminue pour se reporter sur la margarine). En revanche, la **demande** est dite « **rigide** » lorsqu'elle n'est pas ou peu sensible à la variation des prix : c'est le cas des biens essentiels ou de première nécessité pour lesquels il n'existe pas de substitut (le pain, les pommes de terre, etc.).

B L'élasticité-prix croisée

• **Définition.** Lorsqu'on cherche à savoir si deux biens sont substituables ou complémentaires, on calcule leur **élasticité-prix croisée**. Cette élasticité montre comment réagit la demande d'un bien par rapport à la variation du prix d'un autre bien.

$$\textbf{Élasticité-prix croisée} = \frac{\text{Variation relative de la demande du bien } x}{\text{Variation relative du prix du bien } y}$$

• **Interprétation.** Une **élasticité-prix croisée positive** (dénominateur et numérateur variant dans le même sens) caractérise deux biens substituables (le café et le thé, le beurre et la margarine, etc.). En revanche, lorsqu'elle est **négative** (dénominateur et numérateur variant en sens inverse), elle correspond à des biens complémentaires : ce sont des biens dont la consommation doit être simultanée pour satisfaire un besoin (la mousse et les lames à raser, la voiture et l'essence, etc.).

C L'élasticité-revenu

• **Définition.** Elle mesure la **sensibilité de la demande par rapport au revenu** : autrement dit, de combien la demande varie lorsque le revenu varie.

$$\textbf{Élasticité-revenu (notée Er)} = \frac{\text{Variation relative de la demande}}{\text{Variation relative du revenu}}$$

• **Une élasticité-revenu positive.** Elle signifie qu'**une augmentation du revenu entraîne une augmentation de la demande** : c'est le cas le plus général. Pour les biens supérieurs (biens élaborés, un téléviseur à écran plat par exemple), la demande est fortement élastique (sensible au revenu) ; l'élasticité est donc supérieure à 1 (l'augmentation de la consommation de ces biens est supérieure à celle du revenu). Pour les biens normaux, la demande est faiblement élastique (élasticité-revenu comprise entre 0 et 1) : ce sont les biens pour lesquels l'augmentation du revenu entraîne une hausse inférieure à celle de la demande.

• **Une élasticité-revenu négative.** Elle correspond, au contraire, au cas d'**une consommation qui diminue lorsque le revenu augmente**. Cette situation se vérifie pour les **biens inférieurs** ou de première nécessité, les pommes de terre, par exemple : la consommation de ces biens (appelés aussi « biens Giffen », *cf.* chapitre 5, p. 377) diminue puisque l'amélioration des revenus permet de se procurer davantage de **biens supérieurs** (poisson, viande). La **consommation** des ménages peut être également « **inélastique** » lorsqu'ils consomment autant alors que leur revenu baisse, car ils gardent « en mémoire » le niveau de revenu antérieur.

2 La consommation : un marqueur social ?

1 La structure de la consommation

A Niveau de vie et mode de vie

• **Les différences.** Le **niveau de vie** est l'ensemble des biens et services (*cf.* chapitre 3, p. 372) que se procurent les ménages en fonction de leurs revenus. Mais deux individus avec le même niveau de vie peuvent avoir des **modes de vie** différents.

Mot-clé

Le **mode de vie** désigne l'ensemble des façons de vivre des ménages en fonction de leur budget, de leur consommation et de la manière dont ils consomment.

• **Les dépenses de consommation.** La consommation a fortement augmenté, surtout depuis l'après-guerre et s'est modifiée : les dépenses de nourriture ont diminué au profit de dépenses diverses (notamment les **services** comme les transports et les communications, la santé, etc.).

B Les inégalités face à la consommation

• **L'homogénéisation relative de la consommation.** Même si la consommation de biens durables (électroménager, automobiles, téléviseurs, etc.) s'est largement diffusée entre toutes les couches de la population, certaines consommations restent très typées.

• **L'influence de l'origine sociale.** Le sociologue français P. Bourdieu (1930-2002) a opposé le « franc-manger » populaire (abondance des plats, liberté) aux manières élaborées des milieux bourgeois (rituels et retenues). Ces goûts et ces aptitudes sont acquis pendant l'éducation, et sont donc liés au groupe social d'appartenance.

2 Consommation et société

A Des besoins infinis

• **Besoins primaires et besoins secondaires.** Les besoins économiques sont satisfaits par les biens et services produits. Les **besoins** sont **primaires** (indispensables à la survie) ou **secondaires** (non vitaux), mais dans les deux cas, ils sont illimités (un besoin satisfait appelle un autre besoin).

• **Les besoins sociaux** naissent des désirs d'un **groupe social** (et non d'un seul individu). Ces besoins sont donc façonnés par la **société**, et notamment influencés par les médias (*cf.* chapitre 10, p. 387) qui suscitent des besoins toujours nouveaux.

B Les déterminants du mode vie

• **Des facteurs sociologiques.** Outre le revenu, des facteurs sociologiques influencent le mode de vie : la catégorie sociale (la part des dépenses alimentaires dans le budget des cadres est inférieure à celle des ouvriers), l'âge (par exemple, les jeunes vont davantage au cinéma que les personnes âgées), la situation géographique (variation des dépenses de transport selon que l'on habite en milieu urbain – transport collectif, ou en milieu rural – recours à l'automobile).

• **Des facteurs psychosociologiques.** Le mode de vie s'explique aussi par la valeur symbolique attribuée aux biens. En consommant des biens élaborés certains individus cherchent à se surclasser socialement (effet de snobisme). Le consommateur peut aussi imiter les classes sociales supérieures par les achats qui les caractérisent (effet d'imitation ou de démonstration).

3 Qui produit des richesses ?

1 Les formes de production

A L'économie monétaire

• **La production marchande** correspond aux biens et services (marchands) créés qui sont vendus sur un marché à un prix au moins supérieur aux coûts de production dans le but de réaliser un profit ; tous les **biens matériels** sont considérés comme **marchands**.

• **La production non marchande** concerne seulement les **services (non marchands)** destinés à ne pas être vendus sur un marché. Ce sont des services gratuits ou quasi gratuits (à un prix inférieur aux coûts de production) fournis par les administrations publiques et privées (l'Éducation nationale, la Police...).

Mots-clés

• Les **biens économiques** sont une création du travail humain. Il existe des biens de consommation destinés aux ménages (vêtements, automobiles...) et des biens de production destinés aux entreprises (machines, matières premières...), qui permettent de produire d'autres biens.
• Les **services** sont des prestations de travail non stockables : leur production et leur consommation sont réalisées simultanément (course de taxi...).

Attention !

Le cas de l'économie souterraine (travail au noir et activités illégales) est particulier puisqu'il n'est pas comptabilisé dans la production officielle.

• **La mesure de la production.** Si une fabrique de meubles achète pour 2 500 € de planches de bois (consommations intermédiaires, *cf.* chapitre 4, p. 375) et vend ses meubles finis pour un total de 10 000 €, l'entreprise a créé 7 500 € de valeur (10 000 – 2 500). Cette valeur créée s'appelle la **valeur ajoutée** (VA) : elle mesure la contribution réelle de l'entreprise à la production (la fabrique n'a pas produit ses propres planches !).

$$\text{VA} = \text{production vendue} - \text{consommations intermédiaires}$$

B L'économie non monétaire

L'économie non monétaire désigne toutes les productions non économiques, c'est-à-dire celles qui ne font l'objet d'aucun travail rémunéré. Les **travaux familiaux** consommés à la maison (autoconsommation ou travail domestique) et les **activités bénévoles** et le **troc** sont ainsi exclus de la production au sens économique.

2 Les entreprises

A La diversité des entreprises

• **Les secteurs de production.** Les entreprises ont pour activité principale de produire des biens et des services marchands.
Le **secteur privé** regroupe les entreprises dont les propriétaires sont privés, qui ont pour objectif de réaliser un profit grâce au résultat de la vente sur un marché.
Le **secteur public** regroupe les entreprises qui appartiennent en totalité ou majoritairement à l'État (EDF, SNCF...). Depuis la fin des années 1980, de nombreuses privatisations ont été réalisées (vente totale ou partielle par l'État du capital d'une entreprise publique à des actionnaires privés) dans le cadre de l'ouverture à la concurrence des services publics dans l'Union européenne.

• **La taille des entreprises.** L'essentiel des entreprises françaises est formé par les très petites entreprises (**TPE**), celles de moins de 10 salariés. Les **PME** (petites et moyennes entreprises) ont un nombre de salariés compris entre 10 et 499 salariés, et les **GE** (grandes entreprises) ont plus de 500 salariés.

B L'entreprise et son environnement

• **L'environnement économique et social** de l'entreprise est l'ensemble des éléments externes qui influencent son activité. Il peut s'agir de l'environnement économique auquel les entreprises devront s'adapter (par exemple produire plus en période de croissance économique), mais aussi de l'environnement socioculturel : il concerne aussi bien les besoins et les attentes des travailleurs (représentés souvent par les syndicats), que les modes de vie qui influencent les besoins économiques des consommateurs.

• **L'environnement concurrentiel.** La **concurrence** touche des domaines variés comme les prix, la qualité et la distribution de la production, ou la publicité. Mais on parlera de **complémentarité** lorsqu'une entreprise est cliente d'une autre (cas d'un fournisseur), ou lorsqu'elle est sous-traitante (l'entreprise fait exécuter une partie de sa production par une autre entreprise), ou encore lorsqu'elle s'allie avec une autre (pour créer une entreprise commune à deux autres entreprises par exemple).

3 Les autres organisations productives

A Les administrations publiques

• **Composition.** Elles regroupent les **administrations centrales** (État, CNRS, Pôle emploi, les musées, les universités, etc.), les **administrations locales** (régions, départements, communes) et les **administrations de Sécurité sociale** (les hôpitaux publics par exemple).

• **Une production non marchande.** Les administrations publiques produisent des services **non marchands** pour mieux protéger, mieux soigner, mieux loger, mieux éduquer la population. Ces services sont financés par les prélèvements obligatoires (impôts et cotisations sociales), mais sur le principe de la solidarité nationale : ainsi, un ménage ne payera pas plus d'impôts en allant davantage chez le médecin qu'un autre ménage.

B Le secteur de l'économie sociale

• **Définition.** L'**économie sociale** (ou le tiers secteur) regroupe les associations, les mutuelles et les coopératives dont le point commun est de privilégier le service rendu plutôt que la recherche du profit maximal.

Chiffres-clés

En 2015, l'économie sociale en France regroupe 200 000 entreprises et structures. Elle représente 10 % du PIB et près de 10 % des emplois en France.

• **Répondre à de nouveaux besoins.** Situé entre le secteur privé productif et le secteur public redistributif (*cf.* chapitre 1, p. 368), le secteur de l'économie sociale affiche la volonté de répondre à de nouveaux besoins sociaux suite aux mutations de la société : lutte contre l'exclusion, création d'emplois, protection de l'environnement, accession au crédit aux plus défavorisés, etc.

4 L'organisation traditionnelle de la production

A L'organisation scientifique du travail (OST)

• **La division du travail.** L'ingénieur F. W. Taylor (1856-1915) met au point l'OST qui va généraliser la **division verticale du travail** (communication formelle des ordres des dirigeants de l'entreprise qui décident aux ouvriers qui les exécutent) et la **division horizontale du travail** : cette dernière consiste à spécialiser chaque ouvrier dans une seule tâche. De plus, en évitant les temps morts et en payant les ouvriers au rendement (salaire aux pièces), la productivité augmente.

• **Le travail à la chaîne.** Au début du XXe siècle, l'industriel H. Ford (1863-1947) va prolonger l'OST en inventant le **travail à la chaîne** : l'ouvrier est fixé à son poste de travail et la chaîne de production mécanisée défile devant lui.

B Production et consommation de masse

• **Une production standardisée.** La production devient une **production de masse** qui permet de baisser les coûts. Le même produit est fabriqué en grandes séries : c'est la **standardisation**.

• **Une consommation à grande échelle.** La consommation va, elle aussi, devenir une **consommation de masse** : Ford décide d'augmenter le salaire des ouvriers pour mieux faire accepter la pénibilité des conditions de travail, mais surtout afin d'écouler la production. Plus tard, la forte croissance économique d'après guerre en France (1945-1970), a reposé sur la même association « production-consommation de masse ».

5 Des pratiques flexibles du travail

A Un nouveau contexte

• **Adaptabilité à la demande.** Face à un contexte de ralentissement de la croissance économique, la concurrence va imposer aux entreprises d'adapter la production à la demande pour les quantités produites (fin de la production de masse) et la qualité des produits (**production différenciée**).

• **Recherche de la compétitivité.** La compétition entre les entreprises touche les prix (compétitivité-prix), mais aussi la qualité de la production et de ses services associés (service après-vente, conseil des vendeurs, etc.).

B Des dispositifs organisationnels variés

• **Le « juste-à-temps ».** La production à **flux tendus** ou « juste-à-temps » consiste à fabriquer à la commande en évitant les stocks. La production est donc plus réactive (flexible) aux variations quantitatives et qualitatives de la demande.

• **Des salariés associés à l'entreprise.** L'entreprise organise son activité en associant davantage ses salariés. Ainsi, elle utilise toutes les compétences humaines : polyvalence des salariés dans le travail, responsabilités accrues, augmentation du nombre de tâches par poste, etc.

• **Le taylorisme n'est pas mort.** Le développement des **pratiques flexibles** du travail ne signifie pas la fin de la standardisation du travail. Dans les entreprises, les tâches restent encore parfois très spécifiques, et l'autonomie dans le travail est bien relative : de nombreux emplois demeurent donc routiniers (caissière par exemple).

4 Comment produire et combien produire ?

1 Les facteurs de production

A L'exemple de la culture du maïs

• **Facteur naturel et facteur travail.** La culture du maïs nécessite une terre fertile (**facteur naturel**) mais aussi de la main-d'œuvre (**facteur travail**) : l'agriculteur, par son temps de travail et sa qualification, contribue à la production.

> **Mot-clé**
> Les **facteurs de production** sont toutes les ressources économiques utiles à la production.

• **Facteur capital et progrès technique.** L'utilisation d'un tracteur (**facteur capital fixe**) améliore le rendement. Le **capital fixe** est utilisé au cours de plusieurs cycles de production ; sa durée de vie est supérieure à un an. En revanche, le **capital circulant** disparaît dans l'acte de production, détruit (huile du moteur du tracteur), incorporé ou transformé (graines de semence) : l'huile et les graines sont encore appelées des consommations intermédiaires. Autre facteur de production, le **progrès technique** qui améliore l'efficacité des facteurs de production utilisés : il résulte d'innovations qui modifient les méthodes de production (l'irrigation...) et débouchent sur la création de nouveaux produits (engrais chimiques...).

B La combinaison des facteurs de production

• **Complémentarité et substituabilité.** Les entreprises utilisent les facteurs de production selon une combinaison optimale : sans ses outils, l'agriculteur aurait du mal à assurer la récolte de maïs. Le facteur capital et le facteur travail sont ici complémentaires. Or, la **combinaison productive** dans l'agriculture, comme dans l'industrie, est beaucoup plus capitalistique qu'autrefois : le facteur capital est intensément utilisé (outillage, machines...) ; il s'est même largement substitué au facteur travail (capital et travail sont donc partiellement substituables). En effet, il est devenu plus rentable d'utiliser un tracteur avec un seul agriculteur que dix agriculteurs munis de simples bêches.

• **La productivité.** Les investissements de productivité ont permis une hausse de la productivité dans l'agriculture et l'industrie. D'une part, ils abaissent la quantité de travail nécessaire pour une production donnée. D'autre part, ils créent un surplus de production qui va satisfaire de nouveaux besoins (dans les services essentiellement), donc créer de nouveaux emplois. Au total, sur le long terme, le secteur des services a créé plus d'emplois que l'agriculture et l'industrie n'en ont perdus.

> **Mot-clé**
> La performance de la combinaison productive est mesurée par la **productivité**.

$$\textbf{Productivité} = \frac{\text{Production obtenue}}{\text{Facteurs de production utilisés}}$$

• **Répartition des gains de productivité.** La hausse de la productivité est souvent à l'origine d'une réorganisation dans l'entreprise ou de licenciements. Mais les gains tirés de cette hausse peuvent permettre ensuite à l'entreprise d'augmenter les salaires, de créer des emplois, de financer de nouveaux investissements, de réduire le temps de travail, etc. Cette **répartition des gains de productivité** fait l'objet de négociations, et parfois de conflits, entre les salariés et les propriétaires de l'entreprise.

2 Les coûts de production

A La notion de coût

• **Coûts fixes et coûts variables.** Le coût total dans une entreprise est la somme des coûts fixes (CF) et des coûts variables (CV).

Les **coûts fixes** sont indépendants du volume de la production : ce sont notamment les coûts des machines (amortissement du capital fixe, intérêts du capital emprunté) et des bâtiments (entretien, assurances, etc.).

Les **coûts variables**, au contraire, sont fonction des quantités produites. Ils regroupent les coûts qui varient proportionnellement au volume de la production (les matières premières) et ceux qui varient de façon disproportionnée (par exemple, la masse salariale du personnel, c'est-à-dire les salaires et les cotisations sociales).

• **Les coûts moyens (ou coûts unitaires)**

Le **coût fixe moyen** (CF moyen) rapporte les coûts fixes aux quantités produites Q:CF/Q. Il diminue au fur et à mesure que le volume de la production augmente.

Le **coût variable moyen** (CV moyen) est noté CV/Q. Il est croissant avec la production : en effet, une entreprise emploiera davantage de personnel si son carnet de commandes augmente.

Le **coût total moyen** (CT moyen) est noté CT/Q. Dans un premier temps, il diminue lorsque les quantités produites augmentent (décroissance). L'entreprise réalise alors des économies d'échelle. Mais, au-delà d'un certain niveau de production, il devient croissant : l'accroissement de l'échelle de la production finit par entraîner des déséconomies d'échelle ; des gaspillages ou des dysfonctionnements entre les différents services de l'entreprise vont générer des coûts totaux supplémentaires par unité produite.

• **Le coût marginal (Cm)** est le coût induit par la production d'une unité supplémentaire, encore appelé additionnelle ou marginale. Comme le coût total moyen, le coût marginal suit d'abord une phase décroissante, puis croissante par rapport à la production

$$\text{Cm} = \frac{\text{Variation du CT}}{\text{Variation des quantités}}$$

Quantités produites	0	1	2	3	4	5
Coût total	100	140	170	190	240	300
Coût marginal	0	40	30	20	50	60

Par exemple, lorsqu'on passe de 1 à 2 quantités produites, le CT augmente de 30. Le Cm sera alors de : Cm = 30/1 = 30.

B Représentation graphique des coûts

En situation de concurrence (*cf.* chapitre 5, p. 377), l'entreprise cherche à accroître son profit en minimisant ses coûts de production. Cette condition est réalisée lorsque le **prix de vente** (Po) égalise le coût marginal : au point (q* ; P*), l'équilibre de l'entreprise est atteint (**profit maximal**). En effet, dès que le Cm dépasse le prix de vente Po, l'entreprise a tout intérêt à stopper la production, car une unité supplémentaire produite lui coûterait plus cher qu'elle ne lui rapporterait : le Cm serait supérieur au prix du marché, c'est-à-dire supérieur à la recette de l'unité supplémentaire produite (**recette marginale**).

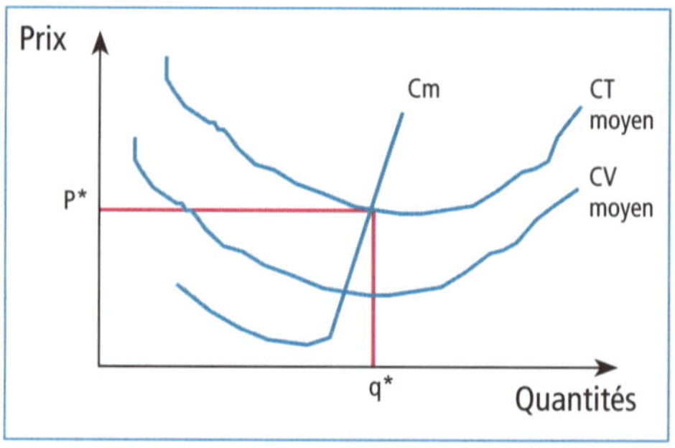

5 Comment s'établissent les prix sur un marché ?

1 Qu'est-ce qu'un marché ?

A Un lieu physique ou virtuel

• **Le marché au sens courant.** Le **marché** est communément le **lieu physique** où sont rassemblés, sur une place ou dans une halle, des commerçants qui vendent directement des produits ou des services à leurs clients.

• **Le marché au sens large.** Sur certains marchés, les producteurs (offreurs) et les consommateurs (demandeurs) ne se rencontrent pas physiquement : par exemple, la Bourse est un **marché fictif** vide de toute référence géographique puisque les achats et les ventes d'actions et d'obligations (*cf.* chapitre 1, p. 368) se réalisent à l'aide d'un réseau moderne de communication (téléphone, Internet).

B La diversité des marchés

Il existe autant de marchés que de choses à échanger : le marché alimentaire, le marché financier, le marché du travail, le marché de l'automobile, etc. On parle du **marché mondial** (pétrole, etc.), du **marché national** (automobile, etc.), ou du **marché local** (foie gras du Sud-ouest, etc.) pour désigner l'offre et la demande d'un secteur particulier.

2 Le fonctionnement du marché

A La loi de l'offre et de la demande

• **La demande** représente la quantité de biens et services que les consommateurs sont prêts à acquérir pour un certain prix : ils ont tendance à consommer davantage lorsque les prix diminuent.

• **L'offre** représente la quantité de biens et services que les producteurs souhaitent vendre à un prix donné : ils tendent à accroître leur production aussi longtemps que les prix augmentent (réaction selon une fonction d'offre croissante des prix, *cf.* chapitre 4, p. 375).

Demande

Prix	2 €	4 €	5 €	9 €
Quantités demandées	500	350	200	100

Offre

Prix	2 €	4 €	5 €	9 €
Quantités offertes	100	200	300	500

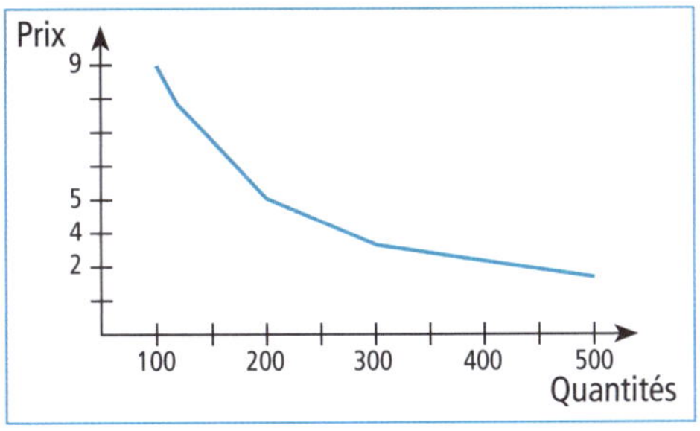

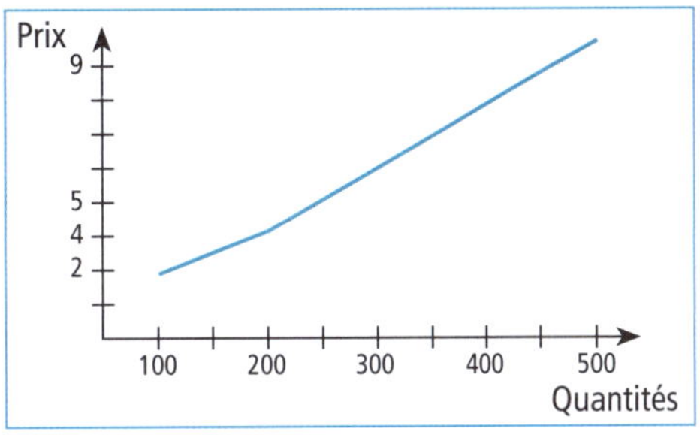

SES

B L'ajustement offre-demande

• **Lorsque l'offre et la demande se confrontent** sur le marché, un équilibre sur le prix et les quantités satisfait consommateurs et producteurs. Un **prix d'équilibre** (p*) égalise donc l'offre et la demande : à ce prix, toutes les **quantités offertes** sont vendues (q*) tandis que toutes les **quantités demandées** sont achetées (q*).

• **Ajustement et prix d'équilibre.** L'économiste français Léon Walras (1834-1910) évoquait la détermination des prix sur le marché par ajustements successifs, comme si un arbitre imaginaire jouait le rôle de « commissaire-priseur » lors d'une vente aux enchères. Ce dernier fait une proposition de prix : producteurs et consommateurs réagissent en offrant et en demandant des quantités plus ou moins importantes. Si l'offre et la demande s'équilibrent, l'**ajustement** est terminé ; sinon, le prix est modifié par le commissaire-priseur jusqu'à ce qu'on parvienne à un prix d'entente (**prix d'équilibre**). Ce mécanisme suppose une régulation par aucun autre agent que les seuls participants au marché, ce qui exclut toute intervention de l'État.

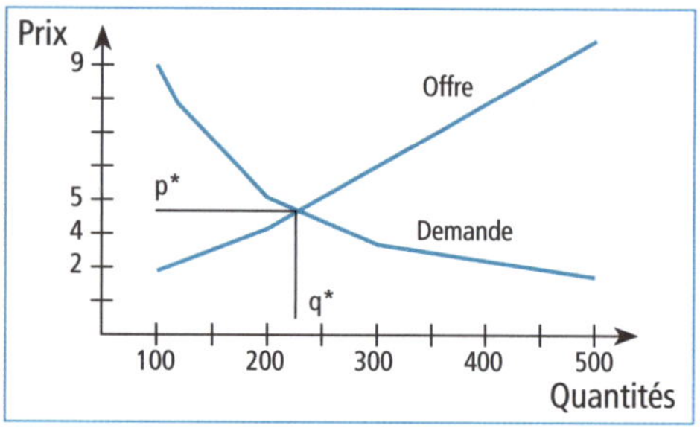

C Les conditions de la concurrence

• **Le cadre théorique.** En théorie, la loi de l'offre et la demande définit un prix et des quantités d'équilibre dans les **conditions de la concurrence pure et parfaite**, qui sont au nombre de cinq :
– l'**atomicité du marché** : le très grand nombre d'offreurs et de demandeurs ne permet à aucun de fixer les prix lui-même ;
– l'**homogénéité des produits** : les offreurs d'un même type de produit livrent des biens considérés identiques pour les consommateurs ;
– la **libre entrée** et la **libre sortie du marché** : un producteur doit pouvoir s'installer sur le marché ou cesser son activité librement ;
– la parfaite **transparence du marché** : chaque participant au marché a une connaissance complète de tous les éléments significatifs du marché (prix, qualité et origine des biens et services) ;
– la parfaite **mobilité des facteurs de production** (*cf.* chapitre 4) : le travail et le capital peuvent se déplacer librement.

• **Le cadre réel.** Le cas de la concurrence pure et parfaite est souvent qualifié « d'abstraction héroïque » car il ne correspond pratiquement jamais à des situations concrètes. Par exemple, le marché du pétrole fait intervenir un petit nombre de producteurs (atomicité non respectée) et nécessite un coût d'exploitation très élevé (libre entrée difficile).

Exemple

Le marché du travail est peut-être celui qui est le plus éloigné de la concurrence pure et parfaite : travailleurs peu mobiles, poids des syndicats, méconnaissance de certains salaires, diplômes nécessaires pour la plupart des professions, etc.

6 La pollution : comment remédier aux limites du marché ?

1 Les imperfections du marché

A Les externalités négatives

Il y a ceux qui subissent des **effets externes négatifs** (les habitants voisins d'une usine supportent le bruit ou les fumées), et il y a ceux qui bénéficient des **effets externes positifs** (les travaux de rénovation d'un quartier entraînent du bruit pour les riverains, mais leurs logements prennent de la valeur). En outre, le marché ne tient absolument pas compte de ces externalités.

> **Mot-clé**
>
> Les **externalités négatives**, ou **nuisances**, témoignent des défaillances du marché. Ce sont les coûts produits par une activité de production ou de consommation (pollution, etc.) et qui affectent d'autres agents économiques, sans compensation pour le tort subi.

B La présence de biens collectifs

• **La recherche de l'intérêt général.** Chercher une satisfaction maximale en minimisant les inconvénients peut conduire à des situations où l'intérêt général n'est pas atteint. L'illustration est faite par la théorie du passager clandestin, selon laquelle chacun peut jouir des bénéfices d'un bien ou d'un service – conduire au volant d'un 4 × 4 – sans en partager les coûts – polluer l'environnement.

• **L'intervention de l'État.** L'État prend en charge la production de certains **biens collectifs** financés par les impôts : l'éclairage public ou la Défense nationale, par exemple, profitent même à ceux qui ne les payent pas, et sont consommés par plusieurs personnes à la fois.

2 L'exemple de la lutte contre la pollution

A Les politiques incitatives

• **Les taxes.** La **taxation** répond au principe du **pollueur payeur** car elle conduit les consommateurs et les producteurs qui polluent à intégrer les conséquences de leurs décisions : c'est le cas de la « taxe carbone » sur les hydrocarbures, ou des permis à polluer (quotas d'émission de CO_2) accordés aux entreprises par l'État.

• **Les subventions.** Des **aides financières** sont attribuées par l'État pour subventionner des actions favorables au respect de l'environnement : investissements de dépollution, achat de voitures « propres », électricité photo-voltaïque, etc.

B Les politiques contraignantes

• **Les réglementations.** Elles consistent à imposer des limites quantitatives à l'émission de substances polluantes (dans l'agriculture notamment), ou à l'utilisation de certains biens. Cela impose aussi bien l'obligation de respecter des plafonds d'émission de CO_2 que l'utilisation de dispositifs de dépollution (une station d'épuration par exemple).

• **Une efficacité relative.** Incitatives ou contraignantes, ces politiques sont complémentaires, mais les premières paraissent plus efficaces : les **taxes** fournissent des ressources à l'État qui les recycle dans l'économie (fiscalité écologique), et incitent souvent les individus à aller au-delà de la réglementation.

7 Le diplôme : un passeport pour l'emploi ?

1 Travail et emploi

A Composition de la population active

• **Actifs et inactifs.** La **population active** regroupe les **actifs occupés** (personnes qui exercent une activité professionnelle rémunérée) et les **actifs inoccupés** (les chômeurs) qui n'exercent pas d'activité professionnelle rémunérée mais en recherchent une.

• **Emploi et travail.** L'**emploi** désigne toute forme d'activité professionnelle rémunérée. Le **travail** correspond à l'ensemble des activités humaines, intellectuelles ou manuelles, rémunérées ou non, qui sont liées à la production de choses utiles. Ainsi, les retraités ou les lycéens n'occupent pas, en général, d'emploi déclaré et rémunéré, mais ils travaillent (bricolage, travail scolaire…).

Mot-clé

La **population totale** correspond au cumul des **actifs** et des **inactifs** (personnes qui n'exercent aucune activité déclarée et rémunérée, et qui n'en recherchent pas).

B Des besoins de qualification

• **Des emplois de plus en plus qualifiés.** Depuis les années 1980, l'**emploi qualifié** n'a cessé de croître. Les nouvelles technologies nécessitent une main-d'œuvre qualifiée et un système éducatif performant. Ainsi, le niveau moyen de formation a fortement augmenté : plus des trois-quarts d'une génération obtiennent le niveau du baccalauréat (contre seulement 5 % en 1950 !).

Exemple

La part des cadres supérieurs en France a doublé (16 % des actifs), alors que celle des ouvriers est passée de 30 % à 22 %.

• **Le diplôme protège du chômage.** Le niveau scolaire est déterminant dans la sphère professionnelle française : les deux tiers des chômeurs sont très faiblement diplômés (BEP au maximum) et la quasi-totalité sont des ouvriers ou des employés. Au contraire, les diplômés de l'enseignement supérieur sont presque au plein emploi (taux de chômage environ de 5 %).

2 Le poids des inégalités sociales

A Diplôme et réussite sociale

• **L'investissement en capital humain.** L'école représente donc un enjeu dans la possibilité non seulement d'obtenir un emploi, mais aussi d'atteindre une certaine position sociale (l'**école** est décrite alors comme un « **ascenseur social** »). C'est donc dire l'importance de l'investissement en capital humain : les dépenses en formation et éducation génèrent un coût financier (financer les études) et psychologique (on renonce aux loisirs lorsqu'on apprend sa leçon), mais aussi un rendement économique futur (salaire obtenu plus tard).

Taux de chômage des jeunes sortis du système scolaire depuis 1 à 4 ans

Diplômés de l'enseignement supérieur	10 %
Baccalauréat	18 %
Aucun diplôme ou Brevet des collèges	32 %

Source : Insee. Enquête Emploi 2013, 2014 et 2015.

• **Le déclassement entre les générations.** La création massive d'emplois qualifiés ne signifie cependant pas qu'il y ait davantage d'égalité d'accès aux différentes positions sociales. Même si les enfants qui occupent une position sociale supérieure à celle de leur père sont nombreux – beaucoup plus d'enfants d'ouvriers deviennent cadres –, ils sont, en revanche, de plus en plus nombreux à descendre dans l'**échelle sociale** par rapport à la situation de leur père (on parle alors de **déclassement** entre les générations). À cela, il faut ajouter le sentiment chez les salariés de ne pas occuper la place qui leur est due compte tenu de leur formation : le même diplôme (le baccalauréat, par exemple) ne donne plus accès à la même position sociale qu'autrefois étant donnée la vive concurrence sur le marché du travail (en 2013, près de 80 % d'une classe d'âge sont bacheliers).

B Origine sociale et réussite scolaire

Selon certaines études, il apparaît que la France est l'un des pays où l'**origine sociale** (milieu social d'où l'on est issu) influence le plus le **niveau scolaire**. Plusieurs explications peuvent être avancées.

Proportion de bacheliers dans une génération, en %.

	1970	2000	2015
Bac général	16,7	32,9	39,4
Bac technologique	3,4	18,5	15,6
Bac professionnel	–	11,4	22,2
Ensemble	20,1	62,8	77,2

Source : Éducation nationale.

• **L'école mise en cause.** L'école serait responsable du phénomène de **reproduction sociale** selon lequel, par exemple, un fils ou une fille d'ouvrier devient ouvrier (ou de manière très proche, employé) à l'âge adulte. La raison : le système scolaire s'adapterait mal aux enfants issus des catégories sociales populaires (les ouvriers notamment). Le sociologue français **Pierre Bourdieu** (1930-2002) évoque, pour ces enfants, un décalage entre les attentes de l'école (culture et langage savants, travail hors temps scolaire important, etc.) et le niveau économique, social et culturel de leur famille qui rend cette dernière moins apte à aider ses enfants dans le suivi et le soutien scolaire.

• **Des stratégies d'études différentes.** Le sociologue français **Raymond Boudon** (né en 1934) attribue les inégalités scolaires à des intérêts particuliers rationnels en termes de coûts relatifs des études (avantages et inconvénients) : des études courtes pour les milieux défavorisés (des études peu onéreuses permettront d'atteindre ou de dépasser le niveau des parents) et des études longues pour les autres (les classes aisées acceptent de payer cher pour les études de leurs enfants). Ainsi, les inégalités devant l'école sont davantage liées à la position sociale d'origine.

Origine sociale des étudiants français dans les classes préparatoires aux grandes écoles, en 2015.

Cadres et professions intellectuelles supérieures	55 %
Agriculteurs	10 %
Ouvriers	8 %
Autres catégories sociales	17 %

Source : Éducation nationale.

8 Le chômage : des coûts salariaux trop élevés ou une insuffisance de la demande ?

1 L'évolution de l'emploi et du chômage

A Le taux d'activité

• **Le taux d'activité** est égal au rapport des personnes actives d'une catégorie en âge de travailler (plus de 15 ans généralement) à la population totale de cette catégorie. On peut ainsi calculer le taux d'activité de l'ensemble de la population des 15-64 ans (71,5 % en 2015 en France), le taux d'activité masculin (75,5 %) ou féminin (67,6 %) ou le taux d'activité des personnes de telle ou telle tranche d'âge.

Exemple

Taux d'activité des femmes de 25 à 49 ans

$$\frac{\text{Ensemble des actives de 25 à 49 ans}}{\text{Ensemble des femmes de 25 à 49 ans}} \times 100$$

B L'influence de la population active (*cf.* chapitre 7)

• **Les facteurs de hausse.** En France, l'**augmentation de la population active** (+ 56 000 personnes en 2015) est le résultat de plusieurs tendances : l'**immigration** (forte dans les années 1960), l'arrivée encore observée à l'âge actif des enfants du **baby boom** (forte natalité entre 1946 et 1964), ainsi que l'**augmentation** du **taux d'activité féminin** depuis les années 1970 qui signifie l'entrée de plus en plus de femmes sur le marché du travail (aujourd'hui, 80 % des femmes de 25 à 49 ans sont actives, c'est-à-dire qu'elles ont ou cherchent un emploi).

• **Les facteurs de baisse.** À l'inverse, d'autres tendances **freinent l'augmentation de la population active**. Le **faible taux d'activité des jeunes** (deux fois moins élevé que le taux moyen) s'explique par l'allongement de la durée des études. De plus, le taux d'activité à partir de 55 ans est faible (exclusion des seniors face à l'embauche) même s'il augmente depuis le relèvement de l'âge de la retraite à 62 ans.

C Un chômage massif et inégal

• **La mesure du chômage.** À côté de la définition internationale du chômage élaborée par le **bureau international du travail** (BIT) – être strictement sans emploi, être immédiatement disponible, faire des démarches actives de recherche d'emploi –, il existe d'autres définitions.

– En France, celle de l'**Insee** (Institut national de la statistique et des études économiques) se rapproche de près de celle du BIT.

– En revanche, celle de **Pôle emploi** s'en éloigne davantage (les chômeurs dits de « catégorie A » sont ceux inscrits à Pôle emploi et qui n'ont pas travaillé durant le mois), et celle donnée par certaines **associations** inclut notamment les salariés qui ont un emploi précaire (contrats à durée déterminés, intérim, travail à temps partiel non volontaires, stages). C'est dire qu'il n'existe **pas de « vrais » chiffres du chômage**, tant les critères de définition varient d'une source à l'autre.

Mots-clés

• **L'offre de travail** (du côté des travailleurs) correspond à la demande d'emploi : les travailleurs offrent leur force de travail en demandant un emploi.
• **La demande de travail** (du côté des entreprises) correspond à l'offre d'emploi : les entreprises demandent du travail en offrant des emplois.

Chiffres du chômage en France en 2016.

Insee	Pôle-emploi (catégorie A)	Associations
2 700 000	3 500 000	Entre 6 et 9 millions

Source : d'après Dares.

• **Un chômage de masse.** Avec l'arrivée de la crise économique dans les années 1970, le premier million de chômeurs est atteint en France en 1977, le deuxième en 1981 et le troisième en 1993 (avant de redescendre à 2 millions en 2000). Le **chômage** (différence entre la population active et le nombre d'emplois) s'explique par la trop faible progression des emplois depuis 1975 pour absorber les actifs qui se présentent sur le marché du travail (l'offre de travail est supérieure à la demande de travail), tandis que les licenciements restent nombreux.
Depuis la crise de 2008-2009, le chiffre du chômage augmente à un niveau inquiétant (seuil des 3 millions de chômeurs dépassé).

• **Les inégalités face au chômage.** Les personnes ne sont pas toutes égales devant le risque de chômage.
– Les **jeunes** sont plus vulnérables que leurs aînés car ils sont moins expérimentés et occupent souvent des emplois précaires.
– Depuis 2013, les hommes sont davantage touchés par le chômage, notamment en raison de la crise économique.
– Le diplôme est une « assurance » contre le chômage qui diminue avec l'augmentation du niveau de diplôme.
– Enfin, le chômage frappe surtout les **ouvriers** et les **employés** : les agriculteurs en sont protégés et, dans une moindre mesure, les artisans, les cadres et les professions intermédiaires (techniciens, infirmières, etc.).
– Ultime **inégalité**, la moitié des chômeurs ne perçoit pas d'allocations chômage.

2 L'emploi : un coût pour l'entreprise mais un revenu pour les ménages

A Le niveau du coût salarial

• **Définition.** Le **coût salarial**, c'est le coût de l'emploi d'un salarié payé par l'employeur. Il se compose du **salaire brut** versé au travailleur (salaire net versé et cotisations sociales à la charge du salarié) et des **charges patronales** (cotisations sociales et charges professionnelles comme la taxe d'apprentissage par exemple, à la charge de l'employeur).

Exemple

Si le travailleur reçoit 1 000 € de salaire sur son compte en banque (salaire net), le coût salarial pour l'employeur est 1,8 fois supérieur.

Salaire net	1 000 €
+ Cotisations salariales (cotisations maladie, vieillesse, etc.)	300 €
+ Charges patronales	500 €
= Coût salarial payé par l'employeur	1 800 €

• **La main-d'œuvre française de plus en plus chère.** En France, la mise en place du **Smic** (Salaire minimum interprofessionnel de croissance) en 1970 a été une mesure de protection sociale en matière de revenu. C'est aujourd'hui l'un des salaires minimums les plus élevés en Europe (environ 1 480 € bruts par mois pour un salarié à 35 heures).
Plus globalement, la **compétitivité** des entreprises françaises par rapport à l'étranger diminue depuis 2000 : le coût salarial est supérieur à celui des États-Unis ou de la Chine par exemple.

• **Des conséquences négatives pour l'emploi.** Pour réduire le **coût du travail** (désigné par certains comme l'une des causes majeures du chômage), les entreprises ont cherché à limiter les hausses de salaires, et ont été incitées à créer en priorité des emplois rémunérés au Smic (l'État ayant depuis les années 1990 réduit fortement les cotisations sociales à proximité du Smic). Ainsi, en France, plus d'un salarié sur dix est « smicard ».

En outre certaines entreprises ont choisi, pour des emplois peu qualifiés, de délocaliser leur production dans les pays où le coût du travail est moins élevé (Europe de l'Est, Asie...), ou de remplacer les travailleurs par des machines.

B Le salaire est un revenu

• **Le soutien à la consommation.** Le **salaire** n'est pas seulement un coût, c'est aussi un revenu pour le salarié qui va l'utiliser à la **consommation** et / ou à l'**épargne** (*cf.* chapitre 1, p. 368). Une création d'emploi ou une hausse de salaire se traduit par une distribution en **chaîne de revenus successifs** dans l'économie. Par exemple, la prime d'un salarié (revenu 1) pourra être dépensée chez un marchand de produits informatiques à qui le salaire (revenu 2) permettra d'acheter du matériel à son fournisseur et dont une partie de son salaire (revenu 3) pourra être dépensée chez un restaurateur (revenu 4), et ainsi de suite...

• **Des débouchés pour les entreprises.** Les créations d'emplois par les entreprises dépendent de la production qu'elles ont à réaliser, et cette dernière dépend elle-même de la demande qui leur est adressée par les consommateurs. Si la demande est faible, les entreprises risquent de ne pas embaucher, ou insuffisamment, ce qui ne permettra pas de lutter efficacement contre le chômage.

La hausse de la production (surcroît d'activité) comme raison principale évoquée par les entreprises pour créer des emplois.

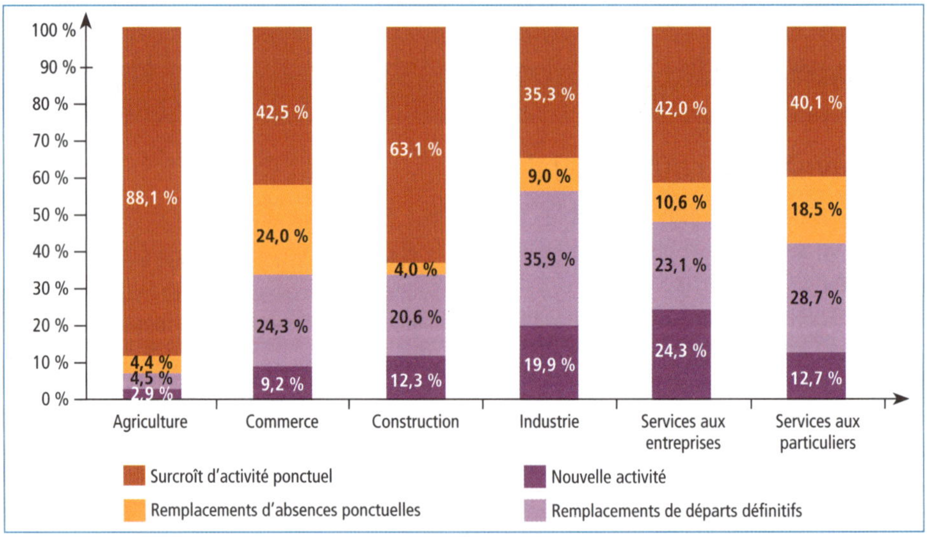

Source : Enquête complémentaire BMO 2016, Pôle emploi – BVA et CRÉDOC.

9 Comment devenons-nous des acteurs sociaux ?

1 Les agents de socialisation

A Socialisation primaire et secondaire

• **L'apprentissage social.** La **socialisation** permet la conformité des individus aux normes et aux valeurs du milieu dans lequel ils vivent (*cf.* chapitre 10, p. 387).
Facteur d'intégration sociale, la socialisation est une contrainte interne qui ne fait l'objet d'aucune pression externe mais que la vie en société assigne à chacun : les individus agissent en fonction de leur personnalité tout en inscrivant dans leur conscience les **valeurs collectives** qui guideront leurs actions.

Mots-clés

Le système de normes et de valeurs est celui partagé par un groupe de personnes dans une société donnée, à une période donnée.
• Les **normes** correspondent aux règles de conduite, aux manières d'agir : se tenir à table, se marier, etc.
• Les **valeurs** renvoient aux principes moraux et éthiques : la solidarité, le respect d'autrui, etc.

• **Les périodes de socialisation.** Pour marquer chacun d'entre nous de son empreinte, la socialisation doit résulter d'agents sociaux significatifs (famille, école, etc.) par lesquels nous sommes en situation d'être mobilisés et de construire notre apprentissage social.
Le processus de socialisation le plus intense et le plus important concerne la petite enfance jusqu'à l'adolescence (**socialisation primaire**, jusqu'à l'entrée au collège), mais se poursuit à l'âge adulte et jusqu'à la mort (**socialisation secondaire**).
La petite enfance est, en effet, ce moment où l'éducation et le contrôle exercés par la famille sont très forts. Puis, à l'adolescence, l'éducation devient davantage un exercice de négociation (heures de sorties, tenues vestimentaires, relations sexuelles, etc.) : l'enfant s'identifie ou rejette le modèle parental. C'est alors par ce double processus qu'il forge sa propre personnalité.

B La fonction des agents de socialisation

• **Agents primaire et secondaires.** Parmi les **agents de socialisation**, existent ceux dont la **fonction** est **manifeste** : la famille, l'école (la classe de cours), les institutions religieuses ont pour buts explicites de former et d'éduquer.
D'autres, en revanche, ont une **fonction** de socialisation plus **latente** : les médias (télévision, radio, Internet, presse écrite, cinéma), l'école (la cour de récréation), les groupes de pairs (les bandes d'amis, le voisinage, etc.), l'entreprise exercent de manière secondaire cette fonction de transmission des normes et des valeurs.

• **La famille concurrencée.** Initialement et jusqu'au XIXe siècle, la famille était le lieu unique de socialisation et apparaissait comme un **marqueur durable du statut social** (position occupée dans la société : frère aîné, lycéen, membre d'un club de sport...). Avec la démocratisation, l'école est venue ensuite offrir à l'enfant un autre lieu de socialisation où les valeurs enseignées peuvent s'éloigner de celles des parents. L'apparition des **moyens de communication de masse** a encore augmenté la complexité de la socialisation : en effet, par une information omniprésente et hétéroclite, les enfants arrivent à une **connaissance des réalités** à laquelle ils ne parvenaient autrefois qu'après un long apprentissage.

2 Les modes de socialisation

A Transmission et acquisition

• **Socialisation par répétition.** Plusieurs mécanismes font hériter l'individu d'un patrimoine culturel et lui font accumuler les expériences qui participent activement à l'élaboration de ses propres schémas de représentation. La **socialisation par répétition**, c'est l'apprentissage de réflexes conditionnés, d'habitudes acquises dans un temps plus ou moins long (horaire des repas, toilette le matin, etc.)

• **Socialisation par imitation ou interaction.** L'**apprentissage** résulte du **contact avec autrui** (la manière de s'habiller, la pratique religieuse, la pratique sportive, etc.)

• **Socialisation par tâtonnement.** L'**apprentissage** résulte des différentes expériences au travers desquelles l'individu valide les **succès** (réussite, récompenses) ou subit la **sanction** (échec, punitions, réprimandes).

B Les conflits de socialisation

• **Selon le sexe.** La **socialisation différentielle selon le sexe** fait apparaître des comportements différents entre les garçons et les filles, par exemple dans les jeux ou la répartition des tâches domestiques. La cause est à rechercher du côté de certains **agents de socialisation** qui apparaissent comme traditionnellement sexistes (tels les partis politiques, l'entreprise ou la famille).

• **Selon le milieu d'appartenance.** La **socialisation différentielle** selon les milieux sociaux d'origine est conforme au milieu d'appartenance dans lequel elle s'exerce : chaque milieu social (ouvrier, bourgeois...) reste attaché à la transmission des éléments socioculturels de son milieu (*cf.* chapitres 2, p. 371 et 10, p. 387).

• **Selon le milieu de référence.** Ce n'est pas tant le **milieu d'appartenance** qui est central que, de plus en plus, le **milieu de référence** : à l'image de la famille, les agents de socialisation exerceront leur fonction en suivant les normes et les valeurs d'autres milieux sociaux auxquels ils veulent s'identifier (pratique du golf, de l'équitation ou vacances de sport d'hiver partagées également par des milieux sociaux modestes, *cf.* chapitre 2, p. 371).

• **Selon les agents de socialisation.** La famille, on l'a vu, a perdu le monopole de la socialisation. D'autres agents sont venus la concurrencer, mais elle agit comme un « filtre » et demeure encore l'instance fondamentale pour les jeunes : transmission du code linguistique, contrôle de l'usage des médias, etc.

Conflits possibles entre les différents agents de socialisation.

Agents de socialisation	Famille	Médias	Groupes de pairs
École (la classe)	Culture savante à l'école, langage familier à la maison	Savoirs abstraits à l'école, savoirs concrets dans les médias	Discipline à l'école, liberté avec les amis
Famille		Tolérance à la maison, violence dans les médias	Conformisme à la maison, volonté de changement avec les amis
Médias			Diversité culturelle dans les médias, attachement à une identité communautaire avec les amis

10 Comment expliquer les différences de pratiques culturelles ?

1 Une définition de la culture

A Les composantes de la culture

• **Les normes et les valeurs** (*cf.* chapitre 9, p. 385). La **culture** renvoie aux **normes** (règles de conduites) et aux **valeurs** (principes moraux) partagées par un groupe de personnes. La culture n'est pas innée, mais fait l'objet d'un apprentissage. De plus, elle produit des **objets matériels** (par exemple, les couverts ou les baguettes sont utilisées pour manger) ou des **objets immatériels** (des symboles chargés de sens comme la vache sacrée en Inde, par exemple).

• **Les pratiques sociales et culturelles.** Elles définissent, avec les normes et les valeurs, une culture puisqu'elles correspondent au mode de vie (*cf.* chapitre 2, p. 371) adopté par les individus. Les **pratiques sociales** touchent, par exemple, aux vacances (1 Français sur 3 ne part pas en vacances), aux pratiques associatives (12 millions de bénévoles dans les associations en France), ou aux fréquentations (inscription de millions de Français sur le réseau social en ligne Facebook). Les **pratiques culturelles** représentent la fréquentation des lieux culturels (musées, cinéma…) et la consommation ou l'utilisation de biens culturels (livres, médias…).

B Les fonctions de la culture

• **Une fonction sociale.** La culture permet la cohésion sociale et l'existence d'un groupe. Le cas de l'immigré pris en tenaille entre sa culture d'origine et celle du pays d'accueil traduit pour lui la difficulté à trouver une véritable **identité sociale**.

• **Une fonction pour l'individu.** Chaque groupe tend à constituer un **système culturel original**. La structure de la personnalité des individus apparaît alors étroitement dépendante des valeurs centrales caractéristiques du groupe auquel ils appartiennent. Ainsi, la culture façonne les individus, puisqu'elle fournit les normes et les valeurs propres au milieu dans lequel ils vivent.

2 Une diversité culturelle relative (*cf.* chapitre 2)

A Des pratiques sociales et culturelles socialement déterminées

• **Univers culturels et milieux sociaux.** Certains sociologues ont montré qu'il existait des différences de consommation selon les groupes sociaux, notamment en raison de l'âge, du niveau de diplôme ou de la catégorie sociale.

Visites de musées ou d'expositions selon le diplôme.

Au moins une visite dans l'année (en %).

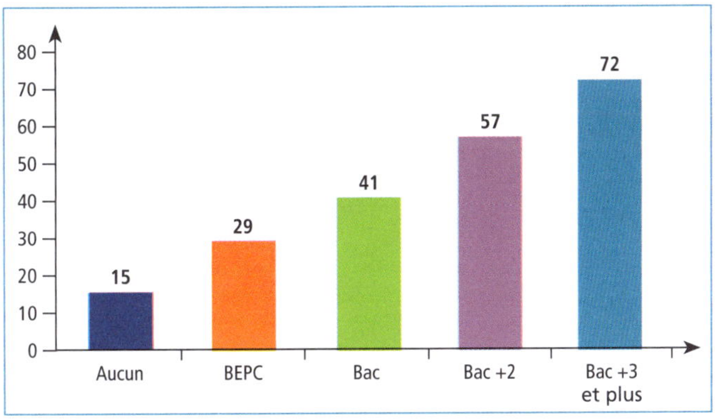

Source : Crédoc, données 2014.

SES

• **L'exemple de la télévision.** Tout le monde ou presque possède ce même objet culturel, mais il est réinterprété par l'individu qui l'accueille en fonction de sa propre culture issue de son milieu social d'appartenance ou de son groupe de référence. Ainsi, la **consommation de télévision** augmente avec l'âge (un retraité dispose de plus de temps). Les plus diplômés regardent la télévision plutôt pour se détendre (la culture étant réservée aux musées, au théâtre, etc.). Enfin, les cadres sont plus nombreux à ne pas posséder de télévision (ils occupent différemment leur temps libre).

B L'homogénéisation culturelle

• **Une société de consommation.** La **culture de masse**, grâce à l'industrie culturelle (du cinéma, du disque…) et aux moyens de communication de masse (les médias), contribue à une certaine **uniformité culturelle** entre les groupes sociaux.

• **La diffusion de la culture.** Les exemple du jeans, de Coca-Cola, de l'urbanisation, ou du téléphone portable, montrent que les modes de vie et de consommation se diffusent, souvent à l'échelle mondiale, dans l'ensemble du **corps social**.

Vente de téléphones dans le monde, en milliards d'unités. (Prévisions pour 2017, 2018, 2019 et 2020)

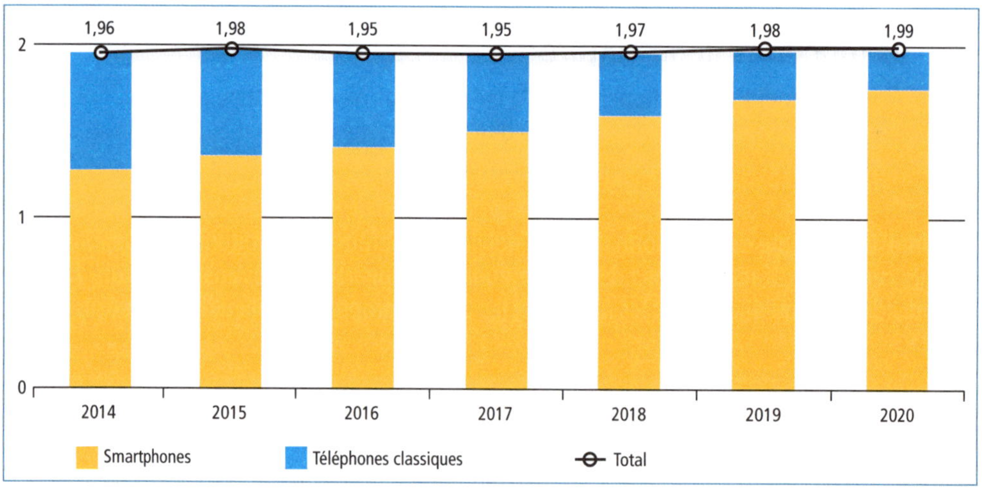

Source : CCS Insight.

PFEG

LES MÉTHODES

LE COURS

LES MÉTHODES

Analyser et exploiter une documentation économique

Comment faire

Identifier les caractéristiques du document

À repérer

Vous devez trouver la **nature**, le **titre**, la **source**, l'**auteur** et la **date** du document.

Texte

Il faut commenter le **titre**, relever les **mots-clés**, les **définir** et déterminer le **genre du texte** : publicité, analyse critique, description…

Tableau

- Votre attention doit se porter sur les **éléments suivants** : les **intitulés** des lignes et des colonnes (les définir si nécessaire) ; les **unités** utilisées ; le **champ d'analyse** du tableau.
- Il convient ensuite de donner **un exemple de lecture d'un chiffre** ; d'**identifier la tendance générale** du tableau ; d'**analyser les chiffres atypiques**.

Graphique

Vous devez repérer les **éléments suivants** : le **type de graphique,** répartition (diagramme circulaire, diagramme en bâtons…) ou évolution (courbe, histogramme…) ; les **unités** utilisées ; les **chiffres** extrêmes ; les **évolutions** majeures et identifier la **tendance générale**.

Analyser le document

Texte

- Commencez par repérer le **plan du texte** en gardant à l'esprit **qu'un paragraphe égale une idée principale** et que **plusieurs arguments illustrent chaque idée**.
- Dégagez la **structure** du texte en relevant les mots qui en sont la marque : « tout d'abord », « ensuite », « ainsi », « mais », « en effet »…
- **Regroupez les idées développées** dans le texte avec des **critères simples de regroupement** : principe / exceptions, avantages / inconvénients, causes / conséquences.

Tableau ou graphique

- **Rédigez une phrase introductive** qui présente le document, puis décrivez-le **du général au particulier** en mettant en avant les données significatives, les écarts par rapport à la moyenne.
- Effectuez des **calculs** (pourcentages, taux de croissance…) pour illustrer les analyses.
- **Rédigez un commentaire** sous la forme d'une **analyse critique** : interprétation des causes et des conséquences des phénomènes décrits…

Exercice d'application

ÉNONCÉ

Analyser et exploiter le document suivant.

Redonnons du pouvoir aux consommateurs

Le 17 mars 2014, le Président de la République a promulgué la loi relative à la consommation proposée par Benoît Hamon. Elle embrasse un large éventail de sujets, de l'action de groupe à la lutte contre les clauses abusives en passant par l'assurance emprunteur et met en œuvre plusieurs nouveautés qui améliorent la vie quotidienne des français et libèrent du pouvoir d'achat. Ainsi, parmi les principales mesures adoptées, on retient :

- **L'action de groupe :** si un consommateur constate une infraction, il peut en informer une association de consommateurs agréée qui centralisera les demandes et déposera alors une plainte en justice au nom d'un groupe de personnes.
- **L'allongement de la garantie des produits de 6 mois à 2 ans :** la loi Consommation étend la garantie légale des produits de 6 mois à 2 ans. Durant cette période, le consommateur sera protégé des éventuelles défaillances du produit acheté.
- **L'alternative au crédit renouvelable :** pour tout crédit à la consommation supérieur à 1000 €, le commerçant devra proposer à son client un crédit amortissable en alternative au crédit renouvelable. À l'inverse de ce dernier, le crédit amortissable présente l'avantage d'avoir un montant, un taux et des mensualités préalablement définis.
- **La création d'une liste d'opposition au démarchage téléphonique** sur laquelle s'inscriront les consommateurs ne souhaitant pas être démarchés. Cette liste devra être consultée par les professionnels avant toute démarche commerciale par téléphone.
- **Le délai de rétractation porté de 7 à 14 jours :** suite à une commande en ligne, le consommateur dispose désormais d'un délai de 14 jours pour retourner son achat.
- **L'assouplissement des conditions de résiliation des contrats d'assurance :** dorénavant, les consommateurs peuvent résilier leurs contrats d'assurance à tout moment après une première année pleine, et ce, sans aucun préjudice financier. L'assuré peut donc comparer ses contrats d'assurance actuels avec ceux proposés par la concurrence et ainsi bénéficier de primes d'assurance plus adaptées à ses besoins et budget.

D'après www.economie.gouv.fr, 2014.

CORRIGÉ

Ce document, issu du site du ministère de l'économie et des finances, est une **présentation** des mesures phares de la loi Hamon sur la consommation, votée en mars 2014. C'est un document court qui comporte une introduction et un paragraphe principal.

En introduction, le document présente brièvement la loi et en donne les principaux objectifs : **améliorer** la **situation des consommateurs** et leur dégager **du pouvoir d'achat**.

Dans le corps de l'article, six mesures importantes sont expliquées. Pour chaque mesure, le document précise **l'intérêt pour le consommateur**. On constate que cette loi a pour objet :

– d'**accroître la protection du consommateur** face aux professionnels en lui accordant des **droits supplémentaires**. Par exemple, le consommateur qui achète un produit sur internet bénéficie dorénavant d'un délai de 14 jours pour retourner la marchandise, s'il n'est pas satisfait ou simplement s'il regrette son achat. S'il conserve le produit, celui-ci est garanti contre d'éventuelles défaillances durant 2 ans ;

– de **libérer du pouvoir d'achat** pour le consommateur en lui permettant, par exemple, de résilier à tout moment ses contrats d'assurance pour bénéficier d'offres plus avantageuses proposées par la concurrence.

Ainsi, avec ce texte, le gouvernement souhaite mieux **informer et protéger le consommateur** et aussi lui libérer du **pouvoir d'achat** afin de **relancer la croissance**.

LES MÉTHODES

Construire et présenter une réponse structurée à une question

Comment faire

Comprendre le sujet

• **Analyser le sujet** en relevant les **mots-clés**, en les **définissant** et en **repérant les transitions**, les **verbes d'action** qui permettent de comprendre le sens global du sujet.

• **Poser ensuite une problématique** grâce à une **reformulation du sujet** sous la forme d'une question simple et claire.

> **Attention !**
> Qu'il s'agisse d'un sujet isolé ou d'une question à argumenter à la suite d'une analyse de document, la méthodologie est la même : il s'agit de **formuler une réponse claire et structurée** à un problème posé.

Organiser la réponse

• **Sélectionner les idées** pour délimiter les **contours du sujet** et définir ce qui en fait partie ; **mobiliser ses connaissances** sur le sujet à partir des cours, de recherches personnelles ou de documents fournis en annexe.

• **Trouver un plan. Structurer sa réponse** en deux ou trois parties maximum : les intitulés des parties doivent répondre à la question posée par la problématique.

• **Trouver des arguments** pour expliquer les idées avancées en se posant les questions « Pourquoi ? » « Comment ? ».

Rédiger la réponse

• **Rédiger l'introduction** avec soin : commencer par une phrase d'accroche qui place le sujet dans son contexte (historique, actualité...) ; expliquer les mots-clés du sujet ; énoncer la problématique ; annoncer le plan.

• **Rédiger la conclusion. Synthétiser** en une phrase l'idée essentielle du sujet et **étendre** éventuellement la réflexion sur un sujet proche mais plus large.

• **Rédiger au propre** en recopiant son introduction. Rédiger ensuite le corps de la réponse en veillant à faire des **phrases courtes** (une phrase égale une idée), puis recopier sa conclusion.

• **Relire.** Vérifier qu'on n'a **rien oublié** et corriger les **fautes d'orthographe ou de grammaire**.

Exercice d'application

ÉNONCÉ

Bien que la crise financière de 2008 ait ébranlé le système bancaire, les banques françaises ont réussi en 2009 à faire suffisamment de profits pour rembourser les aides reçues de l'État. Malgré ces profits, le volume de crédits accordé par les banques n'augmente pas et a même diminué en 2013 et les frais imposés aux particuliers pour la gestion de leurs comptes sont de plus en plus importants.

Le 6 février 2017, un nouveau pas en faveur de la concurrence bancaire est franchi avec la mise en place du contrat de mobilité bancaire prévu par la loi Macron du 6 août 2015.

Dans ces circonstances, peut-on dire que le rôle des banques s'est modifié ?

CORRIGÉ

Introduction

Les banques ont fait leur apparition pour permettre aux agents économiques de placer leurs objets de valeur en lieu sûr. Puis, au XIXe siècle, le développement de la monnaie fiduciaire (billets) a permis leur essor. Depuis, le rôle des **banques** a évolué et leurs missions se sont diversifiées. Aujourd'hui, ce sont de véritables **entreprises commerciales** qui ont deux activités principales : **accorder des crédits** et **fournir des services** à leurs clients. La crise financière de 2008 a mis en évidence la fragilité du système bancaire. Par ailleurs, les consommateurs sont aussi aujourd'hui demandeurs de plus de transparence, ce qui a conduit à de nouvelles réglementations en matière bancaire et à une concurrence plus vive entre les banques. Dans ce contexte, **le rôle des banques a-t-il changé** ? Afin de répondre à cette problématique, nous étudierons la banque, fournisseur de crédits puis nous observerons l'évolution des banques dont le métier tend de plus en plus à la fourniture de services aux particuliers.

La banque, fournisseur de crédits

- **Le mécanisme du crédit.** L'octroi de crédits aux entreprises et aux particuliers est source de profits pour les banques : attribuer des crédits leur permet de faire fructifier l'argent des dépôts.

- **Le crédit, moteur de la croissance économique.** Les banques accordent des crédits aux ménages : les ménages consomment. Cette consommation induit la relance de la production des entreprises qui elle-même permet l'achat de biens et l'embauche de salariés.

- **Depuis la crise économique, les banques ont plus de difficultés à accorder des crédits.** La crise économique fragilise les agents économiques : les salariés risquent de perdre leur emploi, les entreprises peuvent faire faillite d'où un **risque de crédit plus grand**. Les banques, plus vigilantes, demandent davantage de garanties pour accorder un crédit. Si elles accordent un crédit, les **taux** sont **élevés** : elles doivent apurer leurs pertes en faisant des bénéfices, elles ont donc besoin de réaliser de fortes marges sur les crédits accordés.

En outre, les **banques** fournissent à leurs clients des **services** en contrepartie des dépôts effectués sur les comptes à vue.

La banque, fournisseur de services

- **Principe :** le compte d'épargne rapporte un intérêt et la rémunération du compte à vue se fait sous forme de services rendus. Mais, depuis 1987, fin de l'encadrement du crédit et ouverture du marché bancaire à la concurrence, les pouvoirs publics autorisent les banques à fixer librement des tarifs pour les services bancaires rendus.

- **La vente de ces services** est un moyen pour les banques d'engranger des bénéfices, or, comme pour toute entreprise commerciale, l'objectif des banques est de faire du profit. Dans un contexte de crise, face au risque que fait courir le crédit, la **banque va** préférer accorder moins de crédits et **vendre des services** : gestion des comptes courants ; conseils financiers ; vente de produits d'assurance (assurance-vie, assurance dommages...).

- **Ainsi, l'ouverture à la concurrence du marché bancaire** a poussé les institutions financières à vouloir réaliser toujours plus de profit et elles exercent une pression tarifaire grandissante sur les consommateurs qui, eux, exigent plus de transparence. Le contrat de mobilité bancaire mis en place le 6 février 2017 œuvre dans ce sens en simplifiant le changement de banque.

Conclusion

Le développement de la banque à distance, les exigences des consommateurs et les nouvelles réglementations remettent en cause le modèle classique de la banque. Dans un marché de plus en plus concurrentiel, les banques ne devraient-elles pas à l'avenir revoir leur modèle afin de mieux répondre aux exigences de leurs clients ?

1 L'activité économique et ses acteurs

1 Le problème économique

Les individus ont un grand nombre de **besoins**, mais la plupart des **biens** dont ils disposent pour les satisfaire existent en quantité limitée. Le problème économique consiste, pour un individu, à hiérarchiser ses besoins, puis à effectuer des **choix économiques**, en fonction des ressources dont il dispose.

A Les besoins économiques

• **Définition.** Un **besoin** est une sensation de manque qu'un individu cherche à combler en consommant un bien ou un service. Les besoins économiques des individus sont nombreux, s'accroissent et se diversifient sans cesse : ils sont **illimités**.

• **Classification.** Pour faire face à cette diversité, on propose de classer les besoins. La classification la plus courante distingue **besoins primaires** et **besoins secondaires**. Les besoins primaires correspondent aux besoins fondamentaux, ils sont ressentis comme essentiels. Les besoins secondaires constituent un ensemble hétérogène qui correspond à des besoins de civilisation, ils sont ressentis comme nécessaires mais moins essentiels.

Exemples

• Besoins primaires : se nourrir, se vêtir, s'instruire, se soigner.
• Besoins secondaires : confort, culture, loisirs.

B Les biens économiques

• **Définition.** Les besoins humains sont satisfaits par des **biens**. En économie, le terme de « bien » désigne soit un **objet matériel** (un ordinateur), soit un **service de nature immatérielle** (un cours de guitare). Parmi les biens, on distingue les **biens libres**, disponibles gratuitement dans la nature en quantité illimitée (l'air que l'on respire) et les **biens économiques** produits par l'homme pour satisfaire ses besoins.

• **Production des biens économiques.** Produire un bien économique nécessite des ressources, qui peuvent exister en quantité limitée dans la nature. En outre, l'obtention de ces ressources entraîne un coût et les financements ne sont pas illimités. De plus, un bien économique nécessite du travail ; or la quantité de travail disponible dépend du nombre de personnes susceptibles de travailler et ce nombre aussi est limité. Dans ces conditions, les **biens économiques** sont forcément **limités**.

• **Classifications.** Les **biens économiques** ne constituent pas un ensemble économique homogène et plusieurs classifications sont possibles.
– Les **biens matériels**, qui sont des objets (un téléphone portable) et les **biens immatériels** qui sont des services, des biens non palpables ou incorporels (un abonnement téléphonique).
– Les **biens durables**, qui s'usent progressivement (une voiture) et **non durables** qui se détruisent au premier usage (un aliment).
– Les **biens de consommation**, destinés à satisfaire immédiatement le consommateur (une baguette de pain), les **biens de production** qui permettent de produire d'autres biens (le four du boulanger), et les **biens intermédiaires** qui seront transformés au cours de la production (la farine du boulanger).
– Les **biens individuels**, utilisés par une seule personne à la fois (une automobile) et les **biens collectifs** qui peuvent être consommés par plusieurs individus en même temps (l'éclairage public).

C Les choix économiques

• **La notion de rareté.** Un bien est rare quand il existe en quantité limitée. La **lutte contre la rareté** est une préoccupation importante en économie car les **besoins sont illimités et les biens limités**. On ne peut donc pas satisfaire tous les besoins avec les seuls biens disponibles. Ainsi, c'est parce que les biens sont rares que **l'activité économique implique des choix**.

• **La hiérarchisation des besoins.** Les **choix** des individus sont dictés par leurs **intérêts personnels**. Si l'on prend en compte des ressources comme l'argent et le temps, les individus peuvent opérer une **hiérarchisation** différente de la **satisfaction de leurs besoins**. Pour réaliser leurs choix économiques, les ménages **hiérarchisent leurs besoins**.

> **Exemple**
>
> Une personne peut faire le choix de travailler beaucoup et d'obtenir des revenus élevés afin de satisfaire ses goûts pour les produits de luxe, alors qu'une autre peut accepter un revenu inférieur et un temps de travail moindre afin d'avoir davantage de vacances et de loisirs.

• **Contraintes et choix économiques.** Dans la plupart des situations économiques, les individus connaissent des **contraintes de temps ou de budget**. Ainsi, une personne très riche sera limitée par le temps pour réaliser tout ce qu'elle souhaite et connaîtra des contraintes temporelles, alors qu'un chômeur percevra des indemnités limitées et connaîtra des contraintes budgétaires. Chaque individu tiendra compte de ces contraintes pour procéder aux **choix économiques** qui s'imposent.

2 Les acteurs économiques

A Définition

– Un **acteur économique** est un individu (ou un ensemble d'individus) **autonome** qui réalise des **opérations économiques**. L'économie est constituée de millions d'agents économiques qui effectuent des opérations variées qui les mettent en relation les uns avec les autres.
– Afin de pouvoir mieux les étudier, l'économiste regroupe les acteurs économiques en **catégories homogènes**, en prenant pour base leur fonction économique principale.
– Les principaux **acteurs économiques** sont les entreprises, les ménages, les administrations, les institutions financières et l'extérieur (agent économique fictif qui permet l'importation et l'exportation). Les principales **fonctions économiques** sont la consommation, la production et la redistribution des revenus.

B Classification

Pour chaque agent, sont données ci-dessous sa définition et sa fonction économique principale.

• **L'entreprise.** **Unité de production** qui vend ses produits sur un marché afin d'obtenir un bénéfice. **Produire** des biens et des services marchands.

• **Les ménages.** Ensemble des **occupants d'un même logement**, qu'ils aient ou non des liens de parenté. Il se distingue de la notion de famille. **Consommer et épargner :** 80 % du revenu disponible est destiné à la consommation.

• **Les administrations** sont des **organisations qui rendent des services** sans rechercher de profit. Elles assurent la **production de services** non marchands et la **répartition** des richesses. Les services non marchands produits par les **administrations publiques** sont destinés à la collectivité et le financement de ces administrations est assuré par la collectivité (**impôts**).

• **Les institutions financières.** Ce sont essentiellement les **banques**, les caisses d'épargne, la Banque de France et les **autres établissements de crédit**. Elles reçoivent des fonds du public, sous forme de dépôts ou d'épargne. Elles réemploient les sommes déposées par leurs clients en distribuant des crédits. Les institutions financières assurent **le financement de l'économie**, produisent des services bancaires et effectuent des opérations financières.

• **L'extérieur** est un **agent fictif** qui synthétise toutes les opérations réalisées par un pays avec les autres nations. Ces opérations, exportations et importations de biens et de services, composent le commerce extérieur. L'extérieur retrace l'ensemble des opérations liées au commerce extérieur. Le **commerce extérieur** s'explique par le fait qu'aucun pays ne peut vivre en autarcie et que les échanges internationaux sont indispensables. Ils permettent aux nations de se procurer ce qu'elles ne savent pas faire, ou ce qu'elles font moins bien, et de vendre leurs produits qui sont désirés par d'autres.

3 Les échanges économiques entre les acteurs

La rencontre entre les **agents économiques** s'effectue sur les marchés quand ils réalisent des opérations économiques. Ces **échanges** entre agents économiques sont matérialisés par des flux qui peuvent être représentés de manière simplifiée par un circuit économique.

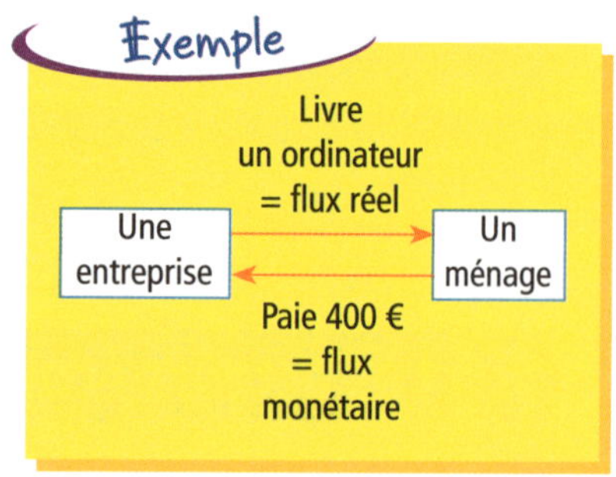

A Les flux économiques

Les **flux** représentent des mouvements de biens et de services (**flux réels**) et des mouvements de monnaie (**flux monétaires**) : toute dépense effectuée par un agent est une recette pour un autre agent, et vice versa.

B Le circuit économique

Le **circuit économique** est une représentation schématique du fonctionnement de l'économie qui permet de faire apparaître les **interdépendances entre les différents agents économiques** (ménages, entreprises, administrations publiques, institutions financières, extérieur) ou **entre leurs opérations** (production, répartition des revenus, consommation…).

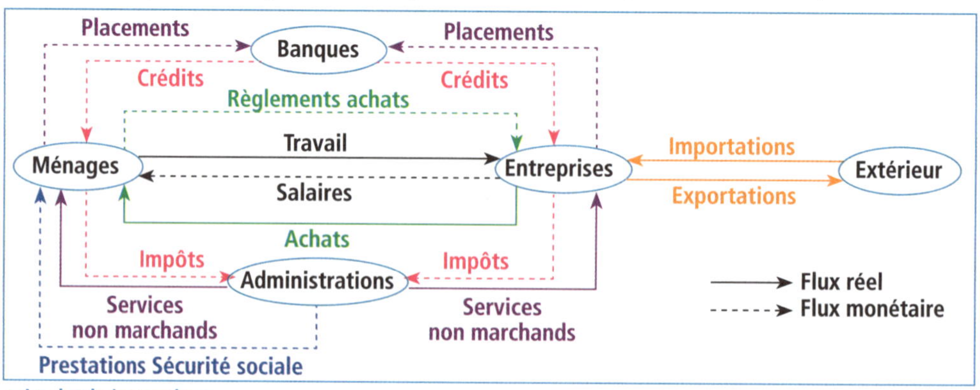

▲ Le circuit économique.

2 Le rôle économique de l'État

1 Fonctions de l'État

Mot-clé

L'**État**, au sens large, comprend les administrations publiques (État central et collectivités territoriales) et la Sécurité sociale.

• **Redistribuer et réguler.** Aujourd'hui, l'État assure trois grandes fonctions économiques : **affecter des ressources**, pour entretenir son administration et financer les biens collectifs ; **redistribuer des revenus**, pour réduire les inégalités sociales ; **réguler l'activité économique**, pour assurer le bon fonctionnement du marché.

• **Produire.** L'**État** produit aussi des services marchands par l'intermédiaire des **entreprises publiques** comme La Poste, EDF-GDF Suez, afin de veiller au respect de l'intérêt général (distribution du courrier, fourniture d'énergie). On peut donc dire que l'État moderne est aujourd'hui à la fois **producteur**, **redistributeur** et **régulateur**.

2 L'état producteur

A Biens et services marchands

Mot-clé

Une **entreprise publique** est une entreprise dont le **capital est détenu à 50 % au moins par l'État.**

• **Définition.** L'État produit des biens et des services marchands par l'intermédiaire des **entreprises publiques** qui aident l'État à accomplir une **mission de service public** et à jouer un **rôle dans le secteur marchand**.

• **Évolution.** On note une évolution marquée par une volonté de **désengagement de l'État** (**privatisations partielles ou totales**), par exemple dans le secteur des banques (Crédit Lyonnais), et, plus récemment, dans le secteur des télécommunications ou encore de l'énergie (EDF, GDF). Les **services publics** sont de plus en plus confrontés à la **concurrence d'autres entreprises** et aux **lois du marché**.

B Biens et services non marchands

L'**État** produit également des **services publics qui profitent à tous** : l'éclairage public, une consultation médicale dans un hôpital public… Ces services, fournis à un prix inférieur à celui du marché et financés essentiellement par les impôts et les taxes, permettent aux ménages de satisfaire des besoins fondamentaux, même si leur revenu est faible.

3 L'état redistributeur

A Pourquoi redistribuer ?

L'**inégale évolution des revenus et du patrimoine** entraîne un creusement des inégalités du niveau de vie : les ménages ne perçoivent pas tous les mêmes revenus. D'un côté, on trouve des personnes avec des revenus modestes qui sont sans emploi, ou qui ont un emploi faiblement rémunéré. De l'autre, on trouve des personnes qui perçoivent de hauts revenus d'activité et qui ont un patrimoine important. Face à ces inégalités de revenus, l'**État** intervient pour **redistribuer les richesses** afin de lutter contre la pauvreté, de couvrir les risques sociaux et de **réduire les inégalités**.

B Comment redistribuer ?

L'**État** prélève des **impôts** qu'il reverse aux ménages sous la forme de revenus de transfert : allocations chômage, RSA (Revenu de solidarité active), prestations de sécurité sociale, allocations familiales, allocations logement…

4 L'État régulateur

La régulation est l'**action de l'État** qui vise à **équilibrer les marchés**. On parle de régulation quand l'État met en place des institutions (comme l'Autorité de la Concurrence) et des lois pour assurer le bon fonctionnement du marché et pallier ses insuffisances. Ainsi, la loi Hamon du 17 mars 2014 propose des mesures pour renforcer les droits des consommateurs.

A Objectifs et outils

• **Les objectifs de la régulation.** Le principal **objectif économique** de la régulation est la croissance, qui suppose, en principe le plein emploi et la stabilité des prix. La régulation a aussi des **objectifs sociaux**, comme l'élévation du niveau d'éducation.

• **Les outils de la régulation** Pour réguler l'activité économique, l'État dispose d'**instruments de politique économique** qui lui permettent de lutter contre les déséquilibres économiques. Les instruments utilisés par l'État pour intervenir sur le marché sont divers :
– **action sur les prélèvements obligatoires** : diminution ou augmentation de l'impôt ;
– **privatisation des entreprises publiques** (ex. : TF1, Renault) ;
– **réglementation du marché à l'aide de lois** (ex. : la loi de protection de l'environnement) ;
– l'État, producteur, intervient sur des **marchés concurrentiels** (ex. : ouverture à la concurrence du marché de l'électricité.

B La politique de la concurrence

Une des politiques économiques mise en œuvre par l'État dans le cadre de la régulation est la **politique de la concurrence** : il s'agit de mesures qui ont un impact sur la concurrence d'un marché particulier. L'objectif de cette politique est de **stimuler la concurrence** loyale entre entreprises afin d'obtenir une offre plus adaptée pour le consommateur : un choix plus large, une meilleure qualité des produits, une **réduction des prix**.

• **Instruments.** L'objet de la **réglementation**, nationale et communautaire, est de modifier les comportements des entreprises. Ainsi :
– certaines pratiques commerciales sont interdites comme les pratiques anticoncurrentielles (ententes sur les prix) ou les pratiques discriminatoires ;
– certaines opérations de concentration (fusion de plusieurs entreprises) doivent être autorisées par le ministère de l'Économie et de l'Industrie.

• **Essor de la politique de la concurrence.** Aujourd'hui, la politique de la concurrence en France est en plein essor, notamment en raison de la **libéralisation des monopoles** publics, comme le marché des télécommunications, celui du marché postal ou encore celui de l'énergie (électricité et gaz).

3 Le rôle d'une banque

La banque joue un rôle important dans le **financement de l'économie** car elle transforme les dépôts en crédit. Elle exerce deux activités principales : rendre des services aux particuliers et accorder des crédits à ses clients.

1 Les services rendus aux particuliers

A Les dépôts effectués par les ménages

• Les ménages perçoivent des **revenus** qui sont **déposés auprès des banques** sur des comptes. Les banques proposent à leurs clients des moyens fiables et efficaces qui leur permettent d'utiliser l'argent déposé : chéquier, carte de crédit, virement interbancaire…

B Les différents types de comptes

• **Un compte à vue :** compte ordinaire utilisé pour gérer son budget. En contrepartie du dépôt, le client perçoit une rémunération sous la forme de services rendus. La banque est libre de facturer des frais pour ces services : c'est une entreprise commerciale, mais on parle toujours de service rendu car le montant des frais facturés demeure inférieur au coût réel.

• **Un compte d'épargne :** compte qui rapporte un **intérêt** et qui souvent ne peut être utilisé pour faire directement des paiements (livret A, livret bleu, livret jeune…).

2 L'activité de crédit

Accorder des **crédits** aux particuliers et aux entreprises est une **activité à risque** pour les banques, mais elle constitue leur principale **source de profit**.

A Le mécanisme du crédit

• **Définition.** Le **crédit** est l'opération par laquelle un prêteur, une banque le plus souvent, avance des fonds à un ménage ou à une entreprise. Il peut être à court, à moyen ou à long terme, et doit faire l'objet d'un **contrat**.

• **Coût du crédit.** Le **taux d'intérêt** est le prix, exprimé en pourcentage, qu'il faut payer quand on emprunte de l'argent ; il rémunère le service rendu par la banque. Il peut être **fixe** (inchangé pendant la durée du crédit) ou **variable** (indexé sur un indice de référence).

• **Modalités de remboursement.** En général, on rembourse un prêt en plusieurs fois, il s'agit d'un **prêt amortissable**. Dans ce cas, les **échéances de remboursement** comprennent du **capital** et des **intérêts**, ces derniers sont calculés sur le montant du capital restant dû. Au fur et à mesure des remboursements, la part des intérêts, qui est très importante au début, diminue, et la part du capital augmente.

B Le crédit, source de profit pour la banque

• **Les crédits aux particuliers.** Les banques font fructifier l'argent des dépôts en attribuant des crédits aux ménages : crédit immobilier, crédit à la consommation et autorisation de découvert permanent.

• **Les crédits aux entreprises.** Les banques permettent de **financer le développement des entreprises** : elles leur accordent des facilités de gestion de trésorerie, des crédits d'investissement et assurent les opérations d'encaissement et de paiement.

C Le crédit, activité à risque pour la banque

• **La notion de risque.** Le **risque** principal pour la banque est que l'emprunteur, entreprise ou ménage, devienne insolvable (faillite d'entreprise, situation de chômage…) et ne rembourse pas sa dette à l'échéance fixée.

• **La prévention contre le risque.** Pour se prémunir contre ce risque, les banques :
– demandent de nombreuses garanties lorsqu'elles accordent un crédit ;
– augmentent le coût du crédit, c'est-à-dire le montant du taux d'intérêt.

D Exemple de calcul de coût d'un crédit à la consommation à court terme

Je souhaite acheter un équipement informatique à crédit :
PC + imprimante + disque dur externe d'une valeur de 1 000 €.

Tableau d'amortissement pour 1 000 €.

Mensualités constantes à verser (en fin de mois)										
Durée du prêt en années	**Taux annuel proportionnel en %**									
	1 %	2 %	3 %	4 %	5 %	6 %	7 %	8 %	9 %	10 %
1	83,79	84,24	84,69	85,61	85,56	86,07	86,53	86,99	87,45	87,92
2	42,10	42,54	42,98	43,87	43,82	44,32	44,77	45,23	**46,62**	46,14
3	28,21	28,64	29,08	28,52	29,97	30,42	30,88	31,34	31,80	32,27
4	21,26	21,70	22,13	22,58	23,03	23,49	23,95	24,41	24,82	25,36
5	17,09	17,53	17,97	18,42	18,87	19,33	19,80	20,28	20,76	21,25

Ma banque m'accorde un crédit à la consommation à un taux fixe de 9 % remboursable à une échéance de 2 ans.
Je dois m'acquitter d'une mensualité de 46,62 € durant 2 années, soit 24 mois.
46,62 € × 24 = 1 118, 88 €
Ainsi au bout de 2 ans, j'aurai remboursé 1 118, 88 €.
Le coût du crédit est de 118,88 €.

4 L'entreprise, un agent qui crée de la valeur ajoutée

Une **entreprise** est une organisation qui produit des biens et des services qui seront vendus sur un marché pour faire du **profit**. L'entreprise se compose d'acteurs, dispose de **ressources**, et grâce à eux, crée des **richesses** qu'elle va **répartir entre les parties prenantes**.

1 Les parties prenantes de l'entreprise

Elles ont une influence sur l'entreprise et sont concernées par son activité et son bon fonctionnement, aux points de vue social et environnemental.

Les parties prenantes de l'entreprise.

Acteurs internes à l'entreprise		Acteurs externes à l'entreprise	
Le salarié	Acteur important qui contribue à la production.	**Le client**	L'entreprise doit anticiper ses besoins et y répondre en fournissant des produits et un service de qualité, à un prix attractif, afin d'être concurrentielle sur le marché.
Le propriétaire de l'entreprise	Détenteur du pouvoir dans l'entreprise, il cherche à maximiser le profit dégagé par l'activité professionnelle et à rentabiliser le capital investi. Il s'agit de **l'entrepreneur individuel, de l'associé ou de l'actionnaire.**	**Le fournisseur et le distributeur**	Partenaires avec lesquels l'entreprise peut conclure des accords : délais de paiement, politique d'achat.
		La banque	Partenaire privilégié du développement des entreprises car elle contribue à leur financement.

2 Les fonctions de l'entreprise

Les **fonctions** sont des **regroupements d'activités interdépendantes** effectuées par les parties prenantes de l'entreprise. Selon la taille de l'entreprise, les fonctions peuvent être réparties entre plusieurs personnes ou cumulées par une seule.

Les fonctions de l'entreprise.

Fonction	Commerciale	Technique	Recherche & Développement	Comptabilité	Ressources Humaines
Activité	Gestion des achats et des ventes ; suivi des commandes.	Production des biens et des services.	Étude et recherche de produits innovants.	Gestion des comptes et ressources financières de l'entreprise.	Recrutement, formation et rémunération du personnel.
Circulation de l'information	Création et transmission du bon de commande.	À partir du bon de commande.	Résultat des recherches.	Émission et suivi des factures jusqu'à l'encaissement.	À partir des besoins des différents services.

PFEG

3 Les ressources de l'entreprise

Pour atteindre les objectifs qu'elle s'est fixés, l'entreprise doit tenir compte des **ressources disponibles**. Elle doit les associer pour obtenir la meilleure combinaison productive, afin de **dégager un profit**.

> **À retenir**
>
> En combinant les ressources, naturelles, humaines et financières, l'entreprise fabrique et vend des biens et des services pour créer de la richesse mesurée par la **valeur ajoutée**.

• **Les ressources naturelles.** Ce sont les **matières premières** utilisées dans le processus de production.

• **Les ressources humaines.** L'effectif comprend tous les **salariés** liés à l'entreprise par un **contrat de travail**. L'effectif doit être suffisant, qualifié, formé, et motivé pour être efficace et permettre à l'entreprise d'être compétitive.

• **Les ressources financières.** Les ressources financières, qu'on appelle également **capital**, sont l'ensemble des moyens financiers ou techniques que possède l'entreprise.
– Le capital financier : ce sont les **apports** effectués par les propriétaires de l'entreprise ou les **emprunts** accordés par les banques.
– Le capital technique : ensemble des **moyens de production durables dont dispose l'entreprise** (terrains, bâtiments, biens d'équipement…).

4 Création et répartition de la valeur ajoutée

A Création de la valeur ajoutée

• **Les consommations intermédiaires** sont les **biens et les services** achetés par l'entreprise, qui seront **transformés** au cours du processus de production.

• **Le chiffre d'affaires** correspond à la **somme des ventes réalisées** par l'entreprise sur un marché.

• **La valeur ajoutée** est la **richesse créée par l'entreprise** lorsqu'elle fabrique et vend des biens et services.

> **Chiffre d'affaires** =
> prix unitaire × quantités vendues

> **Valeur Ajoutée** =
> chiffre d'affaires –
> consommations intermédiaires

B Répartition de la valeur ajoutée

• **Rémunération des acteurs.** Les **salaires et traitements** rémunèrent les salariés, ressources humaines de l'entreprise. Les **impôts, taxes et charges sociales** sont destinés à l'État et aux organismes sociaux, qui financent les équipements collectifs nécessaires à l'activité de l'entreprise. Les **intérêts** rémunèrent les banques et autres prêteurs, qui apportent du capital.

• **Bilan et avenir.** Enfin, l'entreprise conserve une partie de la valeur ajoutée pour constituer son **épargne** et **autofinancer** à l'avenir de nouveaux investissements. À la fin de chaque année, l'entreprise va évaluer le résultat de son activité en comparant l'ensemble de ses **recettes** par rapport à l'ensemble des **coûts** engendrés par la production. Si ce résultat est **positif**, l'entreprise génère un **profit**, s'il est **négatif**, elle génère une **perte**.

5 L'entreprise et le marché

Se lancer sur un nouveau marché et savoir fixer un prix sont des **décisions stratégiques** qui concernent l'entreprise dans sa globalité et qui engagent son avenir.

1 Comment se lancer sur un nouveau marché ?

L'entreprise commence par effectuer un **diagnostic stratégique** qui lui permettra d'identifier ses avantages concurrentiels pour ensuite déterminer ses **objectifs stratégiques**.

A Le diagnostic stratégique

Ce diagnostic permettra à l'entreprise d'évaluer sa position stratégique et d'identifier ses **avantages concurrentiels**, c'est-à-dire déterminer les **points forts** qu'elle détient par rapport à ses concurrents.

Diagnostic interne : quelles sont les forces et les faiblesses de l'entreprise ?		**Diagnostic externe : quelles sont les opportunités et les menaces en provenance de l'environnement de l'entreprise ?**
Au niveau de ses ressources – ressources matérielles (qualité des équipements…) ; – les ressources financières (capacité d'autofinancement…) ; – les ressources humaines (effectif et qualifications des salariés…) ; – ressources immatérielles (détention d'un brevet, image de marque…).	**Au niveau de ses compétences** Manière dont elle utilise ses ressources. Une compétence fondamentale est un savoir ou un savoir-faire difficile à imiter.	**Étudier les facteurs liés :** – à l'intensité de la concurrence ; – au pouvoir des clients et des fournisseurs ; – aux initiatives des acteurs de l'environnement (associations de consommateurs, par exemple) ; – à l'évolution de la législation : en matière de pollution, développement durable, protection du consommateur…

B Les avantages concurrentiels

Avantage concurrentiel lié :	**Stratégie de l'entreprise qui peut être adoptée**	
Au produit fabriqué	**Spécialisation** Concentration sur un domaine d'activité : IBM et l'ordinateur.	**Diversification** Bic : stylos bille et rasoirs jetables.
Au marché de l'entreprise	**Différenciation** Faire percevoir son produit comme unique aux yeux des consommateurs (l'Ipod d'Apple).	**Domination par les coûts** Tous les efforts de l'entreprise s'orientent vers un objectif : la minimisation des coûts (transport aérien).
À la technologie utilisée	**Externalisation** L'entreprise confie à une entreprise spécialisée certaines de ses activités non essentielles à sa compétitivité et elle se recentre sur son métier de base (externaliser l'activité de maintenance informatique par exemple).	**Intégration** L'entreprise maîtrise l'ensemble des étapes de la production et de la distribution d'un produit, de la matière première à la commercialisation (Décathlon par exemple).

C Déterminer des objectifs stratégiques

L'**avantage concurrentiel** n'est **jamais définitif**. Afin de rester compétitive, l'entreprise doit sauvegarder ses avantages concurrentiels en déterminant des **objectifs stratégiques**. Elle obtiendra alors un avantage décisif grâce à des **coûts plus faibles**, à une meilleure **qualité** et à plus d'**innovation**.

L'**innovation** permet de se différencier des concurrents et d'améliorer la **compétitivité des entreprises**. Elle peut concerner un produit ou son conditionnement, mais aussi les méthodes de travail.

> **Mot-clé**
> L'**innovation** est l'application industrielle ou commerciale d'une **invention**.

2 Comment fixer le prix d'un produit ?

Le **prix** est un élément essentiel de la stratégie marketing d'une entreprise : un prix trop bas procure une **marge** trop faible et un prix trop élevé risque de décourager la demande.

A Les facteurs explicatifs du prix

- **Les coûts.** L'entreprise fixe le prix de vente en fonction de la **marge commerciale** qu'elle souhaite appliquer au produit. Pour ne pas vendre à perte, l'entreprise doit connaître le **coût de revient** de chaque produit. Il s'agit de la somme des coûts que supporte l'entreprise pour mettre le bien ou le service sur le marché.

> **Mot-clé**
> La **marge commerciale** est la différence entre le prix de vente HT et le coût d'achat du produit.

- **La demande.** L'entreprise doit **segmenter la demande**, c'est-à-dire découper le marché en sous-groupes d'individus qui ont des comportements d'achat homogènes. La segmentation permettra de **cibler sa clientèle** pour proposer une offre adaptée au niveau du produit proposé et du prix. On peut **segmenter la demande** selon l'âge, (le sexe), le lieu d'habitation…
Puis, l'entreprise déterminera le **prix psychologique** : le prix acceptable par la majorité des consommateurs potentiels. Enfin, elle calculera **l'élasticité de la demande** par rapport au prix pour déterminer comment les consommateurs réagiront par rapport à une variation de prix.

- **La concurrence.** L'entreprise doit **se positionner par rapport à ses concurrents**, et tenir compte des prix qu'ils pratiquent. La situation est différente si on est sur un **marché monopolistique, oligopolistique ou de concurrence**. Sur un **marché monopolistique**, un seul vendeur est présent : il maîtrise les quantités vendues et la fixation du prix. Sur un **marché oligopolistique**, quelques vendeurs sont présents. Les décisions de chaque entreprise sont influencées par celles des autres. **En situation de concurrence**, un grand nombre d'offreurs et de demandeurs sont présents, chacun exerce alors une influence négligeable sur le marché.

- **Les contraintes légales.** Sauf exception (le prix du gaz fixé par l'État, par exemple), les prix des biens et des services sont déterminés librement par le **jeu de la concurrence** depuis l'ordonnance du 1er décembre 1986. La revente à perte et les ententes tarifaires, qui faussent le jeu de la concurrence, sont interdites.

B Les stratégies de prix

- **Stratégies d'écrémage :** l'entreprise fixe un **prix élevé** car elle vise une **cible restreinte** et elle se distingue par la **marque**, la **qualité**, la **performance du produit**.

- **Stratégies de pénétration du marché :** l'entreprise fixe un **prix bas**, car elle veut cibler l'**ensemble du marché**, cette stratégie existe en général dans un **contexte concurrentiel fort**.

- **Stratégies d'alignement :** sur un **marché très concurrentiel**, l'entreprise a **peu de marge de manœuvre** et elle choisit alors de pratiquer des **prix proches de ceux de ses concurrents**.

6 La place de l'individu dans l'entreprise

Pour mettre en œuvre sa stratégie, l'entreprise a besoin de mobiliser des **ressources humaines**. Grâce au diagnostic interne, elle évalue ses besoins, puis elle y répond en trouvant des compétences, grâce au **recrutement** et à la **formation**.
Une **compétence** est une qualification professionnelle qui se compose de **savoirs** (les connaissances) ; **savoir-faire** (les pratiques professionnelles) ; **savoir-être** (les comportements relationnels).

1 Le recrutement et la formation

A Le recrutement

• **Pourquoi recruter ? Apparition de nouveaux métiers**, modernisation des postes de travail ; **création de nouveaux produits** ou services ; **variation des effectifs** (mutations, démissions, départs à la retraite).

• **Comment recruter ?** L'entreprise peut choisir de **recruter à l'interne ou à l'externe**. Si elle opte pour le recrutement interne, elle sélectionne un candidat parmi le personnel de l'entreprise. Si elle choisit de recruter à l'externe, elle doit respecter trois étapes successives.

• **La signature du contrat de travail.** Lorsque le candidat est recruté, un **contrat de travail**, à durée déterminée ou indéterminée, formalise la relation juridique entre le salarié et l'employeur. Il s'agit d'un contrat par lequel le salarié s'engage à fournir une **prestation de travail** pour le compte de l'employeur en échange d'une **rémunération**. Le salarié est sous la **subordination** de l'employeur mais il est protégé par le **droit du travail**.

Pour comprendre

Les étapes du recrutement externe

La recherche du candidat : l'entreprise peut recourir à Pôle emploi, passer une annonce par voie de presse, faire appel à une agence intérimaire, à un cabinet de recrutement, prendre contact avec les établissements d'enseignement…

La sélection du candidat : tout d'abord, les recruteurs examinent le CV et la lettre de motivation des candidats ; puis la sélection définitive se fait souvent par le biais de tests ou d'entretiens individuels ou collectifs ; l'étape finale de la sélection est l'embauche.

L'intégration du candidat : cette dernière étape est importante car elle permet de rendre le candidat recruté rapidement performant ; souvent, il sera accueilli par son responsable, présenté à ses collègues et formé au poste de travail.

B La formation

Les modalités de la formation.

Formation initiale	– Acquise par l'individu avant son entrée dans la vie professionnelle (formation scolaire, universitaire, en alternance…). – Obligatoire jusqu'à 16 ans.
Formation continue, un droit pour le salarié	– Complète la formation initiale après l'entrée du travailleur dans la vie active. – Mise en place dans l'entreprise ou avec l'aide d'organismes de formation. – Imposée aux entreprises de droit privé par le Code du travail, elle doit être financée par l'employeur qui met en place un plan de formation. – Constitue un droit pour le salarié. Pour sécuriser le parcours professionnel des salariés, la loi du 8 août 2016 relative au travail (« Loi El Khomri ») renforce les droits à la formation professionnelle en instaurant le **compte personnel d'activité**. Entré en vigueur en janvier 2017, celui-ci permet au salarié de conserver ses droits acquis à la formation tout au long de sa carrière, même en cas de mobilité.

Les intérêts de la formation.

Pour le salarié : elle est source de motivation.	– Acquérir des connaissances et des compétences. – S'adapter aux évolutions de l'entreprise. – Obtenir une promotion. – Se reconvertir.
Pour l'employeur : elle assure la compétitivité de l'entreprise.	– Préparer la mobilité professionnelle. – S'adapter aux évolutions technologiques. – Adapter les salariés au poste de travail. – Posséder un avantage concurrentiel. – Favoriser la productivité.

2 La motivation et la rémunération

A La motivation

• **La motivation** est l'ensemble des raisons qui poussent un individu à travailler en vue d'atteindre les objectifs de l'entreprise, indépendamment de ses besoins et aspirations personnelles.

• **La rémunération** est la **motivation principale** des salariés mais il existe d'**autres facteurs** de motivation : les perspectives d'évolution dans l'entreprise, la reconnaissance des efforts fournis, etc.

B La rémunération

La rémunération comprend le **salaire de base** et les compléments de salaire comme les **avantages en nature** ou les **primes**.

• **Contraintes juridiques :** respect du **Smic**, le Salaire minimum légal, qui est régulièrement révisé ; respect des **barèmes conventionnels** pour les employeurs soumis à une convention collective ; **égalité de rémunération entre les salariés hommes et femmes**, dans une situation identique ; **obligation de négocier** chaque année sur les salaires.

• **Contraintes économiques et sociales.** La **masse salariale** est l'ensemble des charges liées à la rémunération des salariés. Elle est donc une contrainte économique pour l'entreprise car elle représente un coût. Pour l'employeur, la rémunération est un coût à minimiser, alors que le salarié recherche la meilleure rémunération possible.

Politique de rémunération.

Individualisation des salaires	L'employeur fixe le niveau de la rémunération de chaque salarié en fonction de ses performances et de son implication.
Épargne salariale : elle permet aux salariés de se constituer une épargne avec l'aide de l'entreprise.	**Participation** : répartition d'une part des bénéfices au personnel. Dispositif obligatoire dans les entreprises de 50 salariés et plus.
	Intéressement : primes versées aux salariés pour récompenser les gains de productivité… Aucune obligation pour l'employeur.

Les effets des mesures de rémunération.

Effets pour l'entreprise		Effets pour le salarié
Effets positifs	– diminution de la rotation du personnel et des conflits sociaux ; – augmentation du dynamisme ; – amélioration de la productivité.	– valorisation individuelle ; – augmentation des revenus ; – sentiment d'appartenance à un groupe.
Effets négatifs	– coût important ; – risque de surenchère.	– dépendance vis-à-vis de l'entreprise ; – nécessité de s'adapter aux nouvelles conditions de travail.

7 Les enjeux du développement durable

Le **développement économique** désigne les évolutions positives dans les changements structurels d'un pays, que ces changements soient démographiques, industriels ou sociaux. Pour que le **développement** soit **durable**, il doit pouvoir répondre aux besoins des générations actuelles sans compromettre la possibilité pour les générations futures de satisfaire les leurs.

1 Pourquoi ce concept a-t-il émergé ?

A Le patrimoine naturel menacé

- **Réchauffement climatique.** En raison d'**émissions de gaz à effet de serre** trop importantes, essentiellement causées par les activités humaines, le climat se réchauffe (0,6 °C au cours du XXe siècle), ce qui entraîne l'**augmentation des catastrophes naturelles** (inondations, sécheresses, ouragans…) et la **disparition d'espèces animales et végétales**.
- **Raréfaction des ressources** due au développement économique non maîtrisé : eau potable, forêts, énergies fossiles comme le pétrole.

B Les fondements du développement durable

- **Le principe de solidarité.**

– **Avec les générations futures**. Le niveau des ressources naturelles doit être préservé pour assurer à nos descendants un mode de vie de qualité. Il s'agit également de **limiter les prélèvements sur les ressources non renouvelables** (pétrole, gaz…) et de développer des énergies renouvelables de substitution (solaire, éolien…).

– **Avec les populations défavorisées de la planète** : réduction des inégalités entre les pays du Nord et les pays du Sud (commerce équitable par exemple).

- **Le principe de précaution** a pour objectif d'inciter les décideurs politiques à **agir de façon préventive** dans le domaine de l'environnement.

2 Comment mettre en œuvre le développement durable ?

Au niveau mondial	Depuis le rapport Brundtland (1987), le droit au développement durable s'est imposé au niveau international. Le rôle des pouvoirs publics demeure irremplaçable et les actions entreprises par les États (sommets de Rio, de Copenhague, protocole de Kyoto…), sont essentielles pour atteindre les objectifs du développement durable. L'Union européenne se place au 1er rang par l'adoption de mesures relatives aux économies d'énergie et à la protection de l'environnement.
Le développement durable en France	La **loi de transition énergétique pour la croissance verte** du 18 août 2015 permet à la France de renforcer son indépendance énergétique et de lutter plus efficacement contre le dérèglement climatique. Elle met à la disposition des citoyens et des entreprises des outils pour améliorer la qualité de vie en protégeant la planète et la santé publique.

8 Les nouveaux comportements du consommateur

Les années **1950** voient naître la **révolution commerciale**. Une portion croissante de la population accède au bien-être matériel. L'entreprise doit tenir compte des **comportements du consommateur**. Cette révolution commerciale s'accompagne de la naissance **d'associations de consommateurs**. À partir de la fin des années 1990, les habitudes du consommateur changent, il remet en question son mode de consommation, c'est l'apparition du **consommateur citoyen**.

1 Le droit de la consommation

Le droit de la consommation organise les **relations entre professionnels et consommateurs**.

- **Protéger le consommateur.** La relation entre le consommateur et le professionnel est naturellement déséquilibrée ; le droit protège alors le contractant le plus faible.
- **Informer le consommateur** sur la qualité et le prix des produits et sur les conditions particulières du contrat.
- **Faciliter l'accès à la justice.** Avant d'aller devant les tribunaux, le droit de la consommation privilégie les modes amiables de règlement des litiges : conciliation, médiation…

Mot-clé

Le **consommateur** est la personne qui achète des biens ou des services pour son usage personnel.

2 Le consumérisme

- **Ce mouvement est apparu dans les années 1970 :** naissance de l'Institut National de la Consommation ; développement des associations de défense des consommateurs, réglementation de la publicité…
- **Après le scandale de la « vache folle »** dans les années 1990, le consommateur remet en question son **mode de consommation**. Les associations s'impliquent de plus en plus sur des sujets comme l'alimentation, la qualité des produits, la préservation de l'environnement et la santé.La notion de « consom'acteur » ou **consommateur citoyen** voit le jour ; désormais, le consommateur souhaite **consommer responsable** et l'entreprise doit s'adapter à cette nouvelle demande pour rester compétitive sur le marché.
- **À partir des années 2000**, le consumérisme se renforce encore pour mieux répondre aux nouveaux enjeux : développement de la consommation par internet, mondialisation des échanges…
- **La loi relative à la consommation du 17 mars 2014**, vise à créer de nouveaux outils de régulation économique pour rééquilibrer les pouvoirs entre consommateurs et professionnels.

Mot-clé

Consumérisme : ensemble des actions et organisations destinées à défendre et représenter les intérêts des consommateurs.

9 L'entreprise face à l'ouverture internationale

Au cours du XXe siècle, le temps et les coûts de transport ont diminué, les capacités de production ont augmenté, la demande arrive à saturation dans les pays industrialisés, des zones de libre échange sont créées : les entreprises sont incitées à s'internationaliser.

1 Les formes de l'internationalisation

- **L'exportation.** Vendre à l'étranger (exporter) les produits fabriqués dans son pays est la première étape de l'internationalisation d'une entreprise.
- **La délocalisation.** **Une entreprise déplace tout ou une partie de ses activités d'un pays à un autre**, afin de bénéficier d'une réduction des coûts de production.

> **Mot-clé**
>
> L'**internationalisation** est une **stratégie de développement** d'une entreprise **hors de son marché national** afin de bénéficier d'avantages concurrentiels.

- **Les investissements directs à l'étranger (IDE)** correspondent à l'**investissement** de **capitaux de manière durable dans un pays étranger** (création ou fusion d'entreprise ; transfert de capitaux : prêt accordé par une maison mère à sa filiale située à l'étranger).
- **La multinationalisation** désigne des entreprises qui deviennent **multinationales**. Une firme multinationale est une **entreprise qui produit et distribue des biens ou des services dans plusieurs pays étrangers**. Elle se compose d'une maison mère et de filiales, implantées sur plusieurs territoires et qui sont de véritables unités de production. Le capital est réparti entre des partenaires de différentes nationalités.

> **Chiffres-clés**
>
> On comptait 7 000 firmes multinationales (FMN) dans les années 1960, et on en recense environ 80 000 aujourd'hui.

2 Les enjeux de l'internationalisation

A Les enjeux stratégiques

- **Bénéficier d'avantages concurrentiels nouveaux :** un niveau de salaire plus bas que dans le pays d'origine ; des ressources naturelles disponibles en plus grande quantité et à moindre coût ; une diminution du coût et du temps de transport.
- **Répartir les risques entre plusieurs pays :** la concurrence peut être plus forte sur le marché national qu'à l'extérieur ; un produit peut connaître une phase de maturité, voire de déclin, sur un marché national, alors qu'il sera en pleine phase de croissance sur un marché étranger.

B L'adaptation à l'évolution des marchés

- **Faire face aux risques du marché national :** un marché saturé ; une réglementation qui limite le développement de l'entreprise.
- **Profiter des opportunités du marché à l'international :** s'implanter dans un pays à forte croissance ; développer des produits mondiaux, qui permettent une homogénéisation des modes de consommation.

10 L'économie numérique

La part de l'immatériel, du travail intellectuel, de la recherche et développement ne cesse de croître dans le processus de création de richesses : on fabrique des produits toujours plus complexes et l'innovation est l'une des clés de la pérennité des entreprises. Le développement et la diffusion de ces ressources immatérielles sont favorisés par les nouvelles technologies de l'information et de la communication (**NTIC**) : c'est l'ère de **l'économie numérique**.

1 Les enjeux de l'économie numérique

L'**économie numérique** concerne toutes les activités économiques en relation avec le numérique. Elle englobe donc de nombreux outils et supports : outils de simulation, de conceptualisation, de travail partagé (agenda partagé, bureau virtuel…), etc.

A L'économie numérique, source d'avantages compétitifs pour l'entreprise

Pour les entreprises, investir dans l'économie numérique (matériel, logiciels, formation du personnel) est un facteur de compétitivité : **privilégier l'innovation** en utilisant les NTIC, va permettre la croissance des entreprises et l'attractivité du territoire national.

Les caractéristiques d'Internet.

Internet, outil de compétitivité	– réduction des coûts administratifs, de télécommunication… ; – réduction des stocks ; – amélioration du service après-vente ; – facilités pour faire jouer la concurrence entre les fournisseurs.
Internet, outil de flexibilité	– outil de veille informationnelle et concurrentielle important ; – renforcement de l'efficacité des commerciaux (simulations chez le client et lancement de la production en direct) ; – recrutements par le biais des réseaux sociaux.

B Le plan de développement de l'économie numérique proposé par le gouvernement

Le plan France Numérique 2012 mis en place par le Gouvernement en 2008, approche de son échéance. Ce plan prévoyait 154 actions concrètes, dont 80 % ont d'ores et déjà été mises en œuvre. Parmi les actions les plus significatives de ce plan, on peut retenir :
– l'accès à Internet haut-débit, pour moins de 35 euros par mois effectif sur tout le territoire ;
– le passage à la télévision numérique terrestre, en moins de 4 ans ;
– le haut-débit et le très haut-débit mobile (95 % des Français y ont désormais accès) ;
– la création du Conseil National du Numérique le 27 avril 2011.

8 octobre 2016 : promulgation de la loi pour une République numérique

Les principaux objectifs de la loi	– Préparer le pays aux enjeux de la transition numérique. – Développer les réseaux et les usages numériques pour tous. – Encourager l'innovation et le développement de l'économie numérique. – Promouvoir une société numérique fiable et protectrice des droits des citoyens. – Garantir l'accès de tous, dans tous les territoires, aux opportunités du numérique.
Priorité stratégique	Permettre à l'ensemble de la société de bénéficier des opportunités économiques et sociales offertes par le développement des réseaux et des usages numériques.

2 La nécessaire protection par la propriété intellectuelle

A La notion de propriété intellectuelle

• **La propriété littéraire et artistique** protège les œuvres de l'esprit d'origine culturelle (droits d'auteur, créateurs de logiciels).

• **La propriété industrielle** protège les créations utilitaires, comme les inventions ou les marques commerciales.

• **Les organismes chargés de la protection** sont au **niveau national** l'INPI (Institut national de la propriété industrielle) et des sociétés de perception et de répartition des droits (SACEM…), au **niveau européen** l'OEB (Office européen des brevets) et, au **niveau mondial** l'OMPI (Organisation mondiale de la propriété intellectuelle).

Mot-clé

La **propriété intellectuelle** est l'ensemble des droits qui protègent les créations intellectuelles. Elle récompense les créateurs en leur accordant des droits, qui leur permettront de diffuser leurs créations et de se protéger contre les pratiques déloyales et les auteurs de contrefaçons.

B Une notion remise en cause

• **Internet multiplie les possibilités de diffusion et d'échanges de contenus.** Depuis 1999, l'utilisation des **réseaux d'échange de fichiers *peer-to-peer*** (Emule par exemple) se développe : le partage des ressources numériques (fichiers texte, audio, vidéo, logiciels…) est facilité et on peut aisément **s'approprier des contenus protégés par la propriété intellectuelle** sans se préoccuper de l'autorisation des auteurs ! Or, ces **utilisations non autorisées** sont condamnables (copie illicite, recel) et représentent un **danger pour les auteurs et pour l'industrie culturelle**…

• **Une action internationale.** L'**OMPI** met en place depuis 2004 des stratégies pour lutter contre le développement du commerce des produits contrefaits et piratés.

– **Solutions préventives :** le libre accès aux œuvres avec le consentement de leurs auteurs ; le contrôle d'accès qui vérifie la possession des droits nécessaires pour accéder à une ressource ; la licence légale accompagnée d'une redevance pour une rémunération forfaitaire distribuée aux auteurs.

– **Solutions répressives :** envoi de messages d'avertissement aux pirates par la Haute Autorité pour la diffusion des œuvres et la protection des droits sur Internet (HADOPI) ; coupure de l'abonnement en cas de récidive ; poursuites pénales (contraventions, peines de prison).

Date-clé

2009 : La France adopte la loi DADVSI.
Cette loi a pour but de gérer les droits d'auteur à l'ère du numérique et de lutter contre le piratage, en mettant en place les solutions préventives et répressives préconisées au niveau international.

Index des mots-clés

FRANÇAIS

SCIENCES DE LA VIE ET DE LA TERRE

ANGLAIS

ESPAGNOL

ALLEMAND

SCIENCES ÉCONOMIQUES ET SOCIALES

PRINCIPES FONDAMENTAUX DE L'ÉCONOMIE ET DE LA GESTION

Imprimé en Espagne par l'imprimerie UNIGRAF
Dépôt légal : mai 2017 - Édition : 01
71/9970/5